Modern
Corporate
Governance

现代公司治理

徐向艺 主　编
谢永珍 副主编

经济科学出版社
Economic Science Press

图书在版编目（CIP）数据

现代公司治理/徐向艺主编 .—北京：经济科学出版社，2013.9
ISBN 978-7-5141-3766-8

Ⅰ.①现… Ⅱ.①徐… Ⅲ.①公司－企业管理 Ⅳ.①F276.6

中国版本图书馆 CIP 数据核字（2013）第 215780 号

责任编辑：柳　敏　宋　涛
责任校对：杨晓莹
版式设计：齐　杰
责任印制：李　鹏

现代公司治理

徐向艺　主　编
谢永珍　副主编

经济科学出版社出版、发行　新华书店经销
社址：北京市海淀区阜成路甲 28 号　邮编：100142
总编部电话：010-88191217　发行部电话：010-88191522
网址：www.esp.com.cn
电子邮件：esp@esp.com.cn
天猫网店：经济科学出版社旗舰店
网址：http://jjkxcbs.tmall.com
汉德鼎印刷厂印刷
永胜装订厂装订
710×1000　16 开　37 印张　680000 字
2013 年 8 月第 1 版　2013 年 8 月第 1 次印刷
印数：0001—5000 册
ISBN 978-7-5141-3766-8　定价：68.00 元
（图书出现印装问题，本社负责调换。电话：010-88191502）
（版权所有　翻印必究）

前　　言

　　现代公司发展之迅猛是空前的，也是人们始料未及的。公司作为重要的一类社会组织，对地区和国家的经济发展、社会稳定以及居民生活水平的提高具有举足轻重的作用。20世纪70年代末，我国启动了由计划经济向市场经济转轨的伟大进程。伴随着市场开放程度的提升，资源、信息、人才在世界范围内的流动不断提速，一大批具有强大生命力和创新精神的现代公司如浪涛般涌现出来，为我国经济的可持续发展注入了新的活力。

　　长期以来，国有企业曾经是我国经济发展的重要支撑，并在较大程度上解决了社会就业、城市发展、政府税收等问题。由于经济体制转型的不断深入，公司的生存环境和竞争环境也在不断发生着变化。人们高层次需求和需求多元化的出现，极大地刺激了社会分工的细化，进一步催生了虚拟组织、网络组织、母子公司等现代公司形式。从所有制形式来看，国有经济和民营经济的并重发展，成为推动区域和国家经济实力腾飞的关键。

　　实际上，早在公司这一组织形态在社会中出现之时，公司治理实践活动便已经产生，只不过所基于的委托代理体系与今日大型公司相比，在规模上和复杂程度上有所差异。1932年，伯利（Berle）和米恩斯（Means）在研究美国公司分散的股权结构的基础上，出版了巨著——《现代股份公司与私有财产》（The Modern Corporation and Private Property），并提出了"股东控制权弱化论"、"经营者控制论"等著名治理论断，开创了公司治理的理论先河。之后，委托代理理论、信息不对称理论、利益相关者理论、两权分离理论、超产权理论、现代管家理论等一系列公司治理理论如雨后春笋般相继出现。这些理论或是对公司治理实践进行梳理与提升，或是对著名的公司治理事件（如安然、世通事件）进行总结，并指导未来的治理实践。

　　随着外部环境的动态变化，公司的规模不断扩张，组织复杂程度不断上升，盈利模式也在持续创新，公司之间的利润争夺更加剧烈，公司更加注重核心竞争能力的培育，以及制度、技术和管理的协同创新。为适应和迎合现代公司的特征，公司治理理论体系也在不断演进，从最初的"股东主导型治理"深入演进到"利益相关者共同治理"。而今，现代公司俨然已经形成了一张契约网络，公司治理领域也更加关注公司的合法、合规性，以及各个契约网络节点上，利益相关者的责、权、利均衡。因此，股东主导下的核心利益相关者治理模式已经成为治理实践的靶向，也是公司治理理论研究领域中的焦点。

尽管在新时代背景下，大量新型企业组织不断涌现，公司治理理论也不断臻于完善，遗憾的是，在高等教育体系中，缺乏能够较好地契合我国经济转轨后期这一公司成长环境，并且具备各类现代公司较强针对性，同时能够融入前沿的、具有指导意义的主流公司治理理论的教材。长此以往，公司治理课程的教学内容将滞后于时代的发展，教学质量也会受到影响，更为严重的是，高等院校培育出的公司治理人才也将不能适应社会和公司快速发展的要求。

为了弥补高等院校现代公司治理领域在教材方面的不足，2012年，由我牵头，山东大学公司治理研究中心成员开始着手编写这本《现代公司治理》教材。与以往教材不同的是，《现代公司治理》更加注重对时代背景的迎合，更加关注现代公司多样化的组织类型、商业模式、行业特征，更加强调对股东主导下的核心利益相关者治理范式的梳理和分析。具体而言，本教材具备以下突出特点：

1. 在指导思想上，广泛的筛选并吸收了公司治理理论各个学派的经典观点，并对我国经济转轨背景下现代公司治理的实践经验进行整合与升华，在对二者进行分析、融合的基础上，希望能够成功反映国内外主流的公司治理理论现状，又能够折射出中国现代公司成功的治理经验。因此，这本《现代公司治理》教材一方面注重理论整合与知识介绍，以及观点的启发性；另一方面又具备理论与知识的实践性和可操作性，充分体现理论联系实际的原则。

2. 在体系架构上，以股东主导下的核心利益相关者治理范式为导向，从公司治理总论、公司内部治理、公司外部治理、公司专项治理以及公司治理模式与评价几个维度，全面、详细地介绍了现代公司治理的理论、内容与方法。着力让学习者在树立正确的公司治理观念的基础上，对公司治理理论与实践有全面的了解和把握。

3. 在理论前沿方面，本教材紧紧把握国际公司治理创新的潮流，力求体现公司治理理论的最新发展。在系统介绍现代公司治理理论的同时，每一个章节的设计与撰写均力求反映和融合相关的前沿理论，以丰富公司治理教学内容，锁定学术前沿。

4. 在内容安排上，与现有公司治理领域教材不同，本教材对现代公司利益相关者多元化和组织形态多样化的发展态势予以充分的考虑，创新性地设计和安排了"公司专项治理"一篇。从代理人的激励与约束机制、母子公司治理、公司关联交易治理、公司投资者关系管理、上市公司的信息披露的角度,探索并梳理了不同公司形态下的专项治理机制。

5. 在编写体例上,根据每章具体内容,突出重点、难点、学习目的,归纳每章内容的关键词;每章设计引言,让学生树立明确的学习目标,系统地掌握相关理论和方法;每章中间穿插大量的介绍经典理论、公司案例等辅助资料,这些辅助资料内容丰富,资料翔实又具体生动,以提升学生学习兴趣,拓展知识体系;每章结尾附有相关案例分析以及思考与讨论题,以启发学生的独立思考能力,让学生能够熟悉公司治理实践,将理论与实践有效结合。

全书共分为5篇。第1篇,公司治理总论。在介绍企业制度、公司制度及其演进的基础上,阐述了公司治理产生的根源和公司治理理论基础,重点明晰了公司治理目标以及公司治理和公司管理的区别;第2篇,公司内部治理。依托现代公司的治理结构,相应介绍了股东大会、董事会和监事会的组织形式、基本权利、运行模式以及相应的制度安排和治理机制。特别地,第2篇将独立董事制度作为单独一章,详细阐述了独立董事制度的起源、功能以及国内外独立董事制度运行现状;第3篇,公司外部治理。本篇首先介绍了公司控制权配置与控制权市场,梳理了控制权配置内涵、配置模式、控制权竞争和转移等重要知识点。然后,在介绍国内外银行与公司不同联结关系的基础上,阐述了现代公司银行债权人治理模式与机制。接着,对证券交易所、证券公司、会计师事务所等中介机构对上市公司治理的影响,以及其自身的治理问题进行了介绍。最后,分析了政府对上市公司与资本市场的监管机制。第4篇,公司专项治理。在这一部分,介绍了公司代理人的激励与约束机制的内容以及设计。分析了企业集团这一特殊组织形式的特征、类型,以及母子公司型企业集团的治理机制。阐述了投资者关系的内容、演进历程及其评价。同时,对公司关联交易行为的形成机制、关联交易内涵、影响以及治理途径进行了详细介绍。最后,梳理了上市公司信息披露的必要性、方式以及内容,详细介绍了强制性和自愿性信息披露,概述了信息披露在公司治理领域的最新进展。第5篇,公司治理模式与评价。本篇具体阐述了各种公司治理模式,分析了不同治理模式的趋同表现极其存续的原因。梳理了公司治理评价的功能、国内外主要公司评价系统的内容。详细介绍了中国公司治理指数$CCGI^{NK}$的指标体系,并对公司治理绩效及其评价指标体系进行了阐述。

我们希望能够客观、全面、系统地介绍现代公司治理理论和治理实践,力求读者能够在阅读本教材的过程中既能够把握现代公司治理理论的具体内容、演化逻辑,同时又能够掌握现代公司治理的研究方法,了解公司治理实践。因此,本教材适合高等学校 MBA/EMBA 及财经类专业研究生和高年级本科生教学使用，亦适合于具备一定经济管理知识的公司中高级管理人员阅读。

作为主编，本教材由我写出编写大纲，主持编写工作，审定全部书稿；谢永珍教授作为副主编参与统稿。撰写分工如下：

前言	徐向艺
第 1 章　企业制度、公司制度及其演进	徐向艺、宋理升
第 2 章　公司治理的理论基础与任务	宋理升、徐向艺
第 3 章　股东与股东大会	张晓峰
第 4 章　董事与董事会	谢永珍
第 5 章　独立董事制度	谢永珍
第 6 章　监事与监事会	徐　宁
第 7 章　公司控制权配置与控制权市场	马　磊
第 8 章　公司中介机构治理	王　旭
第 9 章　公司债权人治理	王　旭
第 10 章　公司市场行为的政府监管	马　磊
第 11 章　公司代理人的激励与约束机制	徐　宁
第 12 章　母子公司治理	方　政
第 13 章　公司投资者关系管理	辛　杰
第 14 章　公司关联交易治理	陈振华
第 15 章　上市公司信息披露监管	方　政
第 16 章　公司治理模式	谢永珍
第 17 章　公司治理评价	谢永珍

本教材在编写过程中参阅了大量的国内外文献，我们在此向文献的作者表示感谢。同时向给予过诸多宝贵意见和建议的专家同行深表谢忱。

我们将会一如既往地关注公司实践和全球环境变化，不断吸收国内外最新理论研究成果，借鉴优秀教材的编写内容和方法，对该书立意、观点、内容不断地改进、提升和充实。我们也期待理论界和实践界的同行以及广大读者对本书的遗漏和不足之处提出宝贵意见。

徐向艺
2013 年 7 月 30 日

目录

第1篇 公司治理总论

第1章 企业制度、公司制度及其演进 ... 3
1.1 制度、经济制度与企业制度 ... 3
1.2 不同学派的企业观 ... 14
1.3 企业制度的演进与特征 ... 16
1.4 公司的组织形态与产权安排 ... 18

第2章 公司治理的理论基础与任务 ... 27
2.1 公司治理问题的提出 ... 27
2.2 公司治理的理论基础 ... 35
2.3 公司治理的基本范畴 ... 38
2.4 公司治理的任务与目标 ... 47
2.5 公司治理与管理的联系与区别 ... 51

第2篇 公司内部治理

第3章 股东与股东大会 ... 65
3.1 公司治理的股东理论 ... 66
3.2 股东与股东权利 ... 74
3.3 股东大会与投票制度 ... 79
3.4 股利政策及其影响 ... 85

3.5　股东权利保护 …………………………………… 88

第4章　董事与董事会 …………………………………… 99
　　4.1　董事会制度起源与结构变迁 …………………… 100
　　4.2　董事资格、选聘与责任 ………………………… 105
　　4.3　董事会设置与类型 ……………………………… 112
　　4.4　董事会职责与专业委员会 ……………………… 115
　　4.5　董事会业绩考核与董事激励 …………………… 125
　　4.6　有效董事会治理的特征 ………………………… 128

第5章　独立董事制度 …………………………………… 143
　　5.1　独立董事制度起源与功能 ……………………… 143
　　5.2　主要国家独立董事制度 ………………………… 148
　　5.3　中国上市公司独立董事制度 …………………… 161

第6章　监事与监事会 …………………………………… 178
　　6.1　监事会概述 ……………………………………… 178
　　6.2　监事会治理及其运行机制 ……………………… 187

第3篇　公司外部治理

第7章　公司控制权配置与控制权市场 ………………… 207
　　7.1　公司控制权的内涵 ……………………………… 208
　　7.2　控制权配置 ……………………………………… 220
　　7.3　控制权市场 ……………………………………… 228
　　7.4　中国公司控制权特征与优化 …………………… 235

第8章　公司中介机构治理 ……………………………… 245
　　8.1　证券交易所的治理 ……………………………… 246
　　8.2　证券公司的治理 ………………………………… 259
　　8.3　会计师事务所的治理 …………………………… 264
　　8.4　资信评级机构的治理 …………………………… 269

8.5 律师事务所的治理 ······ 274

第9章 公司债权人治理 ······ 283
9.1 债权人类型及权利属性 ······ 284
9.2 债权人与公司的联结模式 ······ 286
9.3 债权人治理类型划分 ······ 290
9.4 我国的债权人治理现状 ······ 294
9.5 债权人治理机制的优化 ······ 296

第10章 公司市场行为的政府监管 ······ 307
10.1 政府监管的动机与特点 ······ 307
10.2 主要国家（地区）政府对上市公司与资本市场的监管 ······ 314
10.3 我国政府对上市公司的监管 ······ 327
10.4 我国政府对资本市场的监管 ······ 336

第4篇 公司专项治理

第11章 公司代理人的激励与约束机制 ······ 353
11.1 公司代理人激励约束原理 ······ 354
11.2 公司代理人的激励机制 ······ 358
11.3 公司代理人的约束机制 ······ 380

第12章 母子公司治理 ······ 390
12.1 企业集团相关理论与母子公司界定 ······ 391
12.2 母子公司治理现状 ······ 398
12.3 母子公司治理实践存在的问题 ······ 401
12.4 母子公司治理机制的优化路径 ······ 406

第13章 公司投资者关系管理 ······ 417
13.1 投资者关系管理及其演进 ······ 417
13.2 投资者关系管理的理论依据 ······ 426
13.3 投资者关系管理的内容 ······ 430

13.4 投资者关系管理的评价 …………………………………………… 438
13.5 强化投资者关系管理的对策 ……………………………………… 441

第14章 公司关联交易治理 …………………………………………… 452
14.1 关联交易的内涵与特征 …………………………………………… 453
14.2 上市公司关联交易产生的根源 …………………………………… 460
14.3 上市公司关联交易的负面影响 …………………………………… 472
14.4 上市公司关联交易的治理 ………………………………………… 475

第15章 上市公司信息披露监管 ……………………………………… 489
15.1 上市公司信息披露及其内容 ……………………………………… 489
15.2 上市公司信息披露治理 …………………………………………… 493
15.3 上市公司信息披露监管实践 ……………………………………… 496
15.4 后《萨班斯—索克斯法案》时代的信息披露 …………………… 505

第5篇 公司治理模式与评价

第16章 公司治理模式 ………………………………………………… 519
16.1 公司治理经典模式 ………………………………………………… 520
16.2 中国公司治理 ……………………………………………………… 531
16.3 公司治理模式的趋同与存续 ……………………………………… 536

第17章 公司治理评价 ………………………………………………… 550
17.1 公司治理评价及其功能 …………………………………………… 551
17.2 国内外主要公司治理评价实践 …………………………………… 553
17.3 中国上市公司治理评价指数 ……………………………………… 559
17.4 中国上市公司治理状况评价 ……………………………………… 574

第1篇
公司治理总论

第1章

企业制度、公司制度及其演进

学习目的：本章主要介绍制度理论学派、企业制度的理论、企业制度的演进、公司的组织形态与产权安排等内容。通过本章学习，掌握制度、经济制度和企业制度的内涵；了解不同理论学派的企业观；熟悉现代公司制度的演变过程；从组织形态、产权安排和治理结构演变的角度熟悉现代公司制度。

关键词：企业制度；组织形态；产权安排；公司制度

引　言

公司治理随着企业制度的逐步演进而产生、发展和完善，不同理论学派对于企业制度具有不同的假定，从而产生了对企业制度的不同诠释。企业制度经历了业主制、合伙制到现代企业制度的演变。在现代企业制度下，公司的产权安排是否合理，关系到与此相关的治理结构安排与治理机制的配置。

1.1　制度、经济制度与企业制度

1.1.1　制度与制度内涵

长期以来，新古典经济学把制度当做外在的、既定的或从来就有的社会前提，视制度为经济运行的外在变量，因而在经济分析中不考虑制度因素对人们的行为和经济活动的作用与影响。现在,"制度很重要"已经成为经济学家的共识,但是关于制度的含义却有不同的观点,最具有代表性的有两种观点:①

1. 制度是一种精神现象

又称为心智现象。旧制度经济学的创始人凡勃伦认为,制度就是个人或社会对有关某些关系或某些作用的一般思想习惯,而生活方式所构成的是在某一时期或社会发展的某一阶段通行的制度的总和,因此从心理学方面来说,可以概括地把它说成是一种流行的精神态度或一种流行的生活理论。②

旧制度经济学的另外一位代表人物康芒斯认为,"如果我们要找出一种普遍的规则,适用于一切所谓属于'制度'的行为,我们可以把制度解释为集体行为对个体行为的控制。"对于集体行动是如何控制个体行动的,他认为,"为个人决定这些彼此有关的和交互的经济关系的业务规则,可以由一个公司、一个卡特尔……一个政党或是国家本身规定和实行……"业务规则有时称为行为规则,亚当·斯密将其称为课税的规则,最高法院将其称为合理的标准,或是合法的程序。然而无论它们有什么不同的观点或者不同的名义,都有一个相同点:个人能或不能做,必须这样或必须不这样做,可以做或不可以做的事,由集体行动使其实现。由此可见,在康芒斯看来,制度无非是集体行动控制个人行动的一系列行为准则或规则。③

青木昌彦认为,制度是关于博弈如何进行的共有信念的一个自我维系系统。制度的本质是对均衡博弈路径显著和固定特征的一种浓缩表征,它被相关领域几乎所有参与人所感知,制度以一种自我实施的方式制约着参与人的策略互动,并反过来被他们在连续变化的环境下的实际决策不断再生产出来。④

格雷夫认为,制度是共同作用于行为秩序的人为的非物质的社会因素(信念、规范、规则和组织)所构成的系统。⑤

2. 制度是人为的行为规则

新制度经济学家大都认同本观点。

---

① 董志强:《制度及其演化的一般理论》,载《管理世界》2008年第5期,第151~165页。
② 凡勃伦著,蔡受百译:《有闲阶级论》,商务印书馆1964年版。
③ 康芒斯著,于树生译:《制度经济学:上册》,商务印书馆1962年版。
④ 青木昌彦:《比较制度分析》,上海远东出版社2001年版。
⑤ 可纳夫·格雷夫著,郑江淮等译:《大裂变——中世纪贸易制度比较和西方的兴起》,中信出版社2008年版,第22~29页。

诺思认为，制度是一系列被制定出来的规则、守法程序和行为的道德伦理规范，旨在约束追求主体福利或效用最大化的个人行为[①]；制度是一个社会的博弈规则，更规范地说，它们是决定人们相互关系的系列约束；制度是由非正式约束（道德的约束、禁忌、习惯、传统和行为准则）和正式的法规（宪法、法令、产权）组成。[②]

柯武刚和史漫飞认为，制度是由人制定的规则，它们抑制着人际交往中可能出现的任意行为和机会主义行为。制度为一个共同体所共有，并总是依靠某种惩罚而得以贯彻。没有惩罚的制度是无效的，只有运用惩罚，才能使个人的行为变得较可预见。带有惩罚的规则创立起一定程度的秩序，将人类的行为导入可合理预期的轨道。[③]

舒尔茨认为，制度是一种行为规则，这些规则涉及社会的政治与经济行为。[④]

拉坦认为，制度是一套被用于支配特定的行为模式与相互关系的行为准则。[⑤]

樊纲认为，制度是由当时在社会上通行或被社会所采纳的习惯、道德、戒律、法律（包括宪法和各种具体法规）、规章（包括政府制定的条例）等构成的一组约束个人的社会行为，从而调节人与人之间的社会关系的规则。具体来说，主要有以下特征：第一，制度总是社会性的，约束个人的行为说到底是为了调节人际关系，因而制度总是某种社会的行为规则；第二，制度是对个人（或一个组织、一个团体）行为（最大化自身利益的行为）的一种约束，是对个人行动空间及其权利、责任和义务的一种界定；第三，作为社会性的制度，因其基本功能是协调人际关系，从而具有公共物品的性质。[⑥]

综合以上学者对制度的定义，我们认为，制度是由当时在社会上通行或被社会所采纳的习惯、道德、戒律、法律（包括宪法和各种法律）、规章（包括政府制定的条例）等构成的一组约束个人行为、调节人与人之间社会关系的规则。制度具有如下特征：（1）制度是对个人、组织和团体行为的一种约束，是对个人行动空间及其权利、责任和义务的一种界定；（2）制度是社会性的，约束个人行为的实质是为了调解人际关系；（3）制度具有公共物品的性质，对制度的选择是在利益冲突条件下的一种公共选择。

---

① 诺思：《经济史中的结构与变迁》，上海三联书店、上海人民出版社1994年版，第225~226页。
② 诺思：《制度、制度变迁与经济绩效》，上海三联书店1994年版。
③ 柯武刚、史漫飞：《制度经济学——社会秩序和公共政策》，商务印书馆2004年版。
④ R. 科斯、A. 阿尔钦、D. 诺思等：《财产权利与制度变迁——产权学派与新制度学派译文集》，上海人民出版社1994年版，第253页。
⑤ 同上，第329页。
⑥ 樊纲：《转轨经济理论与国有企业改革》，载《云南大学学报（社会科学版）》2003年第5期。

1.1.2 经济制度与制度经济学派

1. 经济制度

经济制度是与经济活动有关的各种制度的总和，其目的是配置资源，以实现国家的经济目标。目前，理论界对经济制度的认识并不统一。典型的观点有：

格雷戈里、斯图尔特认为，一种经济制度是在既定的地理区域内有关制定和实施生产、收入与消费决策的一套机制和组织机构；[①]

格鲁奇认为，经济制度是各位参加者组织发展的复合体，这些参加者是同分配稀缺资源以满足个人和集体需要有关的；[②]

林德贝克的观点同格雷戈里、斯图尔特相似，他认为，一种经济制度主要包括如下八个方面的内容：决策结构（集权还是分权）、资源配置机制（市场还是政府计划）、商品分配（均衡价格机制还是配给制）、财产所有权（公有制还是私有制）、激励机制（经济刺激还是行政命令）、人与人之间的关系、企业之间的关系以及对外经济关系等；[③]

何娟、吕华对经济制度的内涵作出一个较为概括和确切的阐释：从研究内容看，它是社会中人们从事经济活动所遵循的行为规则，是经济组织构造的结构模式和潜在的经济行为主体的文化结构模式；从功效看，它是人类为决定人们在社会经济活动中的相互关系而设定的制约，以满足经济行为主体（人或组织）对"适应性效率"最大化目标的需求，从而使社会为分配稀缺资源以最大限度满足个人和集体需要并促使经济增长而设定的制约；从层次看，它是由生产资料所有制（对应基本经济制度）、经济体制和产权制度三个部分组成的有机整体。[④]

2. 制度经济学派[⑤]

制度经济学发端于19世纪末20世纪初的美国，在20世纪20~30年代广泛传播，之后随着凯恩斯主义的兴起而逐渐衰落，至20世纪50年代又重新崛起。

---

① 保罗·R·格雷戈里、罗伯特·C·斯图尔特：《比较经济制度学》，知识出版社1988年版。
② 阿兰·C·格鲁奇：《比较经济制度》，中国社会科学出版社1985年版。
③ 林德贝克：《经济制度与新左派经济学》，中国经济出版社1992年版，第620~621页。
④ 何娟、吕华：《经济制度概念的解析与界说》，载《甘肃社会科学》2008年第1期，第165~169页。
⑤ 张金环：《新制度经济学派述评》，载《哈尔滨商业大学学报（社会科学版）》2004年第4期，第111~113页。

制度经济学发展的前一阶段被称为旧制度经济学派，后一阶段被称为新制度经济学派，新制度经济学派又分为以加尔布雷思为代表的新制度经济学派和以科斯为代表的新制度经济学派。①

（1）旧制度经济学派。旧制度经济学派形成于 20 世纪 20～30 年代制度主义广泛传播时期，主要代表任务人物有凡伯伦、康芒斯和米契尔。旧制度经济学派并没有形成统一的理论，大致可以分为三支：①以凡伯伦为代表的社会心理学派，强调对社会文化心理和习惯的分析，特别是科学技术进步对制度的影响；②以康芒斯为代表的社会法律学派，强调集体行动在控制个体行动方面起的作用，认为法律制度是决定社会发展的主要力量；③以米契尔为代表的经验统计学派，认为分析制度因素的作用要以经验统计资料为基础，应当先对事实进行统计分析，然后得到结论，经济理论的研究是次要的。虽然旧制度学派各个分支研究的出发点、内容不同，但他们在研究对象、研究方法等方面有相同之处：在研究对象上，都强调制度在经济生活中的重要作用；在研究方法上，主要汲取了德国历史学派的观点，采取历史主义和制度分析的方法，一方面强调从制度的整体方面研究问题；另一方面强调从制度的演进方面研究问题，提出要建立以研究制度演进为基本内容的经济理论，从结构上改革资本主义社会。

（2）新制度经济学派。新制度经济学派出现于 20 世纪 50～60 年代的美国，存在着两个完全不同的亚学派——以加尔布雷思为代表的新制度经济学派（Neo-institutional economic school）和以科斯为代表的新制度经济学派（New institutional economic school）。

①以加尔布雷思为代表的新制度经济学派。20 世纪 50 年代，以加尔布雷思为代表的新制度经济学派登上了学术舞台，其他主要代表人物有缪尔达尔、海尔布伦纳等。该学派承袭了以凡伯伦为代表的旧制度经济学派的传统，在研究对象、研究方法上发展了制度经济学。新制度经济学派在研究对象上并没有摆脱旧制度经济学的心理因素、法律因素对经济现象起决定性作用的思想，但不再研究由人们的心理活动和社会习惯所决定的制度演进过程，而是更多地分析单一制度本身的功能。在研究方法上，新制度经济学派比旧制度经济学派更彻底地主张制度演进、整体方法，强调从根本上更新现代经济理论的方法论基础。他们指出，由于技术不断变革，资本主义经济制度和结构处于不断地变化过程中，资本主义制度是个动态的因果过程，所以经济学必须研究变化、研究过程，对经济问题的

---

① 还有一种划分方法将凡勃伦代表的制度经济学派称为旧制度经济学派，将加尔布雷思代表的制度经济学派称为后制度经济学派，将科斯代表的制度经济学派称为新制度经济学派。

研究要采用演进的方法。另外，新制度经济学派强调，在经济研究中应把注意力集中在作为演进过程的整个社会，而不是个人和企业。他们反对正统经济学所采取的数量分析方法，而主张采取制度因素的分析方法。

②以科斯为代表的新制度经济学派。以科斯为代表的新制度经济学派既有别于旧的制度经济学，也有别于以加尔布雷思为代表的新制度经济学派，其主要代表人物有威廉姆森、阿尔奇安、德姆塞茨、诺思及张五常等人。这一学派运用新古典经济学的逻辑和方法去分析制度的构成和运行，并发现这些制度在经济体系运行中的地位和作用，发展了新古典经济学，使新制度经济学成为"本来就应该是的那种经济学"。新制度经济学对古典经济学的发展体现在以下几个方面：第一，关于人的行为假设，以科斯为代表的新制度经济学派摒弃了新古典经济学提出的经济人的行为是完全理性的、经济人是追求自身利益最大化的观点，主张应该从人的实际出发来研究人，并从人的行为是有限理性的和人人都具有为自己谋取最大利益的机会主义行为倾向两个方面修正了新古典经济学；第二，关于研究领域，新制度主义经济学派把新古典经济学的基本方法拓展到制度结构的研究，包括法律、企业组织、社会文化等，并引入了交易费用、产权等理论，并修正了新古典经济学的零交易费用的假定，使经济学的研究更接近于现实；第三，新制度经济学对新古典经济学中主体的环境约束问题、主体所拥有的信息问题和主体与客体之间相互作用的方式问题进行了修正，并在此基础上引入新的变量，如信息、交易成本、产权约束和政府行为干预等，从而形成了新制度经济学的方法论基础。

1.1.3　企业制度：三种理论假定与制度特征①

1. "经济人"假定与自由企业制度

在传统的西方微观经济中，经济学家对企业（厂商）的分析是与人的经济行为相结合的。对厂商（个人）经济行为规范性的探讨最早始于 15～16 世纪的重商主义，对厂商（个人）经济行为的系统分析及其理论化归功于古典经济学派的"经济人"假定。古典经济学派创始人亚当·斯密（Adam·Smith）在他 1776 年发表的巨著《国民财富的性质和原因的研究》中，系统地提出了"经济人"假定及经济自由思想。斯密认为："各个人都不断地努力为他所能支配的资本找到最有利的用途。固然，他考虑到的不是社会的利益，但他们对自然利益的研究，

---

① 徐向艺：《企业制度的理论假定及比较分析》，载《理论学刊》1997 年第 3 期。

自然会毋宁说必然会引导他选定最有利于社会的用途。……他受一只看不见的手的指导,去尽力达到一个并非他本意想达到的目的。他并不因为事非出于本意,就对社会有害,他追求自己的利益,往往能比在真正出于本意的情况下更有效地促进社会利益。"① 斯密试图在市场机制——"看不见的手"——引导人们从事经济活动的基础上建立自然经济秩序。斯密的观点对其后的政府和经济学家产生了深远的影响。19 世纪的许多著名经济学家,如英国的约翰·穆勒和纳森·西尼尔提出了自由放任学说。

斯密的"经济人"思想更是为 19 世纪新自由主义学派极力推崇。新自由主义主要代表人物哈耶克(F. A. Hayek)认为,一个人要能够独立地决定自己的目的,而自由选择是达到这种目的的手段,并采取自己所喜欢的生活方式,保证自己言论的自由;在自由之中经济自由最重要,"正是由于生产资料掌握在许多独立行动的人的手里这个唯一的缘故,才没有人控制我们的全权,我们才能以个人的身份来决定我们要做的事情。"② 他还指出:"市场过程中每位参加者所掌握的特有信息,都将影响价格和工资的决定……市场制度之所以具有优越性,并且只要不受政府努力的压制,市场制度取代其他类型制度的根源在于市场制度在促成资源配置上利用了比任何个人所能掌握的都更多特定情况的知识,而这些知识只是分散地存在于无数的人们中间。"③

古典经济学派的"经济人"假定和经济自由思想的实质是反对当时封建残余势力对资本主义工商业的束缚,而新自由主义的经济理论和政策一方面是反对凯恩斯学派的政府干预主张而提出的,另一方面也是针对高度集中的中央计划经济体制的弊端而提出的。事实上,在缺乏政府调节与社会规范的自然经济体制中,个人利己主义本性无法保证社会经济持久稳定地发展。尽管在斯密之后有相当多的经济学家赞同自由竞争能导致高效率并为技术和经济组织创新提供重要刺激因素的观点,但资本主义经济发展过程中充满危机和动荡的事实,证明了自由放任和"看不见的手"并不像它的狂热信奉者所想象的那样能保证每个人追逐私利行为都能促进社会利益的增长。但是,如果摒弃一切偏见,实事求是地分析斯密的"经济人"假定和新自由主义政策主张,可以看出,他们极力呼唤和强调的是在市场经济条件下必须建立自由企业制度,认为自由企业制度是市场经济的基石。市场经济中的行为主体——企业和个人,它们具有天然的自主性的经济决策权利,他们根据追求利益最大化的要求,按照市场供求的变化自行安排其经济行为

---

① 亚当·斯密:《国民财富的性质和原因的研究(下册)》,商务印书馆 1994 年版,第 25~27 页。
② 哈耶克著,王明毅等译:《通向奴役之路》,中国社会科学出版社 1998 年版。
③ F. A. 哈耶克:《不惜任何代价求得充分就业吗?》,经济事务研究所 1975 年版,第 34~35 页。

方式。在利益关系的作用下，投资于每个产业的厂商既然以牟取利益最大化为动机，自然会千方百计地增加生产，改进缩短劳动时间的机械和工具，提高劳动者的熟练程度、判断力和劳动技能，从而提高市场竞争实力。每一个厂商竞争实力的增强和生产要素的节约，必然导致整个国民财富的增加。从这一点来说，确定自由企业制度是一切市场经济体制国家都必须坚持的一个基本准则。

2. "社会大工厂"假定与统制企业制度

马克思和恩格斯在剖析资本主义社会基本矛盾的同时，对未来社会进行了推断，将"自由人联合体"作为未来社会的轮廓。[①] 在未来的联合体中，"一旦社会占有了生产资料，商品生产就将被消除，而产品对生产者的统治也将随之消除。社会生产内部的无政府状态将为有计划的自觉的组织所代替。"[②] 社会占有了生产资料并且以直接社会化的形式把它们应用于生产，每个人的劳动，无论其特殊用途如何不同，从一开始就成为直接的社会劳动。那时，一件产品中所包含的社会劳动量，可以不必首先采用迂回的途径加以确定，日常的经验就直接显示出这件产品平均需要多少数量的社会劳动。社会可以简单地计算出每一件产品生产需多少劳动时间；同时，社会也可精确计算出对每一件产品的需要量，因而可以按比例地分配社会资源于各种产品。人们可以非常简单地处理这一切，而不需要著名的"价值"插手其间。可以看出，按照马克思、恩格斯所设想的理想模式，未来社会的经济运行是以"社会大工厂"方式调度配置使用生产资源，因而作为市场经济中的独立的企业组织形式将不存在。早期的列宁也是按照这一基本思想设计社会主义经济模式的。他认为，在社会主义经济体系中，存在一个"国家辛迪加"，"整个社会将成为一个管理处，成为一个劳动平等和报酬平等的工厂"，"全体公民都成了一个全民的、国家的'辛迪加'的职员和工人。全部问题在于要他们在正确遵守劳动标准的条件下同等地劳动，同等地领取报酬。"[③] 按照全社会只有一个经营决策层次，每个生产组织只是具体操作单位，即"社会大工厂"假定所建立的社会主义经济模式，"企业"概念已完全不同于它本来意义上的企业，它只是"生产单元"。

新中国诞生后的企业尽管与马克思主义创始人所设想的企业模式有所差别，但其基本结构保持着"社会大工厂"、"国家托拉斯"的一般特征。许多经济学家对中国的企业制度进行了考察，如日本经济学家小宫隆太郎在考察中国企业的

---

① 马克思：《资本论（第1卷）》，人民出版社1975年版。
② 恩格斯：《反杜林论》，人民出版社1970年版，第279~280页，第304~305页。
③ 《列宁全集（第31卷）》，人民出版社1985年版。

现状后尖锐地指出中国不存在企业。他认为："从作用方面看这种工厂不是企业，而是工场，也就是说，这样的工厂对应于日本属于一个企业的数个工场中的一个工场。……我的印象是，中国不存在企业，或者说几乎不存在企业。"① 小宫隆太郎的论述听起来很尖刻，但他的分析却是颇具说服力的。在传统的经济体制下，中国事实上不存在具有经营决策权力、独立经济利益和内在发展动力的企业。如果把当时的生产组织称为企业的话，那也是国家统制企业。国家统制企业是国家以资产所有者身份对国有企业进行直接经营与管理的一种制度形式。这种统制制度下的企业行为具有以下特征：

（1）生产行为：产值规模与资源占用偏好。在传统体制下，国有企业作为政府部门的一个生产单位是由国家直接经营管理的，其实现形式是国家通过制定详尽的指令性计划下达给企业，并以计划完成情况作为评价企业绩效的主要依据，据此对企业领导人、职工进行非经济性奖惩。因而，企业活动的外压力与内动力统一为完成政府下达的指令性计划，而指令性计划的核心部分是作为政府整体目标分解给企业的计划产值指标，所以，企业活动的目标与归宿集中表现为对产值的偏爱和追求。需要说明的是，传统体制下特殊的产品交换形式使得产品的使用价值和交换价值对企业经营目标基本不发生影响。指令性计划制定中的"棘轮效应"增大了新一轮计划指标完成的难度。为了完成计划，企业要么增加投入，要么提高单位投入的产出。增加投入对企业来说更现实更容易，因为资源的占用和取得是不付代价的。所以，企业为完成产值目标，对实现手段的偏爱和选择是资源占用的最大化。这样，产值规模与资源占用偏好便统一在目标与手段之中了。

（2）分配行为：利益均等与收入来源单一。在传统体制下，政府、企业与个人的利益分配是建立在三者利益一致的假定基础上，企业并不构成独立的利益主体。企业的经济剩余要全额上缴（有时也提留微不足道的一部分利润作为完成计划的奖励），企业的投入由政府全额拨给，企业无权决定与政府之间的利益分配比例，企业之间利益是均等的，而且在企业内部，职工个人按照国家规定的固定工资等级获得收入，企业无权决定职工之间的利益差异。工资等级确定的依据名义是个人付出劳动与贡献，而实际上是个人资历、年龄与职位，并且职工获得收入的来源单一，无奖金等其他收入，使得企业内职工的收入也是均等的，显然这种量的均等掩盖了质的差别。此外，事实上的工资冻结也强化了职工收入的均等化倾向。

（3）交换行为：流通过程的非市场运行。在传统体制下，国家不仅是企业资

---

① 小宫隆太郎：《日中企业的比较》，载《经济、社会、体制比较》1986 年第 3 期，第 38~44 页。

产的所有者和经营者，而且也是企业间产品交换的组织者，企业无权直接参与商品流通。企业生产所需原材料和所生产产品，根据其在国民经济中的地位分为国家统一分配物资和地方管理物资，并相应确定管理方法，由各级政府机构组织流通，因而政府成为企业的顾客。顾客身份的特殊性使它具有而且应该具有产品的定价权，因而供给和需求并不受价格信号的影响，价格形式也不是通过市场竞争而是计划制定的，企业交换行为表现为不由自主的非市场决定。

3. "市场替代组织"假定与交易费用节约

在正统的微观经济学中，价格机制是经济调节和分配经济资源的唯一机制。在完全竞争的假定下，生产者和消费者根据价格信号就能将资源配置到最优的水平。事实上，"完全竞争"的假设条件并不存在。作为"看不见"的市场机制不仅具有天然的缺陷，而且会发生可能相当高昂的代价，致使资源配置难以最优化。这促使人们去寻找替代市场的方式与方法，科斯对企业（尤其是现代工商企业）制度提出了新的假定，即企业是"市场替代组织"。科斯认为："企业的显著特征就是作为价格机制的替代物。"① 这样，就有两种制度来配置资源："在企业之外，价格变动决定生产，这是通过一系列市场交易来协调的。在企业之内，市场交易被取消，伴随着交易的复杂市场结构被企业家所替代，企业家指挥生产。"② 显然，存在着协调生产的替代方法。在科斯之后，美国著名管理学家和企业史学家小艾尔弗雷德·D·钱德勒（A. D. Chandler）对企业替代市场的研究最为引人注目。他在1977年出版的《看得见的手——美国企业的管理革命》一书的前言中写道："这里要探讨的主体是：现代工商企业在协调经济活动和分配资源方面已取代了亚当·斯密的所谓市场力量的无形的手。"③

那么，企业是怎样替代市场的？企业能在多大程度上替代市场？换句话说，企业替代市场能否完全消除市场失效的代价？

（1）企业替代市场能够在一定程度上减轻公共物品的外部负效应。如果交易的外部效应很强，那么，为了制止合同履行中的机会主义行为，就必须付出极高的交易费用。因此，出于节约交易费用的目的，有关企业就会以一体化的组织替代市场合同的交易，也就是产生外部影响的企业与受外部影响的企业合并在一起。以河水污染为例，如果排污水入河的工厂和下游的工厂合并在一个管理部门之下，那

---

①② 罗纳德·哈里·科斯著，盛洪等译：《企业、市场与法律》，上海三联书店1990年版，第3、4、7页。

③ 小艾尔弗雷德·D·钱德勒：《看得见的手——美国企业的管理革命》，商务印书馆1987年版，第328～329页。

么，净水成本就变成这个联合企业的共同成本，废水的排出就会受到限制。钱德勒通过对美国企业史的考察指出，大量生产与大量分配的合并或一体化是现代工商企业的重要特征。他说："现代工业企业——今日大型公司的原型——是把大量生产过程和大量分配过程结合于一个单一的公司之内而形成的。美国工业界最早的一批'大公司'，就是那些把大行销商所创建的分配组织形式同被发展出来以管理新的大量生产过程的工厂组织形式联合起来的公司。到1917年，结合的工业企业已经成为美国商业界最有力的机构，事实上，也是整个美国经济中最有力的机构。"①

必须指出，企业替代市场并不能完全消除公共物品的外部负效应。主要因为，处于相继生产阶段或相继产出的专业化的企业之间的合并总是有限的，无论是从法律的许可范围还是从现实的可能来看，一个企业垄断所有产业是不可能的；一个经济的真实情况永远是众多企业和个人组成的，这就决定了公共物品在一个社会中是永远存在的，而这也就意味着仅仅依靠企业的纵向一体化只能消除一部分外部效应。若要在更大程度上消除外部效应，还需求助于市场和企业以外的力量。

（2）企业替代市场能在一定程度上节约交易费用。50多年前，科斯之所以得出了企业是市场替代物的结论，就在于他发现了企业的纵向一体化能够节约交易费用这一基本事实。"市场的运行是有成本的，通过形成一个组织，并允许某个权威（一位'企业家'）来支配资源，就能节约某些市场运行成本。"② 钱德勒在科斯以及后来的肯尼思·阿罗（K. J. Arrow）、奥利弗·威廉姆森（O. Williamson）、H·德姆塞茨（H. Demsetz）等人研究的基础上，进行了归纳和总结。由于大量生产和大量分配的结合，实现了多个经营单位交易活动的内部化，这种内部化给扩大了的企业带来了许多好处，比如联合体内部各单位之间交易的例行化，可以降低交易成本；采购、生产及分配单位的管理连接在一起，可以降低获得市场和原材料供应信息的成本；对商品流量的有效安排，可使生产和分配过程中使用的设备和人员得到更好地利用，从而提高生产效率并降低成本。此外，管理上的协调还可使现金的流动更为可靠，付款更为迅速。

必须指出，在企业替代市场的情况下，交易费用的节约是有限度的。这一方面是因为企业的扩大不能超过"临界点"，否则，在企业内部组织一笔交易的成本就会大于公开市场上完成这笔交易所需要的成本，原因在于随着企业规模的扩

---

① 小艾尔弗雷德·D·钱德勒：《看得见的手——美国企业的管理革命》，商务印书馆1987年版，第328~329页。
② 罗纳德·哈里·科斯著，盛洪等译：《企业、市场与法律》，上海三联书店1990年版，第7页。

大，职工人数的增加率往往超过生产增长率，管理效率和工作效率也会降低，从而使单位产品的成本趋于上升，也就是通常所说的"大企业病"；另一方面在一个企业内把许多营业单位活动内部化所带来的利益，需要等到建立起有效的管理层级制以后才能实现。"管理层级制"的有效性决定着交易费用节约的程度。

上述分析表明，在市场机制的高昂代价甚至失效面前，企业是可供选择的替代物，但这种替代是有限的。企业的出现并不意味着市场的失灵，只能说一种市场取代了另一种市场。

1.2 不同学派的企业观

1.2.1 新古典经济学派的企业观

新古典经济学认为，市场是充分竞争的，生产要素是充分流动的，企业需要的所有要素都可以通过市场公开获取，由此也决定了企业之间的模仿是无成本的；在长期均衡中，市场是出清和充分有效率的，企业将不可能获得超额利润；信息是充分的，如同个体的完全理性特征，企业对未来的预期是完全确定的；决定企业行为的唯一变量是价格，企业仅仅是价格的接受者。由于完全竞争性市场的存在，这个生产组织可以做到：精确地计量出生产要素的投入和产出；可以在其认为是最适合于需求条件和成本条件的产量水平上运行；在市场价格的决定作用下，要使其在边际成本等于边际收益（即市场价格）的状态下运行，从而实现利润最大化。因此，在新古典经济学的分析框架中，企业是一个能力无限（拥有解决全部问题的知识）、完全理性（可以准确地预测所有经济变量未来的变数）的组织，在一个信息充分（可以及时、准确地得到各种信息）、零交易成本（契约完备，任何交易没有成本）的环境中通过投入产出追求利润最大化。也就是说，企业是一个简单的"生产函数"，各项投入作为函数的自变量，通过毫无成本地运用市场价格机制，企业能够依据"利润最大化"的原则自动得出产出。而企业内部生产要素、生产能力的差异、内外部契约关系在"生产函数"中都是被舍弃或者隐含，被看做一个"黑箱"不去考虑。

新古典经济学实质上是把企业描述成一个充分有效、无摩擦和零交易成本的生产和交易组织。它的完全理性、充分信息、完全竞争、资源自由流动等基本假设受到越来越多的质疑，人们越来越认识到这些假设只是理论推理的基准。

1.2.2 现代企业理论的企业观

现代企业理论指的是科斯所创的新制度经济学派的企业理论。科斯首次从交易费用角度对企业性质和边界问题作出了阐释①。他认为,企业的显著标志是对价格机制的替代,市场与企业是资源配置的两种可互相替代的手段,在市场上,资源的配置由非人格化的价格来调节,是由一系列短期契约来完成;而在企业内部,相同的经济活动可以通过长期的权威关系契约来完成,之所以发生替代是由于完成同样资源配置活动所需的交易费用不同。② 关于企业的边界,科斯认为最佳的企业边界为企业内部的交易成本等于市场的交易成本。"企业将倾向于扩展直到在企业内部组织一笔交易的成本,等于通过在公开市场上完成同一笔交易的成本或在另一个企业组织同样交易的成本为止"。③ 张五常(Chueng)认为,企业和市场都是一种契约关系,只不过企业这种契约是生产要素所有者签署的,而市场这种契约则是中间产品商签署的,两者的不同是生产要素市场和中间产品市场之间的不同,在中间产品市场上进行的是产品的直接定价,而在企业内部则是用企业的剩余权利来代替直接定价,是一种间接定价,只有当间接定价的费用(一种市场上的交易费用)小于直接定价的费用(另一种市场上的交易费用)时,企业就会出现,企业的边界也是两种费用边际比较的结果。因此,他认为,企业是市场价格机制的替代物的观点并"不十分确切",而应视为"一种契约形式取代另一种契约形式",或者说是用劳动市场代替中间产品市场。④

阿尔钦和德姆塞茨(Alchain and Demsezt)认为,企业区别于市场的本质原因在于企业具有团队生产性质,即:它同时使用几种类型的生产要素;团队产出并不是团队各要素产出的简单之和;团队的生产要素并不属于同一个人。由于团队生产中团队成员的贡献在技术上具有不可分性,团队中各个成员的贡献是难以测量的,因而团队成员缺乏努力工作的积极性,导致了"搭便车"或偷懒问题。为了规避这种行为,合作成员之间便达成一个契约,即由部分成员专门从事监督其他成员绩效的工作,而监督者必须能够获得"剩余索取权"作为监督的报酬,

---

① 科斯并没有提出交易费用的概念,只是提出"发现有关价格的成本",交易费用的概念是其追随者提出的。
② 罗纳德·哈里·科斯著,盛洪等译:《企业、市场与法律》,上海三联书店1990年版,第8页。
③ 同上,第10页。
④ 陈郁:《企业制度与市场组织——交易费用经济学文献》,上海人民出版社1996年版,第240～269页。

同时授予他支付其他成员报酬的权利，这实际上就是将产权赋予监督者。由于剩余索取权与团队总产出呈现正相关的关系，所以这种产权安排是有效率的，团队生产理论将企业所有权定义为"剩余索取权"①。

詹森和麦克林（Jensen and Meckling）指出，"契约关系是企业的本质，不仅对雇员来说是如此，而且对供给者、顾客和信贷者等来说也是如此。应该承认，大多数组织完全是一种法律假设，可以作为一组个人间契约关系的一个联结。"在此，这"一组契约关系"就是劳动所有者、物质资源投入者和资本投入的提供者、产出品的消费者相互之间的契约关系。②

尽管每个学者关于企业的认识不同，但企业是"一系列契约的联结（Nexus of Contracts）"③ 的观点基本得到统一的认可。

1.3 企业制度的演进与特征

1.3.1 业主制企业

业主制企业是企业制度的最早存在形式。业主制企业由业主个人出资兴建，业主自己直接经营并享有企业的全部经营所得，同时对企业的债务负有完全责任，即不但以其投入到企业的财产承担债务，在资不抵债时还要用其所拥有的其他财产或全部财产偿还债务。业主制企业一般规模较小，内部管理机构简单。我国的个体户和许多私营企业就是个人业主制企业。

由于业主本人就是经营者，所有权与经营权完全合为一体，因此业主制企业能从产权安排上对经营者提供百分之百的激励，从而使企业能够精打细算，这是其主要的优点。另外，业主制企业还有经营方式灵活、决策迅速、保密性强等优点。但是，业主制企业也存在缺点，例如规模相对较小，筹措资金困难，因承担无限责任而导致风险较大，企业的存续受制于业主的生命期等。

一般来说，业主制企业通常存在于农业、零售业和服务业等行业。

---

① Alchian, A., Demsetz, H. Production, Information Costs and Economic Organization [J]. American Economics Review, 62 (50): 777-795.

② Jensen, M. C., W. H. Meekling. Theory of the Firm: Managerial Behavior, Agency Costs and Ownership Structure [J]. Journal of Financial Economics, 1976, 3 (4): 305-360.

③ 张维迎：《企业理论与中国企业改革》，北京大学出版社1999年版，第33页。

1.3.2 合伙制企业

合伙制企业由两个或两个以上出资者共同投资设立，可以由一位合伙人负责经营，也可以由几个合伙人或者全体合伙人共同经营。所有合伙人共享企业盈利，共担企业亏损，并对债务共同承担无限责任。

合伙制企业的优点有：合伙制企业由合伙人共同出资，扩大了集资来源，提高了企业的信用能力；合伙人共同对企业债务负有无限责任，使经营风险分散化，同时提高了企业的信用；合伙人共同经营，各尽其才，提高了企业的竞争力。

合伙制企业的缺点有：单一合伙人资产有限，合伙人的数量不能无限制地增加，加之合伙人对企业债务承担无限责任，风险较大，以上因素都限制了企业的规模，导致合伙制企业一般规模都不大；所有合伙人都有权从事经营和参与决策，不利于企业管理的集中统一和科学管理，因而容易造成决策的迟缓和差错；合伙制企业根据协议而建，合伙人的变化会危及企业的存续，因此不够稳定。

一般来说，合伙制企业存在于个人信誉具有明显重要性的行业，如律师事务所、会计师事务所、诊所等。

1.3.3 公司制企业

公司制企业最早在欧洲兴起，是一种以资本联合为核心的企业组织形式，它是在业主制、合伙制基础上发展起来的一种全新的企业制度形式，是现代市场经济中占支配地位的企业组织形式，大中型企业通常都采用公司制形式。公司制企业是一个独立的法人企业，它依法成立，拥有独立的企业法人财产，以独立的法人名义行使民事权利，承担民事责任。公司制企业一般分为无限责任公司、有限责任公司、股份有限公司、两合公司和股份两合公司等，其中最重要的两种形式是有限责任公司和股份有限公司。

有限责任公司，是指由符合法定数量要求的股东共同出资成立的企业法人，每位股东以出资额为限对公司债务负有限责任，公司以其全部资产对其债务承担责任。有限责任公司的特点如下：

（1）股东仅以其出资额为限对公司债务承担有限责任；

（2）股东数量有最高数额的限制，如我国《公司法》规定，有限责任公司由 50 个以下股东出资设立；

（3）资本不划分为等额股份，也不能公开募集股份，不能发行股票。股东出资的转让必须要征得其他股东的同意，而且应优先转让给原来的其他股东；

由于有限责任公司不能对外发行股票，受股东人数的限制，筹集资金的规模一般有限，因此难以适应社会化大生产的需要。

股份有限公司，是指由法定人数以上的股东出资设立的企业法人，全部注册资本被划分为等额股份并通过发行股票筹集，股东以其认购股份对公司承担有限责任，公司以其全部资产对公司债务承担有限责任。其特点如下：

（1）股东数量有最低数额的限制，我国《公司法》规定，设立股份有限公司，应当有2人以上200人以下为发起人，其中须有半数以上的发起人在中国境内有住所；

（2）全部资本按照一定的标准划分为大小相等的单位；

（3）股东以其认购的股份对公司承担有限责任；

（4）可以向社会公开发行股票，股票可以依法转让或交易。

由于股份有限公司的股东较多，因此其筹资额和规模相对较大，所以大中型企业最适合采用这种公司形式。

1.4 公司的组织形态与产权安排

1.4.1 公司及其组织形态

公司的起源在理论界大致有三种观点：

（1）大陆起源说。这种观点认为中世纪欧洲大陆的法国、德国、意大利和西班牙等国家的港口城市是欧洲当时的贸易中心，商业较为发达，个体商人在中世纪社会活动中占有十分重要的地位。商人们一般都把自己经营的商号传给自己的亲属、子女，亲属、子女们在得到祖传的产业后要分家分产，但又不愿意歇业，于是同一家族中的人联合经营、共享盈利、共负盈亏，从而形成了具有浓厚封建传统色彩的家族式经营团体，这种家族式经营团体早在中世纪之初就已存在，曾盛行于法国，这是后来的无限公司、有限公司的前身。

（2）海上起源说。这种观点认为中世纪海上贸易较兴旺，海运业已具相当规模，但由于海上贸易急需巨额的资本做后盾，又要冒很大的风险。为了分担风险，船舶共有便应运而生。当时的这种公司实际上是一种合伙公司，入股人之间的关系是一种合伙关系，如康枚达（Commenda）。

（3）综合起源说。这种观点认为公司既起源于中世纪的海上贸易，又起源于中世纪的欧洲大陆，由船舶共有、康枚达和家族营业团体发展而来。这些观点的共同之处是：公司的起源，从经济上来说，与商业的发展密不可分；从地理位置上说，与地中海地区紧密相连，因为中世纪前，海洋贸易与路上贸易主要集中在地中海地区；从时间上来说，是欧洲的中世纪。

随着新航线和新大陆的发现，海外贸易日益兴盛。由于海外贸易是掠夺性的，不仅在殖民地遭到被掠夺国人民的强烈反抗，而且国与国之间经常发生矛盾，加之远渡重洋，海盗盛行，因此风险极大，远非个人投资者能力所及。于是，英国、荷兰、法国、丹麦、葡萄牙等国出现了一批由政府特许建立的、具有在国外某些地区的贸易垄断权的贸易公司。1600年，英国伊丽莎白女王以特许状批准组织"伦敦商人对印度贸易公司"，1602年，荷兰也以特许状设立了东印度公司。此后，荷兰的西印度公司、英国的阿非利加公司、瑞典的商事公司等相继成立。这些公司从内容上看已经具备了现代股份公司的主要特征。如荷兰的东印度公司成立时，资本金总额为650万盾，共2153股，56.9%的股票由阿姆斯特丹商会拥有，其余面向全国集资。该公司确立股东大会是最高权力机构，由股东大会选举出60名董事组成董事会，另选17人组成经理会，主持日常事务。在欧洲大陆的这种企业形式并非都需要得到法律的承认，有的是通过契约或代理的形式创立，缺少法律的监督。

从17世纪末开始，资本主义商品经济的发展要求发展金融业和交通运输业，而交通运输业和金融业的发展需要大量的资本，这使得股份公司率先在金融业和交通运输业发展起来。如1694年成立的英格兰银行和1790年成立的合众国美国银行，均是通过发行股份筹办的。美国独立战争后开始了产业革命，在东北经济发展的基础上，西部地区也迅速发展起来。为了满足大量人口迁徙的需要，修建沟通东西部的铁路和公路成为重要的问题。由于筑路需要大量的资本，因此通过发行股份的方式成立的各种筑路股份公司逐渐兴起。

19世纪末20世纪初，资本主义的发展进入了帝国主义阶段，工业生产的集中化程度越来越高，企业从自由竞争转向相互吞并的方式来扩大规模，并最终形成了托拉斯组织。这些垄断组织由于对某一产业具有重大的影响，因此成为关系一国国计民生的大公司。如1929年美国最大的200家非金融公司的资产都超过9000万美元，总额达到810亿美元，约占全国所有企业资产总额的38%。在汽车工业，通用、福特和克莱斯勒三大汽车公司占据了全美汽车产量的95%。各种垄断公司在其发展过程中，往往感到在国内的活动空间远远不够，于是纷纷向海外扩张,形成了跨国公司。20世纪50年代末60年代初,跨国公司在规模和数量上迅速发展,成为国际经济生活中重要的经济力量。

1.4.2 公司的组织形态

企业的组织形态是指企业组织形式的法律规定,或称企业法律形态。这可以分为两层意思:企业法律形态是企业的一种表现形式,是由企业的组织形式、法律资格等方面的内容构成的。

按照企业法律内在规定性的不同,企业的组织形态分为两种基本类型:自然人企业和法人企业。自然人企业是指业主制企业和合伙制企业。这种企业的法律特征有:(1)企业的民事权利义务与投资者的权利义务合为一体;(2)投资者对企业债务负连带责任;(3)企业纳税后的利润归业主个人所有。法人企业的法律含义是:企业具有独立于组成企业成员的人格,具有独立的民事权利能力和民事行为能力,这种能力和资格不受组成企业成员的能力和资格的影响。法人是对称于自然人的民事权利义务主体,它是一个社会组织,由法律赋予其人格,独立的承担民事责任和民事义务,并具有相应的权利和民事行为能力。在各国,法人企业仅指公司,一切非公司制企业或者不符合公司法人规范的企业都属于自然人企业。

佩斯林和杰弗里斯认为,由于公司具有独立的法人人格,所以这种企业制度呈现出以下法律特点:(1)公司具有永恒的连续性,一般来说只有歇业才能使它终止存在,而合伙组织则往往在一名合伙人破产或死亡时即行解体。(2)公司的财产同股东的财产完全区别开来。股东的变化不会干扰公司的结构。而合伙组织的财产则属全体合伙人所有,合伙人的变化可能会造成合伙人组织的严重混乱。因此,如无协议,必须把死亡者或破产者在合伙组织中的股份剔出。(3)公司可以起诉和应诉,因此它可以对欠债的任何一名公司股东提起诉讼,但是合伙组织只能由合伙人对欠债的另一个合伙人提起诉讼,如果该合伙组织破产,不能与外部债权人争相指控本企业。(4)公司可以用它自己的名义订立契约,从而承担契约责任,而合伙组织契约则是所有合伙人的契约,他们对这些契约负有共同责任。(5)一家公司的股份可以在《公司法》和公司章程限定的范围内自由转让,而合伙组织股份只有在所有合伙人同意后才能转让。①

---

① 佩斯林、杰弗里斯:《英国公司法》,上海译文出版社1984年版。

1.4.3 公司的产权安排

1. 产权范畴的界定

新制度经济学对产权问题进行了深刻的分析,但是并没有得到一个获得普遍认可的定义。概括起来,主要有以下观点:

《新帕尔格雷夫经济学大辞典》认为:产权是一种通过社会强制而实现的对某种经济物品的多种用途进行选择的权利;① 吕菲博腾和配杰威齐认为,产权不是指人与物之间的关系,而是指由物的存在及关于它们的使用所引起的人们之间相互认可的行为关系,它是一系列用来确定每个人相对于稀缺资源使用时的地位的经济和社会关系;② 阿尔钦认为,产权是授予特别个人某种权威的办法,利用这种权威,可从不被禁止的使用方式中,选择任意一种对特定物品的使用方式;③ 德姆塞茨认为,产权包括一个人或他人受益或受损的权利,产权的一个主要功能是引导人们实现将外部性较大的内在化的激励;樊纲认为,产权就是对物品或劳务根据一定的目的加以利用或处置以从中获得一定收益的权利。④

通过对现有产权概念的分析,可以发现现有的学者对产权的理解包括以下几方面的内容:(1)产权的本质是规定人与人之间关系的准则;(2)产权具有排他性;(3)产权不完全等同于所有权,但与所有权有关。

本书认为,产权有广义和狭义之分。广义的产权包括财产权和行为权;狭义的产权即财产权,是指有关经济主体在可增殖的资本上拥有的一种财产权利,即占有、使用、处分、收益的权利。

2. 古典所有权与现代产权

现代产权理论源于古典所有权理论,但又不尽相同。古典所有权理论认为,所有权是一种明确物——财产最终归属和所有人支配财产的权力范围的制度。古典所有权具有这样几个特征:一是归属权能,即古典所有权强调其财产的法律归属,所有权只能由一个确定的主体拥有,在同一物上不能设立两个平行的、地位

---

① 约翰·伊特韦尔等:《新帕尔格雷夫经济学大辞典(第3卷)》,经济科学出版社1992年版。
② R. 科斯、A. 阿尔钦、D. 诺思等:《财产权利与制度变迁——产权学派与新制度学派译文集》,上海人民出版社1994年版,第204页。
③ 同上,第166页。
④ 樊纲:《市场机制与经济效率》,上海三联书店1995年版,第126页。

相等的所有权；二是全面权能，即所有权拥有物权的一切权能，所有者在合法的范围内可以自由地占有、使用、处分、处置财产获取收益的权利。所有权四项权能是全面的、集中统一的，如果有分离，也是偶然的、暂时的现象；三是自然人权能，即古典所有权的主体是自然人，自然人所有权是古典所有权的唯一形式。

公司制度的产生不仅实现了企业组织形态的创新，更重要的是实现了企业产权的革命，即由古典所有权发展为现代产权——法人产权的出现并与出资人所有权并立和共存。法人产权又称法人财产权、社团所有权、公司所有权。

现代产权与古典所有权的区别主要表现在两个方面：（1）古典所有权强调财产的归属权，而现代产权强调财产利得权，即所有者取得资本运营收益的权利，这就形成二者在财产上"占有"与"收益"强调的重心的不同；（2）古典所有权强调人对物的权利，而现代产权不仅重视人对物的权利，更强调在物的占有基础上的人对人的行为权利。

现代产权安排具有以下特征：（1）最终产权结构具有多元性。公司是由多个独立的投资主体投资设立的法人企业，它打破了以内部积累为主的难以适应生产力急速扩张的传统的业主筹资模式，在信用基础上形成多元化投资主体和社会化筹资方式。（2）法人产权具有独立性。公司法人由于其最终产权关系发生裂变：投资者拥有获得收益的股东权，公司法人拥有法人产权，即公司获得了对财产占有、使用、处分、收益的权利。这样就形成了最终产权主体（股东）与法人产权主体（公司法人）并存的局面。公司法人虽然基于最终产权的存在而形成，但却独立于最终产权而独立存在和运行。（3）法人产权代理具有社会性和专业性。现代公司通过有效的高层管理者进行资源分配和利益协调，执行这一功能的代理人——社会化、专业化的支薪经理在公司产权运营中扮演着重要角色。

1.4.4 公司治理结构

在现代公司中，股东聘请专业的经理人员经营公司，因此所有权与经营权产生了分离。由于股东与经营者的利益不一致，因此经营者有可能为了自己的利益最大化而损害股东的利益。为了保证经营者能够从自己的利益出发经营公司，股东会通过法人治理结构的形式治理公司，从而形成了三个层次的委托代理关系。

第一层次的委托代理关系是股东大会和董事会之间的委托代理关系。股东大会是依照公司法和公司章程的规定，由全体股东组成的，对公司的经营方针和股东利益进行决策的机构。股东大会的性质表现在：（1）股东大会是公司的最高决策机关，不仅要选举或任免董事会和监事会成员，而且企业的重大经营决策和股东的利益分配等都要得到股东大会的批准。（2）股东大会是议会式机关。股东大会是法定的、必须设立的机关，但股东个人的意见不能代表公司的意见，股东的意见必须在股东大会上形成决议后才对公司产生实际的影响。（3）股东大会是非常设机关。因为股东人数众多，居住分散，召集不便，加之股东大会属于最高决策机构，只有遇到有关公司的重大决策问题时才行使决策权，因而无常设的必要。（4）股东大会是非执行机关。股东大会对内不执行业务，对外也不代表公司，因而它不是公司的业务执行机关。基于以上原因，股东们通过一定的程序，选举董事作为自己财产的受托人，由董事组成的董事会受股东大会的委托负责经营和托管公司的法人财产。于是就形成了股东大会与董事会之间的第一层委托代理关系。其特点是：（1）一旦股东大会委托董事会经营公司，董事会就代表股东，股东不得干预公司的日常事务，也不能因商业经营原因随时随意解聘董事；（2）股东与董事之间的关系是一种信任关系而非纯粹经济意义的雇佣关系。董事的报酬不同于经理人员，甚至一些董事不领取报酬，这表明股东与董事之间是一种以信用为基础的委托代理关系。

第二层次的委托代理关系是董事会和经理人员之间的委托代理关系。董事会是依据法律规定，由股东大会推选的董事组成、对内管理公司业务、对外以公司名义进行活动的常设机构。董事会作为一个决策集团，并不直接行使企业日常经营管理权。董事会通过经理市场选择具有专业知识和专门技能的经理人员管理企业的日常事务。经理人员具体掌管和处理公司事务，对外可以在董事会的授权范围内代理或代表公司进行工商活动。他对公司的经营活动具有管理权力，是公司的执行机构。于是就形成了董事会与经理人员之间的第二层委托代理关系。董事与经理人员之间的委托代理关系具有以下特点：（1）经理人员是意定代理人，其权利受到董事会委托范围的限制，包括法定限制和任意限制；（2）公司与经理人员是一种有偿的雇佣关系，经理人员有义务和责任依法经营好公司业务，董事会有权依据经理人员的经营业绩进行奖励或惩罚。

第三层次的委托代理关系是股东大会和监事会之间的委托代理关系。第一层和第二层委托代理关系自然地引出一个问题：经营者（董事和经理人员）能否为了实现对股东的受托责任而工作？由于经营者负责公司的日常业务，而股东只能通过财务报表了解公司的经营情况，两者之间存在信息不对称。因此，股东会设立独立于经营者的监事会行使监督权，于是就形成了股东与监事会之间的第三层委托代理关系：监督机构对经营者（董事、经理）之间的监督制约关系。当然，监事会及其成员也是股东的代理人，其目标与股东的目标也并不一致，谁来监督监事？因此这种委托代理关系也会产生代理成本。这实际上是现代法人产权制度和法人治理结构产生以来一直困扰公司发展的一个长期问题,也是现代公司制度与自然人制度相比所存在的一个固有缺陷。

要点小结

1. 关于制度的含义有不同的观点,目前具有代表性的有以下两种观点:制度是一种精神现象(或心智现象);制度是人为的行为规则。

2. 经济制度是与经济活动有关的各种制度的总和,其目的是配置资源,以实现国家的经济目标。

3. 制度经济学发展的前一阶段被称为旧制度经济学派,后一阶段被称为新制度经济学派,新制度经济学派又分为以加尔布雷思为代表的新制度经济学派和以科斯为代表的新制度经济学派。

4. 关于企业制度,主要存在三种理论假定与制度特征,分别是"经济人"假定与自由企业制度;"社会大工厂"假定与统制企业制度;"市场替代组织"假定与交易费用节约。

5. 关于企业的性质,新古典经济学认为,企业是一个能力无限、完全理性的组织,在一个信息充分、零交易成本的环境中通过投入产出追求利润最大化。现代企业理论认为,企业是一组契约的联结。

6. 企业制度主要有三种形式:业主制企业、合伙制企业和公司制企业。

7. 公司的起源在理论界大致有三种观点:大陆起源说、海上起源说和综合起源说。

思考与讨论题

1. 试述企业制度的形式及各自的优缺点。
2. 试述不同企业理论中的企业性质。
3. 试述企业制度存在的三种理论假定与制度特征。
4. 试述制度学派发展的不同阶段及主要内容。
5. 试从组织形态、产权安排和治理结构的角度论述现代公司制度。

案例分析

1. 萨洛蒙诉萨洛蒙有限责任公司案

萨洛蒙先生原为个体商人,拥有一家鞋店。1892年,萨洛蒙依公司法的规定建立了萨洛蒙有限责任公司,公司总共发行了20007英镑的股份,其中,萨洛蒙先生认购了20001英镑的股份,萨洛蒙太太和他们的五个子女每人各认购1英镑的股份。公司成立后的第一次董事会批准萨洛蒙先生将其鞋店卖给公司,售价38782英镑,其中,20000英镑作为萨洛蒙先生认缴公司的股金;10000英镑作为公司欠其债务,并由公司资产作为担保;其余以现金支付。公司以后又陆续对外借了部分债务,未设抵押。1893年,公司因无力支付到期债务被依法清算,清算结果是公司有资产6000英镑,欠债除萨洛蒙先生的10000英镑外还有7000英镑非担保债务。萨洛蒙先生要求公司优先偿付其有担保的债权。公司清算人代表无担保的债权人起诉萨洛蒙先生,认为他与公司实际为同一个人,他应对普通债权人承担赔偿责任,并且本人债权不应当向公司求偿。

初审法院和上诉法院都认为,萨洛蒙公司只不过是萨洛蒙的化身、代理人,公司的钱就是萨洛蒙的钱,萨洛蒙没有理由还钱给自己,从而判决萨洛蒙应清偿无担保债权人的债务。但是,上议院推翻了初审法院和上诉法院的判决,英国上议院一致认为,该公司一经正式注册,就成为一个区别于萨洛蒙的法律上的法人,拥有自己独立的权利和义务,以其独立的财产承担全部责任,股东不对债权人承担无限责任,而仅以其出资额为限承担有限责任,故萨洛蒙对于公司及公司债权人并不负任何责任。本案中,萨洛蒙既是公司的唯一股东,也是公司的享有担保债权的债权人,具有双重身份,其所持有的有担保的公司债应优先于公司的无担保债权得到清偿。最终,萨洛蒙得到了公司能够付出的6000英镑,其他债权人则分文未得。

(资料来源:佩斯林、杰弗里斯:《英国公司法》,上海译文出版社1984年版,第1~2页。)

2. 中达公司诉华邦公司股东案

2000年,华邦公司向中达公司购买电池价值665万元,中达公司按约履行交货义务后,华邦公司却迟迟未能付款,于是中达公司向法院提起诉讼。2001年,南京中院判决华邦公司支付中达公司货款665万元及逾期付款违约金等,但判决生效后华邦公司并无财产可供执行。

2004年,中达公司通过调取华邦公司工商登记资料发现,华邦公司财务报表实收资本一栏一直显示为零,且2004年7月7日,南京市工商局因此下达处罚决定书吊销了华邦公司的企业法人营业执照。于是2005年5月,中达公司以华邦公司的4位股东姬凤歧、周志谟、谢静凯、乐霏震为被告,向南京中院提起诉讼,要求4位股东在各自认缴出资范围内对华邦公司所欠中达公司的债务就华邦公司的财产不足以清偿其债务的部分向中达公司承担连带清偿责任。

法院认为，由于华邦公司的4位出资人对华邦公司未能出资到位，致使华邦公司实际资本达不到法定最低限额，由此华邦公司应不具备法人资格，为保护债权人利益，维护交易安全，作为出资人的姬凤歧、周志谟、谢静凯、乐霏震应承担相应虚假出资的法律责任。姬凤歧、周志谟、谢静凯、乐霏震在华邦公司的资产不足以清偿其债务时，应连带承担相应的清偿责任。故判决支持了中达公司的诉讼请求。

（资料来源：李居鹏：《从本案看"揭开公司面纱"制度在司法实践中的运用》，http://www.law-lib.com/hzsf/lw_view.asp? no = 11121。）

案例思考：

1. 在第一个案例中，上议院为什么推翻了初审法院和上诉法院的判决，使萨洛蒙能够优先得到债务清偿？
2. 在第二个案例中，华邦公司的股东为什么被判承担公司的债务？
3. 请比较以上两个案例，分析公司法人的人格独立与人格否认的条件。
4. 请结合案例分析公司制企业与业主制企业在组织形态上的区别。

参 考 文 献

1. Alchian, A., Demsetz, H. Production, Information Costs and Economic Organization [J]. American Economics Review, 62 (50): 777 – 795. Jensen, M. C., W. H. Meekling. Theory of the Firm: Managerial Behavior, Agency Costs and Ownership Structure [J]. Journal of Financial Economics, 1976, 3 (4): 305 – 360.
2. 罗纳德·哈里·科斯著，盛洪等译：《企业、市场与法律》，上海三联书店1990年版。
3. 小艾尔弗雷德·D·钱德勒：《看得见的手——美国企业的管理革命》，商务印书馆1987年版。
4. 陈郁：《企业制度与市场组织——交易费用经济学文献》，上海人民出版社1996年版。
5. 张维迎：《企业理论与中国企业改革》，北京大学出版社1999年版。
6. R. 科斯、A. 阿尔钦、D. 诺思等：《财产权利与制度变迁——产权学派与新制度学派译文集》，上海人民出版社1994年版。
7. 樊纲：《市场机制与经济效率》，上海三联书店1995年版。
8. 佩斯林、杰弗里斯：《英国公司法》，上海译文出版社1984年版。
9. 约翰·伊特韦尔等：《新帕尔格雷夫经济学大辞典（第3卷）》，经济科学出版社1992年版。

第 2 章

公司治理的理论基础与任务

学习目的： 本章主要介绍了公司治理产生的根源、公司治理的理论基础、公司治理的基本范畴、公司治理的目标以及公司治理与管理的区别。通过本章学习，了解公司治理的起源和理论基础；熟悉公司治理的基本知识，包括含义、内容、主体、客体、目标及任务；掌握公司治理与公司管理的关系。

关键词： 公司治理；内部治理；外部治理；两权分离；委托代理

引　　言

公司治理是当前国内外理论界和实务界都非常关注的一个焦点问题。那么，公司治理为什么会成为热点，它产生的原因是什么，包括哪些内容，要达到什么目标，同公司管理的关系如何？这是学习公司治理必须要了解的基本问题，也是本章的主要内容。

2.1　公司治理问题的提出

2.1.1　理论根源——两权分离

在业主制企业和合伙制企业里，业主或合伙人拥有企业并自己直接经营，所有权与经营权合二为一。而在公司制企业，由于规模相对较大，业务比较复杂，需要管理者具有较高的经营水平和管理能力，而股东并不一定能够胜任，因此需要聘用具有专业的管理知识和专门的管理技能的经理人员经营公司业务。① 在此情况下，股东拥有所有权，而经理人员拥有经营权，所有权与经营权产生了分离，这也是公司制企业的典型特征。② 伯利和米恩斯③对美国1929年年末最大的200家非金融公司进行了研究，结果发现其中88家公司的股权非常分散④，只有22家公司完全为个人股东控制或个人股东拥有多数股权。针对股权分散的公司，他们提出"经营者支配论"，即公司的控制权掌握在经营者手中⑤。拉纳（Larner，1966）利用伯利和米恩斯的方法对1963年美国最大的200家非金融公司的股权结构进行了研究，在与1929年的结果对比后发现股权结构进一步分散，经营者控制的公司数量由1929年的88家上升到1963年的169家，资产占200家非金融企业总资产的85%⑥。钱德勒（Chandler，1977）把股权越来越分散、控制权转移到经营者手中的企业称为"经理式企业"，并发现到20世纪60年代时，在美国经济的一些主要部门中，经理式企业已成为现代工商企业的标准形式⑦。另外，在1970年的日本，303家最大金融公司的50%、29家最大金融机构的90%被经营者支配；在1975年的英国，最大的250家公司中有43.75%被经营者

---

① 1841年10月5日，在美国马萨诸塞到纽约的西部铁路上，两列客车迎头相撞，造成一名列车员和一名乘客遇难身亡，另有17人受伤。事件发生后，舆论一致批评由铁路公司的老板和主要股东组成的董事会没有能力领导和管理现代企业。不久，在马萨诸塞州议会的推动下，铁路公司进行了改革，选拔有管理才能的人担任领导，股东作为资本所有者只拿资本红利，不再负责公司具体的经营事务。这就是美国第一家由全部拿薪水的经理人员管理的公司。

② 当然，部分公司制企业的所有者仍然掌握着公司的控制权，他们的意志能够得到较顺利地贯彻与实施，例如微软、戴尔等。但是，上述类型的公司并不是主流。

③ Berle, A., Means, A. The Modern Corporation and Private Property [M]. New York: The MacMillan Company, 1932.

④ 根据伯利和米恩斯的统计，在1929年，美国最大的铁路公司宾夕法尼亚铁路公司、最大的公用事业公司美国电话电报公司、最大的工业公司美国钢铁公司最大股东的持股比例均不超过公开发行股票的1%，前20位股东的持股总和占股份总数的比例分别为2.7%、4.0%和5.1%。

⑤ 伯利和米恩斯（Berle and Means）认为，由于股权分散，并没有股东可以依靠自己持有的股权取得控制地位，这时公司的控制权转移到了董事会。对于董事会的选举，股东由于没有具有影响的股份，因此或者选择放弃或者选择将投票权转让给代理（投票）委员会，这时控制权就转移到了挑选代理（投票）委员会的人手中。实际上代理（投票）委员会是由经营者指派的，因此实际的控制权转移到了经营者手中，这种控制被称为"经营者控制"。

⑥ Larner, R. Ownership and control in the 200 Largest Non-Financial Corporations, 1929 and 1963 [J]. American Economic Review, 1966, 56: 777-787.

⑦ Chandler Alfred D. The Visible Hand: The Managerial Revolution in American Business [M]. Cambridge: Harvard University Press, 1977.

支配;在1971年的德国,最大的150家制造业和商业企业中有52%被经营者支配。①

所有权与经营权的分离不仅使投资者分散了风险,而且使经营者可以从事更专业化的管理。但是,由于公司经营者与所有者的利益不一致,并且两者之间存在信息不对称,经营者在进行决策时有可能通过损害所有者利益而实现个人利益的最大化②,从而产生了代理问题,导致了代理成本③。为了解决代理问题,委托人需要构建一套机制来保护自己,限制代理人损害委托人的行为,这就是公司治理的起源。因此,所有权与控制权的分离以及由此产生的委托代理问题,是公司治理问题产生的现实根源。

2.1.2 现实问题

1. 公司丑闻

美国的证券市场虽然发展时间较长、制度比较完善,但是上市公司舞弊丑闻却时常发生,有的上市公司甚至因此而破产。20世纪70年代先后发生了巨人零售、权益基金、马蒂尔公司等信息披露舞弊事件,20世纪90年代以来,美国信息披露舞弊事件平均每年以15%的速度增长,上市公司信息披露舞弊丑闻曝光的范围和规模超过了大萧条以来的任何时期,从1995~2001年,共有772家上市公司公开承认信息披露存在重大错误④。2001年12月,全球能源巨头安然(Enron)公司因会计信息舞弊曝光不得不申请破产保护,并以498亿美元资产刷

---

① 云冠平、朱义坤、徐林发:《经营者支配公司之成因》,载《经济学动态》1998年第5期。
② 亚当·斯密在《国民财富的性质和原因的研究》中最早对这个问题进行了论述——"在钱财的处理上,股份公司的董事为他人尽力,而私人合伙公司的伙员,则纯粹是为自己打算。所以要想使股份公司董事们监视钱财用途像私人合伙公司伙员那样用意周到,那是很难做到的。……疏忽和浪费常为股份公司业务经营上多少难免的弊端。"
③ 詹森和麦克林(Jensen and Meckling,1976)认为,代理成本主要包括三部分:第一是委托人的监督成本,即委托人激励和监控代理人,使后者为前者的利益而尽力的成本;第二是代理人的担保成本,即代理人用以保证不采取损害委托人行为的成本,以及如果采用了那种行为将给予赔偿的成本;第三是剩余损失,它是委托人因代理人代行决策而产生的一种价值损失,等于代理人决策和委托人在假定具有与代理人相同信息和才能情况下自行效用最大化决策之间的差异。见 Jensen, M. C., W. H. Meckling. Theory of the Firm: Managerial Behavior, Agency Costs and Ownership Structure [J]. Journal of Financial Economics, 1976, 3 (4): 305-360。
④ 秦江萍:《会计舞弊的市场反应与识别:理论分析与经验证据》,经济科学出版社2005年版,第3页。

新了美国历史上破产公司规模的纪录。而7个月之后世通（WorldCom）公司因信息舞弊丑闻也不得不申请破产保护，再创破产公司规模的纪录。另外，曾经名声显赫的朗讯（Lucent）、泰科（Tyco）、施乐（Xerox）也因涉嫌虚假财务报告而成为信息舞弊企业中的一员。在欧洲，曾被称为欧洲IT龙头企业的比利时莱尔努-奥斯比（Lernout and Hauspie）公司因虚假信息披露在2000年被从纳斯达克主板市场摘牌，意大利乳品巨头帕玛拉特（Parmalat）公司的财务舞弊丑闻在2003年曝光，后因无力偿还债务不得不申请破产保护。

安然事件

安然公司成立于1985年，是由美国休斯敦天然气公司和北方内陆天然气（Inter North）公司合并而成，总部设在美国得克萨斯州的休斯敦，首任董事长兼首席执行官为肯尼斯·雷。在肯尼斯·雷的领导下，安然公司从名不见经传的一家普通天然气经销商，逐步发展成为世界上最大的天然气采购商和出售商、世界最大的电力交易商、世界领先的能源批发做市商、世界最大的电子商务交易平台。从1990年到2000年的10年间，安然公司的销售收入从59亿美元上升到了1008亿美元，净利润从2.02亿美元上升到9.79亿美元，股价最高攀升至90.56美元。2000年，在美国《财富》杂志的"美国500强"中位列第7名，在世界500强中位列第16位，并在《财富》杂志的调查中连续6年荣获"最具创新精神的公司"称号。

2001年10月17日，安然公司公布季度财务报告，其利润突降到亏损6.38亿美元。随后，美国证券交易委员会（SEC）介入调查。11月8日，安然公司被迫承认，自1997年以来通过虚报销售收入、利用关联交易和特殊目的实体（SPE）隐藏负债等方法虚报盈利共计5.86亿美元。随后，标准普尔将安然公司的债券调低评级至"垃圾"，并且将其从代表美国经济的标准普尔500种股票中拉出，穆迪公司也将安然公司的信用等级调至最低。12月2日，安然公司向纽约破产法院申请破产保护，其在破产申请文件中开列的资产总额为498亿美元，成为当时美国历史上最大的破产企业。2002年1月15日，纽约证券交易所正式宣布，将安然公司股票从道琼斯工业平均指数成份股中除名，并停止安然股票的相关交易。至此，安然大厦完全崩溃。

（资料来源：根据网络资料整理。）

在我国20余年高速发展的证券市场上，已经上演了一幕又一幕的上市公司信息披露舞弊的悲喜剧。先是20世纪90年代初期的深圳原野、长城机电和海南新华三大信息披露舞弊事件；随后 1997～1998 年又发生了琼民源、红光实业和东方锅炉新三大信息披露舞弊事件；2000 年的郑百文、黎明股份、猴王股份的余震未消，2001 年又爆出麦科特、大庆联谊等舞弊案件，银广夏更是将信息披露舞弊推向了高潮；随后 2002 年的锦州港、2003 年的啤酒花、2004 年的新疆德隆、2005 年的科龙电器又接连曝出信息披露舞弊丑闻，而这还只是虚假信息披露的冰山一角，还有更多上市公司的信息披露问题尚未浮出水面。

2. 高管人员薪酬增长过快

在英美国家，公司高级管理人员的薪酬持续增长，即使公司业绩增长缓慢甚至不增长，高管薪酬也在增长，这引起了股东和社会的不满。在美国，20 世纪 70 年代 102 家大公司（1940～1990 年间销售收入曾列入前 50 名的公司）高管的平均收入，以今天的美元折算，相当于 120 万美元，仅比 20 世纪 30 年代 CEO 的收入高一点点，是美国经济体中普通全职工人工资的 40 倍。但在 21 世纪初，CEO 的年薪平均超过 900 万美元，是普通工人工资的 367 倍。其他高管的薪酬也大增，大公司中位列 CEO 之下的两位高管，在 20 世纪 70 年代的薪水是普通工人的 31 倍，在 21 世纪初则为 169 倍。[①] 在英国，从 1981～1990 年 100 家大公司高管的报酬增长了 351.5%，而同期这些公司的盈利增长只有 106.8%。[②]

在我国，公司高管人员薪酬的增长也备受关注，近年来都出现了高管薪酬同公司业绩不相符的现象，甚至出现了部分公司的业绩下降，高管薪酬反而增长的现象。根据 2010 年上市公司披露的年报，沪深两市共有 530 家上市公司业绩出现了不同程度的下滑，其中 50 家业绩最差公司的亏损总额高达 116.21 亿元，但高管仍拿走了 8888 万元的薪酬，而且 31 家公司高管的薪酬出现了上涨。

马明哲的天价年薪

2008 年 3 月 19 日，中国平安保险公司公布了 2007 年年报。数据显示，公司董事长兼首席执行官马明哲税前薪酬为 6616.1 万元，立刻引起了轩然大波。

马明哲的高薪主要源于平安的薪酬制度及长期激励计划。在 2004 年平安在 H 股上市后的第一次临时股东大会上，批准对绩效优秀的高级管理人员、前线绩优销售人员、若干主要员工实施长期奖励计划，授予价为 10.33 港元。2007 年中

---

① 保罗·克鲁格曼：《美国怎么了？一个自由主义者的良知》，中信出版社 2008 年版。
② 李维安：《公司治理》，南开大学出版社 2001 年版。

期,平安长期激励计划的首次支付时,执行日附近 H 股均价为 52.74 港元,这使得马明哲的税前奖金部分高达 6000 多万元。

(资料来源:根据网络资料整理。)

3. 公司裁员引起的不满

传统公司运行的基本逻辑是"资本雇佣劳动",即股东承担公司风险,而员工领取固定工资,因此公司的所有权归股东所有。但是在 20 世纪 80 年代的兼并收购的浪潮中,股东为了自己的短期利益接受并购协议,裁减了大量的员工,极大地损害了职工的利益,彻底摧毁了员工的安全感,使职工认识到所谓的固定工资并不固定,自己面临的风险甚至比股东还要大,并由此产生了不满。

4. 机构投资者的兴起

20 世纪 80 年代以来,英美国家公司股东高度分散化的情况发生了很大变化,以养老基金和共同基金为主的机构投资者拥有了越来越多的股份,成为许多公司的大股东,原本分散的股份集中到机构投资者手上,形成了股东机构化、法人化的现象。到 20 世纪 90 年代,在美国,机构投资者拥有公司 40% 以上的股权[①]。由于持股比例高,机构投资者用脚投票会导致市场的剧烈震荡,因此不能做一个安静的持股者。为了保护自己的投资,机构投资者会积极介入公司治理,维护自身的利益。20 世纪 90 年代,美国 IBM、通用汽车、康柏、AT&T 和美国捷运五大公司的董事会正是在机构投资者的压力下先后解雇了首席执行官,迫使公司改变经营战略。

中兴通讯增发 H 股事件

在 2002 年中兴通讯(000063,SZ)增发 H 股的事项中,机构投资者的表现就显示出了我国机构投资者参与公司治理的积极性。

中兴通讯(股票代码:000063)是深沪两市赫赫有名的蓝筹股,2002 年该公司准备增发 H 股的消息导致股票以 24 元多暴跌至 18 元以下,创一年来新低,流通市值为此蒸发 12 亿元之多。

2002 年 8 月 20 日,尽管遭到众多基金和中小股东的强烈反对,中兴通讯临时股东大会仍以 90% 以上的赞成票通过了 H 股发行计划。会场上大股东与流通

---

① 梁能:《公司治理结构:中国的实践与美国的经验》,中国人民大学出版社 2000 年版。

股股东针锋相对,股东大会在表决时曾一度中断。有机构投资者表示,如果公司以15港元的价格发行H股,他们不能接受,他们的心理价位是30港元。他们认为这是中兴通讯在贱卖公司的财产。以汉唐证券为代表的流通股机构投资者要求进行两次表决:到场所有股东表决和流通股股东表决,但是最终未能成事。不过,虽是大局已定,汉唐证券、申银万国、长盛基金等数十家机构投资者联名上书证监会要求审慎看待中兴通讯发行H股,保护中小投资者的利益。众多的基金公司之所以反对中兴通讯的增发H股方案,是认为该公司增发H股导致现有股东的股东权益全面摊薄,侵害了现有股东的权利。

机构投资者的这次发难并不是完全没有效力,事实上,中兴通讯新闻发言人曾表示,"中兴这一次感受到的基金经理们的压力之大是前所未有的,中兴不能不考虑他们的态度,希望用股本转增方案补偿此前中兴暴跌给中小股东带来的损失。"

"中兴事件"大大地改变了资本市场对机构投资者的态度,8月28日上港集箱(股票代码:600018)召开了"上港集箱2002年上半年度业绩推介会",就是主要针对证券公司、投资公司、基金公司等机构投资者所关心的问题进行面对面的交流,上港集箱高层领导在会上向40多家机构投资者详细介绍了公司上半年的经营状况,就公司目前是否需要募集资金、公司周边港的竞争能力大小等热点问题进行了进一步沟通和交流。

"中兴事件"是大股东与流通股股东之间的博弈,传递出了一个积极的信号:机构投资者开始在公司治理中发挥作用。

(资料来源:董华春:《浅析机构投资者在改进公司治理结构中的作用(上)》,载《金融法苑》2003年。)

5. 内部人控制问题

所谓"内部人控制"是指独立于股东或投资者(外部人)的经理人员掌握了公司实际控制权,在公司战略决策中充分体现自身利益,甚至内部各方面联手牟取各自的利益,从而架空所有者的控制和监督,使所有者的权益受到侵害。内部人控制问题是由美国斯坦福大学的青木昌彦针对俄罗斯国有企业股份制改造特有的情况而提出来的,是指从前的国有企业的经理和工人在企业公司化的过程中获得相当大一部分控制权的现象。

内部人控制会导致一系列的问题,主要表现在:(1)过分的在职消费;(2)信息披露不规范,既不及时,又不真实,报喜不报忧,随意进行会计程序等"技术处理",甚至对重大经营活动也不作出应有的解释;(3)短期行为,不是考虑企业的长期利益和发展、企业资产的保值和增值，而是考虑眼前的成绩、地位和利益，并不惜以后者损害前者；(4) 过度投资和耗用资产，使国有资产的边际成本极低；(5) 工资、奖金、集体福利等收入增长过快，侵占利润；(6) 转移国有资产；(7) 置小股东的利益于不顾；(8) 不分红或少分红，大量拖欠债务，甚至严重亏损。[①]

基于以上问题，自20世纪90年代以来，公司治理问题越来越受到世界各国的重视，各国证券监管部门、交易所、国际机构纷纷等加入到推动全球公司治理运动的行列，推出了各种有关公司治理的原则、指引和最佳行为准则。部分国家或地区公司治理准则、原则见表2-1。

表2-1　　　　部分国家或地区公司治理准则、原则

国家或地区	原则、准则名称	制定者	制定时间
美国	公司治理的市场原则	加利福尼亚公共雇员退休体系（CalPERS）	1998.4
美国	公司治理声明和美国竞争力	商业圆桌会议（BRT）	1990
美国	公司治理原则：分析与建议	美国法律机构（ALI）	1992
美国	NACD蓝带委员会关于CEO和董事会绩效评估的报告	全美公司董事协会（NACD）	1994
英国	Cadbury报告	伦敦证券交易所（LSE）公司治理财务委员会	1992.12
英国	Greenbury报告	董事会报酬研究小组	1995.7
英国	Hampel报告	公司治理委员会	1998.1
德国	德国上市公司治理准则	德国公司治理委员会	2000.1
法国	Marini报告	CNPF-AFEP	1996
加拿大	公司治理标准（第四版）	加拿大养老金投资协会（PIAC）	1998.6
中国香港	最佳做法准则	香港股票交易所（SEHK）	1989.10，1996.6修订
OECD	OECD公司治理原则	OECD公司治理特别委员会	1999.5，2004.1修订
南非	King报告	南非董事协会	1994.11
比利时	公司治理原则	比利时公司联合会	1998
墨西哥	墨西哥公司最佳做法准则	CCE-CNBV	1999.7

资料来源：中国公司治理网，http://www.cg.org.cn/theory/zlyz/gggszlyz-worldlist.asp。

---

① 费方域：《控制内部人控制——国企改革中的治理机制研究》，载《经济研究》1996年第6期。

2.2 公司治理的理论基础

2.2.1 古典管家理论

古典管家理论是以新古典经济学为理论基础形成的。根据新古典经济学的理论，市场是一个完全竞争的市场，信息和资本能充分自由流动，企业获取信息不需要费用。因此，尽管企业所有者与经营者之间仍存在代理关系，但是所有者可以随时观察和监督经营者的行为，经营者在经营和管理企业的代理行为中也没有违背所有者的意愿。古典管家理论假定经营者是利他的，与所有者之间的关系是一种无私的信托关系，不存在代理问题，股东与董事会、经理层之间的关系是建立在十分可靠和良好信托基础之上，它确保经营者会按照股东利益最大化目标自觉履行代理行为。

事实上，现代公司所处的市场环境与古典管家理论的假设前提并不一致，它既不是一个完全竞争的市场，也不是信息充分完备的市场。因此，古典管家理论显然不能解释现代经济条件下的公司治理行为，对研究现代公司治理基本上不具有任何意义，但它可以被认为是公司治理理论的萌芽。

2.2.2 委托—代理理论

委托—代理理论是现代企业理论的重要分支，代表人物包括威尔逊（Welson）、罗斯（Ross）及霍姆斯特罗姆（Holmstrom）等，主要解决委托代理关系中的相关问题。关于委托代理关系，罗斯认为，如果存在当事人双方，其中代理人一方代表委托人一方的利益行使某些决策权，则代理关系随之产生[1]。而詹森和麦克林认为，委托代理关系是一种合同，在这个合同的约束下，一个人或多个人（委托人）聘用另一个人（代理人）代表他们去完成一些工作，包括授权代理人行使一些决策权[2]。

---

[1] Ross. S. The Economic Theory of Agent: The Principal's Problem [J]. American Economic Review, 1973, 63.

[2] Jensen, M. C., W. H. Meekling. Theory of the Firm: Managerial Behavior, Agency Costs and Ownership Structure [J]. Journal of Financial Economics, 1976, 3: 305-360.

委托代理理论认为,委托代理关系是随着生产力大发展和规模化大生产的出现而产生的。一方面,生产力发展使得分工进一步细化,权利的所有者由于知识、能力和精力的原因不能行使所有的权利;另一方面,专业化分工产生了一大批具有专业知识的代理人,他们有精力、有能力行使好被委托的权力,这时权力所有者同代理人之间就有可能达成委托—代理关系。但是,委托人与代理人的效用函数不一样,委托人追求的是自己的财富更大,而代理人追求自己的工资、津贴收入、奢侈消费和闲暇时间的最大化,这必然导致两者的利益冲突,加之两者之间存在信息不对称,委托人难以直接观察或不能完全观察到代理人的行为,那么代理人为了自己的利益最大化很可能最终损害委托人的利益,此时就产生了代理问题并导致代理成本。因此,委托代理理论的中心任务是研究在利益冲突和信息不对称的条件下,委托人应该采用何种方式在代理人实现自己效用最大化的同时能够实现委托人效用最大化。

委托—代理理论的实质是契约理论,其基本内容就是规定某一当事人(委托人)聘用另一当事人(代理人)完成某项工作时的委托—代理关系的成立、代理人为了委托人的利益应采取何种行动以及委托人应相应地向代理人支付何种报酬,也就是通过委托人和代理人共同认可的契约(聘用合同)来确定他们各自的权利和责任。

2.2.3 现代管家理论

现代管家理论认为,代理理论对经理人的"理性的自利主义者和机会主义者"、"个人通过计算成本和收益尽可能谋取个人利益最大化,尽量避免受到惩罚"等假设是不合适的。现代管家理论从组织心理学和组织社会学的角度出发,提出经理人受成就需要的激励,通过完成挑战性工作、承担责任、树立权威、取得领导和同事的认可来获得内在的满足感,这是一种非物质性激励。虽然有可能没有股权,但通过雇佣关系和薪酬计划,经理人的未来与公司、股东紧密联系在一起,与股东以及其他利益相关者之间的利益是一致的。因此,管家理论认为经理人并不是机会主义的偷懒者,对自身尊严、信仰,以及内在工作满足的追求,会促使他们努力经营公司,成为公司资产的"管家",经理人在动机方面没有天生的、普遍存在的障碍。因此,现代管家理论认为,在公司治理安排上不应该仅仅依赖监督和物质激励,更应通过充分授权、协调和精神激励,发展一种相互合作、完全信任的关系,确保经理人能够充分发挥才能、取得预期的公司业绩。

2.2.4 利益相关者理论

利益相关者理论兴起于20世纪80年代，是对"股东至上"理论的挑战，代表人物有福瑞曼（Freeman）、克拉克森（Clarkson）、布莱尔（Blair）、多纳德逊（Donaldson）、米切尔（Mitchell）等。关于利益相关者的概念，自1963年斯坦福研究院首次提出后，众多学者对其进行了定义，但是并没有一个能够得到普遍认同。福瑞曼[1]认为利益相关者是能够影响一个组织目标的实现，或者受到一个组织实现其目标过程影响的人；克拉克森[2]认为利益相关者在企业中投入了一些实物资本、人力资本、财务资本或一些有价值的东西，并由此而承担了某些形式的风险，或者说他们因企业活动而承受风险；布莱尔[3]认为利益相关者是所有那些向企业贡献了专用性资产，以及作为既成结果已经处于风险投资状况的人或集团，股东并没有承担理论上的全部风险，他们能够通过证券组合来降低风险，而其他相关利益者，如债权人、员工等也承担了部分的风险。当公司的总价值降低到股东所持股票价值等于零时，债权人也成为剩余索取者。而且，供应商、客户、员工等也提供了专用性的投资，员工提供的是一种特殊的人力投资。因此，企业是所有相关利益者之间的一系列多边契约，管理者是这一组总契约的代理人，而不仅仅是股东的代理人；多纳德逊和普瑞斯坦[4]指出，公司本质上是一种受多种市场影响的企业实体，而不应该是由股东主导的企业组织制度；考虑到债权人、管理者和员工等许多为公司贡献出特殊资源的参与者，股东并不是公司唯一的所有者。

由此可见，利益相关者理论认为，企业是包括股东、债权人、员工、顾客、供应商、社区居民以及地方政府等利益相关方之间的一系列多边契约，每一种契约参与者都向公司提供了特殊资源，因此公司经营是为利益相关者创造财富服务，而不仅仅是为股东利益最大化服务。

2.2.5 不完全契约理论

不完全契约理论是于20世纪末兴起的一个契约理论新分支，其代表人物有

---

[1] Freeman, ILE., Strategic management: stakeholder aproach. MA: pitm 1, Boston.

[2] Clarkson, M. 1994. A risk-based model of stakeholder theory. Proceedings of the Toronto Conference on Stakeholder Theory. Centerf or Corporate Social Performance and Ethics. University of Toronto, Toronto, Canada.

[3] Blair, M. M. Ownership and Control: Rethinking Corporate Governance for the Twenty – First Century [M]. Washington: Brookings Institution Press, 1995。

[4] Donaldson, T., Preston, L. E. The Stakeholder Theory of the Corporation: Concepts, Evidence, and Implications. The Academy of Management Review, 1995, 20 (1): 65 – 91.

格罗斯曼（Grossman）、哈特（Hart）和摩尔（Moore）。契约是一组承诺的集合，这些承诺是签约方在签约时做出的，并且预期在未来（契约期内）能够被兑现。完全契约是指缔约双方对契约期内可能发生的重要事件都能完全预见，契约中的承诺集合完全包括双方在未来预期的事件发生时所有的权利和义务，双方都愿意遵守所签订的合约。而由于个人的有限理性、外在环境的复杂性和不确定性，信息的不对称和不完全性，契约当事人或契约的仲裁者无法证实或观察一切，就造成契约条款是不完全的。① 由于契约的不完全性，也就出现了剩余控制权（residual rights of control）概念。剩余控制权是关于非人力资产在初始契约未规定的所有情况下如何被使用的排他性决策权。由于交易成本的存在，特别是相关第三方（尤其是法院）的不可证实性使得契约是不完全的，也就是不可能在初始契约中对所有事件及其对策做出详尽可行的规定。因此在不完全契约情况下，需要有人拥有剩余控制权，以便在那些未被初始契约规定的或然事件出现时，做出相应的决策。根据现代契约理论，企业实际上就是一组契约的集合。而契约又总是不完全的，在不完全契约条件下，就产生一个重要的问题：在契约未预期事件发生情况下，谁行使决策权。也就是说，企业需要解决剩余控制权归谁所有的问题，它实际上是公司治理的一个基本问题之一。

2.3 公司治理的基本范畴

2.3.1 公司治理的含义

20世纪80年代以来，公司治理（Corporate Governance）② 逐渐成为企业理论研究的一个核心问题，并涌现出了大量的理论研究成果和极富实践指导意义的公司治理规则。但是迄今为止，国内外学术界对公司治理含义的解释仍然是各抒己见，尚未达到共识。具有代表性的主要有如下几种观点。

---

① 哈特（Hart）认为有三种因素导致了契约的不完全性：(1) 在复杂的、十分不可预测的世界中，人们不能预知将来会发生怎样的或然事件；(2) 即使人们能够预测到或然事件，也很难找到一种语言在契约里加以清晰地描述；(3) 即使双方能将自己的意思在契约里写明白，在契约出现纠纷的时候，外部权威（如法院）即使能够观察到双方的状况，也很难对双方的实际状况加以证实，从而强制加以执行。见 Hart, O. Firms, Contracts, and Financial Structure [M]. Oxford: Claredon Press, 1995。

② 对于"Corporate Governance"这一概念，有的学者译为公司治理，有的学者译为公司治理结构。在我国的台湾地区称为公司统制，香港地区则称为公司管制。

1. 基于公司治理存在条件视角的定义

哈特认为，只要以下两个条件存在，公司治理问题就必然在一个组织中产生。第一个条件是代理问题，确切地说是组织成员（可能是所有者、工人或消费者）之间存在利益冲突；第二个条件是，交易费用之大使代理问题不可能通过合约解决。此时，治理结构是一个决策机制，而这些决策在初始合约下没有明确设定，更确切地说，治理结构分配公司非人力资本的剩余控制，即资产使用权如果没有在初始合约中详细设定的话，治理结构决定其将如何使用。①

2. 基于公司治理作用视角的定义

伯利和米恩斯认为，公司治理应致力于解决所有者与经营者之间的关系，使所有者与经营者的利益相一致；② 法码和詹森从代理成本的角度出发，认为公司治理研究的是在所有权与经营权分离的情况下如何降低代理成本的问题，核心是如何降低代理成本；③ 施莱佛和威施尼（Shleifer and Vishny）认为，公司治理要处理的是公司的资本供给者如何确保自己可以得到投资回报的问题，例如，资本供给者怎样确定经理没有侵吞他们所提供的资本或将其投资在不好的项目上？怎样来控制经理？④ 米勒认为，公司治理需要解决以下委托代理问题——如何确知企业管理人员只取得为适当的、盈利的项目所需的资金，而不是比实际所需更多？在经营管理中，经理人员应该遵循什么标准或准则？谁将裁决经理人员是否真正成功地使用公司的资源？如果证明不是如此，谁负责以更好的经理人员替换他们？⑤

3. 基于公司治理基本问题视角的定义

考克然和沃提科（Cochran and Wartick）认为，公司治理问题包括高级管

---

① Hart. O. Corporate Governance: Some Theory and Implications [J]. The Economic Journal, 1995: 31 - 40.

② Berle, A., Means, A. The Modern Corporation and Private Property [M]. NewYork: The MacMillan Company, 1932.

③ Fama, E. R., M. C. Jensen. Separation of Ownership and Control [J]. Journal of Law and Economics, 1983, 26 (2): 301 - 325.

④ Shleifer, A., R. Vishny. A Survey of Corporate Governance [J]. Journal of Finance, 1997, 52: 737 - 783.

⑤ Miller, M. Alternative Strategies for Corporate Governance. A key note address for the Conference on Reformability of the State Sector in China, Shanghai, China, July 19, 1995.

理层、股东、董事会和公司其他利害相关者在相互作用中产生的具体问题,构成公司治理问题的核心是谁从公司管理人员的决策行为中获利?谁应该从公司管理人员的决策行为中获利?当两者存在矛盾时,公司治理问题便随之出现了。①

4. 基于制度安排视角的定义

梅耶认为,公司治理是公司赖以代表和服务于他的投资者的一种组织安排,它包括从公司董事会到执行经理人员激励计划的一切东西;②钱颖一认为,公司治理结构是一套制度安排,用以支配若干企业中有重大利害关系的团体,如投资者、经理人员、职工之间的关系,并从这种联盟中实现经济利益。公司治理结构包括如何配置和行使控制权;如何监督和评价董事会、经理人员和职工和如何设计和实施激励机制;③凯德伯瑞报告指出,公司治理是一个公司如何被指导和控制的制度体系。董事会负责公司的治理,股东负责任命董事和审计人员,保证能够拥有合适的治理结构。董事会的责任包括设定公司战略目标,提供合法的领导权以便公司能够正常运营,监督公司经营活动,并向股东汇报他们集体领导的情况,董事会的行动需要遵守法律、法规和股东大会决议;④经济合作与发展组织⑤认为,公司治理结构是一种据以对工商业公司进行管理和控制的体系,公司治理结构明确规定了公司的各个参与者的责任和权利分布,诸如董事会、经理层、股东和其他利害相关者,并且清楚地说明了决策公司事务所应遵循的规则和程序。同时,它还提供了一种结构,使之用以设置公司目标,也提供了达到这些

---

① Cochran, P. L. and S. L. Wartick. Corporate Governance: A Review of the Literature [M]. Morristown, NJ: Financial Executives Research Foundation, 1988.

② Myer Colin. Corporate Governance in Market and Transition Economics. The International Conference on Chinese Corporate Governance. Shanghai. 1995: 33-35.

③ 青木昌彦、钱颖一:《转轨经济中的公司治理结构》,中国经济出版社1995年版。

④ 1991年5月,由英国的财务报告委员会、伦敦证券交易所等12名权威成员合作成立了世界上第一个关于公司治理的委员会,主席是Adrian Cadbury,因此也称为Cadbury委员会。该委员会于1992年12月发表了题为"Report of the Committee on The Financial Aspect of Corporate Governance"的报告,即所谓的Cadbury报告。

⑤ 经济合作与发展组织(Organization for Economic Cooperation and Development, OECD)成立于1961年,其前身是欧洲经济合作组织(Organization for European Economic Cooperation, OEEC)。目前经济合作与发展组织共有澳大利亚、奥地利、比利时、加拿大、捷克、丹麦、芬兰、法国、德意志、希腊、匈牙利、冰岛、爱尔兰、意大利、日本、韩国、卢森堡、墨西哥、荷兰、新西兰、挪威、波兰、葡萄牙、斯洛伐克、西班牙、瑞典、瑞士、土耳其、英国、美国等30个成员国,包括了几乎所有发达国家,国民生产总值占全世界的2/3。OECD的职能主要是研究分析和预测世界经济的发展走向,协调成员国关系,促进成员国合作,经常为成员国制定国内政策和确定在区域性、国际性组织中的立场提供帮助。

目标和监控运营的手段。费方域指出,公司治理是一套制度安排,它给出公司各相关利益者之间的关系框架,对公司目标、总的原则、遇到情况时的决策办法、谁拥有剩余决策权和剩余索取权等定下规则,用于代表和服务于出资者或利益相关者的利益,其主要内容是设计控制内部人控制的机制;[1] 林毅夫等认为,公司治理结构就是指所有者对一个企业的经营管理和绩效进行监督和控制的一套制度安排。[2]

5. 基于组织结构视角的定义

吴敬琏认为,公司治理结构是指由所有者、董事会和高级执行人员即高级经理人员组成的一种组织结构。在这种结构中,上述三者形成一定的制衡关系。通过这一结构,所有者将自己的资产交由公司董事会托管;公司董事会是公司的最高决策机构,拥有对高级经理人员的聘用、奖惩以及解雇权;高级经理人员受雇于董事会,组成在董事会领导下的执行机构,在董事会授权范围内经营企业。要完善公司治理结构,就要明确划分股东、董事会、经理人员各自权力、责任和利益,从而形成三者之间的关系。[3]

6. 基于狭义和广义视角的定义

布莱尔认为,狭义的公司治理指有关公司董事会的功能、结构、股东的权力等方面的制度安排;广义的公司治理指有关公司控制权或剩余索取权分配的一整套法律、文化和制度性安排,这些安排决定公司的目标,谁在什么状态下实施控制,如何控制,风险和收益如何在企业不同的成员之间分配这一系列问题。[4] 张维迎也认同此观点。[5] 梁能认为,狭义的公司治理指企业所有权和管理权分离的条件下,投资者与上市企业之间的利益分配和控制关系;广义的公司治理指关于企业组织方式、控制机制、利益分配的所有法律、机构、文化和制度安排,其界定的不仅仅是企业与其所有者之间的关系,而且包括企业与所有相关利益集团之间的关系,包括雇员、顾客、供应商、社区、政府等。[6] 李维安等认为,狭义的

---

[1] 费方域:《控制内部人控制》,载《经济研究》1996 年第 6 期。
[2] 林毅夫、李周:《现代企业制度的内涵与国有企业改革》,载《经济研究》1997 年第 3 期。
[3] 吴敬琏:《现代公司与企业改革》,天津人民出版社 1994 年版。
[4] Blair, M. M. Ownership and Control: Rethinking Corporate Governance for the Twenty – First Century [M]. Washington: Brookings Institution Press, 1995.
[5] 张维迎:《所有制、治理结构及委托—代理关系——兼评崔之元和周其仁的一些观点》,载《经济研究》1996 年第 9 期。
[6] 梁能:《公司治理结构——中国的实践与美国的经验》,中国人民大学出版社 2000 年版。

公司治理是指所有者，主要是股东对经营者的一种监督与制衡机制，即通过一种制度安排来合理地配置所有者与经营者之间的权利与责任关系；广义的公司治理则不局限于股东对经营者的制衡，而是涉及广泛的利害相关者，包括股东、债权人、供应商、雇员、政府和社区等与公司有利害关系的集团。公司治理是通过一套包括正式或非正式的、内部的或外部的制度或机制来协调公司与所有利害相关者之间的利益关系。[①]

总结以上的观点可以看出，学者们对公司治理概念的理解至少包含以下五层含义：(1) 公司治理问题的产生，根源于现代公司中所有权与经营权的分立以及由此所导致的委托代理问题。(2) 公司治理是一种合同关系。公司被看做是一组合同的联合体，这些合同治理着公司发生的交易，使得交易成本低于由市场组织这些交易时发生的交易成本。公司治理的安排，以公司法和公司章程（合同关系）为依据，用简约的方式（不完全合同）规范公司各利益相关者的关系，约束他们之间的交易，来实现公司交易成本的比较优势。(3) 公司治理结构是由股东会、董事会、监事会、经理层等"物理层次"的组织架构，及连接上述组织架构的责权利划分、制衡关系和配套机制（决策、激励、约束机制等）等游戏规则构成的有机整体。(4) 公司治理的关键在于明确而合理地配置公司股东、董事会、经理人员和其他利益相关者之间的权利、责任和利益，从而形成其有效的制衡关系。(5) 公司治理的本质是对公司控制权和剩余索取权分配的一整套法律、文化和制度性安排。

2.3.2 公司治理结构与治理机制

1. 公司治理结构

公司治理结构指公司治理内外部组织架构的设定以及它们之间的相关权力与利益关系。公司治理结构的主要内容包括股东大会、董事会、监事会和经理层的组成及其相互权力与利益关系，如图 2-1 所示。

股东大会是由全体股东组成的、公司必备的最高权力机关，它是股东作为公司财产的所有者对公司行使财产管理权的组织。股东大会选举产生董事会和监事会，并负责审议、监督董事会和监事会的工作。

---

① 李维安、武立东：《公司治理教程》，上海人民出版社 2002 年版。

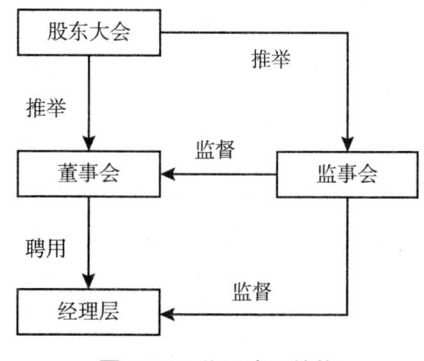

图 2-1 公司治理结构

董事会是由全体董事组成的公司经营决策和执行业务的常设机构,由股东大会选举产生,负责公司经营活动的指挥与管理,对股东大会负责,是公司治理结构发挥效用的关键。董事会的主要职责是决定公司的长期战略,监督和评价公司管理工作,以及任免高级管理人员。

监事会是公司的监督机构,它代表股东对董事会及经理人员的工作进行监督,保证股东及其他利益相关者的利益。

经理层指以总经理为代表的高级管理人员,负责公司的日常管理活动,以实现公司的战略目标。

公司治理结构在股东大会与董事会、董事会与经理层、监事会与董事会及经理层之间形成了相互监督与制衡的关系。股东作为公司的出资者,对公司拥有最终控制权,但一旦授权董事会经营,股东就不能随意干预董事会的决策;董事会拥有公司的法人财产权和经理人员的任免权,但必须对股东负责;经理人员拥有生产经营权,但作为董事会的代理人会受到董事会的监督;监事会行使公司监督权,有权对董事会和经理人员进行监督,但无权代替董事会和经理人员进行决策,不能干预公司正常的生产经营活动。这种结构安排使财产所有权、经营决策权、监督权和执行权分离,从而形成了一种权力、责任和利益相互分立又相互制衡的机制。

2. 公司治理机制

公司治理机制指公司治理组织系统运行的方式与方法,包括决策机制、激励约束机制、监督机制的设计与工具使用。

决策机制解决的是在股东大会、董事会、监事会和经理层中科学、合理的分配公司权力的问题,决策机制是公司治理机制的核心。

激励机制是维持委托人与代理人之间委托代理关系的一种动力源泉。激励机制是委托人如何设计一套有效的激励制度，以诱使代理人自觉地采取适当的行为，实现委托人的效用最大化。激励机制主要包括报酬激励机制、剩余索取权和剩余控制权激励机制、声誉激励机制等内容。报酬激励机制是给予经营者的最基本的激励机制，它包括固定薪金、奖金、股票期权等。剩余索取权激励机制是给予经营者分享企业剩余收益的激励机制。对剩余控制权的分享也是激励经营者的有效机制。剩余控制权除了表现为剩余决策权外，还表现为经营者具有的职位特权，如享有豪华的办公室、高档轿车等。声誉激励是指为经营者提供较高的社会地位以及获得社会赞誉、同行好评的机会等。

监督机制是公司所有者对经营者的经营决策行为、结果进行有效审核与控制的制度设计。公司治理的监督机制包括内部监督机制与外部监督机制。其中内部监督机制是指股东大会、董事会、监事会等监督机制，外部监督机制指控制权市场、债权人、中介机构和政府等监督机制。

2.3.3 公司治理的主体与客体

1. 公司治理的主体

公司治理的主体是指公司内由谁发出治理的行为、履行治理的职能。在现代公司中，从法律的角度来说，股东是理所当然的所有者，也是公司治理的主体和参与者。另外，根据利益相关者理论，公司是包括股东、债权人、雇员、顾客、供应商、政府、社区等在内的广大公司利害相关者一系列契约的联结，因此，公司治理的主体不仅局限于股东，而是包括债权人、雇员、顾客、供应商、政府、社区等在内的广大公司利害相关者。

股东通过购买股份将资金投入公司并获得公司的所有权。股东的投入是单向的，不能向债权人那样要求企业按期还本付息。另外，当企业资不抵债面临清盘时，股东要以其投资形成的法人资产清偿债务。股东拥有的权利是剩余索取权，所获得的股利是剩余收益，具有极大的不确定性。因此，股东承担了较大的风险，有参与公司治理的动力。

债权人将资金投入公司获取的是固定收益，对风险有本能的回避倾向，与股东对企业价值的观点不同。当企业陷入资不抵债的状态时，股东希望进行高风险的投资，以获取高额的回报并使企业走出困境，因为即使投资失败，其收益同投资前并无区别，而一旦投资成功并使企业脱离破产状态，其可以获取收益。但是这却加大了债权人的风险。当企业处于正常状态下，股东为了获取高收益也会要求企业从事有损债权人利益的高风险活动。因此，为了保护自身的利益，债权人应该参与公司治理。

员工的人力资本具有一定的专用性，员工所拥有的知识、技能可能只对特定的企业有用，或在特定企业产生较大的价值，员工和企业都希望这些专用性人力资本能在既定企业被长期使用，即双方都希望长期雇用，从而对员工的退出形成一种障碍，也就是说，员工由于拥有特殊的人力资本而被锁定在既定企业，流动性差，即使看到企业遇到困境或即将破产，也很难退出企业，并与所有者一样遭受企业破产的打击。因此，具有特殊人力资本的员工也关心企业的长期生存和发展，有动机参与公司治理。

以上主体通过股东大会、董事会以及监事会实施对治理客体的治理。

2. 公司治理的客体

公司治理客体是指公司治理的对象。公司治理的对象主要包括两个方面：第一是经营者，对其治理来自董事会，目标在于公司经营管理是否恰当，判断标准是公司的经营业绩；第二是董事会，对其治理来自股东及其他利害相关者，目标在于公司的重大战略决策是否恰当，判断标准是股东及其他利害相关者投资的回报率。在我国，由于大股东的"一股独大"可能侵害其他利益相关者的利益，因此，大股东也是被治理的对象。监管部门通过相关的制度约束大股东的行为，而公司内部则通过职工参与治理、独立董事以及职工监事、独立监事等方式制约大股东的行为。

2.3.4 公司内部治理与外部治理

1. 内部治理

内部治理，是指所有者对企业经营者进行监督和控制的一整套制度安排，具体地说就是，通过公司内部机构设置和权力安排，主要是完善股东大会、董事会与经营管理层之间的组织架构和协调它们之间的权责利关系，解决公司所有权和经营权分离后所产生的各种问题，如企业的代理成本问题、所有权安排问题、内部人控制问题等。内部治理主要包括股东大会、董事会、经理层和监事会。内部治理的重点在于明确划分股东大会、董事会、经理人员和监事会各自的权力、责任和利益，形成相互之间的制衡关系，以保证公司制度的有效运行。由此可见，内部治理是以公司内部人为主的治理模式，所要解决的问题是公司内部利益的协调，其主要途径是通过公司内部的机构设计和权力安排来解决有关的效率问题。对于外部市场不发达的经济系统而言，良好的内部治理尤为重要。

2. 外部治理

外部治理是指通过公司外部的因素和手段来解决公司治理问题，是建立在市场机制基础上的公司治理结构，它是一种非正式的制度安排，主要是利用市场机制让经理人员感受到持续的、无处不在的压力和威胁。外部治理主要通过控制权市场、债权人、中介机构和政府等实现。

（1）控制权市场。控制权是对公司可以运用的资源进行配置的支配权和决策权。由于控制权本身具有一定的价值，通过掌握控制权可以管理、支配和利用公司的各种资源，最大限度地获取经济效益，因此控制权成为各相关利益主体相互争夺的对象。控制权的转移和交易形成了控制权市场。

根据新古典主义的资本市场理论，股价反映公司的价值，而公司价值决定于公司的经营情况。当公司经营不善时，股价会下跌，当股价下跌到一定程度后，公司价值被低估，收购者就会以较低的成本收购企业，改组董事会和经理层，这对缺乏效率的经营者是一种潜在的威胁，从而迫使其付出必要的努力，实现公司价值最大化。这一机制是资本市场高度发达，股权较为分散的国家公司治理的重要机制，能够在一定程度上解决管理层和控制性股东的逆向选择和道德风险问题。

（2）公司债权人治理。在债权人与公司所缔结的契约关系中，债权人拥有借贷资本的所有权，其所让渡给公司的只是借贷资本的使用权，基于借贷资本权力属性的分离，债权人具有强烈的动机通过对负债公司筛选、监督、干预的方式对其资本进行保护，形成对公司的防御型治理，进而保证公司能够如期偿还债权人的本金和利息。债权人还可以与公司结成利益联盟，通过对公司实施支持型治理实现联盟共赢。同时，债权人引致的负债压力、破产威胁等因素能够对大股东的掏空行为以及经理层的自利行为产生抑制效应，进而达到债权人外部性治理效应。

（3）中介机构治理。由于信息不对称，投资者无法获得到全面、准确的公司信息，并且限于专业知识的匮乏，无法对信息进行有效甄别。作为独立的组织，中介机构可以对公司内外部环境的信息对称程度产生影响。中介机构可以通过信息传递和信息筛选帮助投资者获取有用的信息，并缓解公司内部治理结构层级之间以及公司内外部利益主体之间的代理冲突。同时，中介机构所提供的专业技术服务，有助于公司提高决策的公平性、公正性，约束公司决策者的自利行为，维系利益相关者责、权、利平衡，提高公司治理质量。中介结构主要包括证券交易所、证券公司、会计师事务所和资信评级机构等。

（4）政府监管。由于其内在的缺陷，市场往往对社会资源的配置难以达到"帕累托最优"状态，便会出现市场失灵。市场失灵损害了资源配置的效率或者社会公众利益，政府作为社会公共利益的代表，就应及时地履行其职能，以矫正和弥补市场的不足。政府监管主要通过相关法律、制度来实现。

2.4 公司治理的任务与目标

2.4.1 公司治理的任务

1. 委托代理与监督制约

在公司制企业，股东聘用具有专业的管理知识和专门的管理技能的经理人员经营公司业务，因此股东与经理人员之间产生了委托代理关系。由于股东与经理人员的利益不完全一致，为了保证经理人员从股东的利益出发进行决策，必须对其进行监督。

2. 大股东约束与利益均衡

当公司股权结构分散时，代理问题表现为股东与经理人员之间的利益冲突，但在公司的股权集中到一定程度后，大股东拥有对公司实际的控制，由于大股东与其他其股东的利益并不完全一致，因此大股东有可能为了自己利益的最大化侵占其他股东的利益[①]，此时代理问题从股东与经理人员之间的利益冲突转移到了大股东与小股东之间的利益冲突。因此，在股权集中的情况下，主要的问题是对大股东的监督和约束，避免对小股东利益的侵害行为。

3. "股东有限责任"与债务权益保护

"有限责任"对于股东来说是一个优势，但这一原则的滥用也会危及债权人

---

① 约翰逊等（Johnson et al., 2000）提出了"利益输送"（Tunneling）概念。他们认为，股权集中会造成大股东与中小股东之间的严重代理问题，大股东倾向于利用自己手中的控制权，通过各种"隧道"的方式从公司中攫取资源，从而造成对中小股东的利益侵蚀。见 Johnson, S., R., La Porta, F., Lopez - De - Silanes, A., Shleifer. Tunnelling [J]. American Economic Review, 2000.90（2）：22 - 27。

的利益。若大股东操纵公司从事与其注册资本不相符的业务，产生的经营风险显然对股东和债权人来说是不对等的，保护债权人的利益成为一个重要问题。

4. 利益相关者利益保护

根据利益相关者理论，公司是包括股东、债权人、雇员、顾客、供应商、政府、社区等在内的广大公司利害相关者一系列契约的联结，因此，公司治理的主体不仅要保护股东的利益，还要保护债权人、雇员、顾客、供应商、政府、社区等在内的所有利益相关者的利益。

5. 信息不对称与信息有效披露

利益相关者需要公司的信息来进行决策，但是经理人员负责公司的日常运作并控制了信息披露，因此与其他利益相关者之间存在信息不对称。而且经理人员为了自身的利益最大化存在虚假披露的倾向，这就要求通过公司治理保证经理人员披露高质量的信息。

6. 关联交易治理与行政——市场双重约束

关联交易是关联方之间转移资源或义务的交易，其主要特征是：尽管交易是以市场行为方式进行，但由于一方往往对另一方具有控制或重大影响，交易结果并不一定是公平的，有可能造成一方对另一方投资者利益的侵害，并由此影响到投资者的信心和资本市场的稳定。因此，这就需要通过政府的行政权力和市场力量双重制约，以减少不公允关联交易。

7. 内部人控制的控制

所谓内部人控制是指在所有权与经营权分离的情况下，独立于股东或投资者的经理人员掌握了企业实际控制权，在公司战略决策中充分体现自身利益，甚至内部各方面联手牟取各自的利益，从而架空所有者的控制和监督，使所有者的权益受到侵害。由此可知，内部人控制会导致治理结构的扭曲和经理人员损害利益相关者利益的败德行为，造成资源浪费，因此需要对其进行控制。

2.4.2 公司治理的目标

关于公司治理的目标，目前主要有以下三种观点：

1. 股东价值最大化

股东价值最大化的观点认为,股东是企业的唯一所有者,同时也是公司治理的唯一主体,公司治理就是股东对经营者进行激励和约束,确保股东能够得到其提供的资金的回报,因此公司治理的目标就是追求股东价值最大化。但是,在如何实现这一目标上却存在着两种观点。

(1) 金融模式论,也称金融市场理论。该理论认为,股东拥有公司,公司应按照股东的利益进行管理。公司的价值可以在金融市场得到表现,或者说最大化股票的价值即等同于最大化公司财富创造,其理论基础是有效市场理论,即股票价格完全由金融市场决定并有效地反映该公司的所有相关信息。根据这一理论,金融市场能够比较有效地解决代理问题,特别是在校正公司扩张投资或建立公司管理层对股东的不负责任的行为等方面,因为控制权市场的存在将使价值下降的公司面临被收购的威胁。

(2) 市场短视论。该理论认为,金融市场是短视和缺乏忍耐性的,股东们并不了解自身的长期利益,在公司为长期利益进行投资(如在研究与开发以及在市场拓展战略等方面进行持续投资而延期对股东支付)时,股东会通常倾向于卖出股票进而降低股票的价格。因此,该理论认为,来自金融市场的短期压力迫使公司管理层在很多情况下将精力集中在短期业绩上,因此公司可能实际上是在进行低业绩的操作,并导致长期利益和竞争能力的牺牲。

股东价值最大化目标主要存在如下问题:

(1) 股东价值最大化的目标容易导致经营者的"道德风险"。股东价值最大化的目标要求股东设计一个最优的可以对经营者行为进行激励和约束的机制,使经营者为其实现财富最大化而努力工作。但是,由于经营者同股东的利益并不一致,并且经营者拥有企业的控制权。在信息非对称的条件下,经营者很容易利用其控制地位,从事有损于股东利益的行为。而债权人、职工等其他利益相关者对经营者也难以实施有效监督,这都为经营者谋取自身利益最大化创造了有利的环境。

(2) 企业所有权是一种状态依存所有权(state-contingent ownership)[①],股东不是企业的唯一所有者,债权人、职工等都可以成为企业的所有者。令 x 为企业的总收入,w 为应该支付工人的合同工资,r 为对债权人的合同支付(本金加利

---

① Aghion, Philippe and Patrick Bolton, 1992, "An Incomplete Contracts Approach to Financial Contracting", Review of Economic Studies, 59: 473-494.

息)。假定 x 在 0 到 X 之间分布（其中 X 是最大可能的收入），工人的索取权优先于债权人，那么，状态依存所有权说的是，如果企业处于"$x \geq w + r$"的状态，股东是所有者；如果企业处于"$w \leq x < r + w$"的状态，债权人是所有者；如果企业处于"$x < w$"的状态，工人是所有者。进一步，由于监督经理是需要成本的，股东只要求一个"满意利润"（存在代理成本下的最大利润），只要企业利润大于这个满意利润，股东就没有兴趣干涉经理，经理就可能随意地支付超额利润（如用于在职消费）。假定 £ 是这样一个满意利润，那么，还可以说，如果企业处于"$x \geq w + r + £$"的状态，经理是实际的所有者。① 因而，公司治理不能仅仅为股东服务，还要考虑其他利益相关者的利益。

2. 利益相关者利益最大化

利益相关者利益最大化观点认为，企业视为由利益相关者组成的"一系列合约的联结（Nexus of Contracts）"②，公司利益相关者包括股东、经理人员、债权人、政府、供应商、购货商、员工和社区公众等③。企业要重视所有利益相关者的利益，使所有利益相关者的总体利益达到最大化。

利益相关者利益最大化目标存在如下缺陷：第一，在实际生活中，不同利益相关者的利益诉求各异，有时可能是相互冲突的，多方共赢很难实现。第二，利益相关者利益最大化目标很容易产生"搭便车"问题。由于利益相关者人数众多，考虑所有利益相关者的利益有可能使部分利益相关者获得与其付出成本不相匹配的利益，降低了参与公司治理的积极性，导致"搭便车"问题。

3. 市场约束下的核心利益相关者价值最大化

核心利益相关者价值最大化的观点认为，公司治理不能只考虑股东的利益，也不可能照顾到所有利益相关者的利益，而应该关注核心利益相关者的利益。核心利益相关者是指那些在企业中进行了高专用性投资，直接参与企业经营活动并承担了高风险的个体和群体，其活动直接影响企业目标的实现，没有他们企业将无法生存与发展。④ 根据以上定义，核心的利益相关者主要是指股

---

① 张维迎：《所有制、治理结构及委托—代理关系——兼评崔之元和周其仁的一些观点》，载《经济研究》1996 年第 9 期。
② 张维迎：《企业理论与中国企业改革》，北京大学出版社 1999 年版。
③ [美] 玛格丽特·M·布莱尔著，张荣刚译：《所有权与控制——面向 21 世纪的公司治理探索》，中国社会科学出版社 1999 年版。
④ 邓汉慧、张子刚：《企业核心利益相关者共同治理模式》，载《科研管理》2006 年第 1 期。

东、经营者和员工。① 核心利益相关者价值最大化公司治理目标模式吸收了股东价值最大化目标模式和利益相关者价值目标最大化模式的优点，是两种模式的一种有效嫁接和创新。

核心利益相关者价值最大化存在如下优点：第一，股东、管理者和员工共同参与公司治理，可以构建有效的利益制衡机制，形成各利益相关者之间相互制衡关系的有机融合，有效地解决委托代理关系导致的代理问题。第二，核心利益相关者作为公司治理的主体，有利于对企业利益主体形成有效的保护，激励他们为企业的长远绩效提高而努力。

2.5 公司治理与管理的联系与区别

2.5.1 公司管理的传统与现代意义

现代经营管理理论之父法约尔认为，管理就是计划、组织、指挥、协调和控制。计划是探索未来、制订行动计划；组织是建立企业的物质和社会的双重结构；指挥是使其人员发挥作用；协调是连接、联合、调和所有的活动及力量；控制是注意是否一切都按已制定的规章和下达的命令进行②。管理过程学派的代表人物哈罗德·孔茨认为，管理是一门科学，还是一种手段与艺术。③ 决策理论学派的代表人物西蒙认为，管理就是决策④。芮明杰认为，管理是对组织的资源进行有效整合以达成组织既定目标与责任的动态创造性活动，其核心是对现实资源的有效整合⑤。所以，管理就是对企业生产经营活动进行计划、组织、指挥、协调、控制和创新等一系列活动的总称。

如图2-2所示，管理的内容按照层级可以将分为高层管理、中层管理和基层管理。高层管理主要负责制定公司的战略，确定公司的发展目标；中层管理主要负责通过具体的活动落实公司的战略，保证公司战略的实现；基层管理负责把中层管理者的计划更加具体化地分配给组织中的业务活动者，并对业务活动者的

---

① 陈宏辉：《利益相关者利益要求：理论与实证研究》，经济出版社2004年版。
② 亨利·法约尔：《工业管理与一般管理》，机械工业出版社2007年版。
③ 孔茨、韦里克著，张晓君等译：《管理学》，经济科学出版社1998年版。
④ 西蒙：《管理行为》，机械工业出版社2007年版。
⑤ 芮明杰：《管理学：现代的观点》，上海人民出版社1999年版。

活动进行协调。管理的主要内容有人力资源管理、生产管理、营销管理和财务管理等活动。

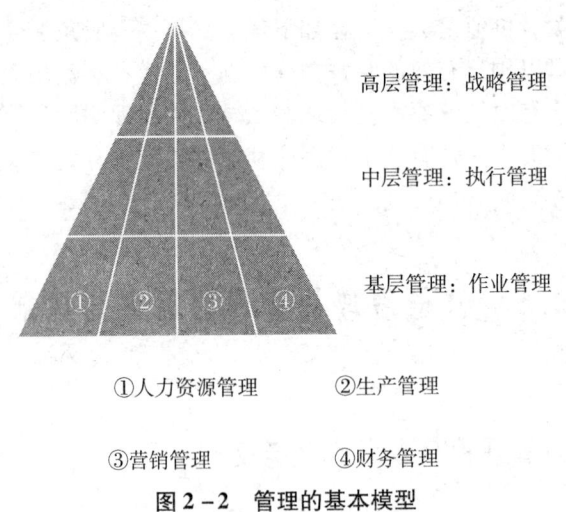

①人力资源管理　　②生产管理

③营销管理　　　　④财务管理

图 2-2　管理的基本模型

资料来源：芮明杰：《管理学：现代的观点》，上海人民出版社 1999 年版。

从图 2-3 可以看出，公司治理和公司管理组成企业系统的两个层次，具有紧密的相互联系。公司治理是公司运作的一种制度构架，是引领公司发展方向的一种基本安排。而公司管理是在这种基本的构架和安排下，通过计划、组织、控制、指挥、协调和评价等功能的具体实施来实现公司的目标。良好公司治理结构和机制为公司管理提供好的平台，从而为公司开展管理，实现企业目标创造了条件；再好的公司治理，如果没有相应的管理匹配，那么公司治理也只是一个空架子，不能形成最终的效益。

2.5.2　公司治理与公司管理的联系

关于公司战略与公司管理的关系，特瑞科（Tricker，1984）有一个非常形象的图示分析，如图 2-4 所示①。

---

① Tricker, R. I. Corporate Governance：Practices, Procedures and Powers in British Companies and Their Boards of Directors [M]. London：Gower Publishing Company Limited，1984.

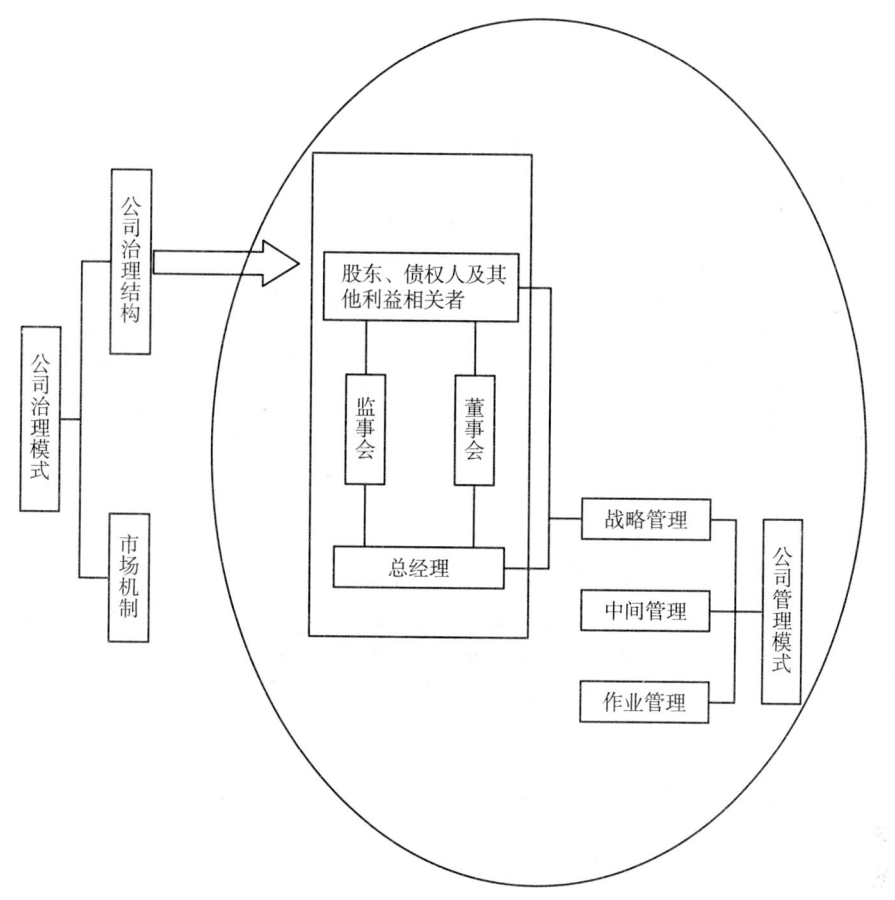

图 2-3 企业系统的两个层次

资料来源：向荣：《公司治理与公司管理——区别、联系、系统整合与互动关系》，载《商业研究》2002 年第 1 期。

在公司管理的三个层次中，与公司治理关系比较密切的是战略管理层次。公司战略流程一般是由董事会的战略委员会提出具体战略决议，经公司董事会审查批准认可，最后再组织分解、实施。在此过程中，董事会或监事会要发挥监督和控制的作用。由此可见，公司战略管理的全过程与公司治理结构的各个层次得到了相互融合，公司治理与公司管理在战略管理层次上得到了很好的联结与协调。

公司治理与管理在战略层次的相互影响、相互制约是动态的不断相适应的过程。虽然公司在制定战略决策时，治理主体起决定性作用。但不可否认，战略管理决策的实施往往与企业的不断创新管理和经营分不开的。而且由于信息不对称，

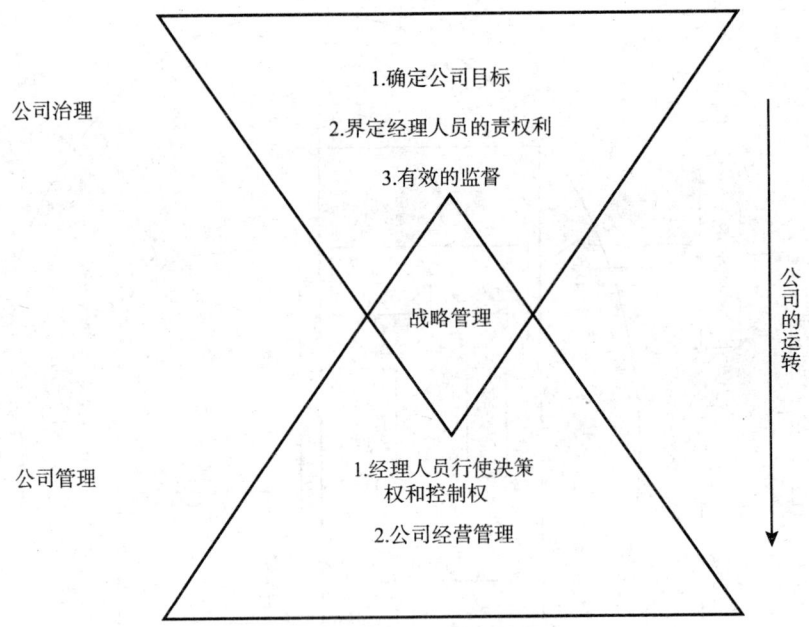

图 2-4 公司治理与公司管理的衔接

资料来源：Tricker, R. I. Corporate Governance: Practices, Procedures and Powers in British Companies and Their Boards of Directors [M]. London: Gower Publishing Company Limited, 1984.

经营者有可能选择有利于自己的机会主义行为，从而选择的战略决策方案会损害股东及其他利益相关者的利益。因此，最终确定的战略决策是经营管理者与股东或董事会不断博弈的结果。同样，战略管理决策的实施也是一个动态的博弈过程。治理作为基本构架规定了管理的导向和原则，而管理日积月累的微观作用会对治理起到调整作用。

2.5.3 公司治理与公司管理的区别

特瑞科最早论述了公司治理与公司管理的区别和联系，他认为，公司管理就是运营公司，而公司治理则是确保这种运营处于正确的轨道上。[①] 戴顿（Dayton, 1984）认为，公司治理是指董事会用来监督管理层的过程、结构和联系，公司管理则是管理人员确定目标以及实现目标采取的行动。公司治理主要是划分各相关

---

① Tricker, R. I. Corporate Governance: Practices, Procedures and Powers in British Companies and Their Boards of Directors [M]. London: Gower Publishing Company Limited, 1984.

利益主体的责权利,实现利益主体之间的相互制衡,而公司管理则是在既定的公司治理模式下,管理者为实现公司的目标而采取的行动。[①] 公司治理与公司管理的具体区别如表 2-2 所示。

表 2-2　　　　　　　　　　公司治理与公司管理的区别

项目	公司治理	公司管理
基本目标	实现公司利益相关者权责利的均衡,保证公司运行的合法合规	实现公司利润和价值最大化目标
功能	规定公司的基本框架,确保利益相关者的权利实现	确定公司发展的组织、机制和手段
中心	公司外部与内部的结合,重在公司外部	公司外部与内部的结合,重在公司内部
层级结构	公司治理结构	企业组织结构
实施基础	市场机制和内外部的显性、隐性契约	组织内部的行政权威关系
实施手段	内部治理结构、外部治理机制、相机治理机制	计划、组织、领导、控制、协调
政府的作用	政府通过制定相关法律、法规发挥作用	政府基本不干预具体管理过程
资本结构	反映股东、债权人的相对地位	反映公司的财务状况
股本结构	体现各股东的相对地位	反映所有者构成及对管理的影响

资料来源:徐向艺等:《公司治理制度安排与组织设计》,经济科学出版社 2005 年版。

2.5.4　公司治理与公司管理的系统整合

如图 2-5 所示,公司管理系统包括三个组成部分,即企业战略目标与决策系统,企业组织结构与管理系统、企业文化价值系统;公司治理系统包括激励约束机制、内部治理机制和外部治理机制,两者以企业战略目标决策系统为联结点形成互动关系。在这个系统模型中,还存在两个相关系统,其中公司外部环境系统对公司治理与公司管理都产生影响,公司信息网络是二者赖以有效运作的共同基础之一。两者系统整合和互动作用最终体现的是公司管理效率和管理水平的高低及在经济、技术和社会效益等方面的评价指标反应。

---

① Dayton. K. N. Corporate Governance:The Other Side of the Coin [J]. Harvard Business Review, 1984, 64 (1):34-37.

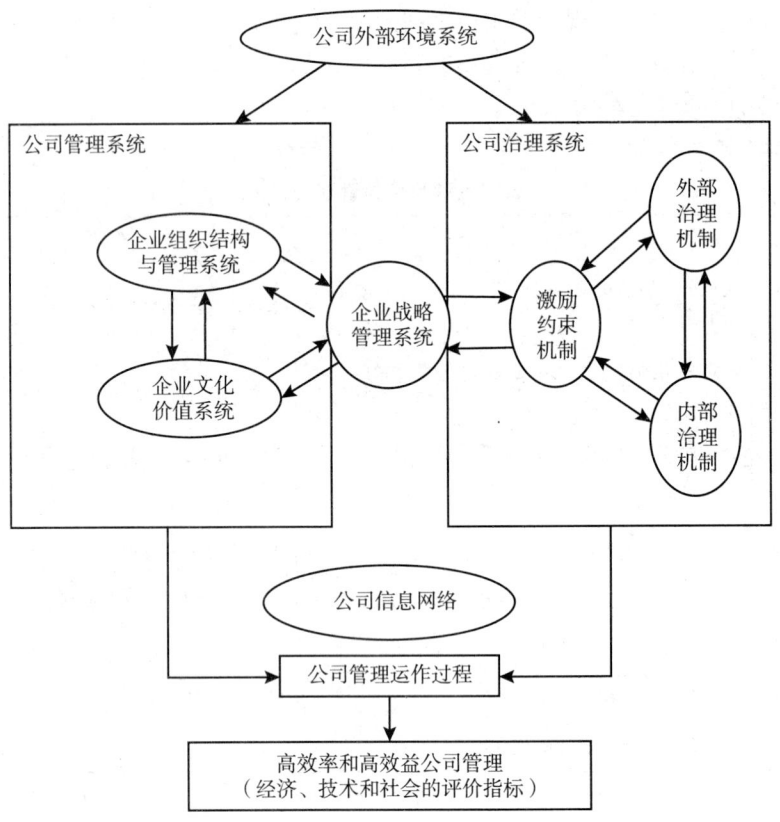

图 2-5　公司治理与公司管理的整合模型

资料来源：向荣：《公司治理与公司管理——区别、联系、系统整合与互动关系》，载《商业研究》2002 年第 1 期。

要 点 小 结

1. 最初的公司大都所有权与经营权合二为一，但是随着公司的发展，所有权与经营权逐渐分离，由于委托人与受托人利益不一致，因此如何使受托人按照委托人利益最大化的目标进行决策成为公司治理需要解决的问题。在现实生活中，随着公司丑闻、高管人员薪酬增长过快、公司裁员引起的不满、机构投资者的兴起以及内部人控制等问题的出现，公司治理受到了较多的关注。

2. 公司治理的理论基础包括古典管家理论、委托代理理论、现代管家理论、利益相关者理论和不完全契约理论等。

3. 公司治理包含五层含义：(1) 公司治理问题的产生，根源于现代公司中所有权与经营权的分立以及由此所导致的委托代理问题;(2) 公司治理是一种契约关系;(3) 公司治理结构是由股东会、董事会、监事会、经理层等"物理层次"的组织架构,及连接上述组织架构的责权利划分、制衡关系和配套机制(决策、激励、约束机制等)等游戏规则构成的有机整体;(4) 公司治理的关键在于明确而合理地配置公司股东、董事会、经理人员和其他利益相关者之间的权利、责任和利益,从而形成其有效的制衡关系;(5) 公司治理的本质是对公司控制权和剩余索取权分配的一整套法律、文化和制度性安排。

4. 公司治理按内容分为治理结构和治理机制。公司治理结构指公司治理内外部组织架构的设定以及它们之间的相关权力与利益关系;公司治理机制指公司治理组织系统运行的方式与方法,包括决策机制、激励约束机制、监督机制的设计与工具使用。

5. 公司治理的主体包括债权人、雇员、顾客、供应商、政府、社区等在内的广大公司利害相关者;公司治理的客体主要包括董事会和经营者及其决策方式与行为方式。

6. 公司治理的内部治理主要是指股东大会、董事会、监事会与经营管理层之间的组织架构和协调它们之间的权责利关系;外部治理是指通过公司外部的因素和手段来解决公司治理问题,主要内容包括控制权市场、经理人市场、产品市场约束及政府监管等。

7. 公司治理的目标主要有三种观点:股东价值最大化;利益相关者利益最大化;市场约束下的核心利益相关者价值最大化。

8. 公司治理和公司管理组成企业系统的两个层次,具有紧密的相互联系,在目标、基本功能、实施手段等方面存在区别。

思考与讨论题

1. 什么是公司治理?它包括哪些内容?
2. 分析公司治理的理论根源。
3. 现有的关于公司治理目标的观点有哪些?各有哪些特点?
4. 阐述公司治理与公司管理的区别和联系。

案例分析

美国 IBM 公司的兴衰:公司治理的影响

美国 IBM 公司从 1984 年左右开始由兴到衰,由年盈利 66 亿美元到 1992 年亏损达49.7亿美元,在此8年期间任董事长兼首席执行官的埃克斯被迫下台。新上任的格斯特纳对公司进行了大刀阔斧的改革,包括更换2/3的高层经理人员,将公司原来的分权管理改为强调各部门资源、技能和思想的更大程度的共享。公司开始出现转机,并由亏损到1996年盈利约60亿美元。

IBM公司的兴起与衰落的原因很多。下面介绍的是公司内部治理、外部治理(包括资本市场、经理市场和产品市场)以及激励约束机制的影响。

IBM公司,其原来的董事会中3/4成员基本上只起装饰作用,他们虽然是些知名的人物,如著名大学校长、前政府官员等,但很少真正关心过公司的经营状况,况且IBM公司的长期好绩效使他们习惯于"享受"董事长每年一次为他们精心安排的一周海外度假旅行会议。董事会议既已沦为形式,那么,董事会只能依靠其常设的执行委员会来行使职责。在20世纪80年代初的IBM公司执行委员会中,除了大权在握的首席执行董事(由董事长兼任)外,还有5个成员,其中4位是来自强生制药公司、ABC广播公司和时代出版公司的前任董事长及一建筑公司的总经理。他们尽管并无计算机企业经营经验,可10年来一直受聘担任IBM公司董事会的执行董事。另一执行董事的职位则通常留给本公司的前任董事长。在埃克斯担任董事长期间,这一内部执行董事人选就是其前任奥佩尔。他曾在20世纪80年代的头5年接替卡里当政,虽然那时正处于"二度兴盛"之中,可他本人也明白自己在公司经营中造成了许多问题留待后任去解决,所以要指望他这样的人来行使执行董事的有力监督权是不大可能的。在1993年1月前后的东京董事会上,最终还是来自ABC广播公司的墨菲出来主持局面,撤换了经营无方、改革屡不见成效的前公司董事长埃克斯,并将其手下的总裁库勒提升为董事会副主席,以便给予新任董事长以全面的公司高层经理班子组阁权。同时,鉴于公司当时的首席财务审计官梅茨对1992年下半年公司经营状况的预计和对股东红利分配的允诺出现重大偏差,他亦被责令辞职。在最后关键时刻,IBM公司的执行董事促成了公司高层经理人员的更替,但功不抵罪。这些董事在位10年有余,他们对公司的重大经营问题决策负有主要的责任,因而在完成了撤换公司重要经营者的历史使命后,IBM公司董事会也解散重组。

1960年,IBM公司股票价值为每股20.6美元,1972年升到每股80.4美元,紧接着出现大幅度滑落,仅两年时间就跌至每股42美元。进入20世纪80年代后,局面有所扭转,股价在1987年上升到175美元,但好景不长,公司在1991年到1993年的3年时间,连续亏损后股价跌至17年来的最低点。在格斯特纳接手公司后的1993年年底的股价仅为每股47美元,但很快新领导班子便赢得了股民的信任,所以股价很快上升,在随后3年里分别达到每股73.5美元、91.4美元和158.5美元。一度曾以30%的速度跌落，从而使股民造成重大损失的IBM股票，现在仅隔3年时间就使股民的收益增加了约10倍。公司的股票投资者正是从切身利益出发，迫切地希望并坚决地监督着公司经营者，使他们很好地行使着全体股东所委托的经营管理权。

IBM公司在20世纪50年代跨入计算机行业，首先就是顺应了市场从机械计算向电子计算发展的潮流。20世纪60年代开发出近乎垄断整个市场的大型机也是因为符合了市场和顾客的要求，从而使公司得以迅速发展壮大。但进入20世纪70年代以后，IBM的经营者开始变得以企业自身为中心，脱离顾客、不进行反思，导致其后来开发出来的新产品只是原来产品线的延伸而没有更大的突破。正是因为脱离了市场的导向，结果大型机业务逐渐衰败。这正是因为看不到计算机市场向低廉、日渐小型化的小型机、PC机和便携机发展的势头而造成的。IBM公司在与苹果、康柏等后起之秀的竞争中，最终走到了濒临破产和大面积亏损的危机境地，这正是市场优胜劣汰法则起作用的结果。而20世纪80年代个人电脑的成功开发和新领导的所作所为则从另一方面说明，顺应市场需求和变化的方向，公司将走向繁荣。

IBM公司的前董事长埃克斯是近年来继通用汽车公司和康柏计算机公司前董事长之后被解雇的美国商界主要经理人员。埃克斯最初结束飞行员生涯进入IBM公司时只是一名推销员，很快因为善于采取果断行动而被提升为管理人员，并迅速升到当时全世界最好的公司之一的高层管理职位。但他不曾料到自己竟成了历史上一直非常成功的"蓝巨人"衰败的主要责任者。埃克斯在得到300万美元的解职补偿后于1994年离开了IBM公司。后拟合伙创办一家公司，计划失败后悄无声息地离开了商界。深知经理市场对经理人员能力评价的"无情"以及自身"人力资本"价值的宝贵，许多被列为埃克斯继任者的候选人，担心"烂摊子搞不好会引火烧身"，纷纷放弃了尝试念头。而缺乏高技术企业经营经验的格斯特纳，在最初并不是IBM公司董事会心目中的最佳人选，据媒体报道，他是毛遂自荐的。但格斯特纳在接管IBM公司不到4年时间里，就使积重难返、被公认只能走"分散化"路子的巨型企业迅速地走出困境，他本人的"人力资本"价值也很自然地跟着公司绩效的改善而倍增。

在IBM公司，对高层经理人员的激励包括与现期绩效相关的激励和与未来绩效相关的激励两大部分。前者主要以高额年薪来体现，后者则反映在股票期权的使用上。例如，对于新上任的董事长兼CEO格斯特纳，IBM公司除了在聘用合同中答应补偿其调离所任R烟草公司董事长职务而造成的当年将得到的但现在不得不放弃的约500万美元股票期权收益损失，以及保证其已到手股票期权届满时将换得至少 800 万美元收益外，还明确其第一年在 IBM 的薪金为 810 美元，外加 50 万股 IBM 股票期权。第二年，IBM 公司又赠给格斯特纳 22.5 万股期权股票。截至 1990 年年底，格斯特纳的累计期权股票达 77 万股。若 IBM 股票能保持每股 158.5 美元的价格，那么，格斯特纳在不到 4 年的任期中所获得的股票期权将为他带来约 800 万美元的纯收益。当然，如果企业业绩长期上不去，股价没有比他接受股票期权时的价格有所提高，那么，他手中的股票就无法在期权期满后的交易中获得增值。因此，这是一种与高风险相伴随的激励。另外，除高薪和期权方面的物质激励外，将困境中的公司在这么短时间内迅速扭亏为盈，格斯特纳个人的声望和自我成就感也因此获得提高。这是同人力资本相关的一种更高挑战性的激励力量。

（资料来源：王凤彬：《领导者与现代企业组织》，经济管理出版社 1997 年版。）

案例思考：

1. 请从董事会方面分析内部治理对 IBM 公司运营的作用，并从资本市场约束、产品市场的约束和经理市场的约束等方面分析外部治理对 IBM 公司运营的作用。

2. 请从激励机制方面分析公司治理机制对 IBM 公司运营的作用。

参 考 文 献

1. Blair, M. M. Ownership and Control: Rethinking Corporate Governance for the Twenty - First Century [M]. Washington: Brookings Institution Press, 1995.

2. Berle, A., Means, A. The Modern Corporation and Private Property [M]. NewYork: The MacMillan Company, 1932.

3. Chandler Alfred D. The Visible Hand: The Managerial Revolution in American Business [M]. Cambridge: Harvard University Press, 1977.

4. Cochran, P. L. and S. L. Wartick. Corporate Governance: A Review of the Literature [M]. Morristown, NJ: Financial Executives Research Foundation, 1988.

5. Fama, E. R., M. C. Jensen. Separation of Ownership and Control [J]. Journal of Law and Economics, 1983, 26 (2): 301 - 325.

6. Jensen, M. C., W. H. Meekling. Theory of the Firm: Managerial Behavior, Agency Costs and Ownership Structure [J]. Journal of Financial Economics, 1976, 3: 305 - 360.

7. Larner, R. Ownership and control in the 200 Largest Non - Financial Corporations, 1929 and 1963 [J]. American Economic Review, 1966, 56: 777 - 787.

8. Myer Colin. Corporate Governance in Market and Transition Economics. The International Con-

ference on Chinese Corporate Governance. Shanghai. 1995: 33 - 35.

9. Miller, M. Alternative Strategies for Corporate Governance. A key note address for the Conference on Reformability of the State Sector in China, Shanghai, China, July 19, 1995.

10. Ross. S. The Economic Theory of Agent: The Principal's Problem [J]. American Economic Review, 1973, 63.

11. Shleifer, A., R. Vishny. A Survey of Corporate Governance [J]. Journal of Finance, 1997, 52: 737 - 783.

12. 保罗·克鲁格曼:《美国怎么了？一个自由主义者的良知》,中信出版社2008年版。

13. 秦江萍:《会计舞弊的市场反应与识别：理论分析与经验证据》,经济科学出版社2005年版。

14. 牟璇:《去年业绩下滑前50上市公司 逾六成高管反加薪》,载《每日经济新闻》2011年5月4日。

15. 青木昌彦、钱颖一:《转轨经济中的公司治理结构》,中国经济出版社1995年版。

16. 林毅夫、李周:《现代企业制度的内涵与国有企业改革》,载《经济研究》1997年第3期。

17. 吴敬琏:《现代公司与企业改革》,天津人民出版社1994年版。

18. 张维迎:《所有制、治理结构及委托—代理关系——兼评崔之元和周其仁的一些观点》,载《经济研究》1996年第9期。

19. 李维安、武立东:《公司治理教程》,上海人民出版社2002年版。

20. 王丹:《上市公司不管业绩下滑 高管只顾自我加薪》,载《北京商报》2012年4月6日。

21. 梁能:《公司治理结构：中国的实践与美国的经验》,中国人民大学出版社2000年版。

22. 费方域:《控制内部人控制——国企改革中的治理机制研究》,载《经济研究》1996年第6期。

第 2 篇
公司内部治理

第3章

股东与股东大会

学习目的：本章介绍有关公司治理的股东理论及其演变、股东基本权利以及股东大会的基本类型和投票规则。通过学习本章内容，了解有关股东至上与利益相关者之争的代表性观点和理论基础；熟悉股东类型的演变及股东的基本权利；掌握股东大会的基本类型及常用的一股一票、代理投票和累计投票等投票制度。

关键词：股东；股东权利；股东大会

引　言

股东因其资本的投入而成为拥有公司股权的利益主体，股东会天然成为公司治理的重要组成部分。由于现代公司制企业中存在诸多层级的委托代理关系，对高层管理者行为的约束，一般通过董事会来体现。而事实上，董事会仍然只是受托机构，同样可能存在不履行勤勉义务，从而使股东利益受损的可能。独立董事尽管在一定程度上减低这种现象，但由于存在"独立和激励"的悖论："独立"可能意味着缺乏"激励"，有"激励"则往往会失去"独立"，从而使独立董事制度在实际中难以发挥应有的效果。这样，股东们亲自出马，在股东大会上"用手投票"：通过改选董事会、撤换经理层等手段来贯彻和实现自身意志，直至"用脚投票"——在证券市场出售股票。股东大会的斗争、股东间的权利争夺很大程度上会对在职的董事和经理产生压力，来自股东的压力是改善公司治理的重要动力。本章主要介绍公司治理的股东理论、股东与股东权力，股东大会、股利政策等相关理论和实践问题。

3.1 公司治理的股东理论

在有关公司治理的争论当中,处于主导地位的是股东理论(shareholder theory)和利益相关者理论(stakeholder theory)之争。事实上,两种理论都承认一个基本的事实:即企业的剩余收益无法归因于单一要素的贡献,只不过程度不同罢了。传统的股东理论由于在企业生产经营过程中物质资本的重要作用,从而维护股东的利益就是公司治理最为基本的目标;而近代,随着资本市场的迅猛发展、企业形式日益多变,特别是人力资本重要性的凸显,利益相关者理论进入人们的研究视野——不仅仅是股东,而是许多重要的利益相关者应当索取公司的剩余收益,同时在公司治理当中必须考虑诸多利益相关者的利益。在这场不休的争论当中,到底是股东至上,还是利益相关者兼顾,抑或有第三种途径?

3.1.1 股东至上的理论基础

股东理论的倡导者认为股东在企业经营过程中是"委托人",因此公司经营必须体现股东意志、维护股东利益。其背后的依据是:股东收益是在支付了政府税收、债权人利息、员工工资等之后,处于分配序列之末,如果按照股东利益最大化的原则进行管理,就不仅是股东利益,而是整个经济体系的利益都得到了保障。一般而言,明确支持股东利益的理论证据主要有风险承担理论、等待报偿理论和资产专用性理论。

1. 风险承担理论

风险承担理论认为,在公司制企业当中,股东是剩余风险的承担者,因此剩余索取权(residual claim)赋予股东是有效率的制度安排。相对于其他投资者,股东是唯一没有契约保证固定回报的经济参与者,股东承担了企业盈亏的风险,或者是经营过程中的不确定性(Knight, 1921),这一点被多数主流经济学家所接受。人们认为股东来承担企业剩余收益的风险在经济上是有效率的,所谓"有恒产者有恒心",作为一个阶层,他们可以不被约束在所持有股份的公司,股东可以通过不同类型的投资组合使风险最小化,因此他们比管理者和工人更能承担风险。如同法玛和詹森(Fama & Jensen, 1983)所言:大公司的普通股是一种常用的受限制最少的剩余索取权。股东无须在组织中发挥其他什么作用,他们的剩余索取权可以不受限制地转让，因此，这种剩余索取权可以使众多的股东不受限制的分担其风险。风险承担理论是以公司内部的决策管理与剩余风险承担相分离为依据的，这种分担和分离使公司的经营风险得到了最优分配：风险承担能力强者承担风险，风险承担能力弱者获得固定收益。

但是，风险承担的好处是以代理成本为代价的：决策管理与剩余风险承担是相互分离和专业化的，这导致了决策者与剩余索取者之间的代理问题。这个问题长期以来困扰着那些研究公司所有权和控制权相分离的研究者（法玛和詹森，1983）。这个问题就构成了公司治理最初的要义：股东作为剩余风险的承担者却不直接参与公司经营而成为"委托人"，不能确定公司的经营者作为"代理人"能否按照股东的利益行事。由此产生的成本，包括防止这种行为而进行的监督和约束费用被称为"代理成本"（agency cost）。解决委托代理问题、减低代理成本就成为公司治理当时最为根本的目的。为实现这一目的，经济学家们讨论出了通过薪酬合同激励、董事会、大股东、敌意收购，以及公司融资结构等来有效缓解代理问题，使经理层的行为按股东的利益行事。

2. 等待报偿理论

利润和利息的基本性质是经济学的基本问题，也是经济学家，特别是金融学家研究公司治理问题分析框架的基本假设。费雪（Fisher, 1930）在其《利息理论》中指出：利息理论和价格理论很相似，事实上，利息理论是价格理论的一个特殊方面。利率代表了当前商品和未来商品之间的交换价格。正像一般价格理论认为两种物品的交换率是基于一种心理或主观因素——它们的相对边际愿望——一样，在利息理论中，利率或当前商品与未来商品交换的溢价，在一定程度上也是基于一种主观因素，即一种边际愿望的衍生品——对当前商品的偏好。这种偏好可以称为时间偏好，或缺乏耐心的人性（human impatience）。其他方面主要是一种客观因素，即投资机会。

也就是说，费雪认为利率是由于缺乏耐心的人性和投资机会这两个条件相互作用所决定的。由于绝大多数人缺乏足够的耐心，而资本家（股东）投入资本，耐心的经历生产过程并承担相应的风险，劳动者投入劳动及时获取工资，因此高额利润是对资本家耐心的补偿，股东利益也就是对这种等待和风险承担的补偿。费雪在回应关于"利息是一种勒索"时称：资本家不是劳动的掠夺者，而是劳动的经纪人，他们在某一时段买进劳动，然后在另一时间将其产品卖出。如果不考虑风险的话，他们的利润或交易所得就是利息，是对从支付劳动的报酬到售出劳动产品得到收入这段等待时间的补偿。显然，耐心等待的报偿再加上经营风险的承担，就构成了公司治理股东价值论的核心逻辑。

3. 资产专用性理论

资产专用性是指某项资产用于特定用途后被锁定而很难再移作他用，若改作他用价值会降低甚至毫无价值的特性。威廉姆森将资产专用性区分为四种类型：地址的专用性（site specificity）：交易双方相互靠近，节省存货及交通费用，比如煤矿与燃煤发电厂；有形资产专用性（physical assert specificity）：合约一方或双方在设备和机器方面所进行的投入，由于在设计上具有交易专用的特征，从而移作他用时价值降低；人力资本专用性（human capital specificity）：由于干中学（learn by doing）、投资及转让特殊关系的技术使人力资本锁定于既有组织；专门性资产（dedicated assets）：主要包括其他情况下不会发生的、主要针对某一特定客户出售一笔数量较大的产品所做的一般性投资，在交付合约终止后，则会导致供应者存在过剩的生产能力。

显然，由于专用性投资是企业效率的重要来源，同时，由于资产的专用性质使其锁定于（hold-in）既定交易，从而容易受到机会主义威胁。资产提供方预计到可能的威胁就会缺乏专用性投资的激励，进而使专用性投资不足而损害企业效率。因此，为激励专用性投资，需要将剩余索取权交给专用性资产所有者。在物质资本稀缺的年代，将股东利益摆在突出位置自然成为题中应有之义。

上述理论是支撑股东至上的基础，然而风险分担理论想当然的认为股东更属于"风险偏好者"且更有实力来承担风险，这本就不是一个严谨的命题。而且，由于人力资本的产权性质，人力资本的使用只可"激励"而无法"挤榨"（周其仁，1996），将剩余索取权单纯的赋予股东显然不是一种人力资本的激励方法。等待报偿理论将利息作为股东"等待"的报偿，利润是风险承担的结果，正如有批评家对费雪理论的评价："费雪的讨论中全然没有对财务生产的叙述……致富纯粹是一个心理过程。就像山间的小溪，收入会自动的从大自然的山坡上流淌下来，利率完全取决于幸运地得到它的人的心理反应……而整个生产过程被忽略了（Seager，1912）①。"显然，生产过程中做出贡献的绝不仅仅是股东所投入的资本。至于资产专用性理论，不仅仅是股东的资本，人力资本同样具有专用性。而且，股票市场从来都不是企业长期投资资金的重要来源，其主要功能无非是使那些已取得成功的企业所有者将企业变现出卖的工具而已。从这个意义上讲，人力资本的专用性可能会更强一些，仅凭借"专用性"的概念将剩余索取权归结为股

---

① 转引自玛丽·奥沙利文著，黄一义等译：《公司治理百年》，人民邮电出版社2007年版，第48页。

东有失偏颇。

3.1.2 利益相关者的观点

尽管股东至上的理论框架存在着某些问题，但股东理论仍然是当前公司治理争论中主流的观点。然而，正当股东们大力要求对公司的资源配置行使更多的控制时，作为一种理论性的回应，利益相关者理论得以兴起。利益相关者是指能够影响一个组织目标的实现，或者受到组织实现其目标过程影响的个人和群体（Freeman，1984）。该理论认为企业经营管理就需要平衡各个利益相关者的要求，而不应当仅仅是股东至上主义，毕竟公司的发展离不开各利益相关者的投入或参与。事实上，对于"公司是谁的"这个争论从公司产生之初就从未停息。早在美国大萧条时期，多德（Dodder，1932）就提出公司社会责任是其公民地位的基础，公司管理层不应仅限于对股东的"受托"责任，而应该作为"公司选民"的受托人去履行公司的公民责任，尽管这可能会导致股东价值的减少。近代利益相关者理论的兴起得益于社会和时代背景的变迁。

1. 公司接管浪潮

20世纪80年代初，美国公司的竞争力下降，经营遇到很多问题。而里根政府为了抑制"滞涨"，推行了严厉的货币政策，联邦储备率保持着一个较高的水平，导致大量海外投机资本的涌入，美国债券和其他安全性投资的回报率逐步上升。相对而言，这诱发了股东对资本市场回报率的不满，转而向敌意接管和杠杆收购敞开了大门。本来适当的接管和收购压力能够约束经理人的行为从而维护股东的利益，而过多的敌意接管和杠杆收购则导致经营不稳定，损害了公司利益相关者的长期利益。另外，股东为自身的短期利益接受较高的收购价格可能进一步使损害加剧。为此，形成了一股强有力的反兼并接管的浪潮，自1985年后美国先后有29个州通过法律特别规定，董事会制定的重要经营决策，特别是是否接受或拒绝收购方案时，除了考虑股东利益外，必须要考虑其他利益相关者的利益[1]。这一变化的意义在于，它使人们重新审视单纯强调股东利益最大化是否能够最终导致企业价值最大化的问题，利益相关者的呼声进入人们的视听范围。

---

[1] 崔之元：《美国二十九州公司法变革的理论背景》，载《经济研究》1996年第6期。

2. 知识经济和人力资本重要性凸显

如果说公司接管浪潮的反思为利益相关者提供了现实的可能性和背景，那么知识经济和人力资本重要性的凸显则是利益相关者理论兴起的直接动力。知识经济本质上是智力资本或人力资本在价值创造中占主导地位的经济形态。尽管长期以来，资金问题都是困扰企业的"瓶颈"，虽然直到目前为止这个问题也没有彻底地改变，但资本的重要性相对于过去来说无疑是下降了。自 20 世纪 80 年代之后，资本市场变得相当发达，大量的新兴金融理念、金融工具和融资机构被创造出来。而且，由于信息技术的发展，使得信息交流和甄别更加便捷，对于借款人的资信的考察相对容易和迅速，资金的获得也就变得相对轻松。特别是风险资本获得了空前发展，市场上涌动着许多寻找投资机会的资本。所有的这些，都无形中削弱了物质资本以前那种唯我独尊的地位。与之相对应，人力资本的重要性却日趋增强。管理人员的知识、经验和技能，以及核心员工的创造能力，在企业价值创造和价值增长方面的作用表现得越来越突出。同时，由于人力资本与其所有者本身的不可分割性，对知识型员工的控制越来越困难。到 20 世纪 80～90 年代，随着经济全球化和国际分工的深入，以人力资本为核心的价值创造已经成为经济运行的常态。

3. 变化了和变化着的企业形式

网络和信息技术的迅猛发展是经济领域最为显著的变化，网络经济是以经济全球化为背景，以现代信息技术为基础，以国际互联网为载体，以电子商务为主导，以中介服务为保障，以知本家为核心，以不断创新为特点，实现信息、资金和物资的流动，促进整个经济持续增长的全新的社会经济发展形态①。网络经济的诞生和发展对传统的企业生产模式带来了革命性的影响，原有的在相对稳定状态下依靠规模效应和范围经济获得利润的生产方式，正日益被强调新技术和新方法、通过灵活性和快速响应实现按需定制的生产模式所取代。需求的不确定性、人力资本的专用性、环境的复杂性和交易的频繁性等特点催生了更具有环境适应能力的新组织形式——网络组织。在网络组织中，产品和服务的提供已经突破了企业的法律边界，是许多以任务为导向集合在一起的企业群体，而不再是单一的企业组织。物质资本也不再是唯一重要的资源，许多诸如经验、技巧、知识等与

---

① 李维安、林润辉、周建：《网络经济下的公司治理》，载《网络经济与经济治理国际研讨会会议论文》2001 年。

人力资本有关的因素往往在价值创造中具有决定性的作用。战略联盟、虚拟组织、中间性组织等企业形式进一步模糊了企业的法律边界和权力边界，仅仅强调股东的利益显然不能适应这些新企业形式的需要。另外，网络和信息技术的发展节省了交易成本，拉近了人与人之间的距离，改变了人们的行为方式，使利益相关者参与公司治理有了更为便捷的途径。典型的例子是电子投票和远程股东会的引入，这对调动中小股东参与的积极性、发挥监督制衡作用意义深远。信息技术同样使信息披露成本更低、传播更快更广。在利益相关者参与公司治理意愿更强、方式更便捷的情况下，忽略其诉求显然是不恰当的。

利益相关者理论把经济主体在企业经营中的贡献纳入一个整体框架进行考察，而不偏执于股东，显然这是朝着实践方向前进的一大步。尽管与传统股东理论的偏颇相比，利益相关者理论更加全面，但是，它却可能陷入自身所构建的"全面"泥淖当中不能自拔。一个明显例证是：如果按照可能受益或受损于企业经营过程的定义，几乎所有的自然和社会群体都可以纳入利益相关者的范畴，包括动植物集团。面对股东至上的反击，利益相关者在落地层面显得应对乏力。如何区分和界定利益相关者，代表性的观点有以下几种。

弗里曼（Freeman，1984）从三个方面对利益相关者进行了细分：（1）持有公司股票的一类人，比如董事、经理人员，称为所有权利益相关者；（2）与公司有经济往来的相关群体，比如员工、债权人、供应商、消费者、竞争者等；（3）与公司在社会利益上有关系的群体，比如政府、媒体、社区等。

弗里德里克（Frederick，1988）从利益相关者对企业生产影响的方式划分为直接和间接两类：直接利益相关者是直接于企业发生市场交易关系的相关者，主要包括股东、雇员、债权人、供应商、消费者、竞争者等；间接利益相关者是指与企业发生非市场关系的群体，如各级政府、社会活动团体、媒体、公众等。

维勒（Wheeler，1998）从相关群体是否具备社会性以及与企业关系是否直接两个维度，分为四类：（1）主要的社会性利益相关者，具备社会性和直接参与性两个特征，比如股东、债权人、雇员、供应商、消费者等；（2）次要的社会利益相关者，通过社会活动间接的影响企业经营，比如政府、社会团体、竞争对手、媒体等；（3）主要的非社会利益相关者，对企业有直接影响，但却以真实的人的形式体现（即缺乏社会性），比如自然环境等；（4）次要的非社会利益相关者，不与企业有直接联系，也不具备社会性，比如动物利益集团等。

米切尔评分法（Mitchell and Wood，1997）将利益相关者的界定与分类结合起来，他们认为企业的利益相关者必须至少具备以下三个属性中的一种：合法性（legitimacy）：即某一群体是否被赋予法律和道义上或特定的对企业索取权；权力性（power）：即某一群体是否拥有影响企业决策的地位、能力和手段；紧迫性（urgency）：即某一群体的要求能否立即引起企业管理层的关注。也就是说，要么对企业拥有合法的索取权，要么能对企业决策施加压力，要么能够紧急地引起管理层的注意，否则就不能称为企业的利益相关者。依据企业的具体情况，从这三个方面对利益相关者进行评分，根据分值将利益相关者进一步分为三种类型：（1）确定型（Definitive Stakeholders），同时拥有合法性、权力性和紧迫性，他们是企业首要关注和密切联系的对象，如股东、雇员和消费者等。（2）预期型（Expectant Stakeholders），满足三种属性中任意两种。第一，拥有合法性和权力性的群体，他们希望受到管理层关注，也往往能够达到目的，有些情况下还会正式地参与企业决策过程，如投资者、政府部门等。第二，拥有合法性和紧迫性的群体，这类群体希望实现目的需要赢得其他更有力的相关者的支持，或者寄希望于管理层的善行。他们常采取的办法是结盟、参与政治活动、唤醒良知等，如媒体、社会组织。第三，拥有紧迫性和权力性的群体，这种人对企业是比较危险的，常常通过暴力来实现诉求。比如罢工、示威游行，甚至一些宗教极端主义者和激进社会分子会发起恐怖主义活动。（3）潜在型（Latent Stakeholders），他们只具备三种属性中的一种。

尽管上述划分有助于理解并界定不同的利益相关者，并为不同类型的利益相关者参与公司治理提供了基础的指导，但仍然有过于宽泛之嫌。事实上，在公司经营过程中要照顾如此之多的利益群体的利益，面面俱到的结果很可能是面面不到。因此，利益相关者理论更多的是被看成一种政治立场，而不是经济上的治理理论而提出的，许多拥护者的依据不过是种种关于经济成功笼统的、未经证实的假说。迄今为止，并没有研究证明利益相关者理论如何，以及在怎样程度上增进组织绩效，反之亦然。为数不多的超越这种笼统、未经证实的分析是布莱尔（Blair，1995）。布莱尔并没有挑战股东理论的股东是"委托人"的假设，认同股东具有剩余索取权的地位，但她将视角扩展到公司内部财务创造、获取和分配的全过程，股东并不是公司创造价值的唯一源泉，人力资本同样创造价值。而且，由于人力资本对特定公司的专用性投资，同样承担了某些与公司相关的风险，因此也应该与股东一样具有剩余索取权的地位。在很大程度上，布莱尔的理论是有道理的。但是，如果考虑到创新的动态性质，企业所需的专用性技能可能会不断的改变，此时有助于增进组织绩效的专用性技能，彼时可能无助甚至有碍于组织发展。因此，单纯将人力资本的专用性投资作为获取企业剩余的理由，可能会导致经济主体提出过时的索取要求——他所掌握的技能参与了过去的财富创造，但如今可能不再是价值创造的有效基础。这样，利益相关者说可能会沦为一种公司福利的工具。

3.1.3 可能的调和

股东理论和利益相关者构成了公司治理研究的两极,各自都不乏可取之处,同时存在显而易见的缺陷。二者的根本问题在于,根植新古典经济学的个体、理性和最优化传统,把注意力集中在使现有资源得到最优利用的治理结构上,而忽略了对经济资源开发和利用过程的治理。股东理论及其支持者集中精力于如何使公司经济尽可能的接近新古典经济学完全市场理想的制度机制,而没有对公司剩余是如何产生的这一基本问题提供合理的解释。利益相关者理论要么过于宽泛而无法操作,要么仍然沿袭新古典的假设,经济主体在市场和技术的约束下使自己的目标最优,从而决定了投资和回报的归属。治理的作用就是使要素收益获得"对的"归属,这样个体参与者就会被引导着进行对企业有益的专用性投资。一言蔽之,二者都致力于为不同利益集团的剩余索取权提供合理的解释,却没有为剩余的产生提供一个像样的说法。如果将企业整个生产过程纳入公司治理的视野,从权力作为一种生产关系的视角所得到的结论也许能为股东主义和利益相关者提供一种调和。

公司作为经济组织的一种,它存在的意义在于创造出比前期投入及所有成员单干时产出加总更大的价值。在剔除暴力的因素后,公司权力是各主体基于所拥有(或控制)的资源,以契约(通过契约规定)或诱致(合作产生更大收益)的方式对企业价值创造产生影响的一种讨价还价能力。这种讨价还价所形成的责、权、利的配置状态就是企业的权力结构。而讨价还价能力的大小,取决于资源主体所掌控资源对公司剩余创造贡献的大小,与资源的稀缺性紧密相关。显然,社会发展会引起资源稀缺性的变化,企业发展的不同阶段也会使资源在剩余创造中的贡献不同。事实上,人们在生产过程中结成相互依赖的关系,由于各种生产主体和生产要素的性质存在差异,对经济发展的贡献和作用各有不同,由此决定了社会各集团成员在生产中的地位及对各种资源的支配能力和谈判能力的分布状况。其中代表社会生产力发展的集团拥有对社会资源的绝对支配能力,从而在社会利益分配中享有社会剩余。这样,权力就不是一个外生变量,而是内生为与资源相关的一种社会生产方式。公司当中所体现的权力关系,也就必然反映占主导地位的生产要素所有者的利益,而且也将随着生产要素的主导地位的变化而出现权力关系和权力结构的更替。企业作为一个契约的联结(a nexus of contracts, Alchain and Demsztz, 1972)①,对其价值创造起作用的实际上正是这些"泛资源":人力资源、物质资源、技术构成了生产的基本要素,价值观念和制度规范为企业运行提供了软环境和制度保障,个体之间以及企业组织之间的网络关系和行为,为交易所需要的信任和合作提供了可能。在"泛资源"的逻辑中,各种资源的稀缺性、贡献度是动态的,因此其主体的权力大小也必然是变化的。当前对公司治理的研究,主流的分析框架是解决委托代理问题,其研究的焦点在于对投资者利益的保护,背后的逻辑为"资本雇佣劳动"。从权力的视角来看,这样的一个静态研究并没有把握住权力动态的本质,因为如果投资者投入的是企业发展最重要的资源,则他就必然拥有最强势的权力,那么又如何沦落到被保护的地位呢?如果投资者的投入不是企业发展中最重要的资源,那么公司治理就不应当仅以保护投资者的利益为重。

因此,从社会发展引起各权力主体动态变化的角度,以股东为主导的核心利益相关者理论也许是调和的出路之一。股东是企业最为核心的利益相关者,但单边治理"股东至上"的理念应被摒弃,共同治理的泛利益相关者窘境也应加以改善。继而产生的是一种以股东为主导的核心利益相关者治理理论。它超越股东至上的局限,同时避免利益相关者共同治理理论所主张的全员参与治理模式容易引起的目标混乱、意见僵持与效率低下等问题,是对单边治理与共同治理的修正与整合,是现代公司治理理论演进的新趋势。当然,对该理论仅仅处于起步阶段,诸多关键性问题,如以该理论为基础的治理机制设计以及核心利益相关者参与公司治理效果的验证等都仍需完善。

3.2 股东与股东权利

股东至上,还是利益相关者兼顾,不管这个争论如何喋喋不休,来自股东的压力从来都是改善公司治理的动力。股东及其权力的保障,是公司治理的基本目标之一。

3.2.1 股东及其类型

股东是对公司进行投资,从而拥有公司股权的利益主体。股东从以自然人为

---

① Alchian A., Demsetz H., "Production. Information Costs and Economic Organization", American Economic Review, 1972, 62 (5): 777 – 795.

主体,到自然人与机构投资者并存,经历了一个演变的过程。以美国为例,在20世纪早期,股东主要以自然人为主。到20世纪30年代,在一些大型公司股东人数越来越多,股权变得越来越分散。由于股权的日益分散,公司运作实际上就被那些具有专业知识的职业管理者所掌握,股东在公司中的地位和行为就变得非常被动。既然对公司运作直接作为的难度加大,股东的关注重点就从公司内部运作转移到股票价格上来。但是,由于单个股东持股数量较少,加之对证券市场不甚了解,共同基金往往是单个股东的投资对象,共同基金再由专业人士打理,直接投资公司持有股票。同时,各种保险基金、养老基金也开始进入股市,逐渐形成新的持股力量。这样,股东从以自然人为主,逐步过渡到多样化的股东类型,这一点从主要发达国家的股东结构可以看出(见表3-1)。

表3-1 世界上主要发达国家的股东结构

类型	持股百分比(%)				
	美国	日本	德国	法国	英国
家庭	47.9	22.2	14.6	19.4	29.6
公司	1.1	31.2	42.1	58.0	4.1
政府或公共部门	0.3	0.5	4.3	3.4	0.2
银行	2.6	13.3	10.3	4.0	2.3
保险公司及养老基金	29.8	10.8	12.4	1.9	39.7
共同基金及其他金融机构	12.1	11.7	7.6	2.0	10.4
外国人	6.2	10.3	8.7	11.2	13.7
总计	100.0	100.0	100.0	100.0	100.0

资料来源:宁向东:《公司治理理论》,中国发展出版社2006年版,第225~226页。

不同类型的股东持有股票的目的同样是不同的,有的关心长期收益,有的仅关心短期利益。这样,根据股东投资目的和投资之后的行为方式,结合他们参与公司治理的程度,可以进一步将股东分为如下四种类型[1]:(1)积极的投资者,积极的公司治理参与者。比如许多机构投资者,一方面采用积极的投资策略,另一方面也非常关注公司投票机制等公司控制问题。(2)被动的投资者,积极的公司治理参与者。根据某些指数(如标准普尔指数)进行投资组合的机构投资者属于这一类,如美国加州公共雇员养老基金(California Public Employees' Retirement System, CalPERS)。这类投资者要获得相对稳定的投资收益,因此采用的是被动

---

[1] 根据宁向东:《公司治理理论》,中国发展出版社2006年版,第227页内容整理。

的投资策略，但比较关心公司的控制问题。（3）积极的投资者，不积极的公司治理参与者。大多数公司养老基金和银行的投资部门都属于这一类，他们非常积极地管理资金，却很少参与公司的控制问题。（4）被动的投资者，不积极的公司治理参与者。很多参与市场投机交易的散户、程序交易者属于这一类。他们通过技术面，而不是公司基本面上的内容进行操作，基本不关心公司内部发生了什么，不关心股票的内在价值。

3.2.2 股东权利

股东权利从广义上讲，泛指股东得以向公司行使的各种权利，狭义则是指股东基于股东资格而享有的从公司获取经济利益并参与公司治理的权利。采用不同的分类标准，可以把股东权利区分为不同类型。

按其行使目的可以分为自益权与共益权。所谓自益权是股东以从公司获得经济利益为目的的权利（或者是仅为自己的利益而行使的权利），比如股利分配请求权、剩余财产分配请求权、建议利息分配请求权、股份购买请求权等。而共益权则是指股东以参与公司经营为目的的权利（或者股东为自己利益的同时兼为公司利益而行使的权力），比如表决权、诉讼权、提案权、质询权等。

以产生的法律渊源为标准可以分为法定股东权和章定股东权。法定股东权是《公司法》或其他法律规定股东的权利，章定股东权则是在公司章程中预定的股东权利。需要注意的是，法定权利是国家法律所规定的，对投资者一般性质的权利保护；而章定权利则是股东在注册公司的时候自己需要确定的权利，是一种自我保护机制。股东在成立公司时应该尽可能细致的考虑和约定，以体现对自身权利的保护。

根据行使主体可以分为一般股东权与特别股东权。一般股东权是指公司普通股东所行使的权利，特别股东权则是指专属于特定股东的权利，比如发起人股东和优先股股东等。当然，不同类型的股东其权利和义务是对等的，在一些方面的利益优于其他股东，则必然在另一些方面的利益就逊色于其他股东（比如没有表决权的优先股）。

以行使方法可以分为单独股东权与少数股东权。单独股东权是指无论持有股份数额的多寡，仅持有一股的股东即可单独行使的权利。少数股东权则是指持有股份占公司发行股份总量一定百分比的股东才能行使的权力，可以是达到这一百分比的单个股东，也可以是达到百分比的数个股东集合。

以重要程度可以分为固有权与非固有权。固有权又称为法定股东权，是指未经过股东同意,不得以章程或股东会多数决议的形式予以剥夺或限制的权利;非固有权则是可以由公司章程或股东会多数决议予以剥夺或限制的权利,又称为非法定股东权。

股东权不同的分类标准均有其合理的一面,同时过多的分类标准又不容易掌握和理解。从便于理解的角度,从股东参与公司治理的过程可以分为五个方面的内容:与获取信息有关的知情权;在知情之后向公司提案的权利;对涉及自身利益的提案进行表决的权利;与公司收益和财产相关的收益权利;当以上权利受到侵犯时,对有关利益主体进行诉讼的权利。

1. 知情权

知情权是股东最基本的权利。按公司法的规定,股东有权查阅公司章程、股东会议记录和会计报告,股份公司应提供上述文件以备查阅。对股东分散的上市公司而言,为确保股东的知情权,应根据法律要求及时准确地披露各种必要信息。在现代经济社会中,资本市场是连接资金供应方与需求方的纽带,从而实现资源的优化配置。投资者投入货币购买公司股票,公司利用投资者资金进行生产经营。对投资者而言,由于所有权和经营权的分离导致信息不对称问题。那么,投资者如何决策将货币投给谁、投多少?信息披露是消除这种不确定性的重要手段,也是股东的基本权利之一。但实际上,在信息披露方面,上市公司可能存在主观和非主观的原因不为股东提供准确的信息。主观方面,上市公司违反相关法律规定,故意向投资者隐瞒信息或提供虚假信息;非主观方面,由于上市公司在信息管理方面制度不健全而对应该披露的信息披露不充分、不及时,以及披露程序不妥当。根据南开大学公司治理研究中心对我国上市公司信息披露指数评价的结果来看,2011 年度以平均值而言,指数得分最高的是建筑业,为 0.313,最低的行业为传播与文化产业,为 0.254;就样本均值而言,职工持股控股的指数平均值最高,为 0.389,其次为社团控股(但样本小,代表性不强);国有控股公司的均值为 0.292,高于民营控股(0.270)的上市公司;金融机构的平均值(0.3994)高于非金融机构(0.2841);2011 年度样本中共有 642 家中小板上市公司,其平均值为 0.3879,沟通保障指数和网络沟通指数得分相对较高,而现场沟通指数较低,沟通反馈水平最低;各板块的沟通指数得分比较,金融板块最高,中小板块次之,主板最低。调查样本中信息披露的整体得分情况并不理想。

除去主观违规外,由于管理层对信息披露的认识不够、董事会秘书获取信息不及时(或者权力与地位不够)、缺乏明确的信息披露要求等非主观因素也使得信息披露不能做到公平、公正、公开及时有效的披露。公司披露信息不规范、不准确、不及时就侵犯了股东的知情权,需要依法追究相应责任。我国《公开发行股票公司信息披露实施细则(实行)》第 5 条第 1 款规定:"公司的全体发起人或者董事必须保证公开披露文件内容没有虚假、严重误导性陈述或重大遗漏,并就其保证承担连带责任。"《股票发行与交易管理暂行条例》第 17 条规定:"全体发起人或其董事以及主承销商应当在招股说明书上签字,保证招股说明书没有虚假、严重误导性陈述或者重大遗漏,并保证对其承担连带责任。"第 77 条规定:"违反本条例规定,给他人造成损失的,应当依法承担民事赔偿责任。"《证券法》第 63 条也规定,发布虚假信息的发行人董事和承销的券商董事应对由此引起的投资者损失承担连带赔偿责任。为保证诸多投资者的基本权利,上市公司应当广泛采取网络沟通、现场沟通、电话沟通等多种形式,从单纯的单向信息披露,向注重双向、互动沟通的方向做出努力。

2. 提案权

股东提案权是指公司股东有权就公司的经营管理问题提出自己建议的权力。当然,股东的提案或建议是否被采纳,还要以公司法或公司章程所规定的程序来完成。但无论是否有效、最终是否采纳,确保股东的提案权也是维护股东权利的基本要求。一般而言,对提案股东的资格、提案内容及提案的处理程序都有相应的规定。

我国《公司法》规定,年度股东大会,单独持有或者合并持有公司有表决权总数 3% 以上的股东或者监事会可以提出临时提案。临时提案如果属于董事会会议通知中未列出的新事项,同时这些事项符合有关法律规定要求的,提案人应在股东大会召开 10 天前将提案递交董事会,董事会就提案的关联性和程序性进行审查。所谓"关联性"是指提案涉及事项是否与公司有直接关系;所谓"程序性"是指股东提案是否符合股东大会表决程序,是否需要将提案进行分拆或者合并表决。对于不符合关联性和程序性要求的提案,董事会有权决定不提交股东大会进行讨论,但是应该将提案在该次股东大会上进行解释和说明。而当董事会审核后决定在股东大会上讨论表决的提案,应当按照规定进行公告。之后,股东大会应当对具体提案做出决议。另外,股东有权在股东大会上就会议议程的任何事项提出质询,公司董事会有义务如实回答股东质询,除非该回答将导致公司重大损失或为法律所禁止。

3. 表决权

股东表决权是指拥有股份的股东有权出席或委托代理人出席股东大会以及各

种类型的股东临时会议,并在会议上就有关议案投票表决,发表自己的意见。一般而言,股东表决权的大小取决于拥有具有表决权的股权数量的多少,也就是持有股份的多少。在不同的表决程序与规则下,对表决结果有重要影响。具体内容在第三节专门论述。

4. 收益权

股东的收益权,在通常情况下表现为股东有权要求公司根据法律和公司章程的规定,并依据公司的经营情况,分派股息和其他应得收益(详见第四节)。另外,股东收益权还体现在如下两个方面:第一,股东的优先增资权。在有限责任公司中,当公司新增资本时,股东可以优先认缴出资,而且当个别股东要转让股权的时候,在同等条件下其他股东有优先认购权。第二,对公司剩余财产的收益权。当公司因故终止经营、清算破产之后,股东有权依法分配并取得公司剩余财产中的应得部分。

5. 诉讼权

股东诉讼权是指当股东权利受到侵害的时候,股东有权利用法律手段对有关侵害他应得利益的主体进行法律诉讼,要求停止侵害行为。诉讼权对维护股东利益,特别是中小股东利益具有非常重要的作用,这一点将在第五节专门论述。

3.3 股东大会与投票制度

股东大会是股东争取自身权利、发表个人意见、听取公司经营状况报告等信息的主要渠道,也是公司治理的重要组成部分,人们一般将股东大会称为现代公司的最高权力机构和决策机构。在股东大会上,股东根据相应的规则行使自身权利、维护自身利益。与之相关联的投票制度、股利政策、诉讼制度等是股东大会治理的重要组成部分。

3.3.1 股东大会的类型

股东大会的基本形式和运作机制在不同公司之间有一定的差别,但都必须要遵守《公司法》的相应规定。同时,股东大会的召开可以分为多种不同的形式,并履行不同的职责。

1. 普通股东大会

普通股东大会往往也被称作股东年会。我国《公司法》规定，股东大会应当每年召开 1 次年会，年度股东大会应当于上一会计年度结束后的 6 个月内举行。公司在上述期限内不能召开的，应当报告公司所在地中国证监会派出机构和公司股票挂牌交易的证券交易所，说明原因并公告。公司无正当理由不召开年度股东大会的，证券交易所应当依据有关规定，对该公司挂牌交易的股票予以停牌，并要求公司董事会做出解释并公告，董事会应当承担相应的责任。

股东年会是股东行使权力的具体空间形式，在这个场合下股东有机会与董事见面，听取报告并向董事咨询他们所关心的问题，请董事介绍公司运营情况及发展规划等。股东年会一般的议题主要有：决定公司经营方针和投资计划，选举和更换董事，决定有关董事的报酬，选举和更换由股东代表出任的监事，决定有关监事的报酬，审议批准董事会的报告，审议批准监事会或者监事报告，审议批准公司年度财务预算方案、决算方案，审议批准公司利润分配方案和弥补亏损方案，对公司增加或减少注册资本做出决议，对发行公司债券做出决议，对公司合并、分立、变更公司形式、解散和清算等事项做出决议，修改公司章程等。股东大会议题取决于章程所规定的股东大会权限，以及股东大会履行这些权限在多大程度上是在会计年度间循环发生的。当然，股东年会只是股东会的一种表现形式，任何在股东会上可以讨论的问题都可以在股东年会上予以讨论。

股东大会的召集者和组织者应为公司的董事会。董事会应遵守《公司法》及其他法律法规关于召开股东大会的各项规定，认真、按时组织股东大会。比如，董事会在收到监事会书面提议召开股东大会后，应在 15 日内发出召开股东大会的通知，并按照有关法律和管理办法的相关条款做出安排。董事会做出同意召开股东大会决定的，应当发出召开股东大会的通知，通知中应列明会议内容和有关提案内容，通知发出后，董事会不得再提出新的提案。通常也不再更改召开时间。董事对股东大会正常召开负有诚信义务，上市公司召开股东大会，全体董事、监事和董事会秘书应当出席会议，经理和其他高级管理人员应当列席会议。股东大会由董事长主持。董事长不能履行职务或不履行职务时，由副董事长主持；副董事长不能履行职务或者不履行职务时，由半数以上董事共同推举的 1 名董事主持。监事会自行召集的股东大会，由监事会主席主持。监事会主席不能履行职务或不履行职务时，由监事会副主席主持；监事会副主席不能履行职务或者不履行职务时，由半数以上监事共同推举的 1 名监事主持。股东自行召集的股东大会，由召集人推举代表主持。上市公司应当制定股东大会议事规则。召开股东大会时，会议主持人违反议事规则使股东大会无法继续进行的，经现场出席股东大会有表决权过半数的股东同意，股东大会可推举1人担任会议主持人，继续开会。

2. 临时股东大会

与普通股东大会相对应，股东可能需要召开一些临时性的股东会，也被称做非常股东会。在公司发生某些股东争议的情况下，提议股东可能决定自行召开临时股东会。在这种情况下，提议股东应当书面通知公司董事会，并报公司所在地的中国证监会派出机构和证券交易所备案后，发出召开临时股东会的通知。对于临时性的股东大会通知，我国2010年公布的《上市公司股东大会规则》规定：独立董事有权向董事会提议召开临时股东大会。对独立董事要求召开临时股东大会的提议，董事会应当根据法律、行政法规和公司章程的规定，在收到提议后10日内提出同意或不同意召开临时股东大会的书面反馈意见。董事会同意召开临时股东大会的，应当在作出董事会决议后的5日内发出召开股东大会的通知；董事会不同意召开临时股东大会的，应当说明理由并公告。监事会有权向董事会提议召开临时股东大会，并应当以书面形式向董事会提出。董事会应当根据法律、行政法规和公司章程的规定，在收到提议后10日内提出同意或不同意召开临时股东大会的书面反馈意见。董事会不同意召开临时股东大会，或者在收到提议后10日内未作出书面反馈的，视为董事会不能履行或者不履行召集股东大会会议职责，监事会可以自行召集和主持。单独或者合计持有公司10%以上股份的股东有权向董事会请求召开临时股东大会，并应当以书面形式向董事会提出。董事会应当根据法律、行政法规和公司章程的规定，在收到请求后10日内提出同意或不同意召开临时股东大会的书面反馈意见。董事会不同意召开临时股东大会，或者在收到请求后10日内未作出反馈的，单独或者合计持有公司10%以上股份的股东有权向监事会提议召开临时股东大会，并应当以书面形式向监事会提出请求。

对于提议股东决定自行召开的临时股东大会，董事会及董事会秘书应切实履行职责。董事会应当保证会议的正常秩序，会议费用的合理开支由公司承担。会议召开的程序应符合以下规定：会议由董事会负责召集，董事会秘书必须出席会议，董事、监事应当出席会议；董事长负责主持会议，董事长因故不能履行职责时，由副董事长或其他董事主持。

另外，公司在出现以下法定事由时，应当在两个月内召开临时股东大会：(1) 董事人数不足规定的人数或者公司章程所定人数的2/3时。《公司法》规定，股份有限公司设董事会,其成员为 5~19 人。所以,董事会成员一旦少于实际人数的 3/2 时,公司就应当召开临时股东大会增选董事。(2) 公司未弥补的亏损达实收股本总额 1/3 时。(3) 单独或者合计持有公司股份 10% 以上的股东请求时。(4) 董事会认为必要时。(5) 监事会提议召开时。一般投资者更为关注的临时股东大会议程包括主要股东变更、收购兼并、重大人事变动、调整股利政策等。

3.3.2 股东大会的投票制度

股东大会是股东表达意见的主要渠道,在股东大会上,股东通过投票表决的方式来改选董事会,并对公司的大政方针进行决策,对经理人员间接施加压力(股东虽然没有权力直接换掉经理,但股东可以通过投票权的行使迫使董事会尽责)来实现自身的要求。而投票制度的设定,会影响到股东投票的效率和效果。一般而言,投票制度可以分为一股一票制、累积投票制和代理投票制。

1. 一股一票

最简单最古老的投票方式就是一人一票,多数通过。一股一票制是股份公司的股东大会实行表决制度的一种,即对关系到公司发展的重大问题进行表决时,在股东大会上每个股东根据其持有股份的多少按股投票,一股一票。即股民在选举董事、监事或对公司重大决策实施投票时,每一股普通股票是平等的;重大人事、策略的变更由票数多的说了算。一股一票是确保资本"民主化"、管理科学化的一个重要原则。毕竟上市公司的上帝是大小股东,一股一票可以保障资本方的根本利益,实现对专业管理方有效的监控与制约。

一股一票的投票原则确立于 19 世纪中期,其基本思想是股东平等原则的体现。股东依据其股份的多少享有与股份同等数量的投票权,几乎所有国家都规定,所有股东均有权参加股东大会的决议活动,每一股份平等地拥有一份投票权。对于要表决的事项,一般决议需要赞成票超过到会股东所持有表决权总数的一半以上,特别决议需要赞成票达到与会股东所持有表决权总数的 2/3。

当然,一股一票原则并不意味着所有股东都可以参加投票,只说明有资格投票的股东在投票表决时所遵循的原则,涉及投票权排除的股东则没有资格参加投票表决。所谓"投票权排除",是指股东对股东大会要表决的事项可能会因为自身利害关系而妨碍公司利益时,利害方不可以参加投票,并不得由他人代理行使投票权。很多国家都有投票权排除的相应规定。比如《德国商法典》中规定,决议免责或免除债务的股东,关于股东与公司间缔结法律行为的决议中的股东,关于提起或终止与公司诉讼决议中的股东不得为自己或第三者行使投票权。

2. 代理投票制

尽管有"一股一票"的公平投票原则，但由于时间、金钱或兴趣等多方面的原因，经常会有股东不能或者不愿参加股东大会。通常由两种处理办法：一是网络表决制度，即在公司章程中明确规定，不能参加股东大会的股东，可以通过网络的方式进行投票，在规定的时间内将自己意见提交公司，完成投票程序，对决议的有关事项表达自己的观点。二是代理投票制，所谓代理投票是指股票所有人授权他人代表自己在股东大会上进行投票。不能出席股东大会的股东可以委托代理人出席股东大会，由代理人向公司提交股东授权委托书，并在授权的范围内行使表决权。

代理投票制度在许多国家的公司法中都有规定，例如英国、美国、德国、日本等。关于委托代理程序及权限，西方各国主要有如下规定：(1) 委托书应明确叙述所征求代理的事项。美国一些州的法律规定，未记载入委托书的事项，代理人无权代理投票，这一规定排除了"全权代理"的授权，优点是股东权利得以保障，缺点是代理人对于由其他股东提议的事项，或会议中的临时动议均无权代理，将使委托书的价值大受减损。(2) 关于代理期限，一般都规定一次授权只限于当次股东会有效，而且规定征求人不得征求不填委托日期的委托书，也不得约定提出委托书的日期即为委托的日期。股东在授权之后，还可以下令撤回委托，如股东自己到会，委托书也自动撤销。(3) 英国证交所还对上市公司规定，委托书的格式应有让股东表达正反意思的机会。由于同一代理人所代理的股东中，对某一候选人或某项议案可能有赞成或反对的不同选择，所以代理人在股东会应把赞成票和反对票分开投票并同时投出。但一般的委托书不让股东对某事项直接投赞成票或反对票，只让股东决定是否让征集人代为投票。(4) 所有的国家的法律都规定，股东投票权可以委托、代理，但不可以转让、购买，"拉票"的代理人不可以收买股东。

关于代理投票中代理人的资格界定问题。目前，世界各国在代理人的资格界定具体操作上规定各不相同，如法国规定代理人应是股东配偶或另一股东，意大利规定董事、审计员、公司及其子公司雇员、银行或其他债权机构和团体不得成为代理人，比利时则规定代理人不必是股东，但是更多的国家如美国、日本、英国、德国等国家对代理人的资格没有具体限制，应被理解为不限于股东。

我国《公司法》第108条规定："股东可以委托代理人出席股东大会，代理人应向公司提交股东授权书，并在授权范围内行使表决权。"我国《公司法》的

第 108 条允许股东表决权的代理行使，这对于保护小股东的利益还是颇有意义的。但是，这一规定过于笼统，不便于操作。另外，《股份有限公司规范意见》第 41 条，《股票发行与交易管理暂行条例》第 65 条及《上市公司章程指引》对代理投票制度也有规定。为了有效地保护小股东利益，首先，应明确代理权授予期间。按"台湾公司法"的规定，代理权于每次股东大会前分别授予，不得一次为长期的授权，以免产生代理人长期控制代理权直至控制公司的弊端。无限期的授权委托投票显然会导致投票权与股份所有权的永久性分离，这正是法律所要严格禁止的。其次，关于代理人表决权限制的规定：代理人表决权限制，即一人受多人委托时，其表决权不得超过已发行股份总数的一定限额，否则，超过部分不予计算。表决权是一把"双刃剑"，一方面，特定代理人可以通过有意识地征集少数股东的表决权授权，积少成多，以此在股东大会上对抗大股东，平衡不同股东之间的利益。另一方面，代理人同样可以利用集中的表决权形成控制利益以达到操纵公司股东大会的目的。对代理人表决权进行限制，可防止一个代理人过多集中公司股东的表决权而操纵股东大会，做出不利于其他股东、债权人的决议。再其次，关于一个股东以一个委托人为限的规定：该规定可避免表决权计算上的困难，也可以避免同一股东的不同代理人因意见不同而难以表决。最后，关于代理人资格的规定应当做出明确的规定。

3. 累积投票制

累积投票制指股东投票时，比如选举董事时，股东所持的每一股份拥有与待选董事总人数相等的投票权，股东既可用所有的投票权集中投票选举一人，也可分散投票选举数人，按得票多少依次决定董事入选的表决权制度。累积投票制的目的就在于防止大股东利用表决权优势操纵董事的选举，矫正"一股一票"表决制度存在的弊端。

"累积投票制起源于英国"，但在美国得到了重大发展。19 世纪 60 年代，美国依利诺斯州报界披露了本州某些铁路经营者欺诈小股东的行为，该州遂于 1870 年宪法赋予小股东累积投票权。依利诺斯州《宪法》第 3 章节第 11 条规定，任何股东在法人公司选举董事或经理人的任何场合，均要亲自或通过代理人行使累积投票权，而且此类董事或经理不得以任何其他方式选举。随后，该州《公司法》第 28 条也规定了累积投票制度。美国各州关于累积投票制度的立法例有所差异。一种为强制性累积投票（mandatory cumulative voting）制度；另一种为许可性累积投票（permissive cumulative voting）制度。许可性累积投票制度又分为两种，一是选出式，即除非公司章程做出相反规定，否则就应实行累积投票制度；二是选入式，即除非公司章程规定了累积投票制度，否则不实行之。尽管目前在美国有些州还对累积投票制度实行强制主义，但大多数州的现代公司法已趋向许可主义。

2006年新修订的《中华人民共和国公司法》第106条规定：股东大会选举董事、监事，可以依照公司章程的规定或者股东大会的决议，实行累积投票制。本法所称累积投票制，是指股东大会选举董事或者监事时，每一股份拥有与应选董事或者监事人数相同的表决权，股东拥有的表决权可以集中使用。

累积投票制的作用

假设某股份公司共有股份10000股，股东22人，其中2名大股东持有6000股，其他20名小股东共持有4000股。公司共选举7名董事，那么选举1名董事的最低票数为 $10000 \times 7/(1+7)+1=8751$（票）。则2名大股东可以决定的董事人数为4人（ $6000 \times 7/8751$），而20名小股东如果集中投票，其所能决定的董事人数为3人（ $4000 \times 7/8751$）。通过这种方式，小股东选举的董事在董事会中可以占据3个席位，如果采取传统的直接选举制度，采取一股一票和资本多数原则，则7名董事可以完全被大股东控制。

3.4 股利政策及其影响

股利是股东收益的重要表现形式。股利政策的确定实际上是股东、经营者、债权人等多方博弈的结果，不同的股利政策对经理人的行为及股东的收益产生重要影响。当股东意识到自身的合法权益受到侵害的时候，可以采取诉讼的方式维护自身利益。如前所述，诉讼权也是股东基本权利之一。

3.4.1 股利政策的决定

股东收益主要包括两个方面，一方面是股东在公司因故终止经营、清算破产时有权依法分配并取得公司剩余财产；另一方面是股东有权要求公司根据法律和章程规定，依据公司经营状况分派股利。股东正常的收益主要体现在股利政策上，而股利政策实际上又是内部大股东、普通流通股股东、经营者、债权人等利益相关者之间博弈的结果。因此，股利政策不仅仅是财务问题，而涉及多方面的利益问题与财务问题的综合。

与现金股利不同,企业可以选择以非现金的方式向股东支付股利,比如股票股利和拆股。股票股利是以增发股票的形式发放的股利,当企业希望将现金流用于投资目的时,往往采用股票股利来代替现金股利。一般情况下,较低比例支付的股票股利不会对股东权益造成过大的稀释。

发放现金股利和非现金股利对企业资产负债表的影响是不同的。现金股利使企业的现金流和留存收益减少,而发放股票股利和拆股则只改变流通股的数量和股票价格,不改变企业的股权价值,也不改变股东的持股比例,但却有助于将现金保留在企业内部。如果不考虑公司实际控制人在个人利益方面的种种因素的影响,公司股利政策的确定是一个综合权衡的过程。在确定股利政策时,经理人需要充分考虑企业未来收益的潜在增长率、在不同的商业周期内企业收益的敏感程度、同行业其他企业的收益率以及支付率等。为了稳妥起见,经理人在任期内开始都尽量保持较低的股利支付率,只有当企业具备了足够的收益基础时,才逐步提高股利支付水平。

一般而言,企业的财务状况和政策是决定股利的重要影响因素。企业通常需要维持一个合理的财务基础,以避免较高的融资成本并防止发生财务周转方面的危机。企业产生利润并不代表一定具备了发放现金股利的能力。企业在制定股利政策时,要考虑为获得收益的目标增长率所必须满足的投资要求,企业增长需要大量的资金不可能连续不断地从资本市场获得。再加上融资顺序上的安排,最好的办法就是对股利支出进行控制,以最小化外部融资。

同时,公司股利政策的确定也必须考虑公司债务期限结构。如果企业缺乏现金,运营资本不足就难以按时偿还到期债务。如此一来,债权人的作为将会引发资本市场上的连锁反应,有可能陷入恶性循环。因此,企业制定股利政策时,必须要保证现金以及可市场化的证券足以抵补即将到期的债务,在此基础上再选择合适的股利支付安排。另外,有学者认为股利政策还受到公司最优资本结构的影响。

3.4.2 股利政策与经理行为

股利政策是股东、债权人和经理人多方博弈的结果。市场条件和制度环境都会影响到博弈各方的行为,完善的市场条件可以确保决策主体具备表达自己意愿的能力,良好的制度环境可以对博弈过程中不规范的地方进行限制。

从市场条件来看,如果资本市场比较有效率,弱势利益主体就可以借助资本市场上的种种保护机制来保护自身的利益。如果经理人市场比较健全且信息传递顺畅，出于经理人对自身将来人力资本价值的考量，经理人市场会抑制经理人的道德风险。公司控制市场比较有效率，经营业绩不好的公司就会受到威慑，从而可以在一定程度上抑制经理人的道德风险以及大股东对小股东、债权人等的剥夺。从制度环境来看，如果证券监管机构对违规行为的限制和惩罚机制有效，不仅可以保护各利益相关者的利益，还可以使经理人制定股利政策的行为比较规范。比如，严格而详细的信息披露有助于保护外部投资者的利益，他们可以通过公开披露的信息了解公司运营状况并判断投资机会和前景。这会帮助投资者验证股利是否传递企业利好的消息，从而避免经理人对股东和债权人的欺骗，并避免投资者的逆向选择问题。另外，如果市场制度比较完善，法律法规比较健全，资本市场的违规操作也会得到有效的遏制，企业通过股利向市场传递信息的质量就可以得到保证。

从已有的研究来看，经理人在制订股利政策方案时通常会考虑以下几个方面的问题。

（1）支付股利是否会增加公司运营的风险。对经理人而言，他所面对的人力资本市场风险是单一的，无法通过投资组合的方式分散风险，企业经营不善甚至破产会导致经理人失业，并严重影响其将来的人力资本价值。支付股利可能会迫使经理人采取一些他们不情愿的行为，比如提高财务杠杆，而财务杠杆的提高会增加公司运营的风险，这恰恰是经理人不愿意看到的局面。

（2）支付股利是否减少公司的现金流。根据代理理论，经理是很难被完全监督的，他们可以选择最大化自身利益而非股东利益的行为。其中现金流是经理最容易利用的资产。詹森（Jensen）认为，当公司拥有大量的现金或者这些现金无法投资到正NPV项目时，经理可能会以对股东没有好处的方式处理这些现金，比如进行不明智的投资或发放福利等。

（3）支付股利对经理认购股票期权是否会产生影响。激励性报酬理论显示，经理的最优报酬是短期和长期结合，并将长期报酬与长期业绩挂钩的方式。于是，股票期权往往是激励经理人的有效手段。在距离股票期权认购期比较远时，为避免削减未来的股票增值，经理会倾向支付比较低的股利。当股票认购期权即将到期时，经理则可能通过支付高水平的股利提升股票价格，增加认购期权的价值。

（4）发放股利是否具有证明经理价值的信号功能。上市公司的市场价值是经理人业绩和能力的重要指标，如果支付股利可以减少公司股票被低估的程度，提高股票价格就可以传递经理具有较高经营能力的信号。如果存在竞争性的经理人市场，这对经理自身人力资本价值的体现具有很好的信号功能。如果不存在竞争性的经理人市场，则发放股利对经理自身人力资本价值就没有什么好处。

3.4.3 股利政策与股东利益

股东作为公司的所有者，股东对股利政策的影响与股东在公司中的地位及获得利益的方式密切相关。研究显示，支付股利对股东的影响主要体现在：

(1) 支付股利有助于股东转移财富。根据 M–M 理论，支付股利后公司价值会下降相同的数额。虽然股东和债权人的价值都下降，但债权人却得不到股利，债权人利益损失；股东的股票价值虽然有所下降，但接受了股利，股东的总价值有所上升。从这个角度而言，股利分配是将公司中由股东和债权人共有的资产转移到股东手中的工具，股东的收益就是债权人的损失。迪隆（Dhillon）等研究显示，市场对股利大幅度变化的反应与代理理论对股东和债权人之间的代理问题的预测是一致的，股票价值增加，债券价值下降，股利实际上扮演了股东对债权人进行剥夺的角色。

(2) 支付股利可以向外部股东传递信息。从信息不对称的角度来看，公司内部人比外部人更了解公司运营情况，他们之间是信息不对称的。在这种情况下，外部投资者就无法分别价值高和价值低的企业，投资决策就很难进行。如果股利可以向市场传递公司的真实信息，就可以有效的解决信息不对称的问题。根据约翰和威廉姆斯（John & Williams, 1985）的研究结论，在信号均衡的情况下，支付现金股利可以向市场传递公司内部信息，减少投资者的逆向选择。但另一方面，支付股利也有可能传递的是企业缺乏良好的投资机会的信号。市场不应该将所有的股利增长都解释为好消息，它有可能意味着投资机会的终结。因此，股东需要综合考虑企业投资机会的性质及信息披露的质量，而不仅仅是依靠股利支付来判断。

(3) 支付股利可能会损害公司长远的发展能力。股东收益主要来自于现金股利和股票出售时的资金收入。当公司当期支付了过高股利，就会减少公司用于长期投资的资金，进而影响公司长远发展能力和未来收益水平，给股东带来损失。或许成长中的公司应少发放现金股利，而用投资机会作为主要的信号，成熟的公司则可以发放现金股利。

3.5 股东权利保护

近些年来，中小股东权益的保护问题已经引起了社会的广泛关注，也引起了立法者的高度重视。2006年我国修订后的《公司法》对小股东权益的保护提升到了一个全新的高度,体现了法律追求社会公平之主旨。该法从知情权、请求权、投票制度和诉讼制度等方面系统的保护了中小股东的权利。

3.5.1 扩大中小股东的知情权

知情权即股东知悉公司有关事项的权利。股东投资于公司,自然有权利获知公司的有关事项,尤其是与股东切身利益密切相关的经营信息及财务信息。原《公司法》虽然赋予了股东一定的知情权,但比较粗疏,也没有相应的程序保障,在知情权实现遭遇困难的情况下,小股东的分红权实现更是步履维艰。针对这种状况,新《公司法》扩大了小股东知情权的内容,并规定了相应的程序保障,根据新《公司法》第34条的规定,有限责任公司股东有权查阅、复制公司章程、股东会会议记录、董事会会议决议、监事会会议决议和财务会计报告。股东可以要求查阅公司会计账簿,并应当自股东提出书面请求之日起15日内以书面答复股东。公司拒绝提供查阅的,股东可以请求人民法院支持。根据新《公司法》第98条规定,股份有限公司的股东有权查阅公司章程、股东名册、公司债券存根、股东大会会议记录、董事会会议决议、监事会会议决议、财务会计报告、对公司的经营提出建议或质询。新《公司法》第22条规定,股东会或者股东大会、董事会的会议召集程序、表决方式违反法律、行政法规或者公司章程,或者决议内容违反公司章程的,股东可以请求人民法院申请撤销。据此,股东就享有了在特定情况下,对股东会(大会)决议、董事会决议提起无效之诉或撤销之诉的权力。至于查阅公司会计账簿,更是新《公司法》赋予有限责任公司小股东的一项关键权利,对股东最有意义、而且不容易被造假的是会计账簿和原始凭证。对于这项权利的行使,也规定了保障程序,即一旦查账权遭到拒绝,则股东有权请求法院要求公司提供查阅。

3.5.2 增设股权收购及公司解散请求权

对于股东的股权收购请求权,新《公司法》第75条规定,有限责任公司有下列情形之一的,对股东会该项决议投反对票的股东可以请求公司按照合理的价格收购其股权:公司连续5年不向股东分配利润,而公司该5年连续盈利,并且符合本法规定的分配利润条件的;公司合并、分立、转让主要财产的;公司章程规定的营业期限届满或者章程规定的其他解散事由出现,股东会会议通过决议修改章程使公司存续的。自股东会会议决议通过之日起60日内，股东与公司不能达成股权收购协议的，股东可以自股东会会议决议通过之日起90日内向人民法院提起诉讼。根据第143条规定，股份有限公司的股东因对股东大会作出的公司合并、分立决议持异议时，有权要求公司收购其股份。

之所以作出上述规定，主要基于以下考虑：实践中，有限责任公司经常出现大股东利用优势地位损害小股东利益的情形，如即使在公司盈利的情况下，也连续几年不分红；大股东采取各种方法将公司掏空；公司应当解散时仍使公司继续存续等。导致了小股东眼看利益受损也无法退出的局面，新《公司法》的上述规定，健全了小股东在法定情形下的退出机制。新《公司法》还在这个问题上建立了程序保障，引入了诉讼解决机制，增强了具体制度的可操作性。对于股份有限公司，新《公司法》增加了股东在对公司合并、分立决议存有异议时的股份回购请求权。这主要考虑到实践中股份有限公司在作出合并、分立决议时，经常置广大小股东利益于不顾，致使其利益受损。这条规定，赋予小股东以股份回购请求权保障有了法律依据。

对于解散公司请求权，新《公司法》第183条规定，公司经营管理发生严重困难，继续存续会使股东利益受到重大损失，通过其他途径不能解决的，持有公司全部股东表决权10%以上的股东，可以请求人民法院解散公司。在实践中，股东之间可能因为分歧严重，不能做出公司解散清算决议。使公司陷于僵局。这种情况无论对公司还是对股东的利益都会构成严重的损害。解散公司应为一种较好的选择。但原《公司法》只规定了三种公司解散的原因，并未赋予股东请求法院解散公司的权利，从而导致实践中出现公司僵局而在股东诉请法院解散时，法院不予受理或不敢裁决的局面。这对股东权利的保护是极为不利的。因此新《公司法》增设了这一条，而且对股东持股比例放宽到10%以上的表决权，这对保护小股东的权益更为有利。

3.5.3 增设累积投票制度

在股东权利中，表决权是一项重要的权利。因为股东会是公司的最高权力机构，享有重大事项决策权，而股东会的决策要由股东表决形成。股东表决权的行使程度及行使效果，直接关系到股东的切身利益。在原《公司法》中，股东会表决恪守了"资本多数决"的直接投票制度。固然，资本多数决规则有其合理的内核，因为股东的投资额与其回报及风险均成正比。因而对公司事务的发言权即表决权也应越大。但这同时又产生了另外一个问题：小股东的表决权如何实现？由于小股东的表决权很难达到股东大会通过决议所需要的法定数额，因此股东会往往会变成由少数大股东操纵的"大股东会"，其通过的决议也必定是有利于大股东利益而较少考虑甚至不考虑小股东利益。公司实践中，小股东权益受到侵害的现象屡有发生，董事会成员中也极少有小股东的代表。因此，在资本多数原则下，大股东意志上升为公司意志的同时，小股东享有的表决权就失去了意义。

有鉴于此，新《公司法》在坚持"资本多数决"基本原则的前提下，在借鉴国外立法的基础上，对股东的表决权制度进行了修改。具体为在有限责任公司中，股东按照出资比例行使表决权，但是公司章程另有规定的除外（新《公司法》第43条）。在股份有限责任公司中，股东大会选举董事、监事，可以依照公司章程的规定或股东大会的决议，实行累积投票制度（新《公司法》第106条）。这就意味着新《公司法》突破了原《公司法》对"资本多数决原则"的界定。就有限责任公司而言，虽然规定了股东按照出资比例行使表决权的原则，但同时允许以章程排除该原则。也就是说，如果章程规定了允许股东不按出资比例行使表决权，小股东就有可能获得多于其持股比例的表决权。关于累积投票制度，新《公司法》做了如下解释：股东选举董事或监事时，每一股份拥有与应选董事或监事人数相同的表决权，股东拥有的表决权可以集中使用。所以，新《公司法》规定的累积投票制度，对于小股东表决权的保护是向前迈进了一大步。

3.5.4 完善股东诉讼制度

当股东权益，特别是中小股东权益受到侵害的时候，股东可以通过诉讼渠道保护自己的合法利益和经济利益。诉讼权是股东基本权利之一，在公司治理机制或《公司法》里扮演着补缺者的角色。股东诉讼只是在特殊的情况下才会使用，它的主要作用是震慑，而不是实际行动。股东诉讼的对象一般是公司董事会或经理层，因为他们受股东委托对公司履行经营管理或监督的职责，对公司有善管义务、忠实义务和勤勉义务。如果他们违背义务，造成公司利益的损害，也就损害了股东利益。当然，证券市场管理机构或中介机构损害股东利益的行为也有可能会引致诉讼。股东诉讼权利与一般法律主体诉讼并无本质差别，只是集体诉讼和代表诉讼制度与个体诉讼有较大差别。

1. 集体诉讼

集体诉讼是指多数成员彼此间具有共同利益，因人数过多致使无法全体进行诉讼，由其中一人或数人为全体利益起诉或应诉，收益归所有人共享的诉讼方式。与单个诉讼和共同诉讼相比,股东集体诉讼有非常重要的意义。如果公司的经营者没有依法履行其义务,造成股东合法权益受到侵害时,单个诉讼和共同诉讼的执行难度都将变得非常之大。

单个诉讼情况下,每个股东分别对董事会或经理层进行诉讼,对于人数众多的上市公司股东而言,这显然会造成法院系统的崩溃。而共同诉讼情况下,则需要所有股东联合起来,这样的联合成本会达到无法执行。集团诉讼则是由一位或多位原告代表众多股东提起诉讼,在整个诉讼过程中原告和被代表的股东利益一致。当达成和解或得到法院判决后,该结果将适用于所代表的全体股东。

集体诉讼制度起源于英国衡平法院的"息诉状"(the bill of pence),在美国得到了广泛的应用,1966 年纳入美国《联邦民事诉讼程序法》。按照其规定,只有在满足如下条件时,法官才可能将一个多人诉讼案定为集体诉讼:(1)参与诉讼的成员众多,上诉方律师证明受损人多到无法进行共同诉讼的程序;(2)各成员诉讼理由相同,包括面对同样的法律问题或同样的侵权事实;(3)原告代表的指控与其他成员的指控一致,双方的利益也一致,两者之间无利害冲突,原告代表真正能为其他成员的利益而努力;(4)原告代表有能力、有足够的时间和精力来进行诉讼活动。

2. 派生诉讼制度

股东派生诉讼,又称股东代表诉讼或股东代位诉讼,是指当公司的合法权益受到不法侵害而公司却怠于起诉时,公司的股东即以自己的名义起诉、所获赔偿归于公司的一种诉讼制度。我国新《公司法》第 150 条规定,董事、监事、高级管理人员执行公司职务时违反法律、行政法规或者公司章程的规定,给公司造成损失的,应当承担赔偿责任。在发生该条规定的情形时,接着在第 152 条规定:"董事、高级管理人员有本法第一百五十条规定的情形的,有限责任公司的股东、股份有限公司连续一百八十日以上单独或者合计持有公司百分之一以上股份的股东,可以书面请求监事会或者不设监事会的有限责任公司的监事向人民法院提起诉讼;监事有本法第一百五十条规定的情形的,前述股东可以书面请求董事会或者不设董事会的有限责任公司的执行董事向人民法院提起诉讼。监事会、不设监事会的有限责任公司的监事,或者董事会、执行董事收到前款规定的股东书面请求后拒绝提起诉讼,或者自收到请求之日起三十日内未提起诉讼,或者情况紧急、不立即提起诉讼将会使公司利益受到难以弥补的损害的,前款规定的股东有权为了公司的利益以自己的名义直接向人民法院提起诉讼。"除此之外，该条还规定：他人侵犯公司合法权益，给公司造成损失的，上述股东可以依照前述规定向人民法院提起诉讼。这就是我国公司法规定的股东派生诉讼制度，它赋予了公司股东为公司利益而以自己的名义直接向法院提起诉讼的权利。

股东派生诉讼制度是随着对少数股东权保护的加强而逐渐发展起来和不断完善的。在公司权力中心由股东大会转移至董事会和公司管理层后，股东权得不到充分保护和救济的社会问题日益突出。股东派生诉讼制度即属于为此而设计的诸多法律制度中的一种，其功能主要体现在以下两个方面：其一是救济功能，即在公司利益受到董事、监事、高级管理人员、控股股东以及其他人的非法侵害时，通过股东提起派生诉讼的方式，使公司及时获得经济赔偿或其他救济，保护公司的合法权益，并最终保护全体股东的合法权益。其二是预防功能，即通过增加公司董事、监事、高级管理人员、控股股东等相关人员从公司牟取不当利益的风险成本，从而起到预防、减少该类行为的作用。与一般诉讼相比，派生诉讼的特点体现在以下几个方面。

（1）从救济对象方面来看，股东代表诉讼所要救济的是被公司董事、经理、监事或者其他人侵害的公司权利和利益，而不是提起诉讼的股东个人。此与股东直接诉讼不同，在股东直接诉讼中，被侵害的是股东个人权利和利益。在股东代表诉讼中，公司利益和股东个人利益事实上都受到了损害，但公司是直接的受害人，股东是间接的受害人。

（2）从诉因方面来看，股东代表诉讼的诉因并非股东个人权利受到侵害或个人利益发生纠纷，就法律关系而言，事实上与股东个人无直接权利义务关系，能够提起诉讼的股东所依据的实体意义上的诉权不专属于哪一个股东，而是属于公司，原告股东只是以代表人的资格，代为公司行使原本属于公司的诉权。因此，对同一事实其他股东也可以提起代表诉讼，并且在诉讼中也无法排除其他股东的介入。

（3）从诉讼当事人方面来看，在股东代表诉讼中，股东以自己的名义提起诉讼，即股东具有原告的身份；被告则是实施侵害公司利益的行为人，包括公司董事、经理、监事和其他人，公司不是股东代表诉讼的被告。

（4）从诉讼效果方面来看，股东代表诉讼的后果由公司承担，归于公司，而不是归于提起诉讼的股东。

股东代表诉讼制度是一项重要的司法制度，它有利于保护公司、股东及相关权利人的合法权益免受不法侵害人的损害，保障公司的正常运行，维护市场经济秩序有重大的理论意义和实践意义，我国《公司法》应尽快明确完整的做出相应规定，才能够在一定程度上切实对董事和经营者违背忠实义务和勤勉义务的行为形成威胁。

要点小结

本章主要介绍了股东理论从股东至上到利益相关者的演变，股东的基本权利，股东大会的类型、投票制度与股利政策的确定及影响。

1. 股东理论的演变。股东理论经历了股东至上理论到利益相关者理论的演变。利益相关者理论在很大程度上弥补了股东至上的缺陷，但由于实际操作性差而容易沦为公司福利的工具。从社会发展引起各权力主体动态变化的角度，以股东为主导的核心利益相关者理论也许是调和的出路之一。

2. 股东权利。股东权利从广义上讲，泛指股东得以向公司行使的各种权利，狭义则是指股东基于股东资格而享有的从公司获取经济利益并参与公司治理的权利。

3. 股东大会与投票制度。股东大会的类型一般分为普通股东大会与临时股东大会，在股东大会的表决制度上常用的投票方式有一股一票、代理投票和累计投票三种方式。

4. 股利政策。股利政策的确定实际上是股东、经营者、债权人等多方博弈的结果，不同的股利政策对经理人的行为及股东的收益产生重要影响。

5. 当股东意识到自身的合法权益受到侵害的时候，可以采取诉讼的方式维护自身利益。从易于执行的角度，股东的诉讼方式一般分为集体诉讼与派生诉讼两种方式。

思考与讨论题

1. 请从正反两个方面分别论述股东至上理论与利益相关者理论，并给出你的观点。
2. 从股东参与公司治理的角度，股东的基本权利有哪些？
3. 股东大会中股东的投票方式主要有哪几种？
4. 股利政策对经理人和股东的行为有哪些具体的影响？
5. 什么是股东集体诉讼与股东派生诉讼？

案例分析

格力换帅

格力电器（000651.SZ）的公告显示，2012年5月25日，出席会议的表决权总数约为19.95亿股，其中董明珠得票约为25.15亿股，占出席会议所有股东所持表决权的126.05%；而相形之下，大股东格力集团推荐的董事候选人、格力集团总裁周少强得票仅为约7.3亿股，占出席会议所有股东所持表决权的36.6%。

董事会选举当日采取的是"累积投票制"。所谓累积投票制，是指股东大会选举两名以上的董事时，股东所持的每一股份拥有与待选董事总人数相等的投票权，股东既可用所有的投票权集中投票选举一人，也可分散投票选举数人，按得票多少依次决定董事入选的表决权制度。也就是说，5月25日格力电器董事会换届，其候选的9名董事中，珠海国资委完全可以通过其所直接、间接持有的格力电器股票，全部押宝在周少强一人身上，尽全力实现其主要意图。银河证券大智慧系统显示，截至2012年3月31日，格力电器总股本约30.08亿股，目前流通股29.7亿股；格力集团持有格力电器19.07%流通股权，格力房产持有格力电器1.2%流通股权。而2011年年底，格力集团和格力房产持有的格力电器股份分别为19.45%、1.22%。由此，可以简单算出，截至2012年3月31日，珠海市国资委持有的格力电器流通股权为19.69%，约5.85亿股。而5月25日股东大会表决时，以珠海国资委前述所持股份，考虑到累积投票制的使用策略，珠海市国资委若认为周少强当选会出现意外，其用于支持周少强当选股东的投票权最高可达 $5.85 亿 \times 9 = 52.65$ 亿股，远超周本人现场所得的7.3亿股。

显然，5月25日的股东大会投票结果，让珠海市国资委的前述"换帅"意图落空。而查看《记录》文字，朱江洪最后离任前的三点感言，及稍后透露的珠海国资委并未与其商讨下届董事会接班人选，让现场投票的股东对于珠海市国资委的上述意图表现出不安乃至抵触情绪。

在朱江洪看来，其本人服务格力集团及格力电器24年零5个月后，67岁的年龄公开摆在公众面前，在年龄面前必须"认老"。但同时，格力经过20多年发展，从曾经的"小船"、"小舢板"，"经历了风雨、风浪，甚至触礁"，现在已成为"一艘大航船、航母"，考虑到自己"身体还健康"，空调这个事业对他来说可以结束了；但是一个事业的结束，可能意味着一个新的事业的开始。不难发现，对于自己一手创建并引领发展至 2011 年营收 835.17 亿元的企业，朱江洪感情深厚，其并不掩饰"不服老"的心态。事实上，尽管已经 67 岁，朱江洪确实并未有及早隐退的打算。早在 2012 年年初，朱江洪即在格力电器的内部会议上，提出了格力电器 2012 年营收过 1000 亿元、2015 年营收过 2000 亿元的宏伟目标。而受益于格力电器 2007 年股权分置改革以来的多年高速增长，多家格力电器的股份机构持有者都难免对此宏伟目标心仪不已，并进而对珠海市国资委推动的换届之举可能给格力电器带来的人事及业绩"震荡"持质疑态度。

一持股逾 1.2% 的某投资基金即在股东大会上称，其作为长期持有格力电器的流通股股东，有两个想法："第一，时至今日格力确实是现代化经营的优秀企业，但是由于中国历史制度上的问题和格力总裁的问题，导致了现在股权相对分散，治理结构还相对落后，大股东的话语权太强了，我们提议公司以后能够在股东大会上通过一些制度，就像刚才投资者提出的那样，保证未来董事会的提名和管理层的提名有一个制度上的保证，保证各方面所有股东的平衡利益。第二，如果这次股东大会最后得出的结果是董事会的股东不足 6 人（格力电器董事会候选人 9 名，其中 6 名董事、3 名独立董事），我代表基金推荐朱总（朱江洪）继续在董事会担任董事。"不难看出，基金投资者目标直指珠海市国资委委派、但未有空调企业实际运营经验的周少强。

从格力发展历史上看，股东分歧并非始于今日。当然，珠海市也并非完全没有考虑过朱江洪的离职感受。"不瞒大家，珠海市组织部负责人找我谈话，也说过珠海市委常委讨论的时候，曾经也想把我留任名誉董事长，很感谢珠海市对我的信任，他们也是用心良苦。我跟他们说了，我真的想过人过的生活，他们可能要把我作为菩萨一样摆在那里供奉，大家都清楚菩萨是拿来供奉的，第一不能说话，第二不能干事，菩萨这个事情，你信他就灵，不信就不灵。所以，我说感谢你们的好意，我还是走为上招。"朱江洪在股东大会上透露称。

而正是在看到朱江洪离去的决绝后，5 月 25 日股东大会现场的投资者选择了周少强出局、押宝董明珠为首的原格力高管核心团队。从 6 名格力电器被提名董事的获选票数来看，周少强被否出局的核心力量是格力电器第二大股东河北京海担保投资有限公司（下称"京海投资"）及 QFII（合格境外机构投资者）。如前所述，董明珠获选比率为 126.05%，冯继勇则为 113.66%，两人是当天投票中唯一得票超过 100% 的董事。与董明珠作为格力电器的原总裁身份不同，冯继勇是耶鲁大学基金会及鹏华基金等推选的董事代表。从格力电器 2012 年一季报十大股东来看，QFII 占 5 席，持股量约为总股本的 7.05%；这其中，耶鲁大学基金会持股最多,比例达 1.76%。考虑到仅有董明珠和冯继勇的得票情况超过现场投票权的 100%,QFII 估计是最为懂得"累积投票制"使用妙处的推动力量。

此外,作为格力电器的第二大股东——京海投资,2011 年年底持有公司股票 9.9%,约 2.79 亿股。考虑到周少强得票 7.3 亿股,减去珠海国资委持有的 5.85 亿股,其外来支持得票仅 1.45 亿股,所以,京海投资同样不太可能选择支持周少强。不仅如此,注册资金 1 亿元、成立于 2006 年 8 月的京海投资,其主要股东为格力电器的 10 家核心渠道商,按照格力集团履行股权分置改革的承诺,2007 年 4 月 25 日,经珠海市国资委《关于珠海格力集团公司减持珠海格力电器股份有限公司股权的批复》批准,京海投资作为战略投资者受让彼时格力集团所持格力电器约 9.65% 股份。查阅格力电器的上市年报,2006 年至今的 6 年间,经过股权分置改革、股权转让给京海投资、减持、三轮管理层股权激励和两次增发,格力集团和旗下格力地产,目前合计持有格力电器股权已由最高时的近 60% 下降至不足 20%。其中,股权分置改革、引入京海投资和减持所带来的股份减少比例都达约 10%。

这一切,也成为时下格力电器股权相对分散、周少强最终被否的"伏笔"。

(资料来源:根据《经济观察报》2012 年 6 月 2 日"格力换帅未了局:父子之争浮出水面"改编。)

案例思考:

1. 周少强被否的原因是什么?
2. 您如何看待格力电器股东大会选举中的投票权之争?
3. 从公司治理的角度看,你认为格力电器下一步应该如何做?

参 考 文 献

1. Alchian A., Demsetz H., "Production. Information Costs and Economic Organization", American Economic Review, 1972, 62 (5): 777 - 795.
2. Fama, E. and M. Jensen. Separation of Ownership and Control [J]. Journal of Law and Economics. 26 (2), 1983: 301 - 325.
3. 玛丽·奥沙利文著,黄一义等译:《公司治理百年》,人民邮电出版社 2007 年版。
4. 崔之元:《美国二十九州公司法变革的理论背景》,载《经济研究》1996 年第 6 期。
5. 李维安、林润辉、周建:《网络经济下的公司治理》,载《网络经济与经济治理国际研讨会会议论文》2001 年。

6. 郑红亮、王凤彬:《中国公司治理结构改革研究:一个理论综述》,载《管理世界》2000 年第 5 期。

7. 徐向艺:《公司治理制度安排与组织设计》,经济科学出版社 2005 年版。

8. 徐向艺:《公司治理前沿问题研究》,经济管理出版社 2012 年版。

9. 杨其静:《企业家的企业理论》,中国人民大学出版社 2005 年版。

10. 伊迪斯·彭罗斯:《企业成长理论》,上海三联书店 2007 年版。

11. 泽维尔·维夫斯:《公司治理:理论与经验研究》,中国人民大学出版社 2006 年版。

12. 张瑞萍:《公司权力论:公司的本质与行为边界》,社会科学文献出版社 2006 年版。

第4章

董事与董事会

学习目的：本章主要介绍董事会制度起源与董事会结构变迁；董事任职资格与选聘；董事责任与义务；董事会职责与专业委员会设置；董事业绩考核与董事激励以及有效董事会治理的特征。通过本章学习，了解董事会制度的起源以及董事会结构的变迁过程，掌握董事任职资格与选聘以及董事责任、权利与义务，把握董事会职责与专业委员会的运作，熟悉董事会业绩考核与董事激励制度，熟练掌握有效董事会治理的特征，具备董事会运作的相关知识。

关键词：董事会运作；有效董事会治理；董事会职责；董事会文化

引 言

在竞争激烈的环境下，公司的成功依赖于科学决策和持续不断的创新，董事会在科学决策和创新过程中扮演着重要角色。董事会利用集体智慧，在对环境识别与分析的基础上，对公司重大事项进行决策。在战略决策的基础上，董事会还通过对经理层的选任与激励，确保战略的贯彻与实施。同时董事会的事前与事中监督相对监事会的事后监督，更有利于风险的规避。法玛（Fama，1980）将董事会描述成公司的最高控制系统，并认为拥有良好董事会的公司将比董事会质量差的公司能够持续创造出好的业绩；经济合作与发展组织（OECD）经济学家耶伦认为，一个好的董事会对于公司而言，正是达尔文理论中的那个决定一个物种超出其竞争对手的决定性因素。因此，打造优秀董事会是上市公司保持可持续发展的关键。

4.1 董事会制度起源与结构变迁

4.1.1 董事会制度起源与演化

1. 董事会制度起源

按照新制度经济学的解释,企业发展史实质上是用一种契约安排代替另一种契约安排的历史。在由最初的企业"胚胎"——手工作坊演进到现代企业的每一阶段都蕴含着组织结构和制度安排的调整与优化,董事会作为现代企业的核心机构,其结构安排与制度变迁具有密切的关系,企业制度的变迁,引致了董事会制度的产生。

从原始社会后期手工业与农业分离到 16 世纪中期工场手工业形成的漫长阶段,工业生产以个体手工业或家庭手工业为主,后期出现了家庭手工作坊。之后,随着生产的日趋复杂化,"较多的工人在同一时间、同一劳动场所、同一资本家的指挥下,生产同种商品",企业开始产生。18 世纪的工业革命将工人集中起来并实施分工协作,按照制度进行机器大工业生产。无论是工场手工业还是机器大工业,其组织形式主要是私人业主制,私人业主既是所有者又是经营者,拥有全部的剩余索取权与剩余控制权。但随着科学技术水平的提高,企业规模的扩大,传统私人业主制企业出现了"投资瓶颈"。一方面所有权和经营权的统一制约了企业外部获取资金的能力,单个资本的有限性和规模经济对资金的大量需求相对立;另一方面资本家个人能力的有限性和社会生产的高度复杂性相冲突。由此,使得私人业主制企业难以适应社会化大生产的需要,必须进行制度变革。

第一次工业革命使科学技术取得了突破性的进展,尤其是运输和通讯技术的发展导致了钱德勒所说的"现代企业"的产生。现代企业最常见的组织形式是公司制企业,包括有限责任公司和股份有限公司两大类。公司制企业特别是股份有限公司突破了传统私人业主制企业在发展过程中遇到的融资"瓶颈",有限责任降低了出资人的风险,并导致了所有权的分散,从而使所有权与控制权发生了分离。企业经营权逐渐从资本家手中转移到拥有经营才能的专业人员手中,所有者不再直接经营企业,而是将经营权委托给经理人,从而形成委托代理关系，现代意义上的董事会制度开始出现。早在1776年亚当·斯密（Adam Smith）就担忧所有权和经营权的分离而产生的代理问题，他指出"在钱财的处理上，股份公司的董事为他人尽力，而私人、合伙公司的伙伴则纯粹为自己打算。所以，疏忽与浪费是股份公司业务经营上多少难免的弊端"（Adam Smith，1776）。1923年，索尔斯坦（Thorstein）明确指出了股份公司的所有权与控制权相分离的现象，并把这种现象称为"所有者缺位"。美国法学家伯利与经济学家米恩斯（A. Berle and G. Means）于1932年发表了著名论著《现代公司和私有财产》，他们通过对美国最大200家公司的产权结构进行的调查发现所有权（股东）和控制权（经营者）的分离变得日益明显，并指出"没有控制权的财产所有权与没有财产所有权的控制权是股份公司发展的逻辑归结"（A. Berle and G. Means，1932）。① 所有权与经营权的分离提供了经营者（代理人）依照自立原则行使权力的机会，由于利益诉求的差异，经营者可能以损害股东利益为代价而达到自己的财富最大化（Fama，1980），由此而产生"代理问题"。由于股权的分散，中小股东很难有效监督经理人。董事会就是为了减轻经营者与股东利益冲突而构建的一种公司内部治理机制，董事是股东利益的代表，并对股东负有信托责任。董事会被期望利用其忠实与勤勉去审视公司的战略决策，并根据公司的利益去监督管理层。

2. 股东会中心主义向董事会中心主义的演化

19世纪末至20世纪初的现代股份公司被认为是物质资本所有者的联合体，公司权力配置的基础是股东权。为了最大限度地维护所有者的利益，股东理所当然地成为公司法人治理结构的主体，股东大会是公司的最高权力中心，公司的一切重大事务都由股东当家做主，而董事会只是股东大会决议的消极的、机械的执行者，是依附于股东大会的非独立机构。

基于新古典产权学派的所有权结构理论将出资人看成是唯一的企业所有者和剩余索取者，企业的最终控制权理应由出资人所有，股东理所当然控制企业。② 然而，现代企业的生产要素呈现为多元所有者的特征，企业本质上是由股东、债权人、供应商、经理人、顾客、雇员、政府和社区等利益相关者缔结的一组合

---

① 其中包括42家铁路公司、52家公用事业公司和106家制造业公司。
② 例如新古典产权学派的代表人之一哈特（Hart，1995）不仅支持股东投票制度，而且还特别验证了"一股一票"规则的重要性；而阿尔钦、德姆塞茨（Alchian and Demsete，1972）、詹森以及麦克林（Jensen and Melchling，1976）等认为，建立由证券持有者支配的董事会，将控制管理者的权限落在风险承担者的身上是一种有效的公司内部所有权安排。

约，每个产权主体以不同形式向企业投入其专用性资产，并共同形成"企业剩余"。① 第一对"企业剩余"做出贡献的绝不仅仅是股东，还应包括债权人、雇员、顾客等利益相关者。按照收益与贡献相匹配的原则，公司利益相关者均有权参与"剩余"的分配。第二，由于股东享有的有限责任意味着股东的损失不会超过他们在公司已有的投资（布莱尔，1999），事实上由于公司经营的不确定性和股东的有限责任，股东将部分剩余风险转嫁给了其他利益相关者。第三，从成功存续的角度来看，企业生命力的来源是利益相关者的相互合作，过度强调股东的力量和权力会导致其他利益相关者的投资不足，进而降低公司潜在的财富创造。第四，知识经济时代的到来使得知识等人力资本在企业经营和发展中发挥着愈加重要的作用，某些人力资本所有者获得了相对于非人力资本所有者的比较优势。因而，企业的生存和发展在很大程度上取决于是否通过合理的制度安排，使非人力资本以及人力资本所有者共同分享企业剩余索取权，实施利益相关者共同治理。第五，信息的非对称性、股东的分散性以及由此而产生的搭便车行为，使得新古典产权意义上的企业所有者既无能力又无激励监督经营者。而公司员工相对外部股东能够掌握较多的公司信息，同时由于个人利益与公司利益的高度相关性，使其既有能力也有动力监督管理者。第六，公司是一个相对独立的开放系统，是通过内部与外部环境要素的互动而存续，其中外部环境是公司赖以生存的基础。政府实际上影响着每个公司的行为。另外公司来源于社会，承担社会责任更是义不容辞。以科学决策、权力制约、利益均衡为根本目的的公司治理应形成股东、债权人、顾客、员工、政府以及社区等利益相关者共同参与的共同治理（谢永珍，2003）。公司契约理论认为，公司是由物质资本所有者和劳动要素提供者所达成的契约；公司能力理论也认为物质资本的投入只是公司获取利润的一个要素，公司的长远发展和长期利润的获取依赖于公司内部的智力资本。因此公司立法应通过各种制度设计，保障其利益相关者能有效参与治理，以维护其合法权益，利益相关者的参与治理使得传统的股东中心主义受到了挑战。

董事会中心主义是公司权力博弈及制度演化的结果。20 世纪以来，各股份有限公司为了在激烈的市场竞争中取胜，均纷纷将公司的经营权集中于董事会，以提高决策的速度与效率，因此出现了董事会职权扩大化的倾向，众多大公司的控制权逐渐从股东会转移到董事会甚至经理人员手中。为了适应董事会中心主义的需要，各国相继废除了股东会中心主义，并在法律上确定了董事会

---

① 股东以其实物资产、债权人以其债权、雇员以其专用性人力资产、经理人以其异质性人力资本、顾客则以其顾客价值（尤其是服务类企业顾客价值是企业资产价值的重要组成部分）构成企业"剩余生产"的物质基础。

的中心主义。如 1937 年的德国《股份法》率先对股份有限公司的权力配置进行改革,在法律中明确规定股东大会的权力限于法律、章程的规定,同时规定董事会在执行公司业务方面享有法定的专属权限,凡属此权限之内的业务事宜,董事会可全权决定,而不受制股东大会。《美国示范公司法》也有相类似的规定,法国、日本和我国台湾地区的"公司法"也都反映了这一变化。董事会权力的强化形成了现代公司治理结构的"董事会中心主义"。尽管理论界对于董事会中心主义持有不同的看法,① 但随着企业规模的扩大以及人力资本作用的日趋增强,形式上的股东中心主义逐步被实质上的董事会中心主义所取代。但需要警惕问题董事②的代理风险(谢永珍,2011),并通过相关制度设计,③ 提高董事会的治理效果。

4.1.2 董事会结构变迁

董事会中心主义的公司控制权模式极易产生较大的代理风险,④ 尤其是执行董事可能限制董事会履行法定的监督职能,如制定董事会的议程和控制信息流;在业绩下降或经营不稳定时维持已经确定的战略并阻止更迭高级管理人员;与较少监督动机的董事会谈判,利用高级管理人员薪酬计划获得更高水平的报酬;设

---

① 例如,钱玉林曾指出"董事会中心主义完全是法学家们解释的结果,根本不符合立法的本意。经营者控制与董事会权限的强化没有直接的联系,更不能夸张为董事会中心主义的表现";任尔昕也认为"董事会中心主义"将控制权赋予董事会是为了克服"股东会中心主义"的局限性,实现公司的高效经营。但"董事会中心主义"所产生的信息不对称和"搭便车"等问题使对公司经营管理者的监督机制形同虚设。

② 问题董事是指不能有效履行义务的董事,按照我国《公司法》的规定,董事应对公司负有忠实义务和勤勉义务。问题董事的行为表现为挪用公司资金;将公司资金以个人名义或其他个人名义开立账户存储;将公司资金借贷给他人或者以公司财产为他人提供担保;违反公司章程的规定或者未经股东会、股东大会同意,与本公司订立合同或者进行交易;未经股东会或者股东大会同意,利用职务便利为自己或者他人牟取属于公司的商业机会;自营或者为他人经营与所任职公司同类的业务;接受他人与公司交易的佣金归己有;擅自披露公司秘密;不遵守公司章程的规定;不熟悉公司的经营状况;不能按时参加董事会会议或列席股东会以及股东大会;不能将公司经营状况的信息及时、准确的提供给公司利益相关者以及不能有效参与董事会的决策与监督等。

③ 如提升董事会的独立性、完善激励与约束机制、强化信息披露、强化媒体监督以及完善公司法律、法规以及市场等途径实现。

④ 如那些违背董事忠实与勤勉义务的董事,以个人利益最大化为中心,使股东以及其他利益相关者的利益受损(参见谢永珍,捉拿问题董事,董事会,2011,9)。

置"金色降落伞"① 以接受敌意接管；支付"绿票"② 以拒绝增加股东财富的兼并；采纳损害股东利益的"毒丸"；为更多的自身利益接纳新建项目以及实施稀释财富的购并；为自己确定更改的报酬等。为了控制执行董事的权力，规避代理风险，公司治理实践中呼吁增加董事会的独立性以及建立董事会次级委员会等，并因此而导致了董事会结构的变化。

董事会结构变迁是以独立性更强、监督更加有效的独立董事制度替代传统以执行董事为主的董事会制度，③ 它既是诱致性变迁④也是强制性变迁⑤的结果。在公司治理实践中，董事长与总经理的两职分设、独立董事制度以及董事会专业委员会制度等均是内部制度创新与外部监管强化共同作用的结果。

英国卡德伯瑞报告（Cadbury Report，1992）在《公司董事会最佳准则》中建议董事会主席与执行总裁不兼任；非执行董事的规模应足以影响董事会的决策；非执行董事的独立性尤其重要；董事会应设置下属审计委员会等。美国法学所（ALI，1994 年）提出的《公司治理原则》也要求大型公司要引入独立董事制度并建立审计委员会制度。蓝带委员会（Blue Ribbon Commission，1999）主张将独立董事制度化，并主导推行了完全独立的审计委员会制度。日本商法的修改（2002）标志着独立董事制度正式引入日本，商法对强化监事会或者废除监事会实施独立董事制度作出了任意性的规定，部分上市公司采用了独立董事主导的委员会制度。基于满足法律与制度的合规性约束以及改善治理质量的自发性要求，各国上市公司纷纷引入独立董事制度与专业委员会制度，如日本索尼公司早在 1970 年就在董事会中设有两个独立董事席位，1998 年设置了薪酬、提名等委员

---

① "金色降落伞"是指在雇佣合同中，对因控制权变动而失去工作的高级管理人员进行补偿的条款。它通常规定，当目标公司被收购后，无论高级管理人员是主动还是被动离开公司，都可以领取一笔巨额的安置费。

② "绿票"支付又称为"绿色邮件"，是指目标公司通过私下协议从特定股东手中溢价购回本公司大量股份，以消除绿色邮递者的敌意接管威胁。

③ 尽管目前独立董事制度备受质疑，但在现有法律、制度框架下，尚没有更好的制度替代它，各国尤其以美国为代表，是通过不断完善独立董事制度，克服其治理风险。

④ 制度变迁最初是一个（群）人在响应由制度不均衡而导致的获利机会时进行的自发性变迁，又称为诱致性制度变迁（Ruttan，1978）。诱致性制度变迁具有盈利性、自发性以及渐进性等特点。波特和肯德尔（Porter and Gendall，1993）对审计委员会在加拿大、美国、英国、澳大利亚和新西兰的发展原因进行的研究认为公司失败是激发审计委员会产生和促使其职责改变的主要原因。

⑤ 林毅夫（1989）在发展费农·拉坦（V. W. Ruttan，1978）的诱致性制度变迁理论的基础上，提出了强制性制度变迁的理论，他认为如果新制度的安排仅仅依靠诱致性制度创新，一个社会中的制度安排就满足不了需求，因此需由国家干预补救以弥补制度供给不足。法律层面英、美、日本以及我国等国家独立董事制度的引入以及董事会次级委员会的建立均是法律制定者强制性介入的结果。

会等；我国上市公司2002独立董事达到32.79%，2010年达到了57%。独立董事以及专业委员会制度的实施，对于改善公司治理绩效发挥着积极的作用。[①]

我国现代企业制度始于20世纪80年代后期。1994年实施的《公司法》确定了股东大会、董事会、监事会、总经理的法律地位和职责。我国现行公司制度采用了单层董事会制度，监事会与董事会平行，监事会专司监督，无战略决策权。大型国有公司实行外派监事制度，以强化监事会对董事会的监督和评价。股东大会是最高权力机关，拥有比许多国家的股东大会更多的权利。但由于股权的高度集中以及小股东的搭便车行为，股东大会权利虚化，股东大会成为大股东会的现象比较普遍，董事会呈现显著的"大股东控制模式"。大股东利用其股权优势以及对董事会的控制，通过关联交易等方式，侵害中小股东的利益，并由此而带来上市公司可持续发展的风险。有鉴于此，2001年《中国上市公司治理原则》（草案）提出：为了提高上市公司董事会的效率，应具有合理的董事会结构。为了保护董事会的独立性，董事会中应含有适当的独立董事，董事会应下设若干专业委员会，董事长与总经理原则上实现两职分离等。[②] 2002年1月9日，中国证监会与国家经贸委联合颁布的《上市公司治理准则》，明确要求上市公司按照有关规定建立独立董事制度，设立独立董事占多数并担任召集人的战略、审计、提名、薪酬与考核等专门委员会，并规定了各专业专门委员会的职责。但由于我国独立董事的提名、独立性以及声誉约束机制等存在的问题，使其作用的发挥有限，另外董事会专业委员会的制度建设与国外相比尚存诸多待完善之处，董事会制度的改革任重而道远。

4.2 董事资格、选聘与责任

4.2.1 董事属性

在现代企业制度下，公司的主要事务通常由某些具有实际权力和权威的人代表公司进行管理，这些人称为"董事"。在具体掌管公司业务方面，由于董事成

[①] 如法玛（Fama, 1980）、威廉姆森（Williamson, 1985）、达利马修凯蒂等（Dalia Marciukaityte et al., 2007）、森斯坦和怀亚特（Rosenstein and Wyatt, 2008）以及丹（Dan, 2010）等的实证研究均证实董事会控制行为对强化高管监督、确保上市公司信息披露质量、规避破产风险等具有显著的作用。

[②] 李维安等：《中国公司治理原则与国际比较》，中国财政经济出版社2001年版，第116~122页。

员扮演的角色不同，个人董事往往被区分为：正式董事、事实董事和影子董事以及执行董事与非执行董事以及独立董事。正式董事是指经适当的程序被选任并载于公司章程的董事；事实董事是指未经正式任命，但其公开的行为显示他像是经有效任命的董事，如某人虽未经正式任命，但他经常参加董事会议并参与公司决策，可以被认为是事实董事；影子董事是指那些不具有董事资格但依靠其在公司中"地位"拥有董事权力的人。主要表现为两种形式：某大股东为避免承担个人责任而拒绝成为董事，但他在幕后却履行着董事职责或操纵公司董事们的活动；因破产或其他原因丧失了董事资格，但仍然扮演董事角色或操纵公司董事会的人。执行董事与非执行董事是从工作职责上对董事会成员的一种划分。执行董事是指担负执行职能、负责公司经营管理的董事，一般由公司高级经理人员担任。执行董事的特征包括：具有相关的技术背景或管理经验，在公司服务时间较长，具有权威和领导能力，无论是临时还是例行董事会议都能准时出席，对公司做出比较突出的贡献，能够充分理解公司的上级和下级，以及股东、消费者、管理伙伴的重要性及态度；非执行董事则是董事会中不担负执行职能，不涉及公司日常经营管理业务的成员，他们来自于公司外部，通常有两种情况：一是作为股东的代表，监督执行董事和高级经理人员的行为，防止其滥用权力而损害股东的利益。二是作为外部独立人士，为公司遵法守则、利益均衡而参与公司决策。从性质上看，执行董事不仅作为代理人，受股东委托，经营公司的资产，同时也作为专职雇员，与公司订立劳务合同，为公司提供有偿的管理服务。非执行董事仅作为股东的代理人或者独立第三方，与公司之间不存在服务契约关系，没有固定的薪酬。非执行董事的特征包括：在公司外部、具有一定独立性、有广泛的背景和任职经历，一般在董事会中发挥监督检查、决策咨询及权力制衡等作用，是决定董事会监督效果的关键因素。独立董事（Independent Directors），是指公司制企业中独立于公司且不在公司内部任职的董事。

无论是哪种类型的董事，均应具备以下基本条件：拥有相关领域的专业知识，如商业战略、财务金融、行业知识和技术知识；有丰富的商业经验并熟悉公司业务；有较强的工作能力与动力；富有创新精神和冒险精神并勇于承担责任。

4.2.2 董事任职资格与选聘

1. 董事任职资格

董事积极任职资格是指董事必须具备的条件，如能力、年龄、持股等。确定董事的任职资格是为了确保董事具有优良的品质，能忠诚而勤勉地为公司及股东的利益服务。董事的任职资格分为积极任职资格与消极任职资格。

中国证监会《证券公司董事、监事和高级管理人员任职资格监管办法》规定的董事任职资格为：（1）正直诚实，品行良好；（2）熟悉证券法律、行政法规、规章以及具备履行职责所必需的经营管理能力；（3）从事证券、金融、法律、会计工作3年以上或者经济工作5年以上；（4）具有大专以上学历。深圳证券交易所规定：独立董事除不得有《公司法》和《证券市场禁入规定》中有关不得担任公司董事、监事、高级管理人员的情形外，还需要符合以下条件：（1）根据法律、行政法规及其他有关规定，具备担任上市公司董事的资格，并取得深圳或者上海证券交易所颁发的独立董事任职资格证书；（2）具有《关于在上市公司建立独立董事制度的指导意见》所要求的独立性，即独立董事必须在人格、经济利益、产生程序、行权等方面的独立性，不受控股股东和公司管理层的限制；（3）具备上市公司运作的基本知识，熟悉相关法律、行政法规、规章及规则；（4）具有五年以上法律、经济或其他履行独立董事职责所必需的工作经验；（5）公司章程规定的其他条件。

年龄限制是为了保证董事具有履职的基本能力，我国《公司法》没有直接规定董事的年龄，根据其"无民事行为能力或者限制民事行为能力"的规定，可以判断公司法实际上要求董事必须年满18周岁。英国法律对董事年龄的上限规定是70周岁，因特殊条件可以突破此限制。持股是为了实现董事和公司利益的一致，从而促使董事关注公司的长远发展。英美公司章程曾规定，董事应持有章程所规定的股份，俗称董事资格股。目前这一规定有较大变化，有些公司不再规定董事持有公司股份，即使要求董事必须持有公司股份，持股比例也很低。我国相关法律对董事资格股没有明确的规定。

董事的消极资格则是指不得担任董事职务的条件和情形。我国2006年1月1日新修订的《公司法》第147条规定有下列情形之一的，不得担任公司的董事、监事、高级管理人员：（1）无民事行为能力或者限制民事行为能力；（2）因贪污、贿赂、侵占财产、挪用财产或者破坏社会主义市场经济秩序，被判处刑罚，执行期满未逾五年，或者因犯罪被剥夺政治权利，执行期满未逾五年；（3）担任破产清算的公司（企业）的董事或者厂长、经理，对该公司（企业）的破产负有个人责任的，自该公司（企业）破产清算完结之日起未逾三年；（4）担任因违法被吊销营业执照、责令关闭的公司（企业）的法定代表人，并负有个人责任的，自该公司（企业）被吊销营业执照之日起未逾三年；（5）个人所负数额较大的债务到期未清偿。公司违反前款规定，选举、委派董事、监事或者聘任高级管理人员的，该选举、委派或者聘任无效。并且规定董事、监事、高级管理人员在任职期间出现第一款所列情形的，公司应解除其职务。

2. 董事选聘

董事选举制度有普通投票制与累积投票制之分。目前多数国家规定董事的选聘实行"一股一票制"，其缺陷是持有公司股票多的股东可能控制董事会，从而出现"大股东控制董事会"的现象，中小股东的利益将难以保障。为保护中小股东参与治理并实现其权力，"累积投票制"被许多国家公司所采纳。

累积投票制，是指股东大会选举董事时，每一股份拥有与应选董事人数相同的表决权，股东既可以把所有的投票权集中选举一人，亦可分散选举数人，按得票数的多少决定董事人选的表决制度。由此，避免了普通投票制下董事会席位全部为大股东控制的局面。累积投票制起源于英国，发展于美国。19世纪60年代，美国依利诺斯州铁路经营者欺诈小股东的行为被报界披露，该州1870年的宪法第3章第11条规定任何股东在法人公司选举董事时，均须亲自或通过代理人行使累积投票权，而且此类董事不得以任何其他方式选举。随后，该州《公司法》第28条也规定了累积投票制度。至1955年，美国有20个州在有关法规中规定了累积投票制度。1950年日本在其修改的《日本商法典》的第156条中规定：即使公司章程中规定董事选举不采用累积投票制度，但若有持股占公司已发行股总数1/4以上的股东提出请求，公司必须采用累积投票制度。1974年通过的第21号法规定："为选任二人以上的董事而召集股东大会时，除章程另有规定外，股东可以对公司提出累积投票的要求"，与1950年的规定相比，不再是强制性的要求。美国公司治理联合协会（CACG）在其指导准则2——董事会成员的任命中明确指出，董事会应保证他们通过一个可控的、有效的程序任命董事会成员，使他们能够选拔有能力的董事，为公司带来独立的判断和增加公司的价值，并承担决策制定的责任（Pierce Chris，2004）。

中国证监会在2002年颁布的《上市公司治理准则》中要求控股比例在30%以上的上市公司，在董事选举中，应采用"累积投票制"；2006年1月1新修订的《公司法》的第106条规定："股东大会选举董事、监事，可以根据公司章程的规定或者股东大会的决议，实行累积投票制。"《深圳证券交易所创业板股票上市规则》也规定，创业板上市公司独立董事选举应当采用累积投票制。我国台湾地区"公司法"对累积投票制度实行强制主义，第198条规定："股东会选任董事时，每一股份有与应选出董事人数相同的选举权，集中选举一人，或分配选举数人，由所得选票代表选举较多者，当选为董事。"

尽管累积投票制可以制衡董事席位为大股东控制的局面，规避由此而产生的利益剥夺，以降低中小股东投资的风险，但需要注意其可能存在的被图谋小团体利益的股东滥用而增加治理成本、挫伤投资者积极性、增大大股东投资风险等问题。

4.2.3 董事责任、权利与义务

1. 董事责任

董事责任有行政责任、民事责任与刑事责任。我国《公司法》第149条规定：董事、高级管理人员不得有违背忠实义务的八条行为，并规定董事、高级管理人员违反相关规定所得的收入应当归公司所有；如果给公司造成损失的，应承担赔偿责任。《证券法》、《禁止证券欺诈办法》以及相关的部门规章制度均作出了相应的规定。

《刑法》还规定了董事可能承担的刑事责任，如虚报注册资本罪；虚假出资、抽逃出资罪；欺诈发行股票、债券罪；擅自发行股票和债券罪；提供虚假财务报告罪；妨害清算罪；公司、企业人员受贿罪；非法经营同类企业罪；为亲友非法牟利罪；签订、履行合同失职被骗罪；徇私舞弊造成的破产亏损罪；内幕交易、泄露内幕信息罪；编造并传播证券、期货虚假信息罪；诱骗投资者买卖证券、期货合约罪；操纵证券、期货交易价格罪等。

除了上述规定之外，我国《公司法》还规定：董事应对董事会的决议承担责任。董事会的决议违反法律、行政法规或者公司章程、股东大会决议，致使公司遭受严重损失的，参与决议的董事对公司承担赔偿责任。

2. 董事权力

董事履行责任与义务必须赋予相应的职权，通常意义上的职权有两种含义：一是作为董事的权力（如参加董事会、行使决策权等）；二是享有的权利（如董事报酬等）。① 董事的基本权力是参加董事会，行使其表决权；董事的特别权力是根据董事会授权而独立行使的，如董事长的特别职权等。为了确保董事有效履职，董事享有如下权力：

---

① 权力与权利的关系：权力是一种改变他人法律关系的能力，不能放弃，无法行使时需要授予与委托；权利则意味着利益，可以行使也可以放弃。

(1) 召集主持权。《公司法》规定，董事具有召集或主持股东会会议与董事会会议的权力：股东（大）会会议由董事会召集，董事长主持；董事长不履行或不能履行职务的，由副董事长主持；副董事长不履行或不能履行职务的，由半数以上董事共同推举1名董事主持。董事会会议由董事长召集和主持；董事长不履行或不能履行职务的，由副董事长召集和主持；副董事长不履行或不能履行职务的，由半数以上董事共同推举1名董事召集和主持。

(2) 出席董事会会议权与表决权。《公司法》规定：董事会每年度至少召开两次会议，每次会议应当于会议召开10日前通知全体董事和监事；董事会会议应有过半数的董事出席方可举行；董事会作出决议，必须经全体董事的过半数通过；董事会决议的表决，实行一人一票。

(3) 选举权和被选举权。《公司法》规定：股份有限责任公司董事会设董事长1人，可以设副董事长。董事长和副董事长由董事会以全体董事过半数选举方式产生。可见董事具有选举或者被选举为董事长或者副董事长的权利。

(4) 召开临时董事会的提议权。《公司法》规定：代表1/10以上表决权的股东、1/3以上董事或者监事会，可以提议召开董事会临时会议；代表1/10以上表决权的股东，1/3以上的董事、监事会或者不设监事会公司的监事提议召开股东会临时会议的，应当召开临时会议；董事长应当自接到提议后10日内，召集和主持董事会会议。

(5) 签字权与免责权。按照《公司法》的规定，董事会应当对会议所议事项的决定作成会议记录，出席会议的董事应当在会议记录上签名。董事应当对董事会的决议承担责任，但经证明在表决时曾表明异议并记载于会议记录的，该董事可以免除责任。

(6) 委托和受托权。《公司法》规定：董事会会议应由董事本人出席，董事因故不能出席，可以书面委托其他董事代为出席，委托书中应载明授权范围。

董事除拥有上述权力之外，还拥有知情权、监督权、报酬请求权以及诉讼权等职权。

3. 董事义务

董事负有忠实与勤勉义务。董事忠实义务是指董事应忠诚、善意并且合理的相信其行为符合公司的最佳利益，当自身利益与公司利益相冲突时，不得将自身利益置于公司利益之上。忠实义务包含两个方面的含义：一是董事在履行职责时应保持对公司的忠诚；二是当个人利益与公司利益发生冲突时，必须以公司利益为重。具体包括：竞业禁止义务、禁止自我交易义务、禁止篡夺公司机会义务以及董事回避义务等。

董事竞业禁止义务是指董事不得为自己或第三方从事与其任职公司同类业务的经营活动。董事竞业禁止义务是董事忠实义务的具体体现，是董事的重要义务之一。我国《公司法》规定：董事不得未经股东会或者股东大会同意，利用职务便利为自己或者他人牟取属于公司的商业机会，自营或者为他人经营与所任职公司同类的业务。《公司法》第149条的规定体现了董事的禁止自我交易义务与篡夺公司机会义务，其内容如下：董事不得挪用公司资金、将公司资金以其个人名义或者以其他个人名义开立账户存储、违反公司章程的规定，未经股东会、股东大会或者董事会同意，将公司资金借贷给他人或者以公司财产为他人提供担保、违反公司章程的规定或者未经股东会、股东大会同意，与本公司订立合同或者进行交易、接受他人与公司交易的佣金归为己有。按照《公司法》的规定，上市公司董事与董事会会议决议事项所涉及的与企业有关联关系的事项，不得对该项决议行使表决权，也不得代理其他董事行使表决权。该董事会会议由过半数的无关联关系董事出席即可举行，董事会会议所作决议须经无关联关系董事过半数通过。出席董事会的无关联关系董事人数不足3人的，应将该事项提交上市公司股东大会审议，这些规定是董事竞业禁止义务的具体体现。

董事"勤勉义务"，就是要求董事必须以一个谨慎的人在管理自己的财产时所具有的勤勉程度去管理公司的财产，按照公司最佳利益行事。美国《示范公司法修正本》指出，董事在履行职责时必须：（1）怀有善意；（2）要像一个正常人在类似的处境下应有的谨慎去履行职责；（3）采用良好的方式，即符合公司利益的最佳方式。《中国上市公司章程指引》第98条规定了董事应履行的勤勉义务：（1）谨慎、认真、勤勉地行使公司赋予的权利，以保证公司的商业行为符合国家法律、行政法规以及国家各项经济政策的要求，商业活动不超过营业执照规定的业务范围；（2）公平对待所有股东；（3）及时了解公司业务经营管理状况；（4）对公司定期报告签署书面确认意见，保证公司所披露的信息真实、准确、完整；（5）如实向监事会提供有关情况和资料，不得妨碍监事会或者监事行使职权；（6）法律、行政法规、部门规章及本章程规定的其他勤勉义务。第99条规定的对董事不履行勤勉义务的认定及处理方式为：董事连续两次未能亲自出席，也不委托其他董事出席董事会会议，视为不能履行职责，董事会应当建议股东大会予以撤换。

4.3 董事会设置与类型

4.3.1 董事会设置

中国 2006 年 1 月 1 日修订的《公司法》对不同类型企业的董事会设置做了如下规定：

有限责任公司设董事会，其成员为 3~13 人；股东人数较少或者规模较小的有限责任公司，可以设 1 名执行董事，不设董事会；2 个以上的国有企业或者两个以上的其他国有投资主体投资设立的有限责任公司，其董事会成员中应有公司职工代表；其他有限责任公司董事会成员中可以有公司职工代表。董事会中的职工代表由职工代表大会、职工大会或者其他形式民主选举产生。董事会设董事长 1 人，可以设副董事长。董事长、副董事长的产生办法由公司章程规定。

国有独资企业应设置董事会，董事每届任期不得超过 3 年；董事会成员中应有公司职工代表；董事会成员由国有资产监督管理机构委派；但董事会成员中的职工代表由公司职工代表大会选举产生；国有独资公司的董事会设董事长 1 人，可以设副董事长。董事长、副董事长由国有资产监督管理机构从董事会成员中指定。

股份有限公司应设置董事会，其成员为 5~19 人；董事会成员中可以有公司职工代表；职工代表通过职工代表大会、职工大会或者其他形式民主选举产生；董事会设董事长 1 人，可以设副董事长。董事长和副董事长由董事会以全体董事的过半数选举产生。

4.3.2 董事会类型

由于各国经济、政治、历史文化、公司法系和资本市场的发达程度等因素的制约，董事会制度的选择有所不同。一般认为，世界各国的公司法可分为英美法系、德国法系、法国法系、德国法与美国法之折中法系。与此相对应有单层制董事会、双层制董事会以及业务网络式三种。

1. 单层制董事会

单层制董事会是股东导向型的，也称为盎格鲁撒克逊治理模式。美、英、加、澳大利亚和其他普通法国家一般采用此模式。它只有一个管理机关，即董事会。股东大会将绝大部分经营管理权交付董事会，董事会拥有决策权和监督权。英美法系国家的公司实行单层制，美国、英国、韩国、澳大利亚、瑞典等国家均采用单层制的董事会制度。通常单层制的董事会由职能细分的次级委员会组成，次级委员会的设置依公司的规模、性质而有所差异，但在大部分具有单层制董事会的公司中，执行委员会、审计委员会、提名委员会、报酬委员会等委员会是常设的次级委员会。次级委员会的职责一般由公司章程规定，但个别委员会如审计委员会的职责由公司法律框架体系规制，如表4-1所示。

表4-1 主要国家公司治理原则对专门委员会设置的规定

公司治理原则、准则	审计委员会	报酬委员会	提名委员会	执行委员会	公司治理委员会	其他
美国商业圆桌会议	√	√	√	—	—	—
美国CalPERS治理原则、指南	√	√	√	—	—	√
美国CII的《核心政策》	√	√	√	—	—	—
美国TIAA-CREF的治理声明	√	√	√	—	—	—
通用汽车公司	√	√	√	√	—	√
英特尔公司	√	√	√	√	√	—
Hample报告	√	√	√	—	—	—
澳大利亚投资总经理协会指南	√	√	√	—	—	—
爱尔兰投资经理协会指南	√	√	—	—	—	—
德国股东协会	√	√	—	—	—	—
日本公司治理论坛最后报告	√	—	—	—	—	—
荷兰《比特报告》	√	√	√	—	—	—
法国《维也纳特报告》	√	√	√	—	—	—

资料来源：根据南开大学国际商学院"中国公司治理原则"课题组编译各国公司治理原则整理。参见李维安等著：《美国的公司治理：马其诺防线》，中国财政经济出版社2003年版，第19～20页。

美国拥有世界上最发达、成熟的公开资本市场，股东人数众多，股权分散。股权结构的分散性使美国公司治理结构呈现以市场机制为主的外部型控制特征。为防止董事滥用权力和违背股东利益，通过设立外部董事或独立董事的办法进行监督。美国公司的董事会成员由内部董事和外部董事组成，其中外部董事约占3/4，内部董事约占1/4。在董事会中，根据需要下设包括由独立董事组成的若干委员会如薪酬委员会、审计委员会、提名委员会等。英国公司的董事会中外部董事很少，董事长一般由非执行董事担任。

俄罗斯公司治理结构兼具英美和德日两种公司治理模式的某些特征,成为一种转轨国家特有的、尚未成熟的综合性治理结构。这种特殊的治理结构的特点是公司剩余索取权失当、内部人控制过渡(张聪明,2002)。俄罗斯股份公司采取的是一元制董事会制度,即基本上与英美模式相同。董事会主要由内部董事组成。董事会的法定人数为7~9人,其中经理4人,外部股东2人,国家股东1人。俄罗斯公司的经理由股东大会选举,其权力相类似于CEO,但不必对董事会负责。总经理几乎说一不二,可以做他想做的任何事(约瑟夫·R·拉布西,乔宇,2000)。2002年俄罗斯修订发布了《俄罗斯股份公司法》,主要是以更有约束力、更有效的制度来保护小股东的权力,并使董事会独立地行使权力。

2. 双层制董事会

双层制的董事会是社会导向型的,也称为欧洲大陆模式,德国、奥地利、荷兰和部分法国公司等均采用该模式。双层制董事会建立在"共同决定"原则基础之上,董事会行使经营决策职能,监事会行使监督职能,因此双层制的董事会具有专职经营的董事会以及专职监督的监事会双重机构。由股东代表和工会代表共同组成第一层董事会—监督董事会,其成员全部由非执行成员组成。具有聘任、监督和在必要时解聘执行董事会成员的权力。监督董事会的监督是完全意义上的监督,其职能包括制定政策目标、挑选人员执行政策目标、监督目标的执行过程以及对执行结果的评价。监督董事会提名第二层董事会——执行董事会的人选,并对其进行监督,其成员全部由执行董事组成。

实行双层制董事会国家的公司将监督权和执行权分设,如德国、奥地利等,股东会选举产生监事会,监事会任命经理和董事会成员,并决定其报酬,但监事会成员不能干预董事会的经营决策。德国公司的董事会实行"双层制",即设置相互分离的监事会和理事会,由股东和职工代表共同组成监事会,由监事会任命理事会成员。理事会是执行监事会决议、负责日常经营的执行机构,相当于美国公司中的经理层,理事会每位成员具有同等的权利(都称执行董事),没有实际意义上的CEO,决策的原则是一致通过,理事会的规模一般不超过10人。监事会是公司股东、职工利益的代表机构和监督机构,负责任命和解聘理事、对公司经营重大事项做出决策、审核公司账簿、核对公司资产等;公司职工通过选举职工代表参与监事会与职工委员会,以实现其参与企业管理的"共同决定权"(张耀奇,2001)。

3. 业务网络模式

业务网络模式的董事会又称为日本模式。日本公司大多数董事兼任公司各事业部部长或分社的领导,社长兼任公司总经理,董事会集决策和执行功能于一身。其监事会由股东大会选举,与董事会是平行的机构,只有监察权,不参与决策和经营管理,成员主要来自于企业内部。为了稳定客户关系和业务发展使得法人交叉持股较为普遍,公司之间通过内部交易、交叉持股和关联董事任职等方式形成非正式的网络关系,公开上市公司的董事会规模非常大,30~35人也不少见。通常董事会中包括了4~5个等级组织。大公司的董事会一般执行仪式化的功能,权力掌握在主席、CEO和代表董事手中。

这种"内部人控制"业务网络式的董事会结构,有利于减少偷懒行为、降低代理成本,但容易积聚经营风险。日本的公司治理模式面临着来自国际机构投资者要求增加外部独立董事的压力,为了降低"内部人控制",强化日本企业在海外融资和发展本国资本市场的能力,日本政府自1993年起引入外部独立监事制度,强调外部监事应占监事会一半;在1998年颁布的《日本公司治理准则》中提出引入独立的社外董事进入董事会、强化向社外董事充分提供信息的支持系统、设立董事会下属委员会,并且强调社外董事应占一半,实现董事长与执行总裁的业务分离,设置由社外董事组成的监察委员会以重点监测经营风险等。尽管引入独立董事,但日本企业仍然保留监事和监事会制度。

从我国公司法对董事会和监事会的职权规定来看,尽管与典型的双层董事会制度存在一些区别,如监事会不能任免董事,但是监事会被赋予了在某些特定情况下可以提议和召集股东会的权力,并具有根据公司章程规定或股东会授权的其他职权,从而在法律和理论上可以获得更多治理公司的权力。从这一意义上来说,我国公司的权力结构类似于双层董事会制度。但是,从实际的公司治理情况来看,监事会基本上不能有效地监督董事会,不具有实质性权力,因此我国公司权力结构又类似于单层董事会制度。

4.4 董事会职责与专业委员会

4.4.1 董事会职责

董事会的职责,决定了董事会应该做什么、对谁负责以及负什么责任,并由此而决定了董事会的结构及其业绩考核。对此理论界有不同的解释,委托代理理论认为董事会主要是承担"受托责任",股东选举董事,董事聘用经理并监督其业绩，内部董事与外部董事的结合将使董事会具有更强的监督管理层的能力（如Weisbach，1988；Fama and Jensen，1983）。随着公司治理的发展，对于董事会的职能又有了新的认识。法玛在1985年提出了新的董事会职能的观点，他认为董事会的功能是决策控制；① 管理层霸权理论则认为董事会是橡皮图章，企业的实际权力掌握在管理者手中，董事会只能是消极的监督者，公司的决策应该由管理层制定（如Mace，1986；Kosnik，1987；Yermack，1998等）；管家理论主张所有者与经营者是利益一致的信托关系，董事会应赋予管理层更高的权利并为其决策提供便利（如Donaldson，1990等）；资源依赖理论认为董事会是公司与外部环境的重要沟通平台，董事会应积极参与战略决策（如Zahra，1990；Hillman and Dalziel，2003等）；决策学派哈特（Hart）② 以及李维安③等认为公司治理是一套决策机制，通过科学决策确保公司利益相关方的利益，福布斯和美利肯（Forbes and Milliken，1999）明确指出董事会职能应包括监督与决策。

在各国公司治理实践中，董事会具体职责依治理环境、治理模式不同而呈现差异。从各国以及不同组织的公司治理准则或原则关于董事会职责的规定来看，基本上都包括监督和决策两大功能。由于资本市场的发育程度不同，董事会的职能略有差异。资本市场发达的国家，公司的监督职能主要是借助于外部市场如股票市场、公司控制权市场来实现，而董事会的职能较多的着眼于公司的战略决策，如美国商业圆桌会议董事会的五项主要职能中只有一项是针对监督设计的，道琼斯公司治理原则中规定的七项董事会的职责中只有两项涉及监督，加拿大董事会的四项职责中只有一项是关于监督高级管理层的。相对来说资本市场发育程度较低的国家，由于外部市场监督力量较弱，董事会的职能更多地体现为检查与监督，如韩国公司治理最佳实务准则规定的韩国董事会的十一项职能中有五项属于监督范畴，如表4-2所示。

---

① 法玛（1985）认为决策控制是董事会的职能，而这样的董事会就需要代表股东利益的非执行董事，并且认为一个全部由执行董事组成的董事会不是最优的。

② 哈特（1996）认为公司治理是一个决策机制，而这些决策在初始合约中没有明确规定。更准确地说公司治理分配公司非人力资本的剩余控制权，即资产使用权如果在初始合约中没有详尽设定的话，公司治理决定如何使用。见莫奥利弗·哈特：《公司治理：理论与启示》，载《经济学动态》1996年第6期。

③ 李维安（2001）认为公司治理是通过一套包括正式或非正式的、内部的或外部的制度或机制来协调公司与所有利益相关者之间的利益关系，以保证公司决策的科学化，从而最终维护公司各方面的利益的一种制度安排，公司治理的目的是保证公司决策科学化，而利益相关者的相互制衡只是保证公司科学决策的方式和途径。见李维安：《公司治理》，南开大学出版社2001年版，第31~32页。

表4-2 各国董事会职责

组织、机构或者国别	董事会职责
世界经济合作与发展组织（OECD）	（1）审查、指导公司的战略、重要行动计划、风险政策、年度预算和商业计划；决定公司的业绩目标；监督业绩目标的执行情况和公司的行为；监督重大资本支出、收购和出售等行为； （2）对公司治理的有效性进行监督并根据实际需要加以修改； （3）选举并决定主要行政人员的报酬，监督他们的行为，在必要的时候更换新的人员并对他们职务的交接进行监督； （4）促使主要行政人员和董事会成员的报酬与公司的长期利益相一致； （5）确保董事会成员的提名和选举过程的正规性和透明度； （6）监督管理层、董事会成员和股东同公司之间潜在的利益冲突，其中包括滥用公司资产和关联方交易中的舞弊行为； （7）确保公司会计和财务报告制度的完整性，其中包括独立审计师的完整性；确保公司具备恰当的控制制度，特别是风险管理制度、财务和营运控制制度等；确保公司的行为不违反法律和相关的准则等； （8）监督信息披露和交流的过程
美国商业圆桌会议	（1）选择、考核和更换CEO，决定管理层薪酬，审核接替计划； （2）审核及批准重要的战略发展计划及财务预算； （3）就企业面临的重要事项提出意见、建议； （4）监管内部控制、风险管理、财务报告； （5）提名董事，确保董事会的结构及行为符合公司治理的要求
马来西亚董事会	（1）审核及采纳企业的战略计划，监督企业的日常运营以确保适宜的管理； （2）识别风险并完善风险管理体制； （3）制定及执行高级管理人员的任命，培训激励和变更的接替计划； （4）建立沟通制度； （5）处理信息及加强内部控制
德国	（1）董事会应在企业利益、政策、章程及基本管理原则的约束下实施对企业的管理； （2）董事会应在监事会的协助下，制定及修改企业的发展战略； （3）董事会有责任确保企业行为与治理准则的一致性
加拿大	（1）董事会在战略规划中的作用是控制风险、任命、监督、培训高级管理人员以及贯彻企业的交流政策并管理信息系统； （2）董事会不应干预企业的日常经营管理； （3）董事应履行其法定责任，始终致力于企业利益最大化； （4）董事会应正式列出CEO与董事会间的关系，包括彼此的分工

续表

组织、机构或者国别	董事会职责
韩国公司治理最佳实务准则	(1) 设定经营战略与目标； (2) 审批经营计划与预算； (3) 监督管理层并评价管理层的表现； (4) 任免管理层，核定管理层工资； (5) 监督主要资本性支出与公司接管； (6) 协调董事、管理层和股东的冲突； (7) 保证会计和财务系统的真实性； (8) 监督风险管理和财务控制； (9) 监督合法性及与伦理道德相关的问题； (10) 监督管理实务的有效性； (11) 监督信息披露过程
道琼斯公司治理原则	(1) 审核并通过合理的财务目标、主要战略计划和公司行动； (2) 选择并评估道琼斯公司董事长与首席执行官； (3) 决定高层管理人员的薪金； (4) 周期性审核管理人员的连续性计划； (5) 选择并向股东推荐进入董事会的人选； (6) 审查公司系统对相关法律和法规的遵守情况，保障公司资产安全，回避主要经营风险； (7) 向高层管理人员提供建议和忠告
GM公司	(1) 董事会代表股东的利益，保证公司业务长盛不衰，同时优化长期财务收益； (2) 董事会有责任保证公司管理层无论在顺境中还是在逆境中都能出色地运行其职能，同时定期监督管理层决策、策略是否有效
中国《公司法》	(1) 召集股东会会议，并向股东会报告工作； (2) 执行股东会的决议； (3) 决定公司的经营计划和投资方案； (4) 制订公司的年度财务预算方案、决算方案； (5) 制订公司的利润分配方案和弥补亏损方案； (6) 制订公司增加或者减少注册资本以及发行公司债券的方案； (7) 制订公司合并、分立、解散或者变更公司形式的方案； (8) 决定公司内部管理机构的设置； (9) 决定聘任或者解聘公司经理及其报酬事项，并根据经理的提名决定聘任或者解聘公司副经理、财务负责人及其报酬事项； (10) 制定公司的基本管理制度； (11) 公司章程规定的其他职权

资料来源：作者整理。

从公司治理的发展来看，传统的公司治理所要解决的主要问题是所有权和经营权分离条件下的代理问题，通过相互制衡的制度安排来降低代理成本和代理风险，防止经营者对所有者利益的背离。因此在委托代理机制框架下，董事会的职责是任选总经理，并在授权范围内从事经营活动。为了降低由于信息不对称而可能产生的道德风险，董事会应监督总经理以缓解代理问题。但公司治理并不是为制衡而制衡，而且制衡并不是保证各方利益最大化的最佳途径。良好的治理机制应该确保公司能够最有效的运行和各方参与者的利益得到充分的维护。因此，董事会核心职能的是科学决策。董事会不仅审核与批准决策，而且应参与战略的制定并监督其实施。在委托代理机制下，董事会还要履行其作为股东利益的代表监督高管人员的职责。董事会治理不应仅仅达到合规性的要求，而且要实现高效治理。为此，董事会应履行以下五项职能：

1. 选聘与监督总经理

董事会履行聘任和解聘经理人员、监督管理者的业绩、处理股东在关联交易、资产处置等方面的利益冲突、确定管理者的薪酬以及对管理者进行持续的审计监督等。除了对董事会成员、总经理的监督之外，董事会还应该监督公司的内部控制和风险管理。由于董事只是股东的委托人（尽管有些董事本身就是股东），可能存在董事偷懒或与经理合谋损害股东利益的问题，为了强化董事会的监督职能，避免董事与总经理的合谋，提升董事会的独立性是强化董事会监督职能的根本途径。

2. 审议、确定公司发展战略规划

董事会是公司的最高决策机构，董事会应负责审议和制定公司发展战略、并适时进行战略评价和分析，以保证公司发展的永续性。董事会制定战略应围绕以下内容展开：（1）与竞争对手相比，公司的核心竞争力何在？这一竞争优势是建立在什么因素（技术、低成本、杰出的品牌等）之上的？（2）公司将如何发展和扩张，是否要进入新的行业或新的区域（优势、劣势在哪里）？（3）公司的目标是什么（发展、顾客还是利润）？（4）怎样的规模、增长以及风险和收益是最优的等关键问题。

3. 关注公司的社会责任

公司社会责任是备受社会争议的话题，董事会常常难以在经济利益与社会利益之间取舍。关注社会责任可能会导致短期内的公司业绩下降或者股东利益受损，在自由的市场中，如果没有法律或者制度的约束，董事会尤其是以内部董事为主的董事会常常会为了短期利益而采取一切手段追求利润最大化。① 目前全球社会责任运动以及严峻的我国上市公司社会责任问题,对公司治理提出了新的挑战。各国实践证明履行社会责任对于员工队伍的稳定、企业形象的改善、顾客忠诚度的增强、社区环境的保护以及企业的价值增加等均有积极意义。② 因此,企业要实现可持续发展,董事会必须关注社会责任,否则可能会招致巨大的声誉损失甚至导致长期低迷。基于可持续发展视角,社会责任应该列入董事会的职责范围,董事会应通过其决策与监督行为,关注企业在商业道德、改善环境、维护顾客、员工利益、提升企业形象等方面的事宜。为了促使董事会关注社会责任,其人员结构安排应改变内部董事为主的局面,建立社会责任委员会。③

4. 负责向以股东为主的公司利益相关者披露信息的说明责任

对股东提供及时、准确、全面的信息是董事会最重要的职能之一。一般来说,信息披露是通过年中、年末报告来体现的,董事会应通过审计委员会确保公司披露的财务报告的完整性与真实性。

5. 关注学习与沟通

具有科学决策与有效监督能力的董事会应该是智慧的董事会,董事会成员的知识与能力是董事会成败的关键,董事的知识与经验不足,常常导致了董事会治理效率的低下甚至是失败。由于新知识的不断出现,董事需要通过学习,获得新的知识与经验。为此,董事会应关注董事的学习与沟通能力的培训,并将其作为董事会评估或者董事评估的主要内容。另外,为了确保董事会治理有利于利益相关者价值的最大化,董事会应该与公司利益相关者进行沟通,实施利益相关者关系管理,以便为公司成功获取所需的关键资源。

---

① 雅各布·M·罗斯(Jacob M. Rose,2007)以美国财富排行榜前200名公司中的34名董事为研究对象,将其分为两组进行的模拟实验发现:董事做出决策的依据是在不违反法律的基础上保证股东利益最大化,很少实验者会关注社会责任。

② 莫斯科维茨(Moskowitz,1972),拉夫、米拉利达和布朗(Ruf, Muralidha and Brown,2001),佩雷拉(Pereira,2003),弗拉尼察(Vranica,2009),迪杰克(Dizik,2009),威廉姆森(Williamson,2010),刘长翠等(2006),沈洪涛(2007),朱雅琴、姚海鑫(2010)等学者均认为履行社会责任有助于增加企业价值。

③ 易卜拉欣等(Ibrahim et al., 2003)对307名董事会成员(包括198名外部董事和109名内部董事)进行的调查发现:相比内部董事,外部董事更加关注公司社会责任中慈善责任的履行情况,而较少关注公司社会责任中经济责任的履行情况。

4.4.2 董事会专业委员会

为了有效履行董事会的职责,需要根据知识背景和从业经验对董事进行专业分工,从而形成具有特定职能的董事会专业委员会。专业委员会的设置不仅可以使董事会内部得到合理的分工,提高监督与决策的效率,而且还可以克服董事会被内部董事控制所带来的弊端,从而更好地维护公司利益。

安然事件后,美国证券交易委员会(SEC)在2002年颁布的萨班斯法案中要求上市公司建立审计委员会;2002年6月6日纽约证券交易所(NYSE)在其新出台的公司治理原则中进一步要求上市公司董事会必须成立全部由独立董事组成的提名委员会、审计委员会、薪酬委员会等;同年,日本在其修改的《商法特例法》中规定设置专业委员会的公司必须设立提名、薪酬、审计委员会,并对委员会的权限、运营给予了详细的规定;2004年OECD经合发展组织首次将董事会专业委员会的内容纳入修订的公司治理准则中,提倡在公司董事会中建立审计委员会、提名委员会以及薪酬与考核委员会等专门委员会,并要求独立董事在专门委员会中发挥主导作用。我国2002年《上市公司治理准则》要求上市公司董事会按照股东大会的有关决议,设立全部由董事组成的战略、审计、提名、薪酬与考核等专业委员会,其中审计委员会、提名委员会、薪酬与考核委员会中独立董事应占多数并担任召集人,审计委员会中至少应有一名独立董事是会计专业人士。①

董事会不作为害苦公司

景谷林业上一届董事会产生于2005年12月9日。根据《公司法》规定,股份公司的董事每届任期不得超过3年,景谷林业第三届董事会本应于2008年12月8日到期,但直到2010年7月29日才产生新一届董事会和监事会,董事会超期服役1年零7个月。履历资料显示,这些"超期服役"的董事大多是曾经的大股东中泰信用担保的人,景谷林业每况愈下的经营状况,与董事会的不作为有密不可分的关系。

从"泰跃系"旗下的中泰信用担保正式入主之后,公司的经营江河日下。一方面中泰信用担保通过利用上市公司参股"泰跃系"旗下的北京君合百年房地

---

① 详见《中国上市公司治理准则》第六节,第五十二条。

产、北京科技园等公司,侵占了景谷林业的大量资金;另一方面却对公司的主业发展漠不关心,投资设立的子公司大多连年亏损。2009年6月景谷林业斥资928万元收购的云南登明集装箱地板79%的股权,下半年亏损额达738.3万元;主要控股子公司都处于亏损状态,其中江城茂源已经连续5年亏损,云松林产7年中有6年亏损,森力公司6年中有4年亏损。2009年景谷林业亏损9174.11万元,每股收益-0.71元,并且连续5年扣除非经常性损益后保持亏损。2010年一季度亏损1290.92万元,同比增加了204.43万元的亏损。

为了拯救上市公司,云南景谷傣族彝族自治县政府试图重新获得控制权。县财政局在2008年年初成立景谷森达国有资产经营公司,之后划转和二级市场增持,景谷森达在2008年年底持有公司24.42%的股份,成为第一大股东。随后中泰信用担保通过买入以及关联公司合计持有公司24.5%的股权,重新成为了控股股东。2009年3~6月,景谷森达通过多次增持最终持有公司25.57%的股份,成为第一大股东,但仅比中泰信用担保高1.15%。

2009年3月,景谷林业董事会称因两大股东无法对新一届董事会成员达成一致而取消临时股东大会,拒绝进行董事会换届;2010年6月12日,董事会再次表示因上述原因取消临时股东大会拒绝换届;直至2010年7月29日公司才召开临时股东大会,改选董事会。景谷森达推荐了3名非独立董事和2名独立董事,中泰信用担保推荐了3名非独立董事和1名独立董事,另外公司董事会还推荐了1名非独立董事和2名独立董事,这意味着由中泰信用担保推荐的非独立董事人数为4名,独立董事为3名,多于景谷森达。本次董事会采用差额选举,一共选出6名非独立董事和3名独立董事。最终,中泰担保获得董事会的7个席位,取得了公司的实际控制权。新一届董事会仍未使景谷林业走出低谷,2011年公司亏损1.34亿元,2012年度预计亏损1.1亿元。

(资料来源:2010年07月18日,证券市场周刊以及新华网2013-03-22:ST景谷控制权争夺战再上演中泰担保"一致行动"拿控股权等资料整理。)

董事会中的专业委员会包括:

1. 战略委员会

按照公司治理准则的规定,战略委员会的主要职责是对公司长期发展战略和重大投资决策进行研究并提出建议。为了确保战略委员会能够制定出有效的战略规划,其成员应对行业发展以及企业战略规划的制定有充分的理解。相对于外部董事而言,内部董事对于企业的发展以及行业的把握更好(芮明杰等,2005),当然,有些外部董事对于行业的发展前景也具有充分的把握。因此,战略委员会的成员应由大部分的内部董事或部分相关外部董事构成。

2. 审计委员会

审计委员会是最重要的董事会次级委员会。最早由美国证券交易委员会（SEC）在1938年提议建立，并指出审计委员会的主要职责是以提高公司财务信息的诚信度。美国证券交易委员会（SEC）在萨班斯法案中进一步强化审计委员会的职能，公司改革法案要求公众公司必须建立审计委员会，其职能为：（1）从管理层之外的来源获得公司信息；（2）在外部审计和管理层之间构成隔离带；（3）从外部获得财务咨询、增加审计委员会的权力和责任，包括聘请及解聘独立审计师的权力、聘用独立财务顾问、批准公司与独立审计师的重要非审计性业务的关系。同时进一步强化审计委员会的独立性，其成员必须全部由"独立董事"组成，审计委员会的成员必须是不受控股股东或者管理层影响的"非关联人士"。除了董事津贴、审计委员津贴之外，不从公司领取其他酬金。我国公司治理准则规定的审计委员会的主要职责是：（1）提议聘请或更换外部审计机构；（2）监督公司的内部审计制度及其实施；（3）负责内部审计与外部审计之间的沟通；（4）审核公司的财务信息及其披露；（5）审查公司的内控制度。与英美相比，我国上市公司审计委员会独立性较低。

3. 报酬委员会

报酬委员会产生的根本原因在于执行董事尤其是经理报酬制定主体的不合理性，因而独立于执行董事的报酬委员会的存在是必要的。在英国，1992年Cadbury报告提出的《示范行为准则》明确提出，公司管理人员的报酬应该由独立董事组成的报酬委员会来确定。我国公司治理准则规定薪酬与考核委员会的主要职责为：（1）研究董事与经理人员考核的标准，进行考核并提出建议；（2）研究和审查董事、高级管理人员的薪酬政策与方案。

4. 执行委员会

执行委员会由公司的董事长、副董事长以及执行董事组成，负责公司的日常决策，在董事会休会期间代表董事会行使权力。由于执行委员会成员的构成及其职责决定了执行委员会的会议召开频率远远超过其他委员会。

5. 公共政策委员会

由于政府公共政策的变化可能对宏观经济环境产生影响，进而影响到企业。

为了及时把握环境政策的变化趋势并对其进行预测与分析，大型公司通常成立公共政策委员会，以调整公司长期发展战略适应政府公共政策的变化或者说服政府颁布有利于企业发展的政策。1970年美国通用汽车公司最先在董事会中设置了公共政策委员会，其职责是对政府进行院外活动，争取政府制定出有利于提高美国汽车厂商竞争力的汽车行业保护条款。

6. 社会责任委员会

履行社会责任是上市公司义不容辞的责任，通过履行社会责任，优化利益相关关系，提升上市公司声誉成为很多企业的做法。已有研究也证实，履行社会责任具有积极的作用。① 国际纸业、加拿大铝业、美国铝业、雪佛龙、英国石油（BP）、壳牌石油、英美烟草等行业巨头，都采取设立社会责任委员会的方式负责社会责任事项。我国《公司法》第5条明确规定"公司从事经营活动，必须遵守法律、行政法规，遵守社会公德、商业道德，诚实守信，接受政府和社会公众的监督，承担社会责任。"上市公司履行社会责任的最佳方式就是通过结构性的安排如设置社会责任委员会使社会责任行为持续进行。为了确保社会责任委员会的有效性，其成员应由不同利益主体构成，如让职工董事、消费者董事、女性董事等进入社会责任委员会，并负责对公司日常商业活动所涉及的社会责任问题进行专业评估，以确保公司在商业判断中践行社会责任。

7. 提名委员会

从公司治理发展的历程来看，过去很长一段时间，首席执行官在董事的选举过程中起着支配的作用，而近几年来董事的选举由首席执行官垄断的局面逐步被打破，而向着战略性招募的方向发展。提名委员会是各国监管机构要求以及上市公司普遍设立的专业委员会，目的是确保董事提名不被执行董事所控制以及董事会成员构成的合理性。通常提名委员会主要由独立董事构成，负责筛选和提名新董事，以限制握有主导权的董事（如董事长、CEO）根据个人偏好选拔新董事。我国公司治理准则规定上市公司提名委员会的主要职责是：（1）研究董事、经理人员的选择标准和程序并提出建议；（2）广泛搜寻合格的董事和经理人员的人选；（3）对董事候选人和经理人选进行审查并提出建议。

---

① 如施内茨和艾普斯坦（Schnietz and Epstein, 2005）的研究表明，在公司危机时期，社会责任声誉能够防止公司股价的下跌；艾莉森·麦基，泰森·B·麦基和杰伊·B·巴尼（Alison Mackey, Tyson B. Mackey, Jay B. Barney, 2007）研究表明：上市公司履行社会责任虽然不能使公司未来的现金流的现值最大化，但可以使公司市场价值最大化。

8. 公司治理委员会

公司治理委员会是由提名委员会发展而来的，从提名委员会到公司治理委员会的演进，是从美敦力（Medtronic）公司开始的。该公司在20世纪90年代初将提名委员会重组为公司治理委员会，并同时制定了公司治理原则，规定公司治理委员会的职责是：（1）确定新的董事候选人以供股东大会参考；（2）确保新董事得到有关他们在董事会中的职责和义务的培训；（3）批准有关董事会规模、年龄限制、任职期限、会议数量或者基本流程等方面的改变；（4）批准董事会成员的薪酬，包括支付方式、养老金、费用和福利等；（5）在与首席执行官讨论之后，任命董事各个委员会的召集人和成员；（6）评估新设的、临时性的或者常设性的委员会的职能；（7）组织和协调首席执行官、董事会自身和董事的绩效评估。

人员构成方面，英美国家一般规定提名委员会、薪酬委员会和审计委员会等专业委员会最少应当由3名或3名以上的成员组成。大多数国家的治理准则或者大部分企业的公司章程都规定，专业委员会应以独立董事为主，并担任专业委员会的召集人；美国萨班斯法案对独立董事提出了更高的要求。

除上述董事会专业委员会之外，还可以根据行业特点设置相应的专业委员会，如商业银行基于风险控制的需要，常常设立风险控制委员会等。

4.5 董事会业绩考核与董事激励

4.5.1 董事会业绩考核

董事会业绩考核内容取决于董事会的职责，董事会业绩反映了董事会职责履行的状况。由于董事会具有决策与监督两类职能，董事会需要通过其决策行为与监督行为实现其职能。董事会的决策行为覆盖了企业战略活动的全部过程，包括运用所拥有的知识、信息和社会资源参与公司愿景的制定和评论，对公司所处环境进行分析和讨论；① 参与制定公司的战略目标和方向；② 参与重大战略预算和计

---

① 麦克纳尔蒂和佩蒂格鲁（Mcnulty and Pettigrew, 1999）认为，董事会通过设定企业使命、愿景和价值观，建立战略行为边界以及审视环境等机制影响企业战略。

② 拉瓦斯和冉托尼（Ravasi and Zattoni, 2006）认为董事会应通过对定义共同目标和制定组织方向来构建、保持并重建共识，协调各方战略观点。

划的制订;① 对公司重大战略建议和提案进行初审;② 参与重大战略计划的履行;③ 进行战略执行的监督和评价并参与改进;④ 与战略投资者进行实质性的沟通和合作、提供资源等。⑤ 董事会的监督行为主要包括:通过提名委员会雇佣或解雇高管;⑥ 通过薪酬和考核委员会评价与激励高管;⑦ 通过审计委员会监督信息披露、⑧ 监督

---

① 我国《公司法》第46条规定董事会的职权:①决定公司的投资方案;②制订公司的年度财务预算方案、决算方案;③制订公司的利润分配方案和弥补亏损方案;④制订公司增加或者减少注册资本以及发行公司债券的方案;⑤制订公司合并、分立、解散或者变更公司形式的方案。OECD公司治理原则第Ⅵ部分董事会责任第D条款第1条规定,董事会应审议和指导公司战略、主要行动计划、风险政策、年度预算和经营计划。

② 我国《上市公司治理准则》第53条规定,战略委员会的主要职责是对公司长期发展战略和重大投资决策进行研究并提出建议。

③ 我国《公司法》规定,对于一些有关公司经营发展的重大事项,必须通过股东大会审议通过,董事会执行股东会的决议。

④ OECD公司治理原则第Ⅵ部分董事会责任第D条款第1条规定,董事会应设立绩效目标;监控计划实施和公司绩效;监督重要的资本支出、并购和剥离。牛建波和李胜楠(2008)认为,对战略执行的监管主要是创建战略记分卡框架,其中包括两项内容:一是在传统财务指标的基础上,补充顾客指标、程序指标和人力资源指标;二是为执行小组确定责任和时间表。程新生等(2009)研究认为,战略审计是董事会战略控制的一种重要机制,战略审计应涵盖战略管理过程的所有层次和过程,开展战略审计的主体应为董事会涉及的专门战略审计委员会或聘请独立的第三方。

⑤ 引入战略投资者是董事会提供资源的重要表现,资源依赖视角把董事会看做是"边界扳手",可以帮助公司与一般性和竞争性环境相连接(李维安等,2009)。

⑥ 我国《公司法》第47条规定:决定聘任或者解聘公司经理及其报酬事项,并根据经理的提名决定聘任或者解聘公司副经理、财务负责人及其报酬事项。《上市公司治理准则》第55条规定,提名委员会的主要职责是研究董事、经理人员的选择标准和程序并提出建议;广泛搜寻合格的董事和经理人员的人选;对董事候选人和经理人选进行审查并提出建议。OECD公司治理原则第Ⅵ部分董事会责任中规定:董事会应选择主要执行人员,确定其薪酬,监督其业绩,并在必要时予以撤换;对继任计划进行监督;保证董事会提名和选举的程序正式、透明。

⑦ 《上市公司治理准则》第56条规定薪酬与考核委员会的主要职责是:研究董事与经理人员考核的标准,进行考核并提出建议;研究和审查董事、高级管理人员的薪酬政策与方案。多个国家已要求董事监控公司治理实践的有效性,并在必要时加以调整。包括不断评估公司内部结构,多个国家已进而建议或确实要求董事会开展自我评估绩效和评估董事会成员个人、CEO、董事会主席的绩效。

⑧ 《上市公司治理准则》第54条规定,审计委员会的主要职责是提议聘请或更换外部审计机构;监督公司的内部审计制度及其实施;负责内部审计与外部审计之间的沟通;审核公司的财务信息及其披露;审查公司的内控制度。OECD公司治理原则第Ⅵ部分规定,确保包括独立审计在内的公司会计和财务报告系统诚实可靠;确保适当的控制体系到位,特别是风险管理体系、财务和运营控制体系以及对法律和有关标准的遵守体系;监督信息披露和对外交流的过程。

公司担保、关联交易、重组活动等。①董事会治理绩效是董事会通过其治理行为，履行治理职能所产生的效果，而非董事会规模与结构等特征本身，国内有相关董事会业绩评价的研究，混淆了董事会特征、董事会行为与董事会绩效之间的关系，将结构、行为误认为是治理绩效，导致董事会业绩评价的不准确。图4-1展示了董事会结构、治理行为与治理绩效三者之间的关系。

图4-1显示，董事会绩效不仅包括传统财务指标，也包括其在监督高管行为、履行社会责任、规范关联交易与信息披露行为、风险控制以及代理成本等方面的效果。

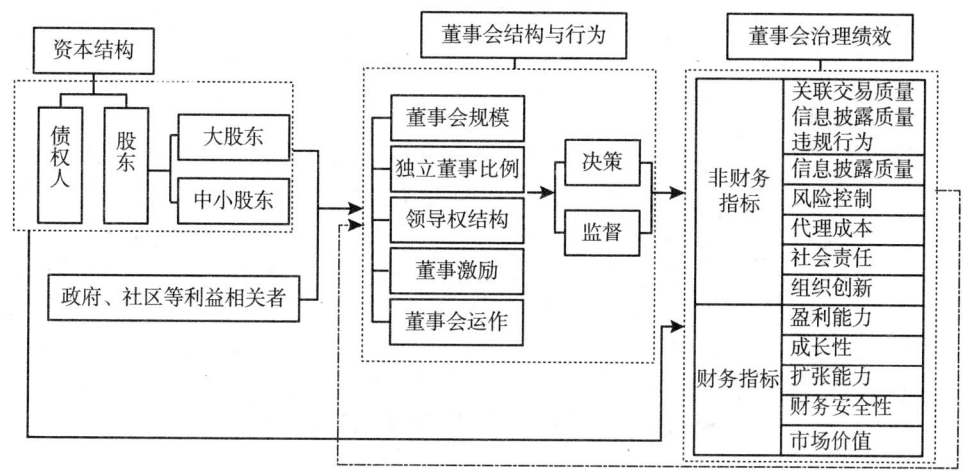

图4-1 董事会治理绩效形成机制

资料来源：作者整理。

4.5.2 董事激励

赋予董事责任的同时，还必须给予一定的激励。由于信息的不对称，作为代理人的董事也存在着道德风险。詹森认为可以利用两种方式使董事承担风险：一是要求新提名的董事利用自己的资金去投资公司股票；二是以权益为基础的报酬

---

① OECD公司治理原则第Ⅵ部分董事会责任中规定：对管理层、董事会成员和股东之间的潜在利益冲突进行监控和管理，包括滥用公司资产和不当关联方交易。关于规范上市公司与关联方资金往来及上市公司对外担保若干问题的通知（2003）中规定，对外担保应当取得董事会全体成员2/3以上签署同意，或者经股东大会批准；上市公司独立董事应在年度报告中，对上市公司累计和当期对外担保情况、执行上述规定情况进行专项说明，并发表独立意见。

形式替代现金支付年薪；1999年6月OECD指出良好的公司治理须对董事会及管理者提供适当的激励因子，以有效达成公司及股东利益的目标，并使得公司资源的运用更具效率；全美教师保险及年金协会（TIAA—CREF）和加州公共雇员退休系统也认为董事应该持有在一定限额水平以上的本公司股份；全美公司董事协会蓝带委员会（Blue Ribbon Commission）下设的董事报酬委员会推荐的6点"最佳实践"中也包括了为每名董事设置大量持股权的目标，并通过使用股票期权和其他以权益为基础的报酬来达到这一目标。良好的股权激励机制能充分调动经营者的积极性，将股东利益、公司利益和经营者个人利益结合在一起，从而减少管理者的短期行为，使其更加关心企业的长远发展。由于"固守效应"的作用，董事持股过多，可能会影响其独立性，并导致公司价值的减少①。目前我国上市公司董事以货币激励为主，持股激励较少，相对于主板上市公司，中小企业板董事持股比例相对较高。

中国证监会《上市公司股权激励规范意见》对实施股权激励的董事和高级管理人员的业绩条件作了强制性的规定，并规定了董事和高级管理人员所获授的股票的禁售期，要求在本届任期内和离职后一个完整的会计年度内不得转让，以鼓励董事和高级管理人员长期持股，将个人收益与公司业绩挂钩，克服任职期内的短期行为。

4.6　有效董事会治理的特征

爱德华等（Eward et al., 2002）提出了高效董事会应具备知识、信息、权能、报酬与董事会会议（Edward, George, David, 2002）五个因素；② 西班牙中央银行总裁兼巴塞尔委员会主席卡如纳（Jaime Caruana, 2005.5.24）在第二届伊斯兰金融服务董事会（IFSB）指出良好的公司治理至少应包含董事会的责任、

---

① "固守效应"假设认为，当公司资产由控制权没有限制的人经营时，公司资产将具有更少的价值，即持有超过一定限额股份的董事可能导致公司价值减值。
② （1）知识。董事会成员应由财务金融、管理决策、商业战略、行业知识、信息技术、政治法律、社会活动和组织运营等各方面的专家、学者以及知名人士组成。（2）信息。董事会应能及时获得有关公司管理运营、政治商业环境和竞争对手的各方面信息。（3）权能。董事会有权制定涉及公司前途和命运的决策，并有能力使战略决策被公司普遍接受和执行。（4）报酬。科学合理的董事报酬机制，可以激发董事的积极性，有利于董事会做出有关公司发展的战略决策。（5）董事会会议。应定期召开董事会会议，并对公司面临的重大问题进行商讨，每位董事应投入足够的时间准备会议。

董事的专业水准与品性、董事会次级委员会的建设以及独立董事四项要素。① 一个有效的董事会，不仅应该具有合理的规模、结构与激励以及良好的运作等，还应该包括优秀的董事会治理文化、董事长与CEO职务的分离、科学的决策过程、正确的董事思考方式与决策工具等。

为什么科大创新上市不久就遭遇重大损失

科大创新（600551）于2002年9月上市，上市第二年，科大创新亏损5012万元。2004年5月19日，因虚报利润、未及时披露对外担保和委托理财等事项，科大创新及其9名原董事和6名现任董事被上证所公开谴责。2004年4月1日，科大创新发布公告，国家科技进步一等奖获得者——原公司总裁陆晓明因涉嫌私自将异地存款违规对外担保以及委托理财资金难以收回，被合肥市人民检察院逮捕。

根据2004年5月17日上证所对科大创新及其董事会成员的公开谴责公告，2001年和2002年，科大创新的主要经营责任人隐瞒了部分会计资料，通过虚构合同以增加收入等方式，使2001年和2002年财务报告中净利润增加831.56万元和592.07万元，分别占2001年和2002年调整后的净利润的479.5%和408.8%。科大创新于2002年10月将2500万元存入中信银行广州分行，并将其中的2000万元用于对广东中粤公司的担保，该金额占科大创新2001年年末净资产的26%，直到2004年1月13日，科大创新才公告了该担保事项。科大创新于2003年3月投入3000万元用于委托理财，该金额占科大创新2002年年末净资产的17.5%，直到2003年6月6日科大创新才公告了相关委托理财事项。2004年4月1日科大创新发布公告，公司以银行存款为被担保者提供质押担保，由于被担保者无力偿还贷款，银行划扣公司2000万元存款；另外，公司3000万元委托理财资金存在风险。根据科大创新上市招股说明书，2002年科大创新上市募集资金9328万元，截至2003年12月31日，科大创新遭受担保损失2000万元，委托理财损失3000万元，两项损失合计相当于募集资金总额的53.6%。

科大创新上市第二年便发生巨额亏损，第三年便被中国证监会公开谴责，董

---

① A．董事会和高级主管的责任，包括：检查道德标准，实施策略目标、政策和措施；B．关键人员的专业水准和品性。监察人员有责任测试、评估这些关键人员的专业水准和品性；C．根据银行的规模和复杂程度，设立适当的结构和控制机制，如强化内部和外部审计；透过委员会下属的审计委员会、风险管理委员会、薪酬委员会等来促使银行的有效经营；D．其他要素，如聘用能够客观分析问题的独立董事。
资料来源：www.ftchinese.com，2005年8月25日。

事会结构存在严重缺陷是重要原因。根据《公司法》赋予董事会的职权，上市公司的董事会成员应该由技术专家、财务专家、法律专家、现代企业管理专家等多方面的专家组成。由任何单一方面专家组成的董事会不可能全面履行董事会的职权。

在发达国家，公司的董事会结构是监管机构和银行判断公司经营风险的重要评价指标。如果公司的董事会成员全部由技术专家组成，银行将提高公司的信贷风险等级。2002年9月上市时，除了1名独立董事外，科大创新的董事会11名董事中，10名为教授级技术专家。科大创新的董事会成员大部分是著名的技术专家，在各自的科学研究领域内做出了巨大贡献。正因为如此，科大创新拥有一流的技术产品。但是，对于公司经营管理和财务管理，这些科学家却是门外汉。他们很难判断一些财务决策隐含的风险和隐患，也很难发现公司内部控制系统的漏洞。根据2004年度报告，除了4名独立董事外，科大创新的董事会7名董事全部是教授级技术专家。可见，至今科大创新仍然没有弥补董事会成员结构的缺陷。

资料来源：刘姝威：《上市公司违规典型案例研究》。

4.6.1 合理的董事会规模与结构

合理的董事会规模应在权衡治理成本与治理收益的基础上权变而定（谢永珍，2006）。小规模董事会的可变成本较低，董事间相互搭便车的可能性较小，相互监督的成本也比较低，成员间的沟通速度快，协调成本较低，容易解雇不合格的经理人。但若董事会规模过小，公司复杂问题决策所需的知识不充分，识别变迁机会的能力较差，董事会控制风险的能力较低，易造成决策失误，从而加大决策风险，同时获得外部资源的成本较高，并且董事会对经理层的监督能力较弱，若执行董事占董事会比重较大时，经理层很容易控制董事会，从而产生较高的治理成本。随着董事会规模的增加，董事间的沟通协调与监督等可变成本增加，但公司战略决策所需的专业知识充足，公司获取外部资源的成本较低；同时由于董事会规模较大，公司将会拥有功能健全的次级委员会，有利于提高公司战略决策的科学性，降低决策风险。共同智慧的力量将使公司的经营建立在科学的决策机制之上，并获取较强的竞争优势，最终使公司获得较高的治理效果。但随着董事会规模的进一步增大，董事会治理的可变成本不断增加，董事之间的沟通变得较为困难，协调成本也不断增加，同时董事之间的搭便车行为也不断增加，① 董事会可能会变得更加没有凝聚力，CEO可能通过结盟、提供有选择性的信息渠道、分化和"征服"等策略获取权力优势，② 导致监督效率下降、决策迟缓，从而使董事会变得低效率。因此董事会规模应保持在一定范围之内，董事会规模与治理绩效并非线性关系。③ 确定董事会规模除了权衡治理成本与治理收益因素之外，还要考虑公司规模、行业性质、兼并、CEO的偏好、外部压力、董事会内部结构的安排等因素。

在既定董事会规模下，董事会成员构成影响着治理效率。董事会结构表现为董事会成员的知识结构、信息结构、社会资本结构以及董事会成员的来源。《美国商业圆桌会议公司治理声明》指出，有效的董事会是由各领域经验丰富的人组成，他们的知识、背景和判断力对公司都是有益的，董事必须有能力而且愿意了解公司事务，发表个人意见。④ 董事会成员的知识可以分为一般知识和专业知识，前者是所有董事都应该掌握的，后者是董事会发挥具体职能所不可或缺的。

董事会成员的信息结构与社会资本结构主要体现为董事会中内部董事与外部董事的构成。很多学者的研究认为内部董事是董事会的重要信息来源，因此董事会应包含若干名内部董事，从而更有效地审视公司的商业环境并作出正确的商业判断；而由法律、管理以及社会名流等组成的外部董事，有利于对CEO的监督，同时外部董事还能够为公司提供更多的社会资本。因此只有内、外董事结合在一起的董事会才能掌握充分的信息与社会资本。董事会实际上是不同利益相关者的利益联盟，来自于不同利益主体的董事组成的董事会有助于协调公司利益相关各方的利益。总之，由不同知识背景、行业背景、工作经历与不同利益团体构成的董事会应是一个平衡的高层管理团队。

---

① 詹森1993年的研究发现随着董事会内人数的增加，"尊敬"和"礼貌"以及不让CEO难堪的风气会占上风，坦率和追求真理的好作风会丢弃，因而他认为董事会人数若超过7~8人，董事会将因为易于受到CEO的操纵而不可能很好地发挥作用。

② 李普顿和洛希（Lipton and Lorsch, 1992）的实证结果指出，虽然董事会的监督能力随着董事数量的增加而提高，但是协调和组织过程的损失将超过董事数量增加所带来的收益；Jensen（1993）也指出，董事数量超过7人时，董事会易于受CEO控制而不能发挥其应有作用。

③ 孔兹（Koontz, 1967）指出最优的董事会规模介于5~13人之间；而Tricker（1995）的实证检验得出了与Koontz（1967）不同的结论。他认为董事会规模在12~17人之间的公司有更好的市场业绩。

④ 参见：李维安：《中国公司治理原则与国际比较》，中国财政经济出版社2001年版，第296页。

4.6.2 有效的独立董事参与治理

独立董事参与治理的一个重要目的是强化董事会的客观性与独立性，从而使董事会能够及时采取行动预防有损股东利益的行为发生。法玛（1980）曾指出，一个股东占多数的董事会并不是最佳的董事会，最好的解决办法是引入非执行董事，以降低董事会和经营者合谋的可能性，同时董事会作为进行低成本控制权内部转换的市场引致机制，其活力会得到加强，很多学者的研究也证实了独立董事对于提高董事会监督效率的重要性。[1] 确保独立董事参与治理的效率，应做到以下几点：一是较高的独立董事比例。独立董事是以群体发挥作用的，董事会成员中必须具有足够数量的独立董事并且真正独立于内部董事才能有效发挥作用。二是确保独立董事的任职资格。在英美一元制治理模式下，对于独立董事任职资格具有严格的要求，[2] 但并不完全适合中国上市公司。实际上完全独立的董事很难找到，另外按照过高独立性标准引入的独立董事可能因其对公司或者所在行业了解甚少，而导致治理成本的增加。三是科学的独立董事提名制度。独立董事的提名应独立于大股东以及管理层，使其能够真正代表中小股东的利益。四是充分的

---

[1] 如特里克（Tricker，1984）指出：在董事会中引进独立董事可以增加董事会的客观性和独立性；威廉姆森（Williamson，1985）也指出：经理担任董事很容易把董事会变成经理阶层的工具，引入独立董事可以保证董事会对公司的基本控制关系不因管理层的介入而受到影响；菲泽尔和路易（Fizel and Louie，1990）、皮尔斯和扎拉（Pearce and Zahra, e.g, 1992）指出董事会履行监督职能最关键的是个人董事要独立于 CEO，戴利和道尔顿（Daily and Dalton，1994a，1994c）指出那些由于私人的、职业的或经济关系受 CEO 影响的董事会成员很可能不能有效地对公司的管理活动进行监督。

[2] 例如美国证券交易委员会（SEC）认为独立董事是与公司没有"重大关系"（Significant Relationship）的董事，需要满足下列条件：A. 不是公司以前的执行董事并且必须与公司没有业务上的关系（如公司的审计或法律服务公司，或者是咨询公司的一个成员）；B. 不是公司重要的消费或供应商；C. 不是以个人关系为基础而被推荐或任命的董事；D. 与任何执行董事没有密切的私人关系；E. 不持有公司大额的股份或代表任何重要的股东等。英国财务报告委员会（2006）颁布的《公司治理综合准则》的第 A3.1 条指出符合下列条件之一的认定为不独立：A. 过去五年是该公司雇员；B 过去三年与该公司有过直接的商业关系；C. 与该公司具有商业关系的实体有合作关系，或者持有该实体的股权，或者是该实体的董事或高级雇员；D. 除董事会薪酬外，从该公司获得其他薪酬，或涉及业绩薪酬以及享受公司退休制度；E. 与公司顾问、董事或高级雇员有亲戚关系；F. 是与本公司具有重大关系的其他公司的董事；G. 代表大股东在董事会已执行了九年以上的人员。中国《上市公司独立董事指导意见》规定具有下列特征的人员不得担任独立董事：A. 在上市公司或其附属企业任职的人员及其直系亲属、主要社会关系；B. 直接或间接持有上市公司已发行股份 1% 以上或是上市公司前十名股东中的自然人股东及其直系亲属；C. 在直接或间接持有上市公司已发行股份 5% 以上的股东单位或者在上市公司前五名股东单位任职的人员及其直系亲属；D. 最近一年内曾经具有前三项所列举情形的人员；E. 为上市公司或者其附属企业提供财务、法律、咨询等服务的人员；F. 公司章程规定的其他人员；G. 中国证监会认定的其他人员。

信息保障。独立董事应通过正当渠道得到全面真实的信息，若全部信息由管理层提供，则难以保证其客观与真实。五是合理的独立董事激励，包括物质激励与声誉约束，承认独立董事作为经济人的物质利益诉求是激励的前提，声誉激励对规范独立董事行为具有较强的约束力。

4.6.3 规范、高效的董事会运作

1. 会议宗旨

董事会不仅是为了满足公司法以及其他法规与制度等的合规性要求，而应该是战略行动小组，以促进公司的良性发展。因此，董事会会议是一项富有挑战性与创造性的工作。召开董事会的目的应该包括：对战略行动方案进行评估，并达成一致认识；根据既定的战略，确定实施行动的准则与获取战略性资源；确保公司的各项活动符合法律、法规以及制度的要求；确保员工的安全与健康等。

2. 会议次数与持续时间

董事会会议次数与治理绩效并非线性关系，会议次数过少，说明董事会不作为；但会议次数过多，则可能出现董事会干预管理层或者存在议而不决等问题。2005 年薪资咨询公司进行的调查表明，在被调查的 1200 多家企业中，多数企业每年召开 8~9 次会议（帕特里克·邓恩，2006）。董事会会议次数取决于公司规模、业务复杂性程度、行业竞争程度、公司面临的问题等因素，应根据所面临的情境因素权变而定。对于董事会会议持续时间，依赖于会议内容，2002 年高级管理人员薪酬研究会对 1200 名董事的调查显示，董事会会议持续的时间平均为 3~4 小时（帕特里克·邓恩，2006）。会议时间过长，则可能因参会董事压力大、不能集中精力思考与讨论问题而降低会议效率。

3. 会议准备

一般而言，董事会会议召开前要进行会议议程以及会议材料的准备工作。通过由董事会秘书负责拟定董事会会议议程草案，并与董事长、首席执行官以及其他相关董事讨论确定。董事会会议议程应该涵盖董事会会议的所有重要事项。为了提高董事会的效率，要削减那些与战略无关的事项所花费的时间，尤其是通过专门委员会就可以解决的事项。为了严格控制会议流程，还应规定每个事项的具体时间，从而确保董事会能够对关键事项进行充分的讨论。除了会议议程之外，

董事会召开之前，还应该做好会议文件资料的准备工作。主要包括会议议程表、财务会计资料、具体议题内容的相关资料等。若将会议资料进行分类，更有助于提高会议效率，通常可以将会议资料分为：会议目的、背景资料、相关事宜与意见建议四类。董事应该在开会议之前得到会议资料，以保证他们有充分的时间阅读。

4. 会议召集与主持

按照我国《公司法》的规定，董事会会议由董事长召集和主持；董事长不履行或不能履行职务的，由副董事长召集和主持；副董事长不履行或不能履行职务的，由半数以上董事共同推举一名董事召集和主持。为了提高董事会的效率，会议召集人应对要讨论的问题作出说明，并依次询问各位参会董事，使其发表观点。主持人应具有清晰的思路，开诚布公，并保持高度的敏锐感。会后，会议召集人还要与参会董事进行沟通，以获得他们对于会议议题的真实想法。

5. 会议记录与董事免责

会议记录是对董事会会议的全部活动所做的原始记录，是确定董事责任的重要文件。包括投票表决结果、投反对票以及弃权票的董事名字、决策形成过程等。会议记录是公司的正式文件，一般由董事会秘书负责记录与保存。1985年英国《公司法》规定必须保存所有董事会会议记录；我国《公司法》第113条规定董事会应当对会议所议事项的决定作成会议记录，出席会议的董事应当在会议记录上签名。董事应当对董事会的决议承担责任，董事会的决议违反法律、行政法规或者公司章程、股东大会决议，致使公司遭受严重损失的，参与决议的董事需承担赔偿责任，但经证明在表决时曾表明异议并记载于会议记录的，该董事可免除责任。

4.6.4 合理的董事激励制度

在委托代理机制下，对于具有受托义务的董事而言，他们同样存在着不同程度的道德风险与"机会主义"动机，因此合理的激励有益于协调董事与股东之间的利益冲突，促使其关注公司发展，增强受托责任。完善的董事激励应包含以下几点：(1) 建立公正透明的董事和董事会绩效评价体系，由薪酬与考核委员会对董事及董事会绩效进行考核，主要是考核董事在履行公司重大事项决策和监督职能发挥等方面达到的状况，而非仅仅传统的财务指标，更不能将董事会治理行为指标作为业绩指标予以考核。通过考评可以了解董事会以及董事履职的程度与胜任能力，向董事们提供工作绩效的反馈，传达好的董事绩效表现的认可准则。（2）董事会向股东大会报告董事履行职责的情况、绩效评价结果及其薪酬情况，并及时予以披露，以便作为公司评价董事任职与续聘的重要参考。（3）在激励结构上，应强化长期激励的作用，给予董事适当的持股，以促使其为公司长期价值最大化而努力。

4.6.5 有效分离董事长与CEO的职能

董事长与CEO的领导权结构安排实际上反映了董事会监督和首席执行官创新自由的关系。两职兼任能够给予首席执行官充分的决策权，使其适应快速变化的环境。但失去了董事会对CEO的制衡，使董事会独立性受损，并导致CEO的权力膨胀，为总经理等高层执行人员采取机会主义等行为提供方便。以Jensen与Fama为代表的委托代理理论早在1983年就指出两职兼任会降低董事会监督高级经理人员的有效性，董事长与CEO应由不同的人担任，部分学者的实证研究也支持了Jensen与Fama的观点。① 但资源依赖理论认为董事长与CEO是否分离取决于环境变量②，管家理论对于领导权结构的安排也有着不同的观点。③ 国内外公司治理的实践中，董事长与总经理两职分设，成为普遍的趋势。④ 国外实践证实，董事长和CEO分离并且董事长不由前CEO担任时，投资者都会受益。正确实现董事长与总经理的两职分离应做好以下几点工作：（1）由独立董事组成的公

---

① 如福斯特（Forster, 1982）、杰宁（Geneen, 1984）以及梅斯（Mace, 1997）均指出两职合一使CEO有机会影响董事会的结构与任期，从而降低治理效率；庞德（Pound, 1992）以及所罗门（Solomon, 1993）等学者的研究发现两职兼任使CEO能够通过制定会议议程以及控制信息流，使董事会不能有效履行其职责；戈亚尔和帕克（Goyal and Park, 2001）指出：当CEO与董事长职务由一人担任时，CEO更替对公司绩效的敏感度显著的低。

② 资源依赖理论认为董事会是一种管理外部变量和减少环境不确定性的机制，环境的不确定性是影响董事会结构及其作用的重要因素。不能简单地认为董事长与总经理两职是兼任好还是分任好，而要根据企业具体面对环境的不确定性高低而定（Pfeffer, 1972）。

③ 管家理论认为总经理内在的机会主义行为可以通过获取成就感的需要、责任、赞誉、利他主义、信任、对领导权的尊重以及获取令人满意的工作等更大范围的动机予以弥补。经理不是机会主义和逃避责任的人，他们本质上希望把工作做好。两职合一能够给总经理提供更广阔的创新空间，有利于经理个人利益以及股东利益的实现（Donaldson, 1990）。

④ 早在2003年波音、戴尔、迪士尼、MCI、甲骨文和泰诺医疗保健公司（Tenet Healthcare）就实现了董事长与总经理的职务分离。纽约的公司治理评估机构（Governance Metrics International）于2004年9月对全球2500多家公司的调研发现，采用两权分离领导权结构的美国公司比例已经从过去的约1/5上升到了大约1/3。

司治理（或提名）委员会负责领导分离工作，避免执行董事介入。（2）选择适当的形式进行分离。美国公司现任董事长兼 CEO 分离时，通常只辞去其中一个职务，而英国的经验表明，若现任董事长兼 CEO 同时辞去两个职务，将对公司发展更加有利。两职分离往往会遭到现任董事长兼 CEO 的抵制，最好的做法是将其作为公司领导人继任计划的组成部分，采取渐进式的分离方式，由公司治理委员会在过渡期内任命一名首席独立董事作为下任董事长的候选人。（3）明确董事长与 CEO 的权责，董事长召集、主持董事会，CEO 负责管理公司并对公司业绩负责。董事长不承担经营管理职责，CEO 不应控制董事会（Robert F. Felton and Simon C. Y. Wong., 2004）。应当特别强调的是，在确认董事长与首席执行官的人选时，应尽可能使二者拥有互补的才能、风格和个性，以形成融洽的关系。否则，将增加代理成本，甚至使公司和董事会陷入困境。

4.6.6 正确的董事会思考方式

创新思维之父—爱德华·德·波诺（Edward de Bono）爵士提出了适合于所有决策群体用以改善思考质量，提高决策效率的"六顶思考帽"思考方式。采用这种方式，需要为董事准备六种颜色的草帽，分别为红色、白色、黑色、黄色、绿色与蓝色。白色代表持有中立态度的观点，白帽子思维要求大家集中注意决策所需的客观事实；红色代表感觉、直觉和情感，红帽子思维容许展示个人的鲜明观点；黑色代表质疑性判断，黑帽子思维常常以消极的态度应对决策问题，这有助于避免决策者犯低级错误；黄色代表积极向上、乐观豁达，黄帽子思维常以乐观的态度进行决策；绿色象征生命与活力，绿色帽子以富有活力与创造性的方式进行思维；蓝色代表冷静，蓝色帽子基于全局的角度进行思维。每位董事会成员应尽可能戴六顶草帽，以激发其对会议议题进行广泛深入的讨论，规避个体因固有的思维方式而被囚禁于某顶帽子之下。

4.6.7 充分参与公司战略制定

很多上市公司的董事会投入太多的时间满足监管部门的合规性要求以及公司的某些短期目标，而对公司战略的关注则远远不够，这是导致董事会效率低下的重要原因。高效率的董事会，应该关注公司的长期目标，如预计行业发展趋势、预测公司未来、分析影响公司的外部环境要素如消费者需求、人才供给、全球政治格局、经济社会发展状况等的变化，以制定有效的公司战略，而不是关注于短期财务指标或者满足合规性的要求。为了使董事会能够关注于公司战略,应做到以下几点:(1)合理分配时间,花更多的精力关注于解决公司的前瞻性问题,董事会成员应介入战略的制定过程中,而不仅仅是批准管理层已经制定的战略;(2)为了使董事会成员有效介入战略决策,需要提高董事会的专业化水平,完善董事对公司核心业务、公司战略、人才管理、财务以及运营等方面的知识,并强化与首席执行官、首席财务官以及首席运营官的接触,让管理层参与公司长期战略的讨论,同时董事们还应该建立与公司顾客、经销商、供应商以及员工的对话机制;(3)成立战略委员会,并由董事长或者 CEO 担任战略委员会的召集人,从组织机构上保证董事会能够定期对公司战略进行富有成效的讨论。

4.6.8 致力于风险管理

2008 年的金融危机深层次的原因在于金融机构治理风险的积聚爆发,而董事会未能在风险规避与风险控制方面有效地发挥作用。其原因在于:未充分强调董事会的风险控制职责,并因此而导致董事会成员风险管理的意识淡薄与能力低下。康菲中国渤海湾漏油事件、三聚氰胺事件、中国海外上市公司财务舞弊事件等无一例外地反映了我国上市公司董事会风险控制能力的不足。加兰特(Garrant,2003)指出,健全的风险管理是财务报告真实性前提,董事会识别、评估与管理公司风险是公司治理的核心内容。2003 年的希格斯(Higgs)报告明确指出董事会确定公司的战略目标,确保公司的资源配置,提供有效的控制以管理公司的风险;史密斯(Smith)在同年发布的报告也指出,董事会应评估财务报告的有效性,以识别与评估公司的财务风险与非财务风险。索贝尔和里德(Sobel and Reding)在 2004 年指出,董事会应承担公司风险控制的职能,通过参与公司的风险管理以增加公司价值。COSO 于 2004 年颁布的《企业风险管理——整体框架》中特别强调了董事会对公司风险控制应承担的责任,即董事会应与高层讨论公司的风险管理,评估公司的风险状况,知晓公司的风险管理行为。2005 年英国 Turnbull 报告修订小组(Turnbull Review Group)在其发布的修订报告中指出,董事会应负责公司的内部控制系统,并评估其有效性,还应建立持续的识别、评估与控制公司风险的程序。德兰西(De Lacy)于 2005 年指出,董事会对风险的认识程度是公司治理质量的重要决定因素,风险管理应从审计委员会中分离出来,构建专司风险控制的专业委员会。我国国资委 2009 年颁布的《中央企业董事会规范运作暂行办法》中指出,由董事会负责公司的风险管理,以防范公司在投资、财务、金融产品、知识产权、安全、质量、环保与法律等方面的风险。大量学者的研究证实，董事会在风险控制方面发挥了积极的作用（Dionne and Triki, 2005; Desender and Lafuente, 2009; Yatin, 2010; Daud, Haron and Ibrahim, 2011）。[①]

4.6.9 完善的董事会治理信息系统

信息技术在公司治理中的采用不仅有助于提高中小股东参与治理的程度，降低治理成本，而且可以提高董事会治理效率。建立董事会决策支持子系统，有助于增强信息传递速度，强化董事会与管理层之间对话的质量。这一系统应包括以下内容：（1）及时、全面的行业信息，包括行业发展前景与竞争状况等，旨在使公司董事以及高管能够方便而快速地获取对公司前瞻性问题思考所需的信息；（2）及时、完整的企业财务、运营、人力资源信息，以确保董事以及高管人员对有关公司战略事项与风险控制的信息有充分而及时的把握；（3）主要绩效指标的标准值信息，以便于董事与高管人员对公司的经营状况做出快速而准确的判断，明确公司所处的风险状况；（4）董事会会议相关信息，包括会议议题、会议备忘录、会议召开时间、地点等，以便使董事明了会议的内容，并做好相关的准备，访问权的设置可以确保以上相关信息只是在董事会成员以及高管人员之间分享；（5）有关董事会治理的法律、法规、制度等信息，以便使董事明了合规性的要求，确保其治理行为的合规性。

4.6.10 卓有成效的董事会治理文化

为了建立卓有成效的董事会文化，应做到以下几点：（1）处理好董事成员与管理层之间的关系，明确董事会成员的角色。董事会应专注于战略性方向如产业发展方向、新产品开发、行业发展趋势预测以及公司财务结构与投资决策等事项，而非日常经营决策。（2）树立董事会成员之间的信任意识。董事会是一个管理团队，团队成员之间的信任是确保成员之间分享信息、有效沟通的基础。董事

[①] 狄昂和图里基（Dionne and Triki, 2005）的研究发现，有财务背景的董事以及有本科学历背景的董事对公司对冲行为发挥着积极的影响；狄森德和萨尔蒂（Desender and Lafuente, 2009）通过实证研究发现，董事会独立性越强，公司风险管理水平越高；雅汀（Yatin, 2010）对马来西亚上市公司的研究发现，董事会的独立性、专业性与勤勉性对公司风险委员会的建立产生着积极的影响；多德、赫龙和易卜拉欣（Daud, Haron and Ibrahim, 2011）对马来西亚主办上市公司的研究表明，董事会治理对公司风险管理行为产生着积极的影响。

会成员应该在共同价值观的基础上，以公司价值最大化为目标，建立相互信任的沟通机制。(3) 强化董事会与管理层之间的沟通，实现真诚合作。董事会不要过于强势，应成为管理层的伙伴。强势的董事会虽然可以给予管理层更多的建议、帮助和控制，但可能会干预管理层的工作，甚至限制 CEO 的决策权，从而导致 CEO 拒绝承担责任，出现董事会治理危机。(4) 董事会成员都应参与公司的战略制定，指导战略实施，协调公司与投资者关系。

要 点 小 结

1. 董事会制度起源于所有权与控制权分离的现代企业，由 20 世纪初的股东中心主义逐步演化为董事会中心主义，董事会日益成为公司治理的核心机构。

2. 董事会结构变迁是诱致性变迁与强制性变迁共同作用的结果，基于创新与发展导致了董事会的诱致性变迁，而为了满足监管的合规性要求，导致了董事会的强制性变迁，其标志是董事会独立性的强化，引入独立董事制度并设置相关的专业委员会。

3. 董事的任职资格有积极任职资格与消极任职资格之分，我国《公司法》只规定了董事的消极任职资格，除了达到法律规定的要求之外，董事还应该具备能力、年龄以及持股等方面的积极任职资格要求。

4. 董事享有召集主持权、出席董事会会议权与表决权、选举权和被选举权、召开临时董事会的提议权、签字权与免责权、委托和受托权以及知情权、监督权、报酬请求权以及诉讼权等权力。董事负有忠实与勤勉义务，董事应对其行为承担行政责任、民事责任以及刑事责任。

5. 董事会的职责是选聘与监督总经理、审议与确定公司发展战略规划、关注公司社会责任、负责向以股东为主的公司利害相关者披露信息的说明责任、关注于学习与沟通。

6. 董事会应通过专业委员会发挥作用，主要的专业委员会有：战略委员会、审计委员会、提名委员会、报酬委员会、公共政策委员会、社会责任委员会、执行委员会与公司治理委员会等。

7. 董事会业绩取决于董事会职能，董事会以及董事业绩不仅包括传统财务指标，还应该包括董事以及董事会履行董事会职责所应该达到的非财务指标。

8. 董事激励是确保其有效治理行为的前提，合理的董事激励结构应包括薪酬与持股两类，以保证董事在其治理行为中恰当处理好短期利益与长期利益之间的关系。

9. 有效的董事会治理，不仅要达到合规性要求，而应达到更高的要求，包括合理的规模与结构、有效的独立董事参与治理、规范而高效的董事会运作、合理的董事激励、有效分离董事长与 CEO、正确的董事会思考方式与决策工具、充分参与公司的战略、致力于风险管理、完善董事会治理的信息系统以及构建参与式的董事会治理文化等。

思考与讨论题

1. 您认为怎样的董事会结构更适合中国上市公司？
2. 董事应该具备怎样的资格？
3. 董事会的职能有哪些？
4. 如何进行董事会业绩考核？
5. 有效董事会治理的特征有哪些？

案例分析

双鹤药业的董事会权力争夺

2004年9月19日晚，双鹤药业发出召开董事会的通知，议题为确认公司委托理财的自查结果。9月29日上午，董事会正式开始后，主持人（卫华诚）突然说：有5位董事、1名监事要求罢免杨维平的总经理职务，并要求董事会立即表决。双鹤药业的15位董事当中，有5位独立董事。独立董事王斌立即就该提案的程序问题提出质疑：首先，按照公司章程和董事会议事规则，应该提前10天把这个内容列到董事会的议程中，但直到此次董事会召开之前都没听说这件事情；其次，这个提案此前并未在提名委员会上讨论过；王斌还质疑，提案中所列举的否认公司以往的成绩、拒不执行股东会决议、公司业绩下滑、自由主义以及将公司内部不同意见公开化等罢免理由中"业绩下滑"没有充分证据。又有1名独立董事李晓明就该提案表示反对——按照有关章程，有2位以上独立董事提出反对，董事会应该接受延迟的决议。但是，在过半数的董事投票表决同意后，杨维平最终被"罢免"。

杨维平有15年外资医药企业的管理经验，在输液等领域声名显赫。双鹤药业的权力争夺起源于杨维平与乔俊峰的理念冲撞。乔俊峰曾经三顾茅庐，将杨维平请进双鹤药业。但杨维平和乔俊峰在企业发展理念上存在冲突：杨看重企业的长远发展，希望推行企业改革，把制药主业做强；乔则希望通过股市筹集资金，通过收购扩大规模，实现做大。1997年双鹤药业上市后，时任董事长、党委副书记的乔俊峰就制定并实施了"3+1"战略：即组建全国性大输液集团、合成抗菌药物生产基地、天然药物生产基地，以上述三大领域为基础，建立全国性医药商贸集团。2002年，又提出"二五五零战略"；2003年又快速收购了两家企业。近年来公司财务数据显示，双鹤药业的利润和收入增长严重不平衡。主营收入从1996年的2.08亿元猛增到了2003年的42.49亿元，增长了20.43倍，但同期净利润只增加了27.57%。同时收购也存在较为严重的问题，一是高溢价收购，二是对所收购的企业管理失控。2004年5月27日，双鹤药业公告配股停止实施，乔俊峰通过配股扩大规模的希望破灭。委托理财方面，从1997年6月开始，公司共投入本金34500万元，累计收回本金32500万元（扣除2000万元委托理财损失），累计收回盈利1亿余元，尚有3800万元盈利未入账目。董事会认为上述短期投资行为存在决策程序不健全、信息披露不及时、不完整，以及存在账外资金等涉嫌违法违规等问题。

杨维平说："我跟董事会最大的冲突是，谁作战略？中国是董事会作战略，总经理去执行，这是绝对不行的。董事会15名成员，一小部分公司内部董事，剩下的都是外面的。千万不要说董事会能做战略。你必须靠经理人来做战略。这个世界越来越专业化了，这个理念，中国的企业家，中国的政府官员，如果没有认识到，中国公司没戏。"

（资料来源：作者根据相关信息整理。）

案例思考：
1. 您如何评价双鹤药业的总经理杨维平？
2. 董事会议事规则包括哪些内容？
3. 董事会罢免总经理的做法是否正确？
4. 您认为应如何处理好职业经理人与董事会在制定战略决策时的冲突？
5. 为什么在外资企业很成功的职业经理人在国有企业却被罢免？

参 考 文 献

1. 黄张凯、徐信忠、岳云霞：《中国上市公司董事会结构分析》，载《管理世界》2006年第11期。

2. 龚红：《董事会结构、战略决策参与程度与公司绩效》，载《财经理论与实践》2004年第3期。

3. 李维安、张耀伟：《中国上市公司董事会治理评价实证研究》，载《当代经济科学》

2005 年第 1 期。

4. 李国栋、薛有志：《董事会战略参与效应及其影响因素研究》，载《管理评论》2011 年第 3 期。

5. 帕特里克·邓恩：《董事会会议管理（Running Board Meetings）》，机械工业出社 2006 年版。

6. 谭劲松：《独立董事"独立性"研究》，载《中国工业经济》2003 年第 10 期。

7. 徐向艺等：《公司治理制度安排与组织设计》，经济科学出版社 2005 年版。

8. 谢永珍：《董事会治理评价研究》，中国高等教育出版社 2006 年版。

9. Adams Renée B., Hermalin Benjamin E., Weisbach Michael S. The Role of Boards of Directors in Corporate Governance: A Conceptual Framework and Survey [J]. Journal of Economic Literature, 2010, 48 (1): 58 – 107.

10. Adams Renée B, Licht Amir N, Sagiv Lilach. Shareholders and Stakeholders: How do directors decide? [J]. Strategic Management Journal. 2011 (32): 1331 – 1355.

11. Edward E. GIII, George S. B., David L. F., and Jay A. C. Corporate Boards: Key s to Effectiveness [J]. Organizational Dynamics. 30 (4), 2002: 314 – 318.

12. Fama, E. and M. Jensen. Separation of Ownership and Control [J]. Journal of Law and Economics. 26 (2), 1983: 301 – 325.

13. Forbes, Daniel P.; Frances J. Milliken. Cognition and Coporate Governance: Understanding Boards of Directors as Strategic – Making Groups [J]. The Academy of Management Review. 24 (3), 1999: 489 – 505.

14. James S. Linck, Jeffry M., Netter, Tina Yang. The Determinants of Board Structure [J]. Journal of Financial Economics. 2008 (87): 308 – 328.

15. Pugliese Amedeo, Bezemer Pieter – Jan, Zattoni Alessandro, Huse Morten, Bosch Frans A. J. Van den and Volberda Henk W. Boards of Directors' Contribution to Strategy: A Literature Review and Research Agenda Corporate Governance [J]. An International Review 17 (3), 2009: 292 – 306.

16. Robert F. Felton 和 Simon C. Y. Wong：《如何分离董事长与首席执行官的职位》，载《麦肯锡季刊》2004 年 12 月。

第 5 章

独立董事制度

学习目的：本章主要介绍独立董事制度起源，独立董事的功能，各国独立董事制度实践以及我国独立董事制度的现状、问题与优化等内容。通过本章学习，系统掌握独立董事的职能、独立董事制度的演变历程、各国独立董事制度的实践，思考我国独立董事制度的发展方向。

关键词：独立董事；激励制度；提名制度

引　言

针对频繁出现的公司丑闻，理论界与实务界特别关注董事会监督职能的强化，而发挥监督职能的重要途径是提升董事会的独立性，包括增加独立董事比例与完善独立董事提名制度以及实现董事长与总经理的两职分设等。其中完善独立董事制度建设，通过引入独立董事增加董事会的独立性、降低董事会和经营者合谋的可能性、增加董事会社会资本、强化董事会的功能，是强化董事会独立性的关键。但仅有形式上的高比例独立董事远远不够，实质上的独立性更加重要。

5.1　独立董事制度起源与功能

5.1.1　独立董事制度起源

独立董事制度起源于 20 世纪 30~40 年代的美国"非雇员董事"（Non-employee directors)。1940年颁布的《投资公司法》标志着独立董事制度的产生，明确规定投资公司的董事会成员中应由不少于40%的独立人士担任。一元制的制度缺陷是美国独立董事制度产生的根本原因。在英美模式下，公司内部只有股东会和董事会，其监督职能由董事会承担。为了确保董事会有效履行监督职能，需要强化其独立性，引入独立董事。各国独立董事制度是诱致性制度变迁与强制性制度变迁的结果。

经营管理者的败德行为是独立董事制度兴起的导火索。美国20世纪60年代的"水门事件"暴露了公司经理滥用公司财产贿赂官员以牟取私利的不正当行为。"水门事件"曝光后，一些大公司的董事被卷入丑闻中，投资者以及公众对公司经营层的行为产生不信任，同时对董事会的职能及其作用也产生了质疑，并要求改革公司的组织机构。法院在股东的诉讼中，判决有关公司改变董事会结构并规定大部分董事会成员应由外部人士担任。之后，美国进行了一系列的董事会制度改革，独立董事制度逐步建立。1999年12月22日证券交易委员会发布"关于审计委员会说明"的公告，批准了关于独立董事的新标准，以此为标志，美国独立董事制度基本成型。安然事件后，2001年7月美国国会在其通过的关于会计和公司治理改革的萨班斯·奥克斯利法案（Sarbanes-Oxley Act）中进一步强化了审计委员会的建设。

在英国，1991年一系列的公司倒闭促使英国的财务报告委员会、伦敦证券交易所以及会计专业联合会成立了由艾德里安·凯得伯瑞（Adran cadbury）爵士为主席的公司财务治理委员会，经过长达一年的调查研究，于1992年12月推出的《最佳行为准则》（The Code of Best Practice）中建议董事会应该包括具有足够才能与数量、能够对董事会决策起重大影响的至少3名非执行董事。

除了经理的信任危机，高管自己为自己决定报酬的行为对公司制度提出了挑战，呼唤着报酬委员会的产生。据统计，1957年整个美国只有13个公司的CEO年薪达到40万美元，至1988年美国最大300家公司的CEO平均年薪是95.2万美元（李维安、武立东，2001）。1980年财富500强公司执行董事与员工的薪金之比为50∶1。高管收入不仅远远高于员工，并且其增长速度远远高于公司业绩的增长。1981年到1990年间，100家英国大公司高级职员的报酬增长了351.5%，同期的业绩增长只有106.8%。因此，强化董事会的作用，缓解过高代理成本成为公司制度改革的迫切需要。但由于"一元制"治理结构的缺陷性，高管自己为自己定报酬在所难免。因此，引入外部独立的董事，并成立薪酬委员会成为解决这一问题的必然选择。由独立董事主导的薪酬委员会，使得高管薪酬制度呈现形式上的合理化。美国司法实践也使得高管有动力实施董事会制度的变革。在判决公司诉讼事件时,美国法院认为若经理的报酬、竞业禁止或关联交易等与公司利益冲突的行为经过董事会同意,法院则以无过错责任的忠实义务而代之以过错责任的注意义务或经营判断准则确定董事的责任。由于法院的这一规定使得高管有动机引入独立董事,并成立薪酬委员会,以规避其责任风险。美国纽约证券交易所要求所有在该所上市的公司,均需设置薪酬委员会,并且全体成员应由独立董事组成。一些国际性民间组织,如"商业圆桌"(Business Roundtable)在公司治理的建议中对独立董事制度进行了重点探讨,并提出要建立审计委员会、报酬委员会以及提名委员会等专业委员会;美国加州公共雇员退休系统治理原则以及 Hample 报告、荷兰《比特报告》、法国《维也纳特报告》等均提出上市公司设立审计委员会、报酬委员会以及提名委员会等次级委员会的要求;德国股东协会以及爱尔兰投资经理协会指南也要求上市公司建立审计委员会与报酬委员会两个次级委员会。

2001年8月中国证监会颁布了《关于在上市公司建立独立董事制度的指导意见》(以下简称《指导意见》),规定在2002年6月30日前,董事会成员中至少应包括2名独立董事;在2003年6月30日前,上市公司董事会成员中应至少包括1/3的独立董事。以《指导意见》的颁布为标志,中国上市公司正式引入独立董事制度。

5.1.2 独立董事的职能

独立董事通常是指独立于公司股东和管理层、不存在与公司有任何可能影响其独立判断关系且不在公司内部任职的董事。上市公司引入独立董事的初衷是解决内部董事、高层管理人员与股东的代理问题,旨在保护中小股东的利益。[①] 独立董事的职能最初被界定为监督,其后随着独立董事制度的发展,独立董事的职能不仅局限于监督,还有咨询服务、政治关联等多项职能。

1. 监督职能

监督是独立董事的最基本职能。委托代理理论认为董事会是制约管理层危害股东利益的内部控制机制,董事会的主要职能是监督管理层,独立董事是保证董

---

① 《关于在上市公司建立独立董事制度的指导意见》明确规定:独立董事对上市公司及全体股东负有诚信与勤勉义务,独立董事应当按照相关法律法规、本指导意见和公司章程的要求,认真履行职责,维护公司整体利益,尤其要关注中小股东的合法权益不受损害。独立董事应当独立履行职责,不受上市公司主要股东、实际控制人,或者其他与上市公司存在利害关系的单位或个人的影响。

事会实施监督职能的重要条件。法玛早在 1980 年就指出股东占多数的董事会不是最佳的董事会,为了强化股东对经理的监督与弱化经理对董事会的控制,规避经营者与董事会的合谋,最有效的办法是在董事会中引入独立董事。法玛和詹森在 1983 年再次指出董事会中包含较多的外部董事使得董事会拥有更有效的监督和控制管理层的行为。韦史巴赫(Weisbach,1988)指出内部董事拥有相对完善的企业运营信息,外部董事具有较高的独立性。内部董事与外部董事的结合,将更有助于监督管理层。OECD 公司治理原则将独立董事的主要职能界定为监督,原则指出:独立的董事会能对董事会决策作出重大贡献,对董事会和经理层的业绩作出客观评价。当经理层、公司和股东利益不一致时,[①] 他们都能发挥重要作用。卡德伯利报告(The Financial Aspects of Corporate Governance, the Cadbury Committee, 1992)认为"公司治理是指导和控制公司的系统,董事会负责公司的治理"。报告同时将内部控制作为公司治理的组成部分,明确要求实行独立董事制度、建立审计委员会。施瓦茨—齐夫(Schwartz - Ziv,2011)对 2007~2009 年以色列上市公司董事会议题讨论的时间研究发现,董事会大部分时间是花在监督上的。[②]

2. 战略服务职能

独立董事的职能取决于董事会的职能。贝森格(Baysinger,1990)指出,董事会可以成为 CEO 以及高管团队的顾问,以提供咨询性的建议,并对企业的战略决策规划与执行产生影响。戴利(Daily,1995)明确指出,董事会能够为高管的战略制定与执行提供外部资源,董事会的角色被定义为资源联系者。根据资源依赖理论,有效的董事会应随着环境的变化而调整其结构与治理行为,环境不确定性是影响董事会结构与行为的重要因素(Vafeas,1999)。为了规避风险,董事会应该保持与外部环境的联系,并在战略过程中承担更多的责任(Hillman and Dalziel,2003)。为了使董事会能够更有效的承担其战略职能,需要优化董事会的结构,引入外部董事。具有较为丰富专业知识与商业经验的独立董事,在制

---

① 如首席执行官的报酬、职位继承计划、公司控制权的变化、反收购计划、大规模收购以及审计等。

② 以往文献由于无法观察到董事会的具体行为,董事行为与公司绩效的研究往往退化为董事会结构与公司绩效(Hermalin and Weisbach,2003),其逻辑前提是结构影响了行为,但是却引入了内生性问题(即绩效也影响了结构)。施瓦茨—齐夫(Schwartz - Ziv,2011)直接使用董事会议数据,观察董事行为本身,不仅省去了迂回还避免了内生性问题,但是作者在文中也指出,这种方式的缺陷在于它忽视了董事会会议之外的行为,而本文的社会关系却是会议之外的重要行为因素。

定公司战略、投资决策、商业并购等方面，可以辅助董事会和经营团队作出对公司发展有利的决策。

3. 政治关联职能

阶层凝聚理论认为，董事们是作为一个阶层而存在的，他们为了实现自身的利益以及整体阶层的利益而相互邀请对方互为董事，从而形成若干董事联盟或者政治凝聚体。[①] 在由连锁董事[②]形成的联盟中，连锁董事成为上层人士的社会关联体（Mizruchi，1996）。上市公司若拥有具有上层人士的连锁董事，如政治家、企业家或者某些重要社会资源的人士，便拥有了重要的社会资本。根据资源依赖理论、财务控制理论以及互惠理论的研究，连锁董事可以通过减少环境不确定性、与利益相关者进行协调、共享专业知识及声誉等获益（Schoorman，1981；O'Hagan and Green，2004）。尽管连锁董事的身份并非完全是独立董事，但部分独立董事扮演了连锁董事的角色。通过独立董事的政治关联，不仅有助于降低上市公司的经营风险，并且独立董事的知识传递更有利于组织创新。基于信任基础上建立的连锁董事关系，还有助于企业降低交易成本，如律师担任独立董事对公司处理法律纠纷事务有很大帮助。对于我国上市公司而言，政治关系网络对企业的影响更大。拥有政府背景或者能接近政治关系网络的独立董事的上市公司，获取了相对竞争对手的差异化竞争优势。独立董事拥有的其他关系网络对于公司拓展业务、改善形象，提高知名度等也有积极的影响。

通过上述监督、战略服务以及政治关联等职能的有效履行，独立董事制度应有利于以下功能的达成：（1）优化治理结构，提高董事会决策的科学性；（2）强化对高管的监督与约束，降低代理成本，保护中小投资者的权益；（3）增强上市公司信息揭露的透明度，改善上市公司的形象；（4）为上市公司获取更多资源。

---

① 伯里斯（Burris，2005）运用社会网络分析方法考察了连锁董事对业界精英政治凝聚的影响，结果表明，通过连锁董事关系建立的个人间社会关系的贡献要比具有共同的经济利益、来自同一区域等因素的贡献大。这一研究证实了连锁董事有利于业界精英间的政治凝聚这一命题。

② 连锁董事是指个体成员同时在两家或两家以上企业的董事会任职以及由此而形成的企业间关联关系（Mizruchi，1988）。其身份既可以是独立董事，也可以是执行董事，本处意指独立董事。潘恩等（Phan et al.，2003）的研究证实，外部董事比例与企业连锁董事数量显著正相关。

5.2　主要国家独立董事制度

5.2.1　美国独立董事制度

1. 美国独立董事制度演变过程

美国最初公司制度中并不存在独立董事制度，1940 年《投资公司法》标注着独立董事制度在美国的正式引入。在此之前有学者批评美国各州立法与法院偏袒公司高管，他们无能、疏忽、失信、置股东利益于不顾、牟取个人利益等。为更好保护中小股东利益，制约放荡不羁的管理层，董事会制度的改革呼之欲出。20 世纪 60 年代末、70 年代初美国部分学者指出，大型公众公司存在结构性缺陷，表现为公司的经营管理权高度集中于高管层，他们操纵公司，董事会职权弱化，董事不勤勉尽职（Myles L Mace, 1971）[①]。为此，学者们倡导改革董事会，完善董事会的职能，使董事会不再成为经营管理者控制的机构。为了避免董事会为管理层所控制，艾森伯格（Melvin Aron Eisenberg）提出，应给予董事会"挑选、监督和免除主要高层管理人员"的职权，董事会应独立于高管层，并保证有充分、客观的信息行使其监控职能。为了规避管理层的败德行为与克服美国公司制度的结构性缺陷（如高管自己为自己决定报酬等），独立董事制度被引入美国公司治理结构中。

1938 年麦克逊罗宾药材公司的倒闭案，促使美国证券易委员会（SEC）于 1940 年提出建立审计委员会、任命审计师和协商审计等建议，该年美国颁布的《投资公司法》规定董事会成员中至少需要 40% 的独立人士担任。1977 年纽约证券交易所的新条例规定"每家上市的本国公司在不迟于 1978 年 6 月 30 日以前设立并维持专门由独立董事组成的审计委员会，并规定独立董事不得与管理层有任何影响其独立判断的关系"。1978 年 6 月底，美国纽约股票交易所率先规定，自该年 7 月 1 日起，凡在该所注册上市的公司必须设置由独立董事组成的审计委员

---

①　迈尔斯·L·梅斯（Myles L Mace, 1971）揭示了董事职能减弱的客观事实。通过研究发现，董事能够在诸如技术、金融、政府关系等方面提供专业咨询，但在确定公司目标、策略、董事会政策方面却无所作为。对经营管理者提交的方案不能提出建设性的建议；经营管理者操纵公司，董事会会议的议程由总裁确定并控制；董事会遮掩经营管理者的行为。

会。1990年（美国）商业圆桌会议宣言正式要求大型上市公司董事会成员主要由独立董事组成，董事会的重要专业委员会如审计、薪酬、提名委员会等均应由外部董事担任。1992年卡德伯瑞报告提出：审计委员会应至少由三名非执行董事组成以保障独立性，并引入"超级准则"，由伦敦证券交易所推行。1994年美国法学所（ALI）提出的《公司治理原则》也规定，任何股东人数超过2000名、资产额达1亿美元以上的公众公司，董事会的大多数成员与公司的业务主管人员不应存在重大利害关系，同时公司必须设立独立的审计委员会。1998年5月，美国纳斯达克规定，申请上市的公司董事会必须有至少2名独立董事。1999年蓝带委员会（Blue Ribbon Commission）主导推行完全独立的审计委员会制度，将独立董事制度化。该委员会根据对美国董事会状况的调查，公布了关于董事专业行为的报告，强调了外部董事的作用。1999年9月美国证券交易所（AMEX）提出独立董事的新标准，12月纽约证券交易所（NYSE）和全美证券交易商协会（NASD）也分别提出新的标准。安然事件后2001年7月美国国会在其通过的关于会计和公司治理改革的萨班斯法案（Sarbanes-Oxley Act）中进一步强化了董事会的独立性，要求独立董事要占多数，并且审计委员会必须全部由独立董事组成，并规定CEO要确保公司关于财务方面的信息的准确性。

独立董事制度在美国的推广，还源自于美国的金融市场发展和司法制度演变。在美国引入独立董事曾经被看做是企业具有良好信誉的表现，设有独立董事的公司，在证券市场上具有良好的融资信誉，有利于企业获取更多的融资支持。另外美国法院在对有关经营者的报酬、竞业或与公司交易等冲突行为的审查中，将是否经由独立董事同意作为判决的重要参考。若该行为经由独立董事同意，则经营者面临的诉讼风险大大降低。因此，经营者为了规避责任风险，倾向于引进独立董事，以便使自己在诉讼中处于有利地位。洛克希德（Lockheed）和诺斯瑞普（Northrup）公司就曾经为了解决对公司贿赂的控诉，在董事会中设置了外部董事，并且重要的董事会专业委员中都有一定的独立董事。

学者们通过实证研究证实了美国独立董事作用的有效性，如贝斯利（Beasley，1995）的研究显示，独立董事比率越高，虚假财务报告的发生率越低；博罗霍维奇等（Borokhovich et al.，1996）指出独立董事比内部董事更可能做出由公司外部的经理替换较差绩效CEO的决策；科特、阿富塔布和真兰（Cotter，Shivdasani and Zenner，1997）的研究发现独立的外部董事在标价收购的过程中，能够显著地增加股东的价值。外部董事为主的目标公司，在公司被收购时股东所得大约高出以内部董事为主的标的公司的20%。米尔斯坦和麦卡沃伊（Millstein and MacAvoy，1998）对154个美国大型公司的分析发现，在20世纪90年代具有积极独立董事的公司比那些具有被动的非独立董事的公司运行得更好。弗赖迪和瑟曼斯（Friday and Sirmans，1998）的研究发现独立董事比例与股东财富具有正相关性，并且在独立董事比例达到50%左右最为显著；赫尔斯密和韦史巴赫（Hermalin and Weisbach，1998）的研究也表明，以激励为基础的报酬制度能提高独立董事监督企业经营的效率。当然也有部分学者认为由于其独立性问题，独立董事并未有效发挥作用，如梅斯（Mace，1986）、廖什和麦基文（Lorsh and Maclver，1989）对独立董事与CEO更换关系的研究显示，在美国由于CEO决定着独立董事的提名，独立董事可能因害怕报复而不去弹劾CEO；克里丝塔（Crastal，1991）的研究显示由于独立董事由CEO提名并且易被CEO替换，因此独立董事在确定CEO的报酬合约时常常无效；戴维（David，1996）、安格鲁和克劳伯（Agrawl and Knoeber，1996）的研究发现，外部董事与托宾Q具有负相关关系，那些不"懂事"的独立董事常常延误最佳投资机会；巴哈哥特和布莱克（Bhagat and Black，2002）的研究证实，在美国那些较低财务绩效的公司会增加独立董事比例，但没有发现董事会独立性对公司的战略绩效有显著影响，拥有较高独立性的公司并未比其他公司产生更高的战略绩效。佐纳、扎托尼和米尼基利（Zona，Zattoni and Minichilli，2012）采用权变方法进行的研究发现，外部董事对公司创新的影响取决于公司规模，大公司外部董事对公司创新行为具有积极的影响，而小型公司外部董事比例对公司的创新行为具有消极的影响。

尽管美国独立董事制度自产生到后期逐步完善，但安然事件暴露出美国大公司董事会制度的严重问题。安然公司的独立董事形同虚设，没有履行应尽的职责。17名董事会成员中独立董事达15名，7名审计委员会成员全部是独立董事，并且都是政界、商界与学界的知名人士。这些独立董事仅2000年平均接受的"固定补偿"就达79107美元，同时公司还与14名独立董事签订了7份咨询服务合同以及多项产品销售合同。除此之外，公司还向由独立董事任职的非营利机构捐款，公司审计委员会成员中有半数拥有近10万股本公司的股票。针对美国独立董事制度中存在的缺陷，安然事件后美国纽约证券交易所在2002年6月6日在其公布的《改进上市公司治理标准的建议书》中，进一步强化了独立董事的独立性，强调独立董事的实质性独立而非形式上的独立，并将公司前雇员担任董事职务的禁止期延长为5年，同时明确由独立董事担任审计、提名及薪酬委员会成员。2002年7月30日布什总统颁布的萨班斯·索克斯利法案要求上市公司的审计委员会必须全部由独立董事组成，并且指出：（1）除董事津贴和审计委员津贴之外，不从公司领取其他报酬；（2）独立董事为不受股东控制或管理层影响的"非关联人士"；（3）审计委员会至少有1名财务专家。

为了提升投资者的信心,吸引更多全球投资者。美国政府进行了一系列的改革。萨班斯法案是美国政府对公司治理所作的制度性修正,这无疑对改善美国公司治理起到了积极的作用。但过于严格的监管与内部控制体系不仅加大了政府的监管成本,也增加了上市公司的治理成本。美国立法对于公司丑闻的过度反应,也可能妨碍美国资本市场以及上市公司的发展。美国独立董事制度难以做到尽善尽美,公司治理的制度变革将是一项长期的任务。

2. 美国独立董事制度内容

(1) 独立董事的独立性。独立董事的独立性是确保其有效发挥作用的前提,对此,美国证券交易委员会、加州公共雇员退休制度以及美国法学所的公司治理原则、《密歇根州公司法》以及 NYSE 纽约证券交易所等分别给予不同的界定。美国证券交易委员会(SEC)认为独立董事是与公司没有"重大关系"(Significant Relationship)的董事,需要满足下列条件:A. 不是公司以前的执行董事并且必须与公司没有业务上的关系(如公司的审计或法律服务公司,或者是咨询公司的成员);B. 不是公司重要的消费者或供应商;C. 不是以个人关系为基础而被推荐或任命的董事;D. 与任何执行董事没有密切的私人关系;E. 不持有公司大额的股份或代表任何重要的股东等。美国加州公共雇员退休制度(1998)对独立董事的独立性规定如下:A. 过去 5 年里没有担任过公司或子公司的经理,也没有任何业务关系;B. 不是公司或子公司的咨询顾问、高级管理人员、重要客户或供应商;C. 没有个人服务合约;D. 不从属于接受公司重大捐助的非营利性机构;E. 没有在本公司总经理担任董事的另一上市公司任职;F. 不是上述任何人的近亲。美国法学所《公司治理原则》规定的判断独立董事与公司经营董事和管理层有"重要的关系"的标准为:A. 他在过去两年内是公司的雇员;B. 他是公司业务主管的直系亲属;C. 他直接或间接地与公司之间存在金额超过 20 万美元的交易关系;D. 是为公司服务的律师事务所或投资银行等中介机构。被称为美国规范独立董事制度的《密歇根州公司法》第 450 条规定了判断独立董事独立性的四个标准。即独立董事在过去 3 年内:A. 不得在该公司或者附属公司担任管理职务或被聘用;B. 不得与该公司之间有金额超过 10 万美元的商业往来;C. 不得担任前述 B 中的公司之管理职务、合伙人或前述 A、B 中自然人之直系亲属或与这些管理者、合伙人、直系亲属发生关系和交易;D. 独立董事在公司任职不得超过 3 年。满 3 年后,可以继续留任董事,但失去其独立性资格。美国 NYSE 纽约证券交易所对于审计委员会成员独立性的判断标准为:A. 现在或过去 3 年在上市公司或其任何子公司任职;B. 除因为董事会提供服务并经其他董事会成员认证外未接受上市公司或其任何子公司的报酬；C. 董事会确认其未曾与上市公司存在重大支付往来；D. 未在具有一定关系的另一家公司担任执行董事（该另一家公司意指本公司执行董事担任薪酬委员会的那家公司）。上述独立董事独立性更多强调的是独立董事与公司以及高管个人在报酬、商业行为以及家族上的独立，但并未考虑高管制定决策的社会因素。经济行为常常嵌入到社会关系中（Granovetter，1985），合乎法律规定的独立董事可能与公司管理层具有密切的社会关系，友好社会关系或相似社会背景更容易对模棱两可的问题达成一致，由此，使得独立董事难以保持客观上的独立（Stevenson，2009；Nguyen，2011；Fracassi and Tate，2012）。

（2）独立董事选聘与专业要求。在美国有专业机构为上市公司聘请独立董事提供服务。如美国董事协会（NACD）采取董事登记候选计划（Directors Registry Candidate Match）方式为公司提供独立董事选聘的服务。在选择独立董事时，除了考虑独立性之外，还应关注独立董事个人特征、业务素质和公司的需要。如《纳斯达克上市规则》规定：独立董事应该能够阅读、理解公司的财务报表。此外，发行人应保证审计委员会中至少有1名成员具有财务会计的专业背景，精通公司财务会计及财务披露的有关要求。大部分公司倾向于选择具有良好教育背景、丰富企业管理经验的在职或退役企业家，或者具有长期执业经历的注册会计师和律师等。选聘时一般由董事会提名独立董事候选人，《公司治理原则》规定董事会应"选择并向股东推荐进入董事会的人选"。现代美国大型公众公司一般在董事会中设立提名委员会，由该委员会提名董事候选人。

（3）独立董事的报酬。美国政策层面并未明确规定独立董事的薪酬。实践中，美国上市公司独立董事的报酬主要是津贴，通常由四部分构成：固定津贴（年度聘金）；额外的股票报酬（包括期权、普通股、限制性股票等）；会议津贴以及差旅补贴。津贴水平在同类上市公司差异不大。美国独立董事激励对于改善公司业绩产生了积极的作用，菲奇和阿富塔布（Fich and Shivdasani，2005）对《商业周刊》1000强上市公司1997~1999年间独立董事股票激励与公司业绩关系的研究发现，独立董事的股票期权激励对于改善上市公司市场占有率具有积极的作用，并且有股权激励的独立董事组成的董事会比无股票期权激励的独立董事组成的董事会更有可能取代业绩差的CEO。

（4）独立董事职权。美国独立董事除了不享有对公司具体事务的执行权外，在行使其他决策权时，享有与执行董事大致相同的权利。纽约证券交易所的规定如下：A. 董事会决议中列明独立董事发表的意见；B. 关联交易须由独立董事签字方能生效；C. 2名以上独立董事可以提议召开临时股东大会；D. 独立董事可直接向股东大会、证监会或其他有关部门报告情况。美国《密歇根州公司法》第450条还规定了独立董事享有以下特殊的权利：A. 由独立董事批准的"自我交易"法院可以从宽审查；B. 批准对董事遭到指控所付出的费用给予补偿；C. 有权撤销由股东提起的派生诉讼；D. 如果不同意董事会大多数人的决定，独立董事有权直接与股东联系，其费用由公司支付。

（5）独立董事参与治理方式。美国上市公司独立董事除了以普通董事身份参加董事会以外，还可定期举办仅由独立董事参加的会议，主要通过公司董事会下设的审计委员会、报酬委员会以及提名委员会等参与公司治理。审计委员会的主要职责是提名公司的外部审计师并负责对公司年度财务报告和其他财务信息披露的审查，其成员主要或全部为独立董事；报酬委员会的主要职责是决定公司的执行董事和高级管理的补偿方案，成员一般为4名并且主要为独立董事；提名委员会负责提名董事和高级管理人员的候选人，通常由4~5人组成，并且由外部董事控制。

5.2.2 英国独立董事制度

1. 英国独立董事制度演变

与美国大多数公司的股权结构具有相似性，英国上市公司的股权结构呈现为分散型特征。在分散型股权结构下，由于股东持股比例较低，既没有参与治理的动力（治理成本高，激励不足，普遍的搭便车心理）也没有参与治理的能力（可能不能充分具备参与治理的所需专业知识与信息），公司经营权与控制权实际上由以高级经理为核心的董事会所控制。

英国的治理结构是建立在股东、董事与审计员三角模式基础上的，股东治理的目的是确保董事实现公司利润最大化；董事是公司管理事务的领导，是公司治理的核心；审计员的职责是保证公司行为的规范。为了确保董事能够尽职尽责，不滥用手中的权力，需要让具有一定独立性的外部专业人士参与治理，由此，作为监督董事行为、维护股东利益的独立董事制度应运而生。

1982年，英国建立了旨在促进公司更广泛和有效的实施独立董事制度的"非执行董事促进会"（Pro – NED）；1991年，由伦敦证券交易所、财务报告委员会和会计师协会共同成立了公司财务治理委员会，其主席由卡德伯里（Cadbury）爵士担任。基于英国当时上市公司的丑闻，卡德伯里（Cadbury）委员会主要探讨了与财务以及信息披露有关的5大问题：A. 执行董事与非执行董事在财务审查、报告和信息披露过程中的职责；B. 审计委员会的职责与组成；C. 审计员的主要责任以及审计的范围与价值；D. 股东、董事会与审计员之间的关系；E. 其他相关事宜。经过广泛的调研与讨论，1992 年形成了最终的 Cadbury 报告。报告着重强调董事会在公司财务方面的监督作用，并建议董事会下属的专业委员会应由具有专门技术、技能和经验的多数非执行董事组成，非执行董事应投入足够的时间参与治理，所有董事任命都有正式、严格而透明的程序，董事会中的提名委员会都由非执行董事组成。独立董事应独立于管理层，并与公司没有任何其他关系，并在公司的战略决策包括人员分配等方面具有独特的见解和判断。卡德伯里（Cadbury）报告的核心内容《企业最佳行为准则》提出了完善治理结构的建议，如上市公司董事会至少有 3 名独立董事，CEO 与董事长不得由同一人担任等。

随后，针对董事薪酬的快速增长与公司业绩脱钩的问题，格林伯瑞（Greenbury）委员会进行了调查，并于 1995 年提交了格林伯瑞（Greenbury）的报告，报告指出应设立独立的薪酬委员会，规定公司应披露有关董事的薪酬政策、种类及详细项目、股票和期权激励的相关信息，并作为年度报告的一部分，提交股东会确认，使薪酬激励更加公开、透明。

1998 年由汉佩尔（Hampel）牵头组成的专门委员会对卡德伯里（Cadbury）报告和格林伯瑞（Greenbury）报告的执行情况进行检查，并提交了汉佩尔（Hampel）报告。报告认为内部控制可以保护股东财产的安全性、确保会计记录的正确性以及保证公司财务信息的可靠性，董事会负责对内部控制的复核。信息披露方面，汉佩尔（Hampel）报告认为，上市公司要披露关于公司经营、关联交易、高管薪金以及公司治理等方面的信息，并按一定形式对董事会提供信息。董事会负责对公司的地位和前景进行评估，年终报告应包括津贴政策说明和每位董事的津贴明细。

英国希格斯（Higgs）委员会于 2003 年修改并通过了新《联合准则》，对独立董事制度作了审查，核心是强化独立董事的独立性。第一，新《联合准则》要求独立董事在董事会成员中占多数，以强化独立董事群体作用的发挥，缓解董事会由执行董事控制的局面。第二，新《联合准则》还对独立董事的选派程序做出了明确的规定，即保持高度的透明，一定程度上保证了独立董事人选的独立性，规避了由执行董事控制独立董事人选有可能产生的独立性风险。第三，进一步强调董事长与总经理的两职分离。第四，明确指出非执行董事的职责是监督经理的业绩、负责公司决策、确定执行董事和高管人员的人选、为公司财务报告和财务控制体系的风险承担责任等。第五，为了确保董事长及执行董事向股东会提交表决独立董事的意见及建议,《联合准则》还规定,若董事长以及执行董事不按董事会的正常程序对独立董事的建议进行表决或置之不理,则独立董事可以选派高级代表直接与股东联系。第六,《联合准则》还引入了对董事会以及独立董事履职的评估机制,规定董事会每年应对董事、董事会以及董事会下设的委员会的工作进行评价,以提高董事会的工作效率,促进执行董事及独立董事努力工作。通过评价还可以建立董事会以及独立董事良好的运作标准。对独立董事履职程度的测量(Duty of Care and Skill),充分考虑了独立董事在履行职务时所受到的包括经验、时间等方面的限制,这有助于激励独立董事积极参与公司治理活动。希格斯(Higgs)还强调了独立董事的信息来源与质量,指出在董事会会议开始前,应事先把相关资料、信息以简明扼要的方式提交给独立董事。独立董事每年要对提供给的信息进行评价,借以了解哪些信息对独立董事是重要的,以及执行董事提供信息的质量状况。应当指出的是英国公司治理联合准则属于自律性规则,采取"或遵守或解释"原则,不具有强制约束力。希格斯(Higgs)还对独立董事的独立性给予了很严格的规定,但现实中很难找到合适的人选。实际上,大多数独立董事都是通过其与公司或董事的关系而被选任。由于独立董事选任机制中存在的问题,使得各国独立董事的独立性均存在一定悖论。

针对英国上市公司独立董事有效性的研究证实,学术界得出了不一的结论。如弗兰克斯(Franks,2001)在研究了绩效较差的英国公司在1988~1993年间的状况后,发现独立董事没有对公司业绩产生明显的影响;达雅(Dahya,2001)对460家英国上市公司独立董事与CEO任命的研究显示,《凯德伯瑞报告》发布后公司CEO更换与企业业绩敏感性增强是由独立董事增加而引起的,非执行董事的增加使董事会拥有更有效的CEO更换决策,英国独立董事制度对强化上市公司的监督体系,改善上市公司业绩发挥了积极的作用。

2. 英国独立董事制度内容

(1)独立董事的独立性。与美国相似,英国根据雇佣关系、商业活动、股东与高级管理人员的亲属关系、任职年限等界定独立董事的独立性,但英国法律还考虑了独立董事的薪酬因素。英国财务报告委员会(2006)颁布的《公司治理综合准则》的第A3.1条指出符合下列条件之一的认定为不独立:A. 过去5年是该公司雇员;B. 过去3年与该公司有过直接的商业关系;C. 与该公司具有商业关系的实体有合作关系,或者持有该实体的股权,或者是该实体的董事或高级雇员;D. 除董事会薪酬外,从该公司获得其他薪酬,或涉及业绩薪酬以及享受公司退休制度;E. 与公司顾问、董事或高级雇员有亲戚关系;F. 是与本公司具有重大关系的其他公司的董事；G. 代表大股东在董事会已执行了 9 年以上的人员。希格斯（Higgs）特别强调了独立董事的独立性，指出独立董事要满足以下条件：在过去 5 年里未曾在公司工作过；在过去 3 年里与公司没有商业关系，与公司的咨询者、董事和老员工没有亲属关系；除应得报酬以外，不从公司获取其他任何酬劳；不在别的公司担任董事；不能作为公司重要股东的代表；不能在董事会工作超过 10 年。英国海尔梅斯养老金管理公司规定的独立董事任职资格为：（1）不是或不曾是公司或集团的雇员；（2）未担任董事 10 年以上或年龄未超过 70 岁；（3）不代表大股东或其他单个利益团体（供应商或债权人等）；（4）未从公司获得除独立董事费之外的收入；（5）未参加公司的股票期权计划或以公司业绩为基础的报酬计划；（6）无利益冲突或交叉担任董事；（7）不存在与公司或管理人员有其他重大的、会妨碍其对股东的忠诚的财务关系或个人关系。

（2）英国独立董事的选任。英国独立董事选任与美国差别不大，一般由提名委员会提名，由股东大会投票决定。英国 2003 年《公司治理财务报告》明确指出，必须有一个正式的、严格的和透明的董事会成员任命程序；独立董事的任命条件和程序必须在年报中披露；独立董事由任命委员会负责推荐；任命委员会的大多数成员由独立董事担任；委员会主席必须是董事会主席或独立董事，但在推选主席继任者时董事会主席不能担任委员会主席。任命委员会应负责考察独立董事的任职条件，任命书应明确任期，独立董事要有足够的时间参加参加会议，全职执行董事作为独立董事任职的企业不能超过一家伦敦金融时报指数公司，并且不能担任董事会主席，独立董事连续两个任期（每个任期 3 年）以上必须重新评估，任职超过 9 年以上每年必须重新选举。

（3）独立董事规模。在制定法和判例法层面英国没有硬性规定独立董事的规模，独立董事的人数主要由"软法"（Soft Law）和公司章程规定。2006 年英国《公司综合治理准则》规定：除小公司外，独立董事应达到董事会席位半数以上；公司应设置任命委员会，负责推举董事候选人与聘任以及确定董事继任制度；任命委员会主要由独立董事担任。公司还应该设置薪酬与审计两个专业委员会，并由独立董事担任。

（4）独立董事职责。《凯德伯瑞报告》规定了独立董事的两个重要的职权：一是评价董事会及管理层，尤其是评价公司总裁的业绩；二是对董事会与管理层、股东与公司其他利益主体之间的冲突做出决定，如董事任免、董事薪酬、公司收购防备措施等。

（5）独立董事工作方式。与美国上市公司相似，英国上市公司独立董事通过专业委员会发挥作用。2006 年英国《公司综合治理准则》规定公司应设置薪酬委员会与审计委员会,两个委员会均由3位独立董事组成,审计委员会中的独立董事必须有1位具备丰富的财务管理经验。审计委员会负责监督、审查财务信息,并推举外部审计师等。《凯德伯瑞报告》建议组成审计委员会、提名委员会和报酬委员会3个专业委员会。为了确保对公司事务的"独立判断",《凯德伯瑞报告》要求专业委员会的成员全部由独立董事担任。

(6)独立董事报酬。1995年的格林伯里(Greenbury)报告明确设立独立薪酬委员会,由其确定董事的薪酬政策与构成,并要求披露董事薪酬的相关信息。针对独立董事的报酬,英国养老金协会(NAPF)认为,独立董事"应该获得适当的报酬来体现他们的经验、知识和为公司利益所付出的时间的价值"。由于持有公司股份,会影响独立董事的独立性,养老金协会反对独立董事的股权激励。实践中,英国公司一般只向独立董事支付固定的津贴和会议费,而反对支付股票期权。

5.2.3 日本独立董事制度

1. 日本独立董事制度的变迁

作为大陆法系的代表国家之一,日本公司采用了二元制的治理结构,拥有专门的监督机构。由于具有专司监督的机构,独立董事制度在日本的推行举步维艰。早在1975年日本就试图引入独立董事制度,当年法务省民事局参事官室在调查有关公司法修改要点的基础上,就曾建议引进外部董事以强化对公司业务的监督,但未引起回应。

20世纪80年代末、90年代初日美关系协议谈判时美方要求日本实施独立董事制度,但日方认为美日治理结构不同、美式独立董事制度未必适合日本。90年代以来,随着日本泡沫经济的破灭、股价的下跌,银行、证券公司、企业等各种危机事件不断,企业陷入不良境地。外国投资者趁机吸纳,致使日本公司的股权结构发生变化,有实力的外国投资者要求日本公司改善治理结构,但最终未能奏效。日本工商界、经团联、自民党、监事协会等坚决抵制,强调应在原有日本治理模式下进行改良与改革,强化日本传统的监事会制度,反对设置委员会以及所有大公司设立独立董事的做法。在1993年修改日本商法时,没有设置独立董事的意图,而是通过强化监事会的方式改善治理结构。它要求在大型股份公司中设置3人以上的监事会并至少选任1名外部监事;同时延长监事的任期,监事执行监察职务时不受监事会的牵制等。

以下原因导致了日本实业界对引进独立董事制度的强烈反对：（1）日本1993年修改监事制度，引入独立监事，以强化监事会的监督效果，若引进独立董事，则易发生职能冲突并增加治理成本；（2）日本年功序列制以及内部提升制使得某些员工将成为董事作为其职业目标，以此补偿其对公司的努力和贡献。而实行独立董事制度，不但使内部董事人数减少，而且独立董事的人选限定在企业之外，董事席位要被外部人所占，因而遭到员工的抵制；（3）内部董事一般无需另外付酬，而外部独立董事一般要支付报酬，虽然月津贴为数十万日元到百万日元不等，较执行董事少得多，但若独立董事规模大，就要增加较多的开支，从而增加企业的负担；（4）难以找到合适的独立董事人选；（5）外部董事大多对公司的情况不熟悉，未必能起到有效的监督作用。

日本公司内部等级森严，公司实际被董事长、代表董事以及总经理所控制，员工监事以及普通董事，难以对执行董事等上级领导实施有效的监督。泡沫经济破灭暴露出日本企业内部人控制的种种问题，如山一证券与长期信贷银行资产负债表外融资掩盖泡沫破灭后的损失、野村证券公司等向具有黑社会性质的"总会屋"提供特别利益等行为使股东以及其他利益相关者的利益大受损害，严重影响了日本企业的国际竞争力。据统计，20世纪90年代美国公司上市公司的ROE从略高于日本的7%提高到30%，而日本公司的ROE则下降到了1.4%（马丁·舒尔茨，2001）。为了解决公司治理的失效，日本社会各界以及机构投资者要求改善治理结构，强化股东和董事会的治理功能。基于企业国际竞争力的下降，日本经济产业省认为应允许企业选择适合自身需要的治理机制，而不是强制推行统一的治理模式（吴敬琏，2005）。

基于创新以及竞争的压力，日本部分企业实施了公司治理改革，索尼公司原董事长出井伸之在公司经营绩效大幅下降时，被迫实施了一系列改革措施：1970年在董事会中设置两个独立董事职位，1991年率先起用外籍独立董事，1997年引入执行经理制度，1998年设置薪酬、提名等委员会等。在索尼公司这一"蝴蝶效应"的冲击下，日本很多企业探索治理结构的改革，引入委员会制度以及独立董事制度（李彬，2011）。

2001年4月18日，日本法务省民事局参事官室公布的《商法等一部分法律修改草案纲要征求意见稿》采用了折中的方案，一是自民党方案，即强化监事会，大型股份公司监事的任期从3年延长至4年，监事会由3人以上的监事组成，其中半数以上为外部监事；二是废除监事会，由审计委员会取代其监督功能，同时引入执行经理制度。执行经理由董事会选任和解聘，并向董事会报告工作。斯坦福大学以及日本一桥大学客座教授青木昌彦称，引进独立董事制度是日本企业恢复国际竞争力的关键所在。

2002年5月29日最终完成的日本商法、公司法对强化监事会或者废除监事会实施独立董事制度作出了任意性的规定。该规定既反映了国家的导向，又尊重了公司的自治权利。在具体的制度安排上，根据公司的规模区别对待。独立董事或者独立监事的选择制度仅是针对大型股份公司①提出的要求，而不论是否上市。商法的修改标志着独立董事制度正式引入日本，新商法生效后2003年的股东大会上，有71家上市公司废除了监事会，采用独立董事主导的委员会制度。但日本引入独立董事也出现过逆转的现象，据统计，2003～2010年共有91家日本企业引入了委员会制度，但其中的29家公司再度恢复为传统的监事会制度。② 可能的原因是从传统的日本监事会制度改变为委员会制度需要打破传统习俗，如裁减监事、董事，这可能招致通过内部提升而得到领导者地位的元老的强烈反对，从而导致绩效下降、管理成本以及治理成本增加。部分学者也认为独立董事制度未必能够改善日本的竞争力。财务省财务综合政策研究所特别研究官、早稻田大学商学部教授宫岛英昭（2003）指出：引进执行董事制度、社外董事制度与企业的实力的改善没有必然联系，仿效美式企业治理制度无法提升营运绩效。③ 2003年一些日本企业向金融厅提交报告，指出采用美国公司治理模式不一定是明智之举，简单地复制美国的模式并不能有效地改善日本公司的业绩。④

2. 日本独立董事制度内容

（1）独立董事独立性。日本商法与公司治理原则给予不同的规定。日本商法第188条规定独立董事是现在未曾担任公司或其子公司执行业务的董事、执行经理或者经理以及其他的董事。日本公司治理委员会给予更加严格的规定，2001年10月26日修订的《公司治理原则》第4条明确指出，独立董事是指能够完全独立于公司经理而做出决定，并与其没有任何利益关系的人。若出现下列之一，将不被视为独立董事：A. 是或曾是公司或其母公司、子公司、附属公司的全职董事、经理人员或雇员，或为全职董事、经理人员的亲属；B. 目前为公司提供

---

① 日本商法特例法上的大型股份公司，资本金必须达到5亿日元以上，或者最新的资产负债表中负债总额达到200亿日元以上。

② 日本取缔役协会? 委员会设置全社リスト（公开企业）? http://www.jacd.jp/news/manage/2010.07.28。

③ 《日本企业治理向美国看齐》，载《参考消息》2003年6月26日。

④ 《日本部分企业反对采用美国管理模式》，httP//~cctv.com/lm/776/14/86126.html，2003年6月21日。

法律、会计、战略以及其他专业服务的人员（包括律师、会计师和顾问等）；C. 目前是公司的主要客户或者贸易伙伴的人员。

（2）独立董事规模与行权。日本独立董事制度依公司规模而区别对待，资本金超过1亿日元并且章程规定设置专门委员会的，监事会被由多数独立董事组成的专门委员会所取代。独立董事规模最初1人以上即可，到2005年要求达到董事会席位半数以上。5亿日元以上的大型公司，可以选择实行委员会制度，必须设置监察委员会、提名委员会及薪酬委员会，各委员会由3名以上的董事会成员组成，其中半数以上为独立董事。

（3）独立董事责任免除。责任免除可以避免独立董事因过失而对损失承担过重责任。《商法》第266条第5款规定，非经全体股东同意，董事对公司的责任不得免除。但因与公司发生关联交易行为而产生的责任，经全体表决权股份的2/3以上同意可以免除。《商法》第266条第19款规定了在独立董事因违反法令或章程给公司造成损失时，若善意履行职务并无重大过失应承担的赔偿责任。[①]

以上各国独立董事制度的演变表明，公司治理改革既是企业自身规避失败、追求创新、提高竞争力[②]的自发性行为，是诱致性变迁的结果，同时又是政策制定者强行介入的结果，具有强制性变迁的特征。从诱致性变迁的特征之一营利性来看，尽管有部分学者认为独立董事与公司绩效没有关系，[③] 但大量学者的研究

[①] 在章程规定范围内预先确定的金额，以与下列金额的合计额中较高的数额为限，承担赔偿责任：(1) 在作为责任原因的事实发生之日所属的会计年度或者以前各个会计年度中，作为该外部独立董事的报酬或者其他履行职务的对价与每个会计年度从公司取得的或者应当取得的财产上利益的合计数中的最高额，乘以2的相应金额；(2) 该外部独立董事从公司取得的养老金数额及有该性质财产上利益的相应金额的合计额和该合计除以其任职年数再乘以2的金额中较低的数额；(3) 从股票期权中获得的利益。但该外部独立董事成为该公司或者子公司执行业务的董事或经理及其他使用人或子公司的执行经理时，上述合同将失去效力。

[②] 如波特和肯德尔（Porter and Gendall, 1993）对审计委员会在加拿大、美国、英国、澳大利亚和新西兰的发展原因进行的研究认为公司失败是激发审计委员会产生和促使其职责改变的主要原因。

[③] 戴利和丹尔顿（Daily and Daiton, 1993）认为绩效高的公司恰恰是对独立性依赖较少的公司；耶马克（Yermack, 1996）指出独立董事比例与公司的绩效不存在相关关系；巴哈哥特和布莱克（Bhagat and Black, 2000）认为无证据表明拥有更多的独立董事的公司能够发挥优势增加利润率；赫尔密斯和韦史巴赫（Hermalin and Weisbach, 2003）发现外部董事的比例与公司的绩效没有相关性；兰德和詹森（Randoy and Jenssen, 2004）指出董事会独立性降低了处于高竞争产品市场的公司的绩效；詹虹（2003）对我国独立董事制度的研究证实我国独立董事制度对公司绩效没有显著影响。

证实独立董事有利于改善公司绩效。[1] 有关董事会委员会有效性的实证研究显示审计委员会在提高财务报告的质量、降低财务舞弊现象等方面发挥着积极的作用。[2] 另外各国独立董事制度既具有一定的趋同效应，又与各国的历史、文化以及制度演变密切相关，具有显著的国别特征。

5.3 中国上市公司独立董事制度

我国引入独立董事制度是制度变迁的必然结果，虽然目前独立董事具有"花瓶董事"的嫌疑，但实践表明，独立董事对于优化上市公司治理结构、强化董事会有效性、提高公司声誉、规避公司风险与改善公司绩效等发挥着积极的作用。尤其是以独立董事为主的审计委员会在帮助董事会监督管理业绩和实施监管责任，发现更多的财务报告信息与提高管理者的责任、降低违规现象的发生，促进企业的财务透明度与减少投资者的信息非对称程度等方面发挥着重要的作用。

5.3.1 我国独立董事制度的演进

1. 引进背景

对我国而言，引入独立董事制度具有完全不同的背景。与美国不同，我国上市公司股权集中度过高，控股股东过度控制，成为另一种意义上的"内部人"。

---

[1] 罗森斯坦和怀亚特（Rosenstein and Wyatt，1990）的研究表明独立董事比例和公司市场价值之间呈现显著正相关关系；弗赖迪和瑟曼斯（Friday and Sirmans，1998）的实证研究显示REIT的股东财富随独立董事比例增加而增加，独立董事比例达到50%左右最为显著；罗森伯格（Renneboog，2000）发现独立董事在董事会中占优势的情况下，CEO的罢免与独立董事比例正相关；崔和朴（Choi and Park，etc.，2004）对韩国外部非执行董事的实证研究表明外部董事如银行和外国投资者扮演着显著且积极的角色；兰德和詹森（Randoy and Jenssen，2004）发现董事会独立性提高了那些处于低竞争产品市场的公司的绩效。

[2] 扎赫拉和皮尔斯（Zahra and Pearce，1989）认为有效的审计委员会能够帮助董事会监督管理业绩和实施监管责任；怀尔德（Wild，1994）发现审计委员会的成立能导致财务报告具有更多的信息，并且提高管理者的责任；比斯利（Beasly，1995）、麦克马伦（McMullen，1996）均认为审计委员会的成立与较少的错误发现以及违规现象的发生率有关；迪舟、斯隆和斯威尼（Dechow，Sloan and Sweeney，1996）发现公司执行董事占多数且没有审计委员会的董事会的公司发生虚假财务信息的比率较大；陈和雅吉（Chen and Jaggi，2000）的研究显示：香港特区独立董事的介入有助于对家族企业管理层和董事会的监督，也有利于促进家族企业的财务透明度；宋和英格拉姆（Song and Windram，2000）的研究发现，由独立董事担任的审计委员会的努力工作能够提高公司信息披露的质量，减少投资者的信息非对称程度。

从治理结构上看，我国上市公司设有股东大会、董事会和监事会，董事会行使经营决策权，监事会行使监督权。由于大股东持股比例较高，出现了大股东操纵股东大会的现象。大股东通过控制董事会，采用关联交易等方式，损害债权人和小股东权益的现象屡见不鲜。我国监事会不同于德国，在法律上拥有有限的监督权，缺乏直接任命与解聘公司董事和经理人员的权利，甚至监事会成员的任免实质上由执行董事所控制。在监督机制失灵的情况下，中国证监会意欲通过引入独立董事制度，在公司内部形成制衡机制，以制约控股股东与经理人的不良行为。

2. 演进历程

我国上市公司独立董事制度经历了萌芽阶段（2001年以前）、确立阶段（2001～2002）以及发展完善三个阶段（2002年之后）。1993年青岛啤酒发行H股，按照香港证券交易所的有关规定设立了两名独立董事，成为第一家引进独立董事的境内公司；1997年，中国证监会《上市公司章程指引》中专设独立董事条文。[①] 为了与国际接轨，保护我国境外上市公司的利益，1999年国家经贸委和中国证监会联合下发《关于进一步促进境外上市公司规范运作和深化改革的意见》（以下简称《意见》），要求境外上市公司至少设立2名以上独立董事，独立董事发表的意见应列明在董事会决议中，公司的关联交易必须由独立董事签字后才能生效。两名以上的独立董事可以提议召开临时股东大会，并且可以直接向股东大会、中国证监会和其他相关部门报告情况。《意见》首次明确了独立董事的权力，但仅针对境外上市的公司。2000年国家经贸委提出在大型公司制企业中设立独立董事制度的要求，同年国务院办公厅转发《国有大中型企业建立现代企业制度和加强管理的基本规范（试行）》，正式提出"董事会中可以设立非公司股东且不在公司内部任职的独立董事"。2000年11月3日，上海证券交易所发布的《上市公司治理指引（草案）》要求上市公司"至少应有两名独立董事，且独立董事应占董事总人数的20%"，但这一规定并不具有强制性。

2001年1月，中国证监会要求在A股上市公司中推行独立董事制度，几乎同时，中国证监会要求基金管理公司实施独立董事制度，并且独立董事比例不少于1/3。2001年8月21日，中国证监会正式颁布了《关于在上市公司建立独立董事制度的指导意见》，要求所有境内上市公司在2002年6月30日前董事会至少应有2名独立董事；2003年6月30日前独立董事比例不少于1/3。以此为标

---

① 《指引》中规定："公司根据需要，可以设独立董事。"同时，对独立董事人员的任职资格进行限制，规定担任独立董事的人不得与公司的股东、管理者和管理人有关系的人员，也不得为公司内部人和股东。但是这款规定被注明为"选择条款"，表明在这一时期，建立独立董事制度是非强制性的规定。

志,我国上市公司正式引入独立董事制度。2002年1月9日,中国证监会与国家经贸委联合颁布了《上市公司治理准则》,明确要求上市公司按照有关规定建立独立董事制度。2003年9月,中国证监会在其颁布的《关于进一步规范股票首次发行上市有关工作的通知》中明确指出,公司首次上市时独立董事至少占董事会成员的1/3,公司再融资时,独立董事比例是主要审核内容之一。国务院2004年1月31日发布《国务院关于推进资本市场改革开放和稳定发展的若干意见》要求进一步完善独立董事制度,规范上市公司运作。为了有效保护中小股东的利益,2004年12月7日,中国证券监督管理委员会发布《关于加强社会公众股股东权益保护的若干规定》明确指出上市公司要建立与完善独立董事制度,充分发挥独立董事作用。国务院2005年10月19日批转中国证监会《关于提高上市公司质量意见》,要求上市公司建立审计委员会、薪酬与考核委员会,并强调要充分发挥独立董事在专业委员会中的作用。2005年12月中国证监会颁布的《上市公司独立董事培训实施细则》规定上市公司独立董事"任职2年内至少参加一次后续培训",并详细规定了独立董事的培训内容和形式。2006年1月1日起实施的新修订的《公司法》第123条明确规定,"上市公司设立独立董事,具体办法由国务院规定。"至此,我国正式以法律的形式确定了独立董事的地位。

5.3.2 独立董事独立性、任职资格与聘用

1. 独立董事独立性

《指导意见》第三条规定:独立董事必须具有独立性,下列人员不得担任独立董事:(1)在上市公司或者其附属企业任职的人员及其直系亲属、主要社会关系[①];(2)直接或间接持有上市公司已发行1%以上股份或是上市公司前十名股东中的自然人股东及其直系亲属;(3)在直接或间接持有上市公司已发行5%股份以上的股东单位或者在上市公司前五名股东单位任职的人员及其直系亲属;(4)最近一年内曾经具有前三项所列举情形的人员;(5)为上市公司或者其附属企业提供财务、法律、咨询等服务的人员;(6)公司章程规定的其他人员;(7)中国证监会认定的其他人员。相对英美关于独立董事独立性的规定我国的要求较低。

---

① 直系亲属是指配偶、父母、子女等;主要社会关系是指兄弟姐妹、岳父母、儿媳女婿、兄弟姐妹的配偶、配偶的兄弟姐妹等。

2. 独立董事任职资格

《指导意见》第 2 条规定：独立董事应当具备与其行使职权相适应的任职条件，担任独立董事应当符合下列基本条件：（1）根据法律、行政法规及其他有关规定，具备担任上市公司董事的资格；（2）具有本《指导意见》所要求的独立性；（3）具备上市公司运作的基本知识，熟悉相关法律、行政法规、规章及规则；（4）具有 5 年以上法律、经济或者其他履行独立董事职责所必需的工作经验；（5）公司章程规定的其他条件。

3. 独立董事聘用

《指导意见》第 4 条规定："独立董事的提名、选举和更换应当依法、规范地进行：（1）上市公司董事会、监事会、单独或者合并持有上市公司已发行股份 1% 以上的股东可以提出独立董事候选人，并经股东大会选举决定。（2）独立董事的提名人在提名前应征得被提名人的同意。（3）在选举独立董事的股东大会召开前，上市公司应将所有被提名人的有关材料同时报送中国证监会、公司所在地的中国证监会派出机构和公司股票挂牌交易的证券交易所，由中国证监会在 15 个工作日内对独立董事的任职资格和独立性进行审核。在召开股东大会选举独立董事时，上市公司董事会应对独立董事候选人是否被中国证监会提出异议的情况进行说明。（4）独立董事每届任期与所在上市公司其他董事任期相同，任期届满，可连选连任，但是连任时间不得超过 6 年。（5）独立董事连续 3 次未亲自出席董事会会议的，由董事会提请股东大会予以撤换。（6）独立董事在任期届满前可以提出辞职。

5.3.3 独立董事的职权与义务

1. 独立董事的职权

《指导意见》第 5 条规定：为了充分发挥独立董事的作用，独立董事除具有公司法和其他相关法律、法规赋予董事的职权外，上市公司还应赋予独立董事以下特别职权：（1）重大关联交易（指上市公司拟与关联人达成的总额高于 300 万元或高于上市公司最近经审计净资产值的 5% 的关联交易）应经由独立董事认可后，提交董事会讨论；（2）独立董事作出判断前，可以聘请中介机构出具独立财务顾问报告，作为其判断的依据；（3）向董事会提议聘用或解聘会计师事务所；(4) 向董事会提请召开临时股东大会；(5) 提议召开董事会；(6) 在股东大会召开前可以公开向股东征集投票权；(7) 知情权和调查权；① (8) 报酬请求权。

新太科技：独立董事未尽职

2005年2月6日，中国证券监督管理委员会广东监管局对新太科技(600728)立案调查。2005年3月31日，上证所对新太科技及原董事长邓龙龙公开谴责。新太科技和下属子公司累计担保总额为6.12亿元，其中对外担保总额为4.4亿元，对外担保中违规担保共计4.1亿元；公司第一大股东广州新太新技术研究设计有限公司及其下属子公司在2004年发生大量占用上市公司资金的情况。2004年1月至2005年1月共计发生46笔，余额总计1.47亿元。上述资金往来均未履行董事会或股东大会审议程序，也未及时进行信息披露。

根据新太科技2003年度报告，公司独立董事出具了《关于公司对外担保情况的专项说明与独立意见》，称对新太科技"对外担保的情况进行了认真负责的核查和核实。经查实，公司没有为控股股东及本公司持股50%以下的其他关联方、任何非法人单位或个人提供担保，控股股东及其他关联方没有强制公司为他人提供担保"。

显然，新太科技的独立董事未能"认真负责地核查和核实"公司的对外担保事项。独立董事有权向公司所在地各家银行核实本公司的借款和担保事项。如果独立董事认真负责的核查和核实新太科技对外担保情况，原董事长等人违规担保事项可以被及时发现。

（资料来源：刘姝威：《上市公司违规典型案例研究》。）

《指导意见》第6条规定独立董事对以下重大事项发表独立意见的权力：(1) 提名、任免董事；(2) 聘任或解聘高级管理人员；(3) 公司董事、高级管理人员的薪酬；(4) 上市公司的股东、实际控制人及其关联企业对上市公司现有或新发生的总额高于300万元或高于上市公司最近经审计净资产值的5%的借款或其他资金往来，以及公司是否采取有效措施回收欠款；(5) 独立董事认为可能

---

① 《指导意见》第5条第1款第1项、第5项的规定，独立董事可以聘用中介机构、外部审计机构和咨询机构，费用由上市公司承担。《指导意见》第7条规定上市公司应当保证独立董事享有与其他董事同等的知情权。凡须经董事会决策的事项，上市公司必须按法定的时间提前通知独立董事并同时提供足够的资料，独立董事认为资料不充分的，可以要求补充。当2名或2名以上独立董事认为资料不充分或论证不明确时，可联名书面向董事会提出延期召开董事会会议或延期审议该事项，董事会应予以采纳。

损害中小股东权益的事项；(6) 公司章程规定的其他事项。

与英美相比，我国上市公司独立董事享有的权利相对较小，如纽约交易所规定，所有上市公司的关联交易（不论金额大小）都必须经过独立董事签字后才能生效，我国《指导意见》规定，只有重大关联交易须经独立董事认可；再如我国独立董事指导意见规定，独立董事在行使权力时，要得到1/2以上的独立董事同意，这虽然保障了独立董事决策的公正性，但给独立董事行权造成了较大的阻碍；英美规定审计委员会、提名委员会与报酬委员会等专业委员会中独立董事要占多数或者全部为独立董事，而我国上市公司专业委员会中独立董事比例较低，其话语权有限，群体作用难以有效发挥。

2. 独立董事的义务

《指导意见》第一条第二款和《上市公司治理准则》第50条都规定：独立董事对公司及全体股东有忠实与勤勉义务。独立董事应按照相关法律、法规、公司章程的要求，认真履行职责，维护公司整体利益，尤其要关注中小股东的合法权益。独立董事应独立履行职责，不受公司主要股东、实际控制人以及其他与上市公司存在利害关系的单位或个人的影响。独立董事应履行其忠实义务，不得以自己的身份牟利，履行竞业禁止、自我交易禁止等义务，不篡夺公司商业机会，严格履行职业人的操守，不泄露公司的商业机密。除了履行忠实义务之外，独立董事还应该勤勉地履行职责，对公司治理的重要事项发表独立意见。

5.3.4 我国上市公司独立董事制度现状

1. 强制性约束与自发性变革相结合

我国各上市公司在制度约束与自发性变革的作用下，独立董事比例有显著提高。自1998～2010年独立董事比例有显著提高，1998年独立董事平均比例仅为0.43%，在制度因素的约束下，2002年独立董事达到32.79%，之后各年维持在40%左右。个别上市公司基于强化董事会结构的要求，独立董事比例达到了50%甚至更高。应当指出的是，独立董事比例只能作为董事会独立性的基本参考，董事会独立性的实质性程度与独立董事的提名与任免、独立董事薪酬、独立董事的信息来源以及独立董事与高管的社会关系密切相关。

2. 独立董事队伍年轻，学历构成高

根据国泰安数据库提供的信息，截至2011年12月31日，我国有效样本上市公司现任独立董事为 4588 人。其中,女性独立董事占 17.16%,男性为 82.84%。从年龄构成来看,独立董事年龄分布于 27~82 岁之间,主要集中在 40~60 岁之间,平均年龄为 52.63 岁,40 岁以下约占 5%,40~50 岁占 42%,50~60 岁占 32%,60~70 岁占 17%,70 岁以上占 4%。从教育构成来看,我国上市公司独立董事学历构成较高,硕士与博士达到 69%,本科占比为 28%,大专以下仅为 3%。以上数据表明,我国上市公司独立董事队伍较为年轻,学历构成较高,从知识素养以及身体状况方面来看,理应发挥更好地履职效果。

3. 独立董事津贴刚性增长

根据荣正咨询的分析,2005~2009 年,我国上市公司独立董事津贴一直保持着"芝麻开花节节高"的态势:2005 年独立董事津贴超过 4 万元,同比增长 5.57%;2006 年同比再增 5.95%;2007 年增幅最大,达 14.58%,人均津贴接近 5 万元;2008 年,在多数高管薪酬缩水的情况下,独立董事津贴再度增长 13.24%,人均达 5.96 万元;2009 年同比增长 6.27%。2009 年有 4 位独立董事的津贴超过百万,9 位独立董事的津贴在 50 万~100 万元。即使亏损的上市公司,如西部矿业独立董事的津贴依然高达 25 万元。另据中国社科院的公司治理评价报告,中国百强上市公司 2009 年董事会成员的薪酬较上一年度下降 21.11%,但独立董事的津贴却"逆市"上涨,增幅达 19.25%。

刚性增长以及高水平的独立董事津贴理应激励独立董事尽职尽责,但在独立性难以保障的前提下,独立董事有效监督便成为悖论。而依然给予独立董事过高的报酬,从另一方面形成了对公司利益或者股东利益的不利影响。

4. 独立董事作用逐步发挥

2006 年深交所开展的"上市公司独立董事制度执行效果调查"显示,我国大部分上市公司独立董事都能积极履职,对关联交易等重大事项进行判断,对于规范上市公司治理发挥着积极的作用。调查显示,独立董事每年为一家上市公司工作的时间平均为 25 个工作日,在上市公司现场办公时间为 10 个工作日左右;2005 年独立董事亲自出席董事会会议的比例占 91%,其中 62% 的独立董事出席了 5~10 次董事会会议(徐明,2007)。广州白云山制药股份有限公司 1999 年根据独立董事提出的调整产业结构的意见,扭亏为盈;北京万东医疗股份有限公司引进独立董事后,连续几年实现了稳定的发展。

5.3.5 我国上市公司独立董事制度存在的问题

1. 监督主体缺失

我国目前缺少对独立董事履职状况进行监督与评价的主体,而主要依靠以媒体为主的社会舆论。对独立董事因发生违规而提前辞职、怠于行使职权、不作为的处罚制度不健全。这一方面源于相关法律法规的缺失,另一方面由于监督和管理主体缺位,缺少独立董事考核的制度基础和考核机构,缺乏科学而成熟的业绩评价指标体系以及独立董事履职效果的信息披露制度。

2. 职业化水平低

一方面基于提高企业声誉、安排干部或利用稀缺的制度资源,上市公司往往聘请社会名流、知名学者、已退休政府官员等作为独立董事。上市公司过于追求独立董事的名人效应,忽视了他们所应具备的商业阅历、经济与管理背景,使得聘任的独立董事难以对上市公司的决策、监督等作出有价值的专业判断。另一方面由于缺少系统而连续的对独立董事相关执业知识与经验培训的制度,独立董事多依据个人经验而不是基于专业知识的商业判断。

3. 职业风险高

一般而言,独立董事面临着法律以及声誉等方面的风险。法律方面,《公司法》对独立董事职责作出了明确规定:"董事会决议违反法律、行政法规或者公司章程,致使公司遭受损失的,参与决议的董事对公司负有赔偿责任。"独立董事与内部董事一样,共同对信息披露的真实性、完整性及准确性负责,承担一样的刑事、民事、行政法律责任。然而,主要来源于管理层的信息不对称,使得独立董事难以作出独立的商业判断;同时,缺少独立董事的责任保险以及与其他执行董事相比的差别化的责任追究制度。责任保险制度的缺失,导致独立董事出于对个人声誉的保护,对风险事件的决策采取审慎态度。

4. 独立性悖论

(1) 独立董事提名与监督职能相悖。《指导意见》规定了独立董事的任职资格与独立性的条件,并指出独立董事的提名由董事会、监事会以及单独或合并持有公司已发行股份1%以上的股东负责。由于我国上市公司普遍股权高度集中,大股东实际控制了董事会以及监事会,因此,对于股权高度集中的上市公司而言,独立董事的提名实际掌握在大股东手中;而对于股权分散的上市公司而言,由于内部人控制,董事会以及监事会的权力实际控制在经理人手中。也就是说,我国上市公司独立董事的提名权实际掌握在大股东或者经营者手中,独立董事成为大股东或者经理层的利益代表,而不是中小股东的利益代表。有些上市公司董事会独立董事比例虽然较高,但并不真正独立,他们与上市公司存在着各种各样的利益关系。尽管累积投票权制的实施可以一定程度上缓解大股东或经理层控制独立董事提名的状况,但其作用微乎其微。因此,独立董事的独立性难以保障,独立董事的提名与监督主体的关系存有悖论。实际上即使独立董事制度实施最早的美国也存在着独立董事提名的悖论。

(2) 独立董事激励与监督职能相悖。我国上市公司独立董事的激励实际上由其监督的对象大股东或者经理层决定,由于利益的依赖,独立董事治理行为难以客观、独立。激励主体与监督主体的一致性,制约了独立董事监督的积极性与有效性的发挥,是独立董事制度的重要缺陷。

(3) 信息来源与监督职能相悖。独立董事要有效发挥其监督作用,必须占有丰富而真实的信息。但独立董事通常并不参与公司的管理,有些独立董事实际上对公司的情况了解甚少,其信息主要来源于管理层,而管理层往往提供有利于自己的信息,信息不对称使得独立董事难以作出独立的商业判断。

5.3.6 我国独立董事制度的职业化

尽管独立董事制度存在着一些缺陷,但独立董事在强化董事会的监督、提供战略服务以及公司社会资本等方面仍具有不可替代的作用。在现有法律与制度框架下,实现独立董事职业化是提升独立董事有效性的根本途径。

国际著名社会学家库尔特提出职业化应具备的一般特征以及与社会相关的特征。一般特征为:拥有一定理论基础与执业技能;执业技能需要广泛而严谨的培训才能获得;执业人员应通过考试展示其执业能力;有一个声誉显著的协会来代表和组织众多的职业人员;通过职业道德准则来维护职业的正直与诚实性。与社会相关的特征:职业所提供的服务是利他的;执业人员在某些领域具有执业权威性,并且需要对其职业判断承担责任;职业服务是维护公众利益所必不可少的;职业资格需要经过认证,并得到社会的广泛认可;职业人员为各个客户提供服务时具有独立性。与客户相关的特征:职业人员与客户之间具有委托责任关系;职业人员能公平地服务于顾客,不存在任何特殊利益考虑;职业人员的服务能得到固定的报酬。

鉴于此,应成立一个隶属中国证监会的准官方机构——独立董事协会,专门负责培训、委派、考核和管理具有经营管理、财务管理、法律等知识的专业人员,使之以专业人士的身份进入董事会,并根据考核的结果向其支付薪酬,从而构建从事独立董事工作的职业队伍。实行独立董事职业化的基本目的是改变目前独立董事由董事会或股东大会等选聘,并由上市公司支付薪酬的做法,将独立董事推向市场,依靠市场来配置和约束,从而增强独立董事的独立性。

独立董事协会的具体工作内容主要包括:

1. 独立董事选派与解聘

一旦成立独立董事协会,独立董事的提名、选举和解聘,都应依法进行。当上市公司需要聘请独立董事时,可以向独立董事协会申请,由协会根据上市公司的要求推荐候选人,经上市公司董事会提名委员会讨论,并最终提交股东大会通过累积投票制产生。第一届董事会中的独立董事应由中小股东通过网络投票制度实现,办法是中小股东从中国证监会独立董事人才库以差额选举方式确定独立董事候选人,并提交股东大会讨论。第一届独立董事人选确定之后,成立独立董事占大多数的提名委员会并由独立董事担任提名委员会主席,之后独立董事人选由提名委员会负责,由此确保独立董事人选的独立性。独立董事一旦被选聘,除因触犯国家法律外,上市公司无权对其解聘。为了避免独立董事与公司管理层长期合作而产生"合谋"的潜在风险,协会还应限制独立董事任职的期限。美国《密歇根州公司法》第450条规定,独立董事在公司任职不得超过3年,如果超过3年,虽然可继续作为董事留任,但失去独立董事资格。我国独立董事指导意见也做出了"独立董事每届任期与该上市公司其他董事任期相同,任期届满,连选可以连任,但是连任时间不得超过6年"的规定。为了实现独立董事提名的制度化,协会应设置专司独立董事的提名与选聘部门。

2. 独立董事的业绩考核

为了更好地约束独立董事的执业行为,独立董事协会应当成立考核部门,制定独立董事业绩考核制度,定期对在任的独立董事进行监督、检查和考核,并将考核结果记入"独立董事人才库"中的独立董事个人诚信档案,以供个人和企业通过网络等渠道查询。诚信档案披露的内容主要包括:独立董事背景、曾担任独立董事的公司名单、缺席和委托出席会议次数、被处罚情况和协会考核评议结果等。通过独立董事协会向社会公众公开独立董事的诚信档案,将独立董事的声誉与上市公司的信息披露制度联系起来,真正置于市场环境之中和社会监督之下。业绩考核的内容包括"量"和"质"两个方面。"量"主要包括参加董事会会议的次数、时间,提出咨询建议的个数等可具体量化的指标,是最基本的要求;"质"旨在评价独立董事对公司治理和经营管理方面所作的贡献,包括参加公司董事会会议时的表态、对公司经营管理机构的绩效评价、对高层管理人员建议的实施情况、与中小股东的联系情况、对上市公司信息披露的独立意见等内容。

3. 制定科学的独立董事薪酬制度

上市公司按其聘请的独立董事人数,向独立董事协会缴纳一定的费用。独立董事协会按照每位会员担任上市公司独立董事的数目按月支付差异化的固定报酬,每个年度末根据公司信息披露及证监会对公司的处罚情况来决定奖惩。独立董事通过协会选聘进入上市公司履行其职责,薪酬来自协会而非取自所监督的公司,这样可以提高其独立性,减少被公司利益同化的概率。同时,以所监督公司信息披露状况作为独立董事工作绩效考核的基础因素之一,将独立董事薪酬与履职状况挂钩,可以有效地激励和约束独立董事,提高履职的质量。独立董事协会可设置专司独立董事薪酬的部门,负责独立董事业绩考核与薪酬标准的确定等事宜。

4. 独立董事的资格认定与后续教育

独立董事职业化必须实现独立董事资格化,即实施独立董事资格认证。独立董事的资格认证是指,为满足独立董事有效履行职责需要的决策与监督等能力,应由第三方权威部门设计能力与相关知识的考查方案,对希望取得独立董事资格的人进行综合考查,最终确认其是否有能力承担独立董事工作的过程。通过认证的合格者,由独立董事协会发给"独立董事资格证书"。为保持和提高专业胜任能力与执业水平,掌握和运用相关新知识、新技能、新法规,独立董事协会还需对执业人员进行后续教育,并贯穿于独立董事的整个执业生涯。独立董事后续教育的费用应区别对待:在职独立董事的培训费用由独立董事协会、上市公司和独立董事三方平均分担;待岗独立董事的培训经费则由协会和独立董事双方平均分担。协会应成立独立董事培训与资格认定的部门。

5. 建立独立董事责任保险制度

《证券法》第63条和《公司法》第63条及第116条都规定董事应当承担连带赔偿责任。《关于进一步促进境外上市公司规范运作和深化改革的意见》规定:

在董事会中对议案提出明确异议但未投反对票的董事,不得免除责任。因此,独立董事的权利不大,但责任重大。权责利的失衡难以确保独立董事的有效履职。为了降低独立董事的责任风险,激励其大胆履职,独立董事协会应建立独立董事责任保险制度,以给予独立董事足够的风险保障。独立董事责任保险制度,可以保证独立董事为保护中小股东的正当利益采取行动时,不必担心自己的诉讼责任。当独立董事代表公司行事而引发个人责任时,可以通过责任保险获得一定的补偿。关于独立董事责任保险的费用,应由独立董事个人承担与上市公司共同承担。既减轻了独立董事的经济负担,又给予必要的约束。

独立董事职业化是我国独立董事制度未来发展的趋势。但独立董事职业化道路并非一朝一夕便可以完成,其运作离不开高度发展的市场化和良好的社会环境。只有各方面的共同努力,才能加快独立董事职业化的进程,推动我国上市公司治理的良性发展。

要点小结

1. 独立董事在改善上市公司声誉、规避违规行为、规范关联交易以及提升上市公司竞争力等方面发挥着积极的作用。

2. 美国引入独立董事制度不仅是优化董事会结构,强化管理层监督的需要,也是美国市场声誉激励和司法制度共同作用的结果。

3. 虽然引入独立董事的初衷是改善董事会的独立性,强化对大股东以及执行董事的监督,维护中小股东的利益,但独立董事的职能不仅局限于监督,还有咨询服务、政治关联等多项功效。

4. 独立董事制度的演变既是政策约束的强制性变迁的结果,又是企业追求创新、提高竞争优势的自发性行为,是诱致性变迁的结果。

5. 各国独立董事制度既具有一定的趋同效应,又与其历史、文化以及制度密切相关,日本、美国、英国以及中国独立董事制度的内容呈现出显著的国别特征。

6. 我国独立董事制度存在着监督主体缺失、职业化水平低、职业风险高、独立性与监督相悖等问题,严重影响了独立董事治理的效果。

7. 我国独立董事制度应向职业化发展。通过建立独立董事协会,并设置相应的部门负责独立董事的提名、业绩考核、薪酬发放、培训以及责任保险等事宜。

思考与讨论题

1. 您认为独立董事的职能有哪些？
2. 独立董事为什么要保持独立性？
3. 各国独立董事制度的演进历程如何？
4. 您认为各国独立董事制度是会趋同还是存异？为什么？
5. 中国上市公司独立董事制度存在的问题有哪些？其原因是什么？
6. 您认为未来中国上市公司独立董事制度应如何发展？

案 例 分 析

伊利股份罢免独立董事

上市公司独立董事主动请辞的情况很常见，但董事会要求罢免独立董事却十分罕见。2004年6月16日晚，伊利股份发布公告，称临时董事会审议同意《监事会关于提请股东大会免去俞伯伟先生独立董事的方案》。6月17日，伊利股份发布公告称董事会临时会议形成决议，同意将《内蒙古伊利实业集团股份有限公司监事会关于提请股东大会免去俞伯伟先生独立董事的议案》提交2003年度股东大会审议。公告发出后伊利股份股价大跌，仅仅两日，流通市值蒸发了近5亿元，向来稳健的伊利股份（600887）意外跌停，中小股东利益严重受损。

伊利股份监事会称，经调查核实，2003年以来由独立董事俞伯伟之主要社会关系担任主要职务的公司，与公司进行了关联交易，且关联交易数额较大。而俞伯伟事先未按照相关规定，向公司通报并回避相关表决事宜。监事会认为，俞伯伟已不适合继续担任公司独立董事职务。

2004年8月3日，伊利股份召开临时股东大会，通过了罢免俞伯伟独立董事的议案。

独立董事俞伯伟

俞伯伟44岁，1983年毕业于北京对外经济贸易大学、乔治·华盛顿大学市场营销与国际工商管理博士，曾任IBM中国公司（北京）营销代表，Methode Electronics Inc. 中国区总监，亚商企业咨询股份有限公司合伙人、副总经理，2001年创办蓝程咨询（上海）有限公司，并任董事、总经理。

1999年牛根生离开伊利时带走了十多个业务骨干，伊利陷入危机。危急时刻，郑俊怀找到上海亚商，由俞伯伟负责伊利的事业部制改建事宜。之后俞伯伟一直在伊利做项目，于2002年6月22日股东大会选举为公司独立董事。2002年6月15日俞伯伟草拟了一份申明给伊利股份，拟聘请会计师事务所对公司的国债交易等进行全面审计。此前，包括俞在内的3名独立董事都曾就国债事宜向公司索要详细资料，拟对公司相关事项进行专项审计。俞伯伟在声明中质疑伊利股份第五大股东呼和浩特市华世商贸有限公司存在不当关联交易。俞伯伟认为聘请审计机构对公司进行全面审计，是"独立董事应勤勉尽职，保护中小股东和公司利益"，他强调"对于独立董事而言，没有想伤害企业的意愿。在这个位置上，要对得起我这个职位"。

巨额国债投资，独立董事竟不知情？

6月18日公告中伊利股份承认：经公司四届四次董事会关于"公司利用部分闲置资金购买国债事项的决议"及内部审批程序（该事项未做单独披露），公司从2002年11月26日始在闽发证券北京营业部利用部分自有资金自主购买国债，并于2004年3月26日撤销指定交易，全部转入金通证券上海营业部，累计投资额4.17亿元（期间最高使用资金为3亿元），共出售国债2.47亿元（公司已收回含利息的资金2.55亿元），截至2004年6月16日国债余额为1.45亿元，累积亏损1700万元。根据伊利股份2004年第一季度报，每股净资产为5.16元，总股本391264988股，净资产总额为20.18亿元，购买国债共投资4.17亿元，远超过伊利股份净资产的10%，但伊利股份从未公告，独立董事对此不知情。另外伊利股份2003年度净利润不过1.99亿元，该年度国债投资累计竟达4.17亿元（期间最高使用资金为3亿元），其资金来源是个谜。

管理层通过华世商贸持股牟利？

伊利股份公告称："2003年度报告中披露的公司第五大股东呼和浩特市华世商贸有限公司，成立于1999年12月，当时由公司两名中层管理者名义注册，2002年该公司由5名中高层管理者家属以个人出资的形式增资，增资后注册资本为465万元。公司以3.6元的价格受让呼和浩特市立鑫实业公司持有的公司社会法人股3930000股；以3.8元的价格受让天津常印印刷厂持有的公司社会法人股91700股；以6.35元的价格受让长春市胜利粮油公司持有的公司社会法人股202541股，至此该公司共持有公司社会法人股4224241股。公司2003年7月实施10转增10的方案派2元（含税）的分红配股方案，截至2003年12月31日，华世商贸持有一般法人股8448482股，持股比例摊薄至2.16%。因政策因素为规范运作，公司高管家属将所持有的该公司股权近期已依法转让给他人。转让前，该公司与公司存在关联关系。"但公告并没有透露这7名中层管理者及家属的姓名和详细关联交易资料,也没有透露股权转让的价格。管理层通过华世商贸持股,是否获得暴利值得怀疑。

独立董事与上市公司之间存在关联交易?

在俞担任独立董事之前,伊利有个 200 万元的奶粉营销战略项目。据俞伯伟讲,担任独立董事后,郑俊怀要他继续做项目,郑俊怀表示由于其他咨询公司不可能在短期内了解伊利,由蓝程咨询(此前俞伯伟所在公司)做更合适。以独立董事俞伯伟之妻兄为法定代表人的上海承祥商务有限公司分别于 2002 年 9 月 4 日、2003 年 3 月 4 日、2003 年 5 月 24 日与公司签订合同金额 130 万元、180 万元和 200 万元的咨询项目合同。并自 2002 年 10 月 8 日起至 2004 年 4 月 13 日止,公司已汇入该公司上海交行长宁友分理处。

罢免程序是否违规?

6 月 16 日临时董事会会议原定于下午 2 点,董事长郑俊怀带着律师来时已是下午 2 点半。临时董事会共有 7 位董事参加,外加律师。董事长郑俊怀表示临时会议要讨论两个议题,一是关于免去俞伯伟独立董事的议案,二是讨论《独立董事声明》的合法性。公司党委副书记、监事会主席作了关于罢免独立董事的阐述,认为应免去俞独立董事一职。随后郑俊怀要求举手表决,只有他自己与副董事长杨桂琴举手。在弃权举手的表决中有 4 个人举手,分别是呼和浩特市原国资局局长李云卿、奶粉事业部总经理陈彦、股东代表王宝录与独立董事郭晓川。休会后再次表决的结果是 7 位参会董事中,5 人赞成,1 人弃权,1 人拒绝表决。会议最终审议通过《公司监事会关于提请股东大会免去俞伯伟独立董事的议案》。

三个独立董事中唯一参加本次董事会会议的郭晓川,坚持投弃权票;潘刚没有在董事会决议上签字,并在会议记录上留下了"此次董事会会议不符合公司章程,决议无效"的字样后离去。会后在获悉临时董事会会议决议结果时,独立董事王斌声明,此次董事会不符合公司章程。俞伯伟阐述了不能与会的原因是:6 月 15 日晚,俞收到公司信息披露人李永平在当天发来的电子邮件,通知其赴京与郑俊怀商谈,时间定在 6 月 16 日上午 10 点。但郑未能履约。俞通过王斌得知,公司已经通知 16 日下午在呼市召开临时董事会。俞认为他没有得到任何形式(口头或书面)的董事会会议通知,造成了他不能出席董事会会议,并且俞认为此次董事会会议决议无效。

独立董事再次发表声明,证监会立案调查

在 2004 年 6 月 29 日的股东大会上,独立董事俞伯伟、郭晓川以及王斌再次联合发表《独立董事声明》,要求伊利股份对国债投资、华世商贸股权等问题聘请中介机构进行审计,并详细披露相关信息。同时,要求公司监事会因错误的国债投资决策给公司造成的损失代为公司提起诉讼。但监事会在相当长的时间内未作出回应,并依然我行我素。7月21日,公司发布临时公告称,证监会通知公司已涉嫌违反证券法规,被立案调查。

(资料来源:作者根据相关资料整理。)

案例思考:
1. 伊利股份独立董事因何被罢免?
2. 伊利股份独立董事是否存在独立性问题?
3. 伊利股份临时董事会会议是否合规?
4. 投资者对独立董事被罢免有怎样的反应?
5. 临时股东大会关于罢免与辞去独立董事职务的参会比例低说明了什么?
6. 如何保障独立董事的知情权?

参 考 文 献

1. 李维安、武力东:《公司治理教程》,上海人民出版社2001年版。
2. 李彬:《基于演化经济学范式对日本公司治理改革的诠释》,载《日本学刊》2011年第3期。
3. 简新华、石华巍:《独立董事的"独立性悖论"和有效行权的制度设计》,载《中国工业经济》2006年第3期。
4. 青木昌彦、钱颖一:《转轨经济中的公司治理结构》,中国经济出版社1995年版。
5. 吴敬琏:《比较·第十六辑》,中信出版社2005年版。
6. 王跃堂等:《董事会独立性、股权制衡与财务信息质量》,载《会计研究》2008年第1期。
7. 徐明:《上市公司独立董事制度理论和实证研究》,北京大学出版社2007年版。
8. 张开平:《英美公司董事法律制度研究》,法律出版社1998年版。
9. 谢永珍:《董事会治理评价研究》,中国高等教育出版社2006年版。
10. 谢朝斌:《独立董事法律制度研究》,法律出版社2004年版。
11. Byrd J J, K. A. Hickman. Do Outside Director Monitor Managers [J]. Journal of Financial Ecnomics, 1992 (195).
12. Beasley, M. S. An empirical analysis of the relation between the board of director composition and financial statement fraud [J]. The Accounting Review, 1996, 71 (10): 443 – 465.
13. Fama, E. F. Agency problems and the theory of the film [J]. Journal of Political Economy, 1980 (88): 288 – 307.
14. Friday, H. S, and G. S. Sirmans, Board of Directors Monitoring and Firm Value in REIT

[J]. Journal of Real Estate Research, 1998.

15. Hermalin, Weisbach. The effects of board composition and direct incentives on firm performance [J]. Financial Management, 1991, 20 (4): 101 – 112.

16. Sanjai Bhagat, Bernard S. Black, The Non – Correlation Between Board Independence and Long – Term Firm Performance [J]. Journal of Corporation Law, Vol. 27, 2002: 231 – 273.

第 6 章

监事与监事会

学习目的：本章主要介绍了监事会制度的起源、监事会的权力、义务与责任；监事会治理的功能定位；监事会治理的运行模式以及监事会运行有效性及其评价。通过本章学习，了解监事会制度的起源，掌握监事会的功能定位以及监事的权力、义务与责任，了解监事会治理模式，熟悉监事治理的有效性界定及其评价方法，了解独立监事制度。

关键词：监事；监事会；监事会治理；监事会治理有效性；独立监事

引 言

公司治理的本质是维护利益相关者的利益。在现代公司中设立一个具有监督职能的常设机构——监事会，将执行职能与监督职能区分开来，是我国公司治理结构安排的重要特征。监事会的核心职责就是对董事会成员及经理人员行为的合规性进行及时、有效的监督，以保证程序的公正性。但在实践中，监事会形同虚设的事件屡有发生。监事会的基本特征与运作机制是什么？如何充分实现监事会的监督职能？这是理论界与实务界一直关注的问题。

6.1 监事会概述

6.1.1 监事会制度的起源与发展

1. 国外监事会制度的起源与发展

在英美法系与大陆法系两大法系的框架之下，相应的公司治理大致分为两种模式：单层制与双层制。单层制也被称为"一元模式"，公司只设立董事会，不设监事会。董事会集执行职能与监督职能于一身，其监督职能是通过独立董事制度来实现的，对公司的监督由下设的审计委员会等专业委员会承担。双层制也被称为"二元模式"，即公司设立董事会，同时设立监事会，将执行职能与监督职能分开。董事会具有执行职能，监事会拥有监督职能，对董事会进行监督。德国与日本的公司治理制度是以大陆法系为基础的，依靠内部结构来实施，但两者的起源与具体做法有所不同。

（1）德国监事会制度的演进。1602年荷兰东印度公司成立，受到当时政治组织中都市商业贵族专制统治的影响，荷兰东印度公司采用了董事会专制的经营机构。在这个机构中，股东的反抗就相当于对董事的监督，可是随着股东大会的成立，主要股东的权力逐渐被限制，最终转化成为董事的监督机关。德国借鉴了东印度公司的经验，形成了独具特色的监事会制度。回顾该制度的演进发展，大致经历了四个阶段：一是形成阶段（1981年以前）。1838年，普鲁士政府制定了《铁道公司法》，1843年又制定了《股份公司法》，这是德国股份法律最初的规定。关于业务执行机关，当时规定理事会作为最高管理机关，主要由设立者或者主要的股东构成，其任务是监督董事会并且指导公司的重大决策方针，这是德国监事会制度的雏形。1861年制定了《德国普通商法典》，该法第225条规定股份公司可以任意设置监事会，监事会作为股份公司的机构在法律上予以承认。但当时的监事会更强调业务监督，受其权限所致，发挥的作用亦有限。二是监督机能完善阶段（1861年到第二次世界大战）。德国于1870年年初修订了商法典。该法典指出，监事会作为监督机构的设立是一切股份公司的义务。监事不但拥有广泛的业务监督与会计监督义务，还负责对年度决算报告与利润分配方法进行审核。1900年前后，卡特尔、辛迪加等垄断资本主义成为德国经济的基础。在这期间，监事会拥有经营实权。而且职工参与企业经营的理念在这一时期得到了发展。1920年与1922年，德国政府颁布并修订了《经营协议会法》，规定由一名或者两名劳动者代表参加企业的理事会。三是创新发展阶段（第二次世界大战到20世纪90年代初）。在这一阶段，监事会不仅具有监督职能，而且还拥有了与董事会就重大决策的协商技能、同意权以及对董事的任免权。最终的决策权不是由董事会而是由监事会拥有。四是机能强化阶段（20世纪90年代初至今）。20世纪90年代以来，公司舞弊事件的频发使完善公司治理成为各国企业关注的共同问题。德国公司也经历了一系列欺诈、内幕交易等事件，引发了对监事会存在价值的讨论。德国政府颁布了一系列法律法规，从结构、机能等多方面对监事会制度进行了改革，总体上强化了监事会在公司治理中的作用。

(2) 日本监事会制度的演进。日本公司最初以监事会监督为主，在 2002 年商法改革之后，又将英美的独立董事制度移植到内部监督职能中。因此，其在公司治理结构上便形成了二元模式，即不仅可以选择独立董事制度，又能够保持原来的监事会制度的自愿选择内部结构的治理机制。日本监事会制度的发展可以分为三个阶段：一是监事会制度萌芽及变迁阶段（第二次世界大战之前）。以德国 1861 年的商法典为蓝本，同时借鉴法国的公司法，日本于 1881 年起草了商法典。经历了多次修订之后，形成了新商法。在该法中，规定股东大会是最高决策机关，董事是在股东大会上被选任的业务执行者，而监事则是在股东大会上被选任的拥有执行业务及会计监督职能的主体。二是监事会制度的创新阶段（第二次世界大战以后至 2001 年）。20 世纪 60 年代后期，针对公司财务造假等事件，日本政府提出了在大公司强化监事会监察职能的方针。之后，分别于 1994 年、1997 年、2000 年、2001 年对商法进行了多次修订，在不断完善监事会治理环境的同时，使日本公司监事制度不断强化，增强了监事会的独立性。三是监事会机能强化与独立董事制度导入阶段（20 世纪 90 年代至今）。随着全球化的推进，国外机构投资者开始进入日本股市，日本公司的股权结构逐渐呈现出分散化的趋势。日本社会各界纷纷提出，应尽力吸收和借鉴欧美各国先进的公司治理理念与制度。2002 年 5 月，日本商法修订最终完成，标志着独立董事制度正式导入日本。

2. 我国监事会制度的起源与发展

（1）监事会制度在我国的萌芽。我国监事会制度的出现可以追溯到 1904 年 1 月清政府所颁布的《公司律》[①]。在该法中，第五节提出并规定了"查账人"的选举和任期等制度。"查账人"的职权类似于现代公司法中的监事，可以说是我国监事的最早形态。1914 年中华民国的《公司条例》，1929 年南京国民政府的《公司法》及其 1946 年修改后的《公司法》由于都是在清末《大清商律草案》及北洋政府《中华民国商律》的基础上，"博采他邦成规，广征本国习惯"而制定的，因此，相应的监事制度也随之保存下来，并被予以不断地完善[②]。

（2）监事会制度的制度断层与正式生成。1949 年新中国成立后，国民党政府时期的《公司法》被废止。1956 年对私营经济的社会主义改造完成之后，传

---

① 此法可以称为我国第一部成文《公司法》，正式立法作业起始于 1903 年，由载振、袁世凯、伍廷芳负责起草，该法设立受欧洲一些国家及日本明治维新影响较大。请参照王保树、崔勤之：《中国公司法原理》，社会科学文献出版社 1998 年版，第 7~8 页。

② 上海国家会计学院：《公司治理》，经济科学出版社 2011 年版。

统的公司治理企业消失，中国的经济结构变成了单一的以公有制为基础的国营企业。自此直到1979年，公司立法被全民所有制企业立法和集体企业立法所代替，监事会这一制度也随之中断了近40年之久①。

1992年国家体改委颁布了《有限责任公司规范意见》和《股份有限责任公司规范意见》，分别在第5章与第6章，对监事会的权力、构成等进行了相应的规定，这是自新中国成立以来首次正式启用了"监事和监事会"称谓。1993年12月《中华人民共和国公司法》（以下简称"1993年《公司法》"）颁布，1994年7月1日正式实施，监事会制度第一次被我国以立法方式加以确认，成为我国公司治理制度中的一项法定制度。这标志着监事会成为了具有法律地位的公司机构组成部分。在该法的指引下，形成了董事会、监事会与经理层相互制衡的公司治理结构。从《公司法》对监事会制度的具体规定来看，监事会制度不但借鉴了日德的国际经验，还传承了我国国营企业中一直以来通行的"老三会"②中工会和职代会的部分功能。

（3）监事会制度的发展与完善。随着国有企业改革的深入，为了保障对国有企业的有效监督，1998年国务院提出要向国有重点大型企业派出稽查特派员的规定。1999年对《公司法》进行修订后，增加了国有独资公司监事会设置问题。2000年的《国有企业监事会暂行条例》以及2002年由中国证监会和国家经贸委联合公布的《中国上市公司治理准则》中进一步扩大了监事会监督的范围，明确了相应的职责。2005年新《公司法》在原有监事权力体系的基础上，又增加了"罢免权"、"提案权"、"股东会的召集权和主持权"、"诉讼权"③等，对监事会的职责又进行了强化。

6.1.2 监事会的特征

监事会是依法设立的，对公司董事和高级管理人员的经营管理活动及公司财务行使监督职能的常设机构。由于各国公司法律传统和管理体制上的差别，监事会的形成与演进路径不同，其具体的运作模式也有所不同。我国的监事会制度充分借鉴了日本和德国等发达国家的监督经验，与日本较为相似，同时参考了德国

---

① 王世权：《监事会治理的有效性研究》，中国人民大学出版社2011年版。
② 即"党委会、工会和职代会"。
③ 新《公司法》第152条赋予了监事会和监事对董事、高管违法行为法定的诉讼权，但要注意的是，监事会或监事对董事高管的诉讼权须以股东的申请为前提，也就是说公司法并没有赋予监事会单独的诉讼权，在股东没有提起诉讼请求时，监事会或者监事就不能提起这样的诉讼。

监事会中职工参与这一理念。2002年,又借鉴了欧美发达国家的经验,将独立董事制度移植到公司治理结构中,形成了兼具监事会制度与独立董事制度的公司治理结构。如图6-1所示。

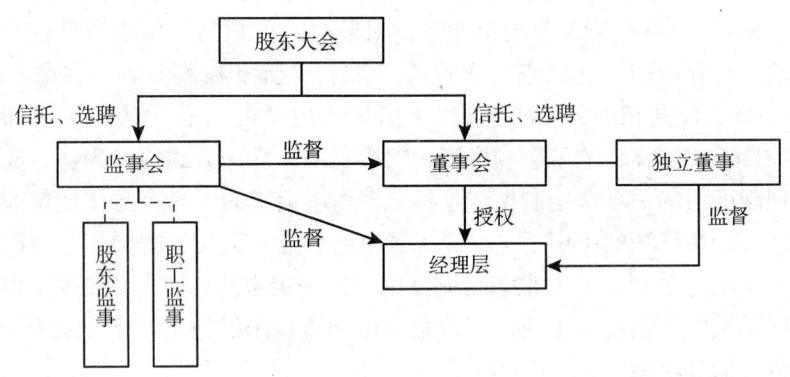

图6-1　监事会在我国公司治理结构中的地位

监事会具有以下特征:

(1) 监事会是常设机构。《公司法》第52条、第118条规定,只有股东人数较少或者规模较小的有限责任公司,可以设1~2名监事,不设立监事会,但监事行使监事会的权力,除此之外的有限责任公司与股份有限公司均要设立监事会。

(2) 监事会行使监督职能。监督的内容包含:对董事、高级管理人员执行公司职务的行为进行监督和对公司的财务进行监督检验以及依法对董事、高级管理人员提起诉讼等。需要强调的是,监事会不能干预企业的日常经营活动,以保障决策权、执行权与监督权的分设。

(3) 监事会由依法产生的监事组成。根据我国现行《公司法》规定,监事产生的途径主要有:股东会选举产生与职工民主选举产生。

(4) 监事会监督具有独立性。由于监事会工作的特殊性,要求监事会在工作中必须保持"独立性",即必须明确监事会和董事会的工作界限,确立监事和管理的分界线,确保监事在工作中不会受到董事会的影响和控制,从而保障监督与评价的客观性。

(5) 监事会的监督职能贯穿公司运作的全过程。监事会的监督不仅是审查财务报表等的事后监督,而是对公司运作全过程进行的全面监督。监事会需要掌握公司运作的全面信息,从而更好地把握公司运作的实际情况和发展趋势。

(6) 监事会监督的方式是日常运行监督与重大事项监督相结合。日常运作的监督,是指监事会通过列席董事会、查阅董事会报送的有关材料,对公司日常运作进行监督,这是监事会工作的基础。而重大事项监督,是对各类造成公司资产损失的行为,公司(包括董事或高级管理人员)等的违法、法规和严重违纪行为等进行的监督。当公司存在这些异常情况时,应及时召开监事会会议,或提议召开临时股东大会。

6.1.3 监事会成员任职资格

对于监事的任职资格,《公司法》有明确的规定(第 147 条)。有下列情形之一的,不得担任公司的监事:(1)无民事行为能力或者限制民事行为能力;因犯有贪污、贿赂、侵占财产、挪用财产罪或者破坏社会经济秩序罪,被判处刑罚,执行期满未逾 5 年,或者因犯罪被剥夺政治权利,执行期满未逾 5 年;(2)担任因经营不善破产清算的公司、企业的董事或者厂长、经理,并对该公司、企业的破产负有个人责任的,自该公司、企业破产清算完结之日起未逾 3 年;(3)担任因违法被吊销营业执照的公司、企业的法定代表人,并负有个人责任的,自该公司、企业被吊销营业执照之日起未逾 3 年;(4)个人所负数额较大的债务到期未清偿。公司违反前款规定选举、委派董事、监事或者聘任经理的,该选举、委派或者聘任无效。同时规定,董事、高级管理人员不得兼任监事。

监事的任期每届为 3 年,监事任期届满,连选可以连任,和董事的任期规定一致。监事任期届满未及时改选,或者监事在任期内辞职导致监事会成员低于法定人数的,在改选出的监事就任之前,原监事仍应当依照法律、法规和公司章程的规定,履行监事职务。

6.1.4 监事会的权力、义务与责任

1. 监事会的权力

(1)财务检查权。财务检查权是指监事会依照法律法规与公司章程的规定所享有的对公司整个财务活动及财务文件等进行监督、查阅与审查的权力。具体包括公司账簿、财务报告以及资产变动情况等。通过检查,公司董事会成员及经理人员的违反法律法规、公司章程及其他有损于公司利益的行为会被及时发现,以维护公司利益不受更为严重的损害。我国《公司法》第 55 条规定:监事会、不设监事会的公司的监事发现公司经营情况异常,可以进行调查;必要时,可以聘

请会计师事务所等协助其工作，费用由公司承担。

（2）业务监督权。为了实现监事会作为监督机构的目标，应授予监事会对公司整个经营活动的监督权力，这是监事会享有的根本性权力。监事会依照法律法规、公司章程等对董事、高级管理人员执行公司职务的行为进行监督，当董事、高管的行为损害公司的利益时，应要求他们予以纠正。我国立法规定的监事会的业务监督权不限于合法性监督，也包括妥当性监督。并且将监事会监督的范围定为职务监督，即只要董事、高管的行为有不妥当之处，都可以由监事会采取措施加以制止、纠正。

（3）股东会或股东大会会议召集权。公司的股东会或者股东大会一般是由董事会召集召开的。但在特殊情形下，尤其是在董事会刻意不予召集时，以维护公司利益为目的，监事会有权力以其名义召集股东会或者股东大会，包括定期会议与临时会议。我国《公司法》第119条与第54条规定，监事会可以提议召开临时股东会或股东大会，在董事会不履行本法规定的召集和主持股东会议职责时可以召集和主持股东会会议。

（4）解任董事提案权。作为公司的监督机构，监事会享有解任董事的提案权，即就解任公司董事向股东会或股东大会提交议案的权力。该提案权必须要包含在股东会或股东大会议题之内，这是保障公司内部权力有效分置与制衡的重要措施。我国《公司法》第54条在规定监事会的职权时，赋予监事会在监督董事、高级管理人员拥有提出罢免的建议权。这时监事会的监督更具有威慑力。

（5）特殊情况下代表公司的权力。当董事与公司发生业务联系或法律争议时，如仍由他们对外集体代表公司，会形成自己代理、违背民法的基本原则。德国《公司法》第112条规定：监事会在诉讼中和在诉讼外，相对于董事会的成员代表公司。我国《公司法》第54条第6项规定了监事会可以依据本法第152条的规定，对董事、高级管理人员提出诉讼。但对于诉讼当事人是监事会，还是由监事会代表公司尚未作出说明。

新都酒店董事选举被判无效，监事会履行职权

2003年8月8日，新都酒店表示收到深圳市罗湖区人民法院有关文件，称深圳市卢堡工贸有限公司诉新都酒店2002年度股东大会有关董事选举无效及停止侵权行为等。依照有关生效判决之裁定，新都酒店2002年度股东大会关于第四届董事会的选举决议无效，该决议选举的第四届董事会依法不能成立。

新都酒店监事会发布公告称，目前新都酒店仍在维持正常的日常经营，为保

障上市公司完整的治理结构，鉴于原第四届董事会的选举无效，依据公司监事会的职权，监事会尽快提议召开临时股东大会，依法选举公司第四届董事会，在第四届董事会选举产生之前，监事会愿履行公司的信息披露义务。

（资料来源：新浪财经 http：//finance.sina.com.cn/roll/20030829/0846425979.shtml。）

2. 监事的义务与责任

监事义务可以分为两类，一类是作为义务，一类是不作为义务。作为义务是一种积极义务，包括忠实勤勉义务、亲自履行义务、举报义务等。不作为义务是一种消极义务，包括禁止泄露公司机密、禁止兼职等。

监事违反法律法规、公司章程、股东会决议等，不履行其忠实勤勉义务，导致公司利益受到损害，监事应当对公司承担责任。

有关监事应承担的义务与责任，我国《公司法》第150条、第151条以及第152条作出以下规定：（1）监事执行公司职务时违反法律、行政法规或者公司章程的规定，给公司造成损失的，应当承担赔偿责任；（2）股东会或者股东大会要求监事列席会议的，监事应当列席并接受股东的质询；（3）董事、高级管理人员有《公司法》第150条规定的情形的，有限责任公司的股东、股份有限公司连续180日以上单独或者合计持有公司1%以上股份的股东，可以书面请求监事会或者不设监事会的监事向人民法院提起诉讼。

6.1.5 独立监事制度

1. 独立监事的独立性

参照美国独立董事制度的优点，将独立性思想贯彻融合到监事会制度之中，便形成了独立监事制度。独立监事是指那些与公司、管理层不存在任何影响其客观独立判断之利害关系的外部监事[①]。因此，从理论层面分析，独立监事作为独立的外部监督者较不容易受到董事、经理的影响，以避免监事与经营者合谋产生新的内部人控制，也可使董事、经理们在博弈选择中因为违规成本提高而放弃违规，从而降低委托代理风险[②]。独立监事制度作为一种重要的制衡手段，可以更

[①] 沈乐平、张咏莲：《公司治理原理与案例》，东北财经大学出版社2009年版。
[②] 刘银国：《基于博弈分析的上市公司监事会研究》，载《管理世界》2004年第6期。

好地保障监事会独立性。独立监事的选任和罢免权应归于流通股东，而非控股股东，以保证中小股东的利益。

独立监事的独立性主要包括三个方面：一是，独立监事必须独立于公司的董事会、经营管理机构与公司员工，也就是说，独立监事不能来源于公司董事会成员、高级管理人员的派出单位，也不能来源于上市公司员工；二是，独立监事及其所在单位不能与公司、公司董事会成员和高级管理人员有业务上的关联；三是，独立监事不能是公司董事会成员、高级管理人员以及与公司有业务关联的企业的主要负责人的直系亲属。在这三个方面中，最重要的是独立于公司董事会成员和高级管理人员[1]。此外，还有一种特殊情形，即一开始具备独立监事资格，但后来在履行职责过程中与公司或管理层产生了影响其做出独立客观判断之利害关系，这也影响独立监事的独立性，这样的监事也不能称为真正的独立监事[2]。

2. 独立监事制度运作的原则

为了真正发挥独立监事的作用，增强监事会的独立性，并促进独立监事与独立董事相互配合以完善公司的治理结构，需要遵循以下原则。

（1）保障独立监事在监事会的"决定性地位"。为保证独立监事能够真正发挥作用，在监事会中能够具有决定性力量。监事会的结构应该是：独立监事1/3、职工代表1/3和中小股东代表1/3的"三分天下"模式，以保证监事会决议的独立性并有效制衡各方利益。

（2）确保独立监事的专业性。独立监事应由财务会计、投资金融专家、法律专家等专业人士担任，这是能够保障独立监事科学履职以及设置监事会审计委员会等专门委员会的前提与基础。

（3）独立监事与独立董事分工明确并有效配合。两者的职责分工是：独立董事的监督体现在重大决策过程监督与日常进行监督相结合，重在重大决策过程的监督；独立监事的监督体现在二者相结合，重在日常运行过程的监督。监事会的决议实行简单多数制，对经理层提交给董事会的经营报告，监事会有否决或保留意见的权力；对董事会提交给股东大会的报告，监事会有否决或保留意见的权力。因此，独立董事与独立监事相互配合形成"专家决策+专家监督"的科学模式，真正起到保护中小股东和利益相关者的作用。

（4）保障独立监事选任与罢免的决策科学性与程序公正性。独立董事的选任

---

[1] 《中国需要建立独立监事制度——访著名经济学家韩志国》，人民网，http://www.people.com.cn/GB/paper53/3952/471446.html。

[2] 沈乐平、张咏莲：《公司治理原理与案例》，东北财经大学出版社2009年版。

与罢免权应该归属于非董事股东,以保证独立监事代表的是中小股东的利益。并且在选任与罢免的过程中,也应该保障程序的公平公正,以确保独立董事的代表性。

6.2 监事会治理及其运行机制

6.2.1 监事会治理的功能定位

1. 监事会治理的功能定位

欧洲大陆多数国家、日本、韩国的公司立法、我国《公司法》均规定了监事会或者监事是公司必设的监督机关,全面执掌监督权,希望通过董事会与监事会机关的分立及决策权与监督权的分离所产生的制衡,以达到公司内部自治监督的目的。各国立法上也有不断强化监事会监督权力的倾向,以对董事会形成有力的制约[①]。我国《上市公司治理准则》对监事会的功能定位是维护公司及股东的合法权益。

(1) 监事会治理的目标。监事会治理的核心目标是保证程序的公平、公正与独立性,旨在维护公司股东及其他利益相关者的利益。保护股东利益不仅包括监督公司控制人,也包括保障中小股东利益不受大股东等侵害。同时,债权人与职工是较为关键的利益相关者主体。通过职工代表进入监事会,能够更好地发挥职工的参与和监督作用,维护职工的利益。

(2) 监事会治理的对象。监事会不仅对董事、高级管理人员个体进行监督,而且对董事会这个机构也要进行监督,以解决董事会只能监督董事个体及下属机构而不能监督自身的问题。

(3) 监事会治理的范围。监事会监督权力所能够涉及的范围不仅仅是检查公司的财务,也包括对公司董事会的决议以及董事、高级管理人员的业务执行情况进行的监督。但只有在董事、高管违反法律法规、公司章程及股东会决议时才能行使监督权。

---

① 高明华等:《公司治理学》,中国经济出版社 2009 年版。

2. 监事会与独立董事之间的关系

独立董事也是具有内部监督功能的主体，在诸如聘请外部机构和咨询机构等职权方面是相同的，因此，其与监事会并存的治理模式受到诸多学者的诟病。但两者在其他职权形式上更多体现的则是互补关系，如表6-1所示。

表6-1　　　　　　　　　　　独立董事与监事会制度比较

比较维度	监事会	独立董事
成员来源	股东和职工代表	外聘专家
专业背景要求	无	有
独立聘请外部机构和咨询机构权	有	有
召开临时股东大会提请权	有（召集和主持）	有（向董事会提请）
公开向股东征集投票	无	有
提名、任免董事或解聘高级管理人员	有（但限于违规者）	有（独立发表意见）
向股东会会议提出提案	有	无
对董事、高级管理人员提起诉讼或罢免建议	有	无
向证券监督机构和其他部门直接报告情况	有	无
公司董事、高管人员的薪酬	无	有（独立发表意见）
关于重大关联交易	有（事后检查公司财务）	有（事前认可权）
对公司董事、高管人员尽职情况的监督权	有	—
聘用或解聘会计师事务所的提议权	—	有

注：表中"—"表示相关法律法规虽然没有明确规定，但在实践中可能行使该职权。
资料来源：上海国家会计学院：《公司治理》，经济科学出版社2011年版。

（1）知识背景的互补。从两者成员的来源及背景来看，独立董事作为独立的外部人来源于外聘的专家，而监事多数公司股东和职工代表。而对于监事，相关法律法规并未对其专业背景提出具体的要求。而对于独立董事，一般要求应具有财务、法律等方面的专业背景，使其能够为公司决策提供有效的智力支持。

（2）监督过程的互补。监事会一般只有列席董事会的资格，对所决策的执行进行监督，更侧重于事后监督。独立董事能够参与董事会，具有董事所具有的表决权，因而能够进行事前与事中的监督。监事会的事后监督包括检查、评价与反馈等多重功能，是对独立董事事前、事中监督的延续与补充。

（3）监督权力的互补。监事会与独立董事监督职能的体现，需要匹配相应的权力，但二者拥有的权力具有一定程度的差异。监事会拥有"向股东会会议提出提案、对董事、高级管理人员提起诉讼或罢免建议、向证券监督机构和其他部门直接报告情况"等权力,而董事会拥有"公开向股东征集投票"、"对公司董事、高管人员的薪酬发表独立意见"等权力。

3. 监事会与审计委员会之间的关系

审计委员会是隶属于董事会的一项重要制度安排,其建立的初衷是在董事会中寻求一支独立的财务治理力量,以加强公司财务报告信息的可靠性,从而避免由董事会与经理人员来主导企业的审计工作。对于审计委员会与监事会之间的关系,如表6-2所示。

表6-2　　　　　　　　　监事会与审计委员会的关系

比较内容	监事会	审计委员会
隶属关系	对股东大会负责	对董事会负责
监督对象或内容	监督公司的财务、高级管理人员以及关联交易等	监督公司重大财务决策、财务回报流程、重要规章制度和重大经营活动的合法性与有效性
重点权力与职责	1. 检查公司财务; 2. 对会计师事务所进行资质、信用考察,并向股东大会提出公司聘任、解聘或者不再续聘会计师事务所的建议; 3. 核对董事会拟提交股东大会的财务报告和利润分配方案等资料; 4. 对公司高级管理人员在执行公司职务时违反法律、法规或者公司章程的行为行使监督权	1. 对公司的信息披露进行审查,确保公司完全、及时、准确地披露法规要求的有关信息; 2. 聘任公司外部审计人员; 3. 对内、外部审计人员及其工作进行审查; 4. 对公司的内部控制进行审查; 5. 审阅内部审计部门的审计计划与审计报告,并执行董事会特别指派的审计工作

资料来源:天亮等:《公司治理概论》,中国金融出版社2011年版。

由表6-2可知,监事会是与董事会平行的机构,而审计委员会则是隶属于董事会的内部控制机构。监事会监督是关于公司财务、高管行为合法合规性监督,而审计委员会监督多是对董事会与高管人员的行为进行决策科学性与正当性的监督。

6.2.2　国外监事会运行模式比较

各国的公司治理结构中均设有监督机构,但依存于各国家的政治制度、历史文化、经济发展水平等因素,目前主要的监事会运行模式如下。

1. 以美国为代表的单层制监督模式

英美法系的大部分国家资本市场发展较为完善。早期的资产阶级革命与工业革命发生在英国，在推动英国经济发展的同时，也催生了资本市场的繁荣。美国在很长一段时期内沿袭了英国的法律体制，并制定了《证券法》、《证券交易法》、《投资公司法》等一系列法律，形成了政府监管和自律管理相结合的监管模式。

在英美法系之下，尤其是以美国为代表，公司的治理结构基本上通过立法确定单层制的监督模式，也被称为"一元结构"。在该模式下，公司不设立单独的监督机构。董事会集决策与监督两种职能于一身，其监督职能通过独立董事及其构成的审计委员会、薪酬委员会以及提名委员会等来履行。在不设监事会的情况下，独立董事必须充分发挥作用，使得能够改善公司治理结构，提高公司质量；强化董事会的制约机制，保护中小投资者的利益，从而最大限度地起到与监事会同样的作用。因此，如图6-2所示。

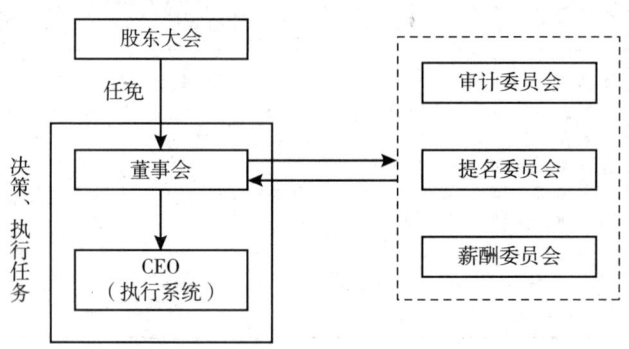

图6-2 单层制监督模式

资料来源：沈乐平等：《公司治理原理与案例》，东北财经大学出版社2009年版。

2. 以德国为代表的双层制监督模式

以德国为代表的监督模式是一种"二元结构"，又被称为"双轨制"，即在股东大会之下设立监事会与董事会，分别行使决策、监督权与决策、执行权。这种双层制监督模式构建了以股东大会—监事会—董事会—公司经营管理层为基本权力路线的内部治理关系框架。股东大会、监事会与董事会是该模式下的三个领导机构，分别拥有所有权、监督权与经营权。为充分体现员工参与公司治理的宗旨，监事会成员由股东代表与员工代表构成，员工代表由员工选举，股东代表由股东大会选举，如图6-3所示。

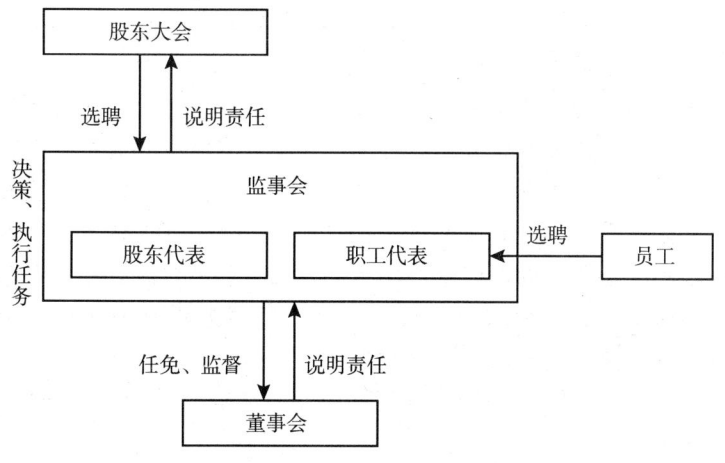

图 6-3　双层制监督模式

资料来源：沈乐平等：《公司治理原理与案例》，东北财经大学出版社 2009 年版。

在该模式之下，监事会的权力在董事会之上，具有任命与监督董事会成员的权力。根据《联邦德国股份公司法》，监事会的主要权利包括五项：第一，任免董事权。董事会成员由监事会任命；连续或延续任命需监事会在期满前做出决议；有重要理由时，监事会有权撤销董事会成员的任命，更换董事会主席。第二，知晓权，董事会必须将已定的经营政策、公司业务情况等向监事会汇报，监事会可以随时要求董事会报告公司的各种情况。第三，监督权。监事会监督公司的业务执行，有权查阅、检查本公司的账簿、文件及财产物品等，而且可以在公司利益需要时召集股东大会。第四，代表权。相对于董事会成员，监事会在法院内、外代表公司。第五，其他权利。如确定董事会成员的收入，批准向董事会成员提供贷款等。[①]

德国戴姆勒—奔驰公司的监事会

戴姆勒—奔驰公司成立于 1926 年。按照德国公司法的规定，该公司设立了三会，即董事会、监事会、股东大会三个领导和控制机构。董事会拥有较大权力，成员有董事长、副董事长及多名执行董事。监事会是公司的内部监督机关，主要对董事和经理行为进行监督。戴姆勒—奔驰公司的监事会由 22 人构成，按

---

① 《上市公司监事会有效运作研究》编委会：《上市公司监事会有效运作研究》，石油工业出版社 2003 年版。

照"1/2"原则,一半为股东代表监事,一半为员工代表监事,其主要成员由监事会名誉主席、监事会主席、辅助以为员工代表。

在该公司的公司治理结构中,公司监事会对董事会有着广泛的制衡,主要表现在:监事会有权聘任和解聘董事会成员;董事会有回报的义务,即向监事会每年报告公司经营政策的计划、长远规划以及经营效益情况,每季度报告公司的经营状况,并及时报告重大经营业务活动,而且监事会成员在认为必要时,也可以要求董事会就某一事务作专门汇报;监事会不仅对董事会的业务活动享有广泛的审核、监督和知情权,还有权审查或委托会计师事务所审查账簿、核实公司资产,在必要时召开股东大会。

[资料来源:何维达:《公司治理结构的理论与案例》,经济科学出版社1999年版(经编者整理)。]

3. 以日本为代表的平行监督模式

该模式是介于单层制与双层制之间的一种模式,同时设立监事会与董事会,但两者是平行的机构,均由股东大会选举产生,并存在于股东大会之下,互不隶属。董事会具有决策职能与执行职能,其成员多数由执行董事构成。监事会拥有监督职能,负责监督董事、经理行为与公司财务的合法性与合规性。这种模式以日本为代表,韩国以及东南亚的一些国家也采取了类似模式。如图6-4所示。

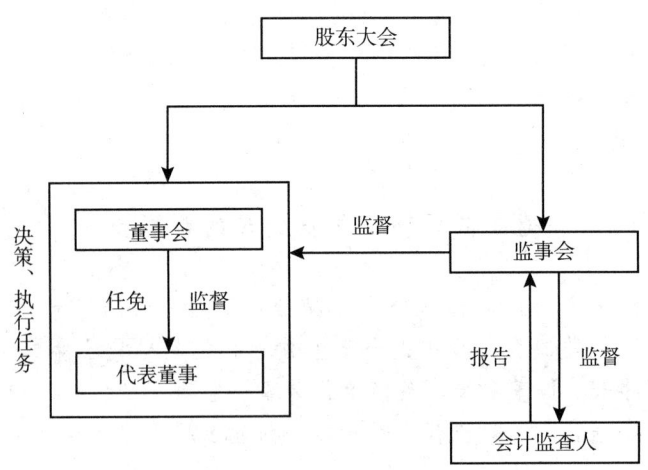

图6-4 平行监督模式

在日本，监事会通常由一个或数个监察人组成。同时公司法规定，公司的监察人与董事均由股东大会任免或罢免，但公司不得以章程规定监察人或董事必须为股东。监察人的职责包括：监察董事职务的执行；必须对董事向股东大会提出的议案及文件进行调查，认为有违反法令或章程或者显著不当的事项时，须向股东大会报告其意见；可出席董事会并陈述意见；在公司对董事或者在董事对公司提起诉讼之时，可在此诉讼案中代表公司。

4. 不同监事会运作模式比较

由以上分析可知，美国、德国、日本等国家的内部监督制度具有不同的特征，而且其影响因素也具有差异性，如表6-3所示。

表6-3　　　　　　　美国、德国和日本内部监督制度的比较

比较维度	国别	美国	德国	日本
内部监督制度特征	监督方式	独立董事监督	监事会监督	监事会监督（独立董事监督）
	结构特征	隶属于各委员会	置于董事会之上	与董事会平级（隶属于各委员会）
	职工参与	职工很难参与	职工和股东共同决策且被制度化	依赖于惯例得以维系并且参与较小
影响内部监督方式选择的可能要因	银企关系	单纯的借贷关系	全能银行	主银行
	经济体制	自由市场经济	社会市场经济	政府主导市场经济
	所有权结构	高度分散	由集团（如家族）持股导致集中	由法人相互持股引致集中
	文化特征	自由主义	集团主义	集团主义
	资本主义兴起方式	盎格鲁—萨克逊式	日耳曼式	日耳曼式
	法律渊源	普通法系	大陆法系	大陆法系
	控制权市场	发达	不发达	不发达
	历史路径	依存	依存	依存
	信息披露程度	高	较高	不高
	企业与市场的关系	明确的契约关系	介于日美之间	惯例与暗默

资料来源：王世权：《监事会治理的有效性研究》，中国人民大学出版社2011年版。

6.2.3 我国监事会的结构与运作

我国《公司法》规定,公司必须设立董事会和监事会,董事会和监事会(职工监事除外)都由股东大会选举产生,相互之间不具备直接任免与控制的权力,在法律地位上是平等的。由此可知,我国公司的治理监督模式实行的是董事会与监事会平行的并列模式,这与日本的公司治理模式最为相似。自1993年《公司法》颁布实施以来,我国公司基本上能够按法律规定在公司内部设立监事会。为使监事会能够发挥监督作用,建立了系统的监事会会议制度。

1. 监事会结构

监事会一般由股东大会和职工代表大会选任的监事构成。我国现行《公司法》第52条、第118条规定,只有股东人数较少或者规模较小的有限责任公司,可以设1~2名监事,不设立监事会,除此之外的有限责任公司与股份有限公司均要设监事会,且监事会成员不得少于3人。

我国现行《公司法》第52条、第118条同时规定,监事会应当包括股东代表和适当比例的公司职工代表,其中职工代表的比例不得低于1/3,具体的比例由公司章程规定。监事会中的职工代表由公司职工通过职工代表大会、职工大会或者其他形式民主选举产生。监事会设主席1人,负责召集和主持监事会会议。由全体监事过半数选举产生。

对于国有企业的监事会有更为严格的规定。如《公司法》第71条规定,国有独资公司监事会成员不得少于5人,其中职工代表的比例不得低于1/3,具体比例由公司章程规定。监事会成员由国有资产监督管理机构委派,职工代表由公司职工代表大会选举产生。监事会主席由国有资产监督管理机构从监事会成员中指定。国务院颁布的《国有企业监事会暂行条例》(2000)第2条规定:国有重点大型企业监事会由国务院派出,对国务院负责,代表国家对国有重点大型企业的国有资产保值状况实施监督。

在该《条例》的指导之下,各地对国有企业监事会的构成有不同的要求,如《北京市国有企业监事会管理暂行办法》规定,监事会由主席1人、监事若干人组成。监事会成员不少于3人。监事分为专职监事和兼职监事:从有关部门和单位选任的监事,为专职;监事会中由企业职工代表担任的监事,为兼职;《上海市国有企业监事会管理暂行规定》则要求,国有企业的监事会应由不少于3人的奇数组成。监事会成员一般应包括以下人员:(一)出资者代表(或股东代表);

(二) 有关方面的专家；（三）职工代表。监事可分为专职监事和非专职监事。监事会可设立专职监事会秘书1名。

"人治色彩"的监事会

据 Wind 统计，截至 2007 年年底，我国共有 64 家上市公司因各种违规行为受到中国证监会和沪深交易所的 81 次处罚。根据这些违规公司近年来的年报及其监事会报告，发现没有一家监事会发表过不同于董事会决议的独立意见，也没有做出任何"罢免动议"、没有发出任何的预警信息都是召开例行的会议、审议通过常规的事项，显然没有做到勤勉尽责。

阻碍监事会发出声音的一大障碍之一，即监事会治理中的"人治"大于"法制"。新太科技在 2005 年的违规担保事件披露之后，人们才发现在其 4 名监事中，居然有一名为时任公司副总裁，可想而知，这严重地违反了《公司法》。曾经风光一时的"三九教父"赵新先一度集党委书记、总裁、董事长和监事会主席四职于一身，成为三九集团的绝对控制人，由于个人权力的"失控"致使其未能"全身而退"。

[资料来源：王世权、武立东：《监事会：不应沉默的权力》，载《董事会》2008 年第 9 期（节选并经编者整理）。]

2. 监事会的运作

（1）监事会会议的类型与特点。监事会是以集体讨论、形成决议的方式来行使其监督职责的监督机构，因此，监事会会议的有效性与高效性直接决定了监事会的工作质量。为满足监事会行使监督职能的需要，监事会会议是一个全面的体系，一般分为定期会议与临时会议两种类型。

定期会议是指监事会定期召开的会议。一般由监事会每年召开 1~2 次监事会会议，这类会议的主要职能是监事会对董事会成员及经理人员半年或一年对公司的经营运作情况发表综合性的评价与监督意见，同时也要回顾总结监事会这段时期内的工作情况。

临时会议是监事会在行使监督职责的过程之中，对一些专题性问题所需要进行研究与处理的会议。一般情况下，这类议题都较为专业、情况比较紧急而且较为复杂。监事可以提议召开临时监事会会议。

（2）会议的召集、出席与决议。监事会会议一般由监事会主席召集，如有特殊情况也可委任监事召集。除特殊情况之外，监事都应出席监事会会议，因故不能出席会议的,应事先向监事会主席请假。并且,不能出席会议的监事需要事先提出书面意见或表决,也可书面委托其他监事,但需在委托书上注明委托事项及意见。同时,对于经常无故不出席会议的监事,要对其担任监事的资格问题进行重新审议,甚至是面临撤销监事职务的处置。

监事会会议决议是监事会会议的重要内容。监事会决定的事项,必须由参加会议的监事进行表决,形成决议。监事会决议应包括以下内容:"监事会会议时间、内容以及监事出席情况和表决情况;公司半年或全年的生产经营和资产经营基本情况;公司经营效益、资产质量和资产的保值增值情况;对董事会成员及经理人员的经营行为、经营业务的评价、奖惩及任命建议。"

对于监事会决议的通过,我国《公司法》第 56 条、第 120 条要求,监事会决议应该经半数以上监事通过。监事会应当对所议事项的决议做成会议记录,出席会议的监事应当在会议记录上签名。上市公司的监事会决议需要及时进行公告。

6.2.4 监事会治理的有效性及其评价

作为公司内部的专职监督机构,监事会以出资人代表的身份行使监督权力,以董事会和总经理为主要监督对象,监督公司的一切经营活动以及财务状况,对股东大会负责。然而,鉴于近年来出现了诸多监事会在公司治理事件中难以发挥作用的现实,导致了理论界对于监事会制度"取消说"与"加强说"的争论。而该争论的焦点在于监事会有效性是否得到了发挥,即监事会制度是否能够实现其预期的监督效应。为此,应将进一步明确监事会治理有效性的界定与评价,并在此基础上,探寻提高其有效性的途径。

1. 监事会治理的有效性

(1) 独立性。安特尔(Antle,1984)在其研究中表明,在以代理关系为前提的现代公司中,监督者的独立性是不可或缺的条件[①]。为了保证董事会成员与经营者的健性,公司设立监事会来对其进行监督,而监事与所有者的关系也是代理人与委托人的关系。同其他治理机制一样,监事会制度也是权力制衡的产物,其治理功能可体现在对两类代理成本的控制上——既包括降低经营者道德风险、防止董事会结构中董事会决策功能和监督功能的冲突,也包括减少大股东对

---

① Antle, Rick. Auditor Independence. Journal of Accounting Research, 1984, 22: 1-20.

经营者的过度干预和对小股东的剥夺（卿石松，2009）①。但在实践中，监事作为理性经济人，其利益并非总是与委托人利益相一致，有可能被代理人收买，与经营者合谋损害委托人利益，或者与大股东合谋侵害中小股东利益，即产生双向的合谋倾向（徐宁、徐向艺，2012）②。因此，若要监事会有效发挥作用，不但要保证监事会独立于其监督对象，也要保证其成员之间的独立性。从我国目前的监事会构成来看，主要有两部分，一是内部监事，多为职工代表，二是外部监事，一般是来自控股股东的外聘监事以及与公司没有任何关系的独立监事。内部监事与经营者的关系最为密切，其报酬与晋升等都由经营者来决定。与其相比，外部监事，尤其是独立监事的独立性更强。

（2）积极性。监事能够积极勤勉地尽其监督之责，对一切不利于公司整体利益的行为进行监督，这是监事会有效性的另一重要方面。由于非对称信息与不完全契约的存在，所有者与监事之间也存在委托代理关系，进而产生委托代理成本。但从上市公司的运行实践来看，由于缺乏进行监督活动的动机，监事会监督功能薄弱也已成为共识。有学者提出，要使监事勤勉尽责，必须建立有效的激励手段。卡夫曼和劳瑞（Kofman and Lawarree，1993）的研究表明，在监督人和代理人处于平行关系这种体制下的合谋难以防范，应该根据等价原理，委托人可以通过授权（分权）将监督人变成一个独立的剩余索取者或者部分的剩余索取者以防范这种平行合谋③。以此为基础，拉法特和盖森（Laffont and N'Guessan，2003）提出监督人监督职能的有效发挥与激励水平密切相关，提高对监督者的激励是避免监督者与管理层合谋牟取公司利益的方法之一④。国内学者也提出，授予监事剩余索取权会在一定程度上激发公司监事积极行使监督权的动机，如增加监事持股比例等，让监事意识到"有效监督"不仅符合公司利益，也符合其自身利益，即实现激励相容，进而增强监事的受托责任。

（3）效率性。这是考察监事会行为是否有效的指标，即对监事会及其成员在整个公司治理过程中的各种监督行为的一个综合性反映。而这种效率性体现在两个方面，一是监事会会议的效率性；二是监事会行使监督权的效率性。首先，监事会会议是监事履行义务以及监督信息充分交流的场所，经常性的监事会会议将

---

① 卿石松：《监事会防合谋激励机制研究》，载《商业经济与管理》2009年第2期。
② 徐宁、徐向艺：《监事股权激励、合谋倾向与公司治理约束——基于中国上市公司面板数据的实证研究》，载《经济管理》2012年第1期。
③ Kofman F., J. Lawarree. Collusion in Hierarchical Agency [J]. Econometrica, 1993, (3).
④ Laffont J., N' Guessan T. Group Lending with Adverse Selection [J]. Journal of Development Economics, 2003, (2).

有利于外部监事与内部监事之间监督信息的交流，对发现的问题及时解决。其次，监事会行使监督权也应该是有效率的，即监事会就公司重大问题对董事会及经理人员的议案发表建议，能够及时发现并纠正公司财务报告的不实之处和董事会与经理人员的违规行为[①]。可以说，前者体现了监事会治理过程的效率性，而后者体现了监事会治理结构的效率性，两者相结合便构成了监事会治理的有效性。

2. 监事会治理的有效性评价

根据监事会治理的功能定位与运行机制，结合《公司法》、《证券法》、《中国上市公司治理准则》等法律法规中对于监事会制度的规定与描述，南开大学公司治理研究中心对监事会治理评价指标设计的基础上，构建了监事会治理评价指标体系。该体系将监事会有效性从"独立性"、"积极性"、"效率性"三个方面进行诠释，如表6-4所示。

表6-4　　　　　我国上市公司监事会评价指标体系

目标层	主因素层	子因素层		指标说明
监事会治理评价指标体系	独立性	外部监事与内部监事的比例		外部监事为不在公司领取薪酬的监事，内部监事为监事总数减去外部监事与独立监事数
		独立监事比例		是否拥有独立监事及其所占比例是影响监事会监督效果的重要因素
		监事会主席兼职状况	是否兼职	监事会主席在公司内兼职与否影响着监事会政治上的独立性
	积极性	监事成员持股状况	持股比例	考核监事会成员积极性
			持股人数比例	
	效率性	监事会会议的效率性	监事会会议召开的次数	考核监事会履行工作职能状况
		监事会行使监督权的效率性	公司是否违规	表外事项，考核监事会履行监督职责的状况

资料来源：王世权：《监事会治理的有效性研究》，中国人民大学出版社2011年版。

[①] 王世权：《监事会治理的有效性研究》，中国人民大学出版社2011年版。

要点小结

1. 监事会是依法设立的，对公司董事和高级管理人员的经营管理活动及公司财务行使监督职能的常设机构。

2. 监事具有财务检查权、业务监督权、股东会或股东大会会议召集权、解任董事提案权、特殊情况下代表公司等权力。拥有作为与不作为两类义务与责任。

3. 监事会治理的核心目标是保证公平、公正与独立，旨在维护公司股东及其他利益相关者的利益。独立董事与监事会在职权形式上更多体现的则是互补关系。监事会监督是关于公司财务、高管行为合法合规性监督，而审计委员会监督多是对董事会与高管人员的行为进行决策科学性与正当性的监督。

4. 监事会治理的运作模式有以美国为代表的单层制监督模式、以德国为代表的双层制监督模式、以日本为代表的平行监督模式等。我国公司的治理监督模式与日本的公司治理模式最为相似。

5. 监事会有效性体现在"独立性"、"积极性"、"效率性"三个方面。

6. 独立监事是指那些与公司、管理层不存在任何影响其客观独立判断之利害关系的外部监事，建立独立监事制度是提高监事会有效性的重要途径。

思考与讨论题

1. 监事会具有哪些特征？具有怎样的权利、义务与责任？
2. 监事会的规模与结构是怎样规定的？监事的任职资格与任期有什么要求？
3. 监事会治理的功能是什么？它与独立董事、审计委员会等其他监督主体之间具有怎样的关系？
4. 监事会治理的有效性体现在哪些方面？如何进行评价？
5. 什么是独立监事？其独立性体现在哪些方面？为保障其独立性，在其选聘与运作过程中应遵循什么原则？

案例分析

ST 银广夏——监事会的"三声拍案惊奇"

ST 银广夏监事会向董事会"呛声"固然难能可贵，但我们需要注意到的是，其监事会实际上为控股股东所控制，能否真正代表全体股东的意志同样值得商榷。

一向是资本市场话题常青树的ST银广夏，再次成为吸引人眼球的焦点，自2009年12月7日以来，公司监事会三次"呛声"董事会，要罢免董事长，甚至要诉诸法律，这不得不让人拍案惊奇。

事件的起因是一份《转债协议》。由于经营不善，银广夏下属子公司欠下了中国农业银行近1.8亿元的债务。2008年5月，农业银行、银广夏及其下属子公司、浙江长金实业有限公司（以下简称"浙江长金"）签署了一份《转债协议》：浙江长金承接银广夏下属子公司对农行的全部债务，银广夏对债务人变更后的债务继续承担担保责任。同时，作为对浙江长金的补偿，银广夏将原计划向农行定向转增的股份改为向浙江长金定向转增。此外，浙江长金的法定代表人朱关湖担任银广夏的董事长。

这本是一项正常的转债协议，但问题在于当银广夏根据协议于2009年1月16日将股份转让给浙江长金后，后者并未向农行全额支付债务，也未办理股份质押手续，由此导致的结果就是农业银行未能解除银广夏的担保责任，致使银广夏面临巨大的担保债务风险。

第一声：重新选举董事长。

针对上述情况，自2009年8月17日监事会否决董事会提交的2009年度半年报开始，银广夏监事会开始了对董事会的"呛声"过程。这一过程在2009年12月7日达到第一次高潮，当天监事会召开会议，首先通过了否决董事会决议的《关于〈担保风险防控预案〉的议案》，认为董事长朱关湖同时担任浙江长金的法定代表人，与该议案存在关联关系，不应行使表决权；同时，监事会披露浙江长金在2009年1月16日取得股权后，在短短6天之后就将股票质押给第三方自然人吴海龙，表明浙江长金自始就没有按照合同将股票质押给农业银行的意向。

除此之外，监事会认为，自2009年1月浙江长金进行质押一直到11月底长达10个月的时间里，面对监事会的质询，朱关湖一直隐瞒故意违约并向他人质押股票的事实。据此，监事会认为董事长朱关湖"已经明显不适合继续担任董事局主席的职务"，并建议立即召开董事会，重新选举董事长。

第二声：涉嫌合同诈骗，罢免现任董事长。

作为对监事会决议的回应，银广夏董事会于2009年12月7日当天发出了紧急通知，并于次日召开会议。根据监事会的决议，朱关湖及另一位关联董事回避了议案的表决，最终以5票赞成、2票反对的结果重新通过了议案，声明若浙江长金不履行此前 2009 年 11 月 19 日出具的《承诺函》，不在 2009 年 12 月 10 日之前付清欠款并通知农业银行解除公司的担保责任，银广夏董事会将启动《担保风险防控预案》。

然而，根据董事会 2009 年 12 月 11 日的公告，截至 2009 年 12 月 10 日，公司并未收到浙江长金已履行承诺的通知，因此董事会决定启动防控预案。根据这一预案，公司可以通过不为浙江长金办理所持股份解售手续等手段来保证其履行《承诺函》，并且如果浙江长金再次违约，公司将保留通过司法程序追究相关责任人的责任的权利。

但这一方案从一开始就受到了来自公司高层的明确质疑，认为其中的一些条款含糊其辞、过于草率，事实也证明这一预案并没有起到实质性的作用。监事会于 2009 年 12 月 14 日再次召开会议，通过了一份关于公司整改的报告，称公司整改不力，其表面原因是防控预案的不可操作性，而根本原因在于董事长朱关湖同时担任浙江长金董事长。基于朱关湖主动将股票质押给第三方自然人，且至 2009 年 12 月 17 日浙江长金获得股票的限售期限届满，因此监事会认为浙江长金"涉嫌合同诈骗"，建议董事会立即向司法机关报案，并冻结其持有的股票；另外，监事会再一次建议董事会立即召开会议，罢免朱关湖的董事长职务，重新选举董事长。

第三声：向公安机关报案，免除董事长及其董事职务。

迫于监事会的压力，公司董事会于 2009 年 12 月 15 日召开会议，审议通过了整改报告书，也指定了相关的责任人。报告书责成浙江长金向农行提供资产质押或担保，以解除公司的担保责任，并限定浙江长金于 2009 年 12 月 21 日之前向公司提供用于担保的资产清单、评估报告等文件。

但从实际执行情况来看，显然此报告书的效果不明显，也未能获得监事会的认可，监事会于 2009 年 12 月 28 日又一次召开会议。在会议公告中，监事会披露，2009 年 12 月 21 日监事单河收到朱关湖提供的所谓集安嘉禾生态农业有限公司核实生物资产价值项目资产评估报告书和评估说明，但这两份署名均为"北京大公鼎森资产评估有限公司"的文件既未盖章也无签字。因此，监事会认为该资料既不能证明所谓的"生物资产"在产权上与浙江长金有任何关系，也不能证明该等"生物资产"的有效实际价值。据此，监事会认定，朱关湖根本没有向农行提供有效资产质押或担保以解除公司担保责任的意愿或能力，并认定朱关湖主观故意和恶意隐瞒资产被质押的事实。

在此基础上，以上两名监事就上述资产评估及股权质押文书向董事会提出反馈意见，但并没有得到董事会的回应。这引起了监事们的"严重不满"，进一步认为朱关湖在取得公司股票后就恶意毁约，导致银行和公司遭受重大损失，该行为已涉嫌合同诈骗，敦促董事会向公安机关报案查明真相；同时监事会披露朱关湖一直隐瞒其港澳居民的身份，认定朱关湖已经丧失基本的个人诚信，并存在巨额个人债务，已不适合继续担任公司董事及董事长职务，要求董事会立即召开会议免除其董事长职务，并召集股东大会，免除其董事职务。

监事会的发威有喜有忧。

作为公司三会之一，监事会对于保护利益相关者的利益及保证公司的正当经营具有重要作用，但由于我国并没有建立如德国那样的双层董事会制度，监事会基本上无法真正有效监督董事会，监事会长期以来也被认为是一种"摆设"，但ST银广夏的监事会却几次三番地对董事会"开枪"，让我们这些中国公司治理改革的游说者们心中欢喜，似乎看到了一些光明，监事会发威了！

ST银广夏监事会共5人，包括股东代表3人、职工代表2人。3位股东代表都来自ST银广夏的实际控制人中联实业，而据朱关湖透露，其已经向农行支付了5500万元，但中联实业并没有给他"净壳"，相反却逐步掏空银广夏，其中包括仅以500万元的象征性价格买走了银广夏旗下唯一的经营性资产贺兰山葡萄酒有限公司股权。在这种情况下，ST银广夏监事会的"三声"是一种维护股东自身利益的举措。

但是，通过对整个事件的考察，我们也发现ST银广夏的监事会在结构及运行上仍存在诸多不合理之处。首先，职工监事的虚位。尽管监事会中有两位职工监事，但现任两位职工监事中有一位是本届新当选的，并没有实质性地参与监事会运作。更重要的是，在以上的三次决议中此职工监事都未参会，使得监事会为控股股东所控制。其次，监事会信息沟通及形式不规范。三次重要的监事会会议居然都是以通讯形式召开的，且在表决之前也无充分的信息沟通和披露，参会监事特别是职工监事是否了解整个议案的背景，能否作出独立的判断，让人疑窦顿生。

监事会的存在本意是为了监督大股东及董事的行为，维护广大利益相关者的利益，为此保持独立性就是监事会治理中的核心问题之一，ST银广夏控股股东完全控制监事会。在保护控股股东利益时会"三声拍案"，但当控股股东对上市公司进行"掏空"时，监事会还会拍案而起吗？ST银广夏要想重获新生，建立一个真正独立的监事会是关键环节之一，而从目前来看，监事会治理任重道远。

（资料来源：牛建波、钱先航：《ST银广夏——变味监事会的"三声拍案惊奇"》，载《董事会》2010年第2期。）

案例思考：

1. ST 银广夏的监事会完全由控股股东委派，这暴露了我国监事会制度的哪些缺陷？

2. 监事应有的权利、义务与责任是什么？在实践中如何保障其实现？结合本案例，对此进行分析。

3. 从监事会有效性的三个方面，对 ST 银广夏的监事会进行评价？并阐述如何对监事会制度进行改进，以实现其功能？

参 考 文 献

1. Antle, Rick. Auditor Independence [J]. Journal of Accounting Research, 1984, (22).

2. Archambeault, S. D., Dezoort, F. T., Hermanson, D. R. Audit Committee Incentive Compensation and Accounting Restatements [J]. Contemporary Accounting Research, 2008, (4).

3. Charles P. Cullinan, Hui Du, Wei Jiang. Is Compensating Audit Committee Members with Stock Options Associated with the Likelihood of Internal Control Weaknesses? [J]. International Journal of Auditing, 2010, (2).

4. Kofman F., J. Lawarree. Collusion in Hierarchical Agency [J]. Econometrica, 1993, (3).

5. Laffont J., N' Guessan T. Group Lending with Adverse Selection [J]. Journal of Development Economics, 2003, (2).

6. Tirole, J. Hierarchies and Bureaucracies: on the Role of Collusion in Organizations [J]. Journal of Law, Economics and Organization, 1986, (2).

7. Vafai, K. Collusion and Organization Design [J]. Economica, 2005, (2).

8. 高明华等：《公司治理学》，中国经济出版社 2009 年版。

9. 何维达：《公司治理结构的理论与案例》，经济科学出版社 1999 年版。

10. 刘银国：《基于博弈分析的上市公司监事会研究》，载《管理世界》2004 年第 6 期。

11. 牛建波、钱先航：《ST 银广夏——变味监事会的"三声拍案惊奇"》，载《董事会》2010 年第 2 期。

12. 卿石松：《监事会防合谋激励机制研究》，载《商业经济与管理》2009 年第 2 期。

13. 上海国家会计学院：《公司治理》，经济科学出版社 2011 年版。

14. 沈乐平、张咏莲：《公司治理原理与案例》，东北财经大学出版社 2009 年版。

15. 天亮等：《公司治理概论》，中国金融出版社 2011 年版。

16. 王保树、崔勤之：《中国公司法原理》，社会科学文献出版社 1998 年版。

17. 王世权：《监事会治理的有效性研究》，中国人民大学出版社 2011 年版。

18. 王世权、武立东：《监事会：不应沉默的权力》，载《董事会》2008 年第 9 期。

19. 徐宁、徐向艺：《监事股权激励、合谋倾向与公司治理约束——基于中国上市公司面板数据的实证研究》，载《经济管理》2012 年第 1 期。

20. 徐向艺等著：《公司治理制度安排与组织设计》，经济科学出版社 2006 年版。

第3篇
公司外部治理

第7章

公司控制权配置与控制权市场

学习目的: 本章主要介绍公司控制权配置的内涵;控制权配置的模式类型;控制权收益及测量;控制权竞争及控制权转移的方式和路径中国上市公司控制权配置和转移的特征。通过本章的学习,了解公司控制权配置的内涵和性质,明确控制权收益的基本含义和测量方法,了解控制权配置的不同模式,理解控制权竞争和转移的不同方式,掌握控制权市场对公司治理发挥作用的基本机制。

关键词: 控制权收益;控制权配置;控制权竞争;控制权市场

引 言

公司控制权是从股东所有权中派生出来的经济性权利;在一定的制度结构中,控制权可以脱离股权关系而单独配置,并在不同的主体之间转换。可以说,公司控制权安排是公司治理机制的核心和关键。如何合理配置上市公司控制权并有效促进控制权转移是提高公司绩效,保护投资者利益的关键问题。特别是在中国公司,在行政干预、"内部人控制"现象十分严重的情况下,控制权安排显得尤为重要。

7.1 公司控制权的内涵

7.1.1 控制权的含义

控制权的概念比较模糊,难以界定与度量。① 尽管相关文献提出了许多控制权的含义,但始终是仁者见仁,智者见智。就控制的依据而言,控制包括法律上的控制和事实上的控制。② 法律上的控制是指基于法律的直接规定或基于法律提供的一些制度设计而形成的对公司的决定性影响,主要有法律允许非股东对公司的控制,如政府对公司的控制和相关利益人对公司的控制,董事会中有相关利益人的代表和其他不授予股权却能够使雇员方便地参加决策的安排③,依法对公司的接管或清算,通过征集投票代理权取得控制,通过一些合同安排④取得控制权等情形。事实上的控制是指基于一些事实上存在的因素而产生的控制,如多数控股及持有半数以上的表决权、家族亲属关系、共同股东、共同董事或共同高级管理人员等。

在企业理论中,控制权一词主要有两个来源:一是出自伯利和米恩斯(Berle and Means,1932)的《现代企业与私有财产》,他们指出:"所谓与所有权相分离的控制权,是指无论是通过行使法定权利还是通过施加压力,在事实上所拥有的选择董事会成员或其多数成员的权力。"他们认为控制权是指影响公司董事会组成及其政策制定的能力,它与所有权相对应,在股权分散意义上的"两权分离"命题中得到解说。二是出自产权理论中"不完全合约理论"的剩余控制权⑤,这一概念大致可以理解为我们常说的公司所有权,即谁拥有公司;但哪些是特指的控制权,哪些是剩余的控制权,在现实中是很难界定的,因此杨瑞龙、

---

① 朱弈锟:《公司控制权配置论——制度与效率分析》,经济管理出版社2001年版。
② 殷召良:《公司控制权法律问题研究》,法律出版社2001年版。
③ Margaret M. Blair, Ownership and Control: Rethinking Corporate Governance for the Twenty-first Century, 1995: 330.
④ 特许权协议、许可证协议、分销协议以及企业经营合同等。
⑤ 该理论从企业的合约性和合约的不完全性出发来理解所有权关系,并认为企业所有权的核心是剩余权。剩余权包括剩余索取权和剩余控制权,但是,哈特指出,剩余索取权可能不是一个非常健全的或有用的概念,如在一个双方都是剩余索取者的利润分享合同中,如果利润不能证实,那么剩余收益怎样分配就是不清楚的(Hart, 1995)。也正因如此,Grossman 和 Hart 将剩余索取权直接定义为企业的所有权。

周业安（1997）认为比较现实的态度是把剩余控制权定义为企业的重要决策权①。

埃默森（Emerson，1962）认为，从事控制行为的能力与它们实际的具体实施并不是一回事，这是一种"拥有"权力与"行使"权力的区别②；许多企业理论对于控制权概念的理解，并没有区分这种差别，使得"拥有"控制权与"行使"控制权之间的差别，即实际控制权与潜在控制权之间的差别被忽略了。拉詹、曾格尔斯和蒂罗尔（Rajan and Zingales, Tirole）（1997）等将企业的控制权按法定控制权和事实控制权进行区分。③ 阿訇和蒂罗尔（Ahgion and Tirole）（1997）以及蒂罗尔（2001）放弃了抽象意义上的剩余控制权的概念，将企业控制权划分为法定控制权和事实控制权。法定控制权源于企业合约和社会契约，即物质资本所有权，是明文界定的所有权归属；也可以是通过具体的企业合约安排分配给特定的主体（如董事会、股东大会甚至是经理人）的权力。事实控制权则无法通过明文形式加以确定，取决于信息和成本优劣；也就是说，法定控制权能否有效实施是基于法定控制权主体对信息的掌握程度和对成本的考虑。在企业的运行过程中，物质资本所有权者的信息和成本劣势决定事实控制权一般被经理人实际掌控。阿訇和蒂罗尔（1997）对企业控制权的划分是继承了韦伯（Weber）的合理的控制权（Rational Authority）与法定的控制权（Legal Authority）的划分。实际上，这样一种划分从一个侧面反映了拥有权力与行使权力之间的差别。

我国理论界对于企业理论的分析，源于对我国国有企业改革问题的关注和研究，在分析企业改革的过程中，首先使用的是企业所有权与经营权的概念。钱颖一（1989）较早把现代企业理论引入国内，④ 他比较了"两权分离"的含义：

---

① 许多战略性的重大决策权往往在公司法和公司章程中都做了明确的规定，如聘退经理的权力、合并和清算、重大投资权等，为了避免因概念内涵的含糊性所引起的混乱，比较现实的态度是把剩余控制权定义为企业的重要决策权（杨瑞龙、周业安，1997）。

② Emerson, Richard M., Power—Dependence Relations, American Sociological Review, 1962（27）: 31-32.

③ 由于拉詹（Rajan）、曾格尔斯（Zingales）等学者在对企业权力的创造性研究中引入了"关键性资源"的概念，并以此概念来否定哈特（Hart）等学者所认为的权力来自于实物资产所有权的观点，使得蒂罗尔（Tirole）也对原有的"资本强权观"进行了一定的修正，明确意识到那些拥有信息和知识优势的代理人掌握着实际运作企业资源的实际控制权，且实际控制权的配置也应该与信息和知识的分布相对称，但他也同时强调，这种权力和空间会受到投资人的正式控制权的约束，即来自于投资人的正式控制权依然凌驾于代理人的实际控制权之上（吴晓求主笔：《中国上市公司：资本结构与公司治理》，中国人民大学出版社2003年版，第162~163页）。

④ 在此之前，"控制权"主要出现在介绍国外大公司的发展变化和跨国公司内部控制的有关文献中。

"在市场经济中,它指的是企业的所有权与控制权的分离;在中国,它指的是国有企业的所有权和经营权的分离。经营权只是控制权的一小部分,两者之间有重大区别。"他还简单比较了控制权的类型:"特定控制权指可以通过契约授予经理的经营权,包括日常的生产、销售、雇佣等权利。而剩余控制权往往包括战略性的重大决策,如任命和解雇经理,决定经理报酬,决定重大投资、合并和拍卖等。"① 我国学者刘磊、万迪昉②(2004)基于拥有权力与行使权力的区别以及剩余控制权的概念,将企业的控制权划分为核心控制权与一般控制权③,这两类控制权实际是对剩余控制权的更进一步的划分。

控制权概念的主要观点显示,对控制权定义的分歧源于所有权,尤其是企业所有权定义的分歧。对于后者的分歧源于人们对于两组概念的分歧:所有权和产权;所有权和企业所有权。④ 综合各种观点,本书认为企业控制权是对企业可以运用的资源进行配置的支配权和决策权。

7.1.2 控制权的性质

1. 控制权来源的多维性

从历史和现实的角度看,控制权的基本来源包括财产所有权、知识、信息、传统习俗和超经济强制。股权可以带来控制权,但不必然带来控制权;控制权可以通过控股来实现,也可以通过表决权争夺或其他方式(譬如租赁、订约和代理

---

① 钱颖一:《企业理论》,载《现代经济学前沿专题》(第一集),商务印书馆1989年版,第24页。
② 刘磊、万迪昉:《企业中的核心控制权与一般控制权》,载《中国工业经济》2004年第2期,第68~76页。
③ 他们认为:核心控制权是指,企业的控制权力中能够控制和影响其他控制权的控制权,是控制控制权的控制权。其行使并不直接具体地影响企业的运行,而是间接地通过对其他控制权的控制与影响,改变这些控制权的形式状态,进而间接地改变企业的行为。核心控制权强调的是一种权力的能力,是一个具有意向性的概念,其在一般控制权之上控制与影响着一般控制权的行使。核心控制权具体形式的结果是实现一般控制权的转移。一般控制权则是指企业权力中受核心控制权控制和影响的控制权,它的行使能够产生具体的企业行为,直接地影响企业的运行(刘磊、万迪昉:《企业中的核心控制权与一般控制权》,载《中国工业经济》2004年第2期,第68~76页)。
④ 我国学者胡晓阳(2005)认为,所有权和产权是界定人们权力的不同方式,所有权是一种排他性的界定,而产权是某一方面的具体界定,即所有权界定的是剩余的权利,产权界定的是清晰的权利;而企业所有权不是资源所有者对于资源的所有权,而是一部分资源所有者对资源组合所产生的剩余的索取权,以及为保障索取权的有效而进行的监督和决策的权利。

等）来实现①②。股权并非公司控制权唯一的权力来源，除股权、债权等物质资本的权力外，还有人力资本的权力及其他种类的权力。当然，在"控制权结构"中各种权力分布并不均匀③。

在信息经济和知识经济时代，知识资源和人力资本的作用空前提高，新经济和全球竞争要求的不再是简单的以股权控制为纽带形成的股权控制体系，而是以股权控制、长期合同、企业契约、战略联盟等多种形式共同构成的控制网络，控制权已经超出了所有权的边界，得到了拓展。由于企业竞争力是共同知识和私人知识的积累，因此，企业控制权安排应是资本雇佣劳动和劳动雇佣资本同时并存，有时甚至是劳动雇佣资本占统治地位，拥有专门知识和关键信息的企业参与者应当分享企业的控制权配置。

2. 控制权权限的可分割性

控制权具有可分割的特点，不同的相关利益者具有不同层次和不同权限的控制权，而且不同的控制权可以发生转化。我国学者熊道伟（2004）提出："企业控制权是经营控制权、监督控制权和操作控制权的组合，是由一系列对企业各项资源的使用、安排、转让、分配、监督和约束等现实权利和潜在权利组成的控制权束或控制权集合，它们构成一个企业的控制权体系。"④ 近年来，公司治理理论提出并讨论了利益相关者在公司治理中的地位和作用，有理由认为，公司控制权的基础和来源在于公司和利益相关者之间的契约关系，由于公司和各利益相关者之间所签订的契约关系不同，从而导致不同利益相关者对公司的控制权不同，企业控制权的安排应当充分考虑各相关利益者的利益。

同时，也应该看到，不同利益相关者在公司治理中所拥有的权利不同，所起的作用也不同：股东是公司的发起人，是公司治理的原始动力；企业管理者拥有公司经营控制权，是公司治理的关键；雇员是公司的劳动力资源；债权人是公司发展的资金提供者；供应商是公司产业链中的供应链；顾客是公司生存和发展的外部依赖者；政府是公司税收政策的制定者。基于利益相关者的共同利益，他们

---

① 高愈湘：《中国上市公司控制权市场研究》，中国经济出版社 2004 年版。
② 施莱佛和威施尼（Shleifer and Vishny, 1989）认识到企业经理不仅可以通过人力资本专用性投资来强化自己在企业中的地位，而且还可以通过对融资结构的选择（Novaes—Zingales, 1995）或者权力机构——董事会结构和运行机制安排来增强对企业的控制（Hermalin and Weisbach, 2001）。曾格尔斯（Zingales, 2001）认为，组织盈余是企业得以存在和发展的基础，技术条件或市场差异决定关键性资源的种类及变化，得出企业控制权取决于各种关键性资源特别是人力资本价值的结论。
③ 王彬：《公司的控制权结构》，复旦大学出版社 1999 年版。
④ 熊道伟：《现代企业控制权研究》，西南财经大学出版社 2004 年版。

应共同拥有公司共同的权利,但各利益相关者在公司治理中所起的作用不同,在公司治理中的参与度也不同,因此他们所拥有的控制权权重也应有所不同。因此,我们必须对不同性质的利益相关主体加以区分,分别确定其控制权的权重指标,考虑不同利益相关者对公司治理不同方面的影响,避免笼统、空泛;同时,要以尽可能量化的指标来衡量不同的利益相关者的控制权问题,增加其权重指标体系的可操作性[①]。

3. 控制权转移的动态性

企业控制权不仅能在股东之间转移,而且能在股东、债权人、管理者、职工之间游走[②]。在企业正常经营条件下,股东是公司主要所有者,享有公司控制权,有权决定公司控制权安排;当公司经营出现债务危机时,债权人将根据企业契约接管企业,享有公司的实际控制权,有权决定公司控制权安排。债务危机的临界点是公司控制权安排在股东和债权人之间转换的临界点。所以说,公司控制权实际上是一种"状态依从"的控制权[③]。

7.1.3 控制权收益及其测量

1. 控制权收益的含义

公司控制权是否具有实质的经济价值?经济理论对这一问题的回答经历了从无到有的发展过程。在相当长的时间里,传统的公司治理理论将研究重点锁定在

---

① 这方面的研究可参见南开大学"公司治理评价体系中的利益相关者指标"的相关研究成果。
② 阿格沃尔和克内贝尔(Agrawal and Knoeber, 1996)在一份研究中共考虑了7种机制对控制权的影响:内部人持股、董事会的外部代表、债务政策、争夺公司控制权的市场活动、机构持股、大股东持股以及管理者劳动力市场。(See Agrawal, Anup and Charles R. Knoeber, Firm Performance and Mechanisms to Control Agency Problems between Managers and Shareholders, Journal of Financial and Quantitative Analysis, 31, September 1996, pp. 377 - 397)。而实际的情况可能更为复杂,譬如青木昌彦所说的内部人控制问题,或原南斯拉夫企业的工会自治,控制权显然是在经理层或工会(职工)手中(参见青木昌彦、钱颖一编:《转轨经济中的公司治理结构——内部人控制和银行的作用》,中国经济出版社1995年版,第14~28页)。而李菊菊(2001)在其博士论文中对控制权的分析主要从产品市场、经理、股东、职工和公司控制权市场等方面入手,也反映出了控制权对不同状态的依存(参见李菊菊著:《美国现代企业的控制权机制研究》,南开大学博士论文,2001年5月)。
③ 公司控制权的状态依存是指企业经营处于不同的状态条件下,不同的利益相关者要求公司所有权安排的支配权的表现。当企业经营出现危机时,企业契约各方都会从自身的利益角度,去争夺公司的控制权。

资产的索取权部分，而对控制权经济价值的研究一直不加重视。然而，自从20世纪80年代末起，随着公司治理研究范围的扩展，大量研究发现，除美国、英国、加拿大等少数国家外，大部分国家和地区的公司都具有集中的所有权结构。在这种情况下，大股东对公司的控制使投票权产生了经济价值，即控制权收益的经济价值。

对控制权收益的研究是从格雷斯曼和哈特（Grossman and Hart，1986）开始的。格雷斯曼和哈特（1988）研究公司投票权和现金流权利的最优分配时，将公司价值分为两部分：一部分是股东所得到的股息流量的现值（即控制权共享收益，Public Benefits of Control），如企业利润；另一部分是经营者所享有的私人利益（即控制权私有收益，Private Benefits of Control）。

（1）控制权共享收益。控制权共享收益指由于大股东治理作用带来的公司价值的提升，中小股东也能从中分享这部分收益。控制权共享收益的产生是因为大宗股权所带来的决策权利与财富效应的搭配所导致的卓越的管理或监督，可能改善公司业绩，实现公司价值的上升。如果其他因素不变，随着所有权比例的上升，大股东会有更大的动力来增加公司价值。[①]施莱佛和威施尼（1986b）证明了控制权共享收益的存在。首先，大股东或其代表通常担任公司的董事或经理，这使他们能够直接影响管理层决策；其次，有证据表明大宗股权的形成与异常的股票价格上涨相关（Barcaly and Holderness，1991，1992）。如果没有大股东的影响小股东最终也能获得现金流量，那么这种股票价格的变化就很难解释。[②] 大股东的控制权共享收益主要包括股利分配和资本利得，是明确的货币收入。就股利分配而言，大股东的存在客观上可以起到提高公司盈利水平[③]，进而增加股利分配的作用。大股东自身财富投入公司而被公司"套牢（lock in）"决定了大股东希望获得一种长期、稳定的股利分配；在这种利益的驱动下，公司的全体股东都能从大股东的行为中获得共享收益。相比较而言，资本利得对大股东的重要性要小

---

① 西方学者一般认为，投资者的法律保护和一定的股权集中是良好的公司治理的重要因素（Shleifer 和 Vishny，1997）。当控制权集中在大股东手中时，由于占有企业利益的大部分，他们比控制权（如投票权）分散在很多投资者手中时更容易采取一致的行动，大股东有动力去搜集企业的信息和监督管理，从而可以避免搭便车的问题。在某些情况下，大股东还有足够多的投票权对经理施加压力甚至通过代理人争夺战和收购来罢免经理（Shleifer and Vishny，1986）。由于大股东普遍关心利润最大化并拥有足够多的控制权，所以它能解决代理问题。随着持股比例的上升，控股股东更有动力来提高公司的价值。

② 对此的另外一个解释就是交易双方对公司的价值更加了解。

③ 当公司存在控股股东时，公司内部剩余权力相对统一，并且控股股东通过控制权的非对称集中，可以在一定程度上降低所有者与管理层之间的代理成本。此外，控股股东可以通过集中社会资源、加强对资产的使用管理等方式，进一步提高公司的管理决策效率，从而提高公司的盈利水平。

于长期、稳定的股利的获取。① 从另一个角度看，各国活跃的兼并收购活动又似乎揭示大股东的股权转移不在少数。不过，这种股权转让的价格往往高于一般正常股票的交易价格；它实际上是对大股东从公司获取私有收益的定价，是一种控制权溢价，一种特殊的资本利得，与正常股票交易的资本利得有很大区别。② 共享收益中特别要提出的一点就是现金流问题。现有文献中，股东的收益分享与现金流直接挂钩，因为在大部分市场中股利是以现金形式发放的。但是，公司盈利与现金流存在一定的差距，也就是说，公司盈利不一定能发放现金股利。而大股东由于已经将自身的主要资金投入公司并沉淀下来，为了解决此后的周转问题，从控股公司中获取稳定的现金流对他而言相当关键，这是由其财富的集中特点所决定的。因此，大股东除了希望从公司股利分配中获得长期、稳定的现金流外，更有可能利用对公司实物资产的控制，通过各种方式获得现金流。

（2）控制权私有收益。根据同股同权的原则，股东持有的股份比例与从公司得到的收益相对称。但是，大量研究表明，持有大宗股权的大股东往往会得到与其所持股份比例不相称的、比一般股东多的额外受益，这部分额外的收益就是大股东利用控制权为自己谋求的私利，也就是控制权私有收益，实际上是对小股东应得收益的一种掠夺。因为公司未来可分配的现金流与控制权私有收益之和是一个常量，代表公司收益在进行固定支付后的剩余，因此两者必然此消彼长，控制权私有收益大意味着股东可分配的现金流少，从而导致小股东应得利益受到侵害，私有收益就其本质来说就是大股东对小股东进行侵害所获得的收益。拉波特（La Porta，1999，2000）等人的研究证明随着大股东控制权与现金流权分离程度的提高，大股东可以用较少的现金流实现对目标公司的实质性控制，从而产生侵害小股东利益、攫取私有收益的强烈动机。③ 巴克利和洪德内斯（Barclay and Holderness，1989）认为，如果所有股东根据持有的股权按比例获得公司收益，那么大额股权交易就应该以市场交易价格进行，此时不存在控制权私有收益；如果持

---

① 由于控股股东的持股比例大决定了其转让股权的成本比较高；更重要的是，控股股东控制企业可以获得相当的潜在私有收益，如果一家公司的控股股东卖出股份，除非有很特别的原因，否则就意味着控股股东对该公司的发展前景不看好。显然，市场将对此作出激烈的反应，使股价暴跌。这种情况在各国证券市场发生过多次，其直接的后果就是控股股东的股权转让收益的减少。

② 因为这种情况下公司控股权的溢价转让，表明新的收购者对公司的潜在收益（包括公司价值提升带来的共享收益和控制权私有收益）存在某种期望，并且认为自己的进入能够将这种收益转变成现实的收益。为此，他愿意付出高于一般正常股票交易价格的收购价，其中的差额表示收购者对这种潜在收益的评估是多少，与一般投资者从证券交易中获得的资本利得有着本质的区别。

③ La Porta R., Lopez-de - Silanes F., Shleifer A. and Vishny R. Corporate Ownership around the World [J]. Journal of Finance, 1999, (54): 471-518.

有大额股权会产生净的私人成本,那么大额股权交易就应该以折价交易;但是如果大股东能够通过使用投票权利获得其他股东无法获得的收益,那么大宗股权应该以溢价进行交易。他们发现大额股权交易是以显著的溢价水平进行的,这充分说明控制权私有收益的存在。①

控制权私有收益②的定义最早是由格莱斯曼和哈特(1988)提出的:由于对控制权的行使而被控制权持有者所占有的全部价值之和,具体包括自我交易、对公司机会的利用、利用内幕交易所获得的全部收益、过度报酬和在职消费等。控制权私有收益的形式可能是金钱上的③;也可能是非金钱的④;如果大股东因为监督管理层或者因为小股东或政府官员提起的诉讼而承担个人成本,那么控制权私有收益也可能是负的。控制权私有利益的金钱表现形式是在理论及实证研究文献中最受重视的。约翰逊等(Johnson et al., 2000)的研究表明,这些金钱性的收益来源于"掏空行为(Tunnelling)"⑤。包括两种形式:一是通过关联交易⑥将公司的资产转移出来以满足自身利益,包括直接掠夺或欺诈,也包括资产变卖、有利于大股东的转移定价、高管额外津贴、贷款担保、侵占公司机会等。⑦ 二是非资产转移行为,包括稀释收益的股票增发、排挤小股东、内幕交易、逐步侵吞以及其他侵害小股东利益的交易。莫迪利亚尼和佩罗坦(Modigliani and Peroti, 2000)也讨论了这种收益,他们列举了以自我确定的价格转移资产、低价转让投资、对控制权转让的不平等对待等控股股东攫取私有收益的手段。非金钱性的控制权私有收益包括处于控制地位而获得的支配上市公司的心理满足感和成就感等"精神"或"情感"上的效用(Harris, Raviv, 1988; Aghion, Bolton, 1992),例如决定如何使用公司资源的能力(Demsetz, Lehn, 1985);对于一项工程的个人偏好(Jensen, 1993);利用地位增进其自身的人力资本含量(Shleifer, Vishny, 1989);将自己的亲戚安排到管理层(LLSV, 2000);利用公司业务建立的

---

① Barclay M, and Holderness. C, Private Benefits From Control of Public Corporations [J]. Journal of Financial Economics, 1989 (25): 195-371。曾格尔斯(Zingales, 1994)通过比较在米兰股票交易所上市的有投票权股票和无投票权股票的定价差异而得出了相同的结论。

② 不同学者有不同的译法,黄福广和齐寅峰(2001)将之译为"控制利益";刘彤(2002)将之译为"控制权私下收益"。

③ 例如担任管理者的个人大股东所获得的高额薪水,或者是公司型大股东获得的生产上的协同效应(synergy);享受有形和无形的在职消费;通过使用和转移资源得到个人好处等。

④ 例如控制职业球队和报纸所带来的满足感;权利和自我实现的满足感等。

⑤ 掏空,狭义上将一个公司的资产、资源转移到大股东的账下的行为(Johnson, 2000)。Johnson等人将这些行为定义为"Tunnelling",即以少数股东的利益为代价取得控制权私有收益。

⑥ 英文文献中也经常称其为自我交易(self-dealing),其含义是一样的。

⑦ 吉尔森和戈登(Gilson and Gordon, 2003)等也提出了类似的观点。

广阔的人际关系网以及对媒体大众等的影响力①(Ehrhardt and Nowak,2003)等。非金钱的控制权私有收益还可能表现在另一种不可转移的形式上。霍尔门和霍格菲特(Holmen and Hogfeldt,2000)研究了瑞典的家族可以通过运作一个好企业而赢得良好的社会地位、亲戚和子女的地位提升,以及可以保持家族传统行为方式的待遇。

可见,大股东的控制权私有收益源于其对公司实际资产的控制权,通过损害小股东的利益为自己牟取控制权私有收益。牟取私有收益的方法很多,其行为与人们对市场经济"公开、公平、公正"原则的基本认识存在一定的背离。一般来说,当外部市场环境不成熟,法律法规对投资者的保护不足时,由于大股东拥有内部信息和实际资产控制权,可以通过股票市场上的内幕交易或公司日常业务中的关联交易获取超额的私有收益。②

国内经济学家在国有企业产权制度改革中,从不同侧面对控制权收益进行了阐述。周其仁(1997)较早运用控制权收益解释国有企业经营者行为,他认为正是由于控制权具有货币和非货币收益,才对公司控制权的主体——企业经营者产生了激励机制,他将控制权的非货币收益看做是"控制权回报",认为企业控制权是对企业家努力和贡献的一种回报。在一定条件下,"控制权收益"有利于企业经营目标的实现。张维迎(1998)则提出了一个"控制权损失不可补偿性"的概念,他将企业收益分解为控制权收益和货币收益两部分,认为在公有制条件下,控制权收益由在职经理或相关政府官员占有,货币收益归"全体人民",尽管在职经理和官员对货币收益拥有相当的事实上的占有权,但这种事实上的占有只能通过控制权来实现;失去控制权,就失去一切,而不仅仅是控制权收益。张维迎的"控制权损失不可补偿性"从另一个角度论证了公司控制者收益的存在。③

2. 控制权收益的计量

尽管控制权具有经济价值的概念已深入人心,但对这一隐性收益的大小很难直

---

① 德姆塞茨和莱恩(Demsetz and Lehn,1985)证明控制运动类公司和媒体公司等世界性的连锁企业会带来较大的非金钱性私有收益,他们把这种非金钱的私有收益称为"amenity potential"。

② 而在一个相对成熟的市场环境下,控股股东由于通过股权交易取得控制权时往往要开展竞争,抬高了控制权的成本。更重要的是,控股股东不可能既能迅速地改变自己的控股地位,同时又不会严重影响股票的价格,因此控股股东在证券市场上所能得到的私有收益是受到其控股地位制约的。

③ 张维迎认为,公有制经济中的重复建设和兼并障碍来自经理控制权损失的不可补偿性和控制权收益的不可偿转让性,并提出只有从根本上改革产权制度,使得经理的个人收益与企业收益更为对应,才能更好地推进有效率的兼并的发生。

接进行测量。一方面,正是本质上的隐蔽性使得这种收益难于被观察,更难以得到可靠的量化;另一方面,如果这种收益可以被方便的举证,则非控股股东将可以轻易地阻止来自控股股东的掠夺。因此,控制权私有收益具有内在的难以度量性。

综观现有研究文献可以发现,迄今为止,国内外学者主要通过以下四种间接方法测量控制权性私有收益,如表7-1所示。

(1) 投票权溢价法(Voting Premium):这一方法由利斯、麦康奈尔和麦克森(Lease, McConnell and Mikelson, 1983)提出,适用于对发行具有差别投票权股票的公司控制权收益的测量。基于传统财务理论,具有相同剩余索取权的股票价格应该相同,如果具有相同剩余索取权,但具有不同投票权的股票价格不同,那么其价格差额就反映了控制权价值。这种方法要求所研究的公司存在至少两种具有不同投票权(voting right)的股票,这样,一份投票权的价值就可以通过这些具有不同投票权的股票的价差计算出来(DeAngelo and DeAngelo, 1985)。即使股权转让发生在非控股股东之间,这一价差(即一份投票权的价值)也可以反映当发生控制权争夺时,普通股股东出售投票权的预期价格。因此,这一投票权的价值可以用来估计控制权的隐性利益(Zingales, 1994, 1995a)。这一方法运用的前提是上市公司要发行具有二元股权结构(Dual-class)的股票。

(2) 大宗股权转让溢价法(Block Premium):这种测量方法是由巴克利和洪德内斯(Barclay and Holderness, 1989)开创的,他们认为:当控制权发生转移时,受让方为获取控制权支付的每股价格与宣布控制权转移后的第一个交易日的收盘价之差(股权转让溢价)即是控制权私有收益的良好估计值。巴克利和洪德内斯(1989)以及迪克和曾格尔斯(2004)指出大宗股权转让溢价能够反映出控制权私有收益的原因是:当控制权转让双方进行谈判决定大宗股权转让价格时,受让方会考虑两个方面的收益:一是根据持股比例可以获得预期的现金流(如股利、资本利得等),这部分现金流能从目标公司股票的市场价格反映出来;二是控股股东通过拥有控制权可以取得的利益,这部分利益是小股东无法享有的,因此这部分利益只在控制权转让交易价格中体现,而无法从目标公司的市场价格反映出来。所以,控制权转让交易的价格相对于股票市场价格的溢价可以反映出控制权受让方对控制权私有收益的预期。

(3) 交易价格差价法(Price difference premium):这种方法由汉诺娜、萨林和沙佩罗(Hanouna, Sarin and Shapiro, 2002)提出,以控制性股权交易价格和小额股权交易价格的差额衡量控制权价值;适用于测算同时发生控制性股权交易和小额股权交易公司的控制权收益的价值。但是这种方法在样本容量上会受到一定限制,因为能在一年内同时发生小额股权交易和控制权交易的公司比较少。

表 7-1 控制权计量方法比较

计量方法	文献	测算公式及相关解释	不足之处
投票权溢价法（voting premium）	Zingales (1994)	$VP_t = (P_{vt} - P_{nvt}) / P_{nvt}$； VP_t：投票权的溢价； P_{vt}：有投票权的股票的价值； P_{nv}：没有投票权的股票的价值	中国上市公司目前不发行具有二元股权结构的股票，因此不适合用来测算中国上市公司的控制权私有收益
	Nenova (2003)	$VP = [P_M(t) - P_L(t)] / (1-k) * ([N_M + N_L * k] / 2) / [N_M * P_M(t) + N_L * P_L(t)]$； VP：投票权价值； t：一周（从 0 到 52 周）； $P_M(t)$ 和 $P_L(t)$：高投票权股份和低投票权股份每周的市场价格； N_M 和 N_L：高投票权股份和低投票权股份的数额； K：低投票权股份的投票权比上高投票权份的投票权；	
	Doidge (2004)	$VP = (P_H - P_L) / (P_L - rv * P_H)$； VP：投票权价值； P_H 和 P_L：高投票权股份和低投票权股份的市场价格； rv：低投票权股份的投票权比例比上高投票权股票的投票权比例	
大宗股权转让溢价法（block premium）	Barclay and Holderness (1989)	$BP = (P_b - P_e)N_b / P_e N_t$； P_b：大宗股权转让价格； P_e：大宗股权转让公告后当天股票的市场价格； N_b：大宗股权转让的股份数额； N_t：公司发行在外的股份数额	对控制权私有收益的度量是根据全流通的前提进行研究；但中国存在严重的股权分置现象*，因此其方法不适合直接用于测算中国上市公司的控制权私有收益
	Dyck and Zingales (2001)	$BP = rB_b + (1-r)B_s - a(1-r)(Y_b - Y_s)$； B_s 和 B_b：出让方和受让方的私有收益； Y_s 和 Y_b：出让方和受让方的每股现金流权； r：出让方的讨价还价能力； a：转让的股权比例	
	唐宗明和蒋位（2002）	$CP = (P_A - P_B) / P_B$； CP：控制权的私有收益； P_A：大宗股权转让价格的每股交易价格； P_B：被转让股份的每股净资产	未对涉及控制权转让的股权交易进行定义；用被转让股份的每股净资产来替代公司股票的市场价值忽略了交易的双方对股权带来的正常现金流的预期
	姚先国和汪炜（2003）	$CP = (TP - NA)/NA - EP$； CP：控制权私有收益； TP：存在控制权转移的大宗股权转让价格； NA：被转让股份的每股净资产； EP：投资者对目标企业增长率的合理预期	未对资本持有期间所得的现金流入（主要是股利的形式）加以考虑

续表

计量方法	文献	测算公式及相关解释	不足之处
控股股份与非控股股份的转让价格差异法	Hanouna, Sarin and Shapiro (2002)	$V = \{[(P/B)_e - (P/B)_m] / (P/B)_m\} \times 100\%$； V：市场总体的控制权价值； $(P/B)_e$：单宗控制权交易每股价格与标的公司每股净资产的比率； $(P/B)_m$：单宗小额股权交易每股价格与标的公司每股净资产的比率	没有对控制权交易与小额股权交易进行配对；且只能从整体层面上研究控制权价值，却不能从个体层面上研究单个公司的控制权价值
	施东辉(2003)	$V = [(P/B)_c - (P/B)_m] / (P/B)_m$； V：控制权价值； $(P/B)_c$：控制权交易每股价格与标的公司每股净资产的比率； $(P/B)_m$：小额股权交易每股价格与标的公司每股净资产的比率	一年内同时发生小额股权交易和控制权交易的公司比较少，导致样本的容量不足
	叶康涛(2003)	$C/P_L = P_C/P_L - P_0/P_L$； C：控制权私有收益； P_C：控制性非流通股的转让价格； P_0：非控制性非流通股的转让价格； P_L：流通股价格	未对控制权交易和小额股权交易进行一一配对，导致控制权交易价格与小额股权交易价格易受到其他因素的影响
上市公司被特殊监管(ST)后的超额累计收益率法	Bai, Liu and Song (2002)	$PER_j = \sum (r_{j,t} - m_t)$； PER_j：上市公司的超额累计收益率； $r_{j,t}$：j公司被特殊监管后第t个月的股票回报率； m_t：第t个月的市场回报率	把上市资格对大股东的价值等同于控制权私有收益导致高估了控制权私有收益的水平
	刘睿智和王向阳(2003)	$CAR(a, b) = \sum_{f=a}^{b} [\sum_{i=1}^{m} (R_{if} - M_{if})/N]$； R_{if}：ST公司的月收益率； M_{if}：市场的月收益率； (a, b)：事件的时间窗口； N：样本量	

注：＊这一股权分置现象自2005年股权分置改革开始破冰。
资料来源：根据相关材料整理。

(4) 超额累计收益率法（CAR）：这种方法是由香港学者白重恩等（Bai, Liu and Song, 2002）提出的，适用于测算ST公司的控制权收益。他们认为，ST公司股价的超常收益反映了大股东为保住上市资格，在改进业绩方面所作的努力，从而反映了上市资格对大股东的价值，这种价值就是公司控制权的隐性收益。然而，有关公司上市行为的研究表明，上市资格对大股东的价值，不仅体现在借此可获取的隐性收益上,也包括其他收益,如分散风险、满足企业发展资金需要、降低资本成本、提高资产流动性、获取外部监督以及品牌效应等(Zingales,1995b)。因此,简单地将上市资格的价值归结为公司控制权的隐性收益,很可能高估控制权隐性收益的水平,因为公司拥有上市资格不仅为控股股东带来收益,同样也会为中小股东带来收益。

7.2 控制权配置

7.2.1 控制权配置模式的演变

现代公司制企业是在业主制、合伙制的基础上发展演进而来的,在这个发展过程中,公司的控制权配置模式表现出不同的特征。

1. 业主制下的高度集中控制权模式

在企业所有者与经营者合一的古典式业主制企业中,个人财产所有权就等同于企业所有权;这种体制最显著的特点就是所有者不仅出资而且承担经营风险和自主经营管理,企业的运营及收益处置均完全从属于所有者的意志,所有者享有剩余索取权并拥有不可分享的控制权(见图7-1)。虽然业主制企业也雇用一些工人甚至工头,但其内部的产权关系是简单的、明晰的,企业由业主个人投资创办,因此,企业经营决策权与剩余收益权都集中于业主个人;与此相对应,企业的经营风险也全部由业主承担,而且业主对经营风险承担"无限责任",而不是

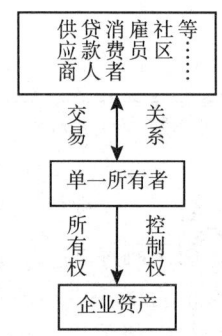

图7-1 业主制下的单一控制模式

以投入的资本为限。事实上,业主制的所有者是作为最完美的一个责权利统一体而存在的。此企业制度下的控制权结构表现为所有者单一性高度集中的控制权配置模式。但是随着生产规模的扩大,业主制企业在资本与风险方面的双重限制使得它必然要被新的企业制度所替代。

2. 合伙制下的分享制控制权模式

合伙制企业的财产所有权和控制权归合伙人共同拥有,剩余收益通常是根据合伙人的出资比例分享,与此相应,企业的经营风险也是由合伙人按比例分担,合伙人对企业的债务也负有无限责任。

合伙制企业可以有效地发挥合伙人所拥有的资源优势(如资金、技术、土地等),从而满足更大规模的生产发展的需要;也可以在一定程度上分散经营风险的压力。与单一业主制企业相同,在合伙制企业中,剩余索取权和控制权也是合一的,但这时的合一是指一个集体,而非个人,因而存在共有产权问题,这就决定了剩余索取权和控制权的分享需要在合作者之间达成协议(见图7-2)。如果每个合伙人都尽责并可以毫无代价地被加以观察,那么合伙制企业的产权结构将是增进协作群生产力的理想制度安排,从而有利于协作群规模的扩大。因此,此企业制度下的控制权结构表现为合伙所有者分享式的控制权配置模式。

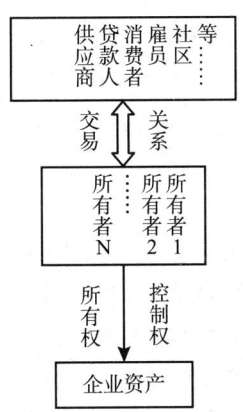

图7-2 合伙制下的分享控制模式

但是,随着企业规模的不断扩大,合伙制企业内部的协调成本即交易费用可能太高,企业在经营中的规模经济必然很快被高昂的成本所破坏。从原则上说,合伙制企业的每个合伙人都拥有企业的独立的决策控制权,但决策风险却由所有合伙人共同承担,这就容易出现所谓的道德风险(moral hazard)问题,每个合伙人都会产生偷懒(shirk)动机而力图充分享受产权收益、充分行使自己的控制权而责任却由合伙人共同承担,这种行为造成的结果只能是企业发展缓慢甚至消亡。随着合伙制企业中合伙人人数的增加,机会主义动机就会增大,这样就有了相互监督的需要;但是随着合伙人数的增加,监督成本就会增大,合伙人在监督问题上就会出现"搭便车"的行为,因为每个合伙人的监督努力给自己带来的报酬份额会越来越小。此时合伙人所建立的分享式的控制权配置模式无法起到有效相互约束的作用。

随着现代社会生产的发展,合伙制企业在资金上限制(合伙规模不能过大)、无限责任制所造成的风险压力以及合伙制企业内部的协调成本使得合伙制企业难以获得稳定发展,现代社会生产呼唤传统企业制度的变革。

3. 公司制下的分散式控制权模式

随着公司制度的崛起,资本的所有者与资本的管理者发生了分离。个人所有权变得更加分散,而与所有权结合在一起的控制权则逐渐集中。对于现代公司制企业而言,公司制企业作为一个独立的法人实体存在,出资人的有限责任制度使个人财产所有权不同于企业所有权。正是由于股东产权与法人产权的相互依存和相互矛盾运动,引起了股东产权与法人产权结构形态的演变,这种结构形态的演变过程,实际上也就是公司制企业控制权的转移过程。

现代公司制企业具有高度复杂的组织机构,组织企业生产经营工作所需要的各种知识越来越多,企业管理越来越专业化,迫使股东不得不逐渐脱离企业经营管理工作,而聘任拥有专门知识的经理人员来进行管理。最初尽管一些投资者所具备的管理知识相对来说非常有限,但这些大股东由于持有主要股份,仍可直接控制董事会,并通过董事会取得企业经营管理的控制权;同时,经理人员的控制权虽仅限于企业的日常经营管理范围之内,但是它们作为管理知识的代表开始进入企业控制权的中心。随着企业规模的进一步扩大和股东产权的进一步分散,在股东之间形成了各种不同的股东利益集团,股东利益集团争夺企业控制权的结果是导致了经营管理者与所有者之间的结盟,从而导致法人产权对控制权的彻底渗透。当法人产权对控制权全面渗透之后,经理人员与股东利益集团的关系更为复杂,形成了股东产权与法人产权之间力量对比的均衡状态。随着企业规模的再度扩大和股东产权的再度分散,股东利益集团的持股相对份额则进一步下降,使得法人产权与股东产权的力量发生了根本性的变化,相对来说股东产权越来越弱小,在与股东利益集团的关系中取得主动地位后,经理人员的控制权限越来越大，他们开始选择合意的人进入董事会，或直接向小股东发出要求签署的投票委托书。虽然在企业法等有关法律及企业章程上明文规定了股东的许多权利，但在实际中一些权利很难得到具体实施，企业的控制权已经从作为股东代表的董事会的手中转移到实际控制董事会的经营管理者手中，实现了法人产权的控制形式，形成了所有权与控制权两权分离的根本特征，如图7－3所示。

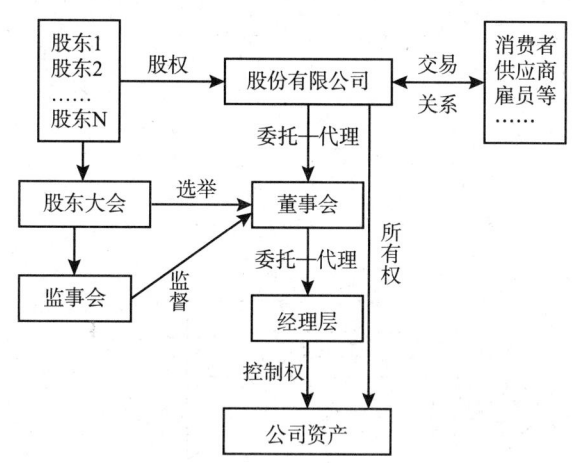

图7－3 公司制下的控制模式

7.2.2 控制权配置模式类型

1. 股东控制模式

帕特曼（Putterman，1993）提出终极控制权（Ultimate Control Rights）的概念，认为尽管存在所谓的所有与控制的分离，但终极控制权始终必须由股东拥有。

公司的终极控制股东为了便于谋取控制权私有收益，倾向于采用一些控制型结构（controlling structure）①加强对上市公司的控制，并因此而造成公司具有多层控制关系，这些控制结构将导致最终控制人持有的所有权（现金流量权）与控制权（投票权）产生分离现象，偏离传统的"一股一票"的假设。公司的终极控制股东通过各种"杠杆工具"使其控制的表决权超过现金流量权，从而引起剩余索取权和剩余控制权产生分离现象。当公司的控制层级越多（现金流权与控制

---

① 例如金字塔控股结构、交叉持股和多重表决权股票等。

权的分离程度越高),终极控制性股东就更方便采用利益输送的行动来侵占中小股东的利益。终极控制股东侵占其他股东利益的同时也会损害整个上市公司的利益,进而也会损害自身的现金流收益。给定其他情况,较高的现金流权将会导致较低的侵占,这种效应被称为"激励效应"(Incentive Effect)。另一方面,终极控制股东通过金字塔持股、交叉持股等方式使其控制权和所有权出现分离,当控制权超过所有权时,终极控制股东将有较大的动力去侵占其他股东的利益,这种效应被称为"壁垒效应"(Entrenchment Effect)。

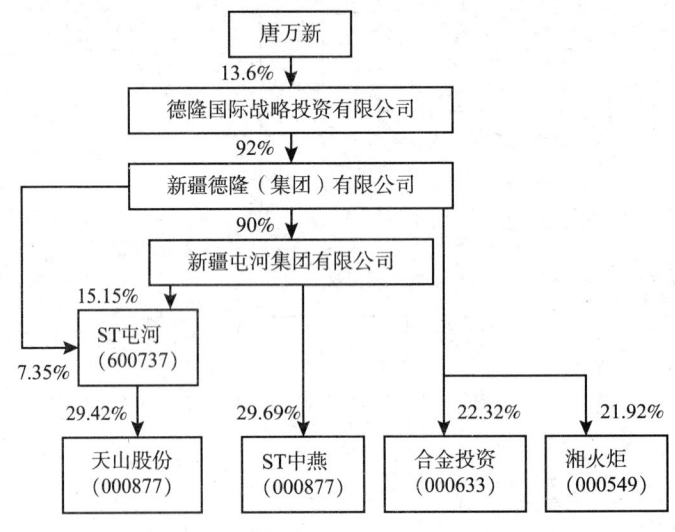

图 7-4 唐万新及"德隆系"的金字塔股权结构图

如图 7-4 所示,"德隆系"的终极控制人唐万新对 ST 屯河的控制层级为 3,最终控制权 = min(13.6%, 92%, 90%, 15.15%) + min(13.6%, 92%, 7.35%) = 20.95%, 现金流权为 13.6% × 92% × 90% × 15.15% + 13.6% × 92% × 7.35% = 2.63%;唐万新对天山股份的最终控制权 = min(13.6%, 92%, 90%, 15.15%, 29.42%) + min(13.6%, 92%, 7.35%, 29.42%) = 20.95%, 现金流权为 13.6% × 92% × 90% × 15.15% × 29.42% + 13.6% × 92% × 7.35% × 29.42% = 0.77%。对 ST 中燕、合金投资与湘火炬如此类推。可见,在金字塔控制中,如果终极控制人不是对中间层公司完全控股,金字塔控制层级越多,处于最高层的终极控制人就越有可能以较少的资金来控制上市公司,现金流权和控制权的分离程度就越大,例如,唐万新对天山股份(000877)的现金流权仅有 0.77%,但其拥有的控制权却高达 20.95%,现金流权/控制权的比值为 0.037,

控制权和现金流权分离非常严重,这意味着即使控股人对天山股份进行掏空、采用过多的费用以及无效率投资等对终极控制人唐万新的实际损失也非常小,因为绝大部分成本由其他股东分担了。这在一定程度上直观印证了金字塔控股下的代理成本问题。

2. 经理控制模式

伯利和米恩斯(Berle and Means, 1932)在《现代公司与私有财产》中,首次明确提出了公司所有权与控制权相分离的论点。认为,在所有权已经充分细分的公司,企业管理者拥有的所有权即使微不足道,但事实上掌握着公司控制权,并将这种控制称为经营控制(Management Control);并提出,企业管理者控制权的增大,存在着损害公司资本所有者利益的危险。这个观点第一次全面系统地论述了现代公司制下所有权控制方式的革命性变化,揭示了公司控制权配置的特点,即现代资本主义大公司已完全操纵在经理阶层的手中。

在现代企业中,职业经理人以其经营管理才能为谈判筹码,获得了企业的经营权,与非人力资本所有者并驾齐驱;在后现代企业,创新者群体因其创新知识和能力的不可替代以及团队效应,分享着企业的控制权。人力资本分享企业剩余索取权和控制权,是多种因素共同作用的结果,但从知识的角度去探讨,将能够抓住问题的本质。因为企业竞争优势的根源,在经历了资源论、能力论后,已进入知识论时代[①]。创造、应用、转移和积聚知识的能力及由此增加企业价值的能力,是决定企业内部权力和利益最优配置的关键因素。最稀缺的生产要素决定了生产力的性质,而最稀缺要素的所有者,应当成为企业控制权的主要所有者。控制权和知识的对应存在两条基本路径:一是将知识转移给拥有原始控制权的财产所有者;二是将部分控制权有条件地转移给拥有知识和信息的经济主体。[②] 前一种方式面对的是经济行为主体有限理性条件下的知识成本的约束(知识转移、学习和传递成本以及决策者缺乏知识和信息做出错误决策的机会成本),后一种方式面对的则是信息非对称条件下的代理成本(权利转移和委托代理过程中代理问题所带来的成本)的约束。究竟选择哪一种对应方式取决于两种方式的成本和收益比较。

---

① 余光胜:《企业发展的知识分析》,上海财经大学出版社2002年版。
② 詹森、麦克林:《专门知识、一般知识和组织结构》,载《契约经济学》,经济科学出版社1999年版。

3. 利益相关者控制模式

阿訇和博尔顿（1992）提出了"控制权相机转移"的思想。认为企业控制权不仅能在股东之间转移，而且能在股东、债权人、管理者、职工之间游走。在企业正常经营条件下，股东是公司主要所有者，享有公司控制权，有权决定公司控制权安排；当企业经营出现债务危机时，债权人将根据企业契约接管企业，享有公司的实际控制权，有权决定公司控制权安排。随着公司绩效的恶化，公司控制权沿着所有者主权、债权人主权和破产清算的方向演进。[①]

刘红娟、唐齐鸣（2004）从总体上考察了股东、董事会和经理层的控制权配置状态及权力主体之间的关系，对公司控制权配置状况与治理机制之间的关系作了较为深入地诠释并构建了不同的控制权配置模式及不同模式下的寻租主体和重要的治理机制，其阶段性成果如表7-2所示。刘红娟（2006）认为，风险制造人与风险承担人应该对应；决策控制权与决策管理权应该分离；通过完善控制权机制可以构建高效的公司治理自适应体系。

表7-2　　控制权配置模式、寻租主体及治理机制描述

配置模式	模式描述	寻租主体	重要的治理机制
董事会的大股东控制	大股东对控制权绝对垄断；大股东自身经营能力和理念对企业价值很关键	最大股东	退市机制、小股东利益保护机制
	不稳定的总经理的"一权分控"，经理的控制权受大股东威胁；大股东自身经营能力和理念对企业价值很关键	最大股东	退市机制、经理市场约束、小股东利益保护机制
	随着大股东股权比例降低，大股东的控制权可竞争，其垄断强度下降；可能的大股东隧道效应和低效决策	最大股东	控制权市场、退市机制、小股东利益保护机制
	随着大股东股权比例降低，其垄断强度下降，总经理的"一权分控"的稳定性增加；大股东的控制权可竞争；大股东的隧道效应和经理的机会主义行为相互制约，两者的寻租空间都有限	最大股东、职业经理	控制权市场、退市机制、经理市场约束、小股东利益保护机制

---

① 这种演进的前提条件是产权的明确界定和公司化改造，并需要一个竞争性的市场体系和完善的金融体系作为其外部制度条件。我国目前还存在许多阻碍控制权转移和有效的公司相机治理实现的制度安排，这需要进行系统地消除和优化。

续表

配置模式	模式描述	寻租主体	重要的治理机制
董事会的大股东控制	国有大股东时,内部人控制了董事会和总经理任命,既可不理会国有大股东,也可不理会小股东	国有资产代理人	法规监督、股权激励、退市机制
	股权分散导致的内部人控制,但控制权可竞争	职业经理构成的内部人	控制权市场、经理市场约束和利益激励
制衡的董事会	难稳定的"三权分控",取决于大股东的控制理念和法规制约;职业经理的寻租空间有限	最大股东、外部董事、职业经理	退市机制、外部人才市场约束和利益激励
	难以稳定的董事会层面"一权分控",取决于大股东的控制理念和法规制约	最大股东、外部董事	
	随着大股东股权比例降低,其控制权的可竞争性增强,"三权分控"的稳定性提高,权力主体的制衡机制强化	最大股东、外部董事、职业经理	退市机制、控制权市场、外部人才市场约束和利益激励
	随着大股东股权比例降低,其控制权可竞争性增强,董事会"一权分控"的稳定性提高;大股东的寻租空间有限	最大股东、外部董事	
人力资本的控制权	随着经理的人力资本增加,其控制权提高可能受人力资本所有者的要挟	高人力资本所有者	减少对某一个体的依赖、利益激励

资料来源:刘红娟、唐齐鸣:《公司内部控制权的配置状态、寻租主体及治理机制分析》,载《南开管理评论》2004年第5期,第63~69页。

4. 关系型控制模式与市场型控制模式

从19世纪中期开始,在上市公司中,世界范围内公司控制权的配置模式就已形成关系型和市场型两大类。

关系型控制模式也称为组织型控制模式,主要存在于欧洲大陆法系国家和东南亚地区的国家,如法国、德国、日本、韩国、印度尼西亚等。日本的股份集中度虽然低于欧洲,但法人相互持股情况普遍,日本学者奥村宏称其为"法人资本主义"。[1] 在这些国家,公司的股份集中度高,大宗持股关系比较稳定,公司之

---

[1] 奥村宏认为,日本不再是由个人、家庭、机构投资者作为大股东即资本家支配公司的时代,而是变成了一个由法人作为大股东的资本主义国家。奥村宏特别强调,法人不同于机构投资者,因为机构投资者的背后存在真正的所有者(受益人),而法人则是以自己的利益取向持股,是"没有个人资本家的资本主义"。机构投资者持有的是收益证券,而法人持有的是支配股份,各自持有的出发点不一样。参见[日]奥村宏著,张承耀译:《股份制向何处去:法人资本主义的命运》,中国计划出版社1996年版,第154页。

间、公司的股东之间存在千丝万缕的联系，公司之间相互持股情况较为普遍，甚至金融企业和制造企业之间相互持股，形成了所谓的全能银行和主办银行现象，造成控制权集中度比所有权集中度高，透明度低，中小股东权益保护机制薄弱。

市场型控制模式也称为公开型控制模式，主要由英美国家采用。市场型控制模式其股份的分散程度很高，持有公司股份10%或者更低些就可以是大股东，公司的股份流动快，公司外部市场监控资源丰富，围绕公司控制权的争夺战频繁发生，甚至常常发生恶意收购。关系型控制模式和市场型控制模式的比较如表7-3所示。

表7-3 关系型控制模式和市场型控制模式比较

层级\国别 项目	德国	日本	美国
经营者报酬	居中	低	高
董事会	理事会与监事会分离	主要为内部董事	主要为外部董事
所有权	集中度高：家族、银行和公司持股较多	集中度较高：公司法人和银行持股多，经营者持股少	非常分散
透明度	低	低	高
资本市场	流通性低	比较具有流通性	流通性非常高
控制权市场	微弱	微弱	非常活跃
银行体系	全能银行	主办银行制	银企分离

资料来源：Steve N. Kaplan：Corporate Governance Performance：Comparison of Germany, Japan and the U.S. in Donald Chew ed., Studies on International Corporate Finance and Governance Systems, Oxford University Press, 1997, P. 252.

20世纪80年代以来，英美国家的公司所有权集中度实际上已经发生了很明显的改变。欧洲大陆借鉴了英美国家市场监控上市公司的经验，而英美国家则开始恢复大股东的控制权地位。

7.3 控制权市场

7.3.1 控制权竞争

1965年，美国学者亨利·曼尼（Henry Manne）首次提出公司控制权市场

(Market of Corporate Control）理论，为当时的公司治理研究另辟蹊径。公司控制市场理论的基础是公司经营者的经营效率与股票市场价格的关系，该理论首先肯定一个有效证券市场的存在，在这个有效的证券市场中，公司的经营效率会真实地反映在股票价格上。

由于控制权本身具有一定的价值，通过掌握控制权可以管理、支配和利用公司的各种资源，最大限度地获取经济效益，因此控制权成为各相关利益主体相互争夺的对象。控制权的转移和交易形成了控制权市场。这一市场被寄予调整上市公司的资产、股权结构、完善外部治理机制、提高上市公司整体质量的厚望。曼尼认为，公司收购市场就是一个公司控制权市场，在这个市场上，控制权可以在相关利益主体之间进行重新分配，缺乏效率的经营者会因为公司经营不善导致股东接受收购者的报价而被撤换，让绝大部分上市公司都能感受到来自控制权市场的压力。同时，借助控制权市场的各种制度安排，有效降低上市公司及控制性股东的各种非理性行为。

在成熟的资本市场中，控制权竞争是迫使经营者不断提高经营绩效的外在动因：当公司经营不善时，无法对经营者实行直接监控的中小投资者可以采取"用脚投票"的方式，卖掉所持有的股份；无法直接监控经营者而又拥有较大股权的股东可以利用手中的股权争夺董事会的席位，这种争夺公司代理权的行动是对经营者的一种潜在威胁；而公司的大股东则会采取"用手投票"的策略，直接罢免经营者。因此，控制权市场是公司外部治理机制中最为重要的形式之一，能够在一定程度上解决管理层和控制性股东的逆向选择和道德风险问题。但是在很多情况下公司控制权市场并未能有效运作。①

新古典公司控制权转移理论以资本市场有效性为假设前提，将控制权市场视为解决企业代理问题的一种有效的外部机制。对公司控制权转移效率的价值争论，大多是围绕这些理论之间的逻辑关系能否成立为焦点展开。现代公司控制权转移理论则放松了这些假定前提，试图超越股东和经理之间的代理冲突逻辑，以控制权私有收益为核心概念，着重考察控制权交易的定价对中小股东的剥夺，以及对公司治理机制和资本市场发展的影响。传统上，控制权竞争和转移的方式包括企业并购、代理权争夺、托管运营和司法裁定等。

---

① 刘胜军（2001）比较研究了中美两国公司控制权市场的制度区别，认为中国公司控制权市场与美国最大的区别点是"掠夺性接管"。高愈湘（2004）从"中国公司控制权市场发展悖论"入手，通过比较国内外公司控制权市场模式的异同，指出中外公司控制权市场发展的制度区别点是"股权分置"，并提出了"股权分置"状态下的公司控制权市场低绩效的理论假说。

7.3.2 公司并购：公司控制权主体的转换

公司并购是兼并与收购两种公司行为的总称，涉及收购、兼并、合并三个概念，并购泛指在市场机制作用下，主并公司为获得其他公司的经营决策控制权，对目标公司进行购买的经济行为。在实物交换方面，并购是公司对外扩张并获取生产元素的一种方式或途径；在权益交换方面，并购是公司获得对目标公司的资源控制权的方式。分而述之，兼并（merger）是以现金、股票、股权、承担债务等形式付出代价后将目标企业并入本企业，目标公司法人资格消失，相当于我国《公司法》中的"吸收合并"，即 A 公司兼并 B 公司，A 公司保留，B 公司解散，丧失法人地位；收购（acquisition）指 A 公司通过出资入股，达到对目标 B 公司的控制；合并（consolidation）指两个获两个以上公司合成一个新的公司，伴有产权关系的转移，多个法人变成一个法人。

公司并购活动是在一定的财产权利制度和公司制度条件下进行的，在公司并购过程中，某一或某一部分权利主体通过出让所拥有的公司控制权而获得相应收益，另一个或另一部分权利主体则通过付出一定代价而获取这部分控制权。因此，公司并购的实质是在公司控制权运动过程中，各权利主体依据公司产权所作出的制度安排而进行的一种权利让渡和受让行为。公司并购的过程实质上是公司权利主体不断变换的过程。

七匹狼收购杭州肯纳服饰

福建七匹狼实业股份有限公司 2011 年 3 月 29 日在北京宣布，以 7000 万元收购杭州肯纳服饰有限公司 100% 股权，取得对肯纳服饰的控制权，涉足国际品牌代理业务。

杭州肯纳成立于 2008 年 3 月，拥有世界顶级服装品牌康纳利（Canali）、范思哲（Versace collection）和世界著名珠宝品牌乔治·杰生（Georg Jensen）等品牌在华的代理权。截至 2010 年年底，杭州肯纳营业收入为 6637 万元，净利润 784 万元。

收购完成后，七匹狼将着力搭建国际奢侈品牌进入中国市场的代理平台。这表明七匹狼在经营多年传统服装后，开始向急剧膨胀的中国奢侈品市场挺进。

7.3.3 代理权争夺：不同利益集团的博弈

代理权争夺（Proxy Contest）是公司控制权市场上区别于并购的一种控制权转移方式，指不同股东组成的不同利益集团，通过资本市场征集委托表决权，以获得股东大会控制权或董事会的控制权，进而达到更换管理者或调整公司战略的一种行为。代理权争夺发生的原因主要是异议股东（或称挑战者）对公司的经营状况、发展战略或其他方面不满，与管理者协商，但双方矛盾仍无法调和；同时，异议股东自身无足够的资本资源，不能或不愿通过并购公司的股权来获得公司控制权，转而通过征集中小股东委托表决权与管理者争夺控制权。

根据传统的委托—代理理论，现代公司中股东与董事会、董事会与管理层之间存在双重委托—代理关系，代理权争夺发生在第一重委托—代理关系之间，股东大会将决定谁取得第一重代理资格。与通过购并获得公司控制权的方式不同，代理权争夺主要是依靠征集股东委托投票权的方式获得公司控制权，其本质在于收购者借助第三方力量实施对目标公司的低成本控制。股东权益的可委托性是代理权争夺发生的前提，控制了委托投票权就能控制股东大会，进而控制董事会和掌握公司控制权；尽管异议股东通过代理权争夺取得公司控制权，但公司控制权最终作用的发挥仍依赖于体现公司所有权的股权，如果异议股东的发展战略调整不能达到预期效果，就会失去其他股东的支持，从而失去公司控制权；异议股东的控制权基础不牢，也容易诱发短期行为。代理权争夺的发生有股权结构要求，一般是要求股权比较分散，有两个以上的大股东，且没有一个有绝对优势。在我国，公司的流通股份比例很大，公司大股东又势均力敌时，代理权争夺就容易发生。

深万科代理权之争

万科公司1991年1月在深圳证券交易所上市，上市之初，公司的主营业务并不突出。君安证券公司成立于1992年，曾为我国早期证券市场的建立与发展，起到不容忽视的作用。深万科是上市公司购并市场中的先行者，就在中国上市公司第一起购并案宝安收购延中发生后不到两个月，万科便发动了收购申华的战役，但没想到几个月后却后院起火。

1994年3月30日发生了由君安证券发起的代理权之争，君安称受4位合计持有万科10.73%的法人股东委托，以这家股东财务顾问的身份，公开举行新闻发布会，发出改组万科的"改革倡议"，对万科的经营提出4点建议、5点倡议，要求对万科实施重大改组，并称将推荐8~10名董事候选人进入万科董事会，当时君安证券自己仅持有3.17%的万科股权，1994年4月3日万科董事会发表声明，称君安证券有限公司超越授权范围，理由是：其一缺乏足够的授权委托手续；其二代表3.17%的股份，无权提出8~10名董事候选人；其三对未委托授权的股东，征集受委托权，没有法律依据。并指出《改革倡议》披露的有关信息已经对股民产生误导。而与此同时，君安征集的委托权阵营也出现分化瓦解，两个法人股股东（新一代和海南证券）临阵变卦，转而支持万科管理层。4月4日，君安和万科的法定代表人在深圳证券交易所的调解下，君万代理权之争告一段落。

代理权争夺和公司并购都是股东对管理者进行监督和约束的极其重要的外部控制机制，但是，从公司治理的角度分析，代理权争夺和公司并购又有很大区别。第一，两者对公司所有权的分布影响不同。代理权争夺与公司并购都是力图控制公司，在公司并购中，随着并购的实现，被并购公司丧失了所有权，或者发生了所有权结构分布和控股股东主体的变化。而代理权争夺本身的目的不是股权（尽管往往同时伴随着股权的争夺），而是股票代理权。在争夺过程中，大多数股东并不转移他们的股权，他们的动机更多的是选出管理层以提高股票价值。第二，代理权争夺与公司兼并方式的信息披露程度也存在不同。在股票二级市场中，如果并购以协议方式进行，投资者往往在事前不能获得任何有价值的信息。而在代理权争夺中，挑战者为了保证争夺的成功，就要动用更多的资源，掌握更多的信息，并向广大股东公开。相反，管理者则努力控制对其不利的信息，但此时挑战者对信息的掌握程度已不低，使得代理权争夺相当激烈并精彩纷呈。第三，两者在短期内掌握控制权的实际结果往往不同。公司并购是为了确保拥有控制权的行动，但有时却不能奏效。这是因为：公司控制权争夺的首要目标就是取得优势的董事会席位，但董事有任期限制，加之公司法及公司章程对董事地位的保障，董事在任期内股东大会不得无故解职，从而使收购者面临拥有大多数股权又不能在短期内掌握控制权的尴尬局面。而在代理权争夺中，挑战者则可能在股东大会的"全民公决"中获得多数董事席位而享有控制权。

通过代理权争夺获得对公司控制权的掌握有阶段性。挑战者通过代理权争夺取得公司控制权，即董事会的多数席位，但对公司控制权起决定作用的最终还是股权。如果挑战者未来的公司战略未获成功，就会失去中小股东的支持，这时会出现地位互换的另一场代理权争夺，挑战者不得不退出。公司并购虽然有时不能在短期内掌握经营权，但长期来看却是肯定的。代理权争夺中挑战者的道德风险突出。挑战者掌握控制权后，如果他不履行对公司和其他股东的诚实义务，就违背了中小股东支持他的初衷。如果挑战者仅是为了掠夺上市公司资源而不是长远发展的目的，有可能诱导中小股东，骗取他们的支持。挑战者低成本控制了公司后，就出现了股东权利与责任不对称问题，挑战者通过董事会拥有了经营公司全部资产的权利，但由于其所占股份额小，按公司法只承担以其出资额（拥有的股份大小）相应的有限责任。同时，其退出比较容易，加之挑战者控制权的阶段性持有而易产生短期行为。因而，代理权争夺中挑战者的道德风险不容忽视，必须有健全的法律予以规范和监督。

7.3.4 托管运营：非股权转让条件下的控制权转移

托管是委托管理的简称，在法律上，这种委托关系既可以用民事代理关系来构造，也可以用无名契约、信托关系来构造，关键是要看托管的契约本质。所谓"委托关系"，是指当事人双方约定，受托方以委托方的名义和费用为委托方处理事务的法律关系。委托关系通过委托合同的订立得以确立，受托人在委托的权限内以委托人的名义办理受托事务，与第三人发生民事法律关系，其后果直接由委托人承担。受托人在委托权限内实施的行为等同于委托人自己的行为。就实质而言，在众多控股权转让案中，委托管理股权并非真正意义上的股权转让，其实是一种股权转让的准备状态，是在各级管理机构批文下来前提前介入上市公司管理、整合以及其他实质性重组工作的过渡阶段。这种实质控制权提前转让的方式在战略并购时发挥了较大作用。例如我国的上市公司西南药业（股票代码600666）的收购方太极集团就是先期取得了股权的委托权、管理经营权，实施了可代行股东权利的股权托管，为新股东与上市公司的资产整合争取了时间，为其可持续发展打下良好基础。

股权托管适用于一些暂时能够维持运转但已明显感到经营管理力不从心的公司。公司的原始产权主体既无力自我经营企业，又不愿轻易放弃公司所有权，托管就可能成为最佳的重组方式。一是当运用其他方式（如兼并、收购、破产等）进行公司重组存在体制性障碍时，可考虑托管方式。为回避某些体制性障碍，可通过托管方式暂缓原始产权的转让，而先将法人产权让渡出去，一方面先努力救活企业；另一方面设法给予受托方更优惠的经营条件，以满足受托方的利益要求。二是当使用其他方式进行重组存在资金投入过大的障碍时，可考虑托管办法。此时托管可有效地缓解买方主体的资金压力，它可暂不进行原始产权的变更，进而可暂时免交购买产权的费用。三是当买方主体一时说不准目标公司的未来前景,或本不想购买目标公司原始产权时,可通过托管方式在一定程度上减小这项投资的风险。从我国具体实施情况来看,已进行股权托管的或有此需要的上市公司大都是一些债务负担沉重甚至资不抵债又告贷无门的公司或一些经过多次和多种方式整顿而无效的公司等。

宝莱生物股权托管案

"宝莱生物"是2000年由西安天金科工贸有限公司联合其他发起人共同设立的股份制企业,注册资本3850万元,主要从事转基因植物的培育和生物工程肥料的开发应用。公司在当初成立时,其股本资金与股权结构并没有到位。为了应付注册与验资的需要,先临时凑数,想等到一切手续办理完毕再想办法,把尚未出售的股权卖掉,去填这个资金缺口。

"宝莱生物"的具体做法是在向西安市体改办申请设立股份公司时,写明由某些自然人出资731.5万元,占19%的股份。但是,这笔资金却没有真正到位,而需要通过上海环平投资有限公司的帮助,在社会上寻找若干个自然人购买这部分股权,以填上资金缺口。不过,真正的投资人最终可能上不了股东名册。正如2002年"宝莱生物"委托西安中信股权托管公司为其办理股权托管,"宝莱生物"称此次转让的股权"属于公司而不属于任何股东,投资者即成为公司股东,但不能办理过户手续"。

"宝莱生物"的股权托管实质上是一种变相的社会募集。"环平投资"帮助"宝莱生物"出售股权的过程,实际上就是它"做庄"的过程,往往就是众多不明真相的投资者被套牢的过程——股份公司融进资金,庄家赚取差价暴利,投资者只能面对迅速贬值、难以流通的现实,守望创业板市场的早日推出。明知是违法违规行为,为什么西安中心股权托管公司可以坦然处之?理由很简单:利益驱使。托管公司是经营单位,它不管你是谁,反正是有多少股权就得交多少托管费,股权越多托管费就越多。这就给了向"宝莱生物"这样变相公开募集股份的企业利用股权托管公司开出的股权证明来获取投资者的信任的机会。

在国际资本市场上,股权托管非常普遍。很多股东追求专家管理和职业团队管理,将股权处置权之外的所有权利委托专家型的团队,委托方向受托方支付管理费。显然这是一种市场化的操作模式。对上市公司来说,可以通过股权托管引进先进管理理念,促进产业升级,提高公司业绩。

7.3.5 无偿划拨与司法裁定：行政性控制权转移

无偿划拨主要是指地方政府或主管部门作为国有股的持股单位直接将国有股在国有投资主体之间进行划拨的行为，带有极强的行政性，政府色彩较浓厚。在我国，由于国有资产管理体系的原因，2000年共有26家上市公司通过国有股权直接划转的方式变更了第一大股东，占股权转移案例总数的25%。比较典型的案例主要有：中国航天总公司将所持有的航天科技33.6%的股权无偿划拨给中国航天机电集团；重庆市国有资产管理局以零价格转让其所持有的渝钛白国家股，长城资产管理公司以"承债式"的方式对渝钛白进行重组；中关村借琼民源重组上市等。

司法裁定又称诉讼裁定。通过法院裁定转让是我国上市公司控制权转让的重要形式之一。通常，当上市公司原大股东无法偿还债权人债务时，债权人会申请法院对大股东所持有的国有股资产进行冻结拍卖抵债，战略投资者可以以竞拍的方式取得这部分股权，或者由法院直接裁定将这部分股权转给债权人作为抵偿。我国证券市场上，2000年就有中联建设、幸福实业和炎黄在线等上市公司的控股权通过司法裁定实现了转移，这类股权转让方式是长期以来持续的上市公司资产清理、规范调整的结果。近年来，随着对证券市场管理力度的增强和上市公司经营运作的透明，由于不良债务、违规担保而由司法机关裁定的被动的控股权转移的比重已经逐渐降低。

7.4 中国公司控制权特征与优化

7.4.1 控制权配置错位

1. 大股东控制

公司大股东和小股东间利益不一致的冲突，若处理不好会出现所谓的"大股东控制"现象。股东行使控制权主要有两种基本方式：在股东大会上投票，直接参与公司决策，称为"用手投票"；在股票市场上转让，通过影响股价间接影响公司经营，称为"用脚投票"。股东有效而充分地行使这两种控制权是建立有效公司治理的基本要求。

但在实践中，中小股东控制权的行使存在严重缺陷。[①] 从理论上讲，中小股东可以通过参加股东大会选举、更换董事会成员来行使"用手投票"控制权。然而，由于股本少，话语权弱，因而中小股东的表决意见难以改变大股东的意图。另外，中小股东履行监督职责需要付出的成本往往超过预期收益，这使得中小股东缺乏监督管理层的激励。[②] 此外，即使中小股东行使"用脚投票"的控制权，对大股东的影响力也极为有限。总体上说，当中小股东的利益与大股东利益发生冲突时，中小股东的利益很难得到保障。

2. 内部人控制

股东和经理人之间利益不一致而导致的冲突会产生"委托—代理"问题，该问题处理不好则导致"内部人控制"；在中国，这一问题还有其特殊性，即在国有股东出资人实际缺位的情况下，"内部人控制"问题得以强化。何浚（1998）选取了国内有完整董事会成员资料的 406 家上市公司，通过内部董事人数/董事会成员总数（内部人控制度）来研究上市公司的内部人控制问题（见表7－4），结果表明，我国上市公司均不同程度地存在内部人控制问题，其中内部人控制度超过50%的公司达 314 家，占样本总数的 77.34%，平均每家公司拥有 9.7 位董事，其中外部董事 3.2 人，内部董事 6.5 人，平均内部人控制度为 67%。同时，他还进一步研究了内部人控制度与股权集中度之间的关系，结果表明，内部人控制度与股权集中度呈显著的正相关关系。

表7－4　　　　　　　　　内部人控制度分布情况

内部人控制度（%）	0~10	10~20	20~30	30~40	40~50	50~60	60~70	70~80	80~90	90~100
公司数（家）	3	8	27	25	29	40	46	66	65	97

资料来源：何浚：《上市公司治理结构的实证分析》，载《经济研究》1998 年第5 期。

高愈湘（2004）通过对 1999~2002 年公司控制权市场的观察发现，在公司

[①] 当然，非流通股股东控制权的行使同样存在缺陷：非流通的国家股、法人股难以借助正常的市场行为来行使"用脚投票"的控制权，不能自主地在股价有利时出售股票以获利，也不能在股价贬值时通过出售股票而减少损失。

[②] 夏东林（2000）的调研报告显示，在 1997 年和 1998 年被调查的 475 家中国上市公司中，出席股东大会股东所代表的股份高于非流通股比例的公司不到 30%，对小股东而言，股东大会形同虚设。

控制权市场上，内部人控制度不但与股权集中度呈显著的正相关关系，而且，较之于股票市场，内部人控制度更高；特别是在第一大股东持股比例20%~30%的区域内，发生控制权转移的公司数量最多（72家）①，且内部人控制度高达到83.57%，呈超强的控制状态，如表7-5所示。

表7-5　　　　控制权市场内不同股权结构下内部人控制度分布情况

第一大股东持股比例（%）		0~10	10~20	20~30	30~40	40~50	50~60	60~70	70~80	80以上
全部有效的样本公司	公司数	1	6	23	23	15	26	24	23	4
	内部人控制度（%）	55.6	56.12	55.28	58.12	69.81	72.47	84.15	86.42	90.87
第一大股东为国有股的样本公司	公司数	1	4	15	18	7	16	19	17	2
	内部人控制度（%）	55.66	67.62	60.6	68.69	72.62	79.46	84.67	86.58	88.89
第一大股东为法人股的样本公司	公司数	0	2	8	5	8	10	5	6	2
	内部人控制度（%）	—	53.18	45.3	56.04	65.34	61.28	82.17	86	92.86

资料来源：郭春丽：《上市公司的股权结构、公司治理与经营绩效》，载《经济管理》2002年第8期。

在许多情况下，董事会成员兼任经理人员，从而形成了一种"自我管理"格局，极易出现职务腐败；再加上董事们本身属于"次级代理人"，大多并未拥有其所管理的股份，导致缺乏维护股东利益的动机，再考虑到外部产品市场、公司控制权市场、经理人市场在股权分置格局下对经理人的监督弱化，就使得对公司拥有绝对控制权的内部人可以更方便地服务于私利，而且很少受到有力的董事会监督和外部监督。

同时，也应该看到，"内部人控制"对公司绩效的影响是一把"双刃剑"：一方面，由于内部人比外部人有信息优势，加上他们中有很多是经营技巧出众的职业经理人，因而由他们掌握公司控制权可能会给公司带来潜在的绩效改善；另一方面，由于经理人员本身对企业财产不具所有权，其目标函数和股东的目标函

---

① 高愈湘认为，在此区域内发生公司控制权转移数量较多的原因可能是国家对持股超过30%后强制要约的限制所造成的。

数不同,为了追求自身私利,其行为可能偏离股东利益,给公司带来不利影响。由于中国上市公司将经理人员的努力与公司股东价值最大化联系在一起的激励约束机制弱化,从而使得经理人员行为与股东利益之间存在较严重的冲突。这就导致中国的公司经理人员出现代理人问题比西方要严重得多,即"内部人控制"问题不利的一面更为突出。在"大股东控制"和"内部人控制"模式下,董事会实际成为"大董事会",股东大会成为"大股东会",监事会完全是一种附庸机构,公司法人治理结构的制衡功能出现严重缺陷。

7.4.2 控制权市场失效

公司控制权市场的运作往往需要相应的条件,如果这些条件不具备或不完善,公司控制权市场的运作就会失效或变形。产权界定清晰、产权交易自由和股票市场运作规范是其中的重要条件。在发达的资本市场上,开放型公司大量存在,公司控制权市场非常活跃,企业家市场和与业绩紧密关联的报酬机制,对公司经营者的行为起着重要的激励和约束作用。

在国内股权分置的历史条件下,分割的市场决定了两类不同的股权在流通转让时具有截然不同的定价方式[1],从而造成公司"同股同权同利"基础的丧失,导致不同股东按照不同的利益差别追求不同的价值目标。同时,市场分割加大了"噪音"[2]和信息不对称的影响,造成股票市场判断标准的失效,股价的涨跌不能完全反映公司经营的绩效,因此控制权市场作用的发挥缺乏适当的传递机制。而且由于市场分割,公司控制权不能从市场上"敌意"获得,而只能通过与非流通股持有者的大股东"协议收购"[3]取得,因此,控制权市场变得"有接管而无威胁"[4],导致其公司外部治理效应失效,降低了控制权市场作为减少"代理成本"的制度设计的作用。此外,由于存在大量行政型干预和交易不公开所造成的"拉郎配"、串谋和权力寻租等情况,导致国有股价格难以获得客观的市场参照,

---

[1] 流通股价格由市场决定;非流通股价格由买卖双方协议商定在每股净资产上下浮动。

[2] 虚假信息和炒作等。

[3] 控制权市场交易方式基本为"协议收购"方式,敌意收购极少出现,收购只能存在于全流通股板块内,并且公司的收购比例多在强制性全面要约(30%)的限制之下,一旦超过该比例,企业或者申请豁免,或实行所谓"分类要约",充分体现了"中国特色"。

[4] 德姆塞茨(Demsetz, 1985)和拉波特(Laporta, 1999)等认为,控股股东的利益和外部小股东的利益常常不一致,两者之间存在着严重的利益冲突。在缺乏外部控制威胁,或外部股东类型较为多元化的情况下,控股股东就可能以其他股东的利益为代价来追求自身利益,通过追求自利目标而不是公司价值目标来实现自身福利的最大化。

只能以净资产为基础上下浮动①而非市场定价。同时具有中国特色的"壳资源"的存在使得我国上市公司成为一种"稀缺资源",交易动机更多地倾向于投机和取得上市资格,因此导致控制权市场的资源优化配置作用得不到有效发挥。

7.4.3 控制权的优化

1. 促进大股东控制和投资者保护机制综合发挥效应

现有研究普遍认为,多元化的股权设置,能够在股东之间形成制衡机制,既可以监督经理层提高经营效率,又可以防止大股东从上市公司转移资源。但是,大量调查发现,股权分散的企业中,多元化的股权设置并未产生股权制衡效果,反而出现了许多围绕控制权展开的斗争。相对于持股比例很高的一股独大,股权分散状况下的单个股东获得的控制权收益更高,通过两权分离,可以以更少的股权动用更多的属于其他股东的经济资源。因此,各个股东在股东大会、董事会等权力机构上展开激烈的斗争,甚至不惜用暴力夺取控制权,以获取巨大的私人利益。

施莱佛和威施尼(1986)提出,相对于股权分散下无人监督经理人的情况,一个大股东的存在可以解决公司内部人控制问题,提高公司经营绩效,并获得自己的利益。但是施莱佛和威施尼(1997)进一步论证,大股东发挥良好作用的前提是具有一个良好的保护中小投资者的法律环境,以避免大股东通过手中的控制权损害中小股东的利益。在我国现有的制度背景下,在相当长一段时期内,股权相对集中仍然是相当一部分公司的股权结构的主要形式,不可避免地产生大股东侵害中小股东利益的问题。因此,在现有的制度框架下,只有大股东控制和健全的投资者保护机制综合发挥效应,才能促成良好的公司治理机制。

2. 加强对两权分离度较高的公司的监管力度

当终极股东通过多种方式分离终极控制权与所有权时,监管机构应该对这些上市公司的再融资行为、关联交易、对外担保、信息披露、少数股东权益保护、股权变化等方面加强监管力度,以期有效制约终极控制人的侵害行为,保护好中小股东权益。可以通过立法或司法解释细化证券违法行为的民事责任,强化刑事

---

① 根据韩建军(2002)等人的研究,目标公司非流通股平均转让溢价不仅在每股净资产上下浮动,而且呈逐年递减的趋势。

责任，严格规范上市公司终极控制人行为。除了加强公司内部监事会、审计部门进行自我监督外，外部监督机制作用的发挥也至关重要，可以通过逐步完善公司控制权市场、经理人市场和产品市场，加强对公司终极股东的外部约束和激励机制。此外，还可以借鉴股权分置改革中发挥中小股东参事的成功经验，利用好网络、媒体等现代信息载体，建立多种监控机制，鼓励中小股东对上市公司行使监督权。

3. 完善公司终极控制人的信息披露制度

目前，有关上市公司实际控制人的披露制度已经初步建立，但是在具体的执行过程中仍然暴露出一定的问题，例如，对实际控制人的界定不够明晰、在实际控制人信息披露方面的准确性、及时性较差等。因此，需要进一步完善对终极控制人的信息披露制度。例如完善对终极控制人的认定标准，特别是将采用间接控股方式以及其他私下协议、私下安排等方式控制公司的人也应当纳入披露范围。再比如加强对终极控制人的监控力度，建立终极控制人的档案信息，制定严格的终极控制人股权变动管理及信息披露办法，并将其输入日常监管信息系统，监督其各项交易的合法性和合理性，做到股权变动规范有序，进出主体明确清楚，能够让投资者和监管部门及时掌握终极控制人的变动情况。此外，还应该严格上市公司及其控股股东、实际控制人未按规定如实、准确、完整披露的责任。通过将所有权和控制权落实到个人，有助于终极控制人、控制结构和现金流向的透明度的增加，也有助于两权分离度的降低，从而有助于降低终极控制人的道德风险，使其自身利益与公司价值及其他股东利益的关联性显著增强。

4. 加强控制权市场和经理人市场的培育

控制权市场和经理人市场是公司重要的外部治理机制，控制权市场主要是通过收购、兼并与重组取得公司控制权，进而实施对公司的资产重组或经营班子的改组变换，而我国公司之间的兼并与收购更多的是一种行政撮合或者短期炒卖行为，这种并购与公司的经营业绩关联较低，不会对经营者构成威胁。我国公司控制权市场相对滞后甚至不存在，难以形成对公司经理人员的约束。经理人市场是又一个重要的外部治理机制。从国内上市公司的经理人来源来看，大多数经理人来自于政府机构部门的指派和认定，这种委派的性质决定了代理人在公司中的地位和控制能力，为公司出现内部人控制提供了温床。培育证券行业内职业经理人市场，不但为行业内公司提供了选择职业经理人的可能性，同时也给当前业内经理人带来市场化的约束。一个成熟的经理人市场可以促使经理人员努力工作，为公司创造良好的业绩。

要点小结

1. 控制权配置是公司治理中的重要环节，如何进行控制权配置问题是公司治理的核心内容；控制权的转移则是作为对公司经营者的一种制约机制和提高效率机制而存在的，控制权市场给股东维护其利益提供了一种权利和保障。

2. 控制权安排存在的普遍性问题是：如果股东控制权过大，容易导致经理人员不能按照市场经济的规律来运营企业；如果经理人员控制权过大，容易出现"内部人控制"现象；如果员工等其他相关利益者控制权过小或者没有控制权，会增加其专有性人力资本投入的惰性，不利于减少公司的破产风险，因此，如何进行控制权配置问题是公司治理的核心内容之一。

3. 公司控制权是否具有实质的经济价值？经济理论对这一问题的回答经历了从无到有的发展过程。公司价值可以分为两部分：一部分是股东所得到的股息流量的现值（即控制权共享收益，Public Benefits of Control）；另一部分是经营者所享有的私人利益（即控制权私有收益，Private Benefits of Control）。

4. 控制权的转移不仅仅是一种简单的资产运作方式，而是重新配置社会资源的一种市场机制。公司利益最大化与个人利益最大化之间的矛盾使得公司控制权安排至关重要。

思考与讨论题

1. 公司控制权的基本内涵是什么？
2. 什么是控制权收益？如何限制控制权私利以保护中小股东的权益？
3. 兼并和收购的含义是什么？
4. 控制权竞争和转移的手段有哪些？我国应如何加强控制权市场的积极效应？

案例分析

国美电器控制权争夺案

1. 控制权争夺过程

国美电器控股有限公司（港交所：0493）是在香港交易所上市的综合公司，公司在百慕大注册，是一家连锁型家电销售企业，也是中国大陆最大的家电零售连锁企业，创始人为黄光裕。

黄光裕与陈晓的合作始于 2006 年，双方的矛盾冲突始于 2009 年。2006 年 7 月，国美收购永乐电器，黄光裕任合并后国美集团董事局主席，陈晓任集团总裁。2008 年 11 月，黄光裕因经济犯罪被调查入狱，其间，多次通过其律师给国美董事会和管理层发出指令，通过强调其个人在国美的地位，希望国美将其个人的作用与企业生存发展相捆绑，要求国美采取有利其个人和减轻其罪责判罚的措施。但是，方案没有被接纳。12 月 23 日，黄光裕与其妻杜鹃辞去国美董事职务；2009 年 1 月，黄光裕辞去国美董事局主席一职，陈晓正式接任董事局主席，继承了黄光裕被迫交出的一切权力。国美电器董事会开始偏离大股东的利益诉求，并持续实施"非黄光裕化"战略，最终引发了轰动一时的以陈晓为代表的国美电器管理层与黄光裕创始大股东之间的控制权之争。双方的控制权争夺过程如表 7-6 所示。

表 7-6　　　　　　　　　　国美电器控制权争夺历程

变故突发期	背景		2008 年 11 月，黄光裕入狱，陈晓获其授权。
	诱因	引入贝恩资本	2009 年 6 月，在以陈晓为代表的董事会的主导下，引入贝恩资本，引起创始股东与职业经理人之间的信任危机，是陈黄决裂的直接诱因
		进行股权激励	2009 年 7 月，在以陈晓为代表的董事会的主导下，对高管层进行期权激励，引起创始股东与职业经理人之间的冲突激化
矛盾激化期	矛盾公开	行使否决权	2010 年 5 月 11 日，在国美股东大会上，黄光裕连续五项否决票，否决委任贝恩投资董事总经理竺稼等三人为非执行董事的议案，但没有成功。矛盾至此公开化
	彻底决裂	短兵相接	2010 年 8 月 4 日，黄光裕发函要求国美董事会撤销多位高管职位。国美电器随后向香港法院提交诉状，要求黄光裕对违约责任进行赔偿。至此，双方关系彻底决裂
暂时均衡期	博弈结果	特别股东大会	2010 年 9 月 28 日，国美电器特别股东大会，创始股东与职业经理人互有胜负。创始股东保得股权不被稀释，职业经理人保得现有地位

资料来源：作者根据相关资料自行整理。

2. 控制权争夺结果

国美控制权之争最终的博弈结果体现在 9.28 股东特别大会的投票结果中。从投票结果来看，黄光裕方面未能有人进入管理层，而取消董事会增发授权获通过又让黄光裕方面的股份得以不被摊薄，因此对双方而言都没有完全获胜。就董事会结构而言，黄氏家族占有约 1/3 股权，但是在董事会中却没有一个有效利益代言席位；而陈晓阵营仅仅持有国美股权约 1/10，却在董事会中拥有巨大多数的利益代言席位。从公司控制权机制而言,国美电器的控制权结构已经从"大股东控制"转化为"内部人(陈晓等绑定贝恩资本)控制"。至此,双方的控制权之争达到暂时性的博弈均衡,国美电器进入"后老板时代"。

作为创始股东,黄光裕希望通过加大其在董事会内的话语权,保障自己的权益。若无法达成目标,大股东可能拆分国美,切断未进入上市公司的约372家门店与上市公司的联系;这除了会对国美电器的净利润造成2亿港币左右的缩水外,更为重大的影响则是会大大削弱国美电器在产业上下游中的话语权。一旦大股东决定分裂国美,理性推测则是大股东或将随之抛售国美电器股份;一旦这一局面形成,国美电器股价的下跌也就可以想见,到彼时,投资者中拥有股份越多,势必损失就越大;而国美的管理层也将面临各种业绩和股价压力。董事长陈晓是对阵大股东的管理层领头人,可预期的最坏结局是离开国美电器,现实损失是薪水,潜在损失是未来可能发生的管理层股权激励以及股价变动对其收益的影响。贝恩资本作为机构投资者,可能在短期的股价变动中获益,但从长期来看,国美的内乱不利于公司经营,也会损害其长期获利。

3. 并非结局的结局

9.28 股东大会的结果从表面看来,陈晓似乎得胜了,然而真正的结局却在不久改写了。2010年12月17日,国美电器召开特别股东大会,邹晓春、黄艳虹进入董事会。2011年3月9日,陈晓辞职,张大中接任,邹晓春获任授权代表,国美电器董事会格局大变,国美控制权之争终于尘埃落定。

案例思考:

1. 查阅相关资料,探讨国美电器控制权争夺的实质是什么?
2. 查阅相关资料并结合案例,探讨国美电器控制权争夺的根源是什么?如何从制度上加以解决?
3. 查阅相关资料并结合案例,思考为什么拥有绝对多数所有权的黄光裕一方会在9.28大会上失去了对董事会的控制?造成董事会结构失衡的原因是什么?

参 考 文 献

1. BERLE A, G. MEANS. The modern corporation and private property [M]. New York: Harcourt, Brace and World Inc. 1932.
2. GROSSMAN S, O. HART. Takeover bids, the free-ride problem, and the theory of the corporation [J]. Bell Journal of Economics, 1980 (11): 42-64.
3. JENSEN M, W. MECKLING. Theory of the firm: managerial behavior, agency costs and own-

ership structure [J]. Journal of Financial Economics, 1976 (3): 305 – 360.

4. LA – PORTA R, F. LOPEZ – DE – SILANES, A. SHLEIFER, R. VISHNY. Investor protection and corporate valuation [J]. Journal of Finance, 2002 (37): 1147 – 1170.

5. MORCK, SHLEIFER, VISHNY. Management ownership and market valuation: an empirical analysis [J]. Journal of Financial Economics, 1988 (20): 293 – 316.

6. SHLEIFER A, R. VISHNY. Large shareholders and corporate control [J]. Journal of Political Economy, 1986 (94): 461 – 488.

7. SHLEIFER A, R. VISHNY. A survey of corporate governance [J]. Journal of Finance, 1997 (52): 737 – 783.

8. 韩亮亮、李凯:《控制权、现金流权与资本结构———项基于我国民营上市公司面板数据的实证分析》,载《会计研究》2008年第3期。

9. 赖建清:《所有权、控制权与公司绩效》,北京大学出版社2007年版。

10. 刘锦红:《控制权、现金流权与公司绩效——基于中国民营上市公司的分析》,载《财经科学》2009年第5期。

11. 马忠:《金字塔结构下终极所有权与控制权研究》,东北财经大学出版社2007年版。

12. 牛建波、李胜楠:《控股股东两权偏离、董事会行为与企业价值——基于中国民营上市公司面板数据的比较研究》,载《南开管理评论》2007年第10期。

13. 徐晓东、陈小悦:《第一大股东对公司治理、企业业绩的影响分析》,载《经济研究》2003年第2期。

14. 谢军:《第一大股东持股和公司价值:激励效应和防御效应》,载《南开管理评论》2007年第1期。

15. 徐丽萍、辛宇、张工孟:《股权集中度和股权制衡及其对公司经营绩效的影响》,载《经济研究》2006年第1期。

16. 叶勇、刘波、黄雷:《终极控制权、现金流量权与企业价值——基于隐性终极控制论的中国上市公司治理实证研究》,载《管理科学学报》2007年第4期。

17. 张华:《所有权和控制权分离对企业价值的影响——我国民营上市企业的实证研究》,载《经济学(季刊)》2004年第3期。

第 8 章

公司中介机构治理

学习目的： 本章主要介绍了证券交易所、证券公司、会计师事务所以及资信评级机构等中介结构自身的治理问题及对上市公司的治理作用。通过本章学习，理解我国主要中介机构的种类及其在市场中的地位；了解证券交易所、证券公司、会计师事务所、律师事务所以及资信评级机构的主要职能及其在公司治理框架中扮演的角色；掌握不同类型的中介机构参与公司治理的途径与机制；了解我国公司的中介机构治理优势与缺陷。

关键词： 证券交易所；证券公司；会计师事务所；资信评级机构；律师事务所

引 言

高昂的信息获取成本使得投资者无法接收到全面、准确的公司信息，并且限于专业知识的匮乏，无法对信息进行有效甄别。作为独立的法人组织，中介机构可以对公司内外部环境的信息对称程度产生影响。中介机构可以通过信息传递和信息筛选帮助投资者获取有用的信息，并缓解公司内部治理结构层级之间以及公司内外部利益主体之间的代理冲突。同时，其所提供的专业技术服务，有助于公司提高决策的公平性、公正性，约束公司决策者的自利行为，维系利益相关者责、权、利平衡，提高公司治理质量。

8.1 证券交易所的治理

8.1.1 证券交易所的性质与职能

1. 证券交易所的性质

证券交易所为证券市场提供了运行平台和设施保障,是证券交易活动的组织者、监管者,以及交易规则的制定者。从我国第一张股票——飞乐音响公司股票于 1984 年 11 月发行,到 1990 年 11 月上海证券交易所在上海华南宾馆召开成立大会,先后经历了 6 年的时间。证券交易所的出现标志着证券市场交易规则和交易秩序的成熟,是证券市场成熟到一定程度的产物。

现行的《中华人民共和国证券法》①第 102 条规定:"证券交易所是为证券集中交易提供场所和设施,组织和监督证券交易,实行自律管理的法人。证券交易所的设立和解散,由国务院决定。"从《证券法》对证券交易所的定义中可以看出,证券交易所在证券市场中的地位和角色极具特殊性,它融合了证券交易组织者和交易行为监管者于一身,既是国务院证券监督管理机构的监管客体,又是上市公司、证券从业机构、投资者及其证券交易行为的监管主体。作为证券交易活动的组织者,证券交易所本身并不参与证券交易,其主要职能是为交易双方提供场所、设施、服务,为双方传递相关信息,并提供专业技术支持,因此,在由证券从业机构、上市公司、投资者等利益主体形成的交易市场中,证券交易所承担着重要中介职能,是参与证券活动组织、监管的重要中介机构。

上海飞乐音响股份有限公司

上海飞乐音响股份有限公司(FEILO ACOUSTICS CO., LTD. SHANGHAI)创立于 1984 年 11 月 18 日,是新中国第一家股份制上市公司。1986 年 11 月 14

---

① 若无特别说明,本章的《证券法》均指《中华人民共和国证券法》。

日,中国改革开放的总设计师邓小平将飞乐音响股票赠送给来访的时任美国纽约证券交易所主席约翰·范尔霖先生,"飞乐音响"由此载入了中国股份制改革的史册。

上海飞乐音响股票图册

资料来源:http://baike.baidu.com/view/1333106.htm。

从我国《证券法》以及《证券交易所管理办法》的演进中,可以清晰地对证券交易所的性质做出判断和评价。首先 2006 年版《证券法》将"集中竞价交易"修订为"集中交易",拓宽了证券交易所的服务客体,使凡是涉及证券集中交易的活动均成为证交所的服务对象。再者,2006 年版《证券法》中明确了向证券交易活动提供"设施"也是证交所的服务内容之一。更重要的是,新版《证券法》将证券交易所的性质明确定位为"实行自律监管的法人",如表 8-1 所示。这一定位保证了证交所对证券交易活动进行监督管理的自律性和独立性。另外,2006 年版《证券法》删去了"不以营利为目的"的限制词,为证券交易所向营利性转型留下法律空间。

表 8-1　　　　　　　我国《证券法》对证券交易所性质的规定

1999 年版《证券法》第 95 条	2006 年版《证券法》第 102 条
证券交易所是提供证券集中竞价交易场所的不以营利为目的的法人 证券交易所的设立和解散,由国务院决定	证券交易所是为证券集中交易提供场所和设施,组织和监督证券交易,实行自律管理的法人 证券交易所的设立和解散,由国务院决定

资料来源:作者整理。

依据我国《证券法》、《证券交易所管理办法》,我国证券交易所具有自律管理、会员制、非营利等特性。如表 8-2 所示。

表 8-2　　我国《证券交易所管理办法》对证券交易所性质的规定

1993 年版第 3 条	1996 年版第 3 条	1997 年版第 3 条	2001 年版第 3 条
证券交易所是不以营利为目的，为证券的集中和有组织的交易提供场所、设施，并履行相关职责，实行自律性管理的会员制事业法人	证券交易所是依本办法规定条件设立的，不以营利为目的的，为证券的集中和有组织的交易提供场所、设施，履行国家有关法律、法规、规章、政策规定的职责，实行自律管理的会员制事业法人	证券交易所是依本办法规定条件设立的，不以营利为目的的，为证券的集中和有组织的交易提供场所、设施，履行国家有关法律、法规、规章、政策规定的职责，实行自律管理的会员制事业法人	证券交易所是依本办法规定条件设立的，不以营利为目的的，为证券的集中和有组织的交易提供场所、设施，履行国家有关法律、法规、规章、政策规定的职责，实行自律管理的法人

资料来源：作者整理。

（1）自律管理。自律管理是指证券交易所在遵循国家相关法律法规的前提下，对证券市场上的证券交易活动的组织、监督和管理具有充分的自主权和独立性，政府对证券市场的干预行为较少。英国、德国等国家均采用了自律管理的模式。自律管理能够为证券市场带来诸多优势，首先，证券交易所直接参与证券交易规则、制度、规章的制定，降低了信息不对称带来的高昂的交易成本和监督成本。再者，证交所能够对证券市场上的波动迅速做出反应，提高了决策效率和资源配置效率，并能够有效避免信息渠道冗长造成的信息损失。严格地讲，我国证券交易所并不具备完全的自律管理性质，由于证交所受到证券监督管理委员会的监督和管理，因此其独立性和自主性受到一定的影响。

（2）会员制。尽管 2001 年至今我国所沿用的《证券交易所管理办法》去掉了对"会员制"的限定，但实际上我国证券交易所的设立和运行均遵循着会员制的模式。会员大会为证券交易所的最高权力机构。会员大会职权包括：制定和修改证券交易所章程；选举和罢免会员理事；审议和通过理事会、总经理的工作报告；审议和通过证券交易所的财务预算、决算报告等。理事会是证券交易所的决策机构，其职责包括：执行会员大会的决议；制定、修改证券交易所的业务规则；审定总经理提出的工作计划、财务预算、决算方案；审定对会员的接纳、处分；根据需要决定专门委员会的设置等。

（3）非营利性。虽然现行的《证券法》对证券交易所的"非营利"特性没有做出规定，但 2001 年版《证券交易所管理办法》明确指出证券交易所"不以营利为目的"的特征。并且，现行的《上海证券交易所章程》第 3 条指出，上海证券交易所是为证券的集中竞价交易提供场所、设施，履行国家有关法律、法规、规章和政策规定的职责，不以营利为目的，实行自律性管理的会员制法人。

第8章 公司中介机构治理

同样，现行的《深圳证券交易所章程》第2条规定："本所为会员制、非盈利性的事业法人。"尽管二者分别使用了"非营利"与"非盈利"两种表述方式，但其本质都在于不以谋取利润为目的。

2. 证券交易所的职能

我国证券交易所的职能可以分为保障职能和监管职能两大类。其中，保障职能包括为证券交易提供场所、设施以及相关辅助机构等基本职能，以及制定交易所运行规则和证券交易规则、上市规则、会员管理规则等职能。依照不同的监管对象，证券交易所的监管职能可以进一步细分为监督证券交易、监管上市公司、监管信息披露三个类别。透过对现行《证券法》以及《证券交易所管理办法》的剖析，可以对我国证券交易所的职能属性进行判别和分类，如表8-3所示。

表8-3　　　　　　　　　我国证券交易所职能分类

职能		2006年版《证券法》	2001年版《证券交易所管理办法》
保障职能	基本保障	第102条：证券交易所是为证券集中交易提供场所和设施，组织和监督证券交易，实行自律管理的法人 第112条：证券交易所应当为组织公平的集中交易提供保障	第10条：证券交易所应当创造公开、公平、公正的市场环境，保证证券市场的正常运行 第11条：证券交易所的职能包括：提供证券交易的场所和设施；设立证券登记结算机构；对会员进行监管
	制定规则	第118条：证券交易所依照证券法律、行政法规制定上市规则、交易规则、会员管理规则和其他有关规则，并报国务院证券监督管理机构批准	第11条：证券交易所的职能包括：制定证券交易所的业务规则 第30条：证券交易所应当制定具体的交易规则（略）
监管职能	监督证券交易	第115条：证券交易所对证券交易实行实时监控，并按照国务院证券监督管理机构的要求，对异常的交易情况提出报告 证券交易所根据需要，可以对出现重大异常交易情况的证券账户限制交易，并报国务院证券监督管理机构备案	第11条：证券交易所的职能包括：组织、监督证券交易 第36条：证券交易所应当建立市场准入制度，并根据证券法规的规定或者证监会的要求，限制或者禁止特定证券投资者的证券交易行为
	监管上市公司	第48条：申请证券上市交易，应当向证券交易所提出申请，由证券交易所依法审核同意，并由双方签订上市协议 第56条：上市公司有下列情形之一的，由证券交易所决定终止其股票上市交易（略）	第11条：证券交易所的职能包括：接受上市申请、安排证券上市；对上市公司进行监管 第55条：证券交易所应当督促上市公司按照规定的报告期限和证监会统一制定的格式，编制并公布年度报告、中期报告，并在其公布后进行检查，发现问题应当根据有关规定及时处理

续表

职能		2006年版《证券法》	2001年版《证券交易所管理办法》
监管职能	监管信息披露	第115条：证券交易所应当对上市公司及相关信息披露义务人披露信息进行监督，督促其依法及时、准确地披露信息 第66条：上市公司和公司债券上市交易的公司，应当在每一会计年度结束之日起四个月内，向国务院证券监督管理机构和证券交易所报送记载以下内容的年度报告，并予公告（略）	第11条：证券交易所的职能包括：管理和公布市场信息 第31条：证券交易所应当公布即时行情，并按日制作证券行情表，记载下列事项，以适当方式公布（略） 第32条：证券交易所应当就其市场内的成交情况编制日报表、周报表、月报表和年报表，并及时向社会公布（略）

资料来源：作者整理。

（1）保障职能。证券交易所对于我国的证券市场以及证券交易活动具有举足轻重的地位。证交所不仅是为证券交易提供场所、设施的服务者，在为内部会员管理和其他业务管理制定规则的基础上，还担任着证券交易规则、上市规则制定者的角色，由此决定了证券交易所对于证券市场的稳定运行以及证券交易的有序进行所起到的重要作用。不论是为参与证券交易活动的各利益主体提供基础设施保障，还是为证券交易活动设定规则，均体现了证券交易所的对于证券市场运转的保障职能。

（2）监管职能。我国《证券法》以及《证券交易所管理办法》对证交所赋予了三类监管对象，分别是证券交易活动、上市公司以及信息披露行为。证券交易所对交易活动的监管，主要指监管参与证券交易的证券从业机构、上市公司、投资者等主体的行为，预测并甄别证券市场的异常情况，并予以惩罚和约束的过程。交易所对证券交易活动的监管涉及三个方面，即交易主体、交易客体以及交易行为。例如，我国《证券交易所管理办法》第30条指出的证交所应制定交易规则，其中就包括对证券的种类和期限（交易客体）的规定。并且，《证券法》第115条赋予了证券交易所对证券交易行为进行实时监控的权力，并指出"证券交易所根据需要，可以对出现重大异常交易情况的证券账户限制交易，并报国务院证券监督管理机构备案"。这里，异常交易情况通常是指损害证券市场他方利益，降低市场资源配置效率的不良行为，包括内幕交易行为、操纵市场和欺诈行为。这些行为不仅仅破坏了证券市场的利益平衡，更是破坏上市公司治理结构，降低公司治理水平的重要因素。

证券交易所对上市公司的监管涉及上市和交易两个环节。证券的上市交易，需要由公司向证券交易所递交申请，由证券交易所审核通过后，双方签订上市协议，然后证券方可上市交易。在这个过程中，证券交易所会对上市公司进行评价和筛选,即上市审核。审核内容包括上市公司的资产规模、股本总额、信用等级、财务状况等方面。所以,上市环节的条件限制,迫使公司务必致力于完善经营,合规管理,这对公司提高自身的治理水平具有良好的促进作用。上市后,证券交易所仍担负着上市公司证券交易行为的监督管理职责。例如,证券交易所应当督促上市公司按照规定的报告期限和证监会统一制定的格式,编制并公布年度报告、中期报告,并在其公布后进行检查,发现问题应当根据有关规定及时处理。当上市公司的股票价格发生异常波动,或者出现其他违反上市协议或相关法律法规的行为时,证券交易所有权对该公司股票采取暂停交易和限制交易等措施。

证券市场上,证券交易所充当着信息传递者的重要角色,其能够在很大程度上弱化交易双方存在的信息不对称现象。就信息披露而言,证券交易所的职能具有一定的特殊性,其本身是信息披露的主体,具备信息披露义务,同时又是其他信息披露主体的监管者。《证券交易所管理办法》第31条规定:"证券交易所应当公布即时行情,并按日制作证券行情表。所以证券交易所是证券市场行情的披露主体。证券交易所同时需要对上市公司的信息披露行为进行监督管理。"《证券法》第115条规定:"证券交易所应当对上市公司及相关信息披露义务人披露信息进行监督,督促其依法及时、准确地披露信息。因此,证券交易所具有信息披露主体和监管者的双重身份。"

8.1.2 会员制证券交易所的组织形式

各国证券交易所通常可以划分为会员制和公司制两类。会员制证券交易所是以会员协会形式成立的,不以营利为目的的自律监管法人。证券交易所运营的控制者以及其设施和服务的使用者均为交易所会员。在我国,证券交易所的最高权力机构为会员大会,会员大会下设理事会,理事会为交易所的决策机构。成为证券交易所的会员需要向交易所提出申请,只有证券交易所的会员才能在交易所内进行集中交易。会员通常为依法从事证券交易以及相关业务并取得证券交易所会籍的证券从业机构。会员定期向证券交易所缴纳的会员费、席位费以及其他费用是交易所维系运转的主要经济来源。会员大会作为证券交易所的最高权力机构具有以下职能:制定和修改证券交易所章程;选举和罢免会员理事;审议和通过理事会、总经理的工作报告;审议和通过证券交易所的财务预算、决算报告;决定证券交易所的其他重大事项。

理事会是证券交易所的决策机构,是由会员理事和非会员理事组成的7~12人的决策机构,其中非会员理事人数不少于理事会成员总数的1/3,不超过理事会成员总数的 1/2，其赋有执行会员大会的决议；制定、修改证券交易所的业务规则；审定总经理提出的工作计划以及财务预算、决算方案等职责。会员理事由会员大会选举产生，非会员理事由证监会委派。在证券交易所的理事会中，理事长以及副理事长由证监会提名，由理事会选举产生。另外，依照《证券法》和《证券交易所管理办法》，证券交易所设总经理 1 人，负责证交所的日常管理工作，并由证监会任免。理事会下设监察委员会，负责对证券交易所高级管理人员和其他工作人员进行监督管理。

证券交易所的管控模式可以划分为政府主导型、市场自律型以及混合型三类。我国现行的《证券法》以及《证券交易所管理办法》都将证券交易所定位是自律管理的法人组织，具有法律意义上的独立性和自主权。然而，我国的证券市场起步较晚，各项规章制度以及市场运行机制尚不成熟，上市公司、证券从业机构、投资者以及证券交易所之间的交易和沟通还需要经历一段时间的磨合，证券交易所的自律监管还处在探索发展过程中。因此，实际上，政府对证交所的运作存在较强的干预行为，证券交易所的行政管辖权、人事任免权和组织领导权统一由证监会掌握和行使。

表 8-4 梳理了《证券法》与《证券交易所管理办法》中所规定的，中国证券监督管理委员会对交易所的性质、理事会设置、总经理设置以及交易监管职能方面的部分参与情况。在组织机构设计中，总经理、副总经理的任免，董事长、副董事长的提名以及非会员理事的产生均有较强的政治干预色彩。在公司上市方面，证券交易所的职能仅是收集上市申请，并接受证监会做出的上市安排，能否上市的最终决定权仍归证监会所有。再者，证券交易所针对证券市场上的交易活动所做出的决策，例如停牌、停市以及交易规则的制定均需上报证监会审批。所以，严格意义上讲，我国的证券交易所的管控模式并非自律管理，应属于政府意志导向下的混合管控。

表 8-4 证券交易所的监督和管理

	2006 年版《证券法》	2001 年版《证券交易所管理办法》
交易所的监管	第 102 条：证券交易所的设立和解散，由国务院决定	第 4 条：证券交易所由中国证券监督管理委员会监督管理
理事会	—	第 21 条：非会员理事由证监会委派 第 22 条：理事长、副理事长由证监会提名，理事会选举产生

续表

	2006 年版《证券法》	2001 年版《证券交易所管理办法》
交易所的监管	第 102 条：证券交易所的设立和解散，由国务院决定	第 4 条：证券交易所由中国证券监督管理委员会监督管理
总经理	第 107 条：证券交易所设总经理一人，由国务院证券监督管理机构任免	第 24 条：总经理、副总经理由证监会任免
公司上市	第 48 条规定：申请证券上市交易，应当向证券交易所提出申请，由证券交易所依法审核同意，并由双方签订上市协议。证券交易所根据国务院授权的部门的决定安排政府债券上市交易	第 11 条：接受上市申请、安排证券上市
交易监管	第 114 条：证券交易所采取技术性停牌或者决定临时停市，必须及时报告国务院证券监督管理机构 第 118 条：证券交易所依照证券法律、行政法规制定上市规则、交易规则、会员管理规则和其他有关规则，并报国务院证券监督管理机构批准	第 35 条：证券交易所有权依照有关规定，暂停或者恢复上市证券的交易。暂停交易的时间超过 1 个交易日时，应当报证监会备案；暂停交易的时间超过 5 个交易日时，应当事先报证监会批准 第 12 条：证券交易所上市新的证券交易品种，应当报证监会批准

资料来源：作者整理。

8.1.3 证券交易所对上市公司的监管

1. 交易所对上市公司监管的方式

（1）上市过程中的审核治理。证券交易所的监管职能对上市公司的治理状态产生影响可以划分为两个部分，分别是上市期间的治理效应和交易期间的治理效应。

公司要在证券交易所上市，需要完善自身的经营管理状况，提高财务质量，建立健全治理结构，以达到公开上市的要求。证券交易所对公司上市条件的审核，构成了公司提高治理水平和治理质量的直接动机。表 8-5 整理了部分关于公司在申请上市过程中需遵循的治理准则。主体资格方面，公司一方面需要在保证合法性经营的基础上，培养持续发展的能力，构筑稳定高效的员工团队，完善股权配置模式；另一方面，通过提高公司资产质量，优化负债结构等措施获得稳定的现金流量，保障公司在长期的稳健的盈利能力。《首次公开发行股票并上市管理办法》对申请上市的公司的财务状况做了明确的量化规定，例如，其要求公司在最近 3 个会计年度经营活动产生的现金流量净额累计超过人民币 5000 万元；或者最近 3 个会计年度营业收入累计超过人民币 3 亿元。公司稳健的财务状况是公司股东、债权人以及其他利益相关者权益不受侵害的重要保证，对于治理结构的平衡具有重要意义。

表8-5　　　　　　　　　　公司上市期间交易所的治理效应

主体资格	基本条件	1. 持续经营；2. 人员稳定；3. 股权清晰
	财务会计	1. 资产质量良好；2. 负债结构合理；3. 赢利性强；4. 现金流稳健
独立性	人员独立	1. 任职独立；2. 薪资独立
	业务独立	发行人的业务与控股股东、实际控制人及其控制的其他企业间不得有同业竞争或者显失公平的关联交易
规范性	治理结构	建立健全股东大会、董事会、监事会、独立董事、董事会秘书制度
	内部控制	发行人的内部控制制度健全且被有效执行，能够合理保证财务报告的可靠性、生产经营的合法性、营运的效率与效果

资料来源：作者整理。

申请上市的公司需要在人员和业务方面保证较强的独立性。申请上市的公司的总经理、副总经理、财务负责人和董事会秘书等高级管理人员不得在控股股东、实际控制人及其控制的其他企业中担任除董事、监事以外的其他职务，不得在控股股东、实际控制人及其控制的其他企业领薪。公司人员的独立性在一定程度上能够避免由于人员多重身份导致的公司间利益非公平性转移，降低了非正常关联交易的可能性。另外，公司业务也应独立于控股股东、实际控制人及其控制的其他企业，公司与控股股东、实际控制人及其控制的其他企业间不得有同业竞争或者显失公平的关联交易。人员和业务的独立性是保证上市公司独立运作能力和赢利能力的基石，是减少股东与经理、大股东与中小股东以及其他利益相关者之间利益冲突的重要因素。

证券交易所对公司的规范性做出的要求，保障了公司得以在良好的制度安排下实现高效、健康的运作。规范性要求划分为两个方面，分别是治理结构层面和内控层面。建立健全股东大会、董事会、监事会等制度体系，提高董事会决策和执行效率以及监事会的监督能力，构建全面、科学的公司治理结构，能够实现公司内部人之间权利的有效制衡，避免因权力分配失调导致的利益不均。《首次公开发行股票并上市管理办法》第24条指出，发行人的内部控制制度需健全且被有效执行，能够合理保证财务报告的可靠性、生产经营的合法性、营运的效率与效果。公司的健康平稳运作的另一重要保证是有效的内控机制，内控体系的构建对于降低公司经营风险，保障利益相关者收益水平具有重要意义。值得指出的是，为了避免信息不对称造成的投资者利益损失，对利益相关者具有重大影响的决策信息，均申请上市的公司应当予以预先披露。公司通常采用招股说明书的信息披露形式，发行人及其全体董事、监事和高级管理人员应当在招股说明书上签字、盖章，保证招股说明书的内容真实、准确、完整。这体现了证券交易所作为证券市场各利益主体之间的信息传递者起到的重要中介职能。

（2）交易过程中的监管。公司上市以后，证券交易所担负的职能之一就是对上市公司及其交易活动进行监管。在对交易活动的监管方面，证交所会就证券市场内的成交情况编制日报表、周报表、月报表和年报表，并及时向社会公布。投资者可以根据市场信息来判断上市公司的治理状况，进而做出相应决策，起到改善公司治理的作用。

由于多数证券交易所的会员是证券公司，在证券市场上，证券公司承载着证券经纪、承销证券、投资咨询等重要业务，证券公司经营管理的合规性、公平性对投资者权益保护有着重要影响。因此，证券交易所对证券公司行为的监管势必能够产生保护投资者权益，维系上市公司治理平衡的良性作用。交易所每年会对会员的财务状况、内部风险控制制度以及遵守国家有关法规和证券交易所业务规则等情况进行抽样或者全面检查，以规制证券公司经营管理行为，营造良好的市场环境。另外，证券交易所还负责监管会员代理客户买卖证券业务的行为，例如制定会员与客户所应签订的代理协议的格式并检查其内容的合法性；定期抽查执行客户委托的情况；要求会员就其交易业务和客户投诉等情况定期提交报告，以提高投资者权益的保护力度，完善上市公司中小股东保护机制。

证券交易所主要通过对上市公司的信息披露和证券交易行为进行监管，以缓解市场上的信息不对称问题。证券交易所对上市公司信息披露载体的形式和内容以及信息披露的准确性、全面性、及时性作出了详细的规定。信息披露载体包括公司配股说明书、上市公告书、年度报告、中期报告以及临时报告等。另外，证券交易所可以对有信息披露不完全、不准确、信息欺诈等不良行为的上市公司加以惩罚，以保证信息披露的高质量和高效率。另外，证券交易所会对上市公司的股东持股情况进行数据搜集和统计，当股东持股数量发生变化并影响其他投资者决策时，上市公司应对股票变动情况进行信息披露，在信息披露之前，交易所有权暂停上市公司的相关证券交易活动。这能够从一定程度上限制大股东的内幕交易或不正常关联交易行为，为上市公司利益相关者又添加了一道利益保护锁。

（3）交易所对上市公司的处罚手段。作为提供证券交易服务的重要中介机构，证券交易所能够时刻掌握证券市场中的交易信息，并有权依据相应信息对交易所会员或上市公司做出相应惩罚，以提高上市公司质量、维护利益相关者权益，恢复证券市场秩序。

规制股票交易是交易所约束交易主体行为的重要措施。当交易所察觉证券市场出现异常情况时,证券交易所可以采取暂停、停止、限制和禁止上市证券进行交易的方式来维护市场秩序。我国《证券交易所管理办法》规定,当公司股票交易发生异常波动、投资者发出要约收购、上市公司提出停牌申请等情况发生时,证券交易所应当暂定上市公司股票交易,并要求其立即公开相应信息。

上市公司未履行信息披露义务时,证券交易所同样可以视情况限制其证券交易行为。例如,交易所会设立上市公司股东持股情况的档案资料,当上市公司股东因持股数量变动而产生信息披露义务的,证券交易所能够在其履行信息披露之前,限制其继续交易该股票,督促其及时履行信息披露义务,并立即向证监会报告。我国《证券交易所管理办法》第62条规定,"证券交易所对上市公司未按规定履行信息披露义务的行为,可以按照上市协议的规定予以处理,并可以就其违反证券法规的行为提出处罚意见,报证监会予以处罚。"

此外,证券交易所能够对证券价格波动、内幕交易、市场欺诈等情况进行监控,一旦出现异常情况,证券交易所可以通过书面警示、临时停牌、限制账户的方式对上市公司进行惩罚。同时,交易所应建立上市推荐人制度,并监督上市推荐人切实履行业务规则中规定的相关职责。上市推荐人若不按规定履行职责,证券交易所会根据业务规则的规定对上市推荐人进行处分,以规制市场交易行为,营造良好的证券交易环境,避免上市公司的利益相关者因信息不对称造成的利益侵害。

2. 证券交易所监管的瑕疵与优化

尽管《证券法》等法律法规均把我国证券交易所定位成具有自律性的独立法人,然而在实际运行过程中,自律管理与政府绝对主导的尖锐矛盾严重阻碍了证券交易所行使监管职能的效率,证券交易所对资本市场变化所应具备的反应能力和灵活性也随之降低。回顾证交所的发展历史,成立之初,由于证券交易所监管体制以及运行机制的不完善,以及外部经济、法律制度的欠缺,促使了我国证券监督管理委员会的形成,并进一步催生了我国证券市场统一的垂直管理体系,以加强对证券发行、上市、交易及资本市场上其他行为的监督和管理,避免证券活动参与主体之间的利益冲突。沿袭至今,证监会仍然掌握着证券交易所的组织领导权、行政管辖权、人事任免权等重要权利。然而,中科创业、亿安科技等市场操作行为的频繁发生证明了在这种垂直管理体系中,政府主导不能构成证券市场有效性提升的充分条件,这也进一步凸显了自律管理与政府干预的主要矛盾对证券交易所高效运行所形成的阻碍。

会员大会是证券交易所的最高权力机构，交易所的重大决策事项由会员大会投票产生。然而在实践中，交易所总经理、理事长以及非会员理事等职务人员完全由证监会委派，其中，非会员理事人数不得低于理事会总人数的 1/3，因此证监会从人事任免和决策程序上完全占据控制地位。另外，"上市审核"是规范公司治理结构，提高治理水平，保障各投资者主体权益的重要机制。作为与各类证券从业主体接触的一线监管者，证券交易所具备对公司进行"上市审核"的信息优势和快速反应优势。然而证券交易所对批准公司上市并没有话语权。《证券法》第 48 条明确规定："申请证券上市交易，应当向证券交易所提出申请，由证券交易所依法审核同意，并由双方签订上市协议"，表明证券交易所拥有上市审核权，但现行的《证券交易所管理办法》规定，我国证券交易所的职能是"接受上市申请、安排证券上市"，所以，证交所仅仅是"被动接受"证监会做出的公司上市安排。在这种制度安排下，证券交易所的"会员大会"被架空，证券交易所以"会员利益"为导向的经营目标必然要屈尊于"政府意志"，这使得证券交易所直接丧失了通过上市审核来监管公司，并优化公司治理的能力，并且削弱了交易所面对快速变化的证券市场的反应能力和监管效率。

提升证券交易所对证券市场的监管质量和监管效率，关键在于通过变革交易所治理结构，增加证券交易所的监管独立性，改变交易所"二传手"的尴尬地位，使之成为证券市场真正意义上的一线监管主体。为避免证券交易所监管失灵导致的市场秩序紊乱，证监会应成为证券交易活动的第二道监管防线，主要针对证券交易所的监管行为及其自身的经营管理活动进行二级监管。在这种制度安排下，证券交易所从证监会的垂直管理体系中独立出来，负责证券交易规则、上市规则的制定，以及对公司上市、证券交易等市场活动直接的审核和监管权，规则制定以及审核和监管结果报证监会批准。组织结构层面，可以下调证监会向交易所理事会派驻非会员理事的比例，并将总经理以及副总经理的任免权交给理事会。当组织结构发生变化时，证券交易所须征得证监会批准。通过一系列治理层面和组织结构层面的措施制定，实现证券交易所自律管理和政府监管的有机结合，提高证券市场资源配置效率，为上市公司治理水平的提高提供良好的外部环境和高效的规范机制。

8.1.4 作为治理客体的证券交易所

证券交易所承担着监督证券交易、监管上市公司、监管信息披露等重要监管和保障职能，其对金融秩序的稳定和金融体系的有效运行起着重要作用。因此，作为公司治理客体，证券交易所本身应具有较高的治理质量，以保证上市公司及区域经济的良性运转。

证券交易所是为证券集中交易提供场所和设施，组织和监督证券交易，实行自律管理的法人。即证券交易所是一种具有民事权利能力和民事行为能力，并依法享有民事权利，履行民事义务的社会组织，并且具有自律管理的特征。因此，证券交易所的治理机制主要包含内部的自律治理和外部的法律规制。

1. 自律治理

证券交易所的设立，须由证监会审核，报国务院批准。设立过程中，证券交易所需要在会员、理事会、资金、场地、设备、管理人员等方面作出详细的说明，以保证证券交易所设立的合规性，避免因设立条件未满足造成的治理漏洞。此外，我国《证券交易所管理办法》指出，证券交易所的最高权力机构为会员大会，会员大会选举和罢免会员理事。因此，全体会员是证券交易所的核心利益相关者，自律治理和法律规制机制应在较大程度上维护会员大会的合法利益，确保证券交易所运行的合法性与合规性。

理事会为证券交易所的最高决策机构，理事会决策质量与决策效率是影响证券交易所会员权益以及上市公司资金融通效率的关键因素。如同股东大会与董事会一样，会员大会与理事会之间同样存在委托代理冲突。由于理事长和副理事长由证监会提名，理事会选举产生。因此，证监会的监管机制在证交所会员大会和理事会的运作中发挥着重要作用。

相较于内部人而言，证监会作为外部监管主体，无法完全掌握证券交易所运营的所有信息，即二者之间存在信息不对称现象。然而，证券交易所的总经理和副总经理由证监会任免，经理层的自利动机以及证监会与证交所的信息不对称可能会加剧理事会与经理层之间的代理成本，形成第二层次代理冲突。该委托代理冲突的解决主要依赖于理事会下设的监察委员会的监督作用。监察委员会的监察内容主要包括：经理人员对会员大会、理事会决议的执行情况、证券交易所的财务情况、证券交易所对章程的执行情况等。监察委员会主席由理事长兼任，并且其隶属于理事会，因此，监察委员会往往无法对理事会与会员大会之间的代理冲突起到有效的治理作用。

2. 外部法律规制

证券交易所的治理体系中，外部法律规制机制包含了监督机制和信息披露机制。例如，我国《证券交易所管理办法》规定，证券交易所的高级经理人员不得在任何营利性组织、团体和机构中兼职。以避免高级经理人员与上市公司的合谋行为，削弱其利用内幕和内部信息赚取私有收益，损害他人利益的动机。同样，高级管理人员及其他工作人员不得以任何方式泄露或者利用内幕信息，不得以任何方式从证券交易所的会员、上市公司获取利益。当证券交易所的高级管理人员及其他工作人员在履行职责时，遇到与本人或者其亲属等有利害关系情形的，应当回避，以进一步削弱经理人员的合谋动机，保障利益相关者合法权益。并且，证监会有权派员监督检查证券交易所的业务、财务状况，或者调查其他有关事项，以避免由于交易所财务问题引致的治理风险。

证券交易所应当履行信息披露义务，以避免组织内外部的信息不对称带来的治理问题。交易所需要将由合格的会计师事务所审计的财务报告、工作报告定期向证监会披露。当出现违法、违规行为、影响交易所安全运转的情况或导致停市的重大情况时，证交所同样需要向证监会披露全面、真实、准确的信息。以在最大程度上保护利益相关者的权益均衡和金融市场的稳定。此外，证券市场信息、业务文件、会员和上市公司信息等资料也属于证交所的信息披露内容。

8.2 证券公司的治理

8.2.1 证券公司的职能

对于准备上市或者公开发行证券的公司而言，证券公司的中介服务职能便显得尤为重要。证券公司是经营证券业务的有限责任公司或者股份有限公司。证券公司的主要业务包括：证券经纪、证券投资咨询、与证券交易、证券投资活动有关的财务顾问、证券承销与保荐、证券自营、证券资产管理等。

证券公司在证券市场上扮演着证券业务提供者和机构投资者（股东）两类角色。证券的经纪、投资咨询、承销与保荐、资产管理等业务体现了证券公司是具有服务属性的中介机构。其提供的投资咨询、财务顾问等业务能够为投资者带来更为准确和全面的市场信息，提高了信息在投资客体内外的对称程度，优化了投资效率以及市场的资源配置效率。证券公司还可以接受投资者或者公司的委托，从操作技术层面上帮助投资者进行证券买卖（证券经纪），或者帮助公司实现证券的公开发行及上市（证券的承销与保荐）。另一方面，规模较大、资金实力雄厚的证券公司可以开展证券自营业务，自行买卖证券。此类证券公司通常是资本市场上重要的机构投资者，能够以股东身份参与到上市公司的治理结构中，对上市公司进行管理。

依照不同的业务范围和业务能力，我国证券公司可以分为两类：经纪类证券公司和综合类证券公司。经纪类证券公司可以从事的业务包括证券的代理买卖、代理证券的还本付息、分红派息、代理证券的保管、签证、代理登记开户。除包含证券经纪类业务以外，综合类证券公司的业务范围还包括证券的自营买卖、证券承销、投资咨询、资产管理等。不同类型的证券公司设立条件也有所差异。除《证券法》规定的条件外，设立经纪类证券公司要求具有证券从业资格的人员不少于15人，并要求有相应的会计、法律、计算机专业人员以及计算机信息系统、业务资料报送系统等服务支持平台。而综合类证券公司的设立条件更为严格，证券从业资格的持证人员要超过50人。另外，由于综合类证券公司具有证券自营资格，为降低委托人风险，综合类证券公司要有规范的业务分开管理制度，确保各类业务在人员、机构、信息和账户等方面的有效隔离。

8.2.2 证券公司内控管理与投资者权益保护

对于中小投资者而言，其在证券市场上对某家公司进行投资，很大程度上依赖于证券公司的中介服务。证券公司能够接受投资者委托，吸纳投资者资金并通过一系列程序完成对上市公司的投资活动，并从中收取佣金。在这个过程中，证券公司对投资者的投资意向选择不能有干预行为，也不对投资者的投资损失负责。然而，强大的"吸金"功能通常能够在一段时间内为证券公司带来大量资金储备，在证券公司的自利动机下，投资者利益可能会成为证券公司实现自利目标的牺牲品。

综合类的证券公司具有证券自营业务，即其本身也可以购买公司股票，成为公司的股东，对公司的业绩承担风险。证券公司办理证券包销业务时，其需要承担因证券发行效果不佳而购入全部剩余证券的风险，因此，在巨大的风险规避动机下，证券公司可能会做出挪用客户资金，抵御自身经营风险的自利行为。当由于资金不足而失去优质项目的投资机会，也会造成证券公司利益最大化目标驱动下的资金挪用行为，极大地伤害了其他中小投资者的权益。所以建立良好的内控管理体系，对实现投资者的权益保护和市场秩序的稳定具有重要意义。

以投资者权益保护为导向，证券公司的内控管理手段通常包括业务隔离、账户独立、风险准备、交易报告等。《证券法》第125条规定："证券公司从每年的税后利润中提取交易风险准备金，用于弥补证券交易的损失，其提取的具体比例由国务院证券监督管理机构规定。"第 126 条规定:"证券公司应当建立健全内部控制制度,采取有效隔离措施,防范公司与客户之间、不同客户之间的利益冲突。证券公司必须将其证券经纪业务、证券承销业务、证券自营业务和证券资产管理业务分开办理,不得混合操作。"第 129 条规定:"证券公司客户的交易结算资金应当存放在商业银行,以每个客户的名义单独立户管理。具体办法和实施步骤由国务院规定。"基于业务隔离、账户独立以及风险准备三项风险控制措施的内控管理体系能够有效阻断风险由证券公司向投资者的转移。另外,证券公司接受证券买卖的委托,应当根据委托书载明的证券名称、买卖数量、出价方式、价格幅度等,按照交易规则代理买卖证券,如实进行交易记录。买卖成交后,应当按照规定制作买卖成交报告单交付客户,以促进证券公司与中小投资者之间的信息平衡,保障中小投资者对自身投资行为以及投资效果的知情权。当证券公司的股东有虚假出资、抽逃出资行为时,国务院证券监督管理机构可责令其转让所持证券公司的股权。证券公司的董事、监事、高级管理人员未能勤勉尽责,致使证券公司存在重大违法违规行为或者重大风险时,国务院证券监督管理机构可以撤销其任职资格,并责令公司予以更换。另外,证券公司违法经营或者出现重大风险,严重危害证券市场秩序、损害投资者利益时,国务院证券监督管理机构可以对该证券公司采取责令停业整顿、指定其他机构托管、接管或者撤销等监管措施。

8.2.3 保荐制度与上市公司治理

保荐机构对于上市公司的治理具有重要作用。《上市公司证券发行管理办法》第 45 条规定:"上市公司申请公开发行证券或者非公开发行新股,应当由保荐人保荐,并向中国证监会申报。"我国的保荐机构大体可以分为两类,一类是具有保荐资质的综合类证券公司;另一类为具有保荐资格的个人。由于公司上市是一个较为复杂的过程,需要多方中介机构的协力配合,因而常见的保荐机构通常是具有多元化业务的综合类证券公司。拟上市公司到上市公司的转变过程中,证券公司的治理效应很大程度上是依赖于证券公司的保荐职能。在公司上市过程中,具有保荐资格的证券公司充当着咨询、服务、审核、辅导、督导等多元化的角色。这些角色所提供的公司治理机制可以分为审核治理和督导治理两大类。

1. 审核治理

保荐机构是公司在公开市场上发行证券前,对公司基本运营状况以及发行资质等重要信息进行准确性核查的第一道防线。保荐机构起到的信息审核作用能够降低或避免投资者因获取的公司信息不准确带来的利益损害，进而保障公司利益相关者之间的利益均衡。

在协助公司上市的过程中，保荐机构需要承担证券发行的主承销工作，并依法对拟上市公司公开发行募集文件进行核查，并向证监会出具保荐意见，以保证公司公开发行募集文件的真实性、准确性和完整性。为避免拟上市公司的潜在投资者以及其他利益相关方因公司控制层的自利行为引致的潜在利益风险，保荐机构还应当按照法律、行政法规和中国证监会的规定，对发行人、发起人、大股东、实际控制人进行尽职调查、审慎核查，组织编制申请文件，并出具推荐文件。我国现行的《证券发行上市保荐制度暂行办法》第23条规定："保荐机构对发行人公开发行募集文件中无中介机构及其签名人员专业意见支持的内容，应当进行充分、广泛、合理的调查，对发行人提供的资料和披露的内容进行独立判断，并有充分理由确信所作的判断与发行人公开发行募集文件的内容不存在实质性差异。"而对于发行人公开发行募集文件中有中介机构及其签名人员出具专业意见的内容，保荐机构应当进行审慎核查，对发行人提供的资料和披露的内容进行独立判断。

在对拟上市公司的推荐文件中，保荐机构应当承诺：保证所指定的保荐代表人及本保荐机构的相关人员已勤勉尽责，对发行人申请文件进行了尽职调查、审慎核查，并有充分理由确信发行人申请文件和公开发行募集文件不存在虚假记载、误导性陈述或者重大遗漏等内容。保荐机构及保荐代表人应当对拟上市公司公开募集证券的文字资料进行尽职调查并签字，确认不存在虚假记载、误导性陈述或者重大遗漏，并声明承担相应的法律责任。如若保荐机构提供的与保荐工作相关的文件存在上述违规行为，或者唆使、协助、参与发行人及其中介机构提供存在虚假记载、误导性陈述或重大遗漏的文件，保荐机构将接受相关处罚，情节严重的，中国证监会将保荐机构及相关保荐代表人从名单中去除。

2. 督导治理

公司的上市过程较为复杂，涉及的程序和步骤较多，拟上市的公司需要在公司治理方面做到合规、合法，并建立健全内部控制制度、财务和会计制度，以达到上市标准。因此，在拟上市到上市的转变过程中，具有保荐资质的证券公司需要对拟上市的公司进行辅导和监督，以促成其达到上市标准，公开上市。我国《证券发行上市保荐制度暂行办法》（以下称《暂行办法》）中规定，保荐机构在推荐发行人首次公开发行股票前，应当按照中国证监会的规定对发行人进行辅导。证券公司对拟上市公司进行辅导和监督，能够帮助公司构建良好的公司治理结构，设计完善的约束、激励和决策机制，监督公司的信息披露行为。

保荐机构对拟上市公司进行辅导的目标主要包括，使其符合证券公开发行上市的条件和有关规定，具备持续发展能力；与发起人、大股东、实际控制人之间在业务、资产、人员、机构、财务等方面相互独立，不存在同业竞争、显失公允的关联交易以及影响发行人独立运作的其他行为；公司治理、财务和会计制度等不存在可能妨碍持续规范运作的重大缺陷；高管人员已掌握进入证券市场所必备的法律、行政法规和相关知识，知悉上市公司及其高管人员的法定义务和责任，具备足够的诚信水准和管理上市公司的能力及经验等。可见，保荐机构对公司辅导是以完善公司治理为主要导向的。

除了辅导行为外，保荐机构的另一项重要职能就是对拟上市公司的督导。《暂行办法》第4条指出："保荐机构应当遵守法律、行政法规、中国证券监督管理委员会（以下简称'中国证监会'）的规定和行业规范，诚实守信，勤勉尽责，尽职推荐发行人证券发行上市，持续督导发行人履行相关义务。"督导的主要目的在于监督、督促拟上市公司在长期内维持公司治理等制度体系的完备，规避重大制度缺陷，保证公司履行规范运作、信守承诺、信息披露等义务。《暂行办法》规定，保荐机构应督导发行人有效执行并完善防止大股东、其他关联方违规占用发行人资源的制度；督导发行人有效执行并完善防止高管人员利用职务之便损害发行人利益的内控制度；督导发行人有效执行并完善保障关联交易公允性和合规性的制度，并对关联交易发表意见；督导发行人履行信息披露的义务，审阅信息披露文件及向中国证监会、证券交易所提交的其他文件。并且，保荐机构应持续关注发行人募集资金的使用、投资项目的实施等承诺事项，以及发行人为他人提供担保等事项，并发表意见等。

3. 证券公司的投机行为及其治理

证券公司是独立的法人组织，其经营管理行为以利益最大化为首要目标，当法律的监管力度较弱时，在经营管理人员的自利动机下，证券公司会忽视法律法规中的规制性条款，选择投机行为。在公司上市过程中，证券公司提供咨询、辅导等服务的收益，取决于公司能否成功上市。若公司在证券公司的帮助下成功上市，证券公司会获得可观的收益。若上市失败，证券公司只能获得很少的报酬。并且，证券公司辅导公司上市的过程十分漫长，在这个过程中，证券公司需要投入大量的人力、物力和财力，以提高公司上市的可能性。所以，证券公司具有强烈的动机通过对公司进行包装，对相关信息进行粉饰和"化妆"，遮盖公司关于治理结构、资产规模等信息瑕疵，以"帮助"公司完成上市目标，取得高昂回报。成功上市对于公司以及保荐机构来说具有"双赢"的性质，是二者的共同动机。因此，证券公司时常会忽视证券市场上的公平守则，选择"铤而走险"，赚取高额利润。

尽管我国法律规定保荐机构对首次公开发行股票的公司的督导时间持续至上市后的两个完整会计年度，并且为自身出具的保荐意见担负法律责任，但时常发生的保荐机构与公司合谋，提供虚假信息欺骗监管当局以及投资者的现象表明，保荐机构承担的违法成本相对较低，进一步促成了保荐机构的投机行为。仅依靠中国证监会在规定期间内不再受理保荐机构的推荐，或将保荐机构及相关保荐代表人从名单中去除等约束条款，已经不能有效规制拟上市公司与保荐机构的合谋行为。因此，完善法律法规体系，提高保荐机构的违法成本，并优化保荐机构的盈利模式，降低保荐机构的自利倾向，是保证投资者权益不受侵害，维护市场秩序的重要措施，同时也是保荐制度改革的发展方向。

8.3 会计师事务所的治理

8.3.1 会计师事务所组织形式及其演化

会计师事务所是搭建在股东与经理、大股东与中小股东、政府与公司、债权人与公司等诸多利益主体之间的十分关键的桥梁和纽带，是独立存在和运作的社会单位，其提供的审计业务归属于公司的外部审计范畴，对公司治理的优化具有重要作用。其鉴定公司经济成果、审计公司资源配置状况等重要职能和作用，能够从很大程度上降低公司委托方与代理方之间信息不对称的程度，使投资者、债权人和政府等主体能够在充分了解公司运营状况的基础上，作出客观决策，并对公司的运作进行监督。通过会计师事务所搭建的信息沟通渠道，公司内部各个代理问题能够得到有效缓解，帮助公司提高治理质量，实现可持续发展。会计师事务所的组织类型演化过程经历了合伙制、有限责任制和有限责任合伙制三个阶段。

1. 合伙制

在英国，1721 年发生的"南海公司事件"催生了注册会计师行业和大规模会计师事务所的成立。1845年，英国修订版的《公司法》规定股份公司的财务账目必须经董事以外的人员审计，并确立了以会计业务、审计能力等为重要考核标准的独立会计师资格，注册会计师业务迅速发展。早期，英国会计师事务所的组织形式主要采用合伙制，这种合伙制是指人与人之间在追求经济利润的过程中，由于共同经营一项业务而形成的关系。这种"合伙制"主要具备两个特点：第一，不具有独立的法人人格；第二，每个合伙人需要对个人的债务以及其他合伙人的债务负连带责任。严格的法律约束迅速将英国早期的会计师事务所塑造成一个权威、公正、高效的职业形象。相比于公司制的组织形式，合伙制能够带给会计师事务所诸多优势。首先，"合伙法"对于事务所日常经营运作方面的限制性条款较少，有利于事务所灵活、快速的发展；并且，合伙制事务所无需承担企业所得税，合伙人只需缴纳个人所得税，降低了企业的税负。另外，合伙制企业中，利润分配机制与决策机制与个人出资额并无硬性关联，提高了合伙人进行共同决策的灵活性和效率。

南海公司事件

南海公司成立于1711年，拥有与南美的贸易垄断权，以及从非洲向南美贩卖奴隶等特许权。尽管公司自称其具有广阔的发展前景，但由于种种原因，成长潜力始终未变成现实。1719年公司为兑换政府3100万英镑高昂的长期债券，同时赚取巨额的股价盈余，南海公司决定增发股票。在虚假宣传的推动下，股价从1720年1月的128英镑飙升至6月的1050英镑。当人们逐渐发现公司的资本真相时，纷纷抛售股票，公司随即陷入破产风险。投资者和债权人遭到严重损失。

迫于巨大的舆论压力，国会在历史上首次委托社会第三方独立会计师查尔斯·斯奈尔（Charles Snell）对南海公司进行会计审核，结果发现了严重的会计造假、舞弊行为。随后委托第三方会计师的做法逐渐被广泛采纳，独立的会计师事务所也成为降低公司信息不对称程度，保护投资者权益的重要中介组织。

（资料来源：作者整理。）

2. 有限责任制与有限责任合伙制

随着会计师事务所的蓬勃发展，英国会计师事务所的规模和经营范围不断扩大。在经济环境的剧烈变化过程中，因公司财务危机或破产产生的诉讼案件不断增多。由于合伙制的会计师事务所中，注册会计师和合伙人需要承担连带责任。

尽管某一合伙人的行为并没有过错，但其仍需以个人财产承担合伙资产不足支付的债务。换言之，会计师事务所规模的扩大引发了合伙人的无限连带责任风险。同样，在20世纪80年代，由于美国房地产和能源价格的大幅波动，大量公司纷纷倒闭，债权人因巨额资本损失无法补偿，对担负着审计与财务顾问角色的会计师事务所进行大规模起诉，引发无过错事务所合伙人的个人破产危机。于是人们开始对无限连带责任产生疑虑，会计师事务所的组织形式开始向有限责任制转化。1989年，英国修订后的《公司法》规定，承担公司年度审计业务的会计师事务所可以采取公司化的组织形式。然而，公司化的会计师事务所具有的弊端，如《公司法》对会计师事务所的经营管理行为约束和限制条款较多、公司和股东双重缴税、股东之间缺乏信任、真诚对待的共事关系等，使得众多事务所并不具备改制的条件。同样，美国的会计师事务所也开始诉诸寻求能够保护个别合伙人权益、重视合伙文化、不增加税负的新型的组织制度，于是有限责任合伙制应运而生。英国议会于2000年通过了《有限责任合伙法》，该法律指出，"有限责任合伙制"是具有独立法人资格的法律实体，税法上仍将事务所作为"普通合伙制"组织，只征收成员个人所得税。合伙人不对合伙的债务承担个人责任，也不因其他合伙人的行为过失承担责任。由于美国各个州均有立法权，因此各州对"有限责任合伙制"的解释和阐述有所差别，但共同点是合伙人只对自身的业务行为承担无限责任，无须对其他合伙人行为承担连带责任。

在我国，尽管《注册会计师法》规定会计师事务所可以采用"合伙制"与"有限责任制"两种组织形式，但是在事务所与挂靠单位脱离关系之初，出于风险规避的原因，大部分事务所采取了"有限责任制"。然而，由于"有限责任制"的"资合"特征不利于会计师事务所的快速发展，因此其必然需要脱离"资合"而恢复"人合"。在事务所组织特征与自身发展的矛盾推动下，在事务所对无限连带责任的风险规避动机引导下，我国的会计师事务所开始向"特殊的普通合伙制"发展。2006年，修订版的《合伙企业法》指出："一个合伙人或者数个合伙人在执业活动中因故意或者重大过失造成合伙企业债务的，应当承担无限责任或者无限连带责任，其他合伙人以其在合伙企业中的财产份额为限承担责任；合伙人在执业活动中非因故意或者重大过失造成的合伙企业债务以及合伙企业的其他债务，由全体合伙人承担无限连带责任。"可以看出，"特殊的普通合伙制"能够通过约束其他合伙人的无限连带责任来保护合伙人权益，同时突出了全体合伙人对某个合伙人轻微过失造成合伙企业的债务的风险共担精神。

8.3.2 会计师事务所的职能与上市公司治理

1. 多元化的职能

第一,监督企业财务行为。公司成立之初,注册资本金须由注册会计师验证核实之后才能够被工商部门所认可,进而批准公司设立。在运营过程中,公司所产生的经营成果需要经注册会计师核准后才能够产生法律效力。依照我国《注册会计师法》规定,注册会计师的业务范围包括审查公司会计报表,出具审计报告;验证公司资本,出具验资报告等内容。《公司法》第156条规定:"公司应当在每一会计年度终了时编制财务会计报告,并依法经会计师事务所审计。"可见,公司的财务行为必然要通过会计师事务所的审核才能够被合法确认,注册会计师的审核必然会对公司的经营管理行为产生约束和导向作用,进而显现出会计师事务所在微观经济层面所具有的监督者角色。因此,在某些发达国家,会计师事务所被形象地称为"经济警察"。

第二,评价公司经营状况。会计师事务所对公司进行独立审计时,会针对公司的内控制度合理性与合法性,以及财务报告对公司真实财务状况、经营成果、资金变动情况的反映程度进行判断和评价,进而确定公司准确的财务实力、信用等级,并核准公司利润和应纳税额,对公司的盈利能力以及风险水平做出准确评价。当公司准备上市时,证券监督管理部门会依据注册会计师对公司资产、利润、每股收益、每股净资产等财务指标做出的评价来判断是否批准公司上市。上市公司运营过程中,投资者也会依据注册会计师审核鉴定的公司经营状况做出准确的投资决策。可见,会计师事务所在公司经营层面扮演着重要的评价者角色。

第三,传递公司经营信息。作为证券市场的中介机构之一,会计师事务所的信息传递职能对于缓解公司内外部信息不对称问题具有十分重要的作用。会计师事务所独立的审计、财务咨询等多元化业务的建立和发展,均建立在其信息传递角色基础之上。分散的股权结构下,因信息不对称的存在,股东难以完全掌握其代理人的努力程度以及经营管理状况,承担了较大风险。即便是在股权集中度较高的市场中,中小投资者也会因信息不对称而有可能做出错误的投资决策。同时,政府监管部门因无法掌握真实的公司经营管理状况以及经营的合法性等重要信息,而导致调控手段失灵和资源配置能力的降低,而资源配置能力的降低又进一步加深了利益失衡。因此,会计师事务所对公司经营成果进行合法性和真实性鉴别与披露便起到了重要的信息透明化作用。

2. 会计师事务所的公司治理效应

会计师事务所主要经过三个步骤来实现对公司的治理,分别是真实性审核、信息传递与治理效应产生。依照《公司法》、《注册会计师法》等相关法律的规定,公司的财务信息须经会计师事务所审核才能够产生法律效力,其真实性才能够被法律认可。通过注册会计师核准与鉴证后的公司信息,才具有客观性、真实性、合规性与合法性,才能够被广大投资者与监管部门所接受与认可。公司信息的真实性审核,是会计师事务所作为中介机构对市场信息不对称问题解决过程的起点,同时也是股东、中小投资者、债权人、政府等内外部治理主体发挥治理作用的重要依据。由于公司的信息披露义务以及会计师事务所的信息传递作用,经过审核、鉴定的公司信息能够通过多种渠道传递至利益相关者,进而提高众多利益主体对公司运营状况的掌握与了解程度,并根据相关信息做出合理的决策。

会计师事务所对于公司信息的过滤和鉴别作用保障了治理主体做出治理决策的合理性,进而发挥出治理力量,优化公司治理。股东可以根据由注册会计师出具的相关审计意见来判断经理层的努力程度、经营管理的合规性等信息,进而设计相应的经理人奖惩机制,进一步趋同经理人与股东的利益目标,降低委托代理成本。中小股东可以根据由注册会计师审核的上市公司年报、季报以及其他报告形式来制定合理的投资决策,当发现公司异常信息时,中小投资者能够迅速地采取利益保全决策,进而避免利益损害。当公司披露的信息体现出其较强的成长潜力时,中小股东可以采取追加投资的决策来实现对利益最大化的目标追逐。对于债权人而言,会计师事务所审核的公司信息能够帮助其了解公司信用等级,掌握公司真实的偿债能力、盈利能力以及发展潜力等重要指标,并据此来判断是否与公司签订债务契约,以及设计和优化契约内容,进而降低信息不对称导致的偿债风险。在债务契约维系过程中,债权人依然能够根据注册会计师审核的公司信息来判断自身的风险水平和收益水平,做出贷款合同续签或提前收回贷款等决策。另外,政府监督部门务必根据会计师事务所的审计意见来判断公司绩效水平以及经营合法性,进而确定公司的税收水平,或对其经营管理行为进行监督与规制。

3. 公司治理质量与事务所审计的悖论

作为独立审计单位,会计师事务所审计监督职能的发挥,从一定程度上取决于被审计公司的治理状态。治理质量较差的公司,由于既得利益主体缺乏治理动机,往往较为排斥外部独立运营的会计师事务所提供的相应审计服务,造成公司治理的持续恶化。我国公司的股权集中度相对较高,流通股比例过低,控制权流动性同样较低，控制权市场并未真正形成。经理人市场也相对不完善，总经理常由大股东委派，董事长兼任总经理的情况常见于我国公司。国有股一股独大的情况下，董事会通常被大股东所控制。所以大股东具有较高的动机对公司进行"利益挖掘"。由于我国会计师事务所的聘任权掌握在董事会手中，便出现了大股东"自己审自己"的不良局面。因而，公司不愿聘请高质量的会计师事务所来对自身的经营进行审计和监督。

然而，在较为完善的公司治理结构中，高质量的审计监督却能够为公司带来低融资成本、良好的公司声誉等诸多优势。由于会计师事务所对公司高质量的审计监督能够起到信号传递的作用，将高质量的审计信息通过信息披露机制传递给广大投资者和监管主体，获得投资者的信心支持和监管层的认可，进而降低证券市场的融资成本。同样，在治理状况较优的公司中，高质量的审计监督能够通过信号传递机制帮助公司获得债权人的青睐。通常情况下，债权人会对自我约束较高的公司给出较高的信用等级和优惠的贷款契约。如此一来，公司便获得了大量的低成本融资机会。另外，公司治理水平越高，经理层腐败以及大股东利益挖掘的可能性越低，证券市场的表现较好，容易获得较高的市场价值和投资者信心。因此，治理状况良好的公司具有充足的动机选择审计质量较高的会计师事务所。

因此，公司治理与会计师事务所的审计监督存在悖论点，治理基础深厚、治理质量较高的公司更希望获得更为客观、独立的审计监督，以获取公司长期的稳健发展。而治理质量较差的公司却极力排斥外部审计监督力量的引入，使得公司运营状况持续恶化。因此，应通过法律环境和制度体系的完善，迫使上市公司尤其是治理不完善的公司引入外部审计单位，并将其出具的相关审计报告、意见等信息与公司财务政策、项目申请资质相挂钩，提高公司监管主体的独立性，促进公司的可持续发展。

8.4 资信评级机构的治理

8.4.1 资信评级机构的职能

资信评级（credit rating）又称信用评级、信用评估，是指具有专业技术和知识的独立机构或部门，运用科学、全面的指标体系和评估技术，根据独立、客观、公正、科学的原则，对参与信用评估活动的各类经济主体以及各类金融工具的发行主体进行风险评估,进而对各类评估客体在特定期间自主履行相关承诺的能力、可信任程度及其可能带来的风险水平进行综合评价,并以简洁的符号表示其资信等级的业务活动。资信评级的客体主要包括各类企业、金融机构、政府部门、社会团体和个人等经济主体,也包括股票、债券、商业票据、结构性金融产品等金融工具。从对"资信评级"的界定中可以看出,从事资信评级业务的机构组织对于降低投资者与其投资客体之间的信息不对称程度,保护投资者权益,维护资本市场的稳定性具有重要意义。因此,资信评级机构常被誉为资本市场的"看门人"。

资信评级机构属于证券市场上重要的中介机构之一,其能够运用专业的技术和评价方法,对投资客体进行风险评价,能够通过对违约概率、违约损失率等指标的科学评估,得出各类评级客体的信用等级,并从中收取评级费用,以维系自身的经营运作。评估客体的信用等级信息通过信号传递渠道被各类投资主体所接受,帮助投资者更加全面、科学的了解投资对象的信用情况、风险水平。投资者能够根据投资对象的相关信息以及自身的具体运营情况,在低信用等级、高风险、高收益与高信用等级、低风险、低收益的投资对象系列中进行选择或者组合,进而做出更安全、高效、更有针对性的投资决策。可见,资信评级机构对于投资者权益保护以及市场稳定起到的重要作用。因此,资信评级机构应避免与评级客体的利益关联,保障运营管理的独立性、科学性、客观性,对评级客体的信用做出公正、客观的评价,以保障投资者权益和经济秩序的稳定。

8.4.2 资信评级机构对上市公司的信用约束

从 1970 年美国金融史上最大的倒债事件——宾州中央运输公司(Penn Central Transportation Corporation)破产案,到 1997 年亚洲金融危机,到 2001 年安然公司破产事件,再到 2008 年美国次贷危机,每一次重大金融事件的背后总能看到资信评级机构的影子。正是资信评级机构独立性偏低、公众对资信评级机构的依赖性过强、评级机构监管缺乏等因素导致了资信评级机构公信力下降,使其成为一次次金融危机的幕后推手之一,其市场"看门人"以及投资者权益"守护神"的角色也受到了强烈质疑。

资信评级机构在资金的流动链条上具有重要的信息中介和信用约束作用,其对金融产品信用等级的评价,能够直接影响金融产品市场的供求关系,因此资信评级机构常被冠以"质检员"的称号。经济实体和证券、商业票据等金融产品欲得到广大投资者的信赖和支持,务必通过资信评级机构的"质检"。尤其是对于复杂的结构性融资产品而言，投资者难以科学地掌握其价值与风险的匹配程度，这也成为公众过分依赖资信评级机构的原因之一。

通过多种信号传递途径，资信评级机构可以将公司或证券的资信情况传递给广大投资者，并以此为依据作出投资决策。在竞争程度较高的市场中，公司均希望能够在资信评级机构获得较高的评级水平，这不仅有利于拓宽融资渠道，同时较高的信用评级带来的企业声誉提升了企业形象，进一步促进了财务业绩的提升。为获取较高的信用评级，公司也应以高水平的公司治理规范来约束经营管理行为，完善组织结构和治理结构，所以，公允的信用评级机构所起到的信用约束作用是推动公司提升公司治理质量和治理绩效的重要动力。

然而，资信评级机构是追逐利益最大化的经营主体，在特定环境中，其评级公允性可能会被巨大的经济利益所取代，进而丧失了对公司以及相应金融产品的信用约束作用，造成区域经济运行的紊乱。以 2008 年美国次贷危机为例，将次贷危机的全部责任推给美国的资信评级机构未免有失公允，但毫无疑问的是，资信评级机构对于危机的发生起到了推波助澜的作用。在次贷危机中，获得 AAA 评级的次贷产品约占 75%，10% 的次贷产品获得 AA 评级，8% 获得 A。次级贷款的真实风险水平被严重遮盖，在公众对信用评级机构强烈的依赖心理下，信用评级机构的评级失真行为成功误导了金融市场的供需关系，引发金融危机。并且，在金融危机酝酿过程中，评级机构仍没有对市场异常及时做出反应，未对次级贷款的信用等级进行跟踪了解。危机发生后，评级机构集体迅速下调评级级别，进一步引发投资者心理恐慌，加剧了金融市场波动。

标准普尔

标准普尔由普尔先生于 1860 年创立。由普尔出版公司和标准统计公司于 1941 年合并而成。1975 年美国证券交易委员会 SEC 认可标准普尔为"全国认定的评级组织"或称"NRSRO"。2011 年 4 月 18 日，标准普尔把美国长期主权信用评级前景展望由"稳定"下调为"负面"，维持主权信用评级不变。2011 年 8 月 6 日，国际评级机构标准普尔公司当地时间 5 日晚对外宣布将美国主权信用评级从"AAA"下调至"AA+"。

（资料来源：http://baike.baidu.com/view/65923.htm。）

自 1975 年美国的资信评级机构实行认证制度以来，全美认可的统计评级机构（NRSROs）得到了巨大发展。以穆迪（Moody）、标准普尔（Standard and Poor's）、惠誉国际（Fitch）为代表的信用评级机构同样通过认证制度获得广阔的发展空间。NRSROs 所提供的信用评级服务被广泛地运用到银行、保险公司等金融领域。美国证券交易委员会（SEC）2002 年向美国参议院提交的一份报告中显示，美国的 8 部联邦法律、47 部联邦监管规则、100 余部地方性法律和监管规则将 NRSRO 的信用评级作为监管基准。这无疑巩固和奠定了 NRSRO 在金融市场上的霸权地位，突出了资信评级机构对经济实体以及商业票据、金融工具等评级客体的权威认证特征。然而，这也侧面反映出公众对于资信评级机构的过分依赖心理。从管控特征来看，美国政府对资信评级机构的经营管理进行的干预行为很少，政府对评级机构的监管相对松懈，其主要依靠自律管理的模式来实现持续经营。另外，在缺乏系统性法律规制的前提下，仅仅依靠行业监管以及自律管理进行自我监督必将导致资信评级机构的行为失控。尽管声誉机制能够在一定程度上促使资信评级机构做出公正、科学的评级决策，但不能否认在缺乏法律约束以及政府监管的条件下，评级机构可能会逾越道德底线，做出失真的评级决策。2006 年之前，依托美国宪法修正案第一条关于言论自由的保护条款，资信评级机构对其自身的评级结果一直享受"免责"待遇。而尽管 2006 年 9 月美国国会批准通过《资信评级机构改革法案》，但已经无力挽回评级机构在前期对 75% 的次级贷款产品掩盖下的"AAA"级标签，最终催生了席卷美国的次贷危机。

8.4.3　资信评级在中国

我国的资信评级机构起步于 20 世纪 80 年代，基于国务院发布的《企业债券管理暂行条例》，中国人民银行组建了 20 余家资信评级机构。20 世纪 90 年代，资信评级机构开始进行独立运作经营。1997 年，9 家资信评级公司的全国范围内评级资质得到中国人民银行的认定，并在全国开展债券评级业务。2003 年，保监会、发改委重新认可了中诚信、联合资信、上海远东、上海新世纪、大公国际 5 家具有全国性债券市场评级资质的评级机构，其主要业务范围涉及对企业信用、金融机构资信、企业债券及短期融资债券资信、保险及证券公司资信的评级等方面。截至 2007 年年底，全国拥有从事资信评级业务资格的法人机构 78 家，资信评级专业人员 1983 人。2007 年，我国资信评级机构对借款企业主体累积评级 8 万多笔，债项评级累积 779 笔，同比增长 53.75%。随着公司债券的试点发行，以及监管部门对信用评级业务的支持，我国资信评级机构的发展空间也随之打开。证监会、保监会等监管部门对资信评级的重要地位做出肯定，例如《保险公司投资企业债券管理暂行办法》规定："保险公司投资的企业债券必须是经国家主管部门批准发行，其经监管部门认可的资信评级机构评级在 AA 级以上的企业债券。"同样，人民银行规定，在银行间债券市场发行交易的金融工具需经过专业的评级机构的资信评级。

西方国家完善的资本市场中，资信评级机构起到的信息中介和信用约束作用无疑对公司治理质量的提升、区域经济的繁荣发展具有重大影响。然而，由于我国信用评级机构起步较晚，其运作管理规范仍在不断地成熟过程中，评级机构运作缺乏完善的法律制度环境的支持，因而我国的资信评级业务表现出诸多不良状况，主要体现在信用评级渗透、评级专业性缺乏、评级市场供求失衡、企业认同度低等方面。首先，我国缺乏自主经营的资信评级机构。大量评级机构被国外组织成功收购，信用评级体系被国外利益主体渗透，涉及区域经济发展、社会稳定等重大信息极易流失，信息危机迫在眉睫。2006年，由美国控股的香港新华财经公司收购上海远东62%的股权，远东成功易主。同年，穆迪公司收购中诚信49%的股权，并成功接管中诚信的经营管理权，同时约定7年后持股比例增至51%。2007年，惠誉国际收购联合资信49%的股权。另外，标准普尔与上海新世纪也展开战略合作。可见，我国五大资信评级公司中，除大公国际外，其余4家均被美国渗透，由于中诚信以及联合资信在国内有较广的业务覆盖面，被收购后，美国在中国评级市场的份额将超过60%，这无疑威胁着我国的经济信息技术安全。

另外，由于缺乏评级客体违约率、违约损失率等指标数据，评级方法局限于比例分析和打分等方法，评级结果缺乏对照系等专业技术原因，我国资信评级业务的科学性、客观性、独立性受到质疑，阻滞了评级业务的健康发展。同时，资信评级市场存在供求失衡的现状，较多经济实体组织对于资信评级业务并不认可，形成评级市场供大于求，造成资信评级机构恶性竞争的不良现象。另外，尽管我国证券业协会于2012年3月19日出台了《证券资信评级机构执业行为准则》，但对资信评级业务的法律支持框架仍未系统建立，缺乏法律支持和保护的资信评级行业发展必将受到较大程度的阻滞。

为促进我国资信评级机构的稳健发展，充分发挥资信评级机构对投资者的保护作用，促进资本市场的安全运行，在借鉴国外先进信用评级业务经验的基础上，我国应重点扶持民族信用评级机构，将民族资信评级机构的发展纳入国民经济与金融发展计划。通过专业性立法，如《资信评级机构管理办法》、《信用信息管理办法》，规范我国信用评级机构的经营运作，完善法律保护环境，对发展潜质较为优异的民族资信评级机构应予以政策扶持。严格控制外资评级机构的入境条件，保护我国金融体系的稳定运行。再者，结合我国经济运行特点，在充分考虑行业因素、地区因素、企业性质因素的同时，科学度量实际违约率，建立健全适合我国国情的信用评级指标体系，完善企业资信评级数据库，创新评价方法，提高信用评级的专业性、科学性、可靠性和公正性。为避免资信评级机构因自利行为而导致的投资者权益受损，应建立以人民银行为监管主体的资信评级行业监管体系，防范金融体系的系统性风险。通过提高我国民族资信评级机构专业性、完善监管机制和法律制度体系，在维护国家金融体系安全基础上，恢复信用评级市场的供求平衡，真正实现资信评级机构的投资者权益和市场安全运行的保护效应。

8.5 律师事务所的治理

8.5.1 律师事务所的属性及设立方式

1. 律师事务所的属性

随着经济的高速发展，公司等社会组织不断地被嵌入到由各类组织组成的社会网络中，公司时刻与外界进行着资源交换，以维系自身的可持续成长。在资源交换的过程中，难免会出现法律纠纷，若纠纷难以得到解决，公司因此而产生的额外资源投入便不断上升，并可能阻碍公司的持续发展或对公司健康状况产生威胁。

由于人力资本的专用性，公司内部人往往缺乏法律专业知识，无法及时解决其所陷入的法律困境。此时，律师事务所作为社会中重要的中介机构，能够为公司提供法律援助服务，包括担任法律顾问、法律咨询、代理申诉、担任辩护人、参加调解、仲裁活动以及其他非诉讼法律服务，进而利用自身的专业优势来保障公司的合法权益，帮助其摆脱法律纠纷，使之恢复到正常运行的轨道上来。

2. 律师事务所的设立

依据我国《律师事务所管理办法》，律师事务所的设立方式包括三种：律师合伙设立、律师个人设立或者由国家出资设立。与会计师事务所类似，合伙设立的律师事务所可以选择普通合伙制和特殊的普通合伙制两种形式。不同的设立方式对设立人的要求有所差异。例如，设立合伙律师事务所，要求至少有3个以上的合伙人，且设立人应当时具有3年以上执业经历的律师。而律师个人设立的律师事务所要求设立人要具备5年以上的执业经历。除设立人资质有所不同以外，三种设立方式所决定的律师事务所对债务的承担方式也有所不同。合伙制律师事务所的合伙人需要按照合伙形式对该事务所的债务依法承担责任，普通合伙制一般需要合伙人承担无限连带责任，而特殊的普通合伙制需要考虑合伙人引发债务的动机和债务水平，以确定不同合伙人的责任类别。我国《律师事务所管理办法》规定"普通合伙律师事务所的合伙人对律师事务所的债务承担无限连带责任。特殊的普通合伙律师事务所一个合伙人或者数个合伙人在执业活动中因故意或者重大过失造成律师事务所债务的，应当承担无限责任或者无限连带责任，其他合伙人以其在律师事务所中的财产份额为限承担责任；合伙人在执业活动中非因故意或者重大过失造成的律师事务所债务，由全体合伙人承担无限连带责任。个人律师事务所的设立人对律师事务所的债务承担无限责任。"国家出资设立的律师事务所，需要以事务所全部资产对债务承担责任。

8.5.2 律师事务所的基本职能及其公司治理作用

1. 律师事务所的基本职能

在中国，律师事务所是我国律师执行职务，开展业务活动的工作机构。即律师依靠律师事务所来行使自身的执业权力，同时律师的执业行为受到律师事务所的监督和管理。律师事务所也应建立健全执业管理和其他各项内部管理制度，加强对本所律师执业行为的监督。所以，律师事务所作为中介机构为社会组织或个人提供服务主要依赖于律师的执业行为和特征。在我国，律师可以从事的业务包括：(1) 接受自然人、法人或者其他组织的委托，担任法律顾问；(2) 接受民事案件、行政案件当事人的委托，担任代理人，参加诉讼；(3) 接受刑事案件犯罪嫌疑人的委托，为其提供法律咨询，代理申诉、控告，为被逮捕的犯罪嫌疑人申请取保候审，接受犯罪嫌疑人、被告人的委托或者人民法院的指定，担任辩护人，接受自诉案件自诉人、公诉案件被害人或者其近亲属的委托，担任代理人，参加诉讼；(4) 接受委托，代理各类诉讼案件的申诉；(5) 接受委托，参加调解、仲裁活动；(6) 接受委托，提供非诉讼法律服务；(7) 解答有关法律的询问、代写诉讼文书和有关法律事务的其他文书。

2. 律师事务所的公司治理作用

(1) 公司层面的治理作用。律师事务所参与上市公司治理，或对公司产生治理作用的途径主要有两个层面：公司层面和利益相关者层面。公司层面，律师事务所能够立足于公司的视角，以保护和维系公司合法利益最大化为目的，通过向公司提供法律咨询、承担公司法律顾问、担任代理人、接受诉讼委托等法律服务活动，帮助公司尽快摆脱法律纠纷，或在公司制定决策时提供相应的法律信息，提高决策的合法性和安全性，降低决策风险和解决法律纠纷过程中的资源投入量，进而保障公司的良性运转和可持续成长。所以，律师事务所在公司层面的治理作用表现在决策层支持和纠纷援助两个方面。由于资本专用性的原因，公司中所具备的人力资本能够解决公司专业性业务的执行问题，即公司员工所拥有的知识、技能、经验可以匹配公司所从属的特定领域和行业。而对法律体系、法律知识缺乏相对的了解。因此，当公司制定战略决策或其他管理决策时，便有可能触及法律纠纷。例如，违反相应的法律法规，侵犯其他社会组织或自然人利益等，进而造成公司的额外资源投入，形成决策风险。此时，公司可以聘请律师事务所的执业律师作为法律顾问，当管理者制定内部或外部决策时，充分考虑律师的合理化建议，并将其纳入决策评价体系，进而能够在决议执行前，规避可能存在的法律风险，减少不必要的资源投入，提高公司的决策质量和效率。

律师事务所的纠纷援助作用主要表现在当公司陷入法律纠纷时，由于决策失误或被动陷入法律困境，公司不得不面临并解决法律纠纷。此时，律师纠纷援助的主要目的是减损，即利用最小的资源投入水平，降低因法律纠纷带来的资源损失。这里的资源损失包括财务损失、人员流失、声誉损失等。特别地，法律纠纷案件能够对公司声誉造成较大伤害，并通过一系列传导机制对产品市场、财务质量产生影响。当公司陷入法律纠纷时，律师可以通过代理诉讼、接受委托、参加调解、仲裁活动的方式，协助公司尽快摆脱纠纷。我国《律师法》规定："律师担任法律顾问的，应当按照约定为委托人就有关法律问题提供意见，草拟、审查法律文书，代理参加诉讼、调解或者仲裁活动，办理委托的其他法律事务，维护委托人的合法权益。"

（2）利益相关者层面的治理作用。在经济发展的推动下，社会分工的细化程度越来越高，专注于单一业务的公司往往通过各种契约与社会其他组织进行联结，以进行资源交换。公司已经演变为一张联结有多方利益相关者的契约网络。在网络的各个节点上，利益相关者的责权利均衡状况受到公司治理质量的绝对影响。例如，大股东占款作用的存在能够缩减公司自由现金流，可能会提高应付账款比例，导致公司供应商受到现金流挤压，降低了可支配资源水平和公司决策的灵活性，并进一步引起法律纠纷。

当公司与某一利益相关者产生治理矛盾时，律师事务所能够立足于利益相关者的层面，通过决策支持或法律援助的方式来维系利益相关者的合法权益，帮助公司恢复利益相关者的责、权、利均衡，提升公司治理质量。律师可以通过承担法律顾问的方式，为相关利益主体提供法律信息，以提高其决策的安全性，降低决策风险。当利益主体面临法律纠纷时，律师能够利用自身拥有的法律知识和相关经验，为债权人、供应商、顾客或政府进行法律辩护或承担起代理人的作用，帮助利益相关者减少损失，维护其合法权益。我国《律师法》第三十条规定，"律师担任诉讼法律事务代理人或者非诉讼法律事务代理人的，应当在受委托的权限内，维护委托人的合法权益。"第三十一条规定："律师担任辩护人的，应当根据事实和法律，提出犯罪嫌疑人、被告人无罪、罪轻或者减轻、免除其刑事责任的材料和意见，维护犯罪嫌疑人、被告人的合法权益。"

8.5.3 作为治理客体的律师事务所

1. 律师事务所内部治理风险

（1）双层委托代理关系。律师事务所为公司提供的法律咨询、法律代理等一系列法律服务，主要依赖于律师的执业能力。律师同样需要依托事务所才能为其他社会单位提供服务。即律师事务所与律师之间存在委托代理关系。依据我国《律师法》，"律师承办业务，由律师事务所统一接受委托，与委托人签订书面委托合同，按照国家规定统一收取费用并如实入账"。可以看出，公司与律师事务所之间同样是一种委托代理关系，律师事务所作为代理人，接受公司的法律服务委托，对公司提供法律咨询、法律代理人等相应的法律服务。

所以，律师事务所与公司之间，以及律师事务所与律师之间存在着双层委托代理关系，这意味着从上市公司提出法律服务要求，到律师执行相应法律业务存在着较长的委托代理链条，若对律师执业行为缺乏相应监督机制或激励机制，或机制运行不畅的情况下，委托代理成本可能会不断增高，一方面使得公司或利益相关者权益无法得到全面的法律保护；另一方面损伤了律师事务所声誉，降低了事务所的成长性和盈利能力。

（2）律师事务所的道德风险。在律师事务所与公司形成的委托代理关系中，二者目标函数存在一定差异，公司所希望的是利用最小的资源投入，获取最有价值的法律援助。而律师事务所的目标在于用最小的劳动力付出换取最高水平的费用。尽管我国《律师法》以及《律师事务所管理办法》均规定了律师承办业务，需要由事务所同意接受委托，与委托人签订书面合同，并且《律师事务所管理办法》还指出,"律师事务所受理业务,应当进行利益冲突审查,不得违反规定受理与本所承办业务及其委托人有利益冲突的业务",但律师事务所作为独立的法人单位,具有追逐利益最大化的动机,利益面前,其有可能忽略契约要求和忠诚义务,而选择机会成本较低的合作伙伴,为公司带来道德风险。同时,其与公司之间存在的信息不对称进一步增加了律师事务所谋取私利的可能性。

(3) 律师与公司的合谋动机。律师与公司的合谋动机实质上是由于第二层委托代理链条引发的治理风险。在律师为公司提供相应法律服务的过程中,可能会由于高昂的额外的费用而放弃自身职业操守,通过粉饰或掩盖相应法律证据,捏造事实等诸多方式,帮助公司逃脱相应的法律制裁,损害其他社会组织的利益,造成社会不公平或不公正现象,降低社会整体资源配置效率。利益相关者层面同样如此,律师与特定利益相关者的合谋,能够造成权益分配的失衡,降低公司治理质量。不仅如此,合谋行为会大大损害律师事务所的声誉,直接威胁到律师事务所的可持续成长能力。

2. 律师事务所的内外部治理机制

(1) 内部治理机制。律师事务所的内部治理机制主要是依赖律师事务所的治理结构、制度安排对律师的执业行为进行监督、激励和约束,以提高律师的执业效率,提升律师事务所治理质量。内部治理机制包含了律师事务所对律师的指导、纪律教育,对律师执业活动的监督,对律师违规行为的约束以及重大案件请示报告、律师执业考核、执业管理、利益冲突审查、收费与财务管理、投诉查处、年度考核、档案管理等制度安排。

在律师为公司及利益相关者提供法律服务的过程中,律师事务所应指导律师依法执业,履行法律援助义务,并加强对律师的职业道德和执业纪律教育。不断强化律师的执业道德和执业操守,削弱其谋取私利的不良动机,降低公司和律师事务所的治理风险。同时,律师事务所有义务组织开展业务学习和经验交流活动,为律师参加业务培训和继续教育提供条件,进而不断提升律师的知识储备和执业能力,促进律师事务所的法律服务质量。

根据我国《律师事务所管理办法》,律师事务所应对律师在执业活动中遵守法律、法规、规章,遵守职业道德和执业纪律的情况进行监督,发现问题及时予以纠正。即事务所应设计良好的监督、约束机制,减少律师执业活动中的违规行为,包括私自接受委托、收取费用;利用提供法律服务的便利牟取当事人争议的权益;接受对方当事人的财物或者其他利益,与对方当事人或者第三人恶意串通,侵害委托人的权益;向法官、检察官、仲裁员以及其他有关工作人员行贿;

故意提供虚假证据或者威胁、利诱他人提供虚假证据,妨碍对方当事人合法取得证据等行为。

此外,律师事务所的制度体系同样能够作用于律师的行为选择,约束其谋取私利的不良行为。例如,投诉查处制度能够帮助事务所负责人或相关管理人员及时发现、查处并纠正律师在执业活动中的违法违规行为,及时调处律师在执业过程中与委托人形成的矛盾或纠纷。并给予相应违规行为对律师进行处罚或行业惩戒。年度考核制度能够对律师的执业表现以及遵守职业道德、执业纪律的情况进行评价、考核,进而有效调动律师的工作积极性,激励律师提升执业操守,提高服务质量。对年度考核不合格或存在严重违纪的律师,律师事务所可以解聘的方式对律师进行惩罚。

(2) 外部治理机制。律师事务所的外部治理主体包括设区或直辖市的司法行政部门以及律师协会。律师事务所所在地区的司法行政部门能够对律师事务所的执业行为进行监督和管理。我国《律师法》第 53 条规定,县级司法行政机关有权监督律师事务所执业过程中遵守法律、法规和规章的情况、内部管理制度的建立和实施情况、律师执业年度考核的开展和考核总结上报情况、所受行政处罚和实施整改的情况。同时,县级司法行政机关受理对律师事务所的举报和投诉。当相应执业问题被查实后,司法机关可以通过警示谈话、责令改正、行政处罚的方式,对律师事务所进行惩戒和约束,以提高其执业效率和治理质量。

司法行政部门也可以对律师事务所的律师个人的执业情况直接进行监督管理。当司法行政部门发现律师私自接受委托、收取费用、无正当理由拒绝辩护、泄露商业秘密、利用职务便利牟取当事人争议的权益、捏造证据等违法、违规和违章行为时,司法行政部门可以对其采取警告、罚款和停止执业的惩罚措施,以规制其不良行为,降低律师事务所治理风险。此外,律师事务所管理分所的情况,也应当纳入司法行政机关对该所年度检查考核的内容;律师事务所对分所及其律师疏于管理、造成严重后果的,由该所所在地司法行政机关依法实施行政处罚。

当司法行政机关认为需要对设立在本区内的律师事务所或律师的违法、违规或违章行为进行行业惩戒时,相应情况应移交律师协会处理。律师协会具备行业惩戒的权力,根据我国《律师法》,律师协会的职责包括保障、教育、惩戒三个部分。保障职责是指律师协会应保障律师依法执业,维护律师的合法权益。同时,通过总结、交流工作经验、组织律师进行业务培训和执业纪律教育的方式,提升律师的执业水平。另外,律师协会是律师事务所行业惩戒机制和激励的外部主体,其能够制定行业规范和惩戒规则,对律师事务所或律师个人的违规、违法、违章行为进行行业惩戒,也可以制定相应的奖励制度,对执业水平较高,有良好职业操守和道德规范的律师事务所和律师进行奖励。此外,律师协会受理对律师的投诉和举报,调节律师执业活动中发生的纠纷,进而全面提升律师事务所的执业效率和治理质量。

要点小结

1. 中介机构的重要作用之一就是解决市场上信息不对称问题,通过中介机构的信息搜集、鉴定、传递等一系列功能,股东、经理、投资者、债权人、政府等利益相关者之间的信息对称程度可以得到大幅提升。

2. 证券交易所是证券交易市场的组织者,同时又担负着交易规则的制定者与监管者等角色。证券公司在服务中小投资者,向公司以及投资者提供咨询业务的同时,又为拟上市公司担负着保驾护航的作用。

3. 会计师事务所是鉴定公司经营成果,监督公司经营管理行为,推动市场信息对称的重要动力。资信评级机构能够帮助广大投资者和监管组织了解更为真实的公司信用等级,以解决因信用信息不对称带来的低效率决策和市场秩序紊乱。

4. 中介机构在参与公司治理的过程中表现出种种瑕疵,如何发挥我国中介机构治理优势,借鉴国内外先进治理经验,优化公司的中介机构治理是公司治理的改革方向。

思考与讨论题

1. 我国主要的中介机构分别具有怎样的职能?其对公司治理扮演着怎样的角色?
2. 我国证券交易所的管控模式有何特征?
3. 我国证券公司参与公司治理的途径有哪些?保荐制度治理失效的原因是什么?
4. 会计师事务所以及资信评级机构是如何优化公司治理的?有何异同?

案例分析

包装粉饰下的"胜景山河"

湖南胜景山河生物科技股份有限公司(以下称"胜景山河")是湖南省一家

生产新型生物黄酒的股份制公司。公司位于湖南岳阳国家级经济技术开发区高新工业科技园。公司成立于2003年,原名湖南古越楼台生物科技发展有限公司。公司实验检测规范标准,拥有目前国内一流的生产酿造设施和先进的发酵工艺技术。

公司自成立以来一直专注于新型黄酒的研发、生产和销售,旗下拥有"胜景山河"、"古越楼台"两大品牌,"喜酿"、"典"、"道"等多个系列10余种产品。公司通过多年对传统黄酒产业进行技术、产品以及营销模式等一系列创新,以及实施产品和市场差异化竞争策略,取得了快速的发展,公司于2008年12月31日被湖南省科技厅、湖南省财政厅、湖南省国家税务局和湖南省地方税务局联合认定为高新技术企业;发行人的主要专利项目"四酶二曲一酵母"于2008年被科技部认定为"国家级火炬计划项目",并于2008年10月获得中国食品科学技术学会颁发的技术进步三等奖。2010年1月,公司"古越楼台"商标被国家工商总局认定为"驰名商标",早前亦被湖南省工商行政管理局认定为"湖南省著名商标"。

2010年10月27日,中国证券监督管理委员会发行审核委员会2010年第189次会议首次审核胜景山河IPO事项,获得通过。胜景山河本将于2010年12月17日登陆深圳中小板,然而有媒体突然披露出胜景山河"销售量大幅注水、收入利润虚增、高端产品勾兑、虚构行业地位"等信息。随后,媒体记者分别对胜景山河的优秀销售地域内的实际销售情况进行调查,调查结果与胜景山河在招股说明书中披露的信息存在严重不符。在长沙、苏州、上海等公司宣称的销售优势地区,众多批发市场、大型超市、饭店等消费单位均表示"古越楼台"酒根本卖不动。公司宣称的10余种产品中,在市场上只能找到不足5种。因此,社会开始对胜景山河2009年1.59亿元的销售收入,全年7446.05吨的产量,744.61万瓶的销量产生严重质疑。随后,深圳证券交易所投资者关系部负责人称正在关注胜景山河IPO涉嫌造假一事,并表示会将相关资料移交相关部门,同时证监会相关负责人也在积极地向媒体大众获取详细的文字材料。胜景山河董事会秘书余风亭表示目前公司未接到证监会及深交所的调查通知,IPO相关事宜正常进行。2010年12月17日,深交所发出公告称湖南胜景山河生物科技股份有限公司原定于12月17日在深交所上市。现经公司申请,深交所同意胜景山河暂缓上市。

2011年4月6日,证监会发审委2011年第60次发审会对胜景山河的申请文件和会后事项初审报告等进行了审核。发审委经讨论后认为,该公司未按要求披露相关信息,构成了重大遗漏,违反了《证券法》和《首次公开发行股票并上市管理办法》的相关规定,不符合法定发行上市条件。根据《证券法》、《行政许可法》等法律的相关规定，中国证监会撤销了胜景山河公开发行股票的核准决定，同时要求该公司按照发行价并加算银行同期存款利息返还证券持有人。据调查，胜景山河的招股说明书中对于岳阳市命名的商贸有限公司的关联交易，以及与平江汉昌建筑公司等三家公司的直销客户关系均没有披露。同时，会计师事务所也未对胜景山河2.21吨的库存原酒进行严格审核。经中国证监会发审委会议再次表决，胜景山河首发申请未获通过。2011年11月29日，中国证监会向相关中介机构下发相关罚单：向保荐机构平安证券出示警示函，并撤销平安证券胜景山河项目两名签字保荐的保荐代表人资格。至此，胜景山河成为继立立电子和苏州恒久之后，成为中国证券史上第三家"募集资金到位、但IPO最终被否"的拟上市公司。

（资料来源：根据网易财经网站及胜景山河官方网站信息整理。）

案例思考：

1. 诱发"胜景山河"事件的主要因素有哪些？
2. "胜景山河"事件的责任主体有哪些？会计师事务所和证券公司扮演了怎样的角色？应担负怎样的责任？
3. 如何避免"胜景山河"事件的再次发生？

参 考 文 献

1. Roman Krauss. Do credit rating agencies add to the dynamics of emerging market crises [J]. Journal of Financial Stability, 2005, (3): 355 – 385.
2. 符浩东：《构建风险应急机制稳健推进金融创新——次级贷危机对中国资本市场的启示》，载《证券市场导报》2008年第6期。
3. 何伟、周小志：《中国信用评级机构发展状况分析》，载《上海金融》2009年第5期。
4. 杨长汉：《证券交易》，经济管理出版社2011年版。
5. 吴晓求：《证券投资学》，中国人民大学出版社2009年版。
6. 刘春长：《中国证券市场监管制度及其变迁研究》，中国金融出版社2010年版。
7. 姜华东：《证券市场内幕交易监管的经济学分析》，安徽大学出版社2010年版。
8. 徐士敏：《证券市场的风险控制》，上海财经大学出版社2009年版。
9. 张云东：《证券公司合规管理》，中国金融出版社2009年版。
10. 朋兴明：《证券公司业务风险与防范》，法律出版社2013年版。

第 9 章

公司债权人治理

学习目的：本章主要介绍了债权人类型与属性、债务代理成本、债权人治理模式以及债权人治理机制等内容。通过本章学习，掌握我国债权人的类型、权力属性以及债务代理成本的产生机理；理解债权人风险的成因；把握债权人防御型治理、支持型治理和外部性治理效应的作用机理；了解日德债权人的双链控制模式以及英美债权人的单链控制模式之间的异同；掌握优化我国债权人治理的措施与途径。

关键词：债务代理成本；防御型治理；支持型治理；外部性治理

引 言

我国公司面临着由行政型治理向经济型治理的转型过程。在治理转型过程中，仅仅专注于内部治理机制的构建和优化难以实现公司治理效应的全面提升。债权融资是公司重要的外源融资渠道，探索以债权人治理的外部治理机制的重要性日益凸显。由于债务资本权力的分离，债权人具有强烈的动机对其资本进行保护，进而形成了对公司的防御型治理。债权人还可以与公司结成利益联盟，通过对公司实施支持型治理实现联盟共赢。同时，债权人引致的负债压力、破产威胁等因素能够对大股东的掏空行为以及经理层的自利行为产生抑制效应，进而实现债权人的外部性治理效应。

9.1 债权人类型及权利属性

9.1.1 公司债权人类型

按照债权人承接债权债务关系的主动性,广义上可以将公司债权人划分为自愿性债权人与非自愿性债权人两种类型。非自愿性债权人是指因企业的侵权行为而被动负债的组织或个人,是由于契约双方地位的不等以及谈判实力不平衡而致。例如,公司员工以及受公司行为影响的社区居民等。由于谈判力量的失衡,非自愿性债权人通常无法实现自身利益与风险承担的良性匹配。利益的获取常常受到公司的限制,并且被动接受风险。权力失衡导致非自愿性债权人不具备对公司行为进行干预的动机和能力,治理效应也就无从发挥。

自愿性债权人在对自身收益与风险的平衡做出理性判断后,能够主动与公司缔结债务契约关系。自愿性债务契约关系的建立和维系是债权人自我主体意识以及谈判主体地位的体现,表明债权人具备相应的与公司进行交涉的谈判能力与协商能力。这种缔结与自愿性债权人以及公司双方的债权债务关系建立在债权人对监督、干预上市公司的能力和动机的自我认识以及自我评价基础之上。债权人这种主体意识的存在,使其具有强烈的动机去降低利益风险,保障借贷资本的本金以及利息不受损害,或者当公司陷入财务危机时,对公司进行救助,实现联盟利益最大化。因此,债权人治理效应的发挥,必然是以自愿性债权人作为主体。我国公司的自愿性债权人主要有商业银行、商业信用供给方以及公司债债权人。与其他国家相比,我国公司债券发行比例相对较小,债券结构也较为分散,一定程度上弱化了公司债权人参与治理的动机和能力。从契约的严格性和全面性分析,商业信用债权人对公司的约束与干预要弱于商业银行[①]。

9.1.2 公司债权人的权利属性

按照《中华人民共和国商业银行法》、《贷款通则》、《中华人民共和国破产

[①] 若无特殊说明,本章所指"债权人"为与公司缔结债权债务关系的银行债权人。

法》等的规定，债权人享有以下权力①：

1. 知情权

出于信贷资产的保护，债权人在与公司签订债务契约前以及在履行债务契约过程中，有权了解债务人的盈利能力、运营能力、偿债能力等财务情况以及债务人对借贷资本的用途。另一方面，债务人也具备向债权人提供相应信息，并接受债权人监督的义务。在对相关信息的搜集与整合后，债权人能较为有效地选择优质的债务人，并在缔结债务契约后对贷款的使用效率及用途进行干预和监督，进而保障债务人能够在规定的借款期限内对债权人还本付息。

《商业银行法》第7条规定："商业银行开展信贷业务，应当严格审查借款人的资信，实行担保，保障按期收回贷款。商业银行依法向借款人收回到期贷款的本金和利息，受法律保护"。第35条规定："商业银行贷款应当对借款人的借款用途、偿还能力、还款方式等情况进行严格审查。在对债务人（借款人）的义务上"。《贷款通则》第19条规定："借款人的义务包括如实提供贷款人要求的资料（法律规定不能提供者除外），向贷款人如实提供所有开户行、账号及存贷款余额情况，配合贷款人的调查、审查和检查"。

2. 监督权

我国公司债权人对监督权的行使主要发生在借贷契约缔结完成之后，按照契约规定的关于借贷资本用途的相关初始信息，债权人有权对借贷资本的实际用途以及使用效率进行跟踪了解，及时发现债务人的违约行为，并采取相应措施予以干预和制止，降低风险，进而保障债权人风险和收益的良好匹配。

《贷款通则》第19条指出："借款人应接受贷款人对其信贷资金使用情况和有关生产经营、财务活动的监督；按借款合同约定用途使用贷款；按借款合同约定及时清偿贷款本息"。第22条规定："借款人未能履行借款合同规定义务的，贷款人有权依合同约定要求借款人提前归还贷款或停止支付借款人尚未使用的贷款；在贷款将受或已受损失时，可依据合同规定，采取使贷款免受损失的措施"。第31条指出："贷款发放后，贷款人应当对借款人执行借款合同情况及借款人的经营情况进行追踪调查和检查"。第33条规定："贷款人应当建立和完善贷款的质量监管制度，对不良贷款进行分类、登记、考核和催收"。我国《合同法》第

---

① 若无特殊说明，本章所指《商业银行法》、《破产法》均为《中华人民共和国商业银行法》和《中华人民共和国破产法》，《贷款通则》为中国人民银行制定的《贷款通则》。

202 条规定:"贷款人按照约定可以检查、监督借款的使用情况。借款人应当按照约定向贷款人定期提供有关财务会计报表等资料"。

3. 处置权

当公司经营状况恶化,财务质量下降,资不抵债时,债权人可以通过破产清算的方式获得债务人的控制权,进而对公司相关事务进行处置,以保障债权人合法权益。债权人处置权的获取,建立在债务人无法偿还债务的基础上,是债权人在债务契约关系即将破裂或者破裂以后的控制形式,具有滞后性。这种在特殊条件下的控制权转移,是债权人对公司相机治理的实现途径。《破产法》指出,当清算程序启动后,债权人可以通过债权申报、聘请清算组、召开债权人会议、建立债权人委员会等方式对债务人财产进行管理和分配,以保障债权人利益。

9.2 债权人与公司的联结模式

不同的国家中,公司债权人在公司治理过程中所扮演的角色具有显著差异。通常情况下,债权人与公司之间存在股权和债权两种纽带,在两种纽带都存在的国家中,例如在德国、日本,债权人通常具有股东和债务资本提供者两种身份,具有双重身份属性的债权人可以通过两种途径对公司进行监督和管理。而在英国、美国等国家中,大多数债权人只有债务资本提供者这一种身份属性,其参与公司治理的途径较为单一。根据债权人角色和身份的不同,债权人治理模式也可划分为双链控制和单链控制两类。

9.2.1 德日银行的双链控制模式

1. 德国:高效的角色协同

在德国,银行能够通过债权契约和股权契约两种途径参与到公司的治理过程中。由于证券业与银行业并没有实现分离,德国银行既具有普通商业银行的存贷款业务职能,还可以持有企业股票,扮演着投资银行的角色,因此德国的银行常被称为"全能银行"(Universal bank)。

德国拥有银行总量大约在 4500 家左右,地方性银行、合作制银行等小型银行以及公共储蓄银行大约占 3000 家。大型银行在信贷市场上占有较大规模,例如德意志银行、德国商业银行、德累斯顿银行以及巴伐利亚银行,并且这些银行具有"主办银行"的性质,其常拥有大量公司股份,并为公司办理发放贷款、账务结算等经常性业务。介于主办银行与公司之间的股权纽带十分坚韧。凭借强有力的股权关系,德国的银行能够对公司产生十分显著的控制能力,依靠大量股权,银行作为大股东能够较好地行使其投票权,向公司派驻董事,通过董事会的表决程序来达成自己的意愿,保障自身权利不受损害,实现利益最大化的追求。以德意志银行为例,其曾拥有44家公司董事会中的54个席位。另外,代理投票制度是德国银行获得控制权的另一重要途径。代理投票制度下,众多分散的中小股东能够通过委托代理的方式将投票权集中于银行,银行利用凝聚的股权进行投票,进而使得多数中小投资者的意愿在公司的决策行为中得到体现。[1]

德国的公司对负债融资的依赖程度较高,因而公司愿意将大量的资金业务交由主办银行管理,而主办银行也得以在获得大量公司信息的基础上,承办公司结算业务,参与公司外汇交易,帮助发行公司债券并从中获利。同时,由于银行持有公司大量股份,其务必承担股东所具有的公司风险,因此银行能够在长期的与企业的合作过程中对其进行支持或救助,以降低共同风险,提高收益的稳定性。利用股东身份,通过派驻董事和监事,银行能够掌握大量公司信息,获取一定的控制权,将自己的意志充分灌输于公司的决策、控制和监督过程中。作为公司股东和债权人,银行可以利用行政命令以及债务契约所赋予的知情权来获得公司的经营管理信息,定期对公司呈交的财务报表进行审核,并对公司的经营活动进行决策和监督。在股权和债权为银行带来的"双层控制链"中,一方面,股权关系带来的控制优势和决策优势能够显著降低公司的过度投资和投资不足行为为银行带来的财务风险。另一方面,股权关系的存在增加了银行债权人的固定收益比例,提高了盈利能力的稳健性。所以,德国银行与公司之间所形成的联盟关系具有较强的稳定性。

2. 日本:主银行的相机治理

日本三井财团

三井财团的创始人三井八郎兵卫高利于18世纪20年代起开设了以经办银钱汇兑业务为主的三井兑换店。明治维新时,三井家族转到朝廷方面,资助新的天

---

[1] 乔纳森·查卡姆:《公司长青:英美法日的公司治理的比较》,中国人民大学出版社2005年版。

皇制政府调度兵粮军饷，得到明治政府的照顾，把持了全国的金融业。在此基础上，1876 年开设了日本第一家私人银行三井银行，创设了三井物产公司。1910年建立了总持股公司，基本形成了近代的三井财阀。第一次世界大战后，三井财阀成为最大的垄断资本集团。到第二次世界大战结束时，三井财阀所属直系和旁系公司及其子公司共达 273 家。三井财阀在此之后曾一度被解散。20 世纪 50 年代末，原三井财阀直系、旁系公司以企业集团的新形式集结而恢复成为大财团。三井财团的经理会成员公司及其子公司和联带公司共达 150 多家。

（资料来源：http://baike.baidu.com/view/1333106.htm。）

　　日本的银行同样具有双链控制模式。第二次世界大战以后，日本的公司面临着严重的资金短缺，银行贷款是公司最重要也是最便捷的融资渠道。20 世纪 70 年代中后期，日本大型制造业的银行借款占总资本的比例曾高达 63.0%，90 年代初期，银行借款比例维持在 23.0% 左右。与德国类似，日本债权人治理的最大特点是主银行制。一般而言，日本的公司都有一个主银行，主银行为公司提供较大规模的贷款，同时，日本法律规定主银行可以持有公司不超过 5% 的股份，使得主银行成为公司的大股东之一，主银行与公司之间常常具有交叉持股的关系，这使得二者组成的联盟具备了更强的稳定性。尽管日本与公司之间同样具备双重纽带关系，但是其通常扮演消极股东角色，当公司在经营状态良好，财务业绩比较优秀时，主银行并不过多的干预公司的正常经营。当公司陷入困境时，主银行才伸出援助之手，注入新资本，通过相机治理机制来更换管理层，参与决策帮助公司起死回生。主银行对公司具备较高的事前筛选效率，在缔结债务契约前，主银行通过对公司偿债能力、信用等级、经营状况、盈利能力等方面的评价来决策是否与其建立借贷关系，其他金融中介机构往往通过主银行对公司的评价结果来判断是否与该公司建立金融关系。当公司陷入财务危机后，主银行能够对经理层做出相应的惩罚措施，迫使经理层在公司正常运营过程中勤勉工作，尽职尽责[1]。

　　然而，20 世纪 90 年代初，日本金融危机的爆发对主银行制带来沉重打击，由于房地产价格的剧烈下跌，银行财务状况急剧恶化，不得不提前收回贷款，抛售公司股票，消极股东角色被主银行扮演的淋漓尽致，更不必说去帮助公司摆脱财务困境了，主银行制得到了多方面的强烈质疑。首先，日本政府的"护航政策"极大地刺激了银行的寻租行为，银行在忽略债务人资质的基础上扩大贷款规模，催生了经济泡沫，并为自身带来财务风险。再者，随着资本市场的完善以及公司经营状况的改进，公司融资渠道被拓宽，降低了公司对主银行的依赖程度，

---

[1] 乔纳森·查卡姆：《公司长青：英美法日的公司治理的比较》，中国人民大学出版社 2005 年版。

进而造成主银行的监督效应被削弱。另外，尽管主银行与公司之间存在双重纽带关系，但是在正常的经营过程中，主银行并没有起到积极股东的作用，没有积极地参与到公司治理的过程中，只是在财务危机发生之后进行相机治理，具有较强的事后性。

在法律制度不健全的环境中，银行参与公司治理能够有效降低信息获取成本，减小因信息不对称带来的道德风险，银行对陷入困境的公司进行救助，从一定程度上能够成为法律保护的替代机制。然而，日本和德国债权人面临着同样的问题，就是如何实现双链控制模式的协同效应，进而通过完善公司治理来实现银行与公司的双赢。双赢成功与否两个因素，第一，债权人借贷给公司的资本与购买其股票的资本之间的比例，即资本输出结构；第二，公司的经营状况。

对于股权关系而言，银行的股东身份具有较大的风险，股东对公司的目标预期是公司价值的提升，其赋有一定的冒险精神和创新特质，希望公司能够在高风险的投资项目中获得较高的资金回报。然而，银行作为债权人又具备充足的动机去利用契约手段或其他途径制止公司的高风险创新活动。可见，银行股东身份对于风险和创新的追求与债权身份对财务稳定的目标偏好产生了矛盾。对于经营状况良好、并拥有稳定的现金流量以及投资项目的公司，由于单位股权资本带来的收益较高，在给定输出总额的前提下，银行可以通过增加股权资本输出，降低债权资本输出的方式调节资本输出结构，来实现最大化的收益。对于经营状况一般、投资项目收益性较低的公司，银行可以通过增加债权资本输出，减少股权资本输出的方式来降低自身财务风险，同时为公司带来较大的负债压力，通过财务风险和破产风险的约束作用，规范公司经理人行为，提高财务资源的配置效率。

9.2.2 英美银行的单链控制模式

在美国，除投资银行以外，其他银行被禁止持有与自身业务无关的股票。投资银行也往往不对公司进行直接治理。只有当公司价值被市场低估时，投资银行才通过兼并的方式对公司产生接管威胁，或者替换公司管理层，进而迫使经理人员公司在正常运营过程中尽职尽责，努力工作。另外，美国银行下设的信托基金通常是个人股票的受托人，个人投资者可以将股票委托给银行的信托基金进行管理。

银行与公司仅依靠债务契约关系连接成的利益共同体紧密性较差。针对公司的经营管理水平和治理状态，银行所能采取的措施以及可以选择的治理工具受到较强的限制性。在债务契约形成前，银行会对公司的经营状况进行考察，并对公司盈利能力、偿债能力、经营方向进行全面评价，然后选择优质的公司结成契约关系。美国银行、渣打银行等针对公司贷款都具备一套全面、科学的评价指标体系。银行的筛选机制为那些潜在的债务人带来了规范效应，使其能够根据银行的评价标准来规范公司行为，通过提升管理水平，改善经营方式来提升业绩。在契约维系过程中，英国和美国的公司通常情况下对银行的干预和监督表现出消极的情绪，但是当公司陷入财务危机时，银行会根据公司的具体风险情况考虑是否对其进行贷款救助，必要时银行会以替换管理层为条件为公司再次贷款。

次贷危机发生以后，美国金融机构加强了自身风险的管理和控制，对贷款申请人信用等级、财务状况等方面的考察和评价更为严格和全面，当借贷资本交付给公司后，银行对公司的干预和监督更为频繁和有效。这无疑加强了公司的自律行为，迫使其加强对债权人利益的重视，并通过优化和改善经营管理来保障按时偿付贷款本息，以维护公司良好的信用状况。因而，尽管银行与公司之间仅依靠债务契约进行单链联结，但不能否认银行利用单链控制模式参与公司治理的有效性。

9.3 债权人治理类型划分

9.3.1 债权人防御型治理

由于债务代理成本涵盖了债务资本委托代理问题带给债权人的损失以及债权人为解决代理问题而支付的监督约束成本的总和，因此债权人风险与债务代理成本之间具有相互依存、相互转化的关系。

针对公司忽视契约要求而进行的投机性自利行为，债权人可以采取防御型治理来降低风险。有学者指出，负债融资不仅仅是公司的资金来源渠道，更是债权人对公司进行治理的工具。作为我国公司的主要债权人之一，银行能够以较低的成本获得债务人的相关信息，其能够充分利用信息优势对公司进行监督和约束，能从一定程度上克服信息不对称带来的代理问题。因此，银行可以通过信息搜集渠道来获取公司的管理信息，及时跟踪债务人对借贷资本的使用用途。另外，银行所具有的人才优势及其与公司签订的具有限制性条款的契约均能够实现对债务人行为的有效约束。商业信用债权人同样具备运作防御型治理的信息优势。商业信用债权人与公司之间的伙伴式供应关系为债权人获取丰富的债务人信息提供了便利。同时,双方的供应关系从一定程度上保障了商业信用供应方对购买方的控制能力。商业信用债权人通常处在产业链条的上游,其可以通过产品供应决策对处在下游的购买方进行控制。当预期购买方偿债能力降低,不能及时还款时,商业信用债权人可以通过停止供货、要求违约赔偿或进行法律诉讼等方式来保护自身权益。

因此,防御型治理的实质是银行以及商业信用债权人利用信息、人才等优势,借助债务契约、法律援助或联盟关系等治理工具,对债务人投机动机导致的自利行为进行监督和约束,以降低债权人风险与收益的不匹配程度,避免显性和隐性风险对债权人造成的经济损失。

9.3.2 债权人支持型治理

尽管公司严格按照契约要求来经营公司,但债权人仍可能面临由于公司内外部环境变化而出现无法到期偿还债款的局面。为了避免公司和债权人双方都遭受经济损失,债权人可以向公司派驻专业人员或者债务重组等方式对其进行积极地支持型治理,通过改善公司管理水平,提高市场竞争能力和风险抗击能力,最终在长期内实现债务人与债权人的共赢。债权人的支持型治理通常立足于债权人与公司的联盟利益,从长期战略视角下对公司进行积极干预和扶持。通常情况下,支持型治理建立在双方的债权关系以及股权关系双重纽带基础上,债权人通过向公司派驻董事、监事,保障公司决策的效率性和公平性。股权关系的存在有利于实现契约双方的利益捆绑,当公司陷入财务危机时,债权人可以通过债务重组的方式向公司再次注资或延长还债期限,保证了公司的资金实力,从而在债权人利益保护的基础上,提升公司的治理水平,实现二者的双赢。

9.3.3 债权人外部性治理

所谓外部性,是指一项经济活动对无辜第三方造成的影响。就债务契约而言,缔约的双方为债权人以及公司,债权人向公司输入债务资本,公司在规定期限内向债权人还本付息。因而债权人为债务人提出的要求是偿还本息,而对公司股东与经理人以及大股东与中小股东之间的代理冲突并没有具体要求,公司的治理结构以及治理水平属于债务契约双方以外的外生因素。事实上,负债融资确实能够通过种种传导机制对第一类与第二类委托代理问题产生影响,所以负债融资对于公司的代理问题具有强烈的外部性特征,如图9-1所示。

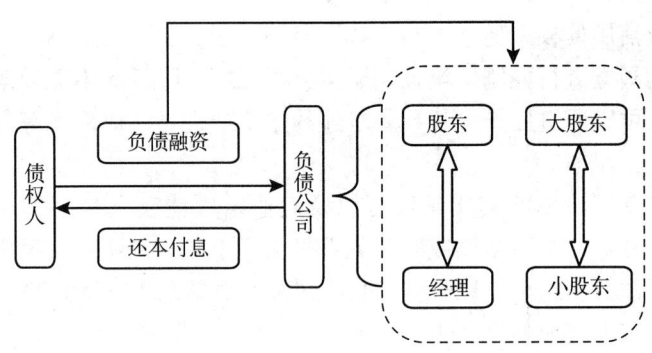

图9-1 负债融资的外部性治理

1. 外部性治理与第一类代理问题

公司所有权与控制权的分离为经理层利用信息优势控制公司,挖掘股东和公司利益以满足自身利益最大化的需求奠定了基础,也为股东与经理人之间的代理冲突(第一类代理问题)埋下隐患。为实现公司价值的提升,股东需要耗费更多的精力弥补经理人自利行为为公司造成的损失,以及设计激励、约束、监督和决策机制对经理人行为进行纠偏,以最大限度的保证经理人行为目标与股东行为目标的一致性。因此,第一类代理成本主要成因是股东与经理人之间行为目标的差异性。

当公司引入债权融资后,公司的资本结构变得更为复杂。债权资本具有刚性的还本付息的特征,当公司绩效下降,巨大的偿债压力能够直接威胁到公司的生存能力,增加公司破产风险。在信息不对称条件以及高昂的监督成本面前,债权资本的加入并不能对公司剩余控制权和剩余索取权进行转移,剩余控制权仍然掌握在实际控制人(公司经理层)手中。但是,债权人的固定求偿权有可能会削弱经营者自由支配自由现金流的动机和能力,使得经理人不得不放弃原有的利用剩余控制权为自己谋利的机会,其原有的自利动机必须让位于公司的偿债需求。所以,为了维持原有的剩余索取权,并保障公司的偿债能力处于较高水平,公司经理层通常会表现出更积极的行为,制定更为准确、科学、公平的决策。可见,债权融资为股东提供了一个约束经理人自利行为的机制,使得经理人行为目标与股东目标趋于一致,进而减缓股东与经理人之间的委托代理冲突,降低代理成本,优化公司治理。

另外，公司负债规模的扩大使公司面临的流动性风险增加，破产几率上升，而经理人员对薪酬和职位的依赖性特征决定了其极力要避免公司破产。所以，债权人引致的破产风险再一次为经理层勤勉工作带来了激励。综上所述，在债务契约中，债权人只希望通过积极干预和监督使公司按期偿债，但对公司的治理状况并无暇顾及，然而，事实上负债融资能够通过公司自由现金流、破产风险等传导机制对经理人行为产生影响，进而缓解由于所有权与控制权分离带来的代理冲突。因此，负债融资能够降低第一类委托代理成本，具有外部性治理效应。

2. 外部性治理与第二类代理问题

伴随着资本市场的发展，公司股东也分化出大股东和中小股东两种类型。所有权的集中和大股东的崛起从一定程度上克服了两权分离造成的股东与经理层的代理问题。凭借强烈的动机和充足的投票权，大股东能够有效地选聘经理人，对经理行为进行监管，替换绩效较差的经理人员，并对公司发展做出战略决策，使公司朝着价值提升的方向不断发展。因而大股东的出现能够克服股权分散导致的决策效率低下，解决中小股东的"用脚投票"和"搭便车"问题。但是，由于不完全契约和信息不对称条件的存在，大股东时常会拥有较多的机会获得剩余控制权和剩余索取权。为了满足收益最大化，大股东可以通过关联交易等方式攫取公司利益，获取控制权私有收益，进而对中小股东的利益产生损害，产生第二类代理问题。

然而，当公司引入债权融资后，其进行非正常关联交易的动机和能力将被削弱。首先，债权人介入到公司契约网络中，其有权对公司的经营状况进行监督。当债权人发现公司存在非正常关联交易，并且危及到公司的正常运营和偿债能力时，其有权解除债务契约，这将进一步降低公司经营运作的稳定性，使公司资金链受到断裂的威胁，增加破产风险。再者，负债融资额度的提高对公司的运作能力提出了更高的要求，公司务必规范运作，并提高生产经营效率以保证良好的财务绩效，所以其会在一定程度上规避非正常关联交易，保持较高的运营能力。另外，有过非正常关联交易的公司通常会得到较低的信用评级，不利于获得债权人的持续性贷款，进而融资渠道受阻。因此，债权人的监督能力及其引致的负债压力迫使公司提升经营管理水平，避免非正常的关联交易，进而切断大股东对中小股东进行利益挖掘的途径，有效抑制了第二类代理成本的增加。

9.4 我国的债权人治理现状

9.4.1 我国商业银行的防御型治理

《中华人民共和国商业银行法》第 43 条规定,"商业银行在中华人民共和国境内不得从事信托投资和证券经营业务,不得向非自用不动产投资或者向非银行金融机构和企业投资,但国家另有规定的除外"。因此,银行作为我国公司的主要债权人,只能通过债务契约的方式对公司的单链控制模式。在我国《商业银行法》、《贷款通则》、《破产法》、《担保法》、《合同法》等法律体系的保障下,银行能够通过贷前审查、贷后监督的方式对公司的经营管理进行积极干预,保护自身合法权益。2010 年,中国银监会办公厅制定了关于严格执行《固定资产贷款管理暂行办法》、《流动资金贷款管理暂行办法》和《项目融资业务指引》的通知,通过贷款用途的进一步细分,将我国银行的防御型治理推向了一个新的高度。

银行以风险管理为导向的经营管理行为能够保护银行在公司治理体系中的利益平衡,良好的风险控制和管理能力能够帮助银行克服信息不对称以及不完全契约带来的过度投资和投资不足风险,因此,银行能够会及时跟进了解债务人信息,积极干预债务人经营管理行为的方式来保障自身权益,维系公司利益相关者的利益平衡。但防御型治理的固有缺陷可能为公司和银行带来消极影响,防御型治理过强,会束缚公司的创新精神和冒险精神,公司对带有风险的创新行为会表现出规避的态度,创新动力不足将直接导致公司竞争能力和成长性的下降。

我国银行过度重视防御型治理可能造成对支持型治理的忽略。尤其是当面临中小企业融资难的问题时,部分商业银行出于风险规避的原因,对中小企业表现出"冷漠"的态度,或为中小企业制定不公平的融资环境。即便是具有良好投资项目和发展潜力的中小企业,其在陷入财务困境时,银行通常以自我利益最大化为第一目标,拒绝对企业提供支持。或是提出苛刻的融资条件,为中小企业带来高昂的融资成本。当中小企业无法从正规金融体系进行合法融资时,其便转向民间资本或者其他非常规渠道进行融资,然而这种现象冲击了正规金融体系运作的稳定性、公平性,对民营经济的成长造成阻碍的同时,破坏了金融环境的良好秩序和国民经济的成长动力。

9.4.2 债权人外部性治理与公司预算软约束

在我国，公司普遍存在预算软约束的现象，国有公司尤甚。偿债压力引致的股东与经理以及大股东与中小股东之间的代理冲突，本应因债权人的外部性治理而得到缓解，但现实中，公司能够通过种种途径降低偿债压力，进而稀释了债权人的外部性治理效应。

预算软约束是指，当企业由于资金压力而陷入财务困境时，在外部资金供体的持续帮助下，企业获取到丰厚的资金资源，进而摆脱财务危机。因而具有预算软约束特征的企业，往往会忽略原始契约主体的权益，使得利益相关者的治理效应被持续流入的资源所稀释，引发权益失衡。因此，在预算软约束的影响下，债权人为公司带来的偿债压力会随着软约束效应的生成而降低，削弱了债权人对企业决策者的约束作用，使得外部性治理失效。

国有企业同时肩负着经济目标和政治目标，企业战略决策的制定在一定程度上受到政府意志的影响，因而政府会用行政手段对国有企业进行扶持。无论是政府意志还是企业自主意识引发的投资决策效率低下时，政府通常表现出积极援助的态度，对企业决策失误造成的经济损失买单。在政企关系中，政府需要国有企业为其承担经济发展战略、增加税收、稳定就业等多重政治目标，国有企业能从政府获得政策优惠、资金支持等等一系列的竞争优势。作为关键资源的控制者，政府为企业提供的"隐性担保"成为预算软约束的直接诱因。民营经济同样具有预算软约束的特征。出于寻求产权保护、获取政策资源等动机，民营企业表现出对政治资源的极大热忱，通过企业家参政议政、聘请政府官员等方式，政治关联紧密的民营企业常常可以获得大量的政策资源，当企业陷入财务困境时，政治关联便可以发挥重要作用，通过关联纽带，民营得以通过债务展期、政府拨款、降息免息等方式来缓解财务压力。可见，无论国有企业或者民营企业，政府的"无私"支持均可以引发预算软约束的问题，使得企业管理层面对债权人带来的偿债压力有恃无恐，经理人自利行为、大股东的剥削行为无法得到有效抑制，直接削弱了债权人的外部性治理效应。

9.4.3 主办行制度的建立与运行

不同于德国和日本，我国银行与债务人之间无法通过构建股权关系来实现利益的趋同。但与德日公司的银行控制模式相类似的是，我国也建立了贷款主办行制度。《贷款通则》第55条规定，"借款人应按中国人民银行的规定与其开立基本账户的贷款人建立贷款主办行关系"。"当借款人发生企业分立、股份制改造、重大项目建设等涉及信贷资金使用和安全的重大经济活动，事先应当征求主办行的意见。一个借款人只能有一个贷款主办行，主办行应当随基本账户的变更而变更。主办行不包资金，但应当按规定有计划地对借款人提供贷款，为借款人提供必要的信息咨询、代理等金融服务"。1996年，中国人民银行颁布了《主办银行制度暂行办法》，明确了主办行和企业的权利及义务，例如第16条规定，"主办行应履行以下义务：关心企业的长远发展，对企业的生产、销售、储备、产品开发、技术改造等经济活动积极提供有关信息，并提出政策建议；积极支持企业生产、经营所需大部分的合理资金需要，并予以优先审批；积极帮助企业拓宽融资渠道，优先办理银行承兑汇票等"。

尽管我国现有的主办行制度能够从一定程度上促成银行与债务人之间形成利益联盟，但是这种联盟缺乏相对的稳定性，并且银行对于债务人缺乏监督和控制力度。我国现行主办银行制度的缺陷主要表现为：

(1) 实施主体和客体范围狭窄。一方面，施行主办行制度的主要是四大国有商业银行，并以工商银行为主，大多数股份商业银行并没有推行主办行制度，实施范围较为狭窄；另一方面，与银行进行合作的企业通常是发展前景较好、财务质量较高的大型国有企业，多数中小企业并没有与主办行之间形成良好的合作关系，无法利用主办行制度获得良好的发展。

(2) 主办银行缺乏对企业的监督控制。由于实际推行主办行制度的主要是国有商业银行以及大型国有企业，双方均具有国有产权性质，国有背景下，主办行积极参与企业的经营管理过程的动机较弱。因此，在现有推行主办行制度的银企关系中，主办行主要为企业提供资金服务，并没有主动地对贷款使用情况进行监督和干预，也未为企业出谋划策，形成利益共同体。

(3) 联盟紧密程度欠缺。我国银行与企业之间缺乏股权联结关系，仅依靠债务契约来维系联盟的运作，因此，主办行与企业之间的关系表现出较强的不稳定性，二者形成的联盟紧密程度极为欠缺。

9.5 债权人治理机制的优化

9.5.1 债权人防御型治理机制优化

债权人防御型治理的基本出发点在于权益保护，债权人应通过完善风险控制体系，严格筛选债务公司，对贷款的使用情况进行及时跟踪，对违约可能性较高的公司进行贷款提前收回或者增加利息等途径，全面降低债权人风险，提升债权人治理效应。并且，债权人潜在的利益风险对防御型治理提出了更高的要求。一方面，随着高污染、高耗能产业经营状况的恶化，不良贷款出现回升的势头；另一方面，银行债权人在现实中表现出与债务公司合谋的倾向，随着贷款营销竞争的加剧，为争取到企业客户，银行可能会通过粉饰借款企业的财务状况等方式，"微调"企业的借款资质，以成功达成贷款协议，促成双方的"共赢"。这种"短视"行为无疑增加了公司长期的偿债风险，为债权人带来隐患。因此规范信贷市场，进一步完善债权人的风险评价体系成为债权人防御型治理优化的关键。

1. 规范信贷市场

实现信贷市场的竞争均衡是解决信贷市场规范性问题的关键。部分地区表现出融资难、贷款难、信贷歧视等问题时，部分地区却表现出"争抢借企业客户"的恶性竞争问题。这一矛盾形成的关键原因在于信贷市场的总体供求关系失衡。在债权人与债务人缔结的契约关系中，债务人的偿债能力是双方关注的焦点，而债务人是否具有国有背景与其偿债能力并不具有直接关系。因此，规范信贷市场的重要环节在于通过克服信贷歧视，恢复信贷供求的平衡。政府部门可以向面临贷款难的企业，尤其是中小企业提供政策优惠，例如，设立中小企业专项贷款，提高国家补贴额度等。同时，加大对政府决策执行力度和监督力度，提高政策违反的处罚标准，贯彻落实各项中小企业贷款融资优惠政策，切实让融资困难的企业享受到政策优惠。另外，鼓励银行向具备贷款资格的中小企业放贷，对出现意外违约的中小企业进行政策宽容，通过激励债权人和优惠债务人的双向促进，恢复市场供求关系，规范信贷市场。

2. 完善风险评价体系

然而随着外部环境的变化，适用于过去环境中风险防范的评价系统并不能保证长期内利益不受损失。恢复信贷市场的供求均衡需要刺激银行向中小企业贷款，但对借款企业的资质审核是维系良好市场秩序，保障债权人利益不受损害的重要前提和基础。对于银行债权人而言，应通过构建动态评价指标和完善数据库两方面来提高风险评价能力。为全面考察借款人资质，银行可以将与申请贷款企业密切关联的上下游企业的经营、资信情况，以及申请贷款企业法人代表的个人资信信息、公司治理质量等重要指标信息作为重要参考因素，全面考察企业的信用等级和偿债能力，以提高长期风险评价的准确性，提高风险预测能力，降低风险损失。

9.5.2 债权人支持型治理机制构建

银行与企业形成良好的利益联盟，必须以较高的相互依赖性为基本前提。主办行制度主导下的银企关系中，任何一方对另一方的依赖性欠缺都会导致利益联盟的松散。我国的主办行制度的推行局限于国有企业与国有商业银行之间，二者都存在预算软约束和资源配置效率较低的特征，因而彼此之间的相互依赖程度也大打折扣。所以，提高银企之间资源依赖程度的途径之一是构建银企联盟，实现债权人支持型治理的重要途径。具体来说，债权人治理机制的优化途径主要有以下几点：

1. 构建股权关系

银行与企业之间，股权关系缺失的重要原因在于企业风险会通过股权纽带转移给商业银行，进而对其他存款人造成利益威胁，降低社会和经济环境的稳定性。然而，股权关系能够有效地帮助银行与企业实现目标函数的一致性，将二者紧密地联系在一起。因此，为银行与企业构建风险适当的股权关系是构建联盟的重要基础。风险适量是股权关系构建的关键，风险过大，将直接削弱银行参与企业经营管理的主动性，并且，引致的银行财务风险能够直接威胁其他存款人的利益，降低银行信用，造成金融体系的隐患。

在正常的运营过程中，银行可以通过将保险公司引入契约网络，实现股权关系的风险阻隔。银行与公司缔结股权关系时，银行可以与保险公司签订保险契约。当公司在正常运作时，银行财务状况良好，资金充盈。在此期间，银行可以向保险公司定期支付一定额度的保险金，支付期限由双方共同设计。当企业出现财务风险，并且风险引致效应一旦威胁到银行的正常运作以及存款人的利益时，保险公司应对银行进行相应理赔，以充足银行的资金储备，保证银行信用以及金融体系的良性运转。在这里，银行重点考虑的问题是对企业股利分配所得的收益与支付给保险公司的保险金进行充分权衡，通过收入产出分析，实现联盟利益的最大化。尽管引入保险公司的方式能够实现银行的风险转移，帮助银企之间构建股权关系，但是交易费用的存在使得公司出现危机时，银行的第一选择不是求助于保险公司，而是对公司进行救助。银行可以通过参与管理决策，监督管理行为的方式对公司进行积极干预，进而降低风险水平，帮助公司尽快走出困境。

2. 恢复治理结构的平衡

银行的支持型治理，重点是通过构建资源交换渠道实现银企联盟的共赢。在联盟的构建和运作过程中,银行甄别具有良好发展前景的企业,以及企业资金的真实需求状况至关重要,其甄别能力的高低不仅决定着银行的风险水平,还决定着银企联盟的共赢能力和发展潜力。然而,现存的我国主办银行制度的推广状况表明,一方面出于风险的考虑,银行对中小企业表现出"歧视"的态度;另一方面,主办银行对企业决策的参与程度较低。导致现状的主要原因在于企业治理结构中,代表银行意志的公司治理主体缺位。

在日德的双链控制模式中,银行能够以股东身份向公司董事会和监事会委派董事和监事,进而在公司的决策和监督过程中体现银行意志。这种治理结构的委派行为通常建立在产权基础之上,通过股权关系银行得以实现在公司在治理结构中的利益。然而,我国董事会和监事会的构成较为多元化,银行向债务人派驻董事和监事不一定以股权关系为基础。契约设计过程中,可以考虑如果债务期限在一定年限或者债务数额在一定规模以上,主办银行须向董事会和监事会中派驻利益代表(董事和监事),并赋予其表决权。银行董事应在涉及银行贷款用途、再融资决策以及其他公司重大决策方面进行表决,同时,银行监事应担负起对公司行为监督和控制的责任。为充分体现银企联盟的长远利益,银行监事或董事的薪酬由银行和公司共同支付,一方面能够避免银行利益过度保护下产生的保守决议;另一方面可以避免公司利用信息优势进行风险投机活动。为避免银行董事和监事的自利行为出现,银行可以成立债务人决策评估委员会,银行派驻到公司的董事与监事由委员会投票产生,董事与监事行为向委员会负责,并由委员会监督。为实现联盟利益的协同,公司应委派人员进入银行债务人决策评估委员会,进而在债务人决策评估过程中体现公司意志。

9.5.3 债权人外部性治理的内化机制

外部性概念

外部性理论最早由经济学家庇古(Pigou)提出,庇古(1920)将边际私人产值与边际社会产值的背离作为外部性分析的逻辑起点,当边际私人产值的增加降低社会产值的创造效率时,由于单一企业的经营管理行为便开始对周边环境产生外部性作用。在马歇尔(Marshall)和西奇威克(Sidgrwick)将分析对象的外延进一步放大,认为某一项经济活动中,包含了直接参与主体和间接参与主体,直接参与主体为外部性分析框架中的内部人,而间接参与主体便构成了前者的外部性作用对象。

（资料来源：作者整理。）

债权人的外部性治理，其机理在于负债融资为公司带来的偿债压力使得股东和经理的行为选择受到限制性，偿债压力引致的破产风险、信用风险、解聘风险以及其他风险效应令股东和经理在决策过程中务必以利益分配的公平和公正为首要前提，促进了公司治理质量的提高。由于债权人与债务人缔结债务契约不以公司治理水平的推进为首要目标，因此，公司治理效应的优化具有较强的外部性特征。治理转型期间，公司外部治理机制的重要性日益凸显，然而迫于部分债权人与债务人的国有产权背景产生的预算软约束问题，债权人外部性治理效应并没有正常发挥。所以，通过外部性治理效应的内化过程，将对公司治理的外部性转化为债权人的主动治理，进而更有效地解决股东与经理以及大股东与中小股东之间的代理问题成为突破公司外部治理困境，全面提升治理水平的有效方法。

1. 内部人视角下的治理内化[①]

债权人角色向内部人转换是将外部性治理效应进行内化的有效途径。基于债权人与债务人之间的两种纽带关系，债权人实现角色转换的途径也具有差异性。在股权关系下，债权人能够通过持股的方式成为公司的股东，参与股东大会，利用投票权来体现债权人意志，并可以向公司派驻董事和监事的方式行使股东权力。在此情况下，股东与债权人角色合一，作为公司产权所有者，债权人有权为公司制定决策、激励和约束机制，进而对经理人行为进行控制和纠偏，使经理人决策目标与股东目标趋于一致，降低股东与经理人的代理成本，提高公司治理水平。股权关系下，债权人与股东的角色合一是否能解决大股东对中小股东的利益挖掘问题，取决于债权人的股东身份。当债权人持有公司的股票数量众多，成为公司的大股东时，其不仅可能无法解决第二类委托代理问题，还可能在自利动机作用下，加深对中小股东的利益挖掘。但此时债权人所引致的偿债压力仍对第二类委托代理问题的缓解产生促进作用，因此限制债权人对公司的持股数量，调节角色合一情况下债权人的资本输出结构，降低债权人股东身份的自利动机，强化负债压力对大股东利益掏空行为的抑制效应是解决大股东与中小股东代理冲突的重要途径。资本输出结构的调整一方面有利于债权融资治理效应的促进，另一方

[①] 需要指出，"内化"解决的是债权人的治理动机问题，"内部人"是债权人的治理角色转换方向。角色转换是内化的途径，但并不能成为解决债权人治理动机的充分条件。

面，控股数量的降低使得债权人由大股东转变为中小股东，激励了债权人参与公司治理，解决大股东剥削问题的动机。

如果债权人与债务人之间存在单链控制模式，债权人只能派驻董事和监事进入治理结构，股东与债权人角色合一的情况便不会出现。尽管如此，出于风险防范和自身利益保全的考虑，债权人对经理自利行为的控制动机并不会减弱，债权人进入董事会能够促进董事会的权力制衡，使得董事会的决策更为公平和公正，债权人能够利用董事会对经理的选聘和罢免程序来对经理施加压力，迫使其努力工作，提高决策效率。另一方面，债权人向公司派驻监事的方式能够增强监事会监督能力，对经理行为再一次产生约束效应。单链控制模式下，债权人虽然具备进入公司治理结构的可行性，但是也存在相应弊端，主要表现为债权人将失去解决公司第二类委托代理问题的动机。此时，发挥法律环境、政府监管以及证券市场的规范和监督等其他外部治理机制的治理效应成为解决大股东与中小股东代理冲突的有效途径。

2. 外部人视角下的治理工具

当债权人拥有利率、期限结构、负债规模等治理工具但缺乏动机对其进行有效使用时，政府等政策制定机构可以对债权人治理工具进行借用，并通过完善和优化债务契约的方式来对公司经理层的腐败行为以及大股东的利益挖掘行为进行抑制，以达到公司治理的效果。这种基于治理工具借用的方式进行治理动机转移可以改善单纯的债权人外部性治理乏力的现状，通过将政策制定机构和监管机构和债权人治理工具的有机融合，能够克服债权人外部性治理主体缺位的现象，优化公司外部治理机制，提高治理效率，如图9-2所示。

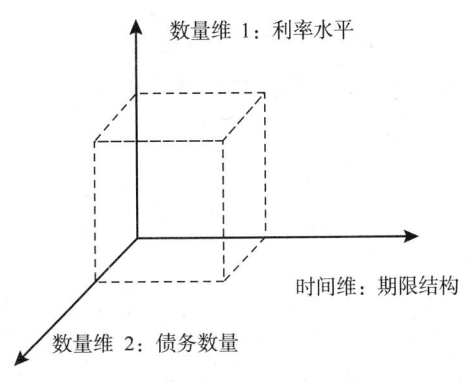

图9-2 债权人治理工具选择

首先，债务契约中，利率水平可以结合公司信息披露以及监管部门对公司治理的评价情况进行动态设计。公司治理水平下降意味着公司存在着经理或大股东的利益挖掘行为，此时，公司选择负债融资可能会恶化治理状况，甚至为债权人引致风险。因此可以通过上调利率的方式增加公司融资成本和偿债压力。如果公司选择继续融资，则表明投资项目良好，公司具备较高的信心为债权人还本付息，并且公司能够通过改善治理的方式来应对高利率水平带来的偿债风险和破产风险。对于公司治理状况良好，信用等级较高的公司，利率水平可以相对降低，这可以在对公司治理绩效进行有效激励的基础上，刺激其他治理状况较差但仍希望获得贷款的公司进行治理改善。其次，由于债务期限结构的不同，公司的治理水平也具有差异。

短期负债比长期负债能够为公司带来更大的偿债压力，对于公司治理状况次优的公司，债务契约内容应以短期负债为主，通过提高短期负债比例，公司偿债压力和破产风险，进而约束大股东和经理的自利行为。另外，当债权人察觉债务人存在偿债风险时，可以增加提前收回贷款的时间量，增加对债务人低效率管理行为的约束效应。

再者，当债务人因为较差的公司治理状况以及较低的信用等级只能获得很少数量的贷款时，其迫于资金需求压力会制定种种措施来改善公司治理。因此，政府等政策制定者借用债权人治理工具并对债务契约的设计做出规定时，应全面考虑不同治理工具的治理特征，通过对债务期限结构、债务数量以及利率水平的组合运用，实现治理效应的内化转移，全面提高公司治理水平。

要 点 小 结

1. 由于历史演变特征、具体国情以及文化差异，各国的债权人与企业之间存在着单链控制和双联控制两种模式，两种模式导致了债权人治理机制的属性具有显著差异。

2. 债权人治理机制主要可以划分为三类，包括以债权人利益保护为导向的防御型治理、以银企联盟利益共赢为基础的支持型治理，以及债务融资的外部性治理。

3. 我国信贷市场供求关系不均衡的状态导致诸多治理机制没有完全发挥作用。因此完善防御型治理框架下的债权人风险评价体系，构建与巩固银企利益联盟，内化外部性治理效应，实现多维度下的治理机制优化成为我国债权人治理的改革方向。

思考与讨论题

1. 银企之间的单链控制模式与双链控制模式的异同以及各自的优劣是什么?
2. 英美的债权人治理有何特征?
3. 德国全能银行制有何特征? 对于我国债权人治理有何启示?
4. 我国商业银行与企业之间的连接纽带具有怎样的特征? 银行参与公司治理的途径与机制有哪些?
5. 外部性定义是什么? 债权人外部性治理的作用机理是什么?

案例分析

德意志银行:德国全能银行的华丽转型

德国银行业在企业融资中的影响大大超过英美,银行不但直接给予企业贷款,而且还帮助企业发行股票和债券,同时承担了商业银行和投资银行两项职能。除此之外,德国的银行还通过代理股东投票、获得企业监事会席位等方式进一步施加对上市公司的影响。因此,德国的银行体制被称为"全能银行体制"(Universal Banking System),这些全能银行在企业融资和参与公司治理中发挥的作用极为显著,而德意志银行作为德国银行业的典范,将全能银行的特性表现得淋漓尽致。

全能银行的崛起

德意志银行 1870 年成立。最先提出组建德意志银行的是私人银行家 Adelbert Delbrück 和自由主义政治家及货币专家 Ludwig Bamberger。最初认购德意志银行股份的是包括德国一些领导性的银行家在内的 76 人。成立伊始,德意志银行的股票就在柏林股票交易所上市,1880 年在法兰克福股票交易所上市。20 世纪 70 年代以后,德意志银行陆续在一些国际大股票交易所上市:1974 年在巴黎,1976 年在伦敦,1978 年在布鲁塞尔,1989 年在东京,2001 年在纽约。德意志银行主要持股情况见表 9-1。公司 2010 年营收 286 亿欧元、净利润 23 亿欧元,2010 年年底资产规模 19060 亿欧元。

表 9-1　　　　　　　　德意志银行主要持股情况一览表

戴姆勒—奔驰公司	24.4%	Leonische 电线电缆公司	12.5%
Gerling 保险公司	30.0%	Linde 公司	10.1%
Philipp Holmann 公司	25.8%	金属有限公司	16.6%

续表

Hulschenreuther 公司	25.1%	Schmalbach – Lubeca 公司	10.0%
Klockner – Humboldt – Deutz 公司	45.0%	凤凰公司	10.0%
Numberger 公司	25.9%	Salam ander 公司	10.7%
安联保险控股公司	10.0%	Sudezucker 公司	12.8%
大陆橡胶公司	10.1%	联合发电设备公司	6.3%
Fuchs Petrolub 公司	10.0%	Verseidag 公司	10.4%
Hapag – Lloyd 公司	10.0%	Vogele 公司	10.0%
Heidelberger 混凝土公司	10.1%	Vossloh 公司	7.6%
Karstadt 公司	10.0%	WMF 公司	9.1%
Aachener und Munchener 投资公司	5.0%	Munchener 保险公司	10.0%
		Leifheit 公司	11.0%

资料来源：德意志银行1995年年报。

1870~1880年，德意志银行从外贸银行发展成了全能银行，主要业务包括为德国外贸提供融资、德国国内的储蓄业务及政府债券的发售等。20世纪80年代开始，为铁路融资成为重要业务，其还参与了电厂、石油公司等项目。从1887年开始德意志银行通过参与创建和改组一些大型工业企业，奠定了自己在工业领域里的地位。从此以后，主导和参与创建新企业一直是德意志银行的一项重要业务，其中包括德国很多著名公司，如汉莎航空、戴姆勒—奔驰公司。除了参与初创之外，德意志银行还在一些生产企业陷入困境之时，通过实施"债转股"获取了大量的公司股权。对于很多企业，德意志银行不仅仅是贷款人、股权投资人及拥有其监督董事会席位，还提供战略和管理咨询服务。德意志银行也发展成为重要的区域性全能银行联合体。

多元化的专业银行

2002年5月，阿克曼成为德意志银行历史上第一位出任管理董事会发言人的外国人，开始对德意志银行进行大幅度的改革。德意志银行开始着手进行组织结构转型。德意志银行不再是一个把总部当摆设的区域性全能银行的联合体。整个德意志银行划分为资产管理、商业银行和投资银行三个业务板块，设于法兰克福的总部负责全局掌控及战略性问题。德意志银行从全能银行转型为多元化的专业银行之后，每个业务部门都单独为自己争取客户、争夺业务，收益不佳的业务无法再得到集团的资金支持。

历史上，德意志银行投资入股工业企业的一个重要原因是，帮助德国企业抵制外来资本对德国企业的过度入侵。在这一问题上，德意志银行是德国工会的重要伙伴,在监督董事会上他们共同站在了德国企业家的一边。但是,近些年来,德国企业的足够强大使"抵制外资入侵"的必要性大为下降,德意志银行自身的国际化也使其更愿意将资金注入国外的高增长企业。为了在全球范围内更为有效地配置自己的股本投资资源,以及为了配合自身的战略性业务领域调整,德意志银行开始对德国国内的一些企业投资进行减持。德意志银行拥有其他公司监督董事会席位的情况也已经远远不如20世纪50～20世纪60年代那么多。而且,即使德意志银行派了代表进入某一公司的监督董事会,也并不意味着会成为该企业的主办银行。

出现这一转变与全球市场、德国国内环境与德意志银行自身的宗旨和目标转变都有关系。在德国国内环境方面,随着德国的经济强盛,人们不再担心外资入侵问题,而是更为关注德意志银行是否会滥用其所掌握的巨大经济权力。德意志银行也越来越发现,占据企业监督董事会席位及大量信贷和股权投资的同时存在,也给自己带来一些负效应。比如一些德国企业在并购和反并购的问题上就不再信任德意志银行,即便其建议十分中肯。有时,放贷者、股东、咨询顾问和监督董事会成员这四种角色会同时发生在一个企业里,这使德意志银行很难协调统一各方利益。有时为了维护公司形象,其不得不自己做出很大"牺牲"。

再者,通过证券托管业务而具有代理股东投票权。这需要以股东给予托管机构以全权委托为前提,也就是说,决定权并不在作为受托机构的德意志银行。德国银行业的高度竞争和分散化,也使德意志银行对整个德国经济的影响和控制力"有限"。2003年,德国前五家最大银行所占的市场份额仅20%,远远低于其他任何欧盟国家,更不能跟中国四大国有商业银行所占份额相比。

如果说其历史上的成长是"寄生"于德国作为一个后进国家的工业化历程,从而形成了一种银行与工业企业之间多重结合的德国模式的话,那么今后,在一个德国已经进入到后工业化的时代里,德意志银行已经不能再寄生于其国内工业企业,而是要与其他全球性大银行一样,在一个全球化的竞争格局中实现全球化的生存与发展。

(资料来源:仲继银:《德意志银行的多元转型》,载《董事会》2011年第4期。)

案例思考:

1. 全能银行体制下,德意志银行能够获得怎样的竞争优势?
2. 德意志银行发展成为多元化的专业银行具有怎样的竞争优势?
3. 德意志银行转型的动因有哪些?

4. 德意志银行的转型对我国商业银行的发展有哪些启示?

参 考 文 献

1. 郑英龙:《合伙企业有限责任否认与非自愿性债权人保护》,载《现代法学》2009 年第 2 期。

2. Bernheim, B. Douglas, and Michael D. Whinston. Incomplete Contracts and Strategic Ambiguity [J]. American Economic Review, 1998 (88): 902 – 932.

3. Maskin, Eric and Jean Tirole, Unforeseen Contingencies, Property Rights, and Incomplete Contracts, Working Paper, Harvard University.

4. Allen, F. K and Gale, D. Stock – Price Manipulation [J]. Review of Financial Studies, 1992 (5): 503 – 529.

5. Richardson, S.. Over Investment of Free Cash Flow. Review of Accounting Studies, 2006, (11): 159 – 189.

6. Myers S. Determinants of corporate borrowing [J]. Journal of Financial Economics, 1977 (5): 147 – 175.

7. Williamson O. E. Corporate Finance and Corporate Governance [J]. Journal of Finance, 1988, 43 (3): 567 – 591.

8. Diamond D. W. Financial Intermediation and Delegated Monitoring [J]. Review of Economic Studies, 1984, 51 (3): 393 – 414.

9. Dewatripont M, Tirole J. A Theory od Debt and Equity: Diversity of Securities and Manager Shareholder Congruence [J]. Quarterly, Journal of Economics, 1994, 109 (8): 1027 – 1054.

10. Petersen, M., R. Rajan. Trade Credit: Theories and Evidence [J]. Review of Financial Studies, 1997, (10): 661 – 691.

11. Jensen, Michael C. Agency costs of free cash flow, corporate finance and takeovers [J]. American Economic Review, 1986 (76): 323 – 329.

12. Hart, O. D., Firms, Contracts, and Financial Structure [M]. London: Oxford University Press, 1995.

13. 冉戎、刘星:《合理控制权私有收益与超额控制权私有收益——基于中小股东视角的解释》,载《管理科学学报》2010 年第 6 期。

第 10 章

公司市场行为的政府监管

学习目的：本章主要介绍政府监管的内涵、政府监管的特点、政府监管的动机、不同国家政府对上市公司和资本市场的监管模式和特征，以及中国政府对上市公司和资本市场的监管模式和特征。通过本章学习，要求学员理解政府监管的原因，了解不同国家的政府对上市公司和资本市场的监管模式和特征，熟悉中国政府对上市公司和资本市场监管的现状。

关键词：政府监管；上市公司监管；资本市场监管

引 言

作为公司治理宏观主体的一国政府承担着双重使命，一方面要建立起现代公司治理运行的基础体系，包括法律、制度、市场体系等，为完善公司治理提供制度框架和运作规范；另一方面又要通过加强监管保障和完善这些体系的正常运行，通过给予违法行为相应的惩罚来促进良好公司治理的实现。尤其在发展中国家和经济转轨国家，政府的作用更加突出，如果没有政府的参与，很难建立起有效的公司治理。

10.1 政府监管的动机与特点

10.1.1 政府监管的内涵

美国经济学家斯蒂格勒曾论述到，如果个人或者由个人组成的一般机构对问题无能为力，或者不能有效地处理时，除了政府我们还能向谁寻求帮助呢？除非一个人完全听天由命，否则政府必将扮演"最后的救世主"的角色。[①] 政府监管是一个颇具争议的概念，尽管在一定意义上，学者们倾向于认为是政府向社会提供的一种特殊的公共产品。然而对政府监管具体内涵的理解，学者们却有自己的认识。

从经济学角度看，政府监管一般是特指政府对私人经济部门的活动进行的某种限制或规定，如价格限制（既可以是设置"上限"，也可以是设置"下限"）、数量限制（对"进入"某产业部门的生产者的数量进行限制）或经营许可等。从行政法的角度看，政府监管一般是指政府行政机构根据法律授权，采用特殊的行政手段或准立法、准司法手段，对公司、消费者等行政相对人的行为实施直接控制的活动。卡恩（1970）认为监管的实质是政府命令对竞争的明显取代，作为基本的制度安排，它企图维护良好的经济绩效。维斯卡西（Viscusi，1995）认为政府监管是政府以制裁手段，对个人或组织的自由决策的一种强制性限制。美国著名的监管经济学家丹尼尔·史普博（1999）认为，政府监管是行政机构制定并执行的直接干预市场机制或间接改变公司和消费者供需决策的一般规则或特殊行为。日本著名监管经济学家植草益（1992）从一般意义角度对"监管"进行了界定，他认为监管是依据一定的规则对构成特定社会的个人和经济活动主体的活动进行限制的行为。实施监管的主体有私人和社会公共机构两种。前者是私人之间的一种制约行为，例如，父母约束子女的行为，夫妻之间的"相互约束"，这些都属于私人监管的范畴；后者是社会公共机构进行的监管，例如，一个国家的司法机关、行政机关、立法机关等对公司及其他经济、社会活动主体进行的约束行为。植草益将这两种监管形式分别称为"私人监管"和"公共监管"，并将政府监管定义为社会公共机构依据一定的规则对公司活动进行限制的行为。

中国学者王俊豪（2001）认为，政府监管主要是指具有法律地位的、相对独立的政府管制者（机构）依照一定的法规对被管制者（主要是公司）所采取的一系列行政管理与监督行为。余晖（1997）采用较为通俗的方式定义了监管：监管是指政府的许多行政机构，以治理市场失灵为己任，以法律为依据，以大量颁布法律、法规、规章、命令及裁决为手段，对微观经济主体（主要是公司）的不完全是公正的市场交易行为进行直接的控制或干预。张维迎（2006）认为，政府监管就是使公司按照某种规则行事。例如，一个公司的定价高于正常的边际成本，可能对社会造成效率损害，于是通过价格监管使得公司行为接近理想性竞争

---

① ［美］乔治.斯蒂格勒：《经济生活中的政府管制比较》，中信出版社2005年版，第20辑，第1页。

所能达到的行为，避免社会福利损失。①

上述定义虽有不同，却具有共同的特征，即政府依据一定的法律法规，通过对公司的市场进入、价格制定、产品质量和服务等领域的直接监督与管理，来保护公司与消费者的合法权益，保障市场经济的稳定运行。政府监管的实质就是在以市场机制为基础的经济条件下，被赋予监管权的政府行政机关为了矫正和改善市场机制内部不完善问题而对私人及经济主体的活动进行限制的行为。常见的政府监管手段主要有：制定具体规章，禁止特定行为，行政许可，认证、审查和检验，行政性契约，信息披露以及行政裁决等。

10.1.2 政府监管的动机

政府监管是对市场失灵的回应。市场既有效率，也存在市场失灵的状况。由于其内在的缺陷，市场机制往往对社会资源的配置难以达到"帕累托最优"状态，于是便会出现市场失灵。若市场失灵损害了资源配置的效率或者社会公众利益，政府作为社会公共利益的代表，就应及时地履行其职能，以矫正和弥补市场的不足，政府监管便应运而生。

从理论上讲，完全竞争是市场经济的理想状态，即使不存在控制经济体系的主体，由"看不见的手"来引导，也可以实现资源的最优配置。但是，现实经济生活中从来就不存在这种完全竞争的市场状态。即使是充分发挥作用的市场机制，也不能执行社会需要的全部经济职能。市场体系在某些方面不能有效地满足人们生产和生活上的需要；市场体系在某些方面还会导致不良后果，而这些不良后果又不能通过市场体系本身来加以矫正，这就是通常所说的"市场失灵（Market Failure）"②。市场失灵的领域有很多，例如，市场存在负的外部性；市场机制不能有效地提供公共产品；竞争混乱或者竞争不充分；不存在或者不完全市场；不完全或者不对称信息。从理论上讲，当市场失灵出现时，政府监管有可能带来社会福利的提高。如果自由市场在有效配置资源和满足消费者需求方面不能产生良好绩效，则政府将监管市场以纠正这种情形；这暗示着政府是公众利益而不是

---

① 张维迎认为，政府监管与政府干预不同，政府干预是让政府行政部门而不是让公司自己去决策的一种博弈规则。另外，政府之所以直接对公司决策进行干预，往往为的是达到政府想要达到的非经济目标，这个目标可能与市场竞争和社会福利目标没有任何关系，甚至完全偏离市场竞争和社会福利目标。

② "市场失灵"术语的首次使用是美国麻省理工学院经济系巴托教授，他与1958年在美国《经济学季刊》秋季号上发表了《市场失灵》一文，正式公开地使用了这个概念。从此这个词不胫而走，被学者们广泛使用。现在，"市场失灵"这一概念通常是分析政府监管（当然还包括其他政府干预行为）的一个逻辑起点。

某一特定部门利益的保护者,将对任何出现市场失灵的地方进行监管。

概略而言,导致政府监管产生的市场失灵主要表现在垄断和不正当竞争、外部性、内部性、信息不充分与风险等方面。

1. 垄断和不正当竞争

垄断是由建立在沉淀成本(Suck Costs)基础上的进入壁垒而形成的一种市场力量。其最具说服力的表现形式,是由于技术理由或特别的经济理由而成立的"自然垄断"和"自然寡头垄断"(植草益,1992)。这种性质的垄断,有可能是某一公司在长期市场竞争中"自然"形成的,在基础设施产业中广泛存在。直到20世纪中叶,这类产业才由政府直接经营或授予特许经营权。自然垄断的存在以及它所导致的社会福利损失,一直被主流学说作为政府监管的首要原因,换言之,抑制垄断价格、维护社会分配效率、防止破坏性竞争、保证社会生产效率和供给稳定,是政府监管的导向所在。另一种限制竞争的市场行为被称为不正当竞争,它是市场竞争者之间为了削弱对方的竞争优势而采取的一种"不道德"的行为,如贬毁竞争对手、侵犯商业秘密、假冒他人商标、倾销、通过交叉补贴以排斥竞争对手、合谋等。为制约垄断公司的各种不正当竞争行为,需要政府实行价格监管和其他监管手段,以维护消费者和生产者利益,维护公平竞争、合理、合法的市场环境。

2. 外部性

外部性是指一定的经济行为对外部的影响,造成私人成本与社会成本、私人收益与社会收益之间相偏离的现象。外部性可分为正外部性和负外部性。正外部性指一种经济行为给外部造成积极影响,使他方成本减少、收益增加。负外部性则指一种经济行为给外部造成消极影响,使他方成本增加、收益减少。

外部性问题在许多领域广泛存在,需要政府通过监管促进正外部性,减少甚至消除负外部性。例如,电信、电力、铁路、煤气、自来水等产业的发展,不仅会促进这些产业的相互发展,也将推动整个国民经济的发展,因而带来巨大的正外部性。向人口稀少的地区提供电力、通信、铁路运输等产品和服务则是另一种类型的正外部性,如果没有政府监管,就难以取得这类正外部性。政府在鼓励有关公司产生正外部性的同时,应该让提供这些产品和服务的公司得到成本补偿,并取得正常利润。又如,对不可再生的土地、资源的枯竭性开采行为以及环境污染等,可能造成物种的灭绝和人类生态环境的恶化,并使社会经济的可持续发展受到威胁。为了控制这些负外部性,也需要政府监管,政府监管者通过收取排污费、制定处罚政策等监管手段，可以减少甚至消除各种负外部性问题。

3. 内部性

内部性指的是在两个市场主体的交易过程中所发生的成本或收益超出了双方事先的约定。[①] 造成内部性的原因主要在于三类"交易成本"：一是在存在风险的条件下签订意外性合约的成本；二是当合约者行为不能被完全观察到时所发生的观察或监督成本；三是交易者搜集他人信息和公开自身所占有的信息时发生的成本。内部性的存在使得交易者不能获取全部潜在的交易所得（史普博，1999）。

上述交易成本被放大的主要原因是不对称信息（Asymmetric Information）。不对称信息会导致两种资源配置低效的情况：逆向选择和道德风险。不对称信息广泛存在于保险市场、金融、劳动以及几乎所有的产品市场上，如雇佣者拥有工作场所安全和健康方面的充分信息而不告知被雇佣者，使后者可能付出生命代价。再如消费者并不具备商品或服务的价格、质量、特性、效能等方面的充分知识，因而往往不能达到其效益最大化的目的。上述情况下，市场机制受损，帕累托效率难以实现。而从理论上讲，政府监管可以提高信息效率。[②] 当然，还有一种情况，既使信息对称，人们有时还可能不根据自己的最佳利益行动，而作出低劣的决策。[③] 人们没有根据自己的最佳利益行动，政府对其实施干预要比提供简单的信息服务难度更大。政府强制人们消费的物品，像安全带和初级教育，被称为"优效品"。

4. 风险规避

信息的不充分会产生不确定性，从而给公司带来经营风险，如新产品研发。公司可能对新产品的研发费用、投资额、生产费用等具备较充分的信息，但对此产品的市场需求和盈利率，则很难做出准确的判断，因此私人公司由于资金负担能力有限，往往会取消风险性大的投资项目。在基础研究、高新技术、尖端技术等产业，投资和经营的风险尤其突出。但恰恰是这些产业，对后进国家加速工业化和现代化进程又至关重要。然而，私人公司经济制度无法使这些风险巨大的产业投资达到社会所需要的水平，由此造成部门结构和产业结构调整的缓慢和低度

---

① 这里的成本指负内部性或内部不经济，如雇主为雇员提供的上岗培训；而收益则指正内部性或内部经济，如一方违约带给另一方的损失。
② 私人主体之间也可以采取各种措施，如签订细化了的合同或增加激励等，但能否对称的解决不对称信息引起的市场不完全性，仍很值得怀疑。
③ 例如，尽管人们知道吸烟对健康没有益处，但他还是要吸。

化。所以，从经济增长和经济发展的角度看，鼓励在具有较大风险的产业领域进行投资，政府有必要引导和采取相应的监管政策。

10.1.3 政府监管的特点

萨缪尔森（1954）在《经济学与统计学评论》上发表的《公共支出的纯理论》中给出了公共产品的经典定义，公共产品具体的判定标准主要是非排他性和非竞争性。政府监管恰恰满足公共产品的两个基本特征：

首先，从非排他性来看，政府监管作为一种制度安排，主要依据各种规则发挥作用。规则的特点是一旦制定，就会作用于规则限定范围内的所有经济主体，而非针对某一经济主体，因此不存在排他性问题。例如，在某些消费者的强烈要求之下，政府通过制定一定的标准来进行食品的安全与质量监管，这个标准一经制定，所有公司必须按照这个标准进行生产，不能将任何公司排除在外。对于消费者来说，所有消费者都会从该监管中获益，尽管对政府进行游说的那部分消费者承担了相当的成本（政府监管的游说成本），但却不能阻止"不作为"的那部分消费者从监管中得到好处，即任何消费者都可以享用该监管的正外部性。

其次，从非竞争性来看，一项政府监管措施提供给被监管对象的边际生产成本和边际拥挤成本为零。例如，由于某公司的污染排放量大，严重影响到了附近消费者的正常生活，消费者联合起来向政府反映，当这种呼声达到一定规模的时候，政府便决定对该公司污染进行监管。从调研讨论到规则的最后执行，政府承担了供给成本（政府监管的制定成本），但当规则成形之后，政府可以将标准运用于同一类型的所有公司，被监管的公司从10个增加到20个并不会增加这项政府监管的供给成本（生产成本）。同时，提供这项政府监管的边际拥挤成本为零。由于既定的政府监管法律、制度、规则可以以零边际成本提供给所有公司，对一个公司的监管范围和程度不会影响对其他公司的监管效果，因此，政府监管不存在拥挤性问题，即政府监管的边际拥挤成本为零。

因此，政府监管是一种典型的公共产品。但相对于一般的公共产品而言，政府监管又具有一定的特殊性，如表10-1所示。相对于一般公共产品，政府监管的特殊性主要体现在以下几个方面：①政府监管是非实物形态的公共产品。政府监管作为制度的重要组成部分，没有具体的实物形态，相对来说，较为抽象，因此，只能通过静态的时点来加以考察。从投入角度来看，政府监管一般表现为法律、制度、规则等，从产出角度看，则表现为社会效益或社会非效益。②政府监管的成本与收益存在着某种程度的分离，例如公用事业的财政补贴资金主要来源于一般性税收,而补贴对象却往往不是税收的直接承担者。① ③政府监管的效用具有多元性,即政府监管对不同的利益集团会产生不同的影响②,对一些利益集团有利的监管可能会使另一些利益集团蒙受损失。例如,进入监管通常能够给在位的垄断公司带来收益,但对于其他希望从事该行业的公司来说则是不利的。④政府监管是一种约束型公共产品。政府监管是通过实施对被监管对象的限制来实现其公共产品效用的。政府监管这种效用的发挥是通过对公司的限制活动达成的,而不是通过直接提供经济效益实现的。⑤政府监管是一种手段型公共产品。无论是公司还是消费者,最终需要的不是政府监管政策本身,而是政府监管政策所赋予的权力。例如,自然垄断公司对进入监管的需求是为了获得限制其他公司分享利润的权利,进而保护其垄断地位,维持其垄断利润。所以说,得到政府监管效用是目的,而政府监管政策本身则是实现目的的手段。⑥政府监管具有消费的强制性。政府监管一般通过立法和公共政策来实施,一旦制定,被监管对象必须执行,没有讨价还价的余地,而其他相关主体也必须进行服从性消费。例如,对自然垄断公司监管的主要思路就是通过强制性规则迫使被监管公司牺牲自己的利益,在社会福利最大化的点上进行生产,以达到资源的优化配置。⑦政府监管具有一定的"低于专用性"。政府监管受价值观、意识形态、政治制度等多种因素的影响,在一国被认为是成功的政府监管,在另一国不一定适用,因此,任何国家都不能简单照搬他国的政府监管模式。

表 10-1　　　　　　　　　　政府监管的公共产品属性

公共产品类型	大多数公共产品	政府监管
特征	实物形态	非实物形态
投入	资金	法律、制度、规则
产出	正的社会效益	正/负的社会效益
主要问题	供给不足	供给不足与供给过度并存
成本与收益	对称性	非对称性
作用方式	效用型公共产品	约束型公共产品
目的	消费性公共产品	手段型公共产品
消费性质	选择性	强制性
适用范围	低于中性	低于专用性

---

① 政府监管的这种性质,既使政府缺乏节约监管成本的激励,又不利于培养消费者监督政府监管效率的主人翁意识。
② 王俊豪:《政府管制经济学导论》,商务印书馆2001年版。

10.2 主要国家（地区）政府对上市公司与资本市场的监管

10.2.1 主要国家（地区）政府对上市公司的监管

从国际经验看，在成熟的资本市场，资本市场监管的理论和实践都比较丰富和系统，但是并没有专门的上市公司监管的理论，而是将上市公司监管置于统一的资本市场监管之中。其原因大体有两个：其一，西方成熟市场是一个自然演进的过程，在市场的自然发育过程中，没有出现针对上市公司监管的内在要求，既使出现一些危机性事件，市场和投资者也有自行应对消化的能力；其二，西方传统经济学理论和主流社会思潮都奉自由主义为圭臬，即使凯恩斯主义也只是主张加强政府运用经济手段对宏观经济变量进行调解，而不会容忍对微观行为的干预。

1. 对上市公司信息披露的监管①

国外成熟市场中对上市公司的监管主要是监管上市公司的信息披露，包括首次发行的信息披露（证券发行的注册制的本质和核心即是信息的充分披露）和发行后的持续信息披露。信息披露制度是资本市场监管制度的重要内容，强制性信息披露制度能在相当大的程度上解决资本市场中的逆向选择问题，从而纠正证券定价偏差，最终促进资本的有效配置。

美国作为资本市场十分发达的国家，其上市公司的信息披露制度也较为完善。美国证监会对上市公司信息披露的监管是一个随新问题不断出现而寻求最佳平衡点的过程，即如何保护投资者尤其是中小股民的利益，而又尽可能减轻上市公司的各种披露成本。其基本思路可以归结为以政府（国会）作为治理的中心力量，并立足于重塑诚信的社会环境和加强相关法规改革两个基本面。在此思路指导下，美国政府加强了诚信的微观环境和宏观环境的培养，并加大了上市公司相关法规的改革力度，包括：锁定 CEO/CFO 个人责任，将审计委员会明确为法定的公司财务监督机构，对会计师事务所等中介机构实施严格监管，提出更高的信息披露要求，做出更多的救济和更重的惩罚规定等。此外，SEC 酝酿了新的、更

---

① 有关上市公司信息披露的监管，将在第 11 章中详细论述，本章中不着重论述。

严格的上市公司信息披露制度，要求公司随时披露财务重大变动和公司重要人员调整信息。由于美国证券业的发达，其信息披露制度作为美国证券管理之"招牌"，为许多国家所争相效仿，从而使信息披露制度逐步实现了国际化。

英国的法律最初没有专门性立法对上市公司信息披露制度予以规范，而是散见于一系列涉及资本市场或上市公司的法律之中。英国对信息披露违法处罚是由FSA统一进行，FSA可以直接予以违法责任人行政处罚，可以通过法院追究行为人的民事责任，如果涉及犯罪，FSA协同刑事处罚机关调查，并由刑事司法程序追究当事人刑事责任；对信息披露违法的处罚，采取公司股东权益保护中对公司股东进行集团性保护的原则，任何一个股东对公司及公司管理层诉讼的胜利，获得的救济自动给予公司其他股东。

20世纪70年代以来，证券监管部门和证券交易所发现，仅靠强制信息披露制度不能有效保护投资者特别是中小投资者的利益，完善上市公司的法人治理结构对保护投资者特别是中小投资者的利益具有重要意义，因此纷纷对上市公司的法人治理结构做出一些特别规定。

1978年6月底，美国纽约证券交易所率先规定，自1978年7月1日起，凡在纽交所注册上市的公司必须设立由外部董事组成的监事会，随后，美国证券交易所也做出类似的规定。20世纪80年代后，美国纽约证券交易所上市公司手册要求董事会设立独立的审计委员会对公司财务实施严格监督。香港联合交易所成立后要求在该所上市的公司至少设立2名独立董事。1992年，伦敦证券交易所制订了关于上市公司《良好行为准则》，全面规定了上市公司董事会的行为准则，特别是强调加强董事会中非执行董事对执行董事和管理层的监督和控制。上述情况说明，督促上市公司完善法人治理结构是上市公司监管的应有之义，虽然该职责具体由证券监管部门还是证券交易所承担应根据各国国情决定。

2. 对上市公司关联交易的监管①

上市公司关联交易问题一直是资本市场中关注的热点，越来越为各国公司法所重视。它在公司法上主要体现为两大问题：一是如何保护从属公司债权人的利益；二是如何保护关联交易中从属公司及其少数股东的利益。

西方市场经济发达国家有关法律体制中已经建立了"深石规则"及"揭开公司面纱原则"等制度，来充分保护从属公司债权人利益。美国构建了一张较完善的监督关联交易的法网。首先在证券法中规定了关联交易和关联公司。1940

---

① 更详细的论述见本章10.3节和10.4节。

年《投资公司法》规定，投资公司的关联交易由 SEC 来负责管理。美国纽约证券交易所在 20 世纪 50 年代曾一度限制上市公司及其董事、高管人员以及其他关联方存在关联交易。但随着审计委员会的建立，公司治理结构逐步得以完善，证监会认为要求禁止关联交易不再合适，又开始对关联交易进行监管。

英国率先在 1968 年 3 月 27 日颁布《城市收购与兼并法典》，对关联公司形成阶段进行法律规定。而上述美国法院所采用的"揭开公司面纱"原则也是源于 1897 年英国的判例法。该原则的确定是对传统公司法上的公司独立人格原则和股东有限责任原则的挑战。这就是说，在坚持公司人格独立原则和股东有限原则的同时，又规定了否定公司独立人格迫使股东承担无限责任的特殊情况，这是因为当股东滥用控股权而迫使公司违背自己意志和行为时，或股东人格与公司人格一致时，公司法人独立原则就会和股东有限责任原则相悖。在不当关联交易时，绝对的公司独立人格原则和股东有限原则，往往成为滥用支配权的控股股东的保护伞，隔绝了利益受损第三人继续追偿的途径。

3. 对上市公司收购的监管

上市公司收购是重大的证券交易或产权活动，它很可能导致上市公司控制权的转移、董事会的重组、股票市场的波动，从而影响到上市公司股东和广大公众投资者的利益。

美国有关上市公司收购法律问题的最早规定是 1968 年的《威廉姆斯法案》，对通过证券交易系统逐步收购和通过发出收购要约收购做出了详细的规定。美国在上市公司收购的监管体系上，不设立专门的并购委员会，而由 SEC 履行包括收购、合并及相关交易在内的监管职能。总地来说，SEC 对公司并购的监管采用以信息披露为中心的体系。SEC 对并购的监管只是美国对公司并购监管总体系里的一部分，美国有强有力的各州对并购的实质性监管；有较强的民间维权的法律诉讼渠道；还有律师行业处理并购的行规及自我约束的交易所监管、公司控股者的诚信责任等自我约束机制。

英国对上市公司收购的监管，虽涉及《公司法》、《金融服务法》，但主要是通过《股权转移与合并行为守则》和《大规模收购股权的准则》等自律性规则进行，将监管移交给专门设立的并购委员会来履行，并购委员会具备法定地位，其制定的收购及合并守则具有法律效力；对公司购并活动的监管主要由"城市专门小组"（City Panel）负责，实行所谓的"自我调控"体制。"城市专门小组"不是一个法定机构而是一个自律性协会。在英国等一些国家，经证券管理部门批准，投资者在特定情况下可以协议收购上市公司，但不得在要约收购期间内进行。

4. 美国政府对上市公司监管的改革

2001年前后，美国资本市场先后发生的一系列会计造假丑闻（如安然公司、世通公司、环球电讯、Qwest公司等）令整个市场陷入震惊和萎缩，这引起了人们对美国监管法律和制度的质疑。为重树投资者对资本市场和上市公司的信心，监管当局重拳出击整顿会计造假现象，证券交易委员会对监管法律和机构都做出了相应的改革，出台了严厉的《萨班斯—奥克斯利法案》。《萨班斯—奥克斯利法案》的内容主要涉及会计职业监管、公司治理、资本市场监管等方面改革等重要方面。被美国总统布什称为"自罗斯福总统以来对美国商业界影响最为深远的改革法案"，同时也是一部被认为是继20世纪30年代大萧条以来，美国政府制定的范围最广、措施最为严厉的公司法律，所有在美国上市的公司均将面临一场严厉监管的考验。

《萨班斯—奥克斯利法案》的核心内容包括如下几个方面：

（1）成立独立的公众公司会计监察委员会，监管执行公众公司审计职业。公众公司会计监察委员会（PCAOB）负责监管执行公众公司审计的会计师事务所及注册会计师。PCAOB受证券交易协会（SEC）的监督，遵从哥伦比亚州非营利公司法，不作为美国政府机构。它有权制定或采纳审计准则、相关鉴证准则、质量控制准则以及职业道德准则等，并且须就准则制定情况每年向SEC提交年度报告。PCAOB还拥有广泛的调查、处罚、制裁权限，甚至包括吊销注册会计师执照。

（2）要求加强注册会计师的独立性。为加强公众公司财务报告审计者的独立性，《萨班斯—奥克斯利法案》禁止执行公众公司审计的会计师事务所为审计客户提供列入禁止清单的非审计服务，未明确列入禁止清单的非审计服务也要经过公司审计委员会的事先批准。《萨班斯—奥克斯利法案》同时还规定了会计师事务所对同一审计客户的审计负责合伙人与审计复核合伙人的轮换制度。

（3）要求加大公众公司自身的财务报告责任。《萨班斯—奥克斯利法案》要求公众公司成立审计委员会，负责选择和监督执行本公司外部审计的会计师事务所，并决定会计师事务所的付费标准。要求公司首席执行官和财务总监对呈报给SEC的财务报告的真实性、完整性和公允性予以保证。

（4）要求强化财务信息披露义务。《萨班斯—奥克斯利法案》要求公众公司及时披露导致公司经营和财务状况发生重大变化的信息，披露对公司财务状况具有重大影响的所有重要的表外交易和关系，且不以误导方式编制模拟财务信息。由SEC制定规则，强制要求公众公司年度报告中应包含内部控制报告及其评价，并要求会计师事务所对公司管理层做出的评价出具鉴证报告。

（5）加重了违法行为的处罚措施。故意进行证券欺诈的犯罪最高可判处25年入狱。对犯有欺诈罪的个人和公司的罚金最高分别可达500万美元和2500万美元。故意破坏或捏造文件以阻止、妨碍或影响联邦调查的行为将视为严重犯罪，将处以罚款或判处20年入狱，或予以并罚。执行证券发行的会计师事务所的审计和复核工作底稿至少应保存5年。任何故意违反此项规定的行为，将予以罚款或判处20年入狱，或予以并罚。公司首席执行官和财务总监必须对报送给SEC的财务报告的合法性和公允表达进行保证。违反此项规定，将处以50万美元以下的罚款，或判处入狱5年。

（6）对审计委员会的规定。《萨班斯—奥克斯利法案》要求上市公司审计委员会的成员必须全部由独立董事组成；审计委员会成员不得与公司有其他关联关系；审计委员会成员不得接受公司给予的咨询费等津贴之外的报酬。会计师事务所向上市公司提供审计服务必须经过公司审计委员会的批准。

（7）对管理层的监管。《萨班斯—奥克斯利法案》明确要求公司的CEO和CFO证实向SEC申报的定期报告中不存在虚假、遗漏或者误导。如果发现公司公布的定期报告有重大违规而被要求重新编制并申报时，CEO和CFO将把所有奖金、红利等奖励性报酬以及通过买卖该公司证券的收益返还给公司。同时，要求管理层加强信息披露，包括对定期报告中资产负债表外部分的披露；对涉及主要股东和高级管理者交易的披露；对审计委员会财务专家的披露；管理当局对公司内部控制有效性进行评估，并且要求公司的审计师对管理层的评估报告予以鉴定，评估报告和鉴定报告需要被披露。

10.2.2 主要国家（地区）政府对资本市场的监管

1. 资本市场监管模式

资本市场监管是在资本市场发展的基础上建立起来的，不同时期、不同国家资本市场监管模式会有差异。资本市场监管模式是指一个国家对其资本市场进行管理的制度设置，是对市场采用的系统管理体系的总称。总地来看，资本市场监管模式可分为：政府型监管模式（又可细分为集中型监管模式和混合型监管模式）和自律型监管模式。政府型监管模式是指政府通过立法及全国性的资本监督管理机构对整个资本市场实施监督和管理的制度。这一监管体制的最突出特点是政府以法定方式积极参与资本市场的管理，实现对全国资本市场的统一管理。

(1) 集中型监管模式。集中型监管模式是指政府通过制定专门的资本市场管理法规，并设立全国性专门的资本监督管理机构来实现对全国资本市场的集中统一管理。该模式是以政府管理为主、自律管理为辅的管理体制。美国、日本、加拿大、韩国等国家和地区大都采用这一监管模式。

集中型管理模式强调立法管理的重要性，具有专门的、完整的、全国性的市场管理法规。如美国以《1993年证券法》、《1934年证券交易法》、《1933年银行法》为核心，日本以《1948年证券交易法》为核心，构成了一系列证券专项立法并形成了完整的法律法规体系。

在集中型管理模式下，其法规、机构均超脱于资本市场的当事者之外，能更严格、公正、公平、有效地发挥其监管作用；重视立法管理，使其管理手段更具严肃性和公平性；全国性管理机构可以协调全国的资本市场，防止出现由于群龙无首、过度竞争而引起的混乱现象；管理者的相对超脱地位使其较注重保护投资者利益。同时，由于资本市场的监管相当复杂而艰巨，涉及面广，单靠全国性的证券主管机构而没有证券交易所和证券业协会的配合就难于胜任其职，难于实现既有效管理又不过多行政干预的目标。

以美国为例，美国对资本市场的监管实行以行政管理为主、自律管理为辅的方式。美国证券与交易委员会（SEC）是专门实施联邦证券法的政府监管机构，是美国证券投资交易活动的最高管理机构。SEC集准立法权、执法权和准司法权于一身，可以独立对资本市场实行强有力的管理而无须依赖其他行政或司法机构，直接对国会负责，这突出了政府行政机构在资本市场监管中的主导作用。SEC具有制定和实施规章的权力，并且其所制定的规章具有法律效力；负责监管所有的证券活动，包括对发行公司、经纪人、交易所、投资顾问等实行注册登记，全面管理和监督资本市场，监管交易所和其他自律性组织，并有对市场的违法行为进行调查、制裁等权力。SEC下设几个职能部门：公司财务处、交易和市场处、公司管理处、地区办事处，其职能分别为：公司财务处负责审查和评价证券发行申请人递交的各种文件；交易和市场处负责监管资本市场的交易活动，审批证券交易所、证券商、证券商协会的注册申请，检察证券商务、财务情况，协调地区办事处的工作，调查、监督市场行情；公司管理处根据法律监督证券发行公司的经营状况；地区办事处（目前设九个地区办事处和若干地区分处）负责调查本地区资本市场的状况，办理证券发行登记等。在美国的资本市场监管体系中，法律处于第一层次，具有最高的约束力，任何证交所、上市公司都必须在合乎法律的前提下开展业务。1933年《证券法》和1934年《证券交易法》是美国证券法律体系的核心。两者在内容上各有侧重，但都是为了维护美国证券业的安全性与有效性。美国从 1933 年开始先后制定并通过了一系列的证券法律,通过几十年的法制建设,逐步建立起包括联邦法律、州法律、证券管理机构规则等在内的证券法律体系,形成了一整套法规制度健全、管理机构完善的监管体系。

韩国的资本市场监管机构包括证券交易委员会、证券监督局、证券交易所等专门机构,对资本市场实行严格管制。菲律宾根据法律设置了证券交易委员会,按规定证券只有在向证券交易委员会进行登记后才能向公众出售,任何交易所都必须向证券交易委员会登记,该委员会是一个准司法机构,通过一系列的规章管理证券交易所。

(2) 自律型监管模式。自律型监管模式是指政府除了某些必要的立法外,较少干预资本市场,对资本市场的管理只由证券交易所以及证券商协会等组织自我管理。实行自律型监管模式的典型代表是英国,其他原英联邦国家和地区也多采用这一监管体制,如澳大利亚、新西兰、新加坡、荷兰、马来西亚和我国的香港都采用这一监管模式。

自律型监管模式下,资本市场的运行主要依靠资本市场自身的组织及证券参与者进行的自我管理,而不设全国性的证券管理专门机构;主要采用非立法方式进行管理,即通过间接法规制约资本市场的活动,不制定单行的证券管理法规;注重市场的有效运转和保护交易所会员的经济利益。自律型管理体制是建立在证券交易所有自律传统、自身业务有严格的交易规则、证券从业人员有较高的专业水平和职业道德的基础上的。

自律型监管模式为竞争与创新提供了最大的可能性,经营上具有更大的灵活性,而且,证券交易商参与制定和执行资本市场管理条例并模范地遵守,使市场的管理更有效;券商对现场发生的违法行为有充分准备并能迅速而有效地做出反应。但其也有不足之处,如难以充分保护投资者利益、管理者的非超脱性难以体现公正原则、管理手段软弱和缺乏权威性等。

以英国为例。与美国的管理体制不同,英国有一套完善的金融行业自律管理体制,对资本市场的监管主要由独立于政府机构的自律组织负责。自我管理系统由证券交易所协会、接管与合并专门小组和证券业理事会三个机构组成。1986年颁布《金融服务法》,成立了半官方的监管机构——证券投资委员会,形成了"法律框架内的自律"体制。2000 年《金融服务与市场法》的颁布使政府监管的力度逐渐加强,逐渐形成了一个由法律明确规定的上有全国统一的证券投资委员会,下有行业和交易所内部的自律机构,上下形成一股合力,对资本市场进行严密的监督和管理。这种宏观与微观的合理分工与有效结合,自上而下的层层制约与监督的管理体制,既有利于活跃市场交易,促进市场发展,同时将市场的风险控制在最小的范围，实现了公平与效率的统一。

我国香港地区曾受英国管制长达150年之久，因此，香港在政治、经济、文化和法律等诸多方面深受英国的影响。在资本市场的运作和管理上，香港移植了英国许多做法，在证券监管上形成自律型的监管体系。但是，由于香港作为中国的一部分，在政治、经济、文化和法律等诸多方面都抹不去中国文化的影响；同时作为一个国际性城市，香港受来自世界各种文化和制度的影响，因此香港的证券监管体制在长期的发展过程中，已越来越不同于英国，有着自己的特征。

中国香港证券监管的最高机构是1989年成立的证券及期货事务监察委员会，它拥有独立的法定监察权利。香港证监会作为资本市场的监管机构，是一个独立的法人团体，直接向香港特区政府负责，具有独立、强大的准立法权和司法权，其目标有三个方面：一是维持高效、公平和透明的市场；二是建立公信和提高投资者意识；三是健全监管制度。以具有高度透明的方式，公正有效地监管证券期货市场；通过对金融市场中的失当行为进行检查和调查，以保证资本市场的公正性。香港没有单一的监管机构。联交所除担任上市公司的前线监管者，负责执行《上市规则》之外，亦是批准公司上市的审批机关。证监会亦分担监管上市公司操守的责任，所涉及的范畴包括打击内幕交易、监管证券权益的法定披露，以及在怀疑有不当情况时审查上市公司的簿册和记录。作为保障证券业执法的法定监管机构，证监会亦必须在法律所赋予的权力范围内行事。

香港上市公司公司管治法律框架及监管体系

香港上市公司公司管治的法律框架主要分为两个层次：一是法律，主要为《公司条例》；二是自律规则，主要为香港交易所《上市规则》及作为其附录的《公司管治守则》。

《公司管治守则》由香港交易所于2004年11月发布、2005年1月实施，并于2011年12月发布修订稿、2012年4月实施。《公司管治守则》中守则条文及建议最佳常规均为非强制性规则，上市公司须在中期报告及年报中说明其于会计期间有否遵守守则条文。守则条文以"不遵守就解释"为原则，上市公司可以选择遵守，也可以选择偏离守则条文，但如有任何偏离守则条文的行为，须在年报及中期报告中提供经过审慎考虑的理由。建议最佳常规为指引性规则，即香港交易所鼓励上市公司说明有否遵守建议最佳常规。守则条文与建议最佳常规互相衔接，在市场环境及上市公司条件基本具备的情况下，部分建议最佳常规可能会上升为守则条文。

香港交易所通过《上市规则》相关条文、《公司管治守则》守则条文及建议最佳常规，构建了既有较高公司管治标准，又不失灵活性的监管制度框架。

（资料来源：根据 2013 年 2 月 7 日证券时报第 A08 版整理。）

（3）混合型监管模式。混合型监管模式是指在一国的资本市场监管体系中，虽以政府监管为主，但政府中不设专门的资本市场监管机构，而是由政府的有关部门兼管，主要是由政府中主管财政或金融的机构兼管。采用这一模式的多为大陆法系的国家，如德国、法国、意大利等国家及受大陆法系影响深刻的国家和地区，如日本、巴西、我国台湾地区等。

混合性监管模式比较强调行政立法监督管理，又相当注意证券业者的自律管理，即采用政府严格立法干预和市场参与者自我管理相结合的双重方式。由于各国国情不同，在实行该模式时侧重点亦有所不同，有的侧重立法管理，有的侧重自律管理。目前，世界上大多数实行集中型或自律型模式的国家已开始逐渐地向混合型过渡，使集中型和自律型监管模式取长补短，发挥各自的优势。

在德国实行的是全能银行制度，即银行不仅经营商业银行业务，同时也作为投资者、交易商和证券经纪人参与资本市场活动。银行监督局和联邦储备银行①是德国银行的监管机构，也是德国资本市场的监管机构。银行监督局负责履行法律手续，如机构审批、撤换执照、日常监督等。银行监督局依据《银行法》、《投资公司法》、《证券交易法》、《股份公司法》等对银行的业务经营进行监管，以控制银行所承担的风险。② 为维护银行的利益，防止利害冲突，对银行经营证券业务予以限制。③ 另外，德国银行监督局为保护投资者及避免利害冲突，于 1991 年 1 月发布了银行行员交易规则，要求信用机构应注意其行员在从事有价证券、外汇、贵金属及衍生性商品交易时，不得侵害银行及客户的利益。

其实，德国的政府资本市场监管机构除银行监督局和联邦储备银行外，还设有一个名为联邦证券交易监督局的专门机构，其职责主要是监管证券及衍生产品

---

① 德国联邦储备银行作为德国的中央银行和金融监管机构，不仅有权对银行的存款、贷款、支付结算等商业银行业务进行管理，而且有权干预资本市场的活动，并收集各家银行的有关股本、资产、负债等详细统计数据，向银行监督局提供，以便银行监督局对银行的监管。

② 如德国《银行法》规定银行的投资总额不得超过其债务负责的资本总额。

③ 根据有关法律，银行不得从事证券发行的承销业务，而银行作为经纪人参加的证券交易在场所上也仅限于证券交易所，在对象上仅限于官方评定的有官方牌价的证券。银行代买主收购证券时，可收购银行自有的证券，但价格不得高于官价；银行代卖主出售证券时，可把证券卖给银行，但价格不得低于官价。经纪人在参加交易时，必须向被代理人提供特别编制的账目，在这个账目里必须明确表明经纪人自己买卖的数量和价格，不得欺骗被代理人。在买卖矿业公司的股票或其他没有官价的证券时，或在国外买卖证券时，银行不应作为经纪人而只能作为自营商，自己通过证券的买卖差价赚取收入。

市场上的内幕交易、行为规范和公开股东权益义务的履行情况。但是由于银行在资本市场中的重要地位，联邦证券交易监管对资本市场的监管作用反而不如银行监督局。当然这种状况正在逐步改变，而且德国还成立了由各州代表组成的证券委员会，作为联邦证券交易监督局的顾问。同时州政府也有权监督资本市场，如设立交易所监督机关监管交易所的运作和交易活动。

除上述机构外，自律机构在德国资本市场监管中也发挥着重要作用。德国政府在对资本市场监管时，注意集中力量控制主要的机构投资者，如银行、国内外投资基金会等的业务活动，实行对资本市场的间接调节，尽可能的不采取直接控制与干预的手段，而在最大限度上利用和引导资本市场参与者的自律管制和自我约束。除去法律授权外，1957年由财政部、联邦储备银行以及11家大银行组建了中央市场委员会，该委员会虽无法定权力，其建议亦不具有法律约束力，但为银行界和投资者普遍接受。这一自律组织已成为德国资本市场管理的一个重要方面。

法国的证券管理机构长期以来处在法国财政部的控制下，财政部长还有权发放、取消经纪人的执照，对经纪人实施处罚，决定开设或关闭证券交易所，并制定适用于他们的规章。但是，财政部长一般不干预证券管理机构和经营机构的业务决策和具体活动，而是通过证券交易所委员会调节交易市场。根据1967年9月法国政府的命令，法国成立了证券交易所业务委员会。[①] 证券交易业务委员会的职责包括：第一，对各种证券规章提出修订建议；第二，对证券所进行监管；[②]第三，对资本市场的公开性进行监督。确保上市公司对证券持有人和公众投资者及时公布有关信息，并审核其公布的信息或提供的报告的准确性。此外，法国证券经纪人在一定程度上参与对资本市场的监督管理，证券经纪人由财政部任命与撤换。按照规定，法国的各个证券交易所内部都设立了四个管理机构，即交易所理事会、证券经纪人理事会、证券经纪人协会和证券经纪公司联合会。其中证券经纪人协会有权制定规章，约束证券经纪人的行为。

日本政府对资本市场管理的职能主要由大藏省承担。大藏省是日本的财政金融主管机构，职权相当广泛，证券局只是其下的一个部门，负责制定资本市

---

① 这是由政府资助的具有一定独立性的机构，由5名委员会组成，这5名委员中有一名依照法令确定，另外4名由财政部长任命，其中的2名必须从银行和证券交易所两个行业的代表中挑选，另外2名是实业家和法学家。该法令后经多次修改，委员会成员增加到9人，包括1名主席和8名委员，增加的4名分别为最高法院法官、最高行政法院法官、审计法院法官和期货交易所代表。

② 例如，可对证券交易的不当行为进行审查，经财政部长批准，可就交易程序的一般事项做出决定，在法令规定和财政部长批准的范围内可确定佣金的比例等。

场管理的系统政策，对市场参加者进行监督和指导，负责证券交易的调查、规划、提案，行使对证券交易所、证券业者、证券金融公司的设立批准权和监督权，对有关发行有价证券申请书进行审查，以及其他直接同证券制度有关的事务。证券局下设业务处、流通市场处、资本市场处、公司财务处、检查处、总务处6个处，分管各个领域的工作。① 除证券局外，大藏省还设有证券交易审查会，作为咨询机构，对有关资本市场的重要事项进行审议，提出建设性意见。随着证券业务的日益复杂，日本资本市场也开始重视利用证券业协会和交易所等自律管理手段。

巴西的资本市场由中央银行监督和控制。其证券委员会根据巴西中央银行的最高决策和领导机构—国家货币委员会的决定，行使对证券业务的监督权，根据货币委员会制定的政策负责促进、管理和监督证券交易所已注册证券的交易，保证交易所及其附属机构正常营业。

事实上，集中型监管模式和混合型监管模式在有些国家是难以明确的，各国政府在资本市场监管中不断吸收外国证券监管的成功经验，改革本国的监管制度，使许多国家证券监管体制既具有集中型监管模式的特点，如设有专门的资本市场监管机构；又具有混合型监管模式的特征，如资本市场监管机构隶属于财政部门。意大利和我国的台湾地区就属于这种情况。

意大利的证券管理机构是公司与证券交易所业务委员会，由与证券相关的各个政府部门共同派员组成，实际上是一个协调机构，隶属于财政部，该委员会是一个拥有立法权、执法权、行政监督管理权的准司法机构。

中国台湾与意大利相似，有专门的证券监督机构，即"台湾证券管理委员会"，但该专门机构由政府多部门组成，类似于协调机构，隶属于财政部。② 为了促进经济发展并保护投资者的利益，1959年"台湾当局"成立了资本市场研究小组，1960年9月根据该小组的建议和美国顾问的报告，中国台湾设立了证券管理委员会作为证券业的主管机构，并着手建立证券交易所。1961年10月，台湾证券交易所成立，此后资本市场逐渐发展起来。当时证券交易委员会由"经济

---

① 业务处负责监督指导证券交易所、证券金融公司、证券保管登记结算机构等的活动，制定稳定证券价格的政策。资本市场处负责制定有关证券发行市场的各项政策。公司财务处负责检查证券发行公司的内部情况公开制度的执行情况。检查处负责检查证券公司、证券交易所、证券金融公司、证券保管登记结算机构、证券投资信托的委托公司、外国证券公司在日本的分公司、经营证券业务的金融机构的业务活动。总务处负责资本市场的一般调查、计划、政策制定工作。

② 中国台湾在日本侵占时期就有日本经纪人在该地区出售日本股票，但真正意义上台湾资本市场直到1953年才形成，当时，"台湾省财政厅"是其资本市场的主管机关，由于法规要求过于严，而证券监管机构人力不足等原因，资本市场一度转入地下，造成资本市场秩序混乱。

部"主管。1964年11月中国台湾又设立了一个证券经营指导小组,作为证券经营管理方面的决策机构,由"财政部"主管,成员有台湾银行、"财政部"和"经济部"的主管人员,"台湾省政府财政厅厅长及证券管理委员会主席"。20世纪80年代,中国台湾在经济转型中提出了"资本证券化,证券大众化"的目标,对资本市场管理体制进行了较大改革,1981年,证券交易委员会划归"财政部"管辖,1982年证券经营指导小组并入证券管理委员会,目前,"证券交易委员会"[①]仍是中国台湾资本市场的主管机构。证券管理委员会下设四个负责市场事务的部门,分别负责管理证券的公开销售和上市,管理台湾证券交易所、证券公司和证券交易,管理保险金筹措、证券投资信托公司、证券投资咨询公司和场外证券交易市场,以及资本市场的调研统计和情报。此外证券管理委员会还设有四个负责行政管理的办事机构。

2. 资本市场的立法模式

(1) 美国—日本模式。美国的证券法律管理采用的是以联邦政府颁布的法律和州政府颁布的法律并行,以联邦政府法律为主,州政府法律为辅,多部证券法律共同发挥作用的模式。其证券法律体系分为三个层次:一是代表国家一级的联邦政府立法,通用于全国资本市场;二是代表地方政府的各州制定颁布的仅适用于本州的有关证券法规;三是各大证券交易所的规章和"全国证券交易商协会"的有关规定。通过层层立法,将资本市场的管理付诸法律,实现公平、公正。

综合美国各层次的法律、法规,其监管的重要内容包括:第一,政府设立专门的证券管理机构,对资本市场进行全面管理和监督;第二,发行的公开原则,即证券发行者必须公开发表一切能够影响证券价值的资料,当证券在交易所上市时,必须提交年度登记表格和其他定期报告,以接受公众的检查;第三,严禁内幕人员的证券活动;第四,投资公司必须向证券交易委员会注册登记,证券交易委员会对投资公司的经营进行直接监督和干预,禁止投资公司的欺诈和操纵行为;第五,禁止从事证券欺诈和操纵资本市场价格的行为;第六,对场外交易市

---

① 证券交易委员会由9名委员组成,包括主席1人,副主席2人,另外还有"财政部"、"经济部"、"司法部"的兼职代表以及"中央银行"、"经济计划和货币发展委员会"的高级职员。该委员会是拥有立法权、执法权和行政监督权的准司法机构。它的职能广泛,主要包括证券商、证券投资信托、证券金融和证券投资顾问等事业的核准,并对其经营活动进行管理监督;对证券募集、发行和上市的核准,并对发行公司及其信息、财务公开和业务活动进行检查和管理;对证券交易的监督管理;对证券同业公会进行指导监督;对证券交易所特许与管理监督;对证券从业人员的管理监督;融资、证券业务的联系与协调;研究拟议证券法规,制定有关法规的实施细则和资本市场的政策、条例;以及资本市场的调查、统计分析、研究发展计划以及资讯电子作业管理等;查办资本市场的违法犯罪行为,并有权起诉和进行刑事处理等。

场的管理，不经证券交易委员会批准，不得进行洲际的证券运行和转让；第七，对违反证券交易法的行为进行制裁的规定；第八，商业银行与投资银行业务分离。

日本资本市场的法律体制也与此模式类似。日本以完备的立法对资本市场实行规范化管理，基本形成以证券交易法为主，其他法律、法规相结合的一套完整的管理体系。其体系分为三个层次：一是资本市场的综合性法律证券交易法，以保护投资者利益，维护市场秩序为宗旨，对证券的发行、交易以及违反管理的惩罚都做了详细的规定。二是国家的宪法、民法、商法等关于资本市场管理的规定，奠定了资本市场管理的法律基础。三是证券交易所等自律组织自定的一套规则。由此形成层次分明、各司其职的法律、法规体系。该模式的特点是：第一，制定有专门的证券法律、法规；第二，证券立法集中；第三，证券法律、法规的制定具有不同的层次，且权利与义务划分严密。

(2) 英国模式。该模式的证券法律体系分为两个层次。第一层次是证券交易所制定的有关证券运行的基本规章准则，最有代表性的是伦敦证券交易所制定的规章，它对证券交易所内的组织和公司证券上市等问题进行了规定。第二层次是政府制定的有关资本市场的法律、法规，主要是一些相关法律的某些条文，对证券交易有所涉及。英国的证券管理虽然主要是以自我管理约束的立法管制，但在发行市场和内幕交易等方面，政府进一步加强了对资本市场的管理，并制定了一系列法令。该模式具有以下特点：第一，没有由政府制定的专门的证券法和证券交易法；第二，政府的资本市场立法缺乏独立的法律体系，一般采取证券、金融的综合法律形式。

(3) 欧陆模式。该模式的典型代表是德国。德国证券法律体制的特点是：第一，没有制定统一的证券法。第二，资本市场管理法规主要以股票交易法为基准，约束资本市场的业务活动。随着时间的推移，其资本市场业务活动不断发展，上述法律相应也进行了一些补充说明。但是，联邦政府不直接管理证券交易过程，而是由州一级政府对证券交易进行组织、管理和监督。第三，在各种关于银行、储蓄机构、抵押银行、保险公司以及建房和储蓄协会等机构投资者的组织、经营和管理的法律中，也包含关于证券管理方面的规定。第四，关于资本市场的保护、控制和协调方面的规范大部分不具有法律约束力，属于自我管理的性质。

3. 资本市场监管模式的转变

20世纪90年代以来，国际资本市场的一体化进程加快，金融创新不断涌现，金融机构也日益转向多元化经营。资本市场新的发展趋势，迫使发达国家对资本市场监管的模式、体系、范围、内容等实行一系列重大变革。总地来说，发达国家对资本市场的监管呈现出逐步放松的趋势。

1986年英国伦敦证券交易所"大爆炸"式的改革，使银行业可以从事其他业务，包括证券及其他投资等，极大地刺激了资本市场的发展。1997年英国成立了金融监管服务局，负责对银行、证券机构、投资公司、保险公司的审批和审慎监管，并负责对金融市场、清算和结算体系的监管，标志着英国正式开始实行全能型的混业监管模式。

日本于1996年提出《金融体系的改革——面向2001年东京市场的新生》，其目标涵盖了整个金融体制，力争实现银行、证券、保险等金融机构在业务领域的相互准入。随着改革的深入，日本资本市场的管制进一步放松。

美国于1999年11月4日通过了《金融服务现代化法案》，废止了实行66年之久的《格拉斯—斯蒂格尔法》，结束了美国商业银行、证券公司、保险公司分业经营的历史，开始了全面混业经营。而其监管模式也转变为由美联储理事会继续作为综合管制的上级机构，对金融控股公司实行监管，由金融监理局等银行监管机构、证券交易委员会和州保险厅分别对银行、证券公司、保险公司分业监管的综合监管与分业监管相混合的模式。

总体来看，不同国家资本市场监管的变化趋势表现如下：监管手段现代化；监管内容标准化和规范化；重视金融机构自律监管；重视内部控制制度监管；注重调动和发挥金融机构自身积极作用；强化市场约束，提高监管效率。

10.3 我国政府对上市公司的监管

关于上市公司监管的涵义，我国目前比较权威的解释是2000年中国证监会负责人的解释："政府、政府授权的机构或依法设立的其他组织，从降低资本市场风险、保护社会公众利益、维护社会安定的目的出发，根据国家的宪法和相关法律，制定相应的法律、法规、条例和政策，对上市公司的各种活动进行的监督、管理、控制与指导。"

我国政府通过制定法律，如《公司法》、《证券法》等，对公司治理的有关问题作了明确的规定，如股东大会、董事会、监事会的职权和运作方式，公司合并、分立等问题；同时，相关的监管机构，如证监会也出台了一些重要的法规和准则，包括《上市公司治理准则》、《关于在上市公司建立独立董事制度的指导意见》、《上市公司收购管理办法》等,更加详细地对公司治理过程中的相关问题作出了说明,如经理人员激励机制的建立,独立董事的职责等问题;而且,中国证监会还通过审核上市公司的定期报告和临时报告直接对公司进行监管,对上市公司分派或者配售新股的情况进行监督,对上市公司控股股东和信息披露义务人的行为进行监督。例如,以要约收购方式进行上市公司收购的,收购人应当向中国证监会报送要约收购报告书,同时抄报上市公司所在地的中国证监会派出机构,抄送证券交易所,通知被收购公司,并对要约收购报告书摘要做出提示性公告,接受中国证监会的监管。

10.3.1 上市公司监管架构的历史沿革

20世纪80年代以来,随着股份制改造由点到面的逐步推开和股票市场的发展,中国的上市公司监管体制经历了从无到有、从多头到统一、从分散到集中的过程,大体上可以分为三个阶段。

第一阶段:20世纪90年代初期,上市公司监管体制的萌芽阶段。这一阶段,股份制改造和资本市场的发展以分割的区域性试点为主,并处于一种自我演进、缺乏规范和监管的状态。与之相适应,对上市公司没有集中统一的管理,主要由上海、深圳两地地方政府管理。该阶段具有以下几个特点:一是监管制度变迁主要来自诱致性因素;二是上市公司数量极少,监管也缺乏专门的规则;三是粗放式监管。

第二阶段:从1992年5月到1997年年底,是由中央与地方、中央各部门共同参与管理向集中统一管理的过渡阶段。1992年5月,国务院决定成立国务院证券委员会和中国证监会,同时将发行股票的试点由上海、深圳等少数地方推广到全国。资本市场开始纳入全国统一监管,制定了一系列有关股票发行、上市、交易等活动的法律、法规和部门规章。这一时期有两大特点,一是中央和地方政府多层次管理。二是重审批、轻监管的现象比较突出。

第三阶段:从1997年年底到现在,初步建立了集中统一的上市公司监管体制。1997年年底,中共中央、国务院鉴于亚洲金融危机的严重形势,召开了全国金融工作会议,强调防范与化解金融风险。这次会议决定对证券监管体制进行改革,完善监管体系,实行垂直领导,加强对全国证券、期货业的统一监管。1998年4月,将以前由中国证监会授权、在行政上隶属各省市政府的地方资本市场监管机构收归中国证监会领导,同时扩大了中国证监会向地方资本市场监管机构的授权。证券交易所也由地方政府管理转为中国证监会管理。证券交易所肩负着一线监管的重任,对交易所的监管是政府证券监管体制中的重要环节。我国证券交易所是由地方政府建立并管理的,随着沪、深资本市场由地方性市场发展为全国性的市场。1997年8月15日,国务院决定将沪、深证券交易所划归中国证监会直接管理。

1999年7月1日,《证券法》开始实施,与此同时,中国证监会派出机构[①]正式挂牌。这标志着中国集中统一的证券、期货监管体制正式形成。2004年,证监会派出机构统一更名为监管局,但职能并未发生变化。[②] 1999年后,上市公司监管从行政审批为主逐步向以强制信息披露为主过渡,中国证监会结合资本市场发展实践,对上市公司信息披露进行了持续而全面的规范。同时规范公司治理。为完善公司治理规则,中国证监会陆续出台了一系列相关法规,并引入了独立董事制度。此外,为加强上市公司监管、促进资本市场持续健康发展,国务院于2005年11月批转了中国证监会的《关于提高上市公司质量意见》,要求充分认识提高上市公司质量的重要意义,高度重视提高上市公司质量工作。这标志着上市公司监管工作的地位和作用进一步得到确认和强化。

12部委力促上市公司规范发展

2007年9月,中国证监会、发改委等12个部委联合召开了上市公司规范运作专题工作小组第四次会议,将完善12个部委间上市公司监管常态机制,进一步推进监管部门间的沟通协作和共同监管,促进上市公司规范发展定为下一阶段工作目标。会议指出,在股份全流通市场环境下,资本市场生态环境、运行机制和市场主体行为模式发生深刻变化,上市公司进入一个新的发展和创新时期。针对市场形势的变化,上市公司监管工作在三个方面进行了及时调整:

一是监管理念和监管思路进行了调整,强调以人为本、科学监管,区分公司违规和个人违规的不同情况,将责任落实到人,并加大责任追究力度。

[①] 中国证监会负责全国资本市场的监管,在全国设有9个证券监管办公室,2个直属办事处,25个特派员办事处。区域内上市公司和证券经营服务机构由证监会派出机构——证管办和特派员办事处和直属办根据授权和职责分别监管。2000年,又在全国9个大区证管办设立了稽查局,充实了派出机构的稽查力量。

[②] 2004年开始实行的上市公司辖区监管责任制是上市公司监管体制上的一次重大改革。这次改革提出"属地监管、权责明确、责任到人、相互配合"的要求,进一步明确了派出机构的工作职责和定位,发挥派出机构的一线监管优势,提高了监管工作的及时性、针对性和有效性,提升了监管深度和力度。在落实辖区监管责任制的基础上,中国证监会加快了由多个部门和各地方政府共同参与的上市公司综合监管体系的构建和完善,增强监管的权威性和有效性。

二是监管方式和监管手段进行了调整，力求贴近市场、防治结合、综合治理。特别加强对上市公司董、监事、高级管理人员及控股股东和实际控制人的培训、教育和引导，及时防范和化解风险。

三是监管体系进行了重大调整：纵向实行上市公司辖区监管责任制，横向构建各部委和地方政府参与的综合监管体系。同时推动行业自律性组织建设，强化行业自律监管；加大以公司治理为核心的股东自治、公司自治，推进上市公司内生自我监管机制的完善，逐步形成一条适应中国资本市场现阶段发展要求的、纵横交错的伞形塔式监管体系，构建共同治理、综合治理的新型监管体制。

（资料来源：摘自新华网财经频道：http://news.xinhua.com。）

10.3.2 上市公司监管的目标和原则

1. 上市公司监管的目标

上市公司监管的目标侧重于对投资者的保护。具体地说：

（1）提高上市公司透明度。上市公司管理层和投资者之间却存在着严重的信息不对称，管理层和控股股东往往掌握着大量为中小投资者不知晓的"私人信息"。上市公司的内部股东和管理层可以凭借其实际控制权通过侵犯外部股东权益来实现其私利。更有甚者，拥有"私人信息"的上市公司往往会借以实现对资本市场的操纵，从而谋取暴利，损害广大投资者的利益，危害资本市场的公平和有效性。因此，通过实施强制性信息披露，给投资者一个真实的上市公司成为各国保护投资者利益的有效措施。

（2）规范上市公司行为。一是上市公司相关主体的行为规范。上市公司监管涉及的行为主体包括大股东与实际控制人、上市公司董事、监事、高管、中介服务机构，这些主体共同对上市公司行为产生影响。二是上市公司重大事项的规范。主要包括并购重组，关联交易，对外提供担保保证等。三是重要程序的规范。主要包括董事会、股东会、监事会、经营决策等，对这些程序的规定重在强调合规、尽责和效率。对此，需要配套强化公司章程的完善与执行，监管的一项重要功能在于促进公司章程和自律规范发挥作用。

（3）保护投资者利益。强化信息披露，促进上市公司规范运作，落脚点都是保护投资者利益。投资者保护既是证券监管的首要目标，也是上市公司监管的首要目标。投资者，尤其是中小投资者，由于信息不对称、持股比例小，相对于上市公司控股股东和管理层处于弱势地位。投资者保护得好，投资者对市场就有信心,入市的资金和人数就多。中小投资者由于规模太小;且单个投资者监督活动的受益者将是整个投资者群体;为了解决搭便车行为,就需要引入公共监管,并有监管者代表投资人行使有效监管,保护投资者利益。

2. 上市公司监管的原则

根据上述目标,上市公司监管一般都坚持以下原则:

(1) 依法监管原则。依法治国是我国在总结新中国成立以来若干经验教训基础上形成的共识,是我国在建设现代化、民主化国家进程中最重要的公共管理原则,中国资本市场形成发展的历史也充分说明了依法监管的重要性。依法监管首先要求"有法可依",从目前情况看,我国的证券法律法规体系正逐步健全,但还需要进一步制定相关细则;其次,依法监管还要求"有法必依",加强对资本市场违法违规行为的查处力度,维护资本市场的正常秩序。

(2) 保护投资者利益原则。投资者保护不仅关系资本市场的规范和发展,而且也关系到整个经济的稳定增长。投资者,尤其是中小投资者,由于信息不对称、持股比例小,相对于控股股东和管理层处于弱势地位等原因,需要重点保护。投资者保护得好,投资者对市场就有信心,入市的资金和人数就多。从资本市场的发展历程来看,保护投资者利益,让投资者树立信心,是培育和发展市场的重要一环,是监管部门的首要任务和宗旨。国际研究表明,一国或地区投资者保护越好,资本市场就越发达,抵抗金融风险的能力就越强,对经济增长的促进作用也就越大。投资者保护不仅在我国有很强的现实性,同时也是全球的一个共性问题,即使在成熟市场上,侵害中小投资者利益的事件也时有发生。因此,严厉打击损害中小投资者利益的行为,全力维护市场的"三公",是各国证券监管的首要任务。

(3) "三公"原则,即公开、公平、公正的原则。其中:公开,是指市场信息的公开化,具体说,包括两个方面的内容:证券信息的初期披露和持续披露。信息初期披露,是指上市公司在首次公开发行证券时应当依法如实披露有可能影响投资者作出决策的所有信息;信息持续披露,是指证券发行后,上市公司应当依法定期向社会提供经营与财务状况的信息,以及不定期公告有可能影响公司经营活动的重大事项。公平,是指上市公司要公平地对待每一个股东和每一个投资者,包括机会的均等,信息的共享,平等的竞争等。因为每一个股东或投资者在法律面前都是独立而平等的。公正,是指上市公司在规范运作过程中必须做到不偏不倚,不能偏袒哪一方。公正,是实现公开和公平的重要保障。

(4) 监督与自律相结合的原则。这一原则是指在加强政府、证券主管机构对上市公司监管的同时，也要加强交易所等自律性组织和上市公司的自我约束和依法运作，强化上市公司的内部治理。国家对上市公司的监管是资本市场健康发展的保证，而上市公司具有组织齐备和功能健全的公司治理，自我规范和依法运作是资本市场正常运行的基础。

（5）适度监管与监管尽责相对称的原则。监管是有成本和代价的，在时间和监管资源相对有限的条件下，应突出重点，抓住矛盾的主要方面。监管体制和机制的设计与运行要着眼于上市公司整个群体，当下的紧迫任务是严惩少数恶意违规者，以树立监管权威，为上市公司群体标出行为底线。还要防止和约束随机的不当的监管干预行为以及监管者的道德风险，防止过度监管。这样做，是为了考虑监管成本，讲究监管效率，恪守监管尽责底线。

10.3.3 上市公司监管的边界与范围

1. 上市公司监管的边界

上市公司是实体经济和资本市场的双重主体，既是实体经济的重要微观基础，更是资本市场的基石。因此，上市公司具有双重属性，既是一般商品或服务的生产和经营者，也是资本市场的主体，通过发行证券与投资者相联系。作为实体经济的微观经济组织，公司不受证券监管部门监管。公司一经发行股票并上市，就成为公众公司，要受到公共监管。在西方成熟市场，上市公司的股票发行行为受到监管；而在我国，上市公司无疑受到更多的规制，其原因和依据前文已做了深入的分析。关键是划清上市公司监管的边界，要充分考虑监管成本与监管收益的关系，如果因为过度管制损害了上市公司的发展机会与创新，造成上市公司的效率损失，就会损害投资者的利益，也就背离了监管的本来目的。上市公司监管的最低目标是给投资者一个真实的上市公司，给投资者一个合规尽责的上市公司。为此，监管规则的制定和执行要充分利用市场主体的自我规范功能和中介机构的制约功能。因此，上市公司监管要坚持市场化取向，充分调动和发挥包括投资者、中介机构、自律组织等多元市场参与者的作用。

证监会设立上市公司监管二部专门从事创业板上市公司监管工作

2012年10月11日，证监会证实，经中央机构编制委员会办公室批复同意，证监会内设机构作出相关调整。上市公司监管部更名为上市公司监管一部，设立上市公司监管二部,撤销派出机构工作协调部,其原有职能由证监会内其他相关部门承担。

证监会有关部门负责人表示,设立上市公司监管二部的目的是为了进一步加强创业板上市公司监管工作。创业板自2009年9月推出以来,截至2012年10月9日,上市公司已达355家,总市值8691余亿元。其在推进自主创新和战略新兴产业发展等方面发挥了重要作用。由于创业板在具体定位、准入指标、运行制度和风险特征等方面与主板、中小板有所差别,因此在监管制度安排和监管方面也应该体现出差异性。

新设立的上市公司监管二部主要职责是:拟订监管创业板上市公司的规则、实施细则;督促创业板上市公司完善法人治理结构;提出创业板上市公司并购重组活动的监管意见;监督和指导证券交易所、派出机构对创业板上市公司的监管工作;监督创业板上市公司及其董事、监事、高级管理人员、主要股东履行证券法规规定的义务;协助有关部门监管创业板上市公司发行股票、债券等行为;协调有关机构处理创业板上市公司退市等重大风险。

上市公司监管部更名为上市公司监管一部,其主要职责是:拟订监管主板、中小公司板上市公司的规则、实施细则;督促主板和中小公司板上市公司完善法人治理结构;监督境内上市公司并购重组活动;督促和指导证券交易所、派出机构对主板和中小公司板上市公司的监管工作;督促主板和中小公司板上市公司及其董事、监事、高级管理人员、主要股东履行证券法规规定的义务;协助有关部门监管主板和中小公司板上市公司发行股票、债券及境外分拆上市等行为;协调有关机构处理主板和中小公司板上市公司退市等重大风险。

(资料来源:根据上海证券报2012年10月12日,第F04版整理。)

2. 上市公司监管的范围

当前上市公司监管的主要任务是:制定市场各方遵守的行为规则;对公司进入资本市场及上市公司融资进行有限准入审核;监督信息披露;对违规行为和损害社会投资者利益的行为进行事后查处。

根据上述任务,上市公司监管的范围包括以下几个方面:

(1)信息披露监管。上市公司由于所有权与经营权分离,信息不对称现象严重,必须靠强制性信息披露制度矫正。强制性信息披露制度是资本市场监管机构对上市公司进行规范和管理的最主要制度手段。其目的是让证券投资者了解公司上市后在生产经营中发生的并可能对证券价格产生实质影响的信息,以帮助其进行投资决策。强制性信息披露制度一直是资本市场中最基本的制度之一,也是建立有效资本市场的关键一环。如果没有强制性信息披露制度，市场中总会有一部分人由于内幕交易、资金、分析技术等原因而拥有信息优势，从而造成信息不对称，损害中小投资者利益，影响市场的有效性，进而损害上市公司的发展。上市公司重大信息及时、准确、完整地公开，这是确保各项董事义务、大股东或实际控制人诚信和尽责义务以及各项监管措施得以落实的重要原则，始终是上市公司监管的重中之重。因此，改进上市公司监管，提高上市公司监管效率，就需要加大上市公司信息披露的监管力度，进一步提高上市公司透明度。

（2）公司治理监管。良好的公司治理机制，是投资者进行投资决策的重要依据。上市公司的法人治理，主要涉及上市公司的股东、董事和经理层，以及职工之间的关系，其核心是如何促使上市公司的董事履行其忠实诚信和勤勉尽责的义务，督促经理层和职工为实现股东利益最大化的目标而努力。由于上市公司是公众公司，其法人治理情况关系到投资者的利益是否会受到损害，所以，倡导并推动上市公司不断完善公司治理，从20世纪的70年代起逐步被纳入监管机关监管上市公司的重要内容。以董事会为核心构建和优化上市公司治理。防止大股东操纵和内部人控制是提高中国上市公司质量的基本任务。随着资本市场深化发展，上市公司治理模式越来越由股东主导型模式转向董事主导型模式，约束内部人的道德风险，弱化大股东对公司董事高管的僭越和操纵都是上市公司监管的重要任务。

（3）股票发行上市与退市。公司发行股票与上市是上市公司监管的第一道环节，无论是西方成熟市场还是新兴市场，都很重视股票发行和上市的监管。一般而言，有注册制和核准制两种。注册制遵循"公开原则"，监管机构的权力与责任限于保证发行者申报材料的完整性和正确性，不做实质性审查和批准。注册制以美国和日本为代表。在核准制下，发行者不仅需要公开所有资料并确保信息的真实性，还必须满足若干实质性条件。资本市场监管机构对证券发行进行实质性审核。

（4）并购重组监管。资本市场的一大功能，就是通过股权流动，通过公司制内部法人治理结构，引导资金流、人流、物流流向更有效率的公司和产业，从而达到最佳利用各种生产要素获得最大的产出。有效的并购重组就是达到优化资源配置的途径。但是，在上市公司进行并购重组的过程中极易产生内幕交易行为，如果不加强监管，就可能产生损害投资者利益的情况，因此，需要将其列为监管的重点。我国对上市公司并购监管以信息披露为重点，为保护中小投资者利益，规定在公司控制权转移时，收购人应采取要约收购的方式。

（5）关联交易监管。关联交易本来是个中性词，合理的关联交易具有降低交易成本的积极作用，但是违背市场公平竞争原则的关联交易存在转移资金和利润、损害公司和股东利益等诸多负面影响。目前我国70%以上的上市公司存在关联交易，过于频繁的关联交易影响了上市公司的自主发展能力和盈利能力，一些恶意的关联交易掏空上市公司、严重损害中小股东利益，部分上市公司仍然存在违规担保现象。加强上市公司关联交易监管，对于保护我国投资者的合法权益、提高资本市场的运作效率、维护资本市场的繁荣与稳定都具有十分重要的意义。上市公司法人财产权不可侵犯、不可分割，要防止大股东或实际控制人凭借控制权占用法人财产，也要防止内部人侵占法人财产谋取私利。这是上市公司监管底线的核心。

（6）募集资金监管。资金运用本来是公司行为，但上市公司作为公众公司，其资金运用涉及募集资金使用，关系到投资者利益保护，关系到资本市场运作的有效性，因此资金运用也应当是监管重点。目前资金运用中的突出问题是大股东占用上市公司资金，带来的直接后果是上市公司持续经营能力下滑，甚至被"掏空"，由此导致一些上市公司资信状况恶化，危害了上市公司的正常发展，危害了社会公众投资者的投资信心，也危害了大股东长远发展利益。因此通过加强制度建设、督促大股东积极清偿占用资金、尽快建立失信惩戒制度等有力措施解决违规占用资金问题是目前的当务之急。

（7）上市公司行为主体的规范。一类是行为主体的规范。上市公司监管涉及的行为主体大体包括大股东与实际控制人、上市公司董事和监事及高管，这些主体共同对上市公司行为产生影响。上市公司相关主体，特别是董事高管都应具备一定市场资质，包括进入资质和禁入法则。此外对这些主体的行为应有约束和激励的规范。对上市公司董事高管的行为规范，关键在于明确底线要求。要细化有关独立董事、执行董事、利益相关董事的行为规范，也要对董事会秘书有规范要求。对于大股东与实际控制人的规范，要处理一个特殊问题，就是国有股东代理层次的问题，要降低国有上市公司控制权的"重叠"运用。此外，对于非国有控股股东的规范，重点在于公开实际控制人和关联关系，防止滥用控制权侵害法人财产权。二类是上市公司重大事项的规范。这些重要事项主要包括关联交易，重大资产、债务重组，对外提供担保保证等。三类是重要程序的规范。这些重要程序主要包括董事会、股东会、监事会、经营决策等，对这些程序的规定重在强调合规、尽责和效率。对此，需要配套强化公司章程的完善与执行，监管的一项重要功能在于促进公司章程和自律规范发挥作用。

（8）诚实守信监管。市场经济是信用经济、法制经济，良好的社会信用和法制环境是建立一个规范、秩序资本市场的保证，是防范金融风险的根本条件。各类市场主体诚信运作、规范经营是资本市场稳定发展的基本要求。因此建立以保护广大投资者合法权益为重心的市场信用体系，明确诚信、责任与义务，形成维护诚信利益、追究失信责任的公平竞争机制，创建诚实守信的良好氛围，增强道德约束力，不断提高诚信水平也是证券监管机关的责任。

（9）违规行为的事后查处。上市公司监管的法规体系。目前，我国对上市公司的监管，在法律法规方面存在四个层次：一是《证券法》、《公司法》、《刑法》等，即由全国人大或全国人大常委会制定的法律；二是由国务院制定或批准的有关证券方面的行政法规，如《债券发行管理暂行办法》、《股票发行与交易暂行条例》、《国务院关于推进资本市场改革开放和稳定发展的若干意见》等；三是由中国证监会或有关部委颁布的行政规章，如《上市公司收购管理办法》、《上市公司治理准则》、《公开发行股票公司信息披露实施细则》、《关于加强社会公众股股东权益保护的若干规定》、《亏损上市公司暂停上市和终止上市实施办法》、《上市公司重大资产重组管理办法》等；四是证券交易所、上市公司协会等自律组织制定的业务规则和自律公约。这四个层次构成了一个十分庞大的法规体系。

监管机构力争年内推出上市公司监督管理条例

2013年3月13日，证监会上市一部负责人表示，今年力争推出"上市公司监督管理条例"。条例的主要内容包括：一是上市公司的信息披露，条例将对信息披露的方式、义务人、相关主体应该履行的责任等方面在《证券法》相关规定的基础上进一步具体化；二是公司治理，条例会对《公司法》中相关公司治理内容进行具体化，此外，还要约束大股东的行为规范，解决公司的独立性问题；三是并购重组方面。目前只有一个部门规章，拟将之提炼成条例形式加以规范；四是条例的基本法则，违反相关规定应该承担的责任。

（资料来源：根据2013年3月14日金融时报相关内容整理。）

10.4 我国政府对资本市场的监管

资本市场监管是指为实现一定目标，运用一定的手段对资本市场中的机构和有价证券发行、交易等经济活动进行规范和约束，促使其依法稳健运行的一系列行为的总称。

10.4.1 资本市场监管的目标

一个有效的资本市场是实现经济高速稳定增长的唯一保证。任何高速增长的经济体都面临一个挑战,就是如何更有效地将储蓄转化为经济增长所需的投资。如果让市场放任自流,市场将不会以高效率低成本的方式进行运作。因为存在"市场失灵",市场的竞争机制和价格机制没有外力介入难以正常运转,一个市场无法靠自身来满足完全竞争状态的要求。资本市场是一种市场机制,资本市场的监管是为了解决市场失灵,从而促进并保障市场机制更好地发挥作用,而不是代替市场机制。

如果不对资本市场实施必要的限制和干预,其自身的发展可能会偏离预定目标,从而带来意想不到的结果。监管的目标就是要消除或部分消除资本市场自身发展所带来的目标上的偏差,从而避免不愿看到的结果。资本市场的所有功能,包括实现社会资金有效配置、进行产权重组、引导资金流向、优化资源配置、配合宏观调控的实施等一系列功能,实际上也就是资本市场的预定目标。但是由于市场失灵的存在,资本市场在运行过程中会造成社会资源配置的不经济或无效率、资本市场竞争过度或竞争不足,最终导致整个市场的无效率和福利水平的下降。为了消除或者减少这些负面影响,必须对资本市场进行监管,约束每个市场参与者的行为,尽可能地消除或避免资本市场失灵所带来的整个金融市场和宏观经济不稳定的后果,以确保市场机制在资本市场领域更好地发挥其作用。资本市场的监管应该达到以下几个目标:①防止证券发行人隐蔽相关信息,欺诈投资者;②促进证券交易的公平进行;③提高金融机构的稳定性;④对外国公司在国内市场和机构的行为加以约束;⑤对经济活跃程度加以控制。

10.4.2 资本市场监管的基本原则

综观世界各国家和地区的金融立法,尽管形式上各有区别,内容也不尽相同,但都将"公开、公正、公平"原则确立为金融法制的基本原则,为保障投资者的合法权益和资本市场的健康发展奠定了法律基础。

1. 公开原则

公开原则是现代证券法的基础原则之一。根据公开原则,任何证券的发行和交易都必须真实、准确和完整地披露与证券发行和交易有关的各种重要信息,避免任何信息披露中的虚假陈述、重大误导和遗漏，以保证证券投资者对所投资证券有充分、全面和准确的了解。证券投资价值和风险除受到政策、法律法规变动以及系统和市场因素影响以外，主要取决于证券发行人的真实财务和经营状况，只有全面揭示与证券价值有关的各类信息，投资者才能够作出正确的投资判断。根据公开原则，证券发行人以及其他机构和相关人员必须全面履行信息披露义务，以有效防止各种证券违法行为，切实保证证券投资者的合法权益。根据公开原则，必须公开与证券及其价格有关的各种信息，包括证券发行人本身的情况，如财务状况、重大投资决定和重大经营管理决策等，也包括与证券发行人有关的信息，如市场变动和投资风险等。

公开原则的实现方式主要包括两个阶段的信息公开。第一，证券发行的信息公开。这也称为"信息的初期披露"，是指证券发行人在首次发行证券时，应向投资者披露与证券发行人及所发行证券有关的所有重要信息，证券发行人应保证所公开信息的真实、准确和完整，不得存在虚假陈述、重大误导和遗漏；证券发行人所聘请的中介机构，也承担保证相关信息真实、准确和完整的义务与责任。我国《公司法》和《证券法》十分重视证券发行信息的公开制度，并制定一系列严格的信息披露制度。第二，证券发行后的信息披露。也称"信息的持续披露"，是要求证券发行人以及相关机构和人员在证券发行完毕后，定期或不定期地以适当方式向社会公众公开公司内部财务和经营情况。

2. 公正原则

公正原则是证券法的重要原则之一。公正原则是针对管理层而言，它要求证券监督管理机构极其工作人员行为必须公正，禁止欺诈、操纵以及内幕交易等一切证券违法行为。

公正原则是对资本市场监管者的基本要求。健康有序的资本市场有赖于来自政府和社会的监督管理，一旦失去监管，资本市场将成为无序、危险的赌博场所。资本市场监管者包括立法者、司法者和政府管理者，还包括自律管理机构。根据公正原则，立法者应当综合考虑资本市场的实际情况，制定出兼顾各方当事人合理利益的法律规则，为了保证资本市场和金融市场的稳定发展，甚至需要遏制过度投机；为了保护社会公众投资者利益，甚至要限制某些证券流通和转让。根据公正原则，政府监管机构要依法实施监管，不得越权监管；要尊重市场规则，不得干预正常的市场行为；政府监管机构要公正对待各方当事人。自律机构同样要依照公正原则约束自律机构成员的行为。

3. 公平原则

资本市场应当为各类投资者提供进行交易的同等机会。交易机会不能只提供给部分投资者，包括通过随意升高或降低开户标准的方式直接或间接地限制投资者的交易机会，也包括以不适当方式限制社会公众的证券认购机会。资本市场应该为各类投资者提供接触信息的同等机会。证券投资在一定程度上是依靠信息完成的交易。所以才会有一系列的信息披露规则，使得各类投资者可以平等地获得接触投资信息的机会。公平原则可以保证投资者按照已公布的投资规则进行交易。

10.4.3 资本市场监管的手段

1. 信息披露的监管

信息披露是一种要求证券发行人向投资者和潜在投资者公开大量金融信息的管理方式。制定信息披露的主要理由是发行公司的经理拥有比购买或准备购买公司证券的投资者更多的关于公司财务状况和未来发展的信息。由于信息不对称，即投资者和公司经理在获取信息方面处于不公平状态，会出现"代理人难题"，即指公司经理作为投资者的代理人，为了其自身利益而可能做出损害投资者利益的行为。如果没有信息披露制度，投资者对公司经营状况相对不足的了解就使代理人有可能实施不良行为。

资本市场的基本功能在于为社会资本的融资提供一个直接的渠道，而影响这一基本功能的作用正常发挥的关键因素，首先是市场价格能否自由地根据有关信息而变动。其次是证券的有关信息能否充分地披露和均匀地分布，使每一个投资者在相同的时间内得到等质等量的信息，以便作出理性的投资决策。然而实际上，资本市场上的信息是分散的，从而信息在投资者和筹资者之间的分布以及投资者和投资者之间的分布，由于种种原因总是不完全而且是不对称的，要么是市场的信息媒介不发达，使得信息的传递衰减或失灵，投资者不能获得完全信息。要么是因为筹资者在经营过程中基于商业机密的考虑，并不将全部信息提供给投资者，造成投资者的信息获得不足，从而使筹资者处于比投资者更有利的信息地位，造成投资者与筹资者之间的信息不对称。信息不对称使得证券价格对市场信息的反映不及时、不准确，也无法正确引导资金的流向，导致资本市场效率的丧失。

2. 交易行为的监管

在资本市场上，最频繁、最活跃和风险最集中的是证券交易行为。证券交易领域集中了最为突出的若干资本市场失灵问题：(1) 资本市场信息失灵及与之密切相关的欺诈和内幕交易行为等；(2) 资本市场操纵和垄断问题；(3) 过度投机和市场不稳定；(4) 市场风险和动荡所导致的外部性问题。这些失灵现象正是交易行为的监管所针对的方向。交易行为监管的主要目标是通过下列途径促进资本的有效配置：(1) 提供低成本的、安全迅速的、适度流动性的交易和清算场所；(2) 消除垄断、操作、内幕交易及各种欺诈行为，保证投资者的信心和利益；(3) 增强市场透明度，提高交易市场的信息完全性和信息效率；(4) 抑制过度投资，防止市场瓦解，并减少资本市场不稳定所导致的负面外部效应；(5) 构建富有效率的资本市场组织结构，提高资本市场运营效率；(6) 在上述基础上提供有效的价格发现机制；(7) 促进各类交易市场主体之间的公平竞争。

(1) 反内幕交易监管。内幕人是指公司管理人员以及其他部门能够比普通投资者更了解公司状况的人员。内幕交易是由于信息不对称引起的，这与竞争市场是相违背的。在股票市场上，关于价格的信息应该是公开的，投资者在信息的占有上应该是平等的，只有这样才能充分发挥股票市场优化资源配置的作用，保护投资者的利益。内幕交易是指证券内幕知情人员，在涉及证券的发行、交易或者其他对证券的价格有重大影响的信息尚未公开前，进行证券交易或者将该信息泄露给他人进行证券交易。从事该公司证券交易而拥有内幕信息的个人，主要包括董事、监事、经理、重要职员、持股在法定数额以上的大股东及直接或间接受益人。内幕信息是指内幕人员所知悉的尚未公开的和可能影响资本市场价格的各类重大信息。内幕交易直接损害了资本市场上普通投资者的利益。内幕交易产生的经济学根源是内幕人员与非内幕人员之间的信息不对称。

内幕交易违背了市场公平、公正、公开的原则，它使少数人利用其特殊地位，谋取不正当收益，损害其他投资者利益，不利于股票市场的有效运行。因此，各国立法基本上都对内幕交易实施严厉的制裁，违反法律规定、从事内幕交易不仅要受到行政、民事处罚，还要受到严厉的刑事制裁。我国在1997年以前对内幕交易只规定了行政处罚，1997年修订的新刑法增添了内幕交易罪，对内幕交易实施刑事制裁。我国股票市场上内幕交易的情况比较严重，内部人利用内幕谋取暴利，许多普通投资者不得不忙于到处打听"内部消息"。内幕交易是我国股票市场发展面临的一个严重问题，迫切需要肃清。

(2) 反操纵监管。资本市场中的操纵方式很多，主要包括：①通过联合操作或集中资金操纵市场价格；②以对倒或称"洗售"方式制造虚假价格，从事非所有权真实转移的虚买虚卖；③以恶意散布谣言、制造虚假信息或不真实资料等手段影响证券的发行与交易；④以抬高或压低证券交易价格为目的，进行连续交易；⑤以轧空方式实现流通证券的垄断；⑥出售或者要约出售并不持有的证券。上述操纵行为与以稳定市场价格，使市场动荡趋于平衡的市场稳定操作行为存在区别。这种市场稳定机制在通常情况下仅体现于新证券的承销活动中，其目的是阻止承销价格下跌，促进证券发行与上市成功。

操纵行为在我国股票市场上十分猖獗，"黑庄"盛行，"恶炒"成风，严重扰乱了市场秩序，损害了中小投资者利益。近年来，随着监管部门加强监督、加大查处和打击力度，操纵行为得到也许遏制。然而，操纵行为仍然存在，只是更加隐蔽。

（3）抑制市场过度投机、稳定市场的监管。为了抑制某类证券甚至整个市场的投机性，提高资本市场的价格稳定性，监管部门采取的监管或干预措施一般包括以下几种：①价格涨跌幅度限制和涨跌停板制度；②停止交易制度；③保证金制度。除上述三种外，还有一种是政府直接干预，如韩国政府1990年设立过"股市安定基金"；香港特区政府1998年动用外汇基金击退国际炒家；中国台湾在1999年为挽回"两国论"抛出带来的股市下滑而成立的"国家安定基金"。另一种是政府间接的宏观调控措施，尤其是国家的财政和利率政策，通过直接影响投资者的预期、判断与决策从而导致资本市场整体规模、流动性和价格水平的变化。

3. 证券经营机构和从业人员监管

在资本市场上，证券的发行和交易都是通过证券经营机构进行的。证券商作为中介人，对沟通供需双方的资金流通，促进证券交易的形成和资本市场的发展起着非常重要的作用。因此，对证券经营机构的监管是资本市场管理的一个不可缺少的方面。首先，要涉及银行业和证券业是分业经营还是混业经营的问题。从各国金融史来看，以商业银行为代表的银行业与以投资银行为代表的证券业分分合合，几经起伏。但归纳起来有两种不同的模式：一种是以美国、英国为代表的两业分离模式，在经历了融合、分离的过程后，现又有走向融合的趋势；另一种是以德国为代表的两业混合、混业经营的模式。证券经营机构的行为直接关系到投资者的利益，对证券商的设立进行审批管理主要有以美国为代表的登记制、以日本为代表的许可制和以英国为代表的承认制（现已改为许可制）三种。对证券商经营行为的管理主要有：(1) 禁止自营和经纪业务混合操作。① (2) 禁止欺诈客户行为。(3) 证券商有报告的义务。

加强对从业人员的监督管理。② 对证券从业人员的监督管理离不开制度建设，在我国，有关证券从业人员的监督管理法规主要体现在以下几个法律和法规中：《公司法》、《证券法》、《刑法》、《股票发行与交易管理暂行条例》、《证券从业人员资格管理暂行规定》、《禁止证券欺诈行为暂行办法》、《资本市场禁入暂行办法》、《关于加强证券从业人员犯罪预防工作的通知》。

4. 对证券交易所的监管

我国证券法规定，政府证券主管机关对证券交易所有检查监督权。主管机关主要通过审查交易所的章程、业务规则和决议的内容，规定交易所报告业务以及监督检查交易所的业务、财务状况，调查违法、违规事件等方式对证券交易所进行管理和监督。

(1) 证券交易所的职责定位。担负我国主板市场组织和一线监管重任的交易所需要有一个清晰的定位，即把投资者利益和市场信誉放在首位，从而创造出一个持久的品牌，为资本市场的下一步发展打开空间。从国际上看，全球主板市场的发展已出现一些新的趋势：交易方式已在发生变化，大宗交易从交易所转向柜台交易和电子交易系统；电子交易系统正在成为新的价格发现平台；交易费用越来越低；因为跨国公司在全球各地上市而对跨地区资本市场的联系越来越重要，投资者对跨地区交易、跨时区交易及跨币种清算交易产生了越来越大的需求；网

---

① 由于越来越多的国家（地区）允许证券商兼营证券自营和经纪业务，因此严格区分自营业务和经纪业务就成为各国对同时兼营两种业务的证券商的要求。根据我国有关法律规定，获得同时经营自营、代理和证券投资信托业务中两项以上许可的证券经营机构，必须将经营不同业务的人员、资金账目严格分开。禁止自营和经纪业务混合操作的目的，是防止证券商为维护自身的利益而损害委托人的利益。如果在一项交易中，证券商既为交易一方的委托人（经纪商），又同时为该项交易的当事人（自营商），当委托人委托其卖出证券时，其一方面作为受托人而执行委托人的委托；另一方面又作为自营商自己买入该证券，实际上是代理他人与自己交易，是为法律所禁止的，也难免其为了自己牟利而牺牲委托人的利益。因此，为了保护投资者利益必须约束证券商的行为。

② 这两年，我国证券公司问题已或多或少浮出水面。券商的业务种类高度趋同，争抢市场份额激烈，恶性竞争导致成本逐年攀升。其利润的绝大部分来源于经纪业务，过度依赖于市场行情的盈利模式，将券商的生存之路维系在股市的系统风险之上。在股市曾经走牛的诱惑下，不少券商发展代客理财业务，进行股票炒作投资。一旦股市暴跌，代客理财业务发展受到巨大压力，不少券商面临生存危机。在券商自身投资股票过程中，很多人利用违规操作手法，如违规融资、保底承诺、开设个人账户等，从而增加了市场的风险。会计师事务所、律师事务所、评估师事务所等与资本市场密不可分的中介机构是市场的"经济警察"。可是目前我国许多中介机构却和上市公司串通一气，联手造假。

上交易越来越流行，投资者交易方式的可选择性大大加强；会计标准和信息披露标准出现一体化趋势。

面对全球主板市场出现的新变化，各证券交易所纷纷采取或正在采取一些新的应对措施，主要有：交易所进行股份化和商业化改造；市场和会员的监管交由交易所以外的部门负责；建立全球或地区性的市场联盟；建立新的交易平台以重新创建平等竞争的环境；交易所之间进行联合、合并；建立一些新的系统以进一步吸引投资者等；面对新的竞争态势，我国主板市场建设的当务之急是要保护投资者利益，提高市场信誉，塑造一个持久的品牌，只有这样，我们的交易所在未来的竞争中才会有更大的发展空间。

（2）证券交易所的义务。我国《证券交易所管理办法》规定，证券交易所应当履行下列报告义务：①定期报告；① ②重大事项报告。遇到重大事项②发生，交易所应当随时报告证监会，必要时报交易所所在地人民政府备案。证券交易所不得以任何方式转让其依照法律法规取得的设立及业务许可。证券交易所的管理人员对其任职机构负有诚实信用的义务。从一定意义上讲，证券交易所既是投资场所，也是投机场所，加强对证券交易所的法律监管，通过立法规定证券交易所的法律地位与行为规则，规范证券商和工作人员的行为，制裁证券交易中出现的各种违法现象，是资本市场法律监管的重要环节。

要 点 小 结

1. 作为公司治理宏观主体的一国政府承担着双重使命，一方面要建立起现代公司治理运行的基础体系，包括法律、制度、市场体系等，为完善公司治理提供制度框架和运作规范；另一方面又要通过加强监管保障和完善这些体系的正常运行，通过给予违法行为相应的惩罚来促进良好公司治理的实现。

---

① 每一财政年度终了3个月内向证监会提交经具有证券从业资格的会计师事务所审计的财务报告，同时抄报交易所所在地人民政府；每一季度结束后15日内，每一年度结束后30日内，就业务情况、国家有关法律、法规、规章、政策执行情况等向证监会提交季度、年度工作报告，同时报抄交易所所在地人民政府。

② 重大事项包括：发现证券登记结算机构、证券交易所会员、上市公司、投资者和证券交易所工作人员存在或可能在严重违反国家有关法律、法规、规章、政策的行为；发现资本市场中存在产生严重违反国家有关法律、法规、规章、政策执行的潜在风险；资本市场中出现国家有关法律、法规、规章、政策未作明确规定，但会对资本市场产生重大影响的事件；证券交易所因不可抗力导致停市，或者为维护证券交易正常秩序采取技术性停市措施；执行国家有关法律、法规、规章、政策过程中，需由证券交易所做出重大决策的事项；证券交易所认为需要报告的其他事项等。

2. 政府监管的实质就是在以市场机制为基础的经济条件下,被赋予监管权的政府行政机关为了矫正和改善市场机制内部不完善问题而对私人及经济主体的活动进行限制的行为。常见的政府监管手段主要有：制定具体规章,禁止特定行为,行政许可,认证、审查和检验,行政性契约,信息披露以及行政裁决等。

3. 政府对上市公司的监管是指政府、政府授权的机构或依法设立的其他组织,从降低资本市场风险、保护社会公众利益、维护社会安定的目的出发,根据国家的宪法和相关法律,制定相应的法律、法规、条例和政策,对上市公司的各种活动进行的监督、管理、控制与指导。中国的上市公司监管体制经历了从无到有、从多头到统一、从分散到集中的过程。

4. 上市公司监管的目标侧重于对投资者的保护。具体包括：提高上市公司透明度；规范上市公司行为；保护投资者利益。

5. 上市公司监管应坚持以下原则：依法监管原则；保护投资者利益原则；"三公"原则,即公开、公平、公正的原则；监督与自律相结合的原则；适度监管与监管尽责相对称的原则。

6. 上市公司监管的范围包括以下几个方面：信息披露监管；公司治理监管；股票发行上市与退市；并购重组监管；关联交易监管；募集资金监管；上市公司行为主体的规范；诚实守信监管；违规行为的事后查处。

7. 资本市场监管模式是指一个国家对其资本市场进行管理的制度设置,是对市场采用的系统管理体系的总称。总的来看,资本市场监管模式可分为：政府型监管模式（又可细分为集中型监管模式和混合型监管模式）和自律型监管模式。政府型监管模式是指政府通过立法及全国性的资本监督管理机构对整个资本市场实施监督和管理的制度。

8. 资本市场的监管应该达到以下几个目标：防止证券发行人隐蔽相关信息,欺诈投资者；促进证券交易的公平进行；提高金融机构的稳定性；对外国公司在国内市场和机构的行为加以约束；对经济活跃程度加以控制。

9. 资本市场监管的手段主要包括：信息披露的监管；交易行为的监管；证券经营机构和从业人员监管；对证券交易所的监管。

思考与讨论题

1. 政府监管的内涵以及政府监管的动机是什么？
2. 政府对资本市场的监管模式有哪几种？
3. 什么是上市公司监管？我国上市公司监管的目标和原则是什么？

4. 我国上市公司监管的内容包括哪些方面?
5. 我国政府对资本市场监管的目标和原则是什么?

案 例 分 析

电信 联通 反垄断

0 引言

中国反垄断法的达摩克利斯之剑默默悬挂了三年之后,出人意料地落到了中国电信和中国联通两大共和国长子的头上,消息一出,业界震惊,舆论鼎沸。

1 背景介绍

1.1 行业风云

中国电信业大体上经历了三次大重组:

第一次:2000年5月,中国电信被竖切。固话业务由中国电信继承,移动业务更名为中国移动集团,寻呼业务注入联通。

第二次:2001年10月,中国电信被横切。中国电信被分拆,长江以南及西北五省归中国电信,北方十省与中国网通有限公司重组为中国网通集团。2007年2月,中国电信和中国网通签署了"互不干涉"协议。

2008年5月,电信业启动第三次重组。根据调整方案,原有的6家电信运营商将变成"3+1",即中国联通的CDMA网与GSM网将被拆分,前者并入中国电信,组建为新电信,后者吸纳中国网通成立新联通,铁通则并入中国移动,组成新移动,原有的中国卫通保持不变。由此,重组后将形成新电信、新联通、新移动加上原有的卫通,也就是"3+1"的格局。

2011年7月19日,中国互联网络信息中心发布第28次"中国互联网络发展状况统计报告"。截至2011年6月底,中国共有网民4.85亿人,互联网普及率为36.2%,较2010年年底提高1.9个百分点,其中家庭宽带网民3.90亿人,占家庭电脑上网网民的98.8%,较2010年底增加840万人。

在互联网市场不断扩大和发展的同时,伴随而来的很多问题也引起了大家的关注。2011年7月28日,由国家信息化专家委员会发布的报告2011年版信息化蓝皮书《中国信息化形式分析与预测(2011)》正式发布,这份关于中国信息化发展的、具有代表性和权威性的年度性研究报告显示,截至2010年,中国宽带上网平均速率位列全球71位,不及美国、英国日本等三十几个经济合作组织国家平均水平的1/10。但是,平均一兆每秒的接入费用却是发达国家平均水平的3~4倍。而且,中国的网络时延和丢包率都比较高,网络质量令人不满意。

1.2 寡头垄断

中国电信成立于2002年，是中国特大型国有通信企业。在2008年新一轮电信体制改革中，中国电信收购中国联通CDMA网组成新中国电信集团公司。中国电信作为中国主体电信企业和最大的基础网络运营商，拥有世界第一大固定电话网络，覆盖全国城乡，通达世界各地，成员单位包括遍布全国的31个省级企业，在全国范围内经营电信业务。

中国联通于2009年1月6日在原中国网通和原中国联通的基础上合并组建而成，在国内31个省、市、自治区和境外多个国家和地区设有分支机构，是中国唯一一家在纽约、香港、上海三地同时上市的电信运营企业，连续多年入选"世界500强企业"。中国联通拥有覆盖全国、通达世界的现代通信网络，主要经营GSM和WCDMA制式移动网络业务，固网宽带业务，宽带移动互联网业务。为与合并前的中国联通相区分，业界常以"新联通"称呼。

2 垄断之殇

2.1 导火线

电信、联通之所以受到反垄断调查，是源于部分企业机构针对2010年下半年"断网事件"的举报，正是对这一事件的投诉让监管层注意到了电信、联通在宽带方面的垄断问题，并展开调查。

2010年8月上旬，中国电信要求各省公司对高带宽和专线接入进行清理，除骨干核心正常互联互通点外，清理所有其他运营商和互联单位等的"穿透流量"接入。这一规定迅速引发行业内的震荡，被称为中国互联网接入史上最惨烈"大清洗"。按工信部规定，为补偿中国电信和联通的骨干网投资，运营商之间的网络互联互通，只要用户上网产生网间流量，其他运营商都要它们进行单向结算。但在实际操作中，中国电信却予以"差别定价"，以高于其他客户的价格向其他宽带接入商进行网间接送，以此抬高竞争对手带宽接入成本，其定价与市场价格之间价差最高可达数倍甚至数十倍。于是一些运营商通过"穿透流量"的办法，以相对低廉的价格接入电信骨干网。但是，此次中国电信"斩断流量"之举，令铁通等运营商损失惨重，大量用户断网或者网速异常缓慢。据当时受影响最严重的广东铁通统计，在电信开始清查不到1个月时间内，铁通宽带用户申诉达37477件，越级投诉39件，38443个用户没有缴费，有28210个用户面临退网。

2.2 调查

2011年4月下旬，发改委价格监督检查司即后改为价格监督检查与反垄断局接到中国电信、中国联通滥用市场支配地位的举报后，向中国电信和中国联通下达了调查通知，并进行调查取证。

2011年6月，发改委通报初步调查结论：认定两公司在相关市场具有支配地位，涉嫌存在滥用市场支配地位的行为，并拟按照有线宽带接入总体收入的1%~10%罚款。两公司随后分别提交了为自己辩护的反馈意见书。

2011年10月17日，发改委就有关情况征求国务院法制办、最高人民法院和工信部意见。会上，各方意见分歧较大，比较集中的观点是此乃大事，在证据还不充足的情况下，需谨慎从事。发改委在会上表示，将就有关方案在征求国资委和工信部等相关部委的意见后上报国务院。

2.3 亮剑

2011年11月9日央视《新闻30分》栏目播出"中国电信、中国联通涉嫌价格垄断"的报道，由此，电信、联通反垄断案的帷幕正式拉开。

发改委价格监督检查与反垄断局副局长李青在《新闻30分》栏目中披露了对中国电信和联通的反垄断调查情况，称2011年年上半年该局接到举报后，立刻对中国电信、中国联通涉嫌价格垄断案展开调查。调查的主要内容是，中国电信、中国联通在宽带接入及网间结算领域是否利用自身具有的市场支配地位阻碍、影响其他经营者进入市场等行为。

李青表示，发改委已经基本查明，中国电信和中国联通在互联网接入市场上共占有2/3以上的市场份额，具有支配地位。两家企业利用市场支配地位，对竞争对手给出高价，对没有竞争关系的企业，给出的价格就优惠，这在反垄断法上，叫做价格歧视。如果事实成立，中国电信和中国联通可能被处以数亿至数十亿元的巨额罚款。

2.4 应对

2011年11月9日下午，电信、联通两家公司均召开紧急会议，研究这突如其来的"达摩克利斯之剑"。

中国电信相关负责人表示，公司一贯按照国家规定的相关法律法规经营宽带业务，并且会全力配合相关监管机构的调查。

中国联通则表示，公司一直依据工信部《中华人民共和国基础电信业务经营许可证》规定，依法开展互联网接入业务，并表示正在应国家发改委要求，提供2010年度向互联网服务提供商出租带宽业务的价格、数量及营业额等相关信息。

2.5 影响

中国电信和中国联通遭反垄断调查的消息经央视报道播出后，在资本市场迅速掀起波浪，中国联通、中国电信股价2011年11月11日午后均大幅跳水，中国联通港股午后开盘骤跌逾6%，目前报16.02港元，跌幅0.87%，盘中最低至15.56港元。中国电信早盘高开高走，午后直线跳水一度跌4%，目前报4.79港元,跌幅 1.24%。中国联通 A 股跳水更为显著,午后跌逾 7% 至 5.20 元,目前跌 3.55% 报 5.42 元。

2.6 论剑

继央视 2011 年 11 月 9 日披露电信、联通受到反垄断调查的情况后,行业内外围绕"电信联通是否涉及垄断"、"发改委公布调查情况是否违规"以及"反垄断调查是否涉及消费者利益"三大焦点展开了舆论大战。

(1) 人民邮电报论战中央电视台

人民邮电报:混淆视听 误导公众——驳央视对电信、联通涉嫌价格垄断的报道	央视官网:事实:实施价格歧视 企业、消费者皆被坑
2011 年 11 月 11 日,工信部下属媒体、代表运营商声音的《人民邮电报》用头版文章指责央视"混淆视听、误导公众",称国家发改委的调查是针对 SP(服务提供商)接入市场而不是公众市场的,SP 接入市场不涉及普通用户,与公众市场完全不同,并表示中国电信和中国联通在互联网专线接入市场并不占有垄断地位,反垄断调查的结果很可能是垄断事实并不成立	2011 年 11 月 15 日,针对《人民邮电报》等方面的指责和质疑,央视在专题中以《事实:实施价格歧视企业、消费者皆被坑》为标题,从多个角度论证了电信和联通在宽带市场确实存在垄断,认为中国电信和中国联通滥用了支配地位,采取的垄断行为包括:(1)拒绝交易——不准 ISP(互联网服务提供商)购买能够接入到广电或者其他基础运营商的带宽;(2)价格歧视——对有竞争关系的客户,采取高价;(3)差别待遇——对能够形成垄断地位的 ICP(网络内容服务商),采取远低于成本的低价

(2) 人民日报论战新华社

新华社:电信联通垄断案系"神仙战"	人民日报:反垄断调查不是"神仙战"
2011 年 11 月 11 日,新华社的一篇报道认为,发改委在调查结论未出的情况下,就在全国影响力巨大的媒体上公布此事的做法"欠慎重",涉嫌违反了《反垄断法》的相关规定;而此次发改委反垄断调查针对的是互联网服务提供商(ISP)的专线接入市场的垄断问题,也就是说,无论发改委反垄断调查最终结论如何,都与普通用户的宽带价格没有关系,是一场"神仙战"	2011 年 11 月 14 日,《人民日报》发表评论认为,反垄断调查并非"神仙战",相反,它与千千万万消费者的利益有着割裂不开的联系。反垄断调查的公开化,固然给有关方面造成了不小压力,但也是契机和动力,让普通消费者能够关注之、督促之,从而鞭策相关各方,以更加积极审慎的态度,为行业健康发展做出努力

3 转机

3.1 "认错"

2011 年 12 月 2 日下午,中国电信和中国联通先后发布声明,称已经向发改委提交了整改方案和中止调查的申请,并将"认真对有关问题进行整改"。随后发改委表态称，已经收到了两家公司中止调查的申请，正在根据反垄断法的相关规定，进行审查。

中国电信集团公司当天发布声明称，通过自查发现中国电信集团公司与其他骨干网运营商之间的互联互通质量未完全达到相关主管部门的要求，没有实现充分互联互通。并已向国家发展和改革委员会提交了整改方案和中止调查的申请，将对有关问题进行整改，整改方案具体内容共有四方面：

（1）中国电信将尽快与中国联通、中国铁通等骨干网运营商进行扩容。

（2）降低与中国铁通的直联价格，进一步提升互联互通质量，实现充分互联互通。

（3）将进一步规范互联网专线接入资费管理，按照市场规则公平交易，并梳理现有协议，适当降低资费标准。

（4）将大幅提升光纤接入普及率和宽带接入速率，5年内公众用户上网单位带宽价格下降35%左右。

中国联通当天亦向发改委提交了中止调查的申请，承认在互联互通以及价格上存在不合理行为，承诺整改并计划提升网速，积极配合其他骨干网运营商进一步提升互联网互联互通质量，在"十二五"期间将持续加大宽带网络建设投入，深入推进宽带网络"升级提速"工程，大幅提升光纤接入普及率和宽带接入速率，并将进一步下调公众用户上网单位带宽资费水平。

3.2 整改

2012年2月，北京电信宣布首批家庭宽带免费提速工程已全部完成，提速后北京电信家庭宽带速率全部达到2M及以上。

2012年2月起，北京联通开始全网宽带免费提速，用户宽带速率将至少提升一档。

3.3 仍在进行中的反垄断调查

2012年3月13日，发改委反垄断局副局长张光远在国家工商总局消费者权益保护局等主办的座谈会上披露，截至目前中国电信与中国联通已经完成100G的互联带宽扩容，两家企业承诺将进一步降低公众上网资费。发改委反垄断局将继续督促两家企业整改。

（资料来源：王荣辉、王东华：《电信 联通 反垄断》，中国案例共享中心，2011年。）

案例讨论问题：

1. 查阅相关资料并结合案例，讨论政府监管对电信市场产生了何种影响？

2. 结合相关资料探讨,在对公司市场行为的监管中,政府作用的发挥如何能够更具有效性?

参考文献

1. OECD, Reviews of Regulatory Reform: Regulatory Policies in OECD Countries: From Interventionism to Regulatory Governance [R]. Paris: OECD Publications. 2002.

2. Stigler, George J. The Economic Theory of Regulation [J]. Bell Journal of Economics. 1971(2): 3 – 21。

3. Viscusi W. K., J. M. Vemon, J. E. Harrington, Jr., 1995, Economic of Ragulation and Antitrust, The MITPress, p. 295. 转引自王俊豪著:《政府管制经济学导论》,商务印书馆2001年版,第1~2页。

4. 刘素英:《西方国家政府管制改革的理论背景演变》,载《经济研究导刊》2010年第15期。

5. 刘亚平:《中国式"监管国家"的问题与反思:以食品安全为例》,载《政治学研究》2011年第2期。

6. [美] 爱德华. L. 格莱泽、安德烈. 斯莱佛:《监管型政府的崛起》,载吴敬琏《比较》第二辑,中信出版社2004年版。

7. [美] 丹尼尔. F. 史普博,余晖等译:《监管与市场》上海三联书店1999年版。

8. [美] 施蒂格勒,潘振民译:《产业组织和政府管制》,上海三联书店、上海人民出版社1996年版。

9. [美] 约瑟夫. E. 斯蒂格利茨:《政府失灵与市场失灵:经济发展战略的两难选择》,载《社会科学战线》1998年第2期。

10. [美] 约瑟夫. E. 斯蒂格利茨,郑秉文等译:《政府为什么干预经济》,北京物资出版社1998年版。

11. [日] 植草益,朱绍文、胡欣欣等译:《微观规制经济学》,中国发展出版社1992年版。

12. 王俊豪:《政府管制经济学导论、基本理论及其在政府管制实践中的应用》,商务印书馆2001年版。

13. 席涛:《政府监管影响评估分析:国际比较与中国改革》,载《中国人民大学学报》2007年第4期。

14. 席涛:《法律、监管与市场》,载《政法论坛》2011年第3期。

15. 席涛:《美国管制:从命令——控制到成本——收益分析》,中国社会科学出版社2006年版。

16. 闫建、娄文龙:《西方国家的政府管制变迁及其启示》,载《改革与战略》2011年第1期。

17. 尹晨、贺学会、凌峰:《监管俘房:安然案的案例分析》,载《管理现代化》2004年第2期。

18. 余晖:《政府与企业:从宏观管理到微观管制》,福建人民出版社1997年版。

第4篇
公司专项治理

第 11 章

公司代理人的激励与约束机制

学习目的： 本章主要介绍公司代理人激励与约束的原理、代理人激励与约束机制的内容以及有效代理人激励约束机制的设计。通过本章学习，了解公司代理人职能及激励约束相关原理；掌握不同激励机制的基本原理、设计原则与操作要领；熟悉代理人内外部约束机制的构成及基本内容。

关键词： 代理人；激励机制；约束机制

引 言

所有权与经营权的分离是现代公司的重要特征，而由其产生的委托代理成本是现代公司治理需要解决的关键问题。合理设计代理人与委托人之间的契约关系，是使代理成本最小化的重要途径。公司代理人的激励机制与约束机制为上述契约设计提供了相互补充的两种有效机制。随着制度环境的进一步完善，公司代理人的激励机制也逐渐趋于多样化，从传统的薪酬支付为主演变为更多参与剩余分享的模式，约束机制的类型与作用形式也逐步完善。这些激励机制与约束机制的基本原理是什么？各自有怎样的具体设计原则与操作规则？在我国公司中的实践与发展趋势如何？本章就上述问题进行系统深入的阐述，以期为合理设计公司代理人的激励约束机制提供给有益参考。

11.1 公司代理人激励约束原理

11.1.1 委托代理关系与公司代理人职能

1. 委托代理关系

在传统企业中，所有者与经营者是合一的。但第一次世界大战后，大公司（特别是从事一体化和多元化经营的工业大公司）的股权分散化发展迅速，股东人数迅速增加，如美国电话电报公司股东数从 1901 年的 1 万人增加到 1931 年的 64.2 万余人，增长了近 60 多倍，而经营管理权也逐渐转移到支薪经理手中，自此现代公司中所有者与经营者发生了分离①，并由此产生了委托代理关系。自现代公司制度建立之后，由经理人经营与管理的公司逐渐取代了其他组织形式，在现代企业制度下，所有者与经营者通常具有不同的目标函数，在追求其自身效用最大化的过程中存在着利益冲突，加之严重的信息不对称，即产生了委托代理问题，也必然会产生激励不相容的问题。

2. 公司代理人的职能

所有权与经营权分离及其带来的委托代理问题是现代公司的典型特征。两权分离最集中的体现是组织管理中出现了复杂的管理层级，支薪的专职经理在企业管理中逐渐占据支配地位。美国学者钱德勒给现代公司下的定义是"由一组支薪的中、高层经理人员所经营管理的多单位企业"②，这是从公司经营管理者的角度出发而做的阐释，可见经营管理者的重要性。公司的经营管理者在公司组织中一般被称为"经理人"，拥有"经营"与"管理"两大方面的职责，前者是指负责统筹和规划公司的业务经营，后者主要负责让公司各个部门及其员工能够更加有效率的工作。在西方国家，也将"具有专业管理技能，精通企业经营，受雇于企业所有者（或投资者），支取高额薪酬并代替企业所有者打理企业运营的职业

---

① 伯利和米恩斯：《现代公司和私有财产中译本》，台湾银行出版社 1982 年版。
② [美] 小艾尔弗雷德·D. 钱德勒，重武译：《看得见的手——美国企业的管理革命》，商务印书馆 1987 年版。

管理人员"称为"职业经理人"①。近年来此称谓也得到我国理论界与实践界的认可。

本书将公司的上述经营管理者定义为"公司代理人",并对其给予定义为:在现代公司中,受雇于公司资本所有者、行使经营管理权并背负着运用公司所有者投入的资产实现资产增值使命的主体。在公司的委托代理关系中,所有者首先将公司的经营权委托给董事会,董事会负责重大决策,并通过聘任经理人员来负责企业的日常经营管理活动,因此,董事会成员与经理人员均可以称为"公司代理人"。

公司代理人的职能包含基本职能与创新职能。公司代理人的基本职能主要是经营管理职能。科斯认为,企业存在的理由是可以节约交易费用,而企业能够节约交易费用的原因则在于企业代理人能够承担组织协调的管理功能,从而降低企业的内部交易成本,提高企业绩效。随着知识经济的发展,创新职能也逐渐成为公司代理人不可或缺的职能。熊彼特(J. A. Schumpeter,1942)指出,在传统的经济生活中,只有基本的管理职能,没有创新职能,管理者所得到的只是工资性基本收入。只有在实现了创新的情况下,才存在企业家、才能够产生利润,而这种企业家利润是企业家创新应得的合理报酬②。

11.1.2 道德风险与激励相容性原理

1. 道德风险

克托维茨(Y. Kotwitza)指出,道德风险是指从事经济活动的人最大限度地增进自身效用时作出不利于他人的行动,是代理成本的主要来源之一。道德风险形成的原因来自于委托人与代理人之间的信息不对称与契约不完备。

信息不对称是指有关某些事件的知识在相互对应的经济人之间的不对称分布,即经济人就某些事件所掌握的信息既不完全也不对等③。在信息经济学中,代理人通常占有信息优势,而委托人处于信息劣势。由于信息不对称,代理人会凭借自己的信息优势以自我利益为出发点做出不利于委托人的行为,从而引起道德风险问题。例如,倘若代理人的薪酬与短期利润联系较为紧密,他们便倾向于追求短期绩效,从而忽视企业的长期目标。而委托人掌握的信息有限,不可能完

---

① 沈乐平、张咏莲:《公司治理原理与案例》,东北财经大学出版社 2009 年版。
② Schumpeter, J. A. Capitalism, Socialism and Democracy [M]. New York: Harper and Row. 1942.
③ 高明华:《公司治理学》,中国经济出版社 2009 年版。

全了解代理人的决策方案与决策正确与否,因此,代理人能够较为容易地隐瞒自利行为的真实动机。此外,代理人的努力程度难以衡量与监管,这更加剧了信息的不对称问题。

契约不完备也是道德风险的来源之一。契约是由一组承诺集合而成的,而这些承诺是当事人在签订时做出的,并预期在未来一定时期内能够兑现,并规定了当事人各方的权利、责任与义务以及基于可确定信息的最终结算方式。在现实生活中,未来是不确定的、现在对于未来的预期也是有限的,契约并不能够详尽地囊括将来可能发生的任何情况及应对措施,也不能够明确地界定各种不确定情况下契约各方的权利、责任与义务。因此,契约多是不完备的。委托人与代理人之间便是一种不完全的契约关系,委托人是风险承担者,代理人是风险规避者,代理人按照契约规定从事经济活动。由于人的有限理性,契约订立者无法掌握充分信息,且寻求完备契约的成本高昂,因此,签订详细而完备的合同是难以实现的。代理人在追求自身利益最大化过程中所做出的有悖于委托人利益的事情并不能在契约中完全被描述,因而基于不完备契约的道德风险也是难以避免的。

2. 激励相容性原理

上市公司高管"落马风潮"

2005年年初,我国股市出现上市公司高管"落马风潮",当年1月12日至2月3日,短短23天时间里,就有14名"问题高管"落马,几乎平均两天就有一个上市公司的高管被捕,这里面包括吴忠仪表、南宁百货、东北高速、山东巨力、开开实业等多家公司的高管。总地来看,高管的涉案理由五花八门,其中不乏涉嫌挪用公款、合同诈骗、欺诈发行股票、涉嫌违规贷款担保等。

更有甚者,在给公司造成巨大损失之后,作为法定代表人的董事长或其他高管干脆要么逃之夭夭,要么"失踪"。2001年1月,证监会宣布查处涉嫌操纵"亿安科技"股价案,当年6月,亿安集团董事局主席罗成逃往国外。历史总是惊人的相似。据不完全统计,从2003年1月份起,又有10多位上市公司的高管外逃,卷走的资金或造成的黑洞总计近百亿。ST啤酒花原董事长艾克拉木以各种方法融资53亿元操纵啤酒花股价,案发后,啤酒花受证监会处罚60万元,股民则损失近22亿元。艾克拉木本人于2003年11月"人间蒸发"。除艾克拉木外,近几年还有ST达曼原董事长许宗林、国电电力原董事长高严、和光商务原董事长吴力等出逃。伴随高管涉案的,是上市公司巨额财产的流失,给企业带来的损失少则几千万元,多则数十亿元。

(资料来源:新浪财经 http://finance.sina.com.cn/stock/t/20070119/13173263795.shtml。

保证公司代理人的行为在委托人的监督范围之内,同时防止超出合同的行为不损害委托人的利益,需要寻求缓解道德风险的有效措施。而在公司治理中,激励机制是解决动力来源与配置问题有效措施之一。从本质上说,公司的动力来自于公司各利益主体在同一目标下实现自身利益的动机和动力。由于各利益主体均存在自身利益,而如果能够将各个利益主体在合作过程中产生的外部性内在化,那么,不同利益主体的动机则能够逐渐趋于一致。科学合理的激励机制能够促进代理人形成适当的动机、采取适当的行为,最大限度地增加委托人的效用,即产生激励相容。因此,激励相容理论是指代理人在追求个人利益的同时,行为的客观效果达到了激励机制设计者预期实现的目标,从而取得了委托人期望的结果,即代理人利益最大化的行为也实现了委托人利益的最大化。有效的激励机制可以在委托人和代理人之间形成利益制约关系,如授予代理人一定的剩余索取权,是代理人收入与自己为委托人利益最大化所努力的程度是成正比的。因此,激励机制的设计原理便是实现激励相容。

11.1.3 设计约束机制的一般原理

设计代理人约束机制的一般原理为公司权力的分立与制衡原理。该原理强调公司各利益主体的协调与相互制约,而这种协调与制约存在于公司的内部与外部。内部约束机制(Internal Restraint Mechanism)指的是利用公司现有的资源进行人为制度设计来降低代理成本的各种途径的总称,通常包括股东会治理、董事会治理、监事会治理等,为公司提供内部约束;外部约束机制(External Restraint Mechanism)则指的是超出一个公司的资源规划范围,依靠市场机制或政府干预等实现的降低代理成本的各种途径的总称,包括经理人市场、产品市场、资本市场、政治法律途径等,为公司提供外部约束。

具体而言,现代公司的特点是公司的所有权与控制权的分离,而为了保护所有者的利益,公司在内部以法律的形式确立了一套权力分立与制衡的法人治理结构,这种权力的相互制衡形成了权力的相互监督:首先,设立表达出资者意图的股东会,使远离公司的股东能够通过股东会对公司代理人进行约束与监督。其次,鉴于股东会的非常设机关的特点,公司又设立董事会行使执行权以及除股东会保留的重大决策之外的决策权。最后,为了避免董事与经理人员的合谋风险,公司成立专职监督机关——监事会，对公司董事会与经理层进行独立全面的监督。

在公司外部，同样形成了一个权力相互制衡的系统，包括经理人市场、产品市场与资本市场等，分别对公司代理人产生约束与监督作用。经理人市场旨在克服由于信息不对称产生的逆向选择问题，并为公司提供了广泛筛选、鉴别职业经理人候选人素质和能力的基础制度，其核心是职业经理人的竞争选聘机制。产品（要素）市场的竞争程度，反映了企业业绩的取得与经营者努力程度的关系。如果企业的产品在同行业中具有较强的竞争力，则也有力地证明了负责该产品的经理人具有较强的经营管理能力，相反，如果企业的产品在同行业中毫无竞争力，则说明该经理人的能力与努力程度均有限。资本市场竞争的实质是对公司控制权的争夺，而其主要形式是接管，是防止经理人损害股东利益的最后一种武器①。每一种市场分别从不同的角度对公司代理人产生权力制约作用。

因此，以权力的分立与制衡原理为基础，在设计公司代理人约束机制的时候，要兼顾内部约束机制与外部约束机制，形成两者有机结合的整体。

11.2 公司代理人的激励机制

公司代理人的激励机制是确定所有者与代理人如何分享经营成果，从而解决委托人与代理人之间的动力问题的一组契约的整合。有效的激励机制能够使代理人与股东的利益趋于一致，使代理人能够努力以实现公司长期利益最大化为目标。激励机制包括薪酬激励机制（狭义）、股权激励机制、控制权激励机制、晋升激励和声誉激励机制等。按照不同的划分依据，可以分为以下几种类型，如表 11-1 所示。

表 11-1　　　　　　　　　代理人激励的类型与激励机制

划分依据 I	按照签订契约的显性化程度	
激励类型	显性激励	隐性激励
具体激励机制	薪酬激励、股权激励	控制权激励、声誉激励、晋升激励
划分依据 II	按照激励时间的长短	
激励类型	短期激励	长期激励
具体激励机制	薪酬激励，可货币化的控制权激励（如在职消费）	股权激励、难以货币化的控制权激励、声誉激励

---

① 徐向艺等：《公司治理制度安排与组织设计》，经济科学出版社 2006 年版。

续表

划分依据Ⅲ	按照激励内容的性质	
激励类型	物质激励	精神激励
具体激励机制	薪酬激励、股权激励、可货币化的控制权激励（如在职消费）	晋升激励、难以货币化的控制权激励、声誉激励

11.2.1 公司代理人薪酬激励机制

1. 薪酬激励构成

薪酬激励的界定有广义与狭义之分。以英美模式为例，广义的薪酬包括基本薪酬、年度奖金、长期激励（股票、股权等收入）、养老金计划和津贴等。而狭义的薪酬激励仅仅指短期薪酬激励计划，通常为年薪制，多为年度支付，也有些薪酬计划是每季度或每半年测量绩效一次并支付绩效薪酬。

本书采用狭义的界定，即以年薪制为主。年薪制就是以年度为单位，依据企业的生产经营成功和承担的责任确定并支付工资收入的分配方式。一般而言，薪酬的数量在较大程度上取决于企业的经营业绩，而经营业绩一般是阶段性产生的，因此公司经营者的收入首先应以经营周期为单位来确定，这就是年薪制实施的初衷。年薪一般由基本年薪和绩效年薪（风险年薪）两部分组成。

（1）基本年薪按月发放，绩效年薪年终结算后再行兑现，同时考虑行业特点与差异。基本年薪是最为安全的薪酬形式，由公司按月分摊发放，在工资总额中列支。基本年薪通常可由岗位年薪和规模年薪两部分组成。岗位年薪是指担任公司董事长、总裁岗位而给予的薪酬；规模年薪根据公司当期期初的所有者权益和营业收入规模确定。

（2）绩效年薪是经营者的风险报酬，是指对补偿权益成本之后实现的经济利润的分享，具体按照当期所实现的归属于母公司所有者的经济利润与期初归属于母公司的权益规模实行分档计提累积。也有企业将其称为风险年薪，是指企业经营管理者在按本年度期初所有者权益的规模交纳相应的风险金后，依据企业全年实现的资产保值增值水平所得到的风险报酬。

2. 西方国家年薪制特征

西方国家一般在企业的高级管理人员中实行年薪制，包括董事长、副董事长、总经理、副总经理、财务总监、会计主管、总律师和首席经济专家等。一些国家的公司还在中级管理人员即公司的部门经理中实行年薪制。

(1) 美国公司年薪制特征。市场机制是美国公司职工工资的决定机制，而针对管理者的年薪制也体现了市场机制的决定作用。在大部分美国公司中，董事、总裁和公司其他高级职员等高层管理人员的货币报酬多会按照其对公司做出的贡献进行支付，体现了年薪制的真正意义。一般采用"基本工资+奖金+津贴+红利"的形式，基本工资在收入中所占比重少于50%，而根据业绩变化而变化的奖金比例越来越大。为了使奖金具有更加突出的激励效应，美国公司在不同的奖金之间设置了较大的等级幅度。并且奖金的领取也非一次性的，是渐进性的进行支付，在某些大型公司中，经营者有时只能拿到部分奖金，其余的要等他们的工作和整个公司取得目标业绩之时才能拿到。这种集激励与约束于一身的年薪制是与美国公司内部管理的分权制度相联系的。美国公司多是股权分散型公司，代理人的动机与行为对公司的生存与发展具有决定性的作用。公司代理人拥有很大的权力和很高的报酬，同时也要承担相应的责任和风险。因此，对其实行的年薪制也具有了激励与约束的双重作用，如表11-2所示。

表11-2　　　　　　　美国高层经理典型薪酬构成及特点分析

薪酬构成	时间特点	风险特点
基本薪水	基本薪水是永久薪酬，并定期支付，通常每月支付一次或两次（要么一月支付两次或一周支付一次）	基本薪水是最安全的薪酬形式，只涉及就业风险。津贴的风险程度也非常低
年度奖金或短期激励薪酬	年度奖金或短期薪酬激励计划通常每年支付一次，尽管有些计划每季度或每半年测量绩效一次并支付绩效薪酬	年度奖金计划涉及未来就业风险与公司的未来绩效低于目标水平的风险
中长期激励薪酬，包括股票期权、股票增值权、受限制的股票、虚拟股票、绩效单元/股份/现金	中长期薪酬激励计划的时间跨度从3年至10年不等。一个公司很少会同时使用多个时间跨度不等的中期激励计划与长期激励计划。一些公司按年支付，其他公司定期支付，但不是每年支付；一些公司对某种形式的长期激励计划按年支付，而另一种计划则每年支付两次	中长期薪酬激励计划涉及未来就业风险与未来公司绩效/股票风险
法定福利与公司内部福利，包括：养老金计划、医疗计划与牙医服务、储蓄计划、寿险计划、伤残计划	福利计划覆盖范围是在职、退休、残障、死亡的高层经理，以及因公司合并、重组或其他原因导致就业终止的高层经理	法定福利的风险通常比补充计划小

续表

薪酬构成	时间特点	风险特点
补充福利计划，包括：延期支付薪酬计划、高层经理的补充退休金计划、超额退休金计划、补充医疗与残障计划、补充寿险计划	延期支付薪酬计划的计时各不相同，通常是长期计划	补充福利计划涉及未来就业风险与公司的未来绩效风险。多数（不是全部）补充计划与延期支付计划是没有保障的。近来的趋势是：设计补充福利计划，使公司绩效与福利之间的关联度更大
津贴，包括：俱乐部会员、理财规划／顾问、享用公司汽车与飞机、航空俱乐部会员、司机	只要高层经理在职，津贴通常是永久性的	

资料来源：国研网研究报告：《美国公司高层激励薪酬管理及启示》，2003年4月14日。

(2) 德国企业年薪制特征。德国公司职工工资的决定与增长一般由劳资谈判来决定。具体到公司内部，工资则是通过对岗位进行评价，相应确定等级工资标准来实现的。与此不同，公司经营者则实行独立于工资制度之外的年薪制。一般说来，经营者的工资由董事会单独确定，不需要经过集体谈判，也不列入企业的工资表。经营者的工资构成大致包括固定年薪、浮动收入和养老金预支等。浮动收入包括企业红利提成、年终奖金等。固定年薪大致占65%。此外，企业管理人员还享受一定的福利待遇。年薪多少一般取决于以下因素：一是企业规模的大小。企业规模的大小很大程度上决定了管理人员固定年薪的多少。在德国，同是中级管理人员，因所有企业规模不同，薪金会相差很多，大企业和中型企业比，有时会相差3～4倍。二是企业的经营状况。企业的经营状况更多的是和高层管理人员的薪金联系在一起的。同等规模的企业，由于经营状况的不同，会使同一级管理人员的薪金相差一半左右。管理人员薪金与经营状况的联系通过浮动收入来体现。具体到浮动收入的确定依据。有的企业以销售额，有的以利润，大多数企业则以销售额、利润、红利等综合指标来衡量。

(3) 日本企业年薪制特征。日本的企业制度的主要特点是以经营者为主导、劳资一体化经营。日本的经营者在企业中拥有至高无上的权力，在经营活动中具有充分的支配权。这种经营者主导体制也更能使企业家有较大的自由度去追求企业的长远发展目标。经营者的收入体现了经营者的主导体制的特点。经营者的收入是以年来计算的，经营者（包括董事）的年薪主要由工资和奖金组成。经营者的工资水平主要由公司规模和公司的效益状况来决定，公司规模不同、效益不同，工资水平也不同。一般说来，董事的年工资比本企业的平均水平要高出数倍。奖金水平也有很大差别。经营者的奖金,是公司净利润分配中单独列项的,同一般职工的奖金分开计算,相差悬殊。

日本企业年薪制的形式多种多样。日本年薪制有"一本型"年薪和"复数项目型"年薪。一本型年薪制还可以细分为专业棒球运动员式、职务等级式及职务等级加业绩式。专业棒球运动员式年薪制起源于专业棒球运动员的工资制度并由此而得名。其特点是,工资契约每年签订一次,年薪完全根据当年业绩情况而定,收入增减幅度大,可以对没有业绩的员工停止续约,是实力导向的工资制度。职务等级式年薪是以职务等级为基准来决定年薪额,当年的年薪额是所在职务等级的年薪额与评价后决定的晋升工资额之和。但多数日本企业采用复数项目型年薪制。复数项目型年薪制主要有:一是有定期晋升的基本年薪 + 个人业绩年薪;二是无定期晋升工资的基本年薪 + 个人业绩年薪;三是无定期晋升工资的基本年薪 + 个人业绩年薪 + 公司业绩年薪①。与其他国家的年薪制模式相比,日本企业经营者的年薪水平较低,而这将通过精神奖励进行补充,即采用相对较低的年薪和很高的社会声望,来实现了对经营者的有效激励。

3. 我国企业的年薪制实践

从 1992 年起,我国先后在上海、江苏、河南、福建、湖南、湖北、深圳等省市开始了国有企业经营者实行年薪制的改革试点。自 1998 年开始,上市公司便开始披露高层管理人员的年薪,披露的口径是前三位最高收入的管理者的年薪总和,包含了董事长和总经理的薪酬,基本上反映了企业最高管理者的收入状况。1998 年我国上市公司高管人员的平均年薪为 5.176 万元,2006 年达到 16.28 万元②。2010 年 1725 家上市公司中,高管薪酬均值为 74.77 万元,其中最高的公司是浙江龙盛,为 7450.90 万元③,上市公司高管的收入有了大幅度提高。表 11 -3 列示了 2010 年上市公司高管年薪的排行榜。

表 11 -3   2010 年上市公司高管年薪排行榜

公司	最高年薪(万元)	职位	姓名
中国平安	1067.18	执行董事	张子欣
广发证券	869.86	董事长	王志伟
深发展 A	825	董事长	肖遂宁

① 钟成、李琪:《国外年薪制模式及其启示》,载《经济问题探索》2005 年第 1 期,第 50 ~ 51 页。
② 沈乐平、张永莲:《公司治理原理与案例》,东北财经大学出版社 2009 年版。
③ 高明华等:《中国上市公司高管薪酬指数报告(2011)》,经济科学出版社 2011 年版。

续表

公司	最高年薪（万元）	职位	姓名
紫金矿业	762.74	董事长	陈景河
万科 A	760	董事长	王石
华远地产	758.48	董事长	任志强
民生银行	715.48	董事长	董文标
华发股份	663	董事长	袁小波
中国银行	652.54	信贷风险总监	詹伟坚
鲁泰 A	633.37	董事	藤原英利

资料来源：证券导报数字报刊，http://zqdb.hinews.cn/html/2011-05/07/content_353075.htm。

但目前我国在年薪制实践过程中仍存在以下问题：一是固定薪酬与风险薪酬的构成不合理，固定薪酬比例过高。在 2010 年 1725 家上市公司中，固定薪酬与风险薪酬二者之间的平均比例为 7∶3 左右，其中固定薪酬占总薪酬的 75.29%，风险薪酬占 24.71%。而且，大部分上市公司没有风险激励计划，这种薪酬结构上的设计说明上市公司对风险经营的理念仍然比较缺乏，不利于中国企业的创新和发展①；二是考核体系不科学。就我国目前实行企业经营者年薪制的情况而言，反映经营者业绩好坏的指标还不规范，考核标准不统一，评价体系也不完善。很多企业的考核指标过分集中于短期利润增长率和经营目标的完成方面，缺乏对经营者长期业绩的考核，忽略了企业内部管理机制的健全和管理水平的提高。

11.2.2 公司代理人股权激励机制

1. 股权激励的内涵

股权激励是一种典型的长期激励机制，也有广义与狭义之分。广义的股权激励涵盖内容较宽泛，可以根据不同的标准划分为不同类型，如按照基本权利义务关系的不同，可以分为现股激励、期股激励与期权激励，又如按照激励对象划分，股权激励可以分为员工持股计划（Employee Stock Owner Plans，简称 ESOP）和管理层持股（Management Ownership）等。而狭义的股权激励一般是指股票期权激励计划（Stock Options），即授予激励对象在未来一定时间内以预定的价格（行权价格）和条件购买一定数量本公司股票的权利。本书将"股权激励"界定

---

① 高明华等：《中国上市公司高管薪酬指数报告（2011）》，经济科学出版社 2011 年版。

为：通过使经营者等激励对象获得公司股权赋予的经济权利，使其能够参与公司决策、与公司共享利润、共担风险，并将自身利益与公司利益相结合的长期激励机制。

2. 股权激励的主要模式及其特点分析①

（1）股权激励的主要模式。股权激励的主要模式包括股票期权、限制性股票、股票增值权、业绩股票、业绩单位、虚拟股票与延期支付计划等。其中，股票期权与限制性股票模式是企业最为常用的两种模式。

①股票期权。股票期权（Stock Option）是指上市公司授予激励对象在未来一定时间内以事先约定的价格（行权价格）和条件（行权条件）购买一定数量本公司股票的权利。股票期权本质上是公司赠与激励对象的一种权利，当期权到期时，激励对象可以选择是否行使该权利。股票市场价格的波动对激励对象是否行权的决策有着重要影响，如果到期之时，股价高于行权价格，激励对象可以通过行权获得市场价与行权价格之间的差额所带来的收益，而如果股价低于行权价格，则股票期权变为虚值期权（out of money options），激励对象就会选择放弃该权力。

②限制性股票。限制性股票（Restricted Stock）是指上市公司按照预定的条件授予激励对象一定数量的本公司股票，只有符合工作年限或业绩目标等规定条件，激励对象才可以将其出售并从中获益。若在规定的工作年限之内，激励对象因某些原因离职，则授予的股权将被收回。由此可知，其主要目的是使公司高管及其他核心人员等激励对象将其精力集中于公司的长期战略目标之中。

③股票增值权。股票增值权（Stock Appreciation Rights，SARs）作为一种与虚拟股票相类似的模式，赋予激励对象可以按照一定的比例获得股价上升或者业绩提升所带来收益的一种权利，但不拥有股票的所有权。股票增值权与虚拟股票的相同点在于，公司在支付其收益时，可用现金、等值股票以及现金与等值股票相结合等形式，但两者的区别在于虚拟股票可以享受分红而股票增值权不能。股票增值权模式简单且易于操作，一般在可得股票数额有限，发行股票期权等导致的股权稀释较大，未公开发行股票等条件下适用。

④业绩股票。业绩股票（Performance Shares）是指公司在年初确定一个合理的业绩目标，若激励对象在年末实现了该目标，公司便给予其一定数量的股票，或奖励一定数量的奖金来购买本公司的股票，但必须经过锁定年限后方可兑现。

---

① 徐宁：《中国上市公司股权激励契约安排与制度设计》，经济科学出版社 2012 年版。

业绩股票是一种"奖金"的延迟发放，但与当年便可兑现的奖金不同，需要权衡未来几年业绩变化以及股价的变动趋势，因此，具有一定的长期激励效果。但它仅对公司的业绩目标进行考核，不要求股价的上涨，比较适用于经营业绩良好、现金流量充足的公司。

⑤业绩单位。业绩单位（Performance Units）与业绩股票的操作程度十分类似，只是在价值支付方式方面存在差异，即激励对象得到的是现金，而不是股票。业绩单位支付的是按考核期期初市盈率计算的股价折算的现金，因而激励对象的收入是现金，除了有期初市盈率这一价格影响的痕迹外，不再受到股价的其他影响[①]。因此，选择业绩单位模式的公司，可能多出自于对二级市场走势的悲观预期。需要强调的是，该模式中的业绩指标是指股东大会通过的当年盈利指标，而并非规定每年必须保持一定的增长率，而该类短期化的衡量指标易导致激励对象对公司长期利益的忽视。

⑥虚拟股票。虚拟股票（Phantom Stock）是公司授予激励对象的一种虚拟性质的股票，实质上是一种享有公司分红权的凭证，即倘若达到公司的业绩目标，激励对象可因此获得一定数量的分红。但除分红权之外，该类股票并不具备所有权和表决权，也不能转让和出售，且在离开公司时自动失效，这便是其虚拟性的体现。当公司支付激励对象收益时，可用现金、等值股票以及现金与等值股票相结合等形式。而当市场失效时，只要公司取得较高的业绩，激励对象同样可以通过分红而获利，由此可知，与业绩股票、业绩单位一样，虚拟股票与市场的联系不是十分密切，即不能通过资本市场的价值评价功能来衡量公司的真正价值从而决定激励对象的贡献。

⑦延期支付计划。延期支付计划（Deferred Compensation Plan）是一种公司为激励对象设计的具有系统性的薪酬收入计划，其中一部分为不在当年发放的股权收入，需要在规定的年限期满后，以现金或者股票形式支付给激励对象。该模式体现了风险与权利对等的特征，在一定程度上克服了传统薪酬计划的短期性弊端。但也因其特殊性，比较适合于业绩稳定型的公司。

（2）股权激励模式的特点分析及比较。根据"授予股票的价值范围"与"授予股票的虚拟性"这两个维度可以将股权激励模式划分为四种类型。授予股票的价值范围是指授予激励对象的股票是获得其增值部分的权益，还是获得其全部价值；授予股票的虚拟性是指授予激励对象的股票是具备其所应具备的权力的普通股票，还是对公司总股本与股权结构不会产生影响的虚拟股票形式。将上述

---

① 曹阳：《中国上市公司高管层股权激励实施效果研究》，经济科学出版社2008年版。

两个维度作为分类标准，将股权激励模式分为四大类，如表 11-4 所示。不同激励模式的优缺点分析如表 11-5 所示。

表 11-4　　股权激励模式的结构性分类

激励模式		授予股票的价值范围	
		增量	全值
授予股票的虚拟性	普通	I 股票期权	II 限制性股票、业绩股票
	虚拟	III 虚拟股票、股票增值权	IV 延期支付计划

资料来源：陈清泰、吴敬琏：《股票期权激励制度法规政策研究报告》，中国财政经济出版社 2001 年版。

表 11-5　　不同激励模式的优缺点分析

类型	激励模式	优点	缺点
I	股票期权	● 能够锁定期权人的风险 ● 公司当期的激励成本较低，现金压力较小 ● 激励力度较大	● 缺乏约束作用 ● 需要有效资本市场的辅助作用 ● 易导致高管合谋操纵公司股价等问题
II	限制性股票业绩股票	● 将公司业绩与激励对象的报酬紧密结合 ● 由于限制期限的约束，其留用人才作用较为突出 ● 具有一定的惩罚性。激励对象可能会受到风险抵押金的惩罚或被取消激励股票 ● 确定性相对较大	● 业绩目标的科学性难以保证，易导致公司高管为获得业绩而操纵盈余； ● 激励成本较高：对于无偿授予的股票，公司支付现金的压力较大；对于有偿获得的股票，激励对象资金压力较大 ● 激励力度相对较小
III	虚拟股票股票增值权	● 简单易行，持有人在行权时，直接对股票升值部分兑现，不影响公司的总资本和股本结构 ● 程序简单，无需解决股票来源问题 ● 受资本市场有效性的影响较小，当市场失效时，激励对象同样可以通过分红而获利	● 激励对象可能过分地关注企业短期利益，减少或不实行企业公积金的积累 ● 公司现金支付压力大，较适合现金流量比较充裕且比较稳定的公司 ● 并非真正意义上的股票，激励效果相对较差
IV	延期支付计划	● 把激励对象的部分薪酬转化为股票，减少了经营者的短期行为，有利于长期激励效果的凸显 ● 可操作性强，无需证监会审批	● 授予的公司股票数量相对较少，难以产生较强的激励力度； ● 激励对象不能及时地把薪酬变现，具有不确定性

资料来源：徐宁：《中国上市公司股权激励契约安排与制度设计》，经济科学出版社 2012 年版。

①Ⅲ类与Ⅳ类激励模式的共同劣势。位于第Ⅲ类与第Ⅳ类的激励模式，包括虚拟股票、股票增值权与延期支付计划授予激励对象的股票均具有虚拟性，非真正意义上的股票，而通过与激励对象分享企业剩余索取权，将其长期收益与企业效益挂钩。虚拟性在一定意义上说是一种优势，简单易行，无需解决股票来源问题，持有人在行权时，直接对股票升值部分兑现，不影响公司的总资本和股权结构。然而，其劣势也同样来自于其虚拟性，激励对象不能拥有股票的所有权，也不能拥有分红权（虚拟股票除外）、表决权与配股权，也不能转让和出售，在离开公司时自动失效，因此激励效果相对较差。具有虚拟性质的股权激励模式，从本质上讲，仅仅是奖金的延迟发放，弥补了普通奖金的缺点，具有一定的长期性，但并未起到有别于普通薪酬与福利，真正股权激励所预期的具有激励与约束双重作用的效果。

②股票期权的相对优势。股票期权与股票增值权、虚拟股票具有类似的特性与操作方法，但它在我国股权分置改革后受到更多的推崇。除上文所提的股票增值权与虚拟股票的标的具有虚拟性之外，股票期权还在其他方面略占优势：一是在现金支付压力方面，如果采用股票增值权和虚拟股票方式，除支付股票形式之外，要向激励对象支付现金，而采用股票期权方式，若激励对象不采用"无现金行权"方式，公司不需支付现金，而是激励对象个人支付现金以获得股权；二是在税收优惠方面，股权激励计划往往具有税收延迟作用；三是长期激励作用方面，股票增值权与虚拟股票若采用现金支付方式，则仅作为一次性的业绩激励，相对而言，股票期权具有行权等待期的限制可以适当延长激励期限。然而，股票期权的实施只有通过资本市场的有效辅助作用，才能真正取得预期效果，因此，由于在探索阶段资本市场平台的缺失，股票期权并不能被很好地利用。以股权分置改革为契机的资本市场改革的逐步推行，也为股票期权模式的实施构建了良好的制度平台。

③限制性股票的相对优势。限制性股票与业绩股票作为同一类型具有极为相似的特征。业绩股票与业绩单位曾是中国企业使用最为广泛的股权激励形式，能够通过设置一定的业绩目标，使激励对象为完成该目标付出努力从而实现公司价值的提升。但由于公司业绩目标确定的科学性难以保证，容易导致公司管理层操纵与造假行为，而业绩单位与业绩股票相比，又少了股价的影响，更加容易忽视公司长期发展利益。这两种激励模式的依据仅和工作业绩挂钩，并没有充分利用股市优势。但在股权分置之前，中国股市的股价多数脱离基本面，尤其是大多数经营者并不能够以"为股东创造市场增值"为目标，而相当多的经营者在代理人和委托人的"风险—回报"博弈中以自身利益为出发点，从而选择了业绩股票或

业绩单位等较为稳妥的方案。而在股权分置改革成功推行之后,随着我国资本市场的成熟,业绩股票与业绩单位逐渐由限制性股票所代替。限制性股票具有与业绩股票相同的优点,如通过年限或业绩目标的设定而实现对特定对象的激励与约束,此外,限制性股票通过股价高低来确定激励力度的特点使其更加具有长期性与激励性,成为现阶段上市公司青睐的主要模式。

3. 股权激励关键契约要素设计①

科学设计股权激励契约要素,形成合理的契约结构是股权激励预期效应得以实现的前提。以股票期权或者限制性股票方案为例,契约要素一般包括激励模式、激励对象、行权(授予)价格、授予数量、激励期限、激励条件(包括股票期权契约中的行权条件,限制性股票契约中的授予条件与解锁条件等)、股票来源与资金来源等②,如图11-1所示。

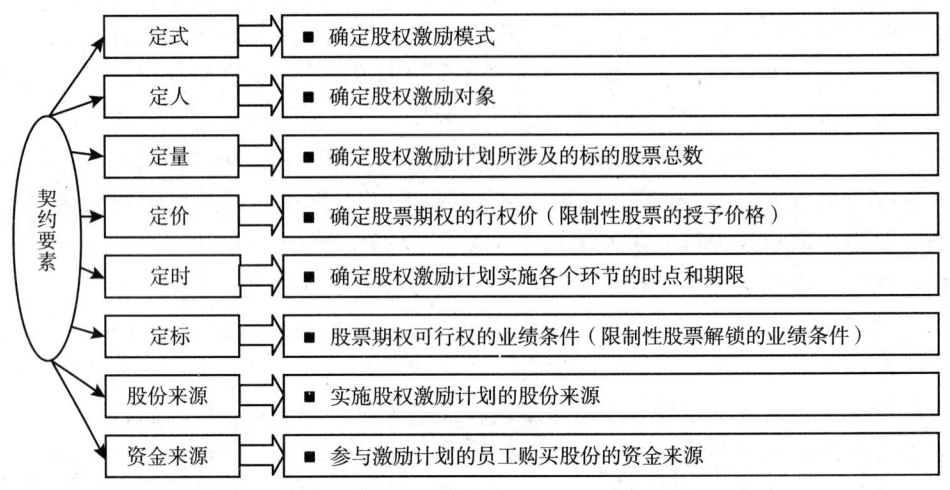

图11-1 股权激励的主要契约要素

(1)激励模式。由前文可知,股权激励模式主要有股票期权、限制性股票、股票增值权等,各种激励模式均具有不同的优势与劣势,而选择适当的激励模式是股权激励取得事半功倍效果的前提。公司应在考虑其行业、成长性、规模等特

---

① 徐宁:《中国上市公司股权激励契约安排与制度设计》,经济科学出版社2012年版。
② 以股权分置改革后我国上市公司的主要股权激励模式——股票期权与限制性股票为例,两者的契约要素在处理方式上基本相似。

征的前提下权衡股权激励模式的利弊，例如，股票期权具有给公司带来的现金支付压力较小、税收优惠方面等优势，但其实施却需要有效资本市场的辅助作用，而限制性股票能够通过设置一定的业绩目标与工作年限，在留住核心人才方面略胜一筹。因此，在人力资本密集型行业中的企业，尤其是高科技企业采用股票期权所获得的激励效应更为突出。而企业处在快速扩张期，往往需要负债经营，现金流压力较大，股票期权更能够发挥其激励作用，而限制性股票一般适用于成熟型企业。

（2）激励对象。股权激励的实质是促进激励对象个人利益与公司利益相结合，实现激励相容。确定激励对象的范围与分布使其对人力资本的激励效应最大化，是制定合理的股权激励契约亟须考虑的关键问题之一。股权激励的首要对象应该是"为公司的生存与发展提供关键性资源或承担公司重大风险的主体"。在确定股权激励对象的范围与分布时，公司应充分考虑关键内生因素与战略导向的影响，应根据行业特性、规模、成长性、战略定位等关键内生因素的不同，有针对性地选择激励对象。战略目标决定了公司的发展方向，也决定了公司关键资源的来源与流向，股权激励应成为为公司战略成功实施培养人才、储备人才、保留人才的重要保障与支撑。

（3）授予数量。授予数量即上市公司有效的股权激励计划所涉及的股票总数。授予数量对于股权激励实施效果具有较大的影响，较低的授予数量对于激励对象的激励作用将受到影响，而较高的授予数量可能会给经营者及核心员工带来更大的动力，但也会带来壕沟效应，甚至由于高昂的股权激励费用导致对公司财务指标的严重影响。因此，应根据公司的具体条件，科学适度的授予数量，以确保股权激励力度的合理性。

（4）行权（授予）价格。对于股票期权而言，行权价格是指公司向激励对象授予股票期权时所确定的其在未来预定时间内购买上市公司股票的价格。行权价格越高，激励力度越低，而上市公司股东承担的激励成本则相对较低，而行权价格越低，则股票期权的价值越高，激励力度越大，但股东承担的激励成本相对增高。行权价格的确定应尽量反映公司现阶段的真实价值，以使股权激励的收益真正能反映经营者付出的努力，由于在资本市场不完善下股价的易于操纵与短期波动性特点，在制定行权价格时，应要求上市公司根据更长时间的平均收盘价作为制定依据。

（5）激励期限。激励期限一般是指确定激励计划中的时间安排，包括有效期以及授权日、等待期（对于股票期权而言）、解锁期（对于限制性股票而言）等时间节点的设置。有效期是指从股票期权授予激励对象之日起到股票期权失效为止的时间段。在制定股权激励契约时,应适度延长激励期限,且采取分层分批行权的形式,避免短期化。分期授权、分期确定价格可以避免上市公司的股权激励方案首先锁定一个较低的授予价格,同时也可以让公司应对股价波动的影响,即若是在一个股价较高时期推出股权激励方案,那么这一期的股权激励不被行权,还有下一期在股价较低的时候推出的股权激励方案可以行权,从这一角度出发,公司一次授予不宜过多,从而体现长期激励效应[①]。

(6)激励条件。激励条件是主要针对公司股权激励授予与行权时所设定的业绩条件,包括激励对象是否有资格参与激励计划的授予条件,以及指激励对象对已获授的股权行权时需要达到的行权条件等。激励条件可由公司自主决定,但却是股权激励中监管部门和股东关注的重点。合理的激励条件应具有使用多维度指标,并适当设计更为严格的指标幅度。对于多维指标的要求,首先是以会计信息为基础的激励和以市场价值信息为基础的激励结合,即业绩考核指标应包含反映股东回报和公司价值创造等综合性指标,如净资产收益率(ROE)、经济增加值(EVA)、每股收益等;反映公司赢利能力及市场价值等成长性指标,如净利润增长率、主营业务收入增长率、公司总市值增长率等;反映企业收益质量的指标,如主营业务利润占利润总额比重、现金营运指数等。其次是积极提倡引入同行业(或选取的同行业境内、外对标企业,行业参照证券监管部门的行业分类标准确定)业绩水平作为参照,甚至引入非财务指标。行权(授予)条件的严格设置体现在,根据企业情况,制定挑战性与可行性兼具的目标,即既以目前的资源能力水平能够达到,但又必须付出诸多努力才能达到的目标,真正体现股权激励契约的激励性。在绩效指标的选取上应更多地考虑行业与公司自身的实际,呈现出多样化且具有合理性的特点。

高管辞职套现:诱惑太大规制太软

股票期权的有效性取决于两个条件:一是完善的资本市场;二是完善的法律,而目前我们这两个条件都没有完全具备,或者说是有缺陷的和不成熟的。2006年3月辞职的三花股份(002050)原副总裁、董事任金土、董事王剑敏2007年分别减持所持有的全部三花股份88.83万股和50.10万股,按照三花股份当日均价21.77元/股计,两人套现金额分别达到1933.83万元和1090.67万元。

---

① 杨华、陈晓升:《上市公司股权激励理论、法规与实务》,中国经济出版社2009年版,第278~279页。

再如2006年8月辞去董事职务的思源电气（002028）目前第四大股东杨小强，在离职半年后连续两次减持思源电气股份近200万股，套现金额达9000万元。这种现象，毋宁说是减持套现对高管人员的诱惑太大，不如说是资本市场和相关法规的不成熟所致。

为了提高股票期权的有效性，在条件还不成熟的情况下，可以先从以下几个方面入手：（1）规定高管人员每年转让的股票不得超过其所持有某一公司股票总数的25%，辞职后仍然有效；（2）缩小持股范围，可以仅限于总经理和副总经理；（3）延长行权期，从公司和投资者的长远利益考虑，以5年为宜；（4）控制持股比例，资本市场发达国家的高管人员持股比例一般在5%左右或稍高，中国不应超过5%；（5）行权价格不宜完全按照市场价格，可以根据行权期内的公司绩效和行业水平综合确定，以防止人为地操纵股价。

当然，随之资本市场和相关法规的成熟，上述规定应按照市场运作规则及时修改。

（资料来源：高明华：《高管辞职套现：诱惑太大规制太软》，载《上海证券报》2008年2月28日（节选并经编者整理）。）

（7）股票来源。股票来源是指实施股权激励计划的股份来源，包括定向增发、回购、大股东转让等。《管理办法》规定：拟实行股权激励计划的上市公司，可以根据本公司实际情况，通过以下方式解决标的股票来源：向激励对象发行股份；回购本公司股份；法律、行政法规允许的其他方式[①]。定向增发的操作过程比二级市场回购简单，是上市公司成长过程中最为熟悉的操作方式，而新规出台导致大股东转让方式成为历史，因此，定向增发方式成为上市公司的首选。

（8）资金来源。资金来源是指参与激励计划的员工购买股份的资金通过何种渠道获得。在实践中激励对象的资金来源大体上可以分为三大类：第一类为股权激励涉及对象自筹基金。当前多数企业仍以自己筹措为主，其他方式为辅。公司要求激励对象自筹部分资金的同时，会以股权授予时相应业绩年度的超额净利润为基数，提取一定比例的购股资金；第二类为上市公司对股权激励对象的薪金或根据国家规定提取的各类奖励基金。针对少数上市公司提取激励基金资助激励对象行权问题，为进一步保护中小股东利益，《备忘录1号》做出相关规定，以定向增发方式取得股票，则提取激励基金应符合现行法律法规、会计准则，并遵守公司章程及相关议事规程，提取的激励基金不得用于资助激励对象购买限制性股

---

① 详见《上市公司股权激励管理办法（试行）》（2006年1月1日）第十一条。

票或者行使股票期权①;第三类为股权激励对象以所受股权进行质押、租赁等方式取得的融资,即通过信托方式垫资。此方式较为简洁,但受益权弹性较大,作为一种融资变通方式仍需要相关法规制度的严格规定。

11.2.3 公司代理人隐性激励机制

激励机制根据签订契约的显性化程度,可以分为显性激励与隐性激励。如果一种因素在一个博弈阶段中就能够发挥作用,则这种行为的显性化程度就高,如货币薪酬激励,较高的货币报酬使雇员付出较大的努力,这个激励作用在一个博弈阶段中就能够充分表现出来,因此,货币薪酬激励是一种显性激励。但是如果一种因素只有在若干个博弈阶段中其作用才能表现出来的话,则可以认为是一种隐性激励因素。激励因素发生作用的期间越长,越可以认为是隐性的激励因素。控制权激励、晋升激励与声誉激励的结果均需要较长时间获得,并具有不确定性,因此,它们均为隐性激励机制。

1. 控制权激励

公司将特定控制权通过契约授权给公司代理人。这种特定控制权一般是指经营控制权,只有高层经理人员拥有,包括日常的生产、销售、雇佣等权力。企业家控制权激励机制是一种通过决定是否授予特定控制权(法律意义的经理代理权)以及选择对授权的制约程度来激励约束企业家行为的制度安排。从本质上看,企业家控制权激励机制是一种动态调整企业家控制权的决策机制,决策的内容包括是否授予控制权、授予谁和授权后如何制约等,决策的结果在很大程度影响着企业家的产生以其努力程度和行为②。

经营控制权对高层管理者的激励作用通常表现为两种形式,一种是可以货币化的激励,如拥有职位特权所带来的消费以及办公室、合意雇员、公务观光等非货币物品,也是通常所说的在职消费(perk)。在职消费,也称职务消费,是企业管理层在行使职权、履行过程中所发生的应有企业支出的货币消费以及由此派生的其他消费③。在职消费是因职务和工作需要而引发的消费,在各国都普遍存在。如美国公司经理的职位消费数目繁多,大致分为三种类型:第一种是在企业

---

① 详见《股权激励有关事项备忘录1号》(2008年3月17日)第一条。
② 黄群慧:《控制权作为企业家的激励约束因素:理论分析及现实解释意义》,载《经济研究》2001年第1期。
③ 高明华等:《中国上市公司高管薪酬指数报告(2011)》,经济科学出版社2011年版。

内部为经理提供舒适的工作环境，如豪华办公室、经理餐厅、专用停车场等；第二种是在企业外部为经理的工作提供良好的服务，如代缴俱乐部或协会会员费，报销公费旅游费用等；第三种是金融咨询、低息贷款、税收补助、免费修缮个人住宅、有权使用企业财产等。这些费用一般计入经营成本，属于税前分享部分，与经理人贡献无关。在英国、德国和日本的公司，90%以上的经理使用公司专车；欧洲国家的许多公司都有为经理及其家属支付度假费用。在职消费有以下共同特征：(1) 与高管的工作和职位相关；(2) 能够提升高管的效用；(3) 对公司价值提升并无此消彼长的直接联系；(4) 发生的数量、目的、时点更为弹性，而且不受制于明示的契约；(5) 体现了高管个人的主管意愿、兴趣与社会资本[1]。这种费用是高管处理公司事务所进行的合法支出，高管有权力在一定范围内支配这些费用，以满足自身效率。因此，在职消费是控制权激励的主要表现形式。

另一种是难以货币化的但却能够带来精神激励效应的形式，隐性程度更高，但可以满足代理人精神方面的需要，一是在一定程度上满足了企业家施展其才能、体现其"企业家精神"的自我实现的需要，二是满足控制他人或感觉优越于他人、感觉自己处于负责地位的权力需要[2]。

2. 晋升激励

所谓晋升激励，是指公司通过组织结构中的职位晋升，即将业绩更好的高管人员晋升至更高职位来对其产生激励效应，以进一步提升公司绩效。晋升激励的结果（雇员的努力变成更高的职位）的出现需要很长时间，而且这种结果是否出现都是未知的，虽然可以预测结果出现的概率，但其中的不确定因素很多。即便是有人对雇员许诺，只要做出某种努力就可以获得某个职位，这种结果最后能否出现也是不可信的。从这个意义上说，晋升激励与货币的激励有着明显的区别，货币的激励结果兑现的可能性要大得多。

公司中的晋升机制之所以能够发挥激励作用，主要有两方面原因：一方面，公司中的职位越高，相应的利益就越多，包括更高的薪酬、更强的成就感，以及更多的在职消费等，因而职位晋升可以为管理者带来各种货币与非货币利益；另一方面，职位晋升与业绩挂钩，只有业绩更佳的管理者可以从激烈的晋升竞争中

---

[1] 陈冬华、陈信元、万华林：《国有企业中的薪酬管制与在职消费》，载《经济研究》2005年第2期。

[2] 周其仁：《"控制权回报"和"企业家控制的企业"——"公有制经济"中企业家人力资本产权的案例研究》，载《经济研究》1997年第5期。

胜出，因此，管理者为了获取与高层职位相关的各种利益，有动力改善业绩以谋求晋升竞争优势。由此，晋升机制的激励作用大小取决于两个因素，一是公司职位层级之间的利益差距，其中最直接的表现就是薪酬差距，这种差距越大，激励效应越强；二是晋升与业绩的相关程度，这种相关度越高，晋升机制的激励作用越明显。晋升激励与薪酬激励的最大差异在于其业绩基础不同。薪酬激励的基础是管理者的绝对业绩，而晋升激励更多地依赖管理者的相对业绩，即只要能够实现管理者之间的业绩排序，晋升机制就可发挥作用[1]。

3. 声誉激励

声誉激励属于精神激励与隐性激励的范畴。公司代理人一般较为重视自身长期职业生涯的声誉或荣誉，一方面这种声誉能够为高层管理者带来社会赞誉及地位，满足成就需要；另一方面良好的声誉意味着未来更加丰厚的货币收入。经理人意识到声誉对于他们的各种好处，并为了维护其长期建立起来的声誉，便会增强技能、改善态度、努力工作，减少机会主义行为，这是声誉激励发挥作用的原理。但其发挥作用的基础与条件较为严格。

首先，其发挥作用的基础是完善的经理人市场。在市场竞争中，经理人通过长期重复博弈建立起个人声誉，包括能力、经验、忠诚度等一系列信号得以显示，以减少"逆向选择"的信息不对称问题。其次，声誉激励发挥作用的过程是一个长期过程。保证经理人具有长远预期，是高管人员声誉机制形成和发挥作用的基础。只有经理人将长期从事经营管理工作，并且声誉的好坏会对其未来的职业生涯产生决定性影响的条件下，他们才会重视个人声誉。因此，公司经营者的任期过短问题将会导致他们行为的短期化，难以形成长期的声誉形成机制。第三，是要具备高效的声誉评价系统，并构建高管人员的声誉传播渠道。公司高管人员的声誉体现了其以往的业绩，也是对高管们拥有的创新能力、开拓能力和敬业精神等的一种证明。但声誉只有通过完备的渠道进行传播才能对高管们产生有效的激励，否则错误的声誉信息会导致激励机制的扭曲。解决这一问题的主要方法就是要求每一位高管建立起全面、真实、连续、公开的业绩档案记录、信用记录。证券监管部门可以为所有在职的高管建立一个公开的数据库，使得相关利益人可以自由地获取他们的个人信息和对公司决策的观点，对那些有"偷懒"行为的高管予以公布。因此，声誉系统效率的提高会引起声誉租金的大幅上涨，从而

---

[1] 廖理、廖冠民、沈红波：《经营风险、晋升激励与公司绩效》，载《中国工业经济》2009年第3期。

促进企业对声誉建设的重视程度。

11.2.4 有效激励机制设计的实现途径

1. 有效激励机制设计原则

（1）信息充分原则。有效的激励方案应该基于反映经营者努力程度的信息变量而设计的，而且应尽量确保信息量的充足，使其能够全面反映经营者的能力、态度与行为等信息。因此，为了增加激励方案的有效性与价值，应尽量把增加业绩测度误差的指标（即仅反映非经营者所控制的随机因素的指标）排除在决定因素之外，而将减少业绩误差的指标添加到其中。这样能够提高激励方案的效率，并降低其成本。

（2）激励强度原则。激励方案的强度是根据不同情况的变化而变化的，对其影响最大的四个因素是：工作努力的边际回报率、行为绩效评价的可靠性与准确性、经营者风险偏好以及经营者行为对激励报酬因素的敏感度等。工作努力的边际回报率越高，经营者越努力获得的报酬越多，激励强度也增大；行为绩效评价的可靠性与准确性越高，则能够更加精确地衡量经营者的努力程度，从而能够更好地用报酬去补偿他，激励强度则随之增加；经营者的风险偏好也会降低其承担风险的成本，增加激励强度；经营者行为对激励报酬因素的敏感程度越高，不同的激励报酬能够影响经营者行为的程度的变化也就越明显，激励强度也就越大。

（3）有效监督原则。对经营者业绩的客观评价以及对其行为的有效监督是为经营者提供有效激励的必要条件。由于管理层权力的存在，在某些情况下经营者的激励机制会偏离初衷而成为其谋求私利的工具。因此，公司应投入较多的资源，构建有效的监督体系对经营者行为加以约束，并对他们的业绩进行合理客观的评价，真正使激励机制能够发挥预期效应。同时，由于管理层权力的存在，导致代理人的过度激励所带来的风险不期而至。建立有效的监督机制是实现激励机制的前提，能够与激励机制产生良好的互补效应。制订合理的代理人激励机制并对其执行过程进行有效规制，使其既能对管理者提供足够激励的同时规避各种风险，是激励机制有效性实现的关键。

（4）边际收益平衡原则。如果公司代理人同时存在两种或两种以上的经营行为或任务，此时委托人给予某种行为以强激励，会诱导代理人将其用于其他行为上的时间与精力转移到该种行为上。因此，在此情况下，尤其是委托人难以有效测评出经营者在每类行为或任务上投入精力的多少时，在激励契约设计时，便应该使每类经营者行为和任务具有相等的边际收益,这样将有利于经营对时间、精力或其他资源能够较为平均的进行分配。

(5) 弱化棘轮效应原则。在经营者激励契约设计的时候,倘若以过去的绩效作为今后经营者获得奖罚的基点,这是便产生了"棘轮效应"。而这种棘轮效应的直接体现是,过去的绩效好,则基点高,经营者难以取得较高的报酬;过去的绩效差,则基点低,却更容易获得较高的奖励。这对于过去绩效较好的经营者是非常不公平的,会严重影响激励作用,甚至会产生反作用。因此,弱化或者克服棘轮效应是有效激励机制设计的前提,而采用相对业绩评价或横向比较的方法将较为有效的解决上述问题。

(6) 及时披露原则。有效的激励契约应该确保其公平性与合理性,信息披露制度的有效建立对于激励机制效应的实现有着重要的作用。由于经营者机会主义行为的存在,经营者伪造财务报表、披露虚假信息等道德风险将会凸显出来,而避免该类风险的有效措施则是及时披露各种信息,增加激励契约设计与实施的透明度。因此,信息披露制度的有效建立对于激励效应的实现有着重要的作用。

(7) 动态性原则。动态性是有效激励契约的重要特征,即有效的激励契约应该随着企业外部环境、内部条件以及经营者自身因素的变化而变化。例如,公司的生命周期阶段不同或所处的行业不同,采取的激励机制也应有所差别,具体的业绩评价体系以及激励方式的组合也应根据情况进行调整。

(8) 整合性原则。在代理人激励机制发挥作用的过程中,单个激励机制的边际效用是递减的,甚至会因使用过度而产生负面效应,因此,根据情境条件在不同激励机制之间构建良好的整合效应,才能够产生更加显著的激励效果。比如,当经营风险较高时,经营者无法控制的因素较多,绝对业绩中所包含的噪音较大,此时薪酬激励的有效性较低,而晋升激励相对更为有效;反之,当经营风险较低时,绝对业绩与管理者努力程度的相关性较高,薪酬机制就能取得较好的激励效果。因此,公司设计激励合约时应当根据自身经营环境特点选择晋升机制与薪酬机制的适当组合,低风险公司选择较高的薪酬激励强度,而高风险公司应该更加倚重晋升激励[1]。

2. 有效激励的基础:代理人业绩评价体系

代理人业绩的评价不应单单是对于结果的评价,还应包括对经营者承担职责

---

[1] 廖理、廖冠民、沈红波:《经营风险、晋升激励与公司绩效》,载《中国工业经济》2009年第3期。

的素质、履行职责的过程以及完成职责的成果等方面的全面综合性评价，而在现代公司中，应积极构建该体系以有效地对经营者绩效进行合理评价。

（1）评价原则。客观准确地对代理人业绩进行评价是激励机制发挥作用的前提，而代理人的业绩评价应该满足以下原则。

①战略导向原则。企业战略是对企业长期全面的发展进行的理性抉择，而将企业战略传达给代理人是业绩评价的一个重要作用。通过这种相互的沟通，能够使代理人以战略目标的实现来获取其所期望的利益。而实现此沟通的重要手段之一便是合理设置业绩评价指标，使其引导代理人真正以实现企业战略目标为导向。

②过程与结果兼顾原则。关注过程的业绩评价更加注重代理人的工作态度和能力，评估内容主要集中在代理人工作过程中的行为、努力程度和工作态度。关注结果的业绩评价注重工作的最终业绩，以工作结果为导向，评估内容主要集中在工作的实际产出。如果过于看重最终的结果，可能忽略了过程，容易导致过于注重短期利益。所以，在对代理人业绩进行评价时，要注重两者的结合，这样更有利于获得更为客观的评价结果。

③公平性原则。代理人业绩的影响因素一般包括可控因素和不可控因素两大类。不可控因素是代理人个人无法改变和影响的因素，通常指国家宏观政治与经济政策、行业景气程度、行业竞争状况、自然因素以及其他一些随机性因素。当公司价值受到不可控因素影响的时候，其价值大小并不能通过代理人的个人努力程度来衡量。因此，在对代理人业绩进行评价时，要合理地考虑不可控因素对公司价值的影响，从而更好地体现公平性。

④平衡性原则。代理人业绩评价必须体现长期和短期指标的平衡以及财务指标与非财务指标的平衡。首先，企业的价值是追求长期利益最大化，但短期的利益又是长期利益的基础和前提，两者的协调是企业持续发展的保障；其次，财务指标往往只代表投资者的利益，却难以体现利益相关者的满意程度。因此，评价代理人行为时，应适当引入"员工满意程度"、"顾客满意程度"、"创新能力"等非财务指标，实现财务指标与非财务指标的平衡。

（2）具体业绩评价方法。常见的评价方法有三种：一是会计方法，即运用会计指标，如资产收益率、每股收益、销售收入、利润总额等来评价代理人行为，并以此为基础决定其报酬水平。此方法简单易行，但受记账方法的限制，难以准确地反映股东价值的变动，同时由于财务指标的短期性，容易使经营者过多地关注短期利润而非长期发展，甚至通过操纵财务指标以谋求个人私利。二是经济价值方法，即通过股票市场价值来评价代理人行为和决定其报酬水平。此方法的优点是在股东价值与代理人报酬之间构建了更为直接的联系,但也具有较大的局限性。例如,某些代理人可能由于对资本市场的过度依赖而忽视了企业的长期价值,而且也难以区分经济周期对股票市场价值的影响,从而不能判断股票价值的变动是由于经营者的努力所致还是受到诸如经济周期等非可控因素的影响。三是相对业绩评价方法(relative performance evaluation,RPE),此方法是对经济价值方法的一种补充,能够剔除环境不确定对代理人业绩的影响。相对业绩评价的具体操作方法如表11-6所示。

表11-6　　　　　　　　　　相对业绩评价的具体操作方法举例

相对业绩评价方法	操作方式	特点
比值法	采取一定方法设定相对业绩标杆,再依据实际业绩与相对业绩的比值进行评价	可以将绝对业绩评价与相对业绩评价结合起来使用,因而更具科学性和合理性
锦标制度法（排名法）	对代理人的奖惩依赖于他在所有代理人中的业绩排名	操作简单,并能最大限度地调动被评价者的竞争意识,但容易减少合作
配对比较法	将被评价者进行两两配对比较,从中选出较好的一个,再依次进行循环比较,计算评为较好的频率,最后排出所有人员的顺序	这种方法较适用于工作内容相近、业绩难以量化的主观评价。其局限是当被评价的人数较多时比较费时费力
强制分布法	根据业绩表现将被评价者按某一比例划分到特定的类别中	这种方法能够清晰地区分员工业绩和潜力等级,并减少业绩评价中可能存在的、"棘轮效应"等问题。其局限是评价的公平性相对较差
相对百分数法	根据需要设定不同的评价维度,评价者对所有被评价者进行比较打分,每个维度的分值在 0~100 之间,最后对所有维度的得分进行加权平均	这种方法类似于两两配对比较,但相比而言这种方法更科学、精确

资料来源:王剑、何晴:《相对业绩评价的概念、理论基础及应用》,载《生产力研究》2012年第1期(经编者整理)。

3. 有效激励的执行保障:薪酬委员会的独立性与高效性

比亚迪电子更换薪酬委员会主席

比亚迪电子2012年4月10日发布公告,称非执行董事兼董事会主席王传福不再担任比亚迪电子薪酬委员会主席,独立非执行董事梁平先生将接替他担任比亚迪电子薪酬委员会主席。该人事变动将由 2012 年 4 月 10 日起生效。

据悉,薪酬委员会是董事会按照股东大会决议设立的专门工作机构,主要负责制定公司董事及经理人员的考核标准并进行考核;此外还负责制定、审查公司董事及经理人员的薪酬政策与方案,为董事会负责。薪酬委员会主席的职权包括:(1) 召集、主持薪酬委员会会议;(2) 督促、检查薪酬委员会会议决议的执行;(3) 签署薪酬委员会重要文件;(4) 定期或按照董事会工作安排向公司董事会报告工作;(5) 董事会授予的其他职权。

(资料来源:网易财经 http://money.163.com/12/0410/18/7UOIBFUM002534NV.html。)

在西方公司治理实践中,设计经理薪酬合约的职责一般由隶属于董事会的次级委员会——薪酬委员会(Compensation Committee)来履行,由 4~6 名董事会任命的董事委员(大多为独立董事)组成。薪酬委员会是董事会按照股东大会决议设立的专门工作机构,主要负责制定公司董事及经理人员的考核标准并进行考核;此外还负责制定、审查公司董事及经理人员的薪酬政策与方案,为董事会负责。但对于薪酬委员会的有效性问题,学术界一直存在分歧[①]。薪酬委员会的独立性,即薪酬委员会的内部人和外部人构成,是影响其有效性的重要因素,多数学者通过实证检验表明,外部人的独立性和专业性较高,在设计薪酬契约方面更加有效。作为激励契约设计与实施过程的参与主体,薪酬委员会应由独立董事组成,董事长和总裁等高层管理者不得参与,以减弱其对干预力度,并以此作为实施股权激励计划的制度性门槛。此外,应建立一套行之有效的薪酬委员会运行机制,如委员会成员的选聘、考核与薪酬制度等,确保其能有效地履行职责。强化薪酬委员会的独立性与有效性,以减弱代理人对激励契约设计与实施的干预力度。

但在我国,若干上市公司的董事长或总裁参与了薪酬委员会,如亿阳信通(600289)的总裁与大众公用(600635)的董事长分别参加了薪酬委员会,而伊利股份(600887)的董事长同时参加薪酬委员会和提名委员会。经理权力模型显示,在经理权力影响薪酬委员会决策的情况下,经理人在自己的薪酬安排上掌握着一种凌驾于薪酬委员会之上的权力,从而会严重影响薪酬委员会的独立性[②]。

---

① 王子成、张建武:《西方薪酬委员会制度研究综述》,载《外国经济与管理》2006 年第 9 期。
② Bebchuk, L. and J. Fried. Power Rent Extraction and Executive Compensation [R]. CESifo Forum, 2002 (3): 3-5.

11.3 公司代理人的约束机制

如前文所述,以权力的分立与制衡原理为基础,在设计公司代理人约束机制的时候,要兼顾内部约束机制与外部约束机制,形成两者有机结合的整体。内部约束机制指的是利用公司现有的资源进行人为制度设计来降低代理成本的各种途径的总称,一般是指公司治理结构(包括董事会治理、监事会治理、大股东治理等),为公司提供内部约束;外部约束机制则指的是超出一个公司的资源规划范围,依靠市场自发或政府干预等实现的降低代理成本的各种途径的总称,包括经理人市场、产品市场、资本市场、法律法规等,为公司提供外部约束①。不同的约束机制具有不同的作用形式,如表11-7所示。

表11-7　　　　　公司内外部约束机制及作用形式

约束机制	作用形式	信号显示机制	优胜劣汰机制
内部	公司治理结构	公司治理效率指标	监督和制衡机制
外部	资本市场	企业市场价值指标	接管(并购)及破产机制
	经理人市场	声誉显示	竞争选聘机制
	产品(要素)市场	企业财务指标	盈亏及破产机制
	法规和政策	法规、政策及关联条例	规范和保障机制

资料来源:上海国家会计学院:《公司治理》,经济科学出版社2011年版。

11.3.1 公司代理人的内部约束机制②

公司治理结构能够对高管权力进行有效约束,充分发挥独立董事、监事会以及控股股东对于代理人的制约作用,能够尽可能地防止代理人机会主义行为,降低其恶意操纵的动机与能力,从而降低代理成本。

1. 独立董事的约束

企业契约的不完全与为此而建立的法人治理结构存在缺陷,是独立董事产生的基本原因。为避免独立性悖论的出现,目前促进独立董事发挥作用的机制仍停

---

① 郑志刚:《投资者之间的利益冲突和公司治理机制的整合》,载《经济研究》2004年第2期。
② 徐宁:《中国上市公司股权激励契约安排与制度设计》,经济科学出版社2012年版。

留在约束层面,如外部声誉机制与法律制度的约束,导致激励性略有不足。为更加充分地发挥独立董事的作用,与业绩挂钩的激励性薪酬也应该作为其报酬的一部分,即固定薪酬与可变薪酬相结合,使其真正与公司共同分享利润,分担风险,而这里的业绩应为中长期业绩,且尽量滞后于高管业绩考核周期,以避免其报酬上的"不独立"而产生合谋动机。此外,其报酬也应由证监会等第三方或者"独立董事协会"等中间性组织做出硬性规定并拥有审批权,从而促进其行为上的"独立",真正起到监督作用。

2. 监事会的约束

我国上市公司治理体系设计在模式上更接近于大陆法系的"二元模式",即采用独立董事与监事会并存的双重监督模式。因此,监事会对经理层的监督和制衡也是至关重要的,是对董事会监督的一种补充。独立监事制度作为一种重要的制衡手段,可以更好地保障监事会独立性。独立监事的选任和罢免权应归于流通股东,而非控股股东,以保证中小股东的利益,而其薪酬也应由独立于上市公司之外的基金等第三方支付。并通过法律等手段来确保监督程序的合法性与完备性,以取得服众的公信力。

3. 大股东的约束

股东投入企业的专用性资本与之分离,其资产具有可抵押性,在企业濒临危机的情况下,股东是企业的主要风险承担者,具有更大的激励监督公司做出最优的决策。在股权相对集中的上市公司中,大股东起主导作用。大股东控制虽然容易带来其与中小股东的第二类代理问题,但对于股东与管理层之间的第一类代理问题却有积极作用。相对于中小投资者而言,大股东具有更强的动力与能力去规范经营者行为。在公司内部治理机制中,大股东可以通过"用手投票"与直接参与等方式向管理层表达意见。但由于大股东治理的负面作用,避免其与管理者合谋而侵犯中小股东利益,大股东对代理人约束作用可以作为其他约束因素的补充,而不能成为主导,即其约束作用的发挥需要与其他因素相结合,从而克服其防御效应,强化其激励效应。

11.3.2 公司代理人的外部约束机制[①]

市场竞争与法律法规均能够为公司代理人提供外部约束。市场竞争约束一般

---

① 徐宁:《中国上市公司股权激励契约安排与制度设计》,经济科学出版社2012年版。

通过经理人市场、产品市场与资本市场等市场类型来实现。其中，经理人市场竞争的约束作用最为显著，迫使经营者付出努力以增加公司价值，获得良好声誉；产品市场则表现在产品价格与质量上的竞争，促使经理人努力去改善经营管理，提高效率；资本市场则表现在公司股票价格及接管措施等对代理人的约束。产品市场与资本市场约束是间接的，需要通过经理人市场的直接约束而起作用。相对于市场竞争而言，《公司法》及其他法律法规的约束是一种刚性机制，体现了对代理人行为约束的最低要求，对代理人具有强制性。

1. 经理人市场

经理人市场旨在克服由于信息不对称产生的逆向选择问题，并为公司提供了广泛筛选、鉴别职业经理人候选人素质和能力的基础制度，其核心是职业经理人的竞争选聘机制。因此，经理人市场的充分竞争，能够使职业经理人始终保持危机感，从而自觉地勤勉工作并约束自己的机会主义行为。

经理人市场一般是通过声誉显示的信号传递功能，以及运用竞争效应形式构建市场选择与评价机制、市场控制机制来提供外部约束作用。声誉传递功能主要通过构建声誉显示机制，即职业经理人能力和努力程度的公开显示与评价，来抑制经营者做出可能断送其未来职业生涯的行为，如为了追求短期利益，通过造假等不正当手段抬高股价来获得自身利益最大化的机会主义行为。

市场选择与评价机制是指构建一种由市场确定经理人价值的评价体系，并能通过市场竞争对不同能力与素质的经理人优胜劣汰，从而对经理人产生引导与约束作用，致使其在经营与管理过程中会考虑自身在经理人市场中的价值定位而避免采取投机、造假等行为。控制约束机制是指通过法律法规政策、公司规定、公司内控系统等强制性规制对经理人行为进行限制与约束，相对于前两者的引导性，更具有控制性，较多体现的是一种事后惩罚。因此，上述多种机制的有效构建与运作，是构建完善的经理人市场的关键。

2. 资本市场

有效的资本市场是对代理人进行约束的重要途径，首先体现在资本市场的信号传递功能上。公司价值在资本市场上能够客观的被显示出来，便是对代理人行为评价的衡量标准。但目前，我国资本市场上的价格信号大多反映的是股票面对过多资金追逐时的稀缺程度，而有关对公司真实价值的评判信号和对投资机会的发掘信号却很少。在市场行情好的时候，经营者不需努力就可以使股价上涨获得财富增值，相反，在市场低迷的时候，经营者即使再努力也未必能够促进股价的提升，也即市场还不能对公司的盈利能力和经理人的努力水平给予客观的评价[①]。我国资本市场只有实现从政策性工具向真正实现资源配置的场所转变，其股价信号能真正反映企业的客观价值，才能实现更好的信号传递功能。

在资本市场提供信号传递功能的同时，建立在资本市场的有效运作基础之上的控制权市场也是重要作用途径。控制权市场通过包括公司接管（Corporate Takeovers）、杠杆收购（Leveraged Buyouts）以及公司重组（Corporate Restructurings）等在内的公司战略而实现的公司资产控制权转移，使经理人的合约补偿不是单纯建立在经理人的业绩之上，而是建立在私人可观察的真实世界状态之上[②]。

3. 产品市场

产品（要素）市场的竞争程度，反映了企业业绩的取得与经营者努力程度的关系。同时，通过反映产品价格信息进而反映产品生产信息，以及经营者隐性收入给企业造成的成本，以反映经营者的经营管理活动，达到控制约束的目的。如果企业的产品在同行业中具有较强的竞争力，则也有力地证明了负责该产品的经理人具有较强的经营管理能力，相反，如果企业的产品在同行业中毫无竞争力，则说明该经理人的能力与努力程度均有限。

产品市场的约束效应是通过经理人市场间接传递的，产品市场的充分竞争，经理人市场的信号传递与竞争功能才会增强。产品市场的充分竞争需要公平的法律环境的支持，即打破地区与专业领域，对于同类产品在产品市场上不能有歧视或限制，同时要防止垄断的发生。只有在公平竞争的法律环境之下，产品市场的充分竞争才可能出现，才能真正有效地从外部约束经理人的经营行为[③]。但由于产品市场控制作用的滞后性，因此需要与其他机制与途径的配合。

4.《公司法》及其他法律法规的刚性约束

法律法规是对代理人进行约束的刚性机制，具有强制性，一般通过三大类法律规范直接或者间接地对代理人产生约束作用：一是关于现代公司组织、管理制度的内容规范，主要解决公司企业法人的财产关系、治理结构及其运作的范围界定、行为规范和权利保障；二是关于公司企业行为的约束规范，如将公司的信息披

---

① 向显湖、钟文：《试论企业经营者股权激励与人力资本产权收益》，载《会计研究》2010 年第 10 期。

② Scharfstein, D. The Disciplinary Role of Takeovers. Review of Economic Studies, 1988, 55 (2): 185 – 199.

③ 陈文：《股权激励与公司治理法律实务》，法律出版社 2006 年版。

露纳入法律、法规体系,完善公司治理披露的监控机制等;三是直接关于代理人行为的规范,主要涉及各类经营者及其监督主体在责任与权利关系上的安排与确定。

最近修订的《公司法》对经理人的各种行为进行了明确的规定,如第149条规定,高级管理人员应当遵守法律、行政法规和公司章程,对公司负有忠实义务和勤勉义务。不得利用职权收受贿赂或者其他非法收入、不得侵占公司的财产。不得有下列行为:(1)挪用公司资金;(2)将公司资金以其个人名义或者以其他个人名义开立账户存储;(3)违反公司章程的规定,未经股东会、股东大会或者董事会同意,将公司资金借贷给他人或者以公司财产为他人提供担保;(4)违反公司章程的规定或者未经股东会、股东大会同意,与本公司订立合同或者进行交易;(5)未经股东会或者股东大会同意,利用职务便利为自己或者他人谋取属于公司的商业机会,自营或者为他人经营与所任职公司同类的业务;(6)接受他人与公司交易的佣金归为己有;(7)擅自披露公司秘密;(8)违反对公司忠实义务的其他行为。同时规定,高级管理人员违反法律、行政法规或者公司章程的规定,损害股东利益的,股东可以向人民法院提起诉讼。

除《公司法》之外,更多的要求则可以通过公司章程,或者行业协会的章程进行规定。公司章程是公司的"自治规范",但一经生效,立即发生法律约束力。公司章程是公司成立的基础,是公司组织与行为的基本准则,对公司中的各种利益主体的责、权、利做出明确的规定。一旦代理人进入公司,便受到公司章程的约束。

对于上市公司这种特殊类型的公众公司由于其涉及众多公众的利益,证券监管部门和证券交易所及有关司法机关,可依据《证券法》、《刑法》、《民商法》等对高管人员的任职资格与义务提出更多更高的监管要求。

要 点 小 结

1. 公司代理人是指在现代公司中,受雇于公司资产所有者、行使经营管理权并背负着运用公司所有者投入的资产实现资产增值使命的主体。

2. 道德风险形成的原因来自于委托人与代理人之间的信息不对称与契约不完备。激励相容理论是指代理人在追求个人利益的同时,行为的客观效果达到了激励机制设计者预期实现的目标,从而取得了委托人期望的结果,即代理人利益最大化的行为也实现了委托人利益的最大化。

3. 年薪制是最为主要的公司代理人薪酬激励机制。年薪制就是以年度为单位,依据企业的生产经营成功和承担的责任确定并支付工资收入的分配方式。年薪一般由基本年薪和绩效年薪(风险年薪)两部分组成。

4. 股权激励通过使经营者等激励对象获得公司股权赋予的经济权利,使其能够参与公司决策、与公司共享利润、共担风险,并将自身利益与公司利益相结合的长期激励机制。主要模式包括股票期权、限制性股票、股票增值权、业绩股票、业绩单位、虚拟股票与延期支付计划等。股权激励契约要素包括激励模式、激励对象、行权(授予)价格、授予数量激励期限、激励条件、股票来源与资金来源等。

5. 除薪酬激励、股权激励等显性激励机制之外,控制权激励、晋升激励与声誉激励等隐性激励机制同样能够为公司代理人提供有效的激励。

6. 有效激励机制设计原则包括:信息充分原则、激励强度原则、有效监督原则、边际收益平衡原则、弱化棘轮效应原则、及时披露原则、动态性原则与整合性原则;有效激励机制的基础是构建科学合理的代理人业绩评价体系;有效激励的执行保障是确保薪酬委员会的独立性与高效性。

7. 以权力的分立与制衡原理为基础,在设计公司代理人约束机制的时候,要兼顾内部约束机制与外部约束机制。内部约束机制包括独立董事约束、监事会监督、大股东治理等;外部约束机制包括经理人市场、产品市场、资本市场、法律法规等。不同的约束机制具有不同的作用形式。

思考与讨论

1. 什么是道德风险?它的形成原因是什么?激励相容性原理是什么?
2. 公司代理人激励机制分为哪些类型?每种类型的特点是什么?
3. 年薪制的基本构成是什么?我国公司年薪制存在哪些问题?
4. 股权激励模式主要有哪些?各自有哪些优缺点?
5. 股权激励关键契约要素有哪些?如何进行合理设计?
6. 为什么将控制权激励、晋升激励、声誉激励称为隐性激励机制?它们如何发挥作用?
7. 有效激励机制设计的原则、基础与执行保障分别是什么?
8. 代理人约束机制有哪些要素构成?各自发挥约束作用的形式是什么?

案例分析

泸州老窖股票期权激励计划

1. 背景介绍

泸州老窖股份有限公司(以下简称"泸州老窖")是 1993 年由泸州老窖酒厂以其经营性资产独家发起以募集方式设立的股份有限公司,于 1994 年 5 月 9

日在深交所挂牌交易。公司于 2006 年 6 月 6 日公布了股权激励计划草案，2006年 8 月 1 日公布了股东大会的批准决案。因国务院国资委新规《国有控股上市公司（境内）实施股权激励试行办法》于 2006 年 9 月出台，使得原草案部分内容需重新修订，计划暂时搁置。2008 年，公司再次启动股权激励计划，并于 2010 年 1 月 23 日公告修订稿，与 2006 年的方案相比，公司重启的股权激励计划做出了较大调整，两次股票期权方案均获得理论界与实践界的认同。

2. 2006 年泸州老窖股票期权计划

泸州老窖于 2006 年首推股权激励计划，其股票期权计划的主要构成要素如图 11-2 所示。

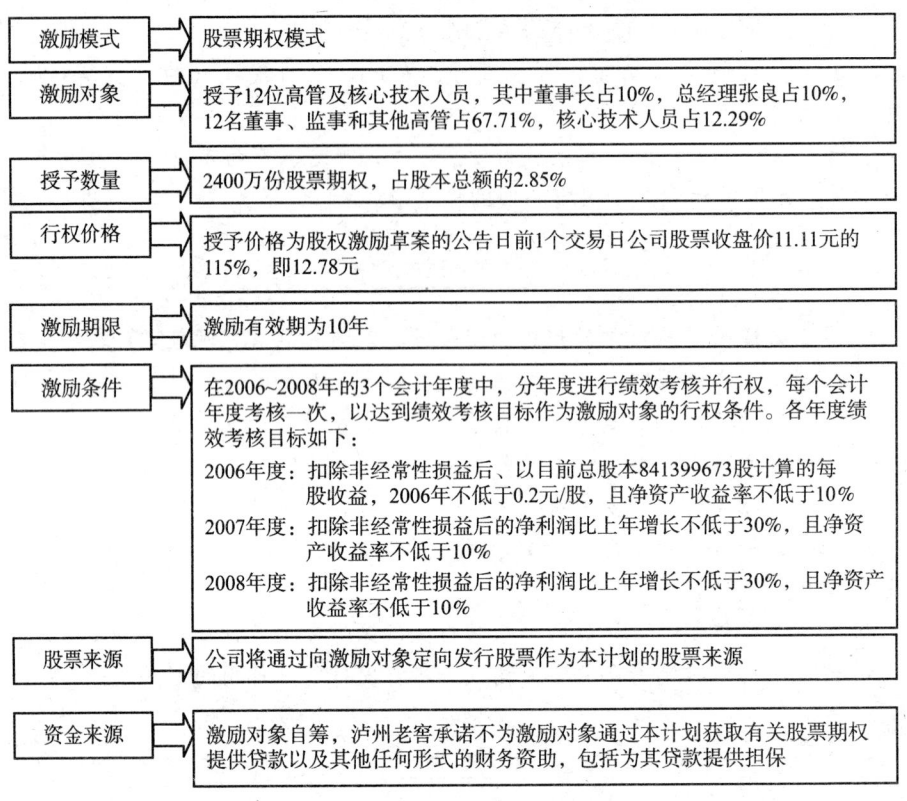

图 11-2 泸州老窖 2006 年股票期权激励计划的主要构成

3. 2010 年泸州老窖股票期权计划

与 2006 年的方案相比，公司重启的股票期权计划做出了较大调整，进一步优化了契约结构,如图 11-3 所示。

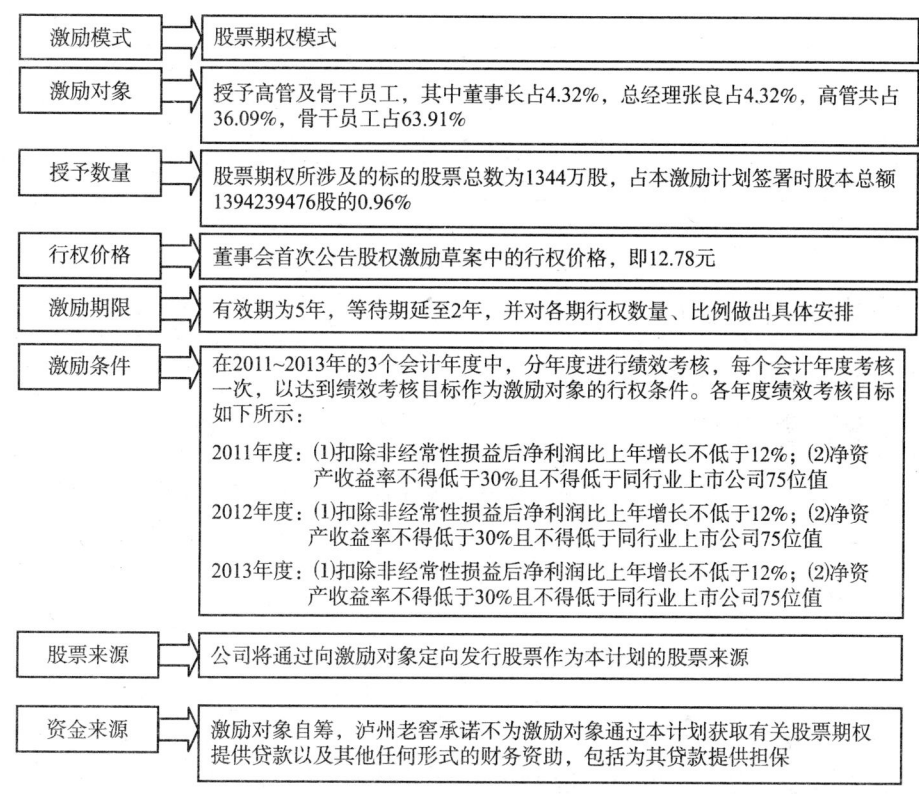

图 11-3 泸州老窖 2010 年股票期权激励计划的主要构成

4. 良好业绩反映高速成长

在泸州老窖股权激励方案推出与修订的这几年中,公司业绩大幅度提升,良好的业绩与市场表现验证了股权激励方案的合理性,体现了专业评价机构与机构投资者对该方案的认可。由表 11-8 可知,2006 年公司每股收益为 0.39 元,远高于激励条件中的 0.2 元。从 2006 年到 2011 年每股收益呈高速增长态势,到 2011 年达到 2.08,是其业绩向好的典型表现。各年度加权平均净资产收益率也呈现稳步的增长,并均高于其所在行业的净资产收益率。营业收入、利润总额等指标的纵向对比也明显反映了其高速成长的良好状态。

表 11-8　　　　2006～2011 年泸州老窖主要会计数据与财务指标

主要财务指标	2006 年	2007 年	2008 年	2009 年	2010 年	2011 年
营业收入（万元）	186937.55	292685.45	379837.87	437042.25	537087.18	842791.00
利润总额（万元）	49282.31	106332.63	165355.64	215180.75	291894.37	404473.21
基本每股收益（元）	0.39	0.55	0.91	1.20	1.58	2.08
稀释每股收益（元）	0.39	0.55	0.91	1.20	1.58	2.08
加权平均净资产收益率（%）	19.38	31.68	41.48	38.78	41.21	41.68

资料来源：徐宁：《中国上市公司股权激励契约安排与制度设计》，经济科学出版社 2012 年版。

案例思考：

1. 泸州老窖 2006 年的股票期权激励计划是否具有合理性？体现在哪些方面？结合案例分析，股票期权的"金手铐"效应如何实现？

2. 2010 年调整后的股票期权激励计划在哪些方面进行了改进？与 2006 年的方案相比，具有哪些优势？

3. 在约束机制不完善的情况下，股权激励将呈现短期化与福利化的倾向。如何将构建合理的约束机制对股权激励契约的设计与实施进行制约？更多地依靠《公司法》等法律法规的刚性约束，还是更多地依靠公司治理结构等内生因素的自我规制？

参 考 文 献

1. Aboody, D. and R. Kasznik. CEO stock option awards and the timing of corporate voluntary disclosures. Journal of Accounting and Economics, 2000, (29): 73 – 100.

2. Acharya, V. and A. Bisin. Managerial Hedging, Equity Ownership and Firm Value. Journal of Economics, 2009, 40 (1): 47 – 77.

3. Barnhart, S. W. and S. Rosenstein. Board Composition, Managerial Ownership and Firm Performance: An Empirical Analysis. The Financial Review, 1998, (33): 1 – 16.

4. Bebchuk, L. and J. Fried. Power Rent Extraction and Executive Compensation [R]. CESifo Forum, 2002 (3): 3 – 5.

5. Jensen, Michael C. and Murphy, Kevin J. CEO Incentives—It's not How much you Pay, but How [J]. Harvard Business Review, 1990, (3).

6. Murphy, K. J. Explaining Executive Compensation: Managerial Power vs. the Perceived Cost of Stock Options. University of Chicago Law Review, 2002, 69 (3): 847 – 869.

7. Schumpeter, J. A. Capitalism, Socialism and Democracy [M]. New York: Harper and Row, 1942.

8. Scharfstein, D. The Disciplinary Role of Takeovers. Review of Economic Studies, 1988, 55 (2): 185 – 199.

9. 伯利和米恩斯：《现代公司和私有财产》中译本，台湾银行出版社 1982 年版。

10. ［美］小艾尔弗雷德·D·钱德勒，重武译：《看得见的手——美国企业的管理革命》，商务印书馆 1987 年版。

11. 曹阳：《中国上市公司高管层股权激励实施效果研究》，经济科学出版社 2008 年版。

12. 陈文：《股权激励与公司治理法律实务》，法律出版社 2006 年版。

13. 陈冬华、陈信元、万华林：《国有企业中的薪酬管制与在职消费》，载《经济研究》2005 年第 2 期。

14. 陈冬华、梁上坤、蒋德权：《不同市场化进程下高管激励契约的成本与选择：货币薪酬与在职消费》，载《会计研究》2010 年第 11 期。

15. 高明华：《公司治理学》，中国经济出版社 2009 年版。

16. 高明华等：《中国上市公司高管薪酬指数报告（2011）》，经济科学出版社 2011 年版。

17. 黄群慧：《控制权作为企业家的激励约束因素：理论分析及现实解释意义》，载《经济研究》，2001 年第 1 期。

18. 廖理、廖冠民、沈红波：《经营风险、晋升激励与公司绩效》，载《中国工业经济》2009 年第 3 期。

19. 沈乐平、张咏莲：《公司治理原理与案例》，东北财经大学出版社 2009 年版。

20. 王子成、张建武：《西方薪酬委员会制度研究综述》，载《外国经济与管理》2006 年第 9 期。

21. 向显湖、钟文：《试论企业经营者股权激励与人力资本产权收益》，载《会计研究》，2010 年第 10 期。

22. 徐向艺等：《公司治理制度安排与组织设计》，经济科学出版社 2006 年版。

23. 徐宁：《中国上市公司股权激励契约安排与制度设计》，经济科学出版社 2012 年版。

24. 杨华、陈晓升：《上市公司股权激励理论、法规与实务》，中国经济出版社 2009 年版。

25. 郑志刚：《投资者之间的利益冲突和公司治理机制的整合》，载《经济研究》2004 年第 2 期。

26. 周其仁：《"控制权回报"和"企业家控制的企业"——"公有制经济"中企业家人力资本产权的案例研究》，载《经济研究》1997 年第 5 期。

27. 钟成、李琪：《国外年薪制模式及其启示》，载《经济问题探索》2005 年第 1 期。

第12章

母子公司治理

学习目的： 本章主要介绍了企业集团的理论基础、相关概念、主要特征和类型，并详细介绍了代表性较强的母子公司型企业集团，针对其治理机制、存在的问题以及优化路径进行了深入的探讨。通过本章学习，掌握企业集团的主要概念、母子公司型企业集团的治理现状、存在的问题，以及治理问题产生的原因和必要的应对措施。

关键词： 企业集团；母子公司；法人人格；公司面纱

引　言

伴随着资本流动性的增强以及资本市场的迅速发展，为了应对外部不确定的竞争环境，企业倾向于开展联合。企业不论是横向联合、纵向联合，还是以产权、契约或者核心资源为纽带，目的都是构建基于外部市场的内部替代机制，旨在构筑安全保护网、降低交易费用、强化市场地位。正如一个硬币的两面，企业集团在享有了规模化收益的同时，也承受着代理链条进一步拉长所带来的风险，具体表现在两个方面：首先，母公司如何借助各种手段进行管控，以此保证母子公司整体收益水平的提高、降低由于控制链延伸而产生的代理成本，如实现规模经济、降低交易费用等，即实现控制效率的最优化问题；其次，子公司作为拥有独立人格的法人是否能够在母公司控制链下保持自身的独立性，如决策与运营的独立性、避免来自于母公司或者实际控制人的"掏空"行为等，即子公司法人人格保护问题。随着拉波尔塔等（La Porta，1999）[①]、克兰森斯等（Claessens，2000）[②] 通过实证研究指出世界范围内大部分上市公司都隶属于企业集团（Business Group），其他诸如日本的财团（Keirestsus）、韩国的财阀（Chaebols）也属于企业集团的范畴（George等，2008[③]），同时呈现出复杂的股权结构以来，越来越多的学者开始关注企业集团领域的研究，也有学者通过梳理文献译为商业集团（郑小勇等，2011）[④]。考虑到企业集团内部组织结构的复杂性、外部利益相关集团的多元性以及金字塔结构这一纵向企业集团组织形式的普遍性，本章选择以纵向、单向持股为主的母子公司（Parent-subsidiary Corporation）这一类企业集团为研究对象。目前学术界关于母子公司治理领域，尤其是母公司管控行为的研究已经较为成熟，但对于子公司法人人格保护的关注却并不充分，本章将主要针对这两个方面的问题进行梳理与讨论。

12.1 企业集团相关理论与母子公司界定

12.1.1 企业集团相关理论

企业集团的存在是否合理是目前学术界存在争议的一个问题。有的学者指出企业集团的组合除了出于私利构建内部市场作为外部市场的替代，还可能存在利用集团形式剥夺成员企业与中小股东的动机，因此是一种低效率的组织形式。同时，也有部分学者指出企业集团也有其存在的合理化理由，他们指出企业集团不仅在发达国家相对有效的资本市场中通过风险分担、节省交易费用的方式提升整体经营业绩，而且，可以弥补新兴市场外部产品、资本市场的不足（Khanna等，

[①] La Porta, Lopez-de-Silanes F, Shleifer A. Corporate Ownership around the World [J]. Journal of Finance. 1999, 54: 471-517.

[②] Claessens S, Djankov S, Lang L. The Separation of Ownership and Control in East Asian Corporations [J]. Journal of Financial Economics. 2000, 58: 81-112.

[③] George R, Kabir R. Business Groups and Profit Redistribution: A Boon or Bane for Firms? [J]. Journal of Business Research 2008, 61: 1004-1014.

[④] 郑小勇、魏江：《Business group、企业集团和关联企业概念辨析及研究范畴、主题、方法比较》，载《外国经济与管理》2011年第10期。

1997；Andres 等，2008①；Cheong 等，2010②；Lin 等，2012③）。

尽管企业集团存在的合理性存在争议，但目前理论界的研究还是基本肯定了企业集团的有效性，学者们依据相关理论的分析，指出虽然企业集团存在不同程度的代理问题，总体上其业绩优于单体公司。这些理论包括：④

1. 交易费用理论

科斯较早地提出了交易费用问题，指出企业和市场是可以相互替代的资源配置手段，企业能够通过扩大企业边界，以内部科层制取代外部市场制，将原本属于市场配置的资源包含进企业边界内，将外部交易成本转变为内部交易费用，从而达到内外部成本的均衡，即实现交易费用内部化。随后，奥利弗·威廉姆森从资产专用性、市场不确定性和交易频率等角度对交易费用进行了界定，提出了企业"有效边界"的概念，并指出可以通过契约等形式建立一种介于市场与企业之间的组织形式，通过必要的治理方式降低交易成本。随着研究的深入与资本市场的发展，越来越多的学者指出通过企业集团可以实现内部的资源共享，不仅包括资本，还包括信息、技术、人员等，可以作为外部市场的内部替代机制发挥资源配置的作用，并能够有效降低因信息不对称引起的交易费用。

2. 不完全契约理论

在传统经济理论理想化的假设条件下，市场是有效的，信息是完全对称的，因此，行为主体能够根据市场条件与信息环境进行完备契约的签订，既能保证约定行为的实现，也能够提供有效的激励与约束，以保障契约的履行。但是，由于各国的政治、经济、文化和社会环境存在不同程度的差异，市场条件与信息环境也存在与理想假设条件不同程度的偏离。根据法玛的分类，按照有效性的标准，市场可以分为强式有效市场、半强式有效市场和弱式有效市场。即使是资本市场发达的美国，其资本市场也仅仅勉强通过强式有效测试，而大部分国家处于半强式有效或者弱式有效状态。同时，由于市场难以发挥有效作用，信息传导机制也就受到了制约，由此为机会主义行为的滋生提供了空间。行为主体在信息不对称

---

① Andres P, Vallelado E. Corporate Governance in Banking: the Role of the Board of Directors [J]. Journal of Banking and Finance 2008，32：2570 – 2580.

② Cheong K, Choo K, Lee K. Understanding the Behavior of Business Groups: A Dynamic Model and Empirical Analysis [J]. Journal of Economic Behavior and Organization. 2010，76：141 – 152.

③ Lin C, Ma Y, Malatesta P, Xuan Y. Corporate Ownership Structure and Bank Loan Syndicate Structure [J]. Journal of Financial Economics. 2012，104：1 – 22.

④ 徐向艺等：《公司治理制度安排与组织设计》，经济科学出版社 2006 年版。

的条件下,既可以通过隐藏行动的方式谋取私利,也可以通过隐藏信息的方式侵害他人利益。为了避免契约的机会主义行为,企业开始寻求解决这一问题的路径,也就是希望找到一种方式能够稳定契约双方的合作关系,保证双方互利的持续性。由于产权作为联结纽带提供的信用能够保证行为双方合作的持续性,企业集团作为解决这一问题的有效路径引起了学者们的关注。

3. 一体化发展理论

企业集团不仅可以降低交易费用、维持稳定的合作关系,而且能够通过成员企业的协同实现整体效率的提升。企业集团以核心资源为纽带,实现成员企业间的信息、技术和人员的共享,力求通过协同效应的实现,有机整合成员企业的经营活动。一体化发展理论指出一体化企业通过多元化或者专业化发展路径,实现内外部价值链的整合、协同以及增值。由此,企业集团通过一体化发展,首先可以通过内部市场的替代降低交易费用,其次可以通过成员企业的协同,实现互惠互利,保证合作关系的稳定性,最后通过价值链的整合实现企业集团整体效率的提升。

12.1.2 企业集团及其特征

1. 企业集团

19世纪中期,随着资本主义兴起与发展,西方国家陆续出现了一系列类似企业集团性质的经济组织联合体,例如卡特尔、辛迪加、康采恩和托拉斯等垄断组织形式。在当时资本、信息流通性不畅及市场开放性较低的背景下,这些垄断组织通过内部资本、信息的共享,形成了替代外部市场的内部协调机制,保证了组织内部整体利润的提升及市场控制地位的获得。其中最具代表性的莫过于洛克菲勒的石油托拉斯——标准石油公司,其强大的实力不仅保证了其对于石油行业的掌控,而且凭借其市场的控制力筑起了难以逾越的行业壁垒,致使潜在的进入者望而却步。由于标准石油公司的垄断行为致使潜在进入者丧失了公平竞争的机会,在20世纪初美国通过《反托拉斯法》,并勒令标准石油公司解体,分拆成为多个具有独立法人资格的公司,如今依然活跃在国际石油市场的埃克森—美孚、雪佛龙等石油巨头便是这些分拆后的独立公司的代表,由此可见以标准石油公司为代表的垄断组织对于市场的控制力和影响力。

现代企业集团的概念最早出现在第二次世界大战后的日本,由于以美国为代表的占领国转变了战略,对于日本的管制出现了松动,一大批被解散的财阀重新进行了组合,形成了具有企业集团特征的企业联合体。这种企业联合体之所以在日本率先出现,一方面,日本传统的"和"、"诚"的文化促使日本企业倾向于借助合作来应对战后市场的变化;另一方面,企业需要通过联合的形式重塑企业形象,构建安全保护网,实现战后的复兴。20世纪70年代,日本公正交易委员会把纵向资本系列的结合称为"企业集团",把横向大企业间的相互结合称为"企业组合群"。①

现代企业理论认为,企业集团是以多个具有独立法人资格,并以各种联结纽带对其他成员企业实施控制和影响的企业为核心,具有统一经营发展战略和目标,为了共同利益而相互协作的企业组成的经济联合体。② 企业集团本身是一种介于公司与市场之间的特殊经济组织,因其是由多个独立法人组成的联合体,而非独立法人。根据中国工商总局关于集团公司的界定,处于核心地位的母公司注册资本不得低于5000万元,同时至少拥有5家子公司,总注册资本不得低于1亿元。

2. 企业集团的特征③

由于企业集团是由多个具有独立法人资格的企业构成的联合体,其除了具备公司的一般特征外,还具有以下特征:

(1)多法人特征。企业集团是由多个企业通过产权或者契约形式组成的企业联合体。企业集团本身并不是法人主体:一方面,从法律意义上讲,并不具有民事行为能力,也不承担民事责任,然而企业集团内部的相关成员企业均具有独立的法人资格,拥有独立的资产并以此承担民事责任,享有民事权利;另一方面,从经济意义上讲,企业集团的相关成员企业分别拥有各自独立的人员、财产和组织结构,并以拥有的资产承担有限责任以及进行经营活动,然而企业集团需要协调各成员企业的经营活动,力求实现整体利益的最大化。

(2)多纽带特征。集团成员企业之间不仅可以以资产为纽带实现多种控股与参股形式,如完全控股(核心企业持有成员企业100%股份)、绝对控股(核心企业持有成员企业50%以上股份)、相对控股(核心企业持有成员企业股份虽然不足50%,但通过协议拥有实际控制权)、参股,而且还有人事、技术、信息、契约等多种联结纽带,实现核心企业对成员企业的控制与协调,尤其在外部市场

---

① 李维安主编:《公司治理学》,高等教育出版社2005年版。
②③ 徐向艺等:《公司治理制度安排与组织设计》,经济科学出版社2006年版。

不完善的条件下,可以作为外部市场的替代机制,促进企业集团整体经营效率的提升。

(3) 多层次特征。企业集团通常存在一个核心企业,因拥有集团内其他成员企业所缺乏的稀缺资源,有能力通过产权或者契约等形式将成员企业组织起来,由核心企业对集团事务进行协调与控制,以实现整体利益的最优化配置。由于联结纽带的差异性,企业集团根据联结纽带的强度与持久性,往往形成多层次的组织结构。根据持股关系与比例,企业集团内部可以分为核心层、紧密层、半紧密层和松散层等层次。

12.1.3 企业集团的类型

尽管目前关于企业集团的分类标准存在差异性,并未达成一致,但企业集团的共性在于核心企业拥有的核心资源能够将成员企业予以整合,协调成员企业股东的收益权、董事会的决策权与经理层的经营权,形成集团的凝聚力,保证集团的整体利益。基于此,笔者认为以核心资源作为分类的依据比较合理。同时,资本是信用的基础,各国公司法都对公司出资比例、认缴方式进行了较为明确且严格的规定,资本出资成为公司设立的一个基本要求。由此,企业集团以资本纽带作为分类依据,可以分为母子公司型企业集团与关联公司型企业集团。

母子公司型企业集团是指母公司(核心企业)通过绝对控股或者取得实际控制权的方式实现对子公司(成员企业)的控制,母公司既可以通过派驻董事、监事或者高管,或者职能部门对子公司相对应职能部门进行控制等方式进行直接的行政干预,也可以借助实际控制权影响子公司董事会决策等方式进行间接控制。其主要特征包括:(1) 单向持股。母公司通常通过金字塔形式进行控制,实现现金流权与控制权的分离,强化对子公司以及沿金字塔向下部门的公司的控制;(2) 指挥链明确。由于单向持股能够保证产权的明晰,母公司可以明确地进行整体控制与协调,基于企业集团整体利益进行资源的配置与利润的分配;(3) 纵向信息流。母子公司间的信息流通基本呈现线性传播,即指令由母公司下行传达给子公司,子公司的反馈上行传递给母公司,从而保证信息传递的速度与准确性。

关联公司型企业集团是指多个具有核心资源的公司通过相互持股的方式进行结合,实施资本、人员、信息的共享,旨在实施多元化经营、扩大业务范围、构建安全网等以规避市场风险,实现外部市场的内部替代,通常成员企业中包括一家金融机构。其主要特征包括：（1）相互持股。成员公司通过相互持股的方式增强合作，实现决策、经营等活动的协同，强化企业集团整体的市场竞争力；（2）指挥链模糊。由于相互持股难以形成明确的指挥链，成员公司在应对存在分歧的决策时容易产生矛盾，无法保证行动或者目标的一致性，弱化了企业集团整体的协同效应；（3）横向信息流。成员企业间的信息流向呈现环形，即成员企业间横向的信息共享，尽管完善的信息系统能够保证信息的传递，但难以保证其准确性与速度。

关联公司型企业集团目前主要在德国、日本等允许相互持股的国家，尤以日本为甚，如三菱、三井等财团在世界经济领域异常活跃。但是由于许多国家对于相互持股存在较为严格的法律准入，并且容易导致资本金的无限放大、有悖于资本充实原则等弊端，加之全球公司治理理论与实践的发展与完善，母子公司型企业集团逐渐取代关联公司型企业集团成为主要的企业集团形式，在全球经济活动中扮演着重要的角色。本章中，母子公司型企业集团将被作为主要研究对象进行分析，以展示母子公司治理的现状与进展。

12.1.4 母子公司界定

母子公司最显著的特征就是以股权控制链为契约纽带的纵向、垂直型组织结构，具体表现为金字塔控股结构。金字塔结构（Pyramidal Structure）的概念来源于拉波尔塔等（1999）[1]的研究，其以27个发达国家的上市公司作为研究样本，研究发现金字塔控股结构比重达到26%，从此开启了公司治理领域关于实际控制人通过股权结构实施控制问题的研究。后来，许多学者研究发现金字塔结构在东亚和西欧国家也比较普遍（Claessens，2000[2]；Faccio等，2002[3]）。卡玛等（Khanna et al.，2007）[4]指出金字塔结构是当前企业集团普遍采用的股权控制方式，优点就在于其产权的明晰性。因此，母子公司是企业集团最为普遍、也是较为稳定的组织形式，有的学者也将以金字塔结构为主要特征的母子公司称为"金

---

[1] La Porta, Lopez-de - Silanes F, Shleifer A. Corporate Ownership around the World [J]. Journal of Finance. 1999, 54: 471 – 517.

[2] Claessens S, Djankov S, Lang L. The Separation of Ownership and Control in East Asian Corporations [J]. Journal of Financial Economics. 2000, 58: 81 – 112.

[3] Faccio M, Lang L. The Ultimate Ownership of Western European Corporations [J]. Journal of Financial Economics. 2002, 65: 365 – 395.

[4] Khanna T, Yafeh Y. Business Groups in Emerging Markets: Paragons or Parasites [J]. Journal of Economic Literature. 2007, 45: 331 – 372.

字塔控股集团"(Pyramidal Controlled Groups)(Morck 等,2005[①])。

因历史传统、社会体制的差异,各国对母子公司的界定不一。纵观目前各国关于母子公司的界定,基本可以分为数量标准和质量标准两大类,前者在认定中更加看重持股比例的数量权重,后者则更加注重实际控制权的质量权重。其中,随着母子公司实践的深入,许多国家对于母子公司的界定也进行了必要的调整,即由早期单纯以数量作为衡量标准过渡到以目前质量与数量作为共同的衡量标准。

根据德国新股份法(1965)规定,拥有或者控制其他公司的多数表决权的公司称为母公司,而被控制公司称为子公司。法国的法规与德国类似,但更加具体,指出多数表决权的界限为50%。另外,美国、日本等国早期的法律法规对母子公司的界定也采用持股比例作为标准,如日本《商法典》的50%标准、美国《标准公司法》(1950)公开发行股份的90%标准。随着母子公司实践的深入,许多国家对于母子公司的界定也进行了必要的调整。

相应的,部分国家或者较早的认识到实际控制权的作用,或者随着实践的深入进行了必要调整,采用以实际控制权为核心的质量标准界定。意大利《民法典》(1942)规定:如果一家公司能够实际控制另一家公司的主要表决权或者对于后者业务能够施加决定性影响,则认为前者为母公司,被控制公司为子公司。英国《公司法》规定如果一家公司对另一公司(1)实现控股或者(2)实际控制董事会,两个条件满足其一,则前者称为控股公司,后者为子公司。德国和日本分别根据本国实践对于母子公司的衡量标准进行了调整,除了之前法律法规规定的数量标准,引入了"实际控制权"范畴的质量标准,即以对决策、经营是否能够施加实际性影响为标准。

我国 2006 年开始实行的《公司法》并没有对于母子公司进行明确界定,但是在第 217 条明确提出了控股股东和实际控制人的含义,可以作为母子公司界定的主要借鉴标准。《公司法》规定:控股股东是指其出资额占有限责任公司资本总额 50% 以上或者持有股份有限公司股本总额 50% 以上的股东;如果比例不足 50%,但依照其出资额或者持有的股份所享有的表决权已足以对股东会或者股东大会的决议产生重大影响的股东。实际控制人是指虽不是公司的股东,但通过投资关系、协议或者其他安排,能够实际支配公司行为的人。由此,我国对于母子公司的界定也较为清晰的引入了"实际控制权"范畴的质量标准。

[①] Morck R, Wolfenzon D, Yeung B. Corporate Governance, Economic Entrenchment, and Growth [J]. Journal of Economic Literature, 2005, 43: 655 – 720.

综合各国对于母子公司的界定，本书认为母子公司是指如果 A 公司对 B 公司的出资额或者持有股份比例超过 50%；或者比例不足 50%，但能够对股东会决议、董事会决策或者经理层日常经营施加实际性影响，则 A 公司为母公司，B 公司为子公司。

12.2 母子公司治理现状

12.2.1 母子公司治理的特殊性

母子公司作为一种介于市场与企业之间的中间组织形式，目的在于应对市场失灵或者组织失灵造成的效率损失，这就决定了母子公司的治理将不同于单体企业的治理，其特殊性表现为：

1. 治理目标的外延性

作为单体企业的治理目标，学术界基本能够达成共识，即在保证决策科学性的前提下，降低代理成本，实现效率最优化。母子公司由于其多层次、多法人性的特点，其治理目标不再仅仅局限于单体企业的效率最优化，而是要求治理目标具有外延性，即母子公司通过建立稳定的合作关系，发挥协同作用，实现母子公司整体决策的科学化与效率的最优化。

2. 治理路径的多维性

传统单体企业的治理基本遵循以股东会、董事会、经理层为核心的纵向治理路径，旨在降低代理成本，防范经理层的败德行为或者大股东的剥夺问题。母子公司治理，不仅涉及单体企业内部的纵向治理路径，而且还包括以母公司为核心的母子公司间的纵向治理路径和子公司间的横向协同治理路径，呈现多维性的特点。

3. 治理方式的复杂性

传统单体企业治理通过激励机制与约束机制规范代理人的行为，一方面进行薪酬、股票期权、非物质激励等多种激励机制保证代理人与委托人利益的一致性；另一方面，通过法律法规、章程合同、外部市场及道德规范等方式对代理人施加约束限制代理人的机会主义行为。母子公司治理由于其不同于单体企业的特点，治理方式更加复杂：首先，母子公司框架下，单体企业防范代理人机会主义行为的激励与约束问题，保证单体企业的效率最优化；其次，母子公司框架内，母公司与子公司间的整体利益协调问题，在服从整体利益最大化的前提下，保证各子公司利益的合理分配；最后，母子公司作为外部市场的内部替代机制，能够为各单体企业提供更加多样化的激励与约束机制，如经理人市场、资本市场和产品市场等。

12.2.2 母子公司治理机制

治理机制在实践中就是协调委托人与代理人关于事后可能产生的租金进行讨价还价行为的制度设计，母子公司治理机制相应的就是母公司与子公司之间，以及各子公司之间租金分配的合理安排。基于协调整体运行效率的视角，母子公司治理机制核心是母公司对子公司的控制机制以及子公司的利益相关者保护机制。

母公司对子公司的控制机制主要包括产权控制、战略控制、契约控制、文化控制、行政控制与财务控制等。

1. 产权控制

产权是母子公司最常见的联结纽带，产权控制是母子公司治理机制最核心的部分，可以说其他控制机制都是围绕着产权控制展开的。母公司通过投资或者参股方式获得子公司股份，并按照股份的比例在子公司日常运营中发挥作用，一般采用向子公司派驻董事长或者总经理的方式实现对于子公司的控制。作为母公司派驻子公司的代表，董事长或者总经理通过参与子公司董事会等途径，实现对于子公司董事会决策和经理层日常运营的控制，保障母公司在子公司的话语权与控制权。

2. 战略控制

考虑到母子公司不同于单体企业的目标，即保证整体效率的最优化，母公司具有较强的动机对子公司施加战略控制。具体表现在两个方面：一方面，为了保证母子公司整体战略目标的一致性，防止子公司的整体战略与母公司战略发生偏离，子公司整体战略必须服务于母子公司整体的战略目标；另一方面，在保证母子公司整体战略目标的一致性的前提下，子公司可以根据整体战略目标以及自身的资源特点与行业属性进行必要的调整，但调整的目的应该以实现战略协同为导向，使得母子公司成为有机统一的整体。

3. 行政控制

产权控制的直接体现就是母公司在资本多数原则指导下，通过实现对子公司的控股，直接影响子公司董事会的决策，进而控制子公司的日常行政事务，包括人事任免和日常事务。首先，母公司通过直接影响子公司董事会的决策，向子公司派驻高管，甚至董事长，从而进一步强化母公司对于子公司的控制；其次，母公司通过对子公司日常事务的控制，以保证母公司意志在子公司日常经营中得以体现，强化母公司对于子公司的实际控制。

4. 财务控制

为了保证母子公司整体利益的合理配置与协调，母公司对子公司实施财务控制，具体如下：首先，通过直接影响子公司董事会决策，母公司可以向子公司派驻财务总监或者财务主管，保证子公司财务决策符合母公司以及母子公司整体利益；其次，子公司财务报告的审核与披露需要由母公司董事会及相关专业委员会进行评估后予以披露，尤其是有关于自愿性信息披露的相关内容需要符合经过母公司批准后方可披露；最后，结算中心与财务公司作为整体协调母子公司财务资源配置的部门，从整体上协调母子公司间以及子公司间的资产配置，以便实现母子公司整体财务资源利用的最优化。

作为企业集团的其他形式，如关联公司型企业集团，其核心企业同样通过以上几种控制方式实现对于成员企业的控制。但是由于联结纽带，尤其是产权的控制力度与母公司型企业集团存在较大差异，核心企业对于成员企业的实际控制在不同程度上存在控制力度的削弱，即控制方式相似，但控制力度较弱。具体说来，由于成员企业间并不存在控股关系，虽然核心企业希望对成员企业施加战略、行政以及财务等方面的控制，但成员企业存在一定的自主空间，一旦不存在资产专用性施加的产权控制，就可以根据自身战略、行政或者财务方面的实际情况决定是否接受核心企业的控制，即存在较大的讨价还价的空间，这就使得核心企业的控制大打折扣。

12.3 母子公司治理实践存在的问题[①]

12.3.1 母公司的恶意经营行为

母子公司虽然能够通过协同与合作实现整体效率的最优化,但是由于追求整体效率不可避免的出现侵害子公司利益的情况,难以很好地达到效率与公平的兼顾。我国作为新兴与转轨的经济体,一系列保障企业持续发展的基础性制度设施还不健全,在此背景下,母子公司为了更好地实现外部市场的内部替代功能,在日常运营中一些不合理的经营行为开始显现。由此,母子公司治理机制本身存在的问题也引起了学者们的关注。

1. 商品往来交易的非法占款

在母子公司经营中,母公司能够利用其核心地位,向子公司(上市公司)高价出售原材料与相关产品,或者以低于市场价格的优惠价格采购子公司产品,由此实现母子公司内部的利润转移,侵害子公司利益。通过对近年上市公司的年报分析,许多母公司对其子公司(上市公司)负有巨额贷款和应付账款责任,占用了子公司的大笔资金,部分上市公司甚至陷入困境。挤占子公司资金的案例在母公司中较为普遍,他们都有一个共同点:母公司并没有偿还子公司的欠款的意愿,而子公司也对要求母公司归还借款不抱希望。

2. 无形资产的高溢价转让

由于无形资产的公允价值难以准确计量,母公司可以通过把自有的或者与子公司共有的无形资产作价转让给子公司,通常以高溢价的方式进行转让,从而攫取大量利润和资金。因此,在母子公司经营实践中,子公司被迫购买其母公司无形资产(商标、专有技术、专利权等)的事件甚多,在这些交易过程中,子公司往往因母公司的转让行为而受到重大伤害。

---

① 李德志、徐向艺、孙召永:《论母子公司制条件下母公司恶意经营行为及其治理》,载《山东科技大学学报(社会科学版)》2002年第12期。

3. 信用担保的滥用

近年来，为母公司及其关联公司提供信用担保致使上市公司被掏空的事件层出不穷，导致涉讼频繁、官司不断。上市公司通过资本市场为母公司及提供巨额信用担保，使母公司得以实现套现，而子公司却因此背上了巨额的债务负担。例如，2005 年，上市公司合金投资因为频繁为母公司提供信用担保，导致债务累累，最终被列入"十大被掏空上市公司"。信用担保作为资本市场融资的保障手段，但在母子公司实践中却被扭曲化，不仅侵害了子公司的经济效益，而且剥夺了中小股东的利益。

4. 恶意经营子公司的品牌等无形资产

如果母子公司是通过合并或者收购等方式组建，母公司往往会对子公司的原有品牌实施不发广告、不加推广甚至不再使用、封存等压制手段，限制子公司发展，为自身争取更加有利的市场位置以及市场机会。出现这种情况的子公司，与其原合资方之间无一例外地存在着业务重叠和品牌竞争、冲突。母公司通过品牌恶意经营，使对方的品牌在不知不觉中失去市场影响力，等到对方察觉，为时已晚。

5. 向子公司转移高风险业务

为了保证自身运营的稳健性，在进入新兴、高风险事业领域时，母公司往往设立、分离或兼并一个公司，使其成为该业务的试验基地，达到分散风险的目的。如果业务运作状况良好，母公司就继续加大投资力度，甚至将其吸收合并；相反，一旦经营状况出现偏差，不能为母公司带来预期收益，母公司就会利用有限责任的面纱来保护自己免受牵连，仅承担以出资额为限的有限责任，以构筑起防护墙，保护自身财产的安全。

6. 资产租赁、置换等的利润转移

在母子公司日常经营中，许多子公司都与母公司存在资产的租赁与置换活动，一方面可以保证母子公司整体运作的标准化；另一方面可以节约采购成本、提高利润率水平。例如，上市公司租赁母公司的办公场所或者基础设施，以保证子公司的日常运营，但是，由于租金的计价具有较强的操作空间，这就给母公司提供了转移定价的机会，通过制定高昂的租金实现对于子公司的利润转移。另外，母公司还可以通过显著低于行业平均价格的租金租入子公司的优质资产，也

可以获得非正常收益。通过资产租赁与置换等方式的利润转移,既可以降低母公司的资金占用,有效转移投资风险,而且还能创造机会转移子公司的利润。

12.3.2 母公司恶意经营行为的负面影响

母公司通过以低成本撬动高收益的恶意经营行为,侵占子公司利益,实现对子公司的剥夺,不仅侵害了子公司中小股东及利益相关者的利益,而且引起诸多负外部性。

1. 损害子公司债权人利益

向子公司提供借款时,债权人按照一般公司经营的情况来考察借款的风险与收益,一般不会考虑母子公司体制下子公司的法人人格是否具有独立性,而是将其视为意志独立、财产完整的法人实体。一旦母公司对子公司实施了过度控制,使子公司丧失了完全意义上的独立人格,子公司的还款风险就大大增加了。比如,母公司迫使子公司对母公司的贷款实施担保,一旦母公司不能按期还债,子公司将承担连带责任,这种非系统风险大大降低了子公司的收益。如果母公司对子公司实施转移资产、买空卖空,债权人的利益将同样被损害。因此,母公司通过子公司向债权人借贷的同时,通过转移定价等措施转出利润,降低子公司的利润率,子公司的资产保值增值能力将受到很大影响,债权人的利益将受到极大的损害。

2. 损害子公司中小股东的利益

由于股份比例较低,子公司的中小股东往往在公司的日常运营中缺乏话语权,不能很好地行使股东权利。因为参与成本要由自身来承担,而收益却要归所有股东分享,中小股东的参与行为由此就具有极强的外部性,所以他们只好放弃监控公司运作状况的欲望,转而"用脚投票",消极地处理公司股票。母公司实施过度控制,转移子公司资产、利润,降低子公司的账面利润,减少了子公司的可分配利润,直接影响了中小股东的股利水平;转移子公司资产,使子公司的资产净值受损,降低了子公司的股价;占用子公司的大量资金,限制子公司发展,降低了子公司的盈利能力。此外,与母公司之间的非正常经营行为,还会降低子公司在资本市场、产品市场、原材料市场的信誉和形象,必然进一步影响子公司的经营运作,降低其盈利能力,对中小股东利益的损害不言而喻。

3. 损害子公司职工及管理人员的利益

子公司职工和管理人员作为直接利益相关者，公司经营的成败与其休戚相关，若子公司经营业绩下滑，将直接降低他们的生活水平，因此，母公司的恶意经营行为会直接影响他们的利益。母公司通过转移定价等方式，转出子公司的利润，使子公司的经营业绩大大降低，从而减少了可分配利润和公司资产。在这种情况下，子公司职工的工资、福利待遇就会受到影响，而管理人员的工资、奖金、提升机会等也不能幸免。若子公司因母公司的过度控制而破产，子公司员工的就业不可避免地受到影响，连各种生活补助金也可能失去保障。子公司的经理人员也会因为破产而遭遇失业，即使母公司将其召回，也很难得到重用，同时，破产公司的经理在经理市场上的声誉也会受到不利的影响。

4. 损害子公司属地政府的利益

一般情况下，公司利润与政府税收关系十分密切，加之母子公司采用属地纳税政策，子公司的经营业绩对属地政府影响非常显著。但在母子公司中，母公司往往对子公司存在恶意经营行为，子公司的经营活动不能按常规运转，其利润可能被大量转出，税基就会降低，政府收益受到相应影响。当母子公司异地时，子公司所在地政府受到的影响最大，因为母公司将税金都转移到了母公司所在地。大量利润、资产的转出，不利于子公司所在地政府积累资金、发展经济，而经济发展缓慢又进一步影响后续招商引资的开展，甚至影响当地居民的生活水平，形成恶性循环。

12.3.3 母公司恶意经营行为的根源

股东有限责任和公司法人人格独立是现代公司制度的两大基石，是其存在和发展的前提。其中，前者目的在于实现股东个人财产与公司资产的分离，既有利于股东分散投资风险，又能够保证股东财产的独立性；后者的法人人格独立是保证公司作为法人主体，能够在经营活动中保持独立性，不仅体现在财产的独立性，而且更加体现在意志的独立性，是公司法人制度存在和发展的基础。

有限责任制度虽然适用于母子公司及其关联企业，但是母子公司的恶意经营行为却给有限责任制度提出了很大挑战，引起了学术界的广泛关注，在涉及应否对母公司适用有限责任时尤其如此。对此，美国、德国、中国台湾等国家和地区都已经制定了专门立法，从不同程度对有限责任制度在母子公司中的适用性进行了探讨。涉及母子公司治理机制的核心问题,就是有限责任制度的适应性,如果适用,应怎样调整。公司法人制度和有限责任制度的确立使得终极投资者从企业债务中解脱出来,当公司被普遍授予取得和持有其他公司股份的权力时,母子公司才成为可能,法律就面临着是否对母公司继续适用有限责任的问题,也就是说是否对母公司提供免于承担无限责任的法律保护。由于对有限责任的不全面理解,原本用于区分股东财产和公司资产的有限责任制度,被延伸成为母公司提供庇护的法律制度,从而使其免于承担子公司的债务,尽管二者都从事同一商业活动并应共同承担责任。因此,将有限责任适用于母子公司中的成员公司,抹杀了企业与终极投资者之间的明显界限。当有限责任制度适用于母子公司时,即母子公司从事同一商业活动时,不仅保护了终极投资者不承担责任,而且也保护了作为高级分子的母公司不对其他成员公司的债务承担责任。随着经济全球化的发展与资本市场的日益成熟,数量众多的母子公司在世界经济发展中起着举足轻重的作用,若对有限责任不加任何限制的使用,将会改变有限责任制度创立的关于区分财产、保护投资者的初衷,导致有限责任制度的滥用。

从有限责任存在的法律环境来考察,有限责任赖以存在的前提条件是公司具有独立法人人格。而独立法人人格至少要具备两大要素:一是独立的财产,二是独立的意志。但是在母子公司形式下,由于控制因素的存在,子公司虽然还保持着法律形式上的独立存在,但已经丧失了事实上的独立人格。这是因为:首先,在母子公司中,子公司财产失去了真正意义上的独立。在大多数情形下,母公司可以通过转移资产、低价置换或者租赁、掏空利润等方式,实现子公司利润向母公司的转移。其次,为了母子公司整体利益的需要,母公司势必要掌握子公司的决策权,这种决策不仅包括公司事务,更重要的是子公司的财务。通过实际控制董事会决策的方式,母公司能够直接参与子公司的经营管理。事实上,在母子公司的实践中,母公司往往实行统一管理、统一决策,子公司丧失了自我利益和意志,它必须以母公司的利益为最高利益,以母公司的意志为最高意志。

总之,有限责任制度在母子公司中已经失去了存在的基础和前提。基于母子公司的实践,与母子公司关系最密切相关的一个问题是:若在母子公司中实行有限责任,将可能导致子公司的中小股东、债权人等利益相关者的不公正。同时,对控股股东的行为缺乏必要的监督,很容易出现控股股东滥用有限责任和独立法人权利,规避其自身行为造成的责任,从而危害社会经济的良性运行。通过以上分析,在母子公司制度下,无论其形成方式是资本参与、合同手段或其他形式,母子公司之间已经形成了控制与被控制、领导与被领导的关系,子公司已经丧失了事实上的独立财产权、独立意志能力和独立法人人格。由于子公司的业务经营活动已经完全由母公司掌握，母公司就应该对子公司的经营负责。在母公司的统一管理下，子公司在事实上丧失了自己的独立人格，法律上的人格独立已经不再适用于现有的经济活动。

综上，由于母子公司的特殊性，有限责任制度和法人人格独立在实践中受到了挑战，母公司的过度控制本身就超出了有限责任制度与法人人格独立的范畴，各种恶意经营行为甚至是对有限责任制度和法人人格独立的滥用。因此，母公司恶意经营行为源于母公司对于有限责任制度的滥用和对于法人人格独立的否定。

12.4 母子公司治理机制的优化路径

通过以上分析，母子公司治理在实践中存在诸多方面的不足，但归纳起来，核心问题是母子公司治理机制内，母公司基于法人人格独立的有限责任制度滥用以及由此引发的子公司利益相关者的保护问题。因此，母子公司治理机制的优化需从这两个方面入手。

12.4.1 母公司恶意经营行为治理[1][2]

在母子公司治理机制中，尽管子公司依然保持法律形式上的独立性，但基本无法保证事实上的人员、财务和机构的独立，无论是董事会决策权，还是经理层的日常经营权都被部分甚至全部剥夺，需要服从以母公司为主体的母子公司的整体协调与安排。母公司基于法人人格独立的有限责任制度滥用，已经从实际上破坏了子公司的法人人格独立性，极大的损害子公司及其利益相关者的利益，在追求整体效率的过程中忽视了对于公平性的兼顾。为了矫正这种不公平行为，以合理的程序实现对子公司的独立法人人格的否定，追究母公司在子公司低效运营或者违规操作中的连带责任，提高其恶意经营行为的成本，可以有效遏制母公司恶意经营行为。

1. 公司法人人格否认法理的定义和内涵

公司法人人格否认又称"揭开公司面纱"是指为了防止滥用公司独立人格、

---

[1] 徐向艺、孙召永：《论母子公司制条件下有限责任制度》，载《东岳论丛》2002年第1期。
[2] 徐向艺、孙召永：《现代企业母子公司体制的法律透视》，载《财经研究》2002年第9期。

保护公司债权人的利益和社会公共利益,就具体法律关系中的特定事实,否认公司与其背后股东各自独立的人格及股东的有限责任,责令公司的股东(包括自然人股东和法人股东)对公司债权人或公共利益直接负责,以实现公平、正义目标而设置的一种法律措施。这里的公司面纱是指维护公司各自独立法律人格,他公司不对本公司承担出资额以外责任的法律外壳。该观点是通过大量的判例建立起来的,已为许多国家和地区采纳和应用,是在处理关联企业中成员企业对他成员企业应负责任时所运用的重要方法。

在司法实践中,适用公司法人人格否认法理的场合较为繁杂,学术界对此也众说纷纭,主要包括以下几种情况:

(1) 公司资本显著不足。在股东有限责任原则的条件下,资本作为公司对外独立承担责任的最低保证,对公司债权人至关重要。所以,公司资本显著不足始终被作为导致适用公司法人人格否认法理的重要因素之一。在母子公司治理实践中,若公司设立时资本充足,只是由于经营不善或其他原因而导致资本减少时,就不能认为是资本不足,但是,如果因为支配股东的不当行为或不法行为(如故意减少、抽逃资金)发生公司资本不足时,就应视为否认公司法人人格的重要因素,而不能以公司设立时资本充足为由来要求免除责任。公司资本不足表明股东没有利用公司法人人格经营的诚意,利用较少资本经营大规模企业或高风险事业的目的,就在于利用有限责任制度把投资风险降到必要极限之下,并通过公司形式将投资风险转嫁给公司债权人。

(2) 资产和事务的过度混同。过度混同是美国法律界常用的一种否认公司法人人格的依据,是指子公司与母公司的资产和事务混合在一起,自己没有独立的财产和对事务的决策权。过度混同的表现有:共同的董事和雇员,合并的会计记录与账户,子公司对母公司在财务和经济上的依赖,子公司没有遵守公司的正常设立程序,共同的利润分配政策等。

(3) 利用公司形式规避法律义务的情形。利用公司法人人格规避法律义务,通常指受强制性法律规范制约的特定主体,应承担作为或不作为的义务,但它利用新设公司或既有公司的法人人格,人为的改变了强制性法律规范的真正目的,从而使法律规范的目的落空。强制性法律规范是以调整社会整体利益为目的的,强调公司的社会责任。当事人规避法律义务的行为不仅具有欺诈性,还难以调整社会整体的利益,破坏了公平、正义的价值目标,违反了公司法人制度的根本宗旨。

(4) 公司法人人格形骸化的情形。公司法人人格形骸化是指公司与股东完全混同,公司成为股东或另一公司的另一个自我,或成为其代理机构和工具,以至于形成股东即公司、公司即股东的情况。一旦发生类似情形,否认公司法人人格的诉讼成功率几乎接近百分之百。公司形骸化的表现主要有:公司与股东或母子公司、关联公司之间的财产混同;股东之间特别是母子公司内部各公司之间的业务混同;组织机构的混同。应该注意的是,上述几种否认公司法人人格的理由彼此之间有重复因素,只是由于各国司法实践的差别,所援引的侧重点有所不同。此外,母公司对子公司的控制、对子公司资产和财务状况进行虚假陈述等也可以用来否认公司法人人格。

2. 母公司恶意经营行为治理措施

除揭开公司面纱以外,英美国家在揭开公司面纱理论的基础上,进行了基于母公司恶意经营行为的多种治理措施,具体如下:

(1) 举证责任倒置原则。母公司实施的控制是否适当,是否导致子公司的损失,都涉及举证责任问题。一般地,不能因为母公司对子公司存在决策与经营控制的表面现象,就由此认定母公司要对子公司的经营情况直接承担责任,还需要对于母公司的控制行为导致子公司经营困难或者违规经营进行举证。通常来说,举证责任由原告来承担,即原告对于被告的违规行为进行举证。但是,子公司各利益相关者根本无法掌握母公司控制子公司的详细证据,或者获得这些证据所付出的成本代价过高,以至于子公司各利益相关者不愿也不能进行详细调查,宁愿坐等"搭便车",这就影响了否认公司法人人格的应用效果。因此,从公平和效率角度来考虑,应把否认公司法人人格时的举证责任移转给母公司。因为由母公司负责准备母子公司的往来资料,这要比由子公司方面的利益相关者负责搜集材料来证明母公司确实实施了不当控制更符合经济效益原则。美国、德国等国家已经在司法实践中应用了举证责任倒置原则,并且取得了良好效果。因此,实施举证责任倒置原则能够有效地保护子公司利益相关者的合法权益,并且维护公平的市场竞争环境。同时,需要指出的是该原则在实际运用中,也应该注意避免子公司滥用举证责任倒置的权利,影响母公司的正常运作,并进而侵犯其利益。

(2) 实质合并原则。根据各国关于破产的法律法规,企业破产负有对于利益相关者进行清偿的义务,但是利益相关者根据法律法规按照顺序获得清偿的权利。例如,我国《破产法》规定,企业破产后剩余财产按照以下顺序进行清偿:优先清偿破产清偿费用和公益性债务,然后依次为所欠职工工资及各种费用、社会保险费用与税款、普通债权。在母子公司治理实践中,母公司可以利用其控制权地位,进行相关债权的担保,以备子公司因经营不善而破产能够获得较高的清偿位次。实质合并原则的应用,主要是在母公司或子公司或两者同时破产时,确定母子公司各自债权人如何分配各公司财产，或者说确定母公司债权人与子公司债权人受偿顺序的一项原则。该原则的目的就是要确保母子公司债权人的利益，尽量达到公平、正义之目标。

（3）深石原则。是指在母子公司框架下，如果子公司资本不足，并且存在为了母公司利益而进行非常规经营的情况，在子公司破产或重整时，母公司对子公司债权的地位应该在子公司优先股股东的权益清偿后获得清偿。这一原则取名自案例公司名称，即子公司状告其母公司深石石油公司利用恶意经营行为损害其利益。在母子公司治理实践过程中，当出现以下几种情况时，母公司的债权应次于子公司的其他债权人：第一，子公司资本显著不足；第二，母公司行使对子公司的控制权，违反受托人应有的标准；第三，母公司不遵守独立公司应遵循的规范；第四，资产混同或利益输送。根据这一原则，子公司能够较好地得到法律保护，减少母公司利用子公司从事高风险业务或者借助子公司分散风险等行为发生的概率，保证子公司利益相关者的利益不受来自于母公司的侵害。

12.4.2 子公司的自我保护

目前母子公司治理领域研究主要集中于母子公司间"自上而下"的单向治理问题（即仅仅关注母公司对于子公司的管控问题），而忽视了以子公司自主性以及母子公司间的互动性为中心的双向治理关系，具体表现为对于子公司"自下而上"的自我保护视角关注不足。究其原因，主要来自于传统委托代理理论的不足，具体表现在两方面：首先，忽视了契约双方的互动性，假定委托人与代理人之间的契约关系是单向的，且代理人只能被动接受，而没有双方讨价还价的空间（冯根福等，2012[①]），这就从理论上将母子公司治理引向了单向契约基础上的母公司单向治理问题；其次，忽视了"双向治理风险"的存在，传统委托代理理论关注的是母子公司框架下，随着控制链的延伸，可能存在效率损失问题，故而将母公司的治理方向定格在了"自上而下"，但是没有将母公司基于控制权私利的道德风险问题纳入研究框架，所以忽视了子公司自我保护的问题。

除了委托代理理论的不足等理论层面的原因，法律实践中关于有限责任和独立法人人格的规定也显示了研究子公司自我保护视角的必要性。母公司通过资本控制链的延伸，对子公司的控制由直接控制转为间接控制，并按照法律规定"以

[①] 冯根福、赵珏航：《管理者薪酬、在职消费与公司绩效——基于合作博弈的分析视角》，载《中国工业经济》2012年第6期。

出资额为限承担有限责任",这一方面能够分散母公司的治理风险,规避因为控制链延伸而存在的潜在效率损失,但另一方面根据"权责对等"的原则,承担有限责任也就只能享受有限权利,即不能利用实际控制人的身份将有限责任与有限权利割裂开来,也就是需要产权明晰条件下的子公司独立法人人格的维护。

因此,通过法律法规的规制可以有效地避免母公司借助控制权地位对子公司进行剥夺,子公司也应该将外部治理机制与内在治理机制结合实施自我保护,以保证子公司利益相关者的合法权益。

1. 子公司自我保护的内部治理机制

(1) 股东会的优化——分类表决制与降低提案权门槛。根据资本多数原则以及"一股一票"的资本民主原则,母公司通过产权控制的方式实现对于子公司的股东会投票权、董事会表决权以及经理层日常经营的实际控制。同时,子公司由于其产权层面的从属地位,并且出于对母子公司整体利益的维护,只能被迫服从于"母公司举手,子公司掏钱"的现实。为了妥善解决这一问题,可以通过强化子公司话语权的方式予以应对,具体方式如下:首先,建立子公司股东会的分类表决机制,既可以通过关联方回避的方式禁止母公司参与投票,也可以在涉及母子公司关联交易时通过提高子公司投票比例而降低母公司投票比例的方式弱化母公司在投票中的权重;其次,降低子公司中小股东提案权的门槛,即根据母子公司的实际股权状况,适度调低现行3%提案权门槛,进一步激励中小股东参与治理的积极性,保证中小股东的意志能够在股东会中得到体现。

(2) 董事会的优化——强化诚信与勤勉义务。作为子公司的董事会成员,董事们能否恪守职业道德规范与执业纪律履行董事会职能关乎子公司的持续发展与利益相关者的切身利益。诚信义务要求董事能够诚实可靠的作为股东的代理人代表股东行使权力,不仅保证股东的利益免受侵害,而且能够履行对经理层的监管义务,从而降低代理成本,提升公司价值与股东收益。勤勉义务要求董事能够以积极的态度更好地为股东服务,不仅体现在按时出席董事会、行使董事表决权,更应该体现在敢于发表异议或者参与财务与内部控制的审核。子公司董事参与治理的基本原则是保证子公司的利益不受侵犯,所以董事们必须牢固树立对全体股东负责的观念,而不是把自己代表的母公司或者大股东的利益放在第一位。

(3) 监事会的优化——强化独立性与发挥监督职能。监事会作为专司监督工作的机构,在保证董事会合理、有效运作以及切实保护股东利益方面发挥着重要的作用。监事会制度产生以来,尽管因为各国公司治理传统的差异,其职能也有所不同,呈现多种形式,但其共同点体现为监督职能。随着治理实践的深入,监事会的作用备受关注，但可能因监事与股东的利益不一致导致其与被监督者的"合谋"。针对这一问题，日本在20世纪末期引入"独立监事制度"，即通过选聘独立监事，形成独立于公司的外部人制衡机制，更好地实现对于内部人控制的制约。目前，德国和中国台湾也相继引入这一制度，一定程度上保证了监事会治理的有效性。我国相关法律法规并没有明确的规定，仅就国有独资企业监事会要求至少有一名职工监事制定了规制。在子公司由于缺乏产权与意志的事实独立性时，独立监事制度不失为一种有效制衡母公司的治理机制。

（4）信息披露的优化——引入更加独立的外部审计师，强化自愿性披露。子公司由于缺乏真正意义上的法人独立性，其信息披露也就不可避免地受到母公司意志的影响。当然，作为迎合国家信息披露法律法规的强制性披露部分由于自主性空间较小，基本不具备可操作性，子公司能够相对独立的进行披露，然而，自愿性信息披露由于缺乏统一的标准与格式，具有较大的自主性，也就给予了信息披露内容的操作空间，母公司能够利用其实际控制权针对该部分信息披露施加影响。随着自愿性信息披露越来越多地受到投资者的关注，子公司可以通过自愿性信息披露更好地满足外部信息需求，以求获得市场的正确估价以实现股东利益最大化。但由于其缺乏实际的法人独立性，如何更好地进行自愿性信息披露成为母子公司信息披露的关键问题。美国萨班斯—奥克斯利法案推出后，明确要求上市公司保证外部审计师的独立性，并针对披露信息进行审核和保证。母子公司特殊的治理机制决定了独立的外部审计师的必要性，若子公司能够在独立的外部审计师帮助下，进行自愿性信息披露，尤其是内部控制自我评价报告以及审计师审核报告等关键信息，那么子公司就可以在相当程度上实现信息披露的完备性和真实性，以切实保护子公司以及子公司股东的利益。

2. 公司自我保护的外部治理机制

（1）声誉约束——发挥媒体与学者的监督作用。信息技术的迅速推广实现了信息传递速度和广度方面的革命，投资者不仅可以及时地获取所需信息，还可以便捷的查询相关历史信息，帮助其进行合理的价值判断。声誉机制借助信息技术，能够对上市公司经营行为以及评价进行收集汇总，由此形成资本市场参与主体的客观评价。投资者可以通过声誉机制进行投资标的公司的筛选，对于声誉不佳的上市公司进行剔除，而对声誉较好的上市公司给予较高的价值判断。媒体和学者作为独立于上市公司的第三方，由于其独立性以及更加专业的知识和能力，已经成为上市公司监管方面的重要力量，更可以成为子公司保持独立性的外部手段。贝萨尼·麦克林对于标准石油公司的研究一定程度上催生了美国民众对于标准石油公司垄断行为的不满,以及郎咸平对于顾雏军的格林柯尔并购行为的质疑,等等,均显示了媒体与学者的监督作用。因此,以媒体与学者为主体的声誉机制能够帮助子公司在缺乏事实独立性的背景下,有效的制衡母公司的剥夺行为以及保护中小股东的切身利益。

(2) 立法实践——"揭开公司面纱"与集体诉讼制度。作为市场有序运行的主要保障,法律法规对于母子公司的日常运营同样发挥着指导性规范的作用。如何通过法律法规的规制与指导实现母子公司治理的有效性和合理性,成为各国立法实践中亟须解决的问题。在我国立法实践中,"揭开公司面纱"原则在较长的时期里一直没有作为细则被明确的写入法律法规,但是,我国新修订的《公司法》明确指出禁止公司股东权利滥用,具体如下:第二十条第一款规定,公司股东应当遵守法律、行政法规和公司章程,依法行使股东权利,不得滥用股东权利损害公司或者其他股东利益;不得滥用公司法人独立地位和股东有限责任损害公司债权人的利益。第二十条第三款规定,公司股东滥用公司法人独立地位和股东有限责任,逃避债务,严重损害公司债权人利益的,应当对公司债务承担连带责任。这一规定的推出不仅是新修订公司法的亮点之一,而且使得"揭开法人面纱"原则在我国有法可依,从法律层面为子公司及其中小股东维权提供了保障。另外,集体诉讼制度可以作为子公司股东与债权人维权的有效途径。集体诉讼制度,又称群体诉讼,是一种适用于诉讼一方或者双方为多数人,为了降低协调成本,通过推选代理人代表其他诉讼原因和诉讼对象一致的诉讼人行使诉讼权的诉讼方式。集体诉讼制度最早产生于英国,因为工业革命的推进,环境污染事件频发,由于环境事件的外部性特征,使得诉讼主体呈现群体化。为了有效地维护受害者利益以及提高司法效率,集体诉讼制度应运而生。由于集体诉讼制度的特殊性,其在母子公司治理机制中能够发挥重要作用,一方面可以有效地降低中小股东维权与举证成本,另一方面还可激励中小股东与债权人共同参与治理,制衡母公司的恶意经营行为。我国《民事诉讼法》第五十五条针对集体诉讼制度进行了相关规定,为母子公司治理的诉讼实践提供了法律指导与保障。

要 点 小 结

1. 企业集团作为介于企业与市场的一种中间形式,不仅在发达国家相对有效的资本市场中通过实现风险分担、节省交易费用的方式提升整体经营业绩,而且,可以弥补新兴市场外部产品、资本市场的不足。但是,企业集团实际控制人还可能存在利用集团形式剥夺成员企业与中小股东的动机。

2. 企业集团除了具备公司的一般特征外，还具有多法人、多纽带、多层次等特征。

3. 企业集团以资本纽带作为分类依据，可以分为母子公司型企业集团与关联公司型企业集团。但是由于许多国家对于相互持股存在较为严格的法律准入，加之全球公司治理理论与实践的发展与完善，母子公司型企业集团逐渐取代关联公司型企业集团成为主要的企业集团形式。

4. 由于母子公司治理区别于单体公司治理，母公司需要基于整体利益施加必要的控制，具体控制方式主要有产权控制、战略控制、行政控制和财务控制等。

5. 母公司对于子公司的控制虽然有利于母公司治理效率的提升，但容易产生"越位"的恶意治理行为，侵害子公司的法人人格，导致子公司独立性的丧失，进而损害子公司中小股东及其利益相关者的合法权益。因此，子公司法人人格的保护也应该成为母子公司关系治理的主题之一。

思考与讨论题

1. 您认为母子公司治理与单体公司治理的主要区别是什么？
2. 您认为母子公司治理实践存在的主要问题有哪些？
3. 谈一谈母公司的管控行为与子公司法人人格保护的关系。
4. 请为母子公司治理的优化实践，尤其是子公司自我保护提出建议。

案例分析

四川 MX 电力股份有限公司违法违规案

四川 MX 电力股份有限公司（以下简称"MX 电力"或"公司"）是一家四川省遂宁市国有控股的主营电力、自来水、天然气生产和供应的公用事业公司，是当地国计民生的支柱企业。该公司自 1997 年上市以来，主营业务突出、经营稳健、效益良好，2002 年公司实现利润总额 9100 万元，总资产 13.6 亿元，资产负债率仅为 24.3%，公司基础和发展前景良好。

2002 年，MX 电力国有股东遂宁市 XY 资产经营公司、遂宁市 DL 物资有限公司欲转让 21.07% 的国有股和 7.07% 的法人股股权，价值为 3.8 亿元。时任深圳 ML 光电技术有限公司董事长周某获知此消息后，立即组建深圳市 ML 集团有限公司（以下简称"ML 集团"）与之接洽，出资收购 MX 电力股权成为第一大股东，随后通过一系列非法手段为自身谋利，严重侵害了上市公司的利益。具体如下：

1. 利用欺诈手段收购 MX 电力

为达到收购目的，2003 年 3 月，周某与深圳市 ZX 会计师事务所达成协议，将 ML 集团 2002 年年末会计报表总资产做到 27 亿元，净资产做到 12 亿元，并虚构了 2001 年审计报告。其后，为筹集收购资金，周某与关系密切的银行内外联手，共获得贷款 4.2 亿元，其中 3.8 亿元用于收购 MX 电力股权。

2003 年 3 月签订股权转让协议，ML 集团以每股 7.969 元的价格受让了 MX 电力国有股东遂宁市 XY 资产经营公司、遂宁市 DL 物资有限公司持有的共计 28.14% 的股份。2003 年 7 月转让股权完成过户，ML 集团成为 MX 电力第一大股东，持有公司 4778 万股股权，占总股本的 28.14%，ML 集团法定代表人、董事长周某出任 MX 电力法定代表人、董事长。

2. 入主后肆意掏空上市公司

由于周某作为第一大股东，在公司董事会 11 名成员中，由 ML 集团提名的董事（含独立董事）就有 8 名，并占据董事长、副董事长、财务总监和副总经理等主要职位，从而使独立董事和公司监事会对董事会的投资、借款等议案，仅仅是基于提供审议的决议内容和材料作形式上的判断。虽然有个别独立董事提出过质疑，但也无法改变董事会决议。因此，在涉及公司重大事项决策上，内部监督机制形同虚设。

借口多元化发展，大肆转移上市公司资金。控股 MX 电力后，ML 集团以拓展公司业务为名，操纵公司将巨额资金投向非主营高风险项目。2003 年 8 月和 9 月，在 ML 集团主导下，MX 电力董事会和股东大会通过对外投资决议，出资 4.2 亿元设立深圳 MXKQ 投资公司和深圳 MX 综合商社，打着房地产和贸易业务的幌子，为 ML 集团谋取不法利益。这两个子公司设立不久，资金就被拆借到控股股东利益关联方单位。

虚设贸易交易，骗取上市公司资金，套取银行贷款。为掩人耳目，ML 集团精心设计了国际贸易的圈套。在其利益集团的掩护和帮助下，2003 年一年从上市公司套走 1.48 亿元资金。在转移资金过程中，又冒用上市公司及其子公司名义为其银行借款提供 5.5 亿元担保，套取银行贷款。

3. 后果

2002 年 ML 集团入主前，MX 电力利润总额 9100 万元，总资产 13.6 亿元，资产负债率 24.3%，2003 年 ML 集团入主后，逐步掏空上市公司资产，公司经营和财务状况均严重恶化，2005 年度亏损 3.4 亿元，资产负债率增至 58%。2006

年度继续亏损 1.6 亿元，资产负债率更增加至 60%。其间 MX 电力 9 亿多元资金被大量拆借给 ML 集团及其关联方，ML 集团及周某的违法犯罪行为，给上市公司 MX 电力造成近 12 亿元损失。

除经济损失外，MX 电力是遂宁市唯一的水、电、气供应企业，在政治上，它关系到全市其他企业的生产、经营和社会稳定，甚至诱发其他不安定因素。同时，MX 电力公司改制是在遂宁市率先落实国家经济体制改革政策，改制中涉及党委、政府、国资委、发改委、证监局；改制后，涉及 MX 公司高管、银行和四川、深圳、广州、江西、北京等地相关部门，是遂宁市新中国成立以来涉案金额最大的案件，可以说，该案件经济危害及政治影响巨大。

（资料来源：中国证券监督管理委员会四川监管局网站，http://www.csrc.gov.cn/pub/sichuan/xxfw/tzzsyd/201011/t20101115_187163.html。）

案例思考：

1. 周某及其 ML 集团是如何通过恶意经营行为掏空 MX 电力的？
2. MX 电力应该如何维护自身利益，制衡周某及其 ML 集团的恶意经营行为？

参 考 文 献

1. Andres P, Vallelado E. Corporate Governance in Banking: the Role of the Board of Directors [J]. Journal of Banking and Finance 2008, 32: 2570 - 2580.

2. Cheong K, Choo K, Lee K. Understanding the Behavior of Business Groups: A Dynamic Model and Empirical Analysis [J]. Journal of Economic Behavior and Organization. 2010, 76: 141 - 152.

3. Claessens S, Djankov S, Lang L. The Separation of Ownership and Control in East Asian Corporations [J]. Journal of Financial Economics. 2000, 58: 81 - 112.

4. Faccio M, Lang L. The Ultimate Ownership of Western European Corporations [J]. Journal of Financial Economics. 2002, 65: 365 - 395.

5. George R, Kabir R. Business Groups and Profit Redistribution: A Boon or Bane for Firms? [J]. Journal of Business Research 2008, 61: 1004 - 1014.

6. Khanna T, Palepu K. Why focused strategies may be wrong for emerging markets [J]. Harvard Business Review. 1997 (4): 41 - 51.

7. Khanna T, Yafeh Y. Business Groups in Emerging Markets: Paragons or Parasites [J]. Journal of Economic Literature. 2007, 45: 331 - 372.

8. La Porta, Lopez-de-Silanes F, Shleifer A. Corporate Ownership around the World [J]. Journal of Finance. 1999, 54: 471 - 517.

9. Lin C, Ma Y, Malatesta P, Xuan Y. Corporate Ownership Structure and Bank Loan Syndicate

Structure [J]. Journal of Financial Economics. 2012, 104: 1 - 22.

10. Morck R, Wolfenzon D, Yeung B. Corporate Governance, Economic Entrenchment, and Growth [J]. Journal of Economic Literature, 2005, 43: 655 - 720.

11. 冯根福、赵珏航:《管理者薪酬、在职消费与公司绩效——基于合作博弈的分析视角》,载《中国工业经济》2012年第6期。

12. 李德志、徐向艺、孙召永:《论母子公司制条件下母公司恶意经营行为及其治理》,载《山东科技大学学报(社会科学版)》2002年第12期。

13. 李维安主编:《公司治理学》,高等教育出版社2005年版。

14. 徐向艺等:《公司治理制度安排与组织设计》,经济科学出版社2006年版。

15. 郑小勇、魏江:《Business group、企业集团和关联企业概念辨析及研究范畴、主题、方法比较》,载《外国经济与管理》2011年第10期。

16. 徐向艺、孙召永:《论母子公司制条件下有限责任制度》,载《东岳论丛》2002年第1期。

17. 徐向艺、孙召永:《现代企业母子公司体制的法律透视》,载《财经研究》2002年第9期。

第13章

公司投资者关系管理

学习目的：本章主要介绍投资者关系及其演进历程、投资者关系管理的理论依据与内容、投资者关系管理的评价以及强化投资者关系管理的对策。通过本章学习，掌握投资者关系管理的概念与意义；了解投资者关系管理的起源与变革；掌握投资者关系管理的内容与投资者关系管理评价的方法；学会运用相关理论进行投资者关系管理的方法。

关键词：投资者关系；沟通；信息披露；危机管理；股权文化

引 言

投资者关系管理是典型的市场经济产物，是在资本市场走向成熟的过程中发展起来的。最早始于20世纪40年代末、50年代初的美国，在我国，公司投资者关系治理还处于刚刚起步阶段，主要因为我国证券市场的资源还比较稀缺，没有由卖方市场实现向买方市场的完全转变。同时，很多上市公司的股权存在一股独大、内部人控制等问题，公司缺乏股东价值观念，而且上市公司信息管理制度不健全，缺乏信息组织网络和相关管理制度，使信息披露工作的及时性、完整性、准确性受到影响。因此，有效地进行投资者关系管理就显得十分必要。

13.1 投资者关系管理及其演进

13.1.1 投资者关系管理的起源与演进

1. 投资者关系管理的起源

作为资本市场走向成熟的标志之一，投资者关系管理最早起始于20世纪40

年代末、50年代初的美国。美国从那时开始，迎来了一个经济繁荣时期，因而社会公众投资热情不断上涨，中小投资者开始进入证券市场。由于中小投资者人数众多，总体资本雄厚，出于对资本的吸纳和争夺的考虑，上市公司不得不将投资者关系列入议事日程，以求能尽量满足投资者尤其是中小投资者的投资需求。在此背景下，1953年通用电气主席考蒂纳（Cordiner）首次为规范上市公司与投资者的关系做出了努力，并创造出投资者关系管理这一术语。不过，投资者关系管理作为一个专业术语而被赋予特定内涵，则经过了较长的发展阶段。在投资者关系管理的萌芽阶段，关于投资者关系管理的内涵并不十分明确，运作手段和方法也不很完善。在大多数上市公司里，投资者关系仅仅被作为宣传和促销的代名词，投资者关系管理的实施目的也只不过是保持公司良好的对外形象，希望投资者不会对公司的形象造成危害。而公司的年度报告则变成了公司的宣传手册，极少包含投资者所关心的公司财务数据等信息，上市公司的信息披露只能借助于报界或者证券市场的中介机构所发行出版的分析师分析摘要。因此，上市公司与投资者之间并没有真正地进行关系协调。

投资者关系管理理论开始走向成熟，是在投资者关系组织形成之后。1956年3月，美国管理协会（AMA）出具了第一份关于美国上市公司股东关系的研究报告，旨在指导美国上市公司股东关系的具体操作。而1963年5月，在底特律召开的投资理念和投资教育会议则确立了投资者关系管理的学术研究地位。以此为背景，1969年7月全美投资者关系协会终于诞生，成为全球最早成立的全国性投资者关系组织。在全美投资者关系协会（NIRI）成立之后，英国上市公司的失败及敌意收购的发展又催生了英国投资者关系协会（IRS）于1980年成立。此后，加拿大、德国、法国、日本等国家都成立了全国性投资者关系组织。值得一提的是，1990年成立的国际投资者关系联合会，其重要目的就是鼓励所有证券市场活跃的国家成立全国性投资者关系组织。在这一时期，投资者关系管理的内涵已经发生了重大变化，开始由过去重视形象维护或危机处理，逐渐调整为强调沟通交流、相互信任的趋势。同时，投资者关系管理的手段也趋于规范化、多样化，上市公司开始利用各种可能的渠道和方法与投资者进行沟通，更侧重于上市公司信息的有效传播。美、英、日、德等发达国家的投资者关系协会都拥有专门的投资者关系管理网站和刊物，如《投资者关系杂志》、《投资者关系季刊》等。特别是在美国，其《管理学院评论》、《管理研究杂志》等刊物会定期对投资者关系管理研究进行专栏报告，而其关于投资者关系管理的专著也显得蔚为大观，并且出现许多专门研究投资者关系管理的学者。

我国系统实施投资者关系管理的先行者是海外上市公司，如中石化、中移动、联想等。它们进行的投资者关系管理实践和操作，为投资者关系管理在国内的传播和普及起到了很好的推动作用，并使国内掀起了上市公司与投资者加强沟通的热潮。他们使得投资者关系正逐渐被我国上市公司所重视，并开始运用各种方式加强与投资者的沟通，以促进与投资者之间的相互信任。

2. 投资者关系管理的演进

在我国，投资者关系管理还处于刚刚起步阶段，主要因为我国的证券市场的资源还比较稀缺，没有实现向买方市场的完全转变。同时，很多上市公司的股权存在一股独大、内部人控制等问题，公司缺乏股东价值观念，而且上市公司信息管理制度不健全，缺乏信息组织网络和相关管理制度，使信息披露工作的及时性、完整性、准确性受到影响。

第一阶段：从1990～1998年，尚未形成真正意义上的投资者关系管理。上市公司的股票发行实行的是计划经济下的"审批制"，从政策上限制了上市公司的数量，相对于广大的投资者来说，股票数量处于严重的供不应求的局面，这就使得我国的上市公司不像国外公司那样为了争夺股票投资者而开展活动。在整个资本市场中，投资者保护的理念远未形成。同时，在整个市场中，监管制度的落后，造成人为操纵、内幕交易充斥市场。一批资金实力雄厚的庄家在股市中达到了翻云覆雨的地步。这一时期，许多上市公司违规案件频频曝光，出现了琼民源、红光实业等公司丑闻。这些事件对整个市场形象有着恶劣的影响。但是在这一时期，由于广大中小投资者处于弱势地位，对公司的情况缺乏基本了解，媒体也缺少曝光性的报道，投资者维护自身权益的意识也十分淡薄，因此这一时期的投资者关系并不紧张。

第二阶段：1999～2002年，上市公司开始有路演、网上推介等财经公关行为。2001年以来，国际资本市场发生了骇人听闻的安然、世界通讯等国际知名公司造价丑闻。国内证券市场也出现了一批虚假陈述的案件，"银广夏"、"郑百文"事件引起市场震动之大更是前所未有。伴随着上市公司损害中小股东权益案件的曝光，股价大幅下跌，我国上市公司投资者关系空前紧张。根据中国证券登记结算公司的材料，截至2002年11月底，在3452万个沪市A股账户中，持有股票的仅为1466万个，有1986万个账户被闲置，闲置率高达57.5%。2001年11月持有股票的账户为1862万个，到2002年11月底，已有396万个账户被清空，占曾经持有股票账户的21.3%。此时，上市公司开始意识到与投资者之间交流的积极作用，上市公司开始有路演、网上推介等财经公关行为。随着网络的迅速发展，越来越多的上市公司开始通过网络与投资者进行沟通。1999年10月，清华同方首次利用互联网进行了公司IPO的推介活动。同年年底，中国证监会规定，所有上市公司的年报必须同时在互联网上发布。这一时期的公关活动的发展，表明随着证券发行机制由审批制转向核准制，上市公司股票发行的市场化程度也不断提高，许多公司已经意识到适当的推介对于公司发行起到了积极作用。客观上讲，无论是现场路演，还是网上推介都实现了投资者与公司直接交流的目的，促进了双方交流。

第三阶段：从2002～2007年年初，上市公司主动开展投资者关系管理。随着我国证券市场的不断成熟和与国际化接轨的加快，同时为适应不同市场的监管，开始重视投资者关系管理活动。特别是一些在海外和香港上市的公司，如中石化、联想、中国移动等，开展投资者关系管理在市场上取得了良好效果，得到了市场认可。2004年1月国务院发布了《关于推进资本市场改革和稳定发展的若干意见》，提出要重视资本市场的投资回报等，诸多方面都体现出对投资者利益的保护，为上市公司开展投资者关系管理提供了纲领性指导文件。同年12月份，中国证监会发布了《关于加强社会公众股股东权益保护的若干规定》，赋予了中小投资者对上市公司重大事项的发言权和表决权，提高了上市公司信息披露的质量要求。尤其是中国证监会于2005年4月29日颁布的《关于上市公司股权分置改制试点有关问题的通知》和其后启动股权分置改革试点，客观上对上市公司广泛开展投资者关系管理起到了直接的推动作用。

第四阶段：股权分置改革完成（2007）至今，投资者关系管理真正被上市公司重视。股权分置改革完成后，在股权全流通下，由于大股东利益诉求的变化，监管层的要求，激励机制的完善，国内证券市场日益成熟和规范化。上市公司要将更多的与公司的生产经营和战略经营相关的信息传递给投资者，使他们全面了解公司，在持续的信息披露中建立与投资者的理解与相互信任，提高投资者的忠诚度。股权全流通下投资者关系管理产生的动因在于上市公司对资本的竞争，即上市公司作为竞争主体，希望通过与投资者进行有效地沟通，促进投资者对公司的了解和认同，进而获得投资者的支持，得到低成本的资本或公司较高的相对价值。另外，从公共关系管理的角度，自愿信息披露所带来的良好的投资者关系还可以改善上市公司的公众形象，提升公司的无形资产，提高公司的综合影响力，促进公司在资本市场、产品市场、人才市场等各方面竞争力的提高。此时，投资者关系管理成为上市公司管理的一部分，真正被公司管理层重视。

13.1.2 投资者关系管理的特性

1. 投资者关系管理的含义

投资者关系管理（Investor Relations Management，IRM），有时也称为投资者关系（Investor Relations，IR）。下面是对投资者关系管理概念比较有代表性的表述。

全美投资者关系协会对投资者关系管理的定义是：投资者关系管理是公司的战略管理职责，它运用金融、沟通和市场营销学的方法来管理公司与金融机构及其他投资者之间的信息交流，以实现公司价值最大化。

加拿大投资者关系协会对投资者关系管理的定义是：投资者关系管理是指公司综合运用金融、市场营销和沟通的方法，向已有的投资者和潜在的投资者介绍公司的经营和发展前景，以便其在获得充分信息的情况下做出投资决策。有效的投资者关系管理有利于提高市场对公司的相对估价水平，从而降低资本成本，并且成为公司管理层听取投资者建议的渠道。

英国的投资者关系社团对投资者关系管理的理解是：对公开发行证券的公司与证券持有者或者潜在持有者之间关系的管理。

日本的投资者关系管理协会从目的和功能出发，将投资者关系管理定义为：通过股价来适当地反映公司的实际状况，从而达到降低投资成本的一种活动。

《深圳证券交易所上市公司投资者关系管理指引》中对投资者关系管理的定义是：投资者关系管理是指上市公司通过各种方式的投资者关系管理活动，加强与投资者和潜在投资者之间的沟通，增进投资者对上市公司了解的管理行为。

其他机构，如德国投资者关系管理协会、澳大利亚投资者关系协会、芬兰投资者关系协会、法国投资者关系协会、全球投资者关系联合会等对于投资者关系管理虽然都有各自的定义，这些机构由于所处国家的经济环境、法律制度、文化特点上可能有所差异外，对于投资者关系的内涵、本质、目的和手段等的基本看法都是一致的，都表现出了以下几个重要思想：第一，投资者关系管理是公司的一项持续的、日常的管理职能。第二，投资者关系管理是公司战略之一，投资者关系战略将和公司的产业发展战略、产品战略、市场营销战略、财务战略、人力资源战略等协调一致而形成一种良性循环。第三，投资者关系管理是一种资本营销，它综合运用了金融、沟通与市场营销学的知识，营销的是公司的未来价值，营销的产品是公司的股票，营销的市场是资本市场。第四，投资者关系管理的基础是充分的信息披露。信息披露是投资者关系管理的一个核心重要组成。充分而完整的信息披露表明了公司开诚布公的坦诚态度和较高的透明度，是投资者关系管理的基础。投资者关系管理所要求披露的信息量远远超过强制性信息披露，其披露的领域不仅包括经营和财务信息，还包括公司战略、文化等各方面的真实信息。第五，投资者关系管理的核心是通过沟通，促进了解和认同。投资者关系管理是一个主动、双向交流沟通的过程。公司在向投资者传递信息的同时，也在向投资者收集公司需求的相关信息，这与我们很多公司实践中单向的、被动地应付投资者的活动有着根本的区别，也正是首先在这种态度和动机上的差别才决定公司与其投资者之间的交流沟通程度和效果。

本书中投资者关系管理是指公司通过综合运用金融和市场营销的原理，通过各种手段和方式，加强与投资者的沟通，促进投资者对公司的了解和认同，实现公司价值最大化的战略管理行为。公司加强投资者关系管理能够建立与投资者良好的关系，提高投资者满意度，增强投资者对公司的忠诚度，并最终实现股价的提高、资本成本的降低等目标。

2. 投资者关系管理的意义

（1）良好的投资者关系有利于上市公司获得持续低成本融资。资金是当今公司的生命线，公司只有不断地开发前景良好的投资机会，才能不断地发展壮大。因此，持续的融资能力对公司的发展至关重要。当公司拥有前景良好的项目而自身积累的资金又不足时，就必须从外部获得足够的资金。证券市场作为上市公司外部筹资的重要渠道而备受重视。随着我国证券市场的发展，上市公司数量不断增加，如何从众多的上市公司中脱颖而出，是每个上市公司高层管理者必须关注的问题，因为只有获得投资者的青睐，公司的长远发展才有保障。公司可以通过实施良好的投资者关系管理，建立并保持公开、坦诚的沟通渠道，继而获得投资者的关注和信任。只有当投资者理解并支持公司的发展战略时才会购买和持有公司的股票，由此便为公司将来从证券市场上再融资打下了良好的投资者基础，上市公司也就获得和拥有了持续低成本融资的能力。

（2）良好的投资者关系有利于完善上市公司治理结构。公司治理的一项核心内容就是如何处理好上市公司和股东之间的关系。2005年9月证监会发布了《上市公司股权分置改革管理办法》，股权分置改革已作为资本市场基础制度建设的重要内容被提上日程，当股权分置成功与否直接取决于流通股股东赞成与否的时候，IRM就成为上市公司必须要做的事情。在股改试点中，清华同方的试点方案被股东大会否决，成为股改方案未获通过的试点上市公司。这其中清华同方的投资者关系管理工作没有做到位是一个重要原因。因此上市公司更加有必要在制度改革时期实施投资者关系管理,让广大投资者尤其是中小投资者拥有更充分的知情权,同时对公司决策拥有更大发言权,借此增强他们长期持股的信心,扩大他们对公司治理结构的影响力,这不失为改善公司治理结构的积极举措。

(3) 良好的投资者关系有利于提升上市公司的无形资产价值。公司在资本市场上的良好形象是公司品牌的一个重要组成部分,如同公司在产品市场上的品牌效应一样,它是公司持续发展的一个基础,而在实践中,投资者关系管理主要致力于在资本市场积极塑造公司的良好形象,搭建投资者与上市公司的桥梁,充分展示公司的价值和潜力,实现投资者与公司长期、积极的良好互动。投资者关系管理对提高公司知名度、信誉度;争取投资者、市场、相关利益者乃至整个社会对公司文化和公司价值的认同感,树立公司在资本市场上的良好形象有着重要的作用。

(4) 良好的投资者关系有利于促进公司进行资本营销。产品营销和服务营销兜售的是公司的过去,潜在买主是直接消费者;品牌营销推介的是公司的现在,潜在购买者常常是敏感的间接消费者,这类消费者多数比较富有,对品牌有较强的偏好和忠诚度;资本营销也可以叫做股权营销,它所导演的则是公司的未来,其诉求对象是已经充分做好交易准备的投资者。资本营销是上市公司管理层向投资者介绍未来的增长价值,让人们对公司未来的预期建立信心,这必须建立起人们的信任惯性,投资者关系管理正是试图建立这种信任惯性,并小心加以维护的系统理论和实践方法。它包括公司的关系管理,新闻媒体的关系管理,专业投资咨询机构的关系管理,银行和其他信贷机构的关系管理,以及基金等大机构投资者的关系管理等。资本营销和投资者关系管理正是在这一层面上得以结合起来,公司只有做好投资者关系管理工作,才能抓住资本营销的核心即投资者的信任惯性,才能带来投资者对公司股票的需求,最终满足公司长期融资的需要。

3. 投资者关系管理的特性

(1) 投资者关系管理的战略性。投资者关系管理是公司的一项战略性管理工作,这是由投资者关系管理的性质决定的。投资者关系管理是上市公司在证券市场进行有目的、有计划、有组织、有步骤的组织行为。一方面,投资者关系管理伴随公司战略逐步演进,不断地向已有投资者和潜在的投资者介绍公司的经营和发展前景,以取得他们对公司及公司战略的认可。另一方面,投资者关系将成为一种共识,作为一种观念长期根植于公司每一个员工的头脑之中,也就是说,只有公司真正形成尊重投资者的理念,才能在面临纷繁复杂的外部环境和公司内部事务之时，从投资者角度考虑做好投资者关系管理工作。公司通过投资者关系管理影响投资者需要公司多方式、多渠道的持续沟通，才能与投资者形成长期、稳固的关系，这不是一朝一夕就能达到的结果。

（2）投资者关系管理的系统性。投资者关系管理工作本身就是一个系统工程，因为它涉及上市公司的各个层次和方面。从层次上看，投资者关系管理涉及上市公司股东大会、董事会、管理层、投资者关系部等，甚至也涉及公司的宣传部、人事部、财务部等。并且从信息所涉领域来看，投资者关系管理涉及的信息领域非常广，包括上市公司生产信息、财务信息、营销信息、管理信息、人事信息等各方面。

（3）投资者关系管理的互动性。上市公司开展投资者关系管理活动的目的是为了建立良好的市场形象，获得社会美誉度的提高。形象的建立主要取决于上市公司本身的行为，因此必须以实际行动取信于投资者。而投资者主要依赖于信息的传播对上市公司做出总体评价。投资者关系管理的互动性表现在：一方面，上市公司需要不断地向投资者传递信息。充分信息披露要求上市公司尽可能的披露投资者关心的公司信息，以利于投资者了解公司，做出正确的投资决策。另一方面，投资者不断将信息反馈给上市公司，包括对上市公司战略管理、经营运作等各方面的意见和建议。投资者关系管理通过互动式的沟通促进上市公司和投资者之间的彼此了解和信任。

（4）投资者关系管理的持续性。投资者关系管理是上市公司的长期工作，是上市公司的长期义务。上市公司通过持续不间断地传递公司信息，促进投资者对公司的认识、理解、认同，才能形成合理的投资者结构、稳定的投资者队伍。

4. 投资者关系管理的特点

投资者关系管理旨在改善和加强投资者与上市公司之间的沟通，帮助投资者树立理性投资理念。投资者关系管理的基本特点是：

（1）充分的信息披露是投资者关系管理的前提和基础。由于信息的不对称，投资者特别是中小投资者对公司信息的了解少于公司内部人士，因此，投资者关系管理首先要通过信息披露让投资者了解公司的经营和财务信息。充分信息披露要求公司尽可能地披露投资者关心的公司信息，以利于投资者了解公司，做出正确的投资决策。

（2）沟通是投资者关系管理的主要手段。在公司进行投资者关系管理过程中，沟通是主要的手段。通过沟通，一方面向投资者传递他们关心的公司信息，另一方面也可以听取投资者对于公司发展的建议和意见。公司通过与投资者平等、诚恳、相互尊重的沟通，获得投资者的认同，从而提高公司价值，也让投资者获得投资决策的依据。

（3）提高投资者对公司的认同度，进而提高公司价值是投资者关系管理的目标。通过投资者关系管理，首先可以使投资者增加对公司的了解，提高公司的诚信度，增强投资者对公司的信心；更重要的是，通过投资者关系管理，公司可以向投资者宣传自己的发展战略、管理风格、经营情况、企业文化、价值观等，提高投资者特别是机构投资者的认同度和忠诚度，从而提高企业价值。

13.1.3 投资者关系管理的目标及职责

1. 投资者关系管理的目标

公司价值与公司的产品价值和资产价值不同，它不仅是公司的利润和净资产所能体现的公司过去和现在的价值，更重要的是公司的未来，是公司在过去和现在基础上的盈利能力和发展潜力，它是公司的现有投资者和潜在投资者对公司的一种预期。公司价值的提升，是伴随着公司自身实实在在的良好前景和投资者对公司的良好预期而来的，而投资者对公司价值的发现及未来预期，是公司价值提高的一个重要环节。投资者关系管理的主要目的就是要提高投资者对公司的认同度和忠诚度，进而实现公司相对价值最大化。沟通的目标是要促进投资者对公司的了解和认同，因为当经营环境改变时，公司会不断地调整自己的经营方针，甚至产业、产品发展战略以适应环境。而调整后的战略有可能是先前的投资者所无法认同的，这时公司就要考虑进行旨在对投资者结构进行调整的投资者关系管理活动，促进投资者的了解和认同。因此，强化公司在资本市场上的良好形象是投资者关系管理的直接目标，而最终目标则应是实现公司价值的最大化。通过有效沟通，能防止公司股价被低估从而沦为收购者的猎物，也能使公司股价建立在坚定的投资者信心基础上，避免公司股价被盲目或恶意炒作而剧烈波动，最终因伤害投资者而退出历史舞台。当然，主观上，投资者关系管理的行为由公司管理层发出，为公司的价值提升服务，但在客观上，信息的充分沟通可以完善公司治理结构，倡导理性投资，并在投资公众中建立公司的诚信度，规范资本市场运作，实现外部对公司经营约束的激励机制。同时，高度透明的公司运作使投资者的投资决策建立在知实情的基础上，从而能更好地保护投资者的利益，实现公司价值和股东利益的最大化。

2. 投资者关系管理的职责

根据国外的经验，IRM 的工作职责可以总结为：

（1）整合公司内部信息流程，通过建立适当的制度规范，跟踪研究公司的发展战略、经营状况、行业动态以及监管部门的法规，及时、准确、完整、合规地披露与投资者投资决策相关的信息。

（2）定期或针对重大事件组织分析师会、网络会议、路演等活动，与投资者进行沟通。

（3）在公司网站中设立 IRM 专栏，在网上披露公司信息，方便投资者查寻和咨询。

（4）与机构投资者、证券分析师及中小投资者保持经常联系，提高市场对公司的关注度。

（5）加强与财经媒体的合作关系，引导媒体的报道，安排高级管理人员和其他重要人员的采访、报道。

（6）与监管部门、行业协会、交易所等保持接触，形成良好的沟通关系。

（7）与其他上市公司的 IRM 部门、专业的 IRM 咨询公司、财经公关公司等保持良好的合作、交流关系。

13.2 投资者关系管理的理论依据

13.2.1 关系营销理论

美国学者伯雷（Berry，1983）率先提出关系营销概念，随后关系营销理论在 20 世纪 80 年代末至 90 年代初迅速发展，并在西方市场营销学理论界掀起革命，被称为营销学研究范式的转变。关系营销理论的提出是建立在两个基本假定之上的：一是保留老客户比吸引新客户具有较低的成本；二是与客户建立和保持合作关系将使双方长期受益。在上市公司中，关系是复杂多样的，最核心的关系是与投资者、顾客、供应商及内部雇员之间的关系。从经济学角度看，公司在三个市场上竞争，即产品市场、劳动力市场和资本市场。公司在劳动力市场上要寻求的是员工，进行的是人力资源管理；在产品市场上要寻找的是客户，进行的是客户关系管理；而在资本市场寻找的是投资者，进行的是投资者关系管理。人力资源管理、客户关系管理和投资者关系管理三者共同构成了关系管理的最主要内容。上市公司进行再融资时，如果把股票看成公司的产品，那么这种产品的客户就是公司的投资者。

近年来，声誉管理在投资者关系管理中逐渐地被接受，并日益受重视。有学者甚至认为在经历了价格竞争、质量竞争、服务竞争后，公司的竞争已开始进入新阶段——声誉竞争阶段。公司声誉（Corporate reputation）是建立在价值观基础上的混合概念，是个长期指标，要改变声誉需要很长时间内持续不断地努力。声誉是由公司的品质决定的，与公司价值观、文化和操行密切相关。声誉是公司所有部门共同的职责范围。声誉对消费者、投资者、员工、商业伙伴、供货商和当地社区都会产生影响。公司的声誉是一种生产性资产。声誉能够带来竞争优势，且是唯一和独特的，并很难被复制。投资者关系管理可以借鉴声誉管理的方式、方法以及途径。

危机管理作为公共关系的一部分也与投资者关系管理有千丝万缕的联系，上市公司在经营过程中会遇到各种财务、人力、技术等危机，而投资者关系管理中的一个常用工具即是危机管理。危机管理四个阶段的工作：危机前的预防、危机前的准备、危机爆发时的应付和危机结束期的恢复。而投资者关系管理在危机管理的四个阶段中都发挥着重要作用。上市公司作为公众公司负有信息披露的义务，监管机构有严格规范的信息披露制度保证每一位投资者获得平等知情权，所以投资者关系管理本身就对危机起到预防的目的。关系营销理论使上市公司重视建立和维护与投资者之间的良好关系，树立良好的公司声誉，形成谨慎的危机管理体系，以稳定或促进公司价值。

13.2.2 投资者保护理论

投资者关系管理理论基本目标就是投资者保护。投资者保护理论源于代理问题，核心内容就是防止内部人管理层和控股股东对外部投资者和债权人的"掠夺"，以维持投资者的信心，实现公司价值最大化，促进资本积累、证券市场发展和经济增长。根据政府立法和执法在投资者保护过程中的作用，投资者保护理论可以分为契约论和法律论两个流派。契约论的代表人物是博格罗夫、文·萨登及高通、斯齐米德，其基本观点是：只要契约是完善的，执行契约的司法体系是有效的，那么投资者与公司签订契约就可达到保护自己利益的目的，法律并不重要。法律论则认为必须完善投资者保护的相关法律框架，建立强有力的监管架构。在投资者保护中，法律规范应是签订和执行契约的基础，必须制定信息披露标准等详细规则，提高公司透明度，同时保证法庭有效运作，而这在上市公司投资者关系管理中无疑也同样重要。投资者关系管理活动使公司与投资者之间的沟通变得公开、公正，投资者更准确、及时的获得信息，更具有前瞻性。随着公司透明度的增加，投资者信心也随之加强，并产生信任与忠诚。因此，如果投资者关系管理活动开展得好，可以增加股票的价值，可以使公司获得更好的债券等级，可以在投资者中树立良好形象，也可以成为公司受到收购威胁时的坚强防卫。

13.2.3 股权文化理论

一个充分发展的股权文化将使投资者的合法权益在全社会得到充分尊重和切实保护。强化外部市场约束机制，又有助于培育和建立股权文化，改善和提升公司治理水平。

首先，股权文化发展越成熟，越有利于在全社会充分尊重和切实保护投资者的合法权益。在股权文化发展较为成熟的市场，个人股权投资已具备相当的深度与广度，投资者群体形成了较为理性的投资理念，过度投机的现象较少，股市的波动幅度较小，容易吸引境外资本投资于本国证券市场，国际化程度较高。可见，股权文化发展越成熟，越有利于在全社会充分尊重和切实保护投资者的合法权益，进而促进资本市场的可持续发展。建立股权文化的出发点应当是对股权的尊重，对股东利益的尊重和保护。因此，股东意识是股权文化的核心理念。其次，强化外部市场约束机制，强化投资者关系管理，有助于培育和建立股权文化，改善和提升公司治理水平。公司治理结构与股权文化是紧密相关、密不可分的。国际经济合作与发展组织（OECD）制定的《公司治理原则》中明确提出：一个公司的竞争力和最终成功是协同工作的结果，它体现了来自许多不同资源提供者的贡献，公司治理应当确认利益相关者的合法权益，并鼓励公司和利益相关者为创造财富和工作机会以及保持公司财务健全而积极合作。这一原则在成员国中广泛推广并加以实施，突出了公司发展必须是合力作用的结果这一理念。那么，公司约束机制的建立就不能完全依靠内部，还需要有市场的外部约束条件。对上市公司来说，社会及公众股东的约束，中介机构和媒体的约束，以及监管机构有效的监管都是非常重要的。因此，社会、媒体、会计师、分析师等各个方面都要充分发挥独立、客观、公正的约束和监督作用。良好的投资者关系管理正是这几个方面发挥作用的有效手段，也是股权文化的基础。

13.2.4 社会责任理论

公司社会责任(Corporate Social Responsibility, CSR)涉及公司经营的有股东、雇员、客户、供货商、社区、政府以及其他利益相关者,是公司兼顾股东与利益相关者的利益,同时完成经济、社会和环境三项任务的互动过程。管理大师德鲁克认为,公司是社会的器官,应为满足社会、社区或个人的某种特别需要而存在。

上市公司作为现代公司的一种组织形式,不应该仅仅追逐利润的最大化,也应对社会承担特殊的责任,表现在:第一,上市公司股权分散化和股东社会化促使其有广泛的社会影响。第二,其信息披露及现代信息传媒的日益发达促进了上市公司对社会影响的迅速性。第三,其经济力量的日益强大促使其对社会产生有力的影响。第四,其公司制度的创新具有示范效应。第五,社会公众对上市公司的期望不再局限于提供产品和创造利润,同时还要求上市公司提供具有环保性能、适应性能的产品,并要求上市公司创造良好的生存环境,维护社会正义和公平、解决社区问题等。第六,上市公司的不良发展会对社会环境产生强烈的负效应。国际上,从安然突然破产到世界通信丑闻;国内,从琼民源到银广夏案件,带来了严重的上市公司信用危机。因此,强化公司的社会责任具有重要意义:它是防止公司滥用经济力量的外部约束;有利于公司的健康发展;有利于保护利益相关者的合法权益。因此,投资者关系管理是公司履行社会责任的一个重要途径。

13.2.5 信息不对称理论

信息对称是指在某一经济关系中,参与双方各自拥有对方所掌握的全部信息,对对手所具备的知识和所处的环境完全了解。相反,信息不对称是指参与双方对有关事务的知识或概率分布的把握程度不同,掌握信息比较充分的人员,往往处于比较有利的地位,而信息贫乏的人员,则处于比较不利的地位。信息不对称在经济生活中是普遍存在的,典型的如投资者与经营者、投资者与基金经理。在这些关系中,因为信息不对称的存在,通常代理人具有信息优势,委托人处于信息劣势,代理人可能会为满足自身的利益最大化而做出损害委托人利益的行为。

在金融市场上,公司的外部投资者或者债权人与经营者掌握的关于公司真实价值或投资机会的信息是不对称的。因为公司经营者比外部投资者和债权人拥有更多的、更真实的关于公司内部经营的信息，外部投资者或债权人为了得到更真实的公司信息，会根据经营者的各种经营决策来判断公司的经营状况。因行业知识水平、公司发展目光等方面的差异，外部投资者会错误地理解经营者的决策而导致其投资决策的失误，进而影响公司资本结构的稳定和公司的发展。

信息不对称理论就是讨论在信息的不对称环境中，公司怎样通过适当的方式向外部投资者传递有关公司价值的信息，以此来影响投资者的决策。投资者关系管理的主要内容就是信息交换和信息沟通，其核心是通过与投资者的有效沟通来促进上市公司与投资者形成一种平等、尊重、信任的长期共处关系。由此可见，信息不对称理论提出问题，投资者关系管理解决问题，二者是一种承继关系；另外，信息不对称理论也指明了投资者关系管理持续追求的目标，即公司的价值得到资本市场的客观评价。

13.3 投资者关系管理的内容

13.3.1 信息披露

证券市场的规范运作主要建立在充分的信息披露和市场透明的基础上。从整体来看，我国上市公司的信息披露仍然处于强制性信息披露阶段，满足依据《公司法》、《证券法》、《上海证券交易所股票上市规则》《深圳证券交易所股票上市规则》及监管部门制定的信息披露法规确定的公司信息披露的基本要求。但即使是这样的最低要求也经常被某些上市公司有意无意地违反，从而对市场的规范运作产生了极大的负面影响。信息披露实践中的不充分和不完善，说明了上市公司还没有意识到，作为面向社会筹资的公众公司，信息披露应该是上市公司的自觉行为和应尽的义务。上市公司只有严格履行信息披露的义务，向投资者充分公开披露信息，才能增加上市公司运作的透明度。严格规范的信息披露是公司所有股东获得平等知情权的制度保证。因此，从市场监管的角度来看，要求公司根据有关法规，从形式和实质两方面进行判断，并披露股价敏感信息。强制信息披露主要是按照法律、法规的要求披露股价敏感信息，是一种向投资者单向告知信息的过程。但是强制性的信息披露已经远远满足不了投资者的需求，作为投资者关系管理的充分信息披露的信息量应大于强制信息披露，即现行法律法规和规则规定应强制披露信息以外公司自愿披露的信息。这是对强制披露信息的必要补充以及对强制性信息披露内容的进一步解释和说明。

投资者关系管理需要上市公司综合运用各种方式和渠道加以实现，常见的有：公告、股东大会、公司网站、电话咨询、邮寄资料、广告或其他宣传资料、访问投资者、路演及分析师会议、投资者关系部门小组会议和整合反馈会议等。

定期报告是上市公司传达经营情况和财务状况的主要方式。它分为月报、季报、年报。临时公告是公司披露重大事件的主要方式，一般由公司的董事会来发布。

股东大会是由上市公司全体股东组成的最高权力机构。股东大会是上市公司信息披露的基本平台，也是广义投资者关系管理的主要实施渠道。作为股东，有参加股东大会的权利，并且可以通过参加股东大会行使表决权、决策权、董事及有关监事选举权、建议权、质询权等具体权利。股东大会每年召开一次年会，公司召开股东大会，将会议审议的事项于会议召开30日以前通知各股东。在某些情形下，公司还会就某些重大事项召开临时股东大会。

公司网站包括公司简介、产品介绍、服务项目、公司新闻、投资者关系等相关公司信息。上市公司要对公司网站进行及时更新，并将历史信息与当前信息以显著标识加以区分，对错误信息应及时更正，避免对投资者产生误导；公司可在网站上开设论坛，投资者可以通过论坛向公司提出问题和建议，公司也可通过论坛直接回答有关问题；还可设立公开电子信箱与投资者进行交流，投资者可以通过信箱向公司提出问题和了解情况，公司也可通过信箱回复或解答有关问题。对于论坛及电子信箱中涉及的比较重要的或带普遍性的问题及答复，公司应加以整理后在网站的投资者关系专栏中以显著方式刊载。上市公司应设立有专门的投资者咨询电话，投资者可利用咨询电话向公司询问、了解其关心的问题。通过咨询电话，上市公司可以更好地和投资者沟通、了解投资者的意愿，发现问题。咨询电话一般有专人负责，并保证在工作时间电话有专人接听和线路畅通。如遇重大事件或其他必要时候，公司应开通多部电话全天候回答投资者咨询。直接邮寄资料是上市公司把印刷或书写的信息，通过邮政系统或者其他方式，直接寄达自行选定的对象手中的一种传播方式。传播对象由上市公司有计划、有目的地自行选定，这样能够自我控制和选择，而不像报纸等大众传播媒介那样，不能自由选择。广告或其他宣传资料可以增加投资者对上市公司的感性认识，增加投资者对上市公司的忠诚度。访问投资者通过和投资者面对面的交流可以更好地了解投资者的投资意愿和对上市公司的建议。

路演本意是指巡回演出会，后来被证券界广泛借用，特指股票发行推介会。主要是通过一系列的推介活动，让投资者对发行人有更深切的了解和直观的感性认识，发行人和承销商根据投资者的反馈来比较客观地决定发行量、发行价和发行时机。这是境外上市公司惯常采用的用来沟通投资者与股东关系的方式。主要有现场推介会和网上推介会两种形式。网上推介会就是通常所说的网上路演，主要针对所有的投资者和大众。现场推介会主要就基金及机构投资者进行财经公关的一种路演形式。

分析师会议是一种国际流行的业绩披露方式，参加方包括上市公司高层管理人员、证券公司、基金管理公司以及独立研究机构的业内分析师，还有财经媒体等。会议形式为在年报刊登的当天，来自证券公司等机构的、经过选择的有代表性的分析师，通过电话会议及网络会议等方式与上市公司高层就年度业绩进行直接和充分的沟通。分析师会议结束后，在上市公司股票恢复交易前将交流过程及分析师评论结果，通过网络及媒体向社会公众公开。

投资者关系部门小组会议是投资者关系部门内部沟通的主要方式。由投资者关系部经理、信息调研组组长、信息推销组组长、关系营销组组长、整合反馈组组长等负责人参加。各工作组组长负责对本组当前的工作进行汇报，对工作中的问题可以提出进行集体讨论、决策，投资者关系部经理负责对总体工作情况予以总结，并制订部署下一阶段的工作计划。通过会上各组之间的工作相互沟通、了解，可以提高投资者关系部门整体的协调水平和工作效率，并使工作中的问题得以及时解决。

整合反馈会议是投资者关系部门与公司其他部门联结的一条纽带，可以采取定期或不定期方式举行。它由整合反馈工作组组长主持，公司所有高级管理人员包括董事、监事、各部门经理、财务总监参加。该会议是公司高层沟通的主要方式，目的在于将公司投资者关系现状及时传达给公司高管人员，以指导公司筹融资战略的调整和公司整体的运营。会议中投资者关系部门经理要对前期的投资者关系工作向其他高管作详细汇报，其他高管听取汇报之后要提出相关的建议。同时也要把本部门的近况予以说明，这样通过双向沟通，各部门都可了解彼此的情况，建立在全部门信息基础之上的有关公司重大事项的决策便会更加科学。成功的整合反馈会议不仅把投资者关系部与公司其他部门联系在一起，而且应使公司各部门之间的运行有机协调，促成上市公司建立整体的统一高效运营机制。

13.3.2 信息沟通与交流

1. 沟通主体

沟通的主体是上市公司及其相关的投资者。两者同是证券市场不可分割的市场参与者,是投资者关系中最重要的两个主体。对于投资者而言,上市公司是投资者的投资对象,其股票是投资者的投资客体,投资者拥有上市公司的所有权和控制权;对于上市公司而言,投资者是上市公司的所有者,上市公司的目标应该是追求投资者价值的最大化。

上市公司作为沟通主体的一方,其具体沟通任务由相关的管理者完成。包括董事会、监事会、公司高级管理人员及投资者关系管理专职人员。投资者(现有投资者和潜在的投资者)作为沟通的另一方,既包括个人投资者也包括机构投资者。其中,机构投资者包括基金管理公司、保险公司、信托投资公司等。公司应当根据不同的投资者对象,针对他们不同的需求,采取不同的形式,重点交流其关注的信息。比如潜在投资者可能对公司没有系统的了解,甚至对公司所处的行业也不了解,公司就应当主要与之交流行业特点,并突出特点和价值所在;而机构投资者甚至公司的战略投资者,谙熟公司的背景和特点,投资者关系则应侧重使其对公司的发展规划和战略部署建立长期信任;个人投资者有的善于短线操作,有的看好公司未来愿意长期持有,公司也应根据其不同的需求分别给予关注的信息,从而针对投资者的不同诉求点,实现高效沟通。

2. 沟通客体

公司的经营决策行为要获得投资者的认同,就必须从满足投资者个性化信息需求方面与投资者进行主动的、双向的、互动的沟通。上市公司应向投资者提供公司的生产经营状况、财务状况、发展战略、产品和市场状况、人力资源状况、持续期内的重大变动、未来预期等信息。投资者的信息偏好及对公司所提供信息的满意度也应予以表明。投资者关系管理就是这样一个与投资者相互沟通的过程,热线电话、组织参观、分析会、小型说明会、一对一介绍、路演等形式被广泛运用于投资者关系管理。这些互动交流的目的就是向各类投资者传达他们所需的信息。所以,投资者关系管理沟通的内容是与投资者决策有关的各类信息,而不仅仅是强制信息披露要求的信息。通过这种沟通,公司一方面可以了解到投资者对公司的认知;另一方面也需要进一步判断投资者对哪些信息有可能敏感,需要公开予以披露。

3. 沟通基础

充分而完整的信息披露表明了公司开诚布公的坦诚态度和较高的透明度,是投资者关系管理的基础。为了保护投资者(尤其是中小投资者)的利益,各国都制定了严格规范的信息披露制度,要求公司根据有关法律法规,从形式和实质上披露影响投资者进行决策的敏感信息。虽然各国由于不同的法律制度和市场发展完善程度不同,这些信息披露的制度严格程度也不尽相同,但对于公司而言,法律法规的要求是公司进行信息披露的底线。然而,公司仅仅符合法律的规定并不能获得投资者必然的认同。由于投资者类别多样、投资者本身资质不同、对公司了解的深浅不同、其投资偏好不同、获取信息的渠道不同,必然会提出各种各样的个性化信息需求,因而要求公司信息披露的内容也远大于强制信息披露的内容。理性投资者进行投资决策的依据是各类信息,但是由于信息不对称问题的存在,上市公司要获得投资者的信任,就必须披露各种影响投资者决策的信息。任何公司的经营都会有喜有忧,任何公司都有存在对公司有利和不利的各类信息,对于上市公司而言应该如实地披露正反两方面的信息,而不是报喜不报忧。对于投资者而言,最担心的是对公司信息不知情,而不是害怕接受不利的信息。投资者关系管理部门只有全面、及时、客观、充分、准确地披露投资者关心的各类信息,在充分信息披露的基础上通过及时有效地沟通化解不必要的误会,显示公司诚信的态度,这样才能赢得投资者的长期信任。因此,充分的信息披露是投资者关系管理的工作基础。

4. 沟通渠道

现代公司的营销管理工作主要包括两个基本方面:产品服务营销和金融营销。产品服务营销的对象是公司的产品或服务,目标对象是为满足消费需要的消费者,或者满足生产需要的生产者。产品营销是一个公司最经常的活动,因而往往受到更多的关注。但是对于一个现代公司特别是上市公司,它一方面向消费者提供产品或服务,另一方面还向投资者销售股票、债券或其他金融产品以筹集公司发展所需资金,也即资本营销,也可以叫做权益营销或股权营销,其营销对象是已经充分做好交易准备的投资者或潜在的投资者。

人们对看得见摸得着的东西比较容易建立信心,而让人们对未来的预期建立信心,必须建立起人们的信任惯性。比如,某公司向来规范经营,不曾越雷池一步,但突然有一天得知他们财务欺诈,人们往往基于自己的信任惯性,首先会怀疑是否是他们的竞争伙伴或者别的什么利益集团栽赃陷害等,而不愿意立刻就接受事实。这时信任有了惯性,并使信任延伸到未来,需小心加以维护。系统理论和实践方法具体来说包括公司股权投资人的关系管理、新闻媒体管理的关系管理、专业投资咨询机构的关系管理、银行和其他信贷机构的关系管理以及基金等大机构投资者的关系管理等。资本营销和投资者关系管理正是在这一层面上得以结合起来。而投资者关系管理的终极目的是不断创造对公司股票的需求,以满足公司对长期融资的需要。

13.3.3 公共关系

上市公司除了需要与投资者进行沟通之外，对外还需要建立良好的公共关系，因此对外的沟通也是必不可少的。建立良好的公共关系是投资者关系工作顺利开展的保障，能够帮助公司建立一个良好的公司形象，从而树立投资者的投资信心，并吸引更多的潜在投资者。因此，对外公共关系活动也是公司进行投资者关系管理时不可缺少的一部分。一般认为，公共关系是一个组织为了达到与它的公众之间相互了解的确定目标，而有计划的采用一切向内和向外的传播沟通方式的总合，其本质是帮助一个组织建立并维持与公众之间双向的交流、理解、认可与合作，并建立一种与这些公众互相信任的关系。良好的公共关系可以建立和维护目标受众对公司的信心，提升上市公司的市值，同时还能创建有利的市场环境，为公司盈利创造有利条件。投资者关系管理所涉及的公共关系活动是指公司在实施投资者关系管理时所需的为建立社会公信、树立公司形象而产生的与投资界进行的沟通，包括潜在的投资者、证券分析师、基金经理、经纪商以及媒体等中介群体。

关系营销的主体是上市公司，客体包括投资者、政府、分析人员、咨询机构、媒体等。投资者是关系营销的主要对象，上市公司与投资者建立互信互利的关系是投资者关系管理的直接目标。投资者具体可分为个人投资者和机构投资者：个人投资者包括大户和中小散户；机构投资者有投资基金、证券公司、保险公司、信托投资公司、境外合格机构投资者等。在机构投资者日益壮大的今天，上市公司越来越把它们作为关系营销的主要客体，因为它们是未来资本市场的中坚力量；个人投资者尤其是广大的中小股民，上市公司予以了足够的关注，公司在中小股民心目中的形象和评价往往最具说服力。政府、分析人员、咨询机构和媒体也是公司运营过程中必须面对的客体，与它们搞好关系可以为上市公司创造良好的生存环境，甚至加速公司的发展。

13.3.4 危机管理

IRM中的危机一般是指由于公司内外各种复杂因素的综合作用产生的对公司经营活动或公司资本市场形象造成重大影响的事件，如诉讼、产品退回、工厂关闭、市场退出、盈利大幅减少、谣言、管理人员的出走、兼并与收购、股票交易数量和价格的波动、自然灾害、盗窃、火灾等，所有对上市公司造成重大负面影响的事件都能引发上市公司的危机。危机发生时可能引起公司销售下降、市场份额缩减、日常运作受阻、股价受到打压、员工士气低落、公司声誉受损等。

所谓危机管理，即公司为避免或减轻危机事件所带来的不良影响而从事的长期规划及不断学习、适应和应对的动态过程，也可以说是一种针对危机事件所作的管理措施及回应策略。投资者关系管理危机的处理划分为六个阶段。

第一阶段：投资者关系管理危机的避免。投资者关系危机管理的重点应放在危机发生前的预防，而非危机发生后的处理。为此建立一套规范、全面的危机管理预警系统是必要的。首先，组建公司内部投资者关系危机管理小组；其次，强化危机意识，观察发现危机前兆，分析预计危机情境；然后，公司要从投资者关系危机征兆中透视公司存在的危机，并引起高度重视，预先制订科学而周密的危机应变计划；最后，进行投资者关系危机管理的模拟训练。定期的模拟训练不仅可以提高危机管理小组的快速反应能力，强化危机管理意识，还可以检测已拟定的危机应变计划是否充实、可行。第二阶段：投资者关系危机处理的准备。比如备用的计算机系统、行动计划、通讯计划、物资准备等。第三阶段：投资者关系危机的确认。这个阶段是感觉投资者关系危机真的变成现实，公众感觉往往是引起危机的根源。在寻找投资者关系危机发生的信息时，管理人员最好倾听公司中各种人的看法，并与自己的看法相互印证。第四阶段：投资者关系危机的控制。这个阶段需要根据不同情况确定优先次序。首先，让一群人专职从事投资者关系危机的控制工作，让其他人继续公司的正常经营工作；其次，应当指定一人作为公司的发言人，所有面向公众的发言都由他主讲；再次，及时向公司自己的组织成员，包括客户、股东、雇员、供应商以及所在的社区通报信息，而不要让他们从公众媒体上得到有关公司的消息；最后，投资者关系危机处理小组中应当有一位唱反调的人，这个人必须是一个在任何情况下都敢于明确地说出自己意见的人，总之，要想取得长远利益，公司在控制投资者关系危机时就应更多地关注投资者的长期利益而不仅仅是公司的短期利益。第五阶段：投资者关系危机的解决。在这个阶段，速度是关键，危机不等人。第六阶段：投资者关系危机总结。分为三个步骤：（1）调查：对危机发生的原因、相关预防和处理措施进行系统的调查；（2）评价：对危机处理工作进行全面的评价，包括对预警系统的组织和实施、危机应变计划、危机决策和处理等各方面的评价，要详尽地列出危机处理工作中存在的各种问题；（3）整改：对危机涉及的各种问题综合归类，分别提出整改措施，并责成有关部门逐项落实。

总之，要尽一切努力避免使公司陷入危机。一旦遇到危机，就要接受现实、有效管理危机,并将视野放在长远。有针对性地未雨绸缪、完善公司的危机处理计划,当由于不可抗力作用而发生危机时,公司必须积极面对,迅速负起责任。对于一家系统实施投资者关系管理的公司而言,日常的 IRM 往往是程序性工作,只有在危机出现时,才能真正体现 IRM 负责人的职业能力,真正体现养兵千日、用兵一时的素质。

从两家美国上市公司网站看美国公司投资者关系管理

美国微软公司的投资者关系管理

先来看美国微软公司的投资者关系管理,其内容包括:

一、年度报告(annual report);各项收益(earnings);美国证监会文件(sec filings);各类交易(deals);股票信息(stock info);财务历史(financial history);各类分析工具(analysis tools);演讲及大型活动(speeches/events);新闻媒体(press releases);公司简介(corporate info)。

二、公司治理:董事会董事简介;公司治理指引;公司审计宪章;公司章程变更;公司规章制度。

此外还有:公司头条新闻、投资者头条新闻、投资微软公司股票操作指南等。

对微软公司的投资者关系管理的框架设计做一个简单的分析,可以很明显地看出其资本营销的意图:首先是公司必要的报表和简介,概括公司的产品和服务以及公司战略;接着是公司治理,在这里导入管理层,从而完成资本营销的全部内容;然后是公司发布的重要新闻,为了形成投资者的信任惯性,再辅之以第三方的客观报道,让人不由得不信;微软的资本营销者唯恐这种信任惯性稍纵即逝,立即告诉你如何购买其公司的股票;可见微软的投资者关系管理工作做得是多么的到位!

美国通用电气公司的投资者关系管理

美国通用电气公司的投资者关系管理内容有:财务数据、各类收益、年度报告、证监会文件、代理投票声明、补充数据、电子邮件提醒、投资者常见问题、股价走势图、股票直通车、共同基金、CNBC.com 网站、投资者关系联络方法等。

通用电气照例以法定披露的各类数据和报告开始,代理投票声明是一个精巧的设计,开始让外部投资者感觉到舒服;补充数据、电子邮件提醒和股价走势图使投资者感受到周全而及时的"服务",这一切安排当然是为了赶快进入股票直通车,买进股票;"还在犹豫吗?看看共同基金吧,跟大户走,错不了的"。网站和投资者联络方法让那些仍存疑虑的人再行询问,真有些要把所有有兴趣的投资者一网打尽的意思。

资料来源：http：//www.microsoft.com/msft/http：//www.ge.com/company/investor/index.htm。

13.4 投资者关系管理的评价

13.4.1 投资者关系管理评价的意义

投资者关系管理评价源于国外投资者关系管理发展比较完善的国家。对投资者关系管理评价既有专业机构，如各国投资者关系协会（如全美投资者关系协会，NIRI），路透社（Reuters）等。以美国财务会计准则委员会（FASB）等为代表的专业机构以及一些学者，通过采用内容分析法对公司披露信息等进行核对，构建评价指数对投资者关系管理进行评价。

投资者关系管理评价的研究具有很强的理论意义。(1) 国外研究表明，投资者关系管理已经成为公司治理的重要组成部分，投资者关系管理与公司治理的其他治理机制存在紧密的相关关系。良好的投资者关系管理能够降低上市公司与投资者之间的信息不对称，提高外部投资者对管理层的监督效果，从而避免内部人侵占。(2) 对利益相关者的关注已经成为公司治理研究的重点，也是国外《公司法》变革的主要方向，2006年开始实施的新《公司法》就是强调了公司对利益相关者的重视。而投资者关系管理所强调也不仅仅是投资者，而是强调公司对利益相关者的负责，因此投资者关系管理的研究有助于对提高公司利益相关者管理水平实践。(3) 投资者关系管理评价及其指标度量是投资者关系管理理论研究的基础，是研究投资者关系管理与公司在资本市场上的表现，如权益资本成本、流动性、股票价格等相关关系的基础，而这显然是上市公司实施投资者关系管理的理论基础。(4) 投资者关系管理的研究在国外已经比较成熟，这与国外资本市场比较成熟有关，随着中国资本市场逐步走向规范和成熟，投资者关系管理势必会成为上市公司在资本市场上竞争的重要工具，而投资者关系管理的理论研究在国内尚属空白，构建有效的投资者关系管理评价指标体系能够为投资者关系管理的理论研究提供有力支持，为中国投资者关系管理理论研究做出贡献。

投资者关系管理评价也具有很强的现实意义。(1) 能够增强上市公司和投资者之间的相互信任，提高投资者对公司的满意度，进而提升投资者的忠诚度，有利于实现公司价值的最大化,提高上市公司质量。(2)通过好的投资者关系管理采纳投资者的合理化意见,改善公司的经营管理和治理结构,提高公司核心竞争力,实现股东价值最大化。(3)投资者关系管理的提升,使得投资者能够更加全面地了解公司战略、目标、管理等信息,更好进行投资决策,更好地保护自己利益。(4)完善的投资者关系管理体系的构建,便于证券市场监管部门对其进行监管,对上市公司与投资者的关系进行动态跟踪。

13.4.2 投资者关系管理评价的内容

我国上市公司投资者关系管理评价的内容大致包括以下几方面:(1)公司概况,包括公司的目标及战略,行业分析,产品及服务信息,开发新产品,销售和市场信息,价格信息,人力资源信息。(2)公司公告,公司发布的重要新闻,董事会决议公告,债券、认股权证的募集、发行、上市公告,网上路演公告,股东大会决议公告等。(3)财务信息,包括公司当年的资产负债表、利润表、现金流量表、财务报表附注以及以前年度的财务报表;公司的财务状况数据、经营业绩数据等,并可提供财务数据的时间序列比较。(4)股票信息,包括公司的股本结构、前十大股东信息;股票的实时行情,包括当时的开盘价、收盘价、最高价、最低价以及历史股价信息;历年利润分配情况,包括派发现金红利、股票股利、转增股本。(5)投资者联系,包括公司咨询电话、投资者交流电子邮箱、公司选定的中国证监会指定信息披露报纸和网站;投资者常见问题回答和投资者意见;投资者在线信息订阅,即通过登记自己的信箱,投资者可以订阅公司的新闻公告、年报及中报等信息。

本书采用 30 个指标来衡量构建投资者关系管理的评价指标(IRMI)。主要步骤为:对每个指标采用 0~1 评分标准,即该指标在公司网站上存在就给 1 分,否则为 0 分。打分时,严格遵守实质重于形式的原则,对于有标题(形式)而无内容(实质)的项目得分为 0。对公司的各个项目的分数进行加总,就得到了各个公司的 IRMI 指数。指数越大就意味着上市公司 IR 开展得越好。具体的指标体系及其定义如表 13-1 所示。

表 13-1　　　　　　　　　IRMI 指标的构成和定义

序号	项目	定义
1	当年资产负债表	有得 1 分,否则得 0 分
2	当年利润表	有得 1 分,否则得 0 分

续表

序号	项目	定义
3	当年报表附注	有得1分,否则得0分
4	当年现金流量表	有得1分,否则得0分
5	当年中期报告	有当年所有的季度报告和半年报得1分,否则得0分
6	社会责任报告/环境报告	有单独的报告或社会责任(如环境、雇员)的页面得1分,否则得0分(在财务报告中披露也得0分)
7	以前年度公司报告	有过去两年以上公司报告的1分
8	财务数据的时间序列比较	有两年以上财务数据比较的页面或可下载的文件得1分,否则得0分
9	当年财务数据	单独列出当年重要财务数据(包括新闻稿给出)得1分,否则得0分
10	公司公告	提供公司的重要公告,有得1分,否则得0分
11	财务日历	有本年度与投资者相关的重要事件日程的历史记录和预告,有得1分,否则得0分
12	当前股票价格	有得1分(链接到外部网站获取也可以接受),否则得0分
13	公司组织结构图	有公司组织结构图(对子公司详细描述),有得1分,否则得0分
14	链接外部网站	有到子公司或其他外部网站的链接,有得1分,否则得0分
15	网站信息更新提示	首页有最近的信息更新提示,有得1分,否则得0分
16	会计信息的超链接	资产负债表、利润表中有到报表附注的超链接,有得1分,否则得0分
17	PDF格式的公司报告	有得1分,否则得0分
18	可加工形式的财务数据	有Excel、Word、txt格式的财务数据,有得1分,否则得0分
19	公司报告的XBRL格式	有xbrl格式的公式报告,有得1分,否则得0分
20	多种语言支持	网站有两种以上语言版本得1分(必须能够进入),否则得0分
21	内部搜索引擎	有得1分,否则得0分
22	Cookies	有任何形式的Cookies得1分,否则得0分
23	投资者电子邮箱	有IR部门或财务相关部门的电子邮箱得1分(在投资者关系栏目出现的公司电子邮箱也可以接受)
24	邮件列表	有可以接受公司信息的邮件订阅的1分,否则得0分
25	投资者常见问题解答	有投资者关心的常见问题解答,有得1分,否则得0分
26	投资者论坛	有投资者论坛或投资者留言板,有得1分,否则得0分
27	投资者在线信息定制服务	有公司报告的和信息的定制的页面(不包括从电子邮件取得),有得1分,否则得0分
28	在线会议	可以在线参加会议(包括全景网的投资者关系平台),有得1分,否则得0分
29	会议的音/视频信息	网站有会议的音/视频信息,有得1分,否则得0分
30	公司管理层致辞	有管理层的致辞(如关于公司战略、经营业绩等方面)得1分,否则得0分

13.5 强化投资者关系管理的对策

13.5.1 宏观层面

为推动我国上市公司投资者关系管理的进一步发展,首先应在资本市场的宏观层面上采取积极行动,使我国资本市场不断成熟和规范化,以形成推动我国投资者关系管理发展的良好环境和强大动力。下面的工作有很大的必要性。

1. 应出台更多政策,支持、鼓励或要求上市公司重视投资者关系管理

在一些政策中也已体现了一些要求上市公司重视投资者关系的规定,如中国证监会《关于上市公司增发新股有关条件的通知》规定,上市公司增发新股的股份数量超过公司股份总数 20% 的,其增发提案还须获得出席股东大会的流通股(社会公众股)股东所持表决权的半数以上通过。这些政策的出台都受到了投资者的支持和赞扬。这些以及类似政策将有利于形成促使上市公司重视投资者关系的内在机制,有利于形成上市公司开展投资者关系管理的利益驱动力,从而从根本上改变上市公司对开展投资者关系管理的看法。

2. 通过完善法律体系规范市场行为,运用第三方力量保障投资者权益

如果一个国家的法律制度不能很好地保护投资者,投资者就不会轻易投资,或者由于风险的增加要求较高的报酬,使公司资本成本增加。投资者对公司的控制首先是通过各种法律实现的。大股东可以进入董事会直接控制公司,但中小股东和债权人是不能直接控制公司的。经理层的任免也取决于董事会的决策,经理层的人选经常是董事会成员或大股东的亲信,或与他们有千丝万缕的联系。对于中小股东和债权人,治理成本的高昂使得他们没有能力去参加股东大会从而参与和了解公司的经营管理状况。这样就出现了大股东占用上市公司资金,对公司不利的信息不披露等侵害小股东利益的现象。对于债权人,更是得不到公司风险状况变化的信息,不能根据风险的提高而要求更高的回报率。于是,中小股东和债权人的利益更需要完备的法律体系来保护。完善相关法律要从保护弱势群体的利益出发,强制性规定某些信息的披露,严格控制内部交易和关联方交易,制定对监管层监管的制度，完善投资规则，维护市场秩序。

3. 证券交易所牵头，推动上市公司开展投资者关系管理

证券交易所肩负着对上市公司信息披露、股票交易等一线监管职能，具有同上市公司沟通的便利条件。应充分发挥交易所在 IRM 中的相关功能。首先，交易所可有计划、分步骤地组织相关力量对上市公司高管人员进行 IRM 知识与技能培训，提高他们的 IRM 意识及资本市场沟通能力；督促上市公司主动增加投资者关系管理工作方面的信息披露，增强自愿性信息披露意识。其次，应当发挥交易所的综合协调能力，通过各种有效形式，协同各中介机构的力量，为上市公司与投资者之间搭建起多种沟通渠道，方便上市公司与投资者间的交流工作。每年确定一个或几个完善中国上市公司 IRM 的主题，并围绕主题举办相关活动。

4. 建立基于利益相关者的股权文化

股权文化的内涵是利益相关者利益至上，涵盖了对维护利益相关者利益、股权价值评估、投资者权益保护和股权投资在人们生活中的地位等一系列价值的认同。投资者做出投资决策的基础是对上市公司的高信任度和认同度。形成全社会的股权文化能够促进公司投资者关系管理的发展，使投资者的权益在全社会得到尊重和保护，进而促进资本市场的可持续发展。形成各方面利益主体达成共识的尊重和保护利益相关者利益的基本价值观和市场文化，一方面，提倡投资者树立价值投资理念，摒弃投机思想，引导投资者注重上市公司的内在质量；另一方面，重视培育机构投资者，使其逐步发展壮大为证券市场的一支重要力量。

5. 成立投资者关系管理协会

从国际投资者关系管理事业发展的经验来看，成立投资者关系协会是推动投资者关系管理的有效方式之一。有必要在全社会范围内建立一个投资者关系协会，使 IRM 实施标准得以规范和统一，对 IRM 操作进行指导，并从宏观上协调公司与投资者之间的利益纠纷。投资者关系协会还可以实施行业禁入制度，使专业人员有压力和动力。包括美、英在内的许多国家都已成立了本国的投资者关系协会，1990 年又成立了全球性的国际投资者关系联合会，接纳各国的 IRM 协会加入，目前已经有 19 家成员。我国应当建立投资者关系协会，加入国际投资者关系联合会中，从而吸取其他国家的投资者关系管理开展和协会建设经验，促进我国投资者关系管理的发展。

13.5.2 微观层面

1. 普及投资者关系管理理念，重视与投资者的沟通

上市公司真正意识到投资者关系管理的重要性是开展此项工作的关键。国内的上市公司大多脱胎于国有大中型公司，在上市以前，他们的生产经营活动主要受政府以及行业主管部门的监督和指导，没有投资者参与，因此投资者关系管理便无从谈起。而当公司成为上市的公众公司后，要向持股的广大投资者负责，股东的积极参与对公司的持续发展就显得至关重要。上市公司要转变观念，牢固树立对全体股东负责的意识，彻底改变过去在一股独大和内部人控制下形成的大股东利益至上的观念。

与投资者进行富有成效的沟通不仅仅是上市公司的工作，也应引起监管部门的重视。以前，可能更多地关注和上市公司、中介机构的沟通，在一定程度上忽视了与投资者的交流，这也是投资者对监管部门有些政策不理解，或理解有偏差的原因之一。因此，加强沟通、与投资者形成良性互动的关系是监管部门以及上市公司下一步应该共同关注的重点课题。监管部门可以从以下几方面着手：(1) 以推动上市公司加强投资者关系管理工作为目的，根据上市公司的实际情况，制定投资者管理的工作规范和相关细则，确定规范的工作程序，推动此项工作规范化和制度化。(2) 在日常监管和巡查中，将投资者关系管理工作作为上市公司治理的一项重要内容来监督和检查。(3) 将投资者关系管理纳入到上市公司诚信监管体系中来，将投资者关系管理工作的好坏，作为评价上市公司及其高管人员诚信水平的一项重要指标。(4) 督促上市公司设置专门的投资者关系管理机构，并对有关人员进行培训，使其熟悉投资者关系管理的内容和程序；督促上市公司主动增加投资者关系管理工作方面的信息披露，增强主动性信息披露意识。

2. 完善信息披露制度

完善信息披露制度，增加公司透明度，主动、准确、及时、全面的公开公司的信息，让广大投资者第一时间了解到公司的动态，是完善投资者关系管理最重要的环节。因此，应当重视披露信息质量，积极主动进行信息披露，保证信息披露及时、完整、可信，确信披露信息有助于投资者更好的理解公司的差异化定位、发展战略和产业发展趋势。首先，披露信息必须真实、及时。公司实施投资者关系管理的一个重要的目的就是建立、维持、提升公司在资本市场的形象，形成投资者对公司的信任惯性。其次,信息披露要有连续性、透明性、公平性。不隐瞒坏的状况,不制造消息之间的等级差距。最后,特别应当强化自愿信息披露。自愿披露的信息一是对强制披露信息的细化和深化,以提高强制披露信息的可信度和完整性;二是对强制披露信息的补充和扩展,以突出公司的核心能力和竞争优势。

3. 建立全方位的投资者沟通渠道

上市公司应当重视与投资者沟通的互动效果,积极主动通过多种渠道与投资者沟通,在反馈投资者质询上做到及时、充分,有效利用投资者反馈的信息。构建一个以电话中心和互联网中心为核心,包括投资者关系管理部门和独立董事监督机制在内的服务网络。充分利用互联网的沟通功能,在网站建设上,做到及时更新公司网站,加强网站设计制作的专业性。在网页中设立独立的投资者关系栏目,其中包含公司概况、管理层介绍、财务报告、股东大会及公司公告等任何与投资者相关的重大信息和数据资料。还要建立咨询与反馈系统,利用电话咨询中心、电子邮件和网络对话等方式,由公司高管和专业人士为投资者解决各种疑问,广泛听取投资者的意见和建议。在上市公司和特定投资者群体之间维持一种稳固的、经常性的信息互动。

4. 培养投资者关系管理的专门人才,健全投资者关系管理机构

投资者关系管理履行战略管理职能,它需要运用金融、沟通和市场营销学的方法。投资者关系管理工作要求懂得行业分析和财务知识、善于与人沟通和具备一定法律知识及语言交流能力的复合型人才。为此,公司应重视对现有工作人员进行针对性培训。学校可以开设投资者关系相关课程,市场上应该成立专业的投资者关系咨询公司,投资者关系专家可以帮助公司的投资者关系人员找到与本公司具有相同财务特性的公司,对他们的投资者进行分析,为公司找到潜在投资者。

5. 完善投资者关系网站

信息沟通方式的选择关系到投资者关系管理工作的质量与效率。目前,IRM工作的沟通渠道是很多的,例如电话、传真、网站等。综合比较而言,网站比其他的沟通渠道更有优势,它具有信息传播受众广、传播速度快、成本低廉、形式多样等特点。因此网站的建设与维护是一个公司 IRM 工作的重要内容。公司应注重网站的信息定制服务,建立起互动平台。并且针对不同的投资者,制定符合其需要的定制服务，如网络视频、图片信息、投资者论坛等，使投资者关系管理网站的运行更加人性化、关怀化。

要 点 小 结

1. 投资者关系管理是指公司通过充分的自愿性信息披露，综合运用金融和市场营销的原理，加强与投资界的沟通，促进投资界对公司的了解和认同，实现公司价值的最大化的战略管理行为。

2. 投资者关系管理具有战略性、系统性、持续性、对称性四个特点。

3. 良好的投资者关系管理有利于上市公司获得持续低成本融资、有利于完善上市公司治理结构、有利于提升上市公司的无形资产价值、有利于促进公司进行资本营销。

4. 投资者关系管理的主要内容是信息披露活动、沟通活动、公共关系活动、危机管理活动。

思考与讨论题

1. 投资者关系管理的含义与特征是什么？
2. 投资者关系管理有什么意义？
3. 阐述投资者关系管理的相关理论。
4. 如何进行投资者关系管理评价？
5. 论述投资者关系管理的主要内容。
6. 如何从微观和宏观两个角度提升投资者关系管理水平？

案 例 分 析

中石化投资者关系管理模式的操作应用

中国石油化工股份有限公司（以下简称"中国石化"）是中国最大的一体化能源化工公司，主要从事石油与天然气勘探、开发、开采、销售；石油冶炼、石油化工、化纤、化肥及其他化工生产与产品销售、储运；石油、天然气管道运输；石油、天然气、石油产品、石油化工及其他化工产品和其他商品、技术的进出口、代理进出口业务；技术、信息的研究、开发、应用，是中国最大的石油产品（包括汽油、柴油、航空煤油的批发和零售）生产商和供应商，是中国最大的主要石化产品（包括中间石化产品、合成树脂、合成纤维单体及聚合物、合成纤维、合成橡胶和化肥）生产商和供应商，也是第二大原油生产商。2000年10月中国石化在香港、纽约、伦敦三地上市，同年中国石化董事会秘书局成立，中国石化的投资者关系工作正式启动。2001年7月中国石化在上海证交所上市，成为国内第一家四地上市的公司，这为公司的投资者关系工作带来了更大的挑战。经过这些年的磨合，中国石化的投资者关系工作日趋成熟。中石化投资者关系管理营销模式的操作实施如下。

1. 确定公司 IRM 使命

上市公司实施投资者关系管理必须根据公司的总体战略制定科学的投资者关系战略。中石化的公司战略：秉承竞争、开放的经营理念；扩大资源、拓展市场、减本增效、严谨投资的经营战略；公司利润最大化和股东回报最大化的经营宗旨；外部市场化，内部紧密的经营机制；规范、严谨、诚信的经营准则。中石化公司发展的目标是真正建设成为主业突出、资产优良、技术创新、管理科学、财务严谨、具有国际竞争力的世界级一体化能源化工公司。中石化聘请财务顾问公司对公司的 IRM 现状进行调查，主要是面向投资者（包括机构投资者和中小投资者）、财经记者、媒体报道、分析师进行关于成交量、换手率、股价走势、机构或中小投资者持股、分析师报告数量等数据进行分析，并对调查报告及统计结果进行分析。通过对公司总体战略及投资者关系现状的分析，中石化的投资者关系战略以实现公司公平的股票价格作为宗旨，规范公司的信息披露。

2. IRM 部门设置及制度安排

随着资本市场的发展，IRM 中加入了越来越多的营销内容，需要专业的人员来策划和组织实施 IRM 活动，需要建立一流的以市场为导向的 IRM 机构。这必须具备以下三个要素：管理层的支持、具有专门负责投资者关系功能的部门以及配备一定的具有专业知识和丰富经验的专业人员。

（1）机构设置。中石化为减少信息传递的中间环节，将管理处与财经信息处合并，组成了 IRM 部，如图 13-1 所示。

（2）部门具体职能。①汇集公司生产、经营、财务等相关信息，并根据法律法规、上市规则的要求和公司信息披露、投资者关系管理的相关规定，及时进行披露。②拟定 IRM 的有关制度，报董事会批准实施。③组织公司职能部门，通过电话、电子邮件、传真、接待来访等形式回答投资者的咨询，并调查、研究公司的状况。④定期或在出现重大事件时组织分析师会议、相关中介机构分析会、网络会议、路演等活动，与投资者进行沟通。⑤在公司网站设立、维护 IRM 专栏，在网上披露公司信息，以便投资者查询和咨询。⑥与机构投资者、证券分析

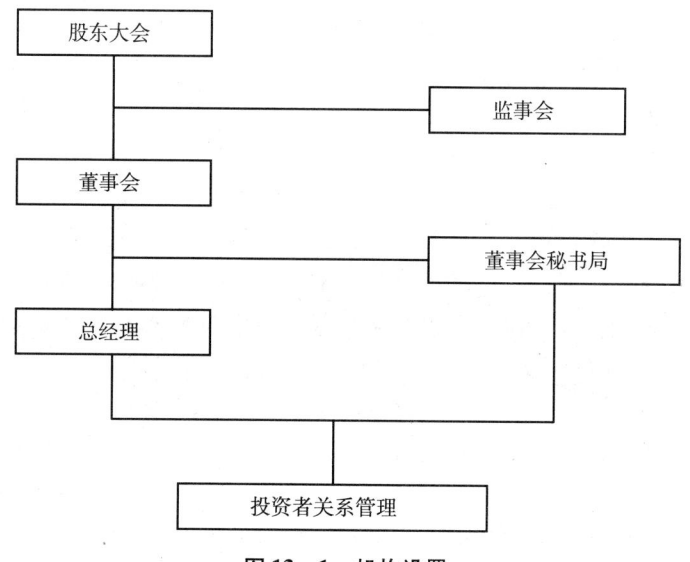

图 13-1 机构设置

师及中小投资者保持经常联系，提高市场对公司的关注度。⑦加强财经媒体的合作，引导媒体的报道，安排高级管理人员和其他主要人员的采访、报道。⑧与监管部门、行业协会、交易所、专业 IRM 咨询机构、财经公司等保持良好的合作、交流和沟通，维护公司形象。⑨建立 IRM 档案，按月对公司投资者变化情况进行汇总，对异常情况及时上报公司董事会并按规定履行信息披露义务。⑩按月汇总投资者咨询情况，对投资者关注的共同问题及时上报公司，以便进行分析和研究，进一步加强公司管理，实现公司价值最大化。

（3）人员配备。由公司董事会秘书负责，配备20名工作人员，包括驻纽约、伦敦、香港的工作人员，并根据交易所的规定确定一名工作人员为证券事务代表，在董事会秘书不能履行职责时，代行董事会秘书职责。

（4）制定投资者关系管理制度。包括 IRM 原则、IRM 执行主体。其中 IRM 原则有公平性原则、互动性原则、内部协商沟通原则等；IRM 执行主体指董事长、副董事长，董事、监事及公司授权的其他高级管理人员、董事会秘书，董事会秘书局、公司总部与各分公司纳入公司合并会计报表的附属子公司参与公司投资者关系工作的相关管理人员与员工。

（5）建立信息系统披露制度。即规范信息采集工作、建立信息披露原则、确定信息披露主体、确定信息披露的内容、规范信息披露程序等内容。公司通过下列方式采集信息：组织公司重要法律文本（如定期报告）的编制；组织建立公司财务、经营信息数据库；建立公司内部直线式信息沟通网络；参加公司重大会议；密切跟踪行业最新发展情况，股价行情和资本市场动态。披露信息时要坚持真实性、完整性，及时性的实质性原则和规范性、易解性、易得性的形式性原则。信息披露主体中的董事会成员决定公司重大事项的披露事项；公司的高层领导、各事业部的负责人及董事会秘书局的相关工作人员是信息披露人，董事会秘书局是公司信息披露的唯一窗口部门。在信息披露内容方面，中石化由于四地上市，各地监管要求不同、投资者关注重点不一，所以公司本着"从多不从少、从严不从宽"的原则，及时披露年报、半年报、季报等定期报告，主动自觉地披露临时报告。

规范信息披露的程序，包括法定信息披露程序、非法定信息披露程序、临时性危机问题披露程序。法定信息应由董事会秘书局会同有关部门编制整理、经中介机构提出建议后、报公司高层领导审批，报送证监会，在证券交易所及相关媒体公布；非法定信息由各部门配合提供相关材料，董事会秘书局牵头组织编写会谈材料，有公司高层领导定稿；临时性危机事件信息由董事会成员审定，形成意见后由董事会秘书局在证券交易所及相关媒体统一对外公布。

(6) 制定 IRM 工作人员的职责。IRM 工作人员的职责体现在对公司内部、对分析师、对媒体、对大众四个方面。对内的职责体现在公司高层的信息沟通、与公司非管理层雇员的信息沟通；在分析师方面的职责为引导分析师、审核分析师报告草案、前景预测信息；公司平等的对待各家媒体，不能向选择的媒体提供独家的重要、非公开新闻；公平、公正地与公众进行信息沟通；充分了解监管部门的监管要求和监管动态，向监管部门提供更多上市信息，让监管部门了解公司各方面的情况。

3. 资本市场分析

市场分析研究是制定投资者关系战略的一项必需的基础性工作，中国石化既通过对公司总体战略和目标、公司在资本市场的形象定位、公司运营和财务状况等内部情况研究又通过对现有股东确认、股票买卖动机、投资界对公司的预期、股票市场环境等外部情况研究，统计了公司的现有投资者和潜在投资者的数量、结构、资金、偏好；分析了财经研究人员的研究方法、成果、动态；研究了新闻媒体的传播方式、基调、风格；跟踪了解了监管部门实施的监管法规、要求、变化等。通过内部的公司和外部的资本市场的资本分析发现，中石化主要投资者属于价格型投资者，他们看重的是目前比较便宜的市场价格的巨大升值空间，而不是公司业务的增长潜力。其实中石化正处于化工市场周期性复苏、中国经济持续快速稳定增长的良好市场环境中，公司有巨大的业绩增长空间。因此，公司决定制定新的投资者管理计划,加强与增长型投资者的沟通,是他们深入地了解到公司未来的增长潜力,从而增加增长型投资者的数量。另外,通过公司在册股东地区的分布情况发现公司有大量的股东是在美国,所以公司将加大在美国的IRM工作力度。

4. 确定IRM目标

公司制定的IRM长期目标是:最大可能解决经营者、控制者与投资者的信息不对称问题,尽最大可能避免代理人风险,确保投资者利益和公司价值最大化。公司的短期目标又含有量化目标和非量化目标两种。量化性的目标有媒体正面报道的比例达到90%、关注公司的分析师数量增加20个、当年分析报告的数量达到50份、年换手率降低到25.35%之间、平均每月的咨询电话达到130个、机构持股比例达到30%以上等;非量化的目标有建立良好的内部信息汇集机制、搭建投资者与上市公司的桥梁、实现投资者与上市公司积极的良好互动、我国公司投资者关系管理模式的研究展示公司的价值和潜力、树立良好的公司形象等。

5. 确定IRM对象

IRM的管理对象有五类:(1)机构投资者,其又可以分为关注增长型、关注收入性、关注价值型、炒作型;(2)散户投资者,有员工、客户等;(3)证券分析员;(4)信用评级机构;(5)现有股东。

6. 选择适宜的IRM沟通方式

中石化选择的主要沟通方式有:网站、电话会议、一对一推介、年报、中期报告、公告、分析员会议、日常电话询问、股东大会、行业会议、贸易展览、公司录像、广告等。

7. 确定并发布的信息

这是IRM的关键部分,所有的一切工作都是为了使正确的信息有效地传递给投资者,解决投资者对公司的认知模糊。中石化确定的IRM沟通内容有:公司发展战略、公司的生产经营管理信息、公司文化、公司外部环境及其他信息。公司发展战略又含有现有市场容量和市场增长率、产业技术变革的速度及方向、规模经济对成本的影响度等产业发展信息;针对公司具体的形势和行业环境所做出的低成本展露、差别化战略、特定市场展露等竞争战略;公司的研发战略、市场营销战略、人力资源战略、客户服务战略及投资者关系战略等公司特定职能战略。公司生产经营信息包括:公司的生产经营、管理情况、财务状况、新产品或新技术的研究开发、融资、重大投资决策及其变化、重大重组、募集资金使用和收益、对外合作、股利分配、管理层变动、重大重组、募集资金使用和收益、对外合作、股利分配、管理层变动、管理模式及其变化、召开股东大会等公司运营过程中的各种信息。公司文化具体内容有：公司员工所共有的观念、价值取向以及行为等外在表现形式；由管理作风和管理观念构成的管理氛围；由公司的管理制度和管理程序构成的管理氛围；书面和非书面形式的标准和程序。公司的外部环境包括国内、国际环境的变化等的政治环境；产业政策、政府订货、补贴政策的变化等法律环境；宏观经济的总体运行、财政政策的变化等经济环境；社会文化、社会习俗、公众价值标准等的社会环境。

8. IRM 效果评估及激励

效果评估主要是检验公司的 IRM 策略和活动是否强化了投资者对公司形象的正面认知，包括主要市场指标、股东构成、交易量、流动性、市场关注程度、股东表决、媒介关注程度、员工认知程度和预期、股价等。最后，根据激励评估报告对 IRM 部门职员进行相应的激励。

从 2000 年 10 月，中国石化在香港、纽约、伦敦三地上市时，中国石化的投资者关系工作就正式启动了。经过多年的磨合，中国石化的投资者关系工作日臻成熟，中国石化被《亚洲金融》杂志评为国内最佳投资者关系公司之一。国际上权威的投资者关系杂志英国 IR 杂志在北京香格里拉饭店举办"2006 年中国投资者关系"奖项颁布盛会，中国石化在九类奖项中名列前茅，其中，除独获国有公司最佳投资者关系大奖、最佳公司管治奖和最佳投资者关系主任奖三项大奖外，中国石化董事长陈同海在最佳投资者关系（董事长或行政总裁）提名奖项中也名列前茅。中国石化获得的其他提名奖项还有最佳年报奖、最佳公司交易投资者关系奖、投资者关系最佳进步奖、最佳投资会议奖和投资者关系优异证书。

中石化股份有限公司是国内资本市场重量级的蓝筹绩优公司，公司持之以恒地重视 IRM 是一种示范：只有在保证 IRM 工作顺畅、规范开展的情况下，才能提供准确全面的信息，公司才能得到投资者的信任，构建公司长期持续发展的基石；同时投资者也能加强对上市公司发展的监督与控制，为整个资本市场创造更加公平、公正、公开的竞争环境，从而营造公司、投资者和市场多赢的局面。

（资料来源：http://www.dajunzk.com/touzizhegx.htm。）

案例思考：

1. 根据案例分析中石化投资者管理关系的过程。
2. 根据投资者关系管理评价的内容对中石化投资者关系管理进行评价。
3. 您认为中石化投资者关系管理还存在哪些问题，如何完善？

参 考 文 献

1. 约翰·里瑟：《大赢家：华尔街 9 位最成功投资者的投资策略》，中国青年出版社 2002 年版。
2. 朱从玖：《投资者保护——国际经验与中国实践》，复旦大学出版社 2002 年版。
3. 郭峰：《投资者权益与公司治理——为投资者的权利而斗争》，经济科学出版社 2003 年版。
4. 王晓秦：《商道：一个投资者的思考》地震出版社 2003 年版。
5. 林斌、辛清泉、杨德明、陈念：《投资者关系管理及其影响因素分析——基于深圳上市公司的实证检验》，载《会计研究》2005 年第 9 期。
6. 杨德明、王彦超、辛清泉：《投资者关系管理公司治理与公司业绩》，载《南开管理评论》2007 年第 3 期。
7. 李枫：《投资者类别对投资者关系管理与投资满意关系研究》，载《财经问题研究》2009 年第 11 期。
8. 马连福、胡艳、高丽：《投资者关系管理水平与权益资本成本——来自深交所 A 股上市公司的经验证据》，载《经济与管理研究》2008 年第 6 期。
9. 李心丹、肖斌卿、张兵、朱洪亮：《投资者关系管理能提升上市公司价值吗——基于中国上市》，载《公司投资者关系管理调查的实证研究》，载《管理世界》2007 年第 9 期。
10. 马连福、陈德球、高丽：《投资者关系管理现金流权与公司价值——基于中国家族上市公司的实证研究》，载《山西财经大学学报》2007 年第 12 期。
11. 马连福、赵颖：《基于公司治理的投资者关系文献评述与研究展望》，载《南开管理评论》2006 年第 9 期。
12. 马连福、刘华：《公司治理危机中的投资者关系管理角色思考》，载《中国流通经济》2009 年第 11 期。

第14章

公司关联交易治理

学习目的： 本章介绍了关联交易的内涵、关联交易的形成机制、关联交易的影响以及关联交易的治理。通过本章学习，了解关联交易的内涵、分类，把握关联交易的主要特征；了解关联交易的作用及对各利益相关方的影响；掌握关联交易形成的原因；理解关联交易治理的模式及其特点；掌握关联交易治理的基本原则、目的及其治理措施。

关键词： 关联交易；关联方；公司治理；规制

引 言

随着我国证券市场的发展和现代企业制度的推进，通过上市来谋求进一步发展的公司越来越多，但由于各种原因，我国的上市公司大多拥有一个处于控股地位的母公司（集团公司）及其关联企业，上市公司与这些企业间的关联交易不可避免。从本质上讲，关联交易具有两面性，既有提升企业市场竞争力、促进企业发展，提高经济运行效率、降低运行成本的一面，也有违背市场经济的基本原则，引发非公允交易，侵害上市公司利益，进而损害其他利益相关者利益的一面。其中，通过关联交易来粉饰财务报表，侵害中小股东和债权人利益的现象更成为各方关注的热点问题，它极大地损害了资本市场的资源配置效率，并引发了一系列经济及社会问题。因此，对上市公司关联交易进行有效的规范和治理，以发挥其有利的一面而抑制其不利影响就具有重要的理论和现实意义。

14.1 关联交易的内涵与特征

规范治理关联交易,首先要准确识别关联交易,而衡量关联交易的基础在于对关联方的科学界定和识别。

14.1.1 关联方与关联交易

关联交易(affiliated transaction 或 connected transaction)又称关连交易、关联方交易(related party transaction)或关连人士交易(connected person transaction),是具有关联方关系的各方之间进行的交易。明确某个交易是否属于关联交易,首先在于确定交易双方是否为关联方(又称关联人)。关联方是发生关联交易的前提,也是对关联交易进行规制的前提。

1. 关联方

目前,许多国家和地区都以法律或规章的形式对关联方进行了界定,但不同国家和地区的界定并不一致,甚至同一国家和地区在不同时期及不同规章中因规制目的的不同而提出的界定内容也不一样[1],目前主要从公司法和证券法、上市公司监管规则、会计准则以及税法等方面进行界定[2]。

我国《企业会计准则第36号——关联方披露》[3](以下简称《准则36号》)

---

[1] 相关内容的比较可参见美国的《1933年证券法》、1940年的《投资公司法》、1975年的《审计准则第6号——关联方交易》、1982年的《财务会计准则第57号——关联方披露》以及《德国股份公司法》和日本《商法典》、《财务诸表规则》中的具体规定。

[2] 我国最早对企业关联交易进行规制的是1991年颁布的《中华人民共和国外商投资企业和外国企业所得税法》及《中华人民共和国外商投资企业和外国企业所得税法实施细则》,此后,国家税务总局于1992年颁布了《关联企业间业务往来税务管理实施办法》、1998年颁布了《关联企业间业务往来税务管理规程(试行)》,进一步细化了企业关联交易的税收征管,2001年颁布的《中华人民共和国税收征收管理法》及2002年颁布的《中华人民共和国税收征收管理法实施细则》,对企业关联交易的税收征管做出了系列规定。但这些法规主要是为了保障国家税收的及时、足额入库,限制企业利用关联方转移定价的方式逃避税收,并不针对上市公司及广大投资者的权益保护,因此,本书对此不做详细介绍。

[3] 财政部最早于1997年5月22日颁布(自1997年1月1日实施)《企业会计准则——关联方关系及其交易的披露》对上市公司关联交易进行规制,之后该规范修订并收入2000年发布的企业会计准则系列,编号36号,更名为《企业会计准则第36号——关联方披露》,并于2006年再次修订发布。目前,该准则仍然仅适用于上市公司,但鼓励其他企业执行。

界定，"一方控制、共同控制另一方或对另一方施加重大影响，以及两方或两方以上同受一方控制、共同控制或重大影响的，构成关联方。"由此，是否构成关联方，主要判定依据是一方对另一方是否具有控制、共同控制、重大影响能力。而《准则36号》指出，"控制，是指有权决定一个企业的财务和经营政策，并能据以从该企业的经营活动中获取利益；共同控制，是指按合同约定对某项经济活动所共有的控制，仅在与该项经济活动相关的重要财务和经营决策需要分享控制权的投资方一致同意时存在；重大影响，是指对一个企业的财物和经营政策有参与决策的权力，但并不能够控制或者与其他方一起共同控制这些政策的制定。"同时，《准则36号》还用列举的方式，指出上市公司的十类关联方。但《准则36号》还存在需要进一步完善的方面，例如，对关联自然人的规定不够全面；对同受一方重大影响的两方或多方没有判定为关联方等。2005年10月修订的《中华人民共和国公司法》没有关联方的概念，但对企业的关联关系进行了界定。该法第217条规定：关联关系是指公司控股股东、实际控制人、董事、监事、高级管理人员与其直接或间接控制的企业之间的关系，以及可能导致公司利益转移的其他关系。但是，国家控股的企业之间不因为同受国家控股而具有关联关系。相对而言，《公司法》的界定较为原则，适用范围也更为宽泛，但不够具体。同时，没有关联方或关联人的概念，也没有对关联交易的界定。

在沪、深证券交易所2012年修订发布的《股票上市规则》（以下简称《规则》）以及上海证券交易所于2011年发布的《上海证券交易所上市公司关联交易实施指引》中，对上市公司的关联人进行了较为全面的界定，并将上市公司的关联人分为关联法人和关联自然人。其中，关联法人是指"（1）直接或间接地控制上市公司的法人或其他组织；（2）由上述法人直接或间接控制的除上市公司及其控股子公司以外的法人或其他组织；（3）上市公司的关联自然人直接或间接控制的，或担任董事、高级管理人员的，除上市公司及其控股子公司以外的法人或其他组织；（4）持有上市公司5%以上股份的法人或其他组织；（5）根据实质重于形式原则认定的其他与上市公司有特殊关系，可能导致上市公司利益对其倾斜的法人或其他组织。"而关联自然人是指"（1）直接或间接持有上市公司5%以上股份的自然人；（2）上市公司董事、监事及高级管理人员；（3）直接或间接地控制上市公司的法人或其他组织的董事、监事和高级管理人员；（4）第（1）、（2）项所述人士的关系密切的家庭成员，包括配偶、父母及配偶的父母、兄弟姐妹及其配偶、年满18周岁的子女及其配偶、配偶的兄弟姐妹和子女配偶的父母；（5）根据实质重于形式原则认定的其他与上市公司有特殊关系，可能导致上市公司利益对其倾斜的自然人。"

同时,《规则》还指出,具有以下情形之一的法人或自然人,视同为上市公司的关联人:(1) 因与上市公司或其关联人签署协议或作出安排,在协议或安排生效后,或在未来十二个月内,具有关联法人或关联自然人规定情形之一的;(2) 过去十二个月内,曾经具有关联法人或关联自然人规定情形之一的。应该说,上市规则对于关联方的界定较为全面,既考虑到对上市公司持股比例的界定,也考虑到关联关系的时间影响及潜在关联人的影响,对于有效识别关联方及其交易具有重要意义。

英美等普通法系国家,对关联方的界定较为详细,不仅包括关联个人,也包括关联企业,而且在法律规范和证券交易所的上市规定中都有涉及。例如,美国早在《1933 年证券法》中对证券发行人进行界定时,就涉及关联人范围的界定[1]。其后,在 1940 年《投资公司法》中,明确提出了关联人(affiliated person)的概念,并对其做出详细规定[2],但该法的适用范围仅限于投资公司。而针对上市公司关联交易的关联方(related party)一词最早出现在美国注册会计师协会(AICPA)于 1975 年发布的《审计准则第 6 号——关联方交易》中(Chong and Dean, 1985),1982 年 3 月,美国财务会计准则委员会在发布的《财务会计准则第 57 号——关联方披露》(SFAS57)中采纳了这一概念及相应的界定。根据 SFAS57 规定,如果一方能够控制或能够显著地影响另一方的管理和经营政策,以至于交易的一方可能无法完全地追求其个人单独的利益。如果另一方能显著地影响交易各方的管理或经营策略或者它拥有交易一方的所有权利益并能够显著地影响另一方,使得交易的一方或多方完全追求自己单独的利益受到阻碍,那么该方也被认为是一个关联方。另外,美国证券交易委员会在其发布的《S-X 规则》和《S-K 规则》中,又根据具体的交易情形对关联方的确认进行了相应的细化和完善。

在德国,关联方的界定是以关系企业专章的形式纳入公司立法。根据 1965 年 9 月颁布并于 1993 年 7 月修订的《股份公司法》规定[3],关联企业是指法律上独立的企业,这些企业在相互关系上属于拥有多数资产的企业和占有多数股份的企业、从属企业和支配企业、康采恩企业、相互参股企业或互为一个企业合同的签约方。概括来说,关联企业必须具备下列条件之一:(1) 一个企业直接或间接拥有另一企业 25% 以上的股权;(2) 一企业可以直接或间接地对另一企业施加决定性影响;(3) 两企业间形成企业合同。

---

[1] Securities Act of 1933, Section 2 (a) 11.
[2] Investment Company Act of 1940, Section 2 (a) (3).
[3] 贾红梅、郑冲:《德国股份公司法》,法律出版社 1999 年版。

日本虽然没有像德国那样将关联交易的规范以专章的形式纳入公司法中，但其对关联方的确认也仅限于关联企业，而且主要分布于《日本商法典》、会计准则以及证券交易所的上市规则中。

可以看出，各国对于关联方的认定标准不尽相同，但其共同之处就是围绕公司财产权、经营决策权和人事管理权进行判定。由此，结合我国的现实情况和已有的法律规范，目前在确定公司的关联方关系时，应重点关注如下几个方面。

首先，关联方关系存在于两方或多方之间，任何单独的个体不能构成关联方关系。其次，一方对另一方的经营决策具有控制能力，而这种权利的实施要有一定的法律依据，即要基于一定股份权益或其他契约。再次，一方对另一方的经营决策具有重大影响能力，而判断"重大影响"应以是否能对政策的决定权人产生影响为准，而不应仅限于是否参与决策为界。如果一方有能力实质性影响某项政策的决定权人，并能达到限制其完全以追求自身利益为出发点，则应成为关联方。最后，关联方是一种客观状态，其界定并不以其在交易中主观上是否具有控制或施加重大影响的故意或行为上的作为为构成要件，只要在交易中具备了控制或施加重大影响的能力，就应视作关联方。

基于上述分析，对关联方作如下界定：在企业的财务和经营决策中，出现下列情形者视为关联方：一方有能力直接或间接控制、共同控制另一方或对另一方施加重大影响；两方或多方同受一方控制或同受一方重大影响；两方中一方受第三方控制而另一方受同一第三方重大影响；两方之间出现上述情形之一者（12个月之内）；上述关系结束不足12个月者。

2. 关联交易

关联方关系的存在是关联交易发生的基础，但关联方的存在并不意味着一定会产生关联交易，只有关联方之间进行某种形式的交易，才会导致关联交易的出现。

目前，尽管各个国家和地区对关联方的规定存在较大差异，但对于关联交易的确认基本保持一致。例如，根据美国 SFAS57 的定义，关联方之间的交易被认为是关联方交易，即使它们在会计上没有确认。而国际会计准则委员会在国际会计准则第 24 号（简称 IAS24）中将关联交易定义为，关联方之间发生转移资源或义务的事项，而不论是否收取价款（Alexander and Archer，2003）。我国在《企业会计准则第 36 号——关联方披露》中对关联方交易的定义是，关联方之间转移资源、劳务或义务的行为，而不论是否收取价款。而沪深证券交易所在《股票上市规则》（2012 年修订）中提出，上市公司的关联交易，是指上市公司或者其控股子公司与上市公司关联人之间发生的转移资源或者义务的事项。并以列举的方式,指出了十六种交易类型①。

可以看出,尽管对关联交易的表述方式不太一致,但其表达的内容却完全一样,都强调如下两点:关联方关系的存在;风险和报酬的转移。因此,只要满足上述条件,就应确认为发生了关联交易,而不论双方是否进行了资金交割或会计确认。具体而言,可以如下定义:关联交易是指在关联方之间(直接或通过第三方)转移资源、劳务或义务的行为,而不论是否收取价款。

当然,实务中对关联交易进行判定时,还应遵循实质重于形式的原则。这主要表现在如下几个方面:其一,与企业进行交易的一方虽然目前并非关联方,但可能成为关联方(12个月之内)或经过交易后将成为关联方,此时的交易应视作关联交易。其二,与企业进行交易的一方虽然目前不是企业的关联方,但曾经是企业关联方,并且仍能产生相应的影响(关系结束不足12个月),则此交易应视作关联交易;其三,一方虽然不是企业的关联方,但由于企业与该方经济往来对企业的生存至关重要(例如,产品的唯一销售商),那么,双方之间的交易也应被视作关联交易。当然,应该视为关联交易的情形很多,而且随着经济环境的变化,还会产生更多的形式,因此,很难一一穷尽,但只要坚持实质重于形式的原则,就可以准确判定。

14.1.2 关联交易的类型

现实中,关联交易的表现形式多种多样,而且随着社会经济的发展和科学技术的进步,关联交易的新形式还将不断出现,因此,要详细列举关联交易的所有表现形式有一定难度。例如,我国《企业会计准则》中将关联交易分为十一类,而上海证券交易所发布的《上市公司关联交易实施指引》中,则将其分为十七类。此处,为加深对关联交易实质的认识,可以从如下不同的角度对其进行区分。

---

① 包括:(1)购买或者出售资产;(2)对外投资(含委托理财、委托贷款等);(3)提供财务资助;(4)提供担保;(5)租入或者租出资产;(6)委托或者受托管理资产和业务;(7)赠与或者受赠资产;(8)债权、债务重组;(9)签订许可使用协议;(10)转让或者受让研究与开发项目;(11)购买原材料、燃料、动力;(12)销售产品、商品;(13)提供或者接受劳务;(14)委托或者受托销售;(15)在关联人的财务公司存贷款;(16)与关联人共同投资。(17)其他通过约定可能引致资源或者义务转移的事项。说明:上述购买或者出售资产,不包括购买原材料、燃料和动力,以及出售产品、商品等与日常经营相关的资产购买或者出售行为,但资产置换中涉及的此类资产购买或者出售行为,仍包括在内。

1. 公允关联交易与非公允关联交易

从交易结果的公允性进行区分关联交易是较为常见的分类。公允关联交易，是指交易按照市场原则实施，交易结果对参与交易的相关权利人以及可能涉及的非关联方都是公平合理的。非公允关联交易，是指交易违背了市场基本原则，交易结果对参与交易的相关权利人特别是所涉及的非关联方是不公平的。

按照经济人假设，关联方都是理性的，在正常交易中，会按照市场竞争的基本原则，按等价有偿的原则索取交易对价，从而不会导致实质的不公平，此时，关联交易就是公允的。这可能是关联方正常生产经营过程中所需要的交易，是为了实现各关联方资源的有效配置而进行的商品、劳务、资产重组和资本运作等活动。但是，当关联方在交易中利用了其控制、共同控制或重大影响力，从而使得交易结果向一方倾斜，致使交易的某一方以牺牲另一方的利益为代价获得超常规收益，非公允关联交易就发生了。此时，上市公司及其中小股东、债权人等利益相关者的利益就可能受到侵害。

判定一项关联交易是否公允，主要考虑如下因素：交易主体是否地位对等；交易过程是否受到某一方控制；交易是否遵循了市场竞争的基本原则，交易条款是否符合正常的或一般的商业条款；交易结果是否基本对等，并有利于资源的合理配置。

2. 利益输入型关联交易与利益输出型关联交易

从非公允关联交易的结果流向进行划分，主要用于分析关联交易结果对上市公司及其利益相关者的影响。利益输入型关联交易，是指上市公司的控股股东或其他关联方为实现特定目标（例如，使上市公司获取配股融资的资格；满足银行借贷或发行债券条件；避免上市公司摘牌而实现对上市公司的扭亏等），在与上市公司交易的过程中，有意将利益转移到上市公司，以求在短期内提升上市公司业绩的交易。例如，关联方向上市公司低价提供原料或设备；低价转让或无偿赠与资产；主动承担上市公司的费用（如管理费、广告费或研发费等）；高价从上市公司收购资产或产品；无偿或低价提供资金；为上市公司提供贷款担保等。利益输出型关联交易，是指上市公司的控股股东或其他关联方利用其控制地位，通过非公允交易的方式占有上市公司的资源或直接转移上市公司利润的交易。例如，无偿占用或低价使用上市公司的资金；高价供应原材料；高价转让资产或设备；让上市公司承担费用（如管理费、广告费或研发费等）；低价收购上市公司的产品或资产；让上市公司为控制方的贷款提供担保等。

从长远的角度看,在关联方能够有效控制上市公司的情况下,上市公司往往成为控制方获取自身利益的工具。虽然在某些情况下,控制方会利用关联交易的方式,向上市公司输入利益,但这只是暂时的表象,其目的往往是为了保持上市公司的良好形象,以保证上市公司具备配股、融资或保持壳资源的能力,为以后从上市公司获取更多利益奠定基础。当上市公司获取了配股或融资资金、或者拥有了某些机会或资源后,控制方往往就会利用关联交易的方式,无偿或低成本地占用上市公司的资金或资源,甚至会掠夺上市公司的投资机会等。

3. 重大的关联交易与非重大的关联交易

从交易金额及其影响程度的角度进行划分,主要服务于关联交易的即时披露与否以及对批准人的判定。根据中国证监会公布的《公开发行证券的公司信息披露内容与格式准则第2号——年度报告的内容与格式(2012年修订)》第三十一条中关于"重大关联交易事项"的规定,"公司应当披露报告期内发生的累计关联交易总额高于300万元且占公司最近一期经审计净资产值5%以上的重大关联交易事项,并按照以下发生关联交易的不同类型分别披露。"可以认为这是判定关联交易重大与否的数量标准。

《〈企业会计准则——关联方及其交易的披露〉指南》规定,关联方交易的披露应遵循重要性原则,区别情况处理:零星的关联方交易,如果对企业财务状况和经营成果影响较小的或几乎没有影响的,可以不予披露。对企业财务状况和经营成果有影响的关联方交易,如果属于重大交易(主要指交易金额较大的,如销售给关联方产品的销售收入占本企业销售收入10%及以上),应当分别关联方以及交易类型披露。如果属于非重大交易,类型相同的非重大交易可以合并披露,但以不影响会计报表阅读者正确理解企业财务状况、经营成果为前提。当然,判断关联交易是否需要披露,不能仅以交易金额的大小作为判断标准,而应以交易对企业财务状况和经营成果的影响程度来确定。

14.1.3 关联交易的特征

有别于一般市场交易的特殊行为,关联交易具有如下特征。

1. 交易对方是企业的关联方

关联方的存在是关联交易产生的基础,如果没有关联方,便谈不上关联交易。如果关联方之间发生某种交易行为(交易行为及其方式具有多样性),无论是否导致价款的转移，都应视作关联交易，而该关联方可能是个人，也可能是企业。另外，交易的发生也可能借助第三者而进行，例如，A 欲与关联方 B 发生交易，则 A 先与非关联方 C 交易，然后 C 再与 B 交易，从而间接达到 A 与 B 之间的交易目的。此时，应将 C 视作间接关联方，从而确定该交易为关联交易。

2. 交易通常在具有决策权人的控制、许可或影响下进行

企业交易行为的发生通常是由企业的决策权人来控制实施，如果企业的决策权人与关联方具有特定的利益联系，则企业与关联方之间的交易往往受其操纵，即使在一般市场条件下不会发生的交易也可能出现，这自然就是关联交易。当然，关联交易也可能以关联方通过影响企业决策权人的决策行为的方式而实现。对此，美国学者克拉克认为，关联交易"表面上发生在两个或两个以上当事方之间，实际上却只由一方决定。"①

3. 交易在市场行为方式下进行，但交易结果不一定公平

关联方之间的交易通常都以市场行为的方式进行，但对公司而言，交易的结果并一定是公平的。如果结果对关联方而不是对公司更有利，那么公司的决策权人将"会从第三方收益中获得更大的私人利益"②。也正是由于关联交易具有掩饰交易内容的隐蔽性，各国都将信息披露作为控制不公允关联交易的手段。

14.2 上市公司关联交易产生的根源

我国上市公司关联交易的形成具有一定的特殊原因，例如，上市制度安排不合理③，融资条件严格，公司治理结构不完善等，但随着我国市场经济机制的逐步完善，这些特殊因素的影响正逐步降低。而关联交易作为一种经济行为，却始终存在。因此，深入分析关联交易的产生根源，对规范和治理我国上市公司的关联交易无疑具有重要意义。

---

① [美] 罗伯特·C·克拉克：《公司法则》，工商出版社 1999 年版，第 117 页。
② 同上，第 120 页。
③ 我国证券市场的发展最初承担了为国企融资和改革服务的任务，2001 年前公司上市实施的是额度控制加行政审批的模式，从而使拟上市国企采取了人为拆分、部分改制的方式上市，造成上市公司并不具备独立完整的产供销系统和直接面向市场独立经营的能力，致使关联交易难以避免。

14.2.1 规避税收

税收在世界各国普遍存在。对公司而言,税收是一种负担,出于追求利润最大化的本能,公司总会想方设法地采取一定方式或手段而少纳税或不纳税,以实现自身税负最小化。然而,由于国家对税收征管的重视,对单个公司而言,实现合理避税通常不是件容易的事情,但对于关联企业而言,利用关联交易进行税收规避则要方便得多,这也成为关联交易形成和存在的主要原因之一。

1. 关联交易避税的发展及其主要形式

企业利用关联交易进行税收规避究竟源于何时,目前并无翔实的资料可供考证,但可以肯定的是,关联交易避税所采用的主要方式——转移定价却早在1883年便已有记载(Cox et al.,1997)。随着公司的演进和科学技术的发展,企业通过关联交易避税的手段和方法在不断创新。概括而言,目前主要有如下几种形式:

(1)转移定价避税。所谓转移定价(transfer pricing),是指跨国企业集团为避税和其他目的而在集团内的不同部门间对利润进行的分配(Neighbour,2002),而利润分配的方式是依据利润转移目的而制定的偏离市场价格的转移价格。通常,就避税目的而言,确保同一组织中的不同部门处于某种形式下的共同控制至关重要,这意味着任何商品等的转移都可以不必完全遵循市场价格(Neighbour and Owens,2002),从而达到预期的利润转移目的。

现实中,我国上市公司和一般企业间的税收税率存在一定差异,这便为上市公司及其关联企业利用关联交易的方式进行税收规避提供了条件:在彼此的产品买卖过程中,不依照市场买卖规则和价格进行交易,转让的价格根据双方的意愿,或高于或低于市场交易价,从而均摊利润或转移利润,以达到避税的目的。目前,上市公司与关联企业间利用转移定价进行避税主要有如下几种形式:收入与费用的转移定价;劳务收入的转移定价;融资业务的转移定价;无形资产的转移定价等。

(2)租赁避税。从避税的角度而言,租赁也是企业用以减轻税负的有效方法。对于同属一个企业集团的上市公司及其关联企业,一方可以将其具有较强盈利能力的资产设备出租给另一方,由对方来生产经营,并根据集团税负最小化的需要而决定租金的高低。这样,一方面承租者可以享受经营租赁的租金可以作为费用冲减利润的好处;另一方面,出租者也可以享受租金收入所具有的税收优惠,从而实现集团税负最小化的目的。

(3) 信托避税。信托避税是通过在某一特定的税收优惠地区设置信托机构,让位于非优惠区的财产挂在位于优惠区的信托机构下,利用其税收优惠来避税的方法。较为常用的是利用财产信托进行税收规避,即公司将其拥有的机器、设备、房产等虚设为避税地区的信托财产,然后将这部分财产的经营所得、利润收入挂在该信托公司的名下,以达到逃避纳税义务的目的。

2. 关联交易避税的基本原理

关联交易避税的方式虽然多种多样,但总的目的是使关联企业整体的税收负担最小化。由于关联交易的双方或者是控制与从属关系,或者是共同受控于第三方,因此,在交易时,双方并非总会按照市场条件下无关联双方那样去追求自身利益的最大化,往往是为了共享利益而追求关联企业整体利益的最大化,这也是关联交易避税得以实现的前提条件。

由于经济发展水平、历史文化传统等因素的差异,各个国家在税收制度上总会存在一定的差异,而且,即使在同一个国家内,出于社会安定、经济协调发展、吸引外资、产业结构调整等方面的考虑,国家在制定税收法规时,也可能会使不同地区、不同行业在税率、税收优惠政策等方面有所差异。另外,由于经济、技术的快速发展和环境的变迁,各国所制定的税法或税收征管工作多少会存在一些漏洞。这些问题的存在,就为上市公司及其关联企业通过实施关联交易而避税奠定了基础。通过关联交易中人为改变产品或服务的交易价格,调整费用分担、改变资金拆借利率、改变无形资产的转让价格或使用费用等手段,调高位于税率较低或税收优惠多的国家或地区的关联企业的账面利润,而减少税率较高且没有税收优惠的国家或地区的关联企业的账面利润,从而将利润转移至税负较低的国家或地区,实现关联企业整体税负最小化的目的。这一过程可用图 14 - 1 来表示。

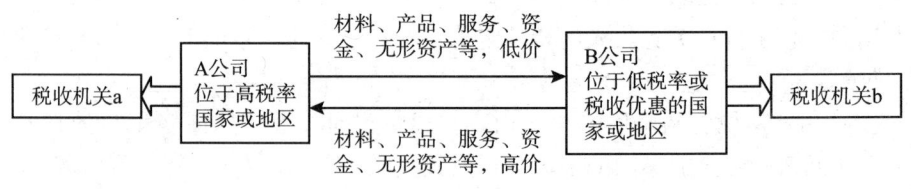

图 14 - 1 关联交易避税原理

如图 14 - 1 所示,假设 A 公司位于税率较高的国家或地区,而 B 公司位于税率较低或税收优惠的国家或地区，A、B 同属某一企业集团且存在业务往来[①]，二者追求整体利益最大化。如果 A、B 公司盈利总额一定，则 A 公司盈利越多，A、B 两公司的税负总和就越高，A、B 公司的税后利润就越低。因此，为达到整体利益最大化的目标，必须设法减少 A 公司的利润，甚至使其亏损，同时增加 B 公司的利润，从而使 A、B 两公司只按照较低的税率承担纳税义务。为实现这一目的，就应膨胀 A 公司的成本而降低 B 公司的成本。例如，当 A 公司向 B 公司出售原材料、产品、服务或无形资产时，就不按照独立实体在市场条件下交易时的市场价格进行交易，而是人为地调低上述产品或服务等的交易价格，即让利于 B 公司；与此相同，B 公司在向 A 公司销售上述产品或服务时，也不能遵循市场价格，而是人为地调高交易价格，以提高 A 公司的成本支出并留利于本公司。这样，税务机关 a 的税收收入将减少 E_a，而税收机关 b 的税收收入将增加 E_b，但两税务机关税收的变化并不一样，而是 E_a 的减少多于 E_b 的增加，二者之间的差异便是关联企业 A 和 B 的避税收益。因此，在两公司间存在税率差异时，关联企业便可以通过关联交易的方式进行税收规避，将利润从高税率公司转移到低税率公司，以最大化公司整体的收益。

14.2.2 降低交易成本

制度是一系列用来建立各种关系的基础规则，在经济社会中构成了交换行为的激励机制。无论是关联交易还是非关联交易，从公司角度来看两者本质上并没有显著的差异，他们都是公司实现自身经济利益的一种经济活动。现实中，选择集团内部关联方还是选择市场上的非关联方进行交易，以及两者交易比重的分配，取决于公司实际控制者的决策，但都是基于优化公司资源配置的目的。

1. 资源配置与关联企业

依据交易费用经济学的观点，市场和企业是资源配置的两种不同而又可以相互替代的方式。在市场中，交易是由价格机制来协调，基本可以实现资源的合理配置，但通过价格机制组织生产是有成本的，即交易成本。此时，"通过成立一个组织，允许某种权威（企业家）指导资源配置，可以节约某些成本"（Coase，1937）。在企业内，企业家使用行政命令取代价格机制成为资源调配的动力，从而将许多原属于市场的交易"内化"了，即企业的出现是为了节约交易成本。当

[①] 当然，A、B 公司虽不产生直接的业务往来，但通过某一中间公司进行上述业务往来，其原理亦然。

然，由于管理过程本身也会产生成本，在企业扩张的过程中，企业的组织成本会增加，当在企业内组织一项交易的成本等于通过公开市场上的交换方式进行同一交易的成本时，企业便会停止扩张，此即企业替代市场的边界点。

因此，作为资源配置的两种方式，市场和企业都不是完美的，都具有自身的缺陷和失效之处。对市场机制而言，由于信息的不对称和人的有限理性的存在，市场价格所传递的信息将包含有许多不确定性和不完全的信息，而各主体对信息的接受和理解也将存在诸多差异。同时，由于不确定性的存在，市场契约将是不完全的，契约条款的描述中将存在诸多漏洞和含糊之处。因为，"在一个不确定的世界里，要在签约时预测到所有可能出现的状态几乎是不可能的；即使预测到，要准确地描述每种状态也是很困难的；即使描述了，由于事后的信息不对称，当实际状态出现时，当事人也可能为什么是实际状态争论不休"①，此种情况下，以市场契约方式进行的交易将存在一定的交易费用。如果企业采用短期交易的方式时，由于需不断地寻找交易伙伴并签约，上述交易费用将会很大。另外，当交易涉及专用性资产投资时②，利用市场机制的交易费用将会更高。此时，如果一方为某项交易而进行了专用性资产投资，其交易对方就很可能利用停止交易或减少购买等方式来要挟其降低交易价格或作出其他让步，从而使投资一方遭受对方的"敲竹杠"（Hold-up problem）。这样，欲进行专用性投资的企业为避免被"敲竹杠"，将会在投资前通过契约等方式，要求对方作出可信的承诺或保证，否则，它将不会或减少该种投资。如此，市场交易的效率便无法实现，交易费用也将大大增加。因此，在有限理性、机会主义和不确定性等因素的综合作用下，市场失效就会发生。

同样，利用企业进行交易，也会有失效问题的出现。例如，企业内部交易会导致刺激动力的减弱。利用市场机制进行交易时，各企业的绩效可以通过价格、利润、市场占有率等指标加以反映和衡量，使得经营者的收入与绩效挂钩成为可能，从而刺激经营者努力经营管理好企业，而采用一体化的方式将原来通过市场进行的交易纳入一个企业中后，由于企业中各部门业绩衡量的困难的存在，业绩与报酬之间的敏感性将大大降低，再加上管理人员之间相互吹捧（back-scratch）的可能性（威廉姆斯，1987），对经营者的刺激动力将明显下降。同时，与市场

---

① 张维迎：《所有制、治理结构与委托—代理关系》，载张维迎：《企业理论与中国企业改革》，北京大学出版社 1999 年版。

② 资产专用性是指在不牺牲生产价值的条件下，资产可用于不同用途和由不同使用者利用的程度，它与沉没成本概念有关，参见威廉姆森：《经济组织的逻辑》，载陈都：《企业制度与市场组织——交易费用经济学文选》，上海三联书店，上海人民出版社 1996 年版。

中靠竞争来解决问题的方式不同，企业中出现失误后，可以进行谈判而得到谅解（威廉姆斯，1987），这就使企业体制难以激发其应有的努力来改善不良状况、降低成本，从而增大了利用企业组织交易的成本。另外，过分利用企业体制组织交易将会导致企业规模过大，管理层次过多，机构庞大，从而增大管理协调的成本。此时，组织内部的寻租活动和影响成本（Influence Cost）也会比较严重[1]，从而耗费企业资源，增加成本。这样，当上述费用增加达到一定程度后，就会导致企业机制的失效。

因此，作为资源配置的两种方式，企业和市场都有自身运行的费用，如果利用市场机制协调企业间的交易时费用大于同样交易在企业内部进行时的协调费用时，企业间便会出现兼并等一体化行为，以便用组织内交易替代市场交易。同样，如果企业内的协调费用大于用市场机制中的交易费用时，交易便会维持在独立企业间，以契约方式进行。但是，当采用单一方式进行交易组织而无法降低相应费用时，充分利用市场机制和企业机制的优点和互补性，同时具有市场与企业组织两种特征的协调方式便会出现，这就是所谓的中间组织形式，而关联企业便是这种形式的典型。

2. 费用节约与关联交易

通常，一般企业的交易可分为两种类型：公司内部的交易和公司之间的交易，但就关联企业而言，还存在着一种关联企业间特有的交易形式——关联交易。与一般公司的独立性不同，各个关联企业虽然在法律意义上是独立的商事主体，具有相应的法人人格，但由于存在着特有的关联关系，它们之间所进行的交易一般会服务于特定的经济目的，而不同于市场机制下独立公司间的交易，并由此具有了较一般市场交易节约交易成本的功能。

关联企业之间虽然在法律上是平等的，都有独立的法人人格，但由于它们之间存在着股权、契约、人事控制等联系，其地位在事实上往往是不平等的，通常是一方对另一方有着实质上的控制能力，或者双方都受第三方的控制。由于这种特殊关系的存在，关联企业间进行交易时，存在于独立企业间交易中的信息不对称及机会主义行为将得以减轻，谈判、签约以及契约执行中的监督费用都将明显降低，因此其交易费用将低于一般公司间的市场交易费用。同时，关联企业是具有独立财产和利益、经营独立的企业法人，其经营业绩较为独立且易于测定，因此，能够保留市场所提供的较强的刺激动力和竞争压力，具有较强的灵活性。另

---

[1] 赵增耀：《企业集团治理》，机械工业出版社2002年版。

外,关联企业又都隶属于某个利益集团,同各公司间可以实现合理的专业化分工,在保证合理地资源配置和相应的生产效率的同时,又可以避免过分一体化所带来的管理协调难度的增大,从而既可以实现规模经济,又分散了经营风险,降低了组织费用。

因此,关联交易是介于市场交易和公司内部组织中间的一种交易形式,是能够降低市场交易费用的同时又能节约组织协调费用的一种交易方式,它较好地满足了关联企业的降低成本、追求利润的内在需求,而成为关联企业中普遍存在的一种交易行为。当然,也正是由于关联交易脱离了独立主体讨价还价的市场,其交易的达成、成交的数量、成交金额以及付款方式等具体交易内容都可以受控制方的随意控制,而使关联交易容易成为控制股东谋求私利的工具,进而损害到上市公司、中小股东及债权人的利益。

14.2.3 改善成本收益

在市场经济条件下,各公司作为理性经济人,在进行经营决策时都会进行成本——效益分析,以追求自身利润最大化。对关联企业而言,是否实施关联交易无疑也以此为判定标准。

1. 一般产品或服务的关联交易分析

设 A 和 B 为两个具有关联关系的公司,其中 A 为控股公司,B 为从属公司。现假设 A 公司将价值 V_A 的产品或服务以 $V_A + R$ 的价格卖给 B 公司,而 B 公司对该产品或服务不进行任何再加工,而以市场价 V_A 将其卖给第三者。设 A、B 间交易的费用为 $2C$,且由两公司平均分摊,而不考虑 B 公司与第三者交易的成本,经过该项交易后,A 公司的净收益为 π_A,B 公司的净收益为 π_B,在不考虑税收节约的情况下[①],有:

$$\pi_A = (V_A + R) - V_A - C = R - C$$
$$\pi_B = V_A - (V_A + R) - C = -R - C$$

对 A、B 两公司整体(即企业集团)而言,净收益 π_{AB} 为:

$$\pi_{AB} = \pi_A + \pi_B = -2C$$

可以看出,如果不考虑该项交易的税收节约,则对企业集团而言,该交易的净收益为 $\pi_{AB} < 0$,它只是将利润由 B 公司转移至 A 公司,不但没有产生新的收益,

---

① 如果考虑税收规避,详细分析"规避税收"部分的分析。

反而徒增交易成本,因此,从整个企业集团利益的角度,该项交易不会发生。

对 B 公司而言,该项交易的发生将使其净收益减少,即 $\pi_B < 0$。作为理性经济人,它将不同意该项交易的进行。

对 A 公司而言,由于利润转移,可能会有净收益产生。如果 $\pi_A > 0$,即 $C < R$,则从 A 公司自身利益的角度出发,它有动力进行该项交易。此时,如果 B 公司为 A 公司的全资子公司,则 B 公司的损失将完全由 A 公司承担,从利益最大化的角度而言,该交易不会发生。但如果 B 公司为 A 公司的非全资从属公司时,则 B 公司的损失并非全部由 A 公司承担。假设 B 公司的股份由 m 和 n 组成,其中 m 由 A 公司持有,n 由其他股东持有①,此时,A 公司由于在 B 公司中的投资而应分担 B 公司的部分亏损,设为 π'_B,则有:

$$\pi'_B = \frac{m}{m+n}\pi_B = (-R-C) \cdot \frac{m}{m+n}$$

这样,经过该交易后,A 公司实际净收益为 π'_A,则:

$$\pi'_A = \pi_A + \pi'_B = R - C + (-R-C) \cdot \frac{m}{m+n}$$

对 A 公司而言,如果 $\pi'_A > 0$,即 $C < \frac{n}{2m+n}R$,则 A 公司在该项交易后将产生净收益 π'_A,因此 A 公司有动力促使 B 公司进行该项交易,此时 B 公司中其他股东的利益将受到损害。上述分析可用图 14-2 来表示,图中,在 M 点上有 $C = \frac{n}{2m+n}R$ 成立,图中的阴影部分(M 点左侧部分)为 B 公司是 A 公司的非全资从属公司时,A 公司有动力进行交易的区域。

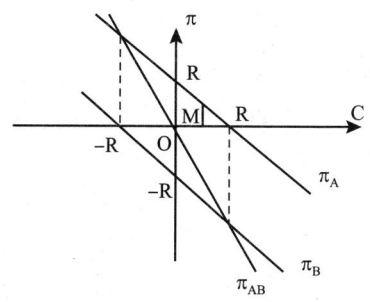

图 14-2 一般产品或服务交易的收益分析

---

① 可能由一人持有,也可能是由多人持有。

2. 资产交易型关联交易分析

(1) 无利润转移的资产交易。现假设 A、B 两公司间交易的不是产品或服务，而是某种资产，该资产价值为 V_A，并以 V_A 的价格卖给 B 公司，B 公司将该项资产投入本公司经营，不再转卖。并假设 A、B 两公司由于该项交易使资产结构得到调整，而产生经济效率的提高或规模经济收益①，设该收益为 2E，交易成本为 2C，上述成本和收益由 A、B 两公司分享，则有：

A 公司收益，$\pi_A = V_A + E - V_A - C = E - C$

B 公司收益，$\pi_B = V_A + E - V_A - C = E - C$

集团收益，$\pi_{AB} = \pi_A + \pi_B = 2E - 2C$

可以看出，对 A、B 公司及企业集团而言，如果 $C < E$，则该项交易将会使各方受益，此时 $\pi_A、\pi_B、\pi_{AB} > 0$，该项交易将会发生；如果 $E < C$，则该项交易将不会产生，A、B 公司的交易行为与独立公司间的交易相同，B 公司的股份构成状况对交易结果无影响，如图 14-3 所示。这也说明，公允的交易对关联企业各方不会产生不良影响。

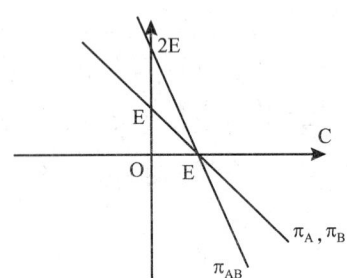

图 14-3　无利润转移的资产交易收益分析

(2) 伴随利润转移的资产交易②。如果上述交易在进行资产转移的同时，伴有利润转移，设有 R 的利润由 B 公司转移至 A 公司，其他条件同上，则有：

A 公司收益，$\pi_A = (V_A + R) + E - V_A - C = E + R - C$

B 公司收益，$\pi_B = V_A + E - (V_A + R) - C = E - R - C$

集团收益，$\pi_{AB} = \pi_A + \pi_B = 2E - 2C$

此时，交易能否进行，仍然取决于交易成本及其收益的比较，如图 14-4，讨论如下。

---

① 如果不产生相应的收益，则对该资产交易分析就与上述一般产品交易分析相同。

② 对该种类型的关联交易，周阳敏和佘廉 (2000) 也利用类似模型做出了其经济分析。

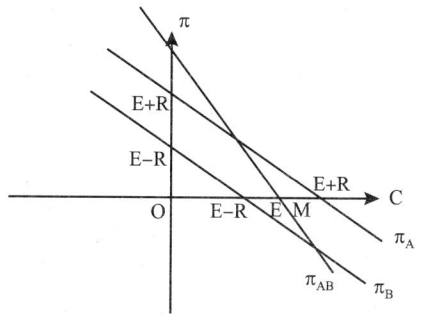

图 14-4 有利润转移的资产交易收益分析

①当 $C \leqslant E-R$ 时，对 A 公司而言，$\pi_A = E+R-C > 0$，对 B 公司而言，$\pi_B = E-R-C \geqslant 0$，对集团而言，$\pi_{AB} = 2E-2C > 0$，可以看出，对理性经济人而言，上述交易对各方是有利的，交易将可能发生。这种情况的可能原因是，所交易的资产对于 A 公司而言是非业务必需或不能充分利用，因而未能充分发挥其作用并影响到公司的运营效率；但对于 B 公司而言，该资产是其经营中所必需的或能与其核心能力相匹配的，该资产的购得将有利于其经济效益的提升，因此，付出高于资产价值的价格 $V_A + R$ 购买该资产或许是有利的。当然，由于 B 公司多付出了 R 的价格，将导致公司中其他股东的应得收益减少。从公司集团的角度而言，这是为进行资产优化配置而实施的关联交易。

②当 $E-R < C < E$ 时，A 公司的收益为：$\pi_A = E+R-C > 0$，B 公司的收益：$\pi_B = E-R-C < 0$，企业集团的收益：$\pi_{AB} = 2E-2C > 0$。可以看出，如果从公司自身利益出发，B 公司将反对该交易的进行，但 A 公司将倾向于该交易的实施。从企业集团整体利润最大化的角度而言，由于 $\pi_{AB} > 0$，集团公司会促使该交易的发生，此时，B 公司中其他股东的利益将因此而受损。当然，从公平的角度而言，可以由 A 公司对 B 公司所受损害进行补偿，从而使整个企业集团的收益增加。

③当 $E \leqslant C < E+R$ 时，A 公司的收益：$\pi_A = E+R-C > 0$，B 公司的收益：$\pi_B = E-R-C < 0$，企业集团的收益：$\pi_{AB} = 2E-2C \leqslant 0$。此时，B 公司的收益为负，而整个企业集团的收益也为负，因此，作为理性经济人，公司 B 和集团公司都将反对该项交易的发生，但对 A 公司而言，由于 $\pi_A > 0$，故 A 公司有动力进行该项交易。同样，如果 B 公司为 A 公司的全资子公司，则 A 公司将不会迫使 B 公司进行该项交易，以避免不必要的费用消耗。如果 B 公司为 A 公司的非全资从属公司，则 B 公司的损失的一部分，将最终由 A 公司分担。假设 B 公司的股

份构成为 m 和 n，其中 A 公司持有 m，则 B 公司的亏损额中应由 A 公司分担的部分为 $\pi'_B = \pi_B \cdot \frac{m}{m+n} = (E - R - C)\frac{m}{m+n}$，则 A 公司的净收益 $\pi'_A = \pi_A + \pi'_B = E + R - C + (E - R - C) \cdot \frac{m}{2m+n}$（$\pi'_B$ 为负）。如果 $\pi'_A > 0$ 即 $E \leqslant C < E + \frac{n}{2m+n}R$，该项交易对 A 公司而言仍是有利可图的，出于自身利润最大化的目的，A 公司将极力促使该项交易的进行。在图 14-4 中，M 点表示该项交易的临界点，在 M 点 $C = E + \frac{n}{2m+n}R$。进一步，如果 A 公司处于控制地位，则在 A 公司的操纵之下，该项交易将不可避免地发生。此时，A 公司将从该项交易中获取净收益 π'_A，而 B 公司则出现负的净收益，由此导致 B 公司中其他股东的利益受损，这就是关联交易对中小股东利益侵害的来源。

④当 $C \geqslant E + R$ 时，$\pi_A \leqslant 0$，$\pi_B < 0$，$\pi_{AB} < 0$，此时，由于交易费用太高，交易对于任何一方都没有益处，作为理性经济人，各方都没有意向进行交易，该项交易将不会发生。

3. 从属公司为上市公司的关联交易分析

到目前为止，讨论的都是常见的利润自从属公司输出到控股公司的关联交易。但现实中，当从属公司为上市公司时，也会发生利润反向输出现象，即利润由控股公司输入从属上市公司。该种关联交易一般发生在上市公司业绩不佳的情况下，是为了避免上市公司被特别处理或摘牌，或为了保住上市公司的配股资格。当然，控股公司向上市公司输入利润只是手段，其最终目的则是使上市公司"保持再融资能力，通过配股、增发等途径进一步融资，以便将来能够更多地从上市公司抽取利益。"（李明辉，2002）此处，以实现配股融资为目的的关联交易为例进行分析。

假设 A 公司为控股非上市公司，B 为从属上市公司，B 公司欲争取配股融资，但由于经营业绩不佳，单靠自身正常经营所获取的盈利将达不到配股融资的基本盈利要求①，为实现配股融资的目的，A 公司决定以关联交易的方式对 B 公司实施利润输入。设输入利润 R 后，B 公司达到了配股融资的相关要求，并获准进行配股融资，配股比例为 x。假定配股前，B 公司的股权结构由 m 和 n 两部分构成，其中 m 为 A 公司持有，n 为其他股东持有。另假设配股融资时各方都没有

---

① 中国证监会对上市公司的配股和增发有较严格的规定，2001 年后，对拟配股企业应达到的效益指标做出了适当调整，降低了净资产收益率的指标要求，但许多企业仍难以达到该目标。

放弃配股权①，配股完成后 B 公司的权益构成及相应比例不变。这样，B 公司通过配股融资将从其他股东处获得资金为 $F = V_B \cdot x \cdot \frac{n}{m+n} - C_i$，其中，$V_B$ 为 B 公司进行配股的股本，C_i 为融资成本。通常，虽然该部分资金为 B 公司的权益资本，但由于 A 公司对 B 公司的控制能力，该部分资金在事实上可能是部分或全部由 A 公司占有并使用。讨论如下：

（1）如果 B 公司所融资金全部由 A 公司占有和使用，则在不考虑资金的时间价值情况下，A 公司的实际收益为：

$$\pi_A = V_B \cdot x \cdot \frac{n}{m+n} - C_i - R - C_T$$

其中，C_T 为 A、B 公司间进行利润转移的成本。由于现实中 C_i 和 C_T 都较小，故只要 $V_B \cdot x \cdot \frac{n}{m+n}$ 大于 R，转移利润的交易对 A 公司就是有利的，此时，利润转移的关联交易将发生。

（2）如果 B 公司所融资金由 B 公司自身使用，则对 A 公司而言，其收益是由于 B 公司使用该部分资金而获取的收益中 A 公司所应分享的部分。此时，B 公司的收益为：

$$\pi_B = V_B \cdot x \cdot (1+S)^t$$

其中，S 为 B 公司的收益率，t 为资金运用时间。

而 A 公司的收益为：$R_A = \pi_B \cdot \frac{m}{m+n}$，其成本为：$C = (R + C_T)(1+r)^t$

其中，r 为 A 公司自己使用该部分资金时的收益率与同期银行利率中较高者。此时，A 公司在利润转移后的净收益为②：

$$\pi_A = R_A - C_A = V_B \cdot x \cdot (1+s)^t \frac{m}{m+n} - (R + C_T)(1+r)^t$$

则当 $\pi_A > 0$ 时，对 A 公司而言利润输出就是有利的，关联交易将会发生。

可以看出，市场经济中，出于追求利润最大化的经济人本性，在没有相应的监管时，如果控股公司通过关联交易所得到的收益大于其应承担的从属公司亏损份额，这种交易对控股公司来说就是有利的，交易的发生便是可能的。

具体而言，关联企业间是否发生关联交易取决于两个因素：其一，关联企业间是否存在控制与从属关系，或者共同受第三方的控制或影响，这是关联交易的

---

① 当然，A 公司投入 B 公司的现金可能在事实上仍由 A 公司占有或支配，在本讨论中不考虑这些情况。

② 当然，A 公司还会因 B 公司经营良好而享有其他间接收益，如知名度、信誉等方面的提高。

决策及贯彻执行得以进行的保证；其二，关联交易的双方或一方将在预期时期内从交易中获得净收益，这是关联交易得以进行的前提。在这两种因素的作用下，即使是明显不公允的关联交易，仍将实际发生（如果不进行相应的监管），而这正是从属公司中的中小股东利益受损的经济原因。

14.3 上市公司关联交易的负面影响

依据现代企业理论，上市公司是不同利益相关者的契约联结，参与各方的利益实现以上市公司收益的实现为前提。但关联交易却由于交易双方的特殊性而使交易结果对上市公司具有一定的不确定性：一方面，如果上市公司与其关联方之间能够基于公平、公正和诚实信用的原则进行交易，那么，交易双方可以充分利用其固有的经济联系，加强信息交流与沟通，尽量消除信息的不对称，从而有效降低在一般市场交易中所必须付出的搜寻交易对象、进行交易谈判、签约、履约和监督执行等方面的交易费用。同时，交易双方还可以利用关联交易促进其资产的优化和资源的合理配置，实现关联方之间的优势互补，从而增强上市公司的市场竞争能力和抵御市场风险的能力。另一方面，如果关联方利用其拥有的对上市公司的控制或影响能力，迫使上市公司从事有利于关联方而不利于自身的交易，那么交易的结果对上市公司显然是不公平的，很可能损害上市公司的正常运营能力，进而会对股东及其他参与方的利益产生不同影响。现实中，尽管上市公司利用关联交易优化资产结构、提高市场竞争力的事例并不少见，但关联方利用关联交易直接或间接侵害上市公司利益，甚至掏空上市公司的事件更是时有发生。因此，深入分析非公允关联交易对利益相关者的不利影响，对于合理规范上市公司的关联交易就具有重要意义。

14.3.1 对上市公司及其他股东的影响

控股股东利用关联交易转移上市公司的利润或资源，会直接影响到上市公司的运营和盈利能力，甚至会减弱上市公司的市场竞争力及其生存能力。例如，戈登、亨利和普利亚（Gordon，Henry and Palia，2004）对美国112家上市公司在2000年和2001年中发生的关联交易进行了实证分析，结果表明，在公司管理层与上市公司发生关联交易时，公司股东不仅没有获得收益的增加，反而受到某些交易的利益侵害。

就我国的实际情况而言，上市公司与其关联方之间的交易往往涉及上市公司的主营业务、关键技术、知识产权等方面，这会使上市公司的经营自主权受到多方限制，市场主体功能严重弱化，独立经营能力较差，甚至出现类似"生产车间"的现象①。同时，控股公司还大量挪用上市公司的资产或资金，并要求上市公司为其提供担保或贷款，这使上市公司的财务风险增大、盈利能力下降。另外，由于关联交易发生在上市公司与其关联人之间，处于一种不完全竞争状态，是一种系统内部的自我循环，因此，上市公司改进技术的动力会减弱，提高效率的积极性会降低，这样，公司就会处于一种"半休眠状态"，进而降低了资源配置的效率。

关联交易通常会造成上市公司的利益受损，自然会影响到其中小股东的利益。这主要表现在两个方面：一方面，会影响到上市公司的持续经营能力，进而影响到股东的盈利回报；另一方面，对上市公司的市场评价也会降低，使得公司股价下跌，从而影响到股东的收益。尽管上市公司利益受损也会影响到作为股东的控股股东的利益，但由于他从关联交易中获取的利益大于该部分的损失，因此，实际受损的其实是上市公司的中小股东②。现实中，上市公司的控股股东往往利用自身的控制地位，对关联交易做出有利于自身的安排，例如，实施利润转移、资产转移或开展其他不利于上市公司的经营业务，最终实现对上市公司利益的抽取。

14.3.2 对注册会计师审计结论的影响

由于关联方关系的存在，关联交易具有异于一般市场交易的特殊性，即该种交易可能不是在双方地位完全平等、各自追求自身利益最大化的情况下发生，因此，其结果具有潜在的不公平性。然而，由于交易双方的特殊关系及信息的不对称性，人们要准确判断该交易的影响或危害性却很难，这就增大了注册会计师的审计结论可能失实的风险。例如，根据美国证券交易委员会（the U. S. Securities and Exchange Commission，SEC，1999）和美国会计师协会（American Institute of Cerified Public Accountants，AICPA，2001）的研究发现，当上市公司存在没有被披露的关联方时，虚假财务报表和关联方非法挪用公司资产的情况较易发生。

---

① 李维安、桊祖盛：《上市公司治理与关联交易的规范问题》，载《现代会计》2000年第5期。
② 李明辉：《论关联交易的〈公司法〉规范》，载《中国工业经济》2002年第4期；韩德洋：《公司法中的关联交易问题研究——以自我交易的法律控制为中心》，北京大学2003年；余明桂、夏新平：《控股股东、代理问题与关联交易：对中国上市公司的实证研究》，载《南开管理评论》2004年第6期。

但由于关联交易一般难以识别、难以受到公司内部审计的控制,以及外部审计人员通常依赖公司管理人员的配合来进行审计等原因,对关联交易进行准确审计的难度较大。现实中,美国安然公司等企业利用关联交易进行财务造假丑闻的爆出,更是说明了关联交易对审计人员影响的重要性。

14.3.3 对公司债权人的影响

上市公司的运营和发展离不开资金的支持,这些资金一部分是由上市公司自身的经营积累和股东的投资所获取,另一部分则需要靠借贷来获得。因此,上市公司的运营和盈利能力将直接影响到债权人的利益。现实中,我国上市公司与关联方之间在资金借贷时相互担保的现象较为普遍,而且还通过关联交易调整财务状况和盈利能力,以突破相应的贷款限制条件,这将使债权人的资金安全性和获利性受到影响[1]。由于关联企业的生产经营具有较大的不确定性,而且控股股东还会利用关联交易转移资产、操纵利润以掩盖真实的生产经营情况和财务状况,这就使银行难以了解关联企业的真实信息情况,从而产生信贷风险[2]。进一步,当关联交易严重影响上市公司的盈利和生存能力,甚至导致上市公司资不抵债或破产时,就会使债权人遭受其债权无法受偿或无法全部受偿的损失。另外,控股股东还可能利用关联交易转移公司资产和利润,逃避债务,直接损害债权人的合法权益。

14.3.4 对国家税收的影响

上市公司与关联方之间通过利润转移进行收益调节,可能会造成国家税收的流失。现实中,由于各种原因,上市公司与关联企业之间往往存在税率差异、盈亏差异等现象,此时,上市公司的控股股东就可能通过实施关联交易来调节盈余而规避税收。进一步,上市公司与关联方之间甚至会利用相互拆借资金的方式调节利息费用,以减少应税所得而规避税收。另外,由于我国现行税收制度中还存在不完善之处,上市公司还可能利用资产重组或税收优惠政策进行税收规避。

---

[1] 原红旗:《从中期报告看关联交易:现实问题与理性思考》,载《会计研究》1998年第4期;卞江生:《上市公司关联交易法律问题研究》,中国人民大学2001年。

[2] 董军、余道春:《关联交易带来的信贷风险及其防范》,载《审计与经济研究》2004年第4期。

14.4 上市公司关联交易的治理

由于多种原因，我国上市公司中存在大量的利用关联交易侵害公司利益、粉饰财务报表等现象，严重侵害了上市公司及其中小股东和债权人的利益，极大地损害了资本市场资源配置效率和社会经济发展。因此，加强对上市公司关联交易的治理已成为各方的共识。

14.4.1 上市公司关联交易的治理模式

由于关联交易所具有的潜在不公允性，世界各国都对关联交易实行了必要的规范与治理。但综合而言，对关联交易的治理模式基本可以归于如下两类。

1. 英美式治理

美国和英国是市场经济发达的国家，证券市场的发展历史较长，对关联交易的治理开展的较早，其治理经验丰富，治理手段也较完备，已形成了较为固定的治理模式。目前，可归入该治理模式的国家或地区主要有，加拿大、澳大利亚和我国的香港地区等。该模式的特点表现在：在监管法规方面，成文法与判例法相结合，以判例为主；在实际监管方面，行业监管、公司自身监管与政府监管相结合，以行业监管为主；在事后处理方面，惩罚与救济相结合，以救济为主。具体而言，英美隶属普通法系，法律规范以判例法居多，同时，由于关联交易本身的复杂性和变异性，通过判例进行规范可以随时反映最新的变化情况，具有一定的灵活性。而利用行业和公司自身进行监管，可以发挥社会和投资者的力量，从而避免了政府监管力量不足的缺点，同时还可以节约政府监管成本。而对投资者实施救济，则反映了以投资者利益为主的发展理念，有利于维持投资者的投资信心。

当然，该模式也存在一些明显的缺点：其一，容易出现注册会计师与上市公司共谋的问题，近年来不断出现的上市公司丑闻就是最好例证。其二，对不公允关联交易的处理结果具有不确定性。由于法官的个人偏好不同，对不公允关联交易的判决结果具有一定的不确定性。其三，过分注重经济处罚可能会助长上市公司从事不公允关联交易的行为。而且，在不公允关联交易被发现的概率较小时，即使所受的惩罚大于其收益，实施不公允关联交易仍可能是有利可图的。

2. 德国式治理

由于德国的公司发展状况、治理方式以及关联交易情况显著不同于英美国家，其对关联交易的治理就具有自身特点。目前，可归入该治理模式的国家或地区有，巴西、葡萄牙、日本和我国的台湾地区（吴越，2003）。该模式的主要特点是，以公司立法的形式规范关联交易，但规范的范围仅限于关联企业；允许不公允关联交易的发生，但控制方必须做出相应的补偿。具体而言，德国是典型的大陆法系国家，对关联交易的规范是通过具体法律形式进行的。而且是最早将关联交易的规范纳入公司立法的国家，早在1965年对股份公司法修改时，就以"关系企业"为专章将关联交易的规范纳入到公司法中①。这种方式的主要优点是规定较为具体、明确，便于司法援用。

但该模式的缺点是，其一，仅将关联企业间的交易纳入规范，而忽略了关联个人与公司间的交易。其二，"补偿规则"在实施中存在不足之处。在存在举证困难和赔偿标准无法量化的情况下，受害者的利益难以保障。

14.4.2 上市公司关联交易治理的优化

在对关联交易的治理中，英美模式和德国模式各有优缺点，但基本能满足本国关联交易治理的要求。显然，这两种模式对我国上市公司关联交易的治理都具有一定的借鉴意义，但不完全适用。

我国上市公司关联交易的产生有一般的经济原因，但也有其特殊原因，而公司的发展及其治理状况也不同于上述国家。因此，我国上市公司关联交易的治理应具有自身的特色。其一，在监管法律方面，可以借鉴德国式治理，将对关联交易的规范以明确的条文纳入公司立法，以便于司法应用。其二，在关联交易的监管方面，应该采取政府监管、行业监管、道德规范和公司自治相结合的方式。其三，在交易的事后救济方面，应采取处罚与补偿并重的方式。一方面可以对控股股东产生必要的威慑力，使其自觉减少不公允关联交易；另一方面也能给中小投资者和债权人以合理的补偿，从而有利于市场信心的维持。基于此，特提出我国上市公司关联交易的综合治理模型，如图14-5所示。该模型表示，我国上市公司关联交易的治理应该是一个全方位、多角度、多方参与和多种措施共同发挥作用的综合治理网络，而不应是各自为战、独立发挥作用的一种制度。

---

① 具体规定可参阅，贾红梅、郑冲译：《德国股份公司法》，法律出版社1999年版。

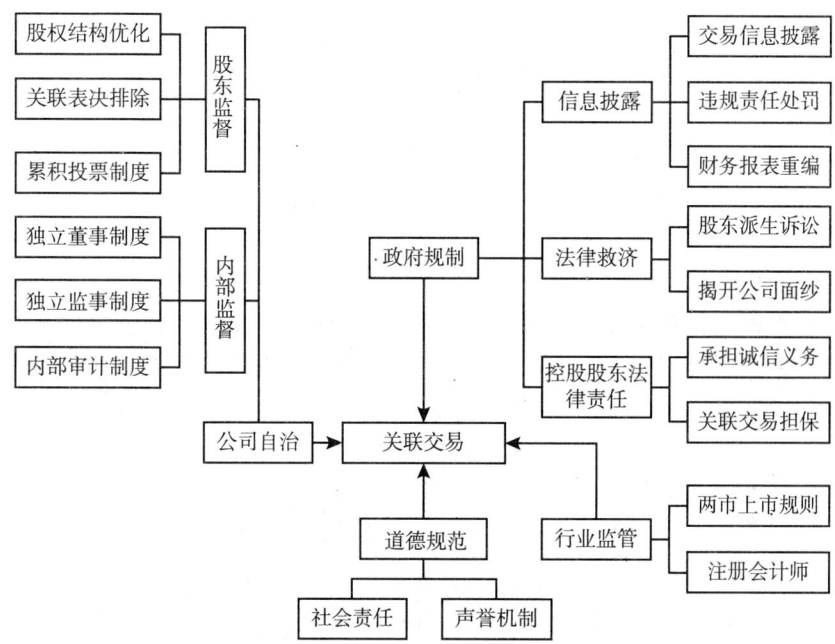

图 14-5 我国上市公司关联交易综合治理模型

1. 基于公司自治的关联交易治理制度

关联交易是上市公司的一种经济行为,预防或治理不公允关联交易必须从公司自治做起。现实中,当控股股东实施非公允关联交易时,由于中小股东所持的股份比例有限而难以形成对大股东的限制或抗衡,其利益受到侵害常难以避免。因此,一方面,应降低国有股的比例,引入多个法人投资者或机构投资者,以实现投资主体的多元化和投资者之间的相互制约与监督;另一方面,则是完善内部治理制度,实现对控股股东的有效监督与制衡,降低其实施不公允关联交易的能力或可能性。进而,通过引入新的制度,实现公司治理的完善。

(1) 关联股东表决回避制度。该制度就是股东大会在对某一项关联交易做出决议时,与该关联交易有利害关系的股东不得就其持有的股份行使表决权,换言之,就是由无利害关系的股东来决定关联交易的实施与否。该制度的基本指导思想是,由于关联交易的结果将直接关系到控股股东的利益,如果允许其参与表决,将难保决策结果的客观和公正。而将该交易的决策权交由无利害关系的股东来实施,决策的结果应该是客观且有益于公司的。当然,针对该制度的实施,应做出相应的配套调整。例如,在具有表决效力的法定人数、表决结果有效的比例、关联股东没有回避表决的处理或关联股东可以参与表决的情形、表决结果的披露等方面,应该做出相应规定,以便于上市公司实际执行以及监管部门的监管。

(2) 累积投票制度。现代公司中,由于股东大会并非公司的常设机构,公司的日常运作主要由董事会及其聘任的高级管理层实行,而公司董事会也往往成为控股股东控制上市公司的工具。因此,在董事会中增加代表小股东利益的董事,就成为制衡大股东的有效手段,而实现这一目的的方式就是实施累积投票制度。通过累积投票制,在股东大会选举董事或监事时,可以使小股东集中其选举力量,将一名或数名代言人选入董事会,这样就克服了直接投票制对中小股东的不利之处,从而在一定程度上制衡控股股东对公司的操纵和恣意行使关联交易的行为。

(3) 独立董事制度。尽管可以通过累积投票制度在公司董事会中引入代表中小股东利益的董事,但这些董事的数量有限,往往不能左右不公允关联交易的通过。因此,在董事会中引入在某些决策方面具有决定性作用的独立董事来保护公司和中小股东的利益就具有重要意义。具体而言,除要求上市公司在独立董事人数上尽快满足法规要求外,还应在独立董事的资格、独立董事的选聘、独立董事的报酬、独立董事的法律责任与保险等方面做出系统的规定,以保证独立董事的质量及其作用的发挥。

(4) 独立监事制度。事实上,独立董事制度是实行一元制公司治理模式的英美等国家,为克服董事会兼有管理和监督相互矛盾和冲突的双重职能而引入的缺陷弥补机制。而我国公司采取的是二元制公司治理模式,由专门的监事会对董事会进行监控,《公司法》也对此作了具体规定,而 2005 年 10 月修订的《公司法》还进一步增加了监事的监控权利。因此,进一步完善和发挥监事会的作用就非常有必要。而引入独立监事,以增加监事会的独立性和监控能力,则可以有效实现对上市公司关联交易的实质性监控。同样,也需要在相关方面做出相应的完善,例如,重新定位独立董事和监事会的职责,同时对独立监事的资格、独立监事的聘任、独立监事的职责与权利、独立监事的报酬和独立监事的法律责任等方面做出相应的规定。

2. 基于政府规制的关联交易治理制度

由于信息不对称和收益不对称,由上市公司控股股东所实施的不公允关联交易单靠公司自身很难解决,一方面,作为理性经济人,控股股东不会主动消除这种不对称;另一方面,中小股东出于成本收益的考虑和搭便车的心理,不会主动收集相关信息而减轻不对称状况。于是,市场失灵问题的出现不可避免。此时,对关联交易实施政府规制将有利于解决市场失灵,保护投资者(特别是中小投资者)利益。

(1) 控股股东的诚信义务。一般而言,股东个人通常对公司和中小股东并不负特别的诚信义务,他可以为追求自身利益而自由行使表决权,但却不能造成对其他股东利益的侵害。当母公司或其控制下的关联企业与上市公司进行关联交易时,由于交易的最终受益者往往是控股股东。因此,应以法律的形式规定控股股东对上市公司及中小股东负有诚信义务,并对违反诚信义务的法律责任做出相应规定。此时,控股股东在进行关联交易时应保证符合既定的程序:程序公平和实质公平。

(2) 控股股东关联交易中的担保责任。通常,上市公司的关联交易是由控股股东所操纵,从关联交易中受益的也是控股股东,而批准该交易的上市公司管理层往往是由控股股东所选派,因此会有意袒护控股股东,任由交易的进行。此时,为保证关联交易的公允性,维护上市公司及其他股东的利益,引入控股股东的关联交易担保制度就具有一定的合理性。实行关联交易担保制度,就是对那些较为复杂、交易的后果很难立即做出判断的交易,例如,有关资产、公司、在研项目以及无形资产方面的交易等,要求控股股东对"交易后果对上市公司是有利的"这一事实做出承诺并提供担保。如果在担保有效期内该交易的结果没有达到最初的承诺,则控股股东应对存在的差额负相应的补偿责任,或者撤销该交易,由控股股东按最初的交易条件购回交易标的。

(3) 强化关联交易的信息披露制度。要求对关联交易信息进行完全、及时和准确的披露,可以有效减轻信息不对称程度,使投资者能够据此做出合理的判断和决策,避免不必要的损失。更为重要的是,它可以有效控制不公允关联交易的发生,因为"这些交易是见不得光的,要求将其披露就等于限制其发生,许多秘密进行的交易一旦公开就很难自圆其说。"[①] 上市公司关联交易信息披露涉及事前、事中、事后以及违反披露规范的法律责任,目前,我国《公司法》、《证券法》以及中国证监会、沪深证券交易所等部门出台的规则规范中,对此已作出详细要求。但从现实情况看,需要强化披露的内容有:关联交易原因、关联交易定价、关联交易支付方式、关联交易对业绩和财务状况影响等。另外,还应增强关联交易信息披露的法律效力,加大违规公司及其责任人的处罚力度。当然,并非在所有报告中都要对关联交易进行详细披露,对那些不会影响投资者判断的情

---

① 何美欢:《公众公司及其股权证券(上册)》,北京大学出版社1999年版。

况,可以不予披露。例如,按照《企业会计准则第36号——关联方披露》规定,"对外提供合并财务报表的,对于已经包括在合并范围内各企业之间的交易不予披露,但应当披露与合并范围外各关联方的关系及其交易。"①

(4) 关联交易的财务报表重编制度。上市公司的关联交易往往是控股股东操纵上市公司利润、进行利益转移的工具,因此,为掩饰真正的交易目的及交易结果,上市公司通常会对财务报表进行故意歪曲和人为调整,致使所披露的财务报表存在不实、偏颇或欺诈现象。为有效保护投资者的利益,提高上市公司财务报表的准确性,在上市公司中引入财务报表重新编报制度就具有现实意义。

具体而言,当上市公司在财务报表中歪曲了不公允关联交易的相关信息而被发现后,必须在规定的时间内对错误的报表进行纠正和重新编报,并在重新编报的报表中详细披露舞弊的各种手法或重大差错对公司财务状况、经营业绩和现金流量的影响等。这样,就可以使投资者掌握更多的证据,提高对造假者指控的胜诉概率。同时,还会让社会公众认清造假者的面目,从而加大造假者的社会成本,减少不公允关联交易的发生。当然,这需要对如下方面进行做出合理规定:财务报表重编的条件、财务报表重编的内容、财务报表重编的责任人、重编财务报表的披露。另外,对于出现财务报表重编的上市公司,应该被列为监管当局今后监管的重点对象。同时,还应该要求重编财务报表的上市公司做出相应的承诺,保证以后所披露的财务报表的真实性。

(5) 投资者的法律救济制度。法律的价值目标就是追求社会的公平与正义,在不公允关联交易中,控股股东所获取的收益是以牺牲其他中小股东的利益为代价的。进一步,如果控股股东通过关联交易掏空上市公司,致使上市公司失去偿债能力甚至破产,则债权人的利益也将受损。此时,为维护社会公平与市场信心,对投资者(包括债权投资者)施以相应的法律救济就是必要的。例如,可以赋予中小股东提起派生诉讼的权利;引入揭开公司面纱原则,等等。

3. 基于行业监管的关联交易治理制度

行业监管在关联交易的治理中处于重要地位,具有政府监管的补充和辅助作用,也有直接发现上市公司不公允关联交易的职业条件和能力,因此,应强化行业监管在不公允关联交易治理中的作用。

---

① 该规定的原因如下:企业集团作为一个单独整体对外提供合并会计报表时,包括在合并报表中的集团成员之间的交易,虽然是关联交易,但在编制合并报表时,这些交易已属于内部交易,其影响或被抵销,或已如实反映,因此可不予披露。而与合并报表范围外关联方的交易,与一般的关联交易并无区别,因此需要披露详细信息。

(1) 证券交易所的监管。我国的证券交易所是上市公司的服务和监管机构，其对上市公司关联交易的监管表现在两个方面：公司上市审查和上市公司运行中的关联交易信息披露审查。上市审查主要通过《上市规则》来体现，将可能发生不公允关联交易的隐患消除于公司上市之前，而日常运行中的监管则体现在对上市公司关联交易信息的审核方面。目前，对上市公司威慑力最大的就是企业退市。2012年6月28日，上交所发布了《关于完善上海证券交易所上市公司退市制度的方案》，而深交所也发布《关于改进和完善深圳证券交易所主板、中小企业板上市公司退市制度的方案》，同时，两市的《上市规则》也做了相应的调整。由此，A股市场公司退市制度真正全面推行，这对遏制侵害上市公司利益的非公允关联交易，显然具有十分重要的意义。

英美证券市场的退市制度

在国际成熟的证券市场上，上市公司退出机制的建立已有一二百年的历史，上市公司退市是一种十分普遍和正常的市场行为。它对上市公司改善自身治理、规范自身行为、提高效益，进而提高公司的整体质量，都具有十分重要的意义。

1. 美国市场

纽约证券交易所主板退市标准包括：股权分散程度、股权结构、经营业绩、资产规模等指标。导致上市公司终止上市的情形主要包括：(1) 股东数少于600个，持股超过100股以上的股东数少于400个；(2) 社会公众持有股票少于20万股或其总市值少于100万美元；(3) 最近5年连续亏损；(4) 总资产少于400万美元，且最近4年连续亏损；(5) 总资产少于200万美元，且最近2年连续亏损；(6) 连续5年不分红。

纳斯达克对不同类型公司有不同的退市标准。要维持上市地位，经营型公司必须满足：(1) 净资产不低于400万美元；(2) 公众流通股不低于75万股；(3) 公众流通股市值不低于500万美元；(4) 买方报价不低于1美元；(5) 股东不少于400个；(6) 做市商不少于2个。增长型公司必须满足：(1) 总市值不低于5000万美元，或总资产不少于5000万美元，且总收入不少于1500万美元；(2) 公众流通股不低于110万股；(3) 公众流通股市值不低于1500万美元；(4) 买方报价不低于5美元；(5) 股东不少于400个；(6) 做市商不少于4个。

纳斯达克市场公司退市数量非常可观，该市场在1985年年初拥有4097家上市公司，到2008年年底上市公司为2952家。1985~2008年共计11820家公司上市，12965家公司退市，退市数量超过了上市数量。

2. 伦敦交易所市场

英国伦敦交易所主板退市情形包括：（1）交易所依据上市规则认为该有价证券不再适宜继续交易；（2）上市公司无法满足上市之持续性义务，如公众持股低于25%，且未能在允许时间内改善；（3）暂停交易超过6个月；（4）上市公司完成反向收购。

近年来，伦敦交易所的退市公司数量也超过新上市公司的数量。1998~2009年间，伦敦交易所新上市公司为1247家，退市公司高达2336家，其中英国本土的退市公司数为1857家，国外公司退市数量为479家。

资料来源：根据中国证券监督委员会网站（http://www.csrc.gov.cn）资料整理。

（2）注册会计师的审计监管。一般而言，上市公司的关联交易信息在正式披露给投资者之前要经过四道关卡，即公司内部管理制度、内部控制制度、内部审计和外部独立审计①。其中，前三道关卡是由公司自身所控制，并不能保证关联交易信息的真实性。于是，上市公司关联交易信息鉴证的任务便落到了最后一道关卡——外部独立审计上，而强化注册会计师的审计责任，便成为提高关联交易信息披露质量的重要手段之一。目前，可从如下几个方面强化注册会计师的责任：其一，强化注册会计师的民事责任，对造成中小股东利益侵害的，应承担相应的经济赔偿，赔偿数额可参考投资者的实际损失、诉讼费用（包括律师费用）以及相应的误工费用的总和。其二，行政责任，对出现主观故意或重大过失者，实行暂停执业资格、取消证券从业资格、证券市场禁入等处罚，而相应的会计师事务所也应该予以撤销。其三，刑事责任，对因主观故意而造成重大损害者，应该课以刑事处罚。

4. 基于道德规范的关联交易治理制度

要求上市公司的关联交易合乎一定的道德标准，并接受相应的道德规范，就是关注利益相关者及社会公众利益的体现，它反映了公司的诚信以及对社会的责任，也符合公司的长远利益。同时，还能对上市公司的关联交易形成必要的监督与约束，这无疑对规范上市公司的关联交易行为具有重要意义。

（1）强化上市公司的社会责任。对上市公司而言，控股股东的不公允关联交易不但侵害了中小股东的利益，而且会侵害其他利益相关者的利益。这种情况

---

① 文建秀：《证券市场信息披露中注册会计师的法律责任》，法律出版社2003年版。

下，充分发挥道德的规范作用，强化上市公司的社会责任，使上市公司在承担一定法律责任的同时，还要承担对利益相关者的道义责任，对遏制不公允关联交易的发生就具有重要的现实意义。例如，可以通过如下几个方面来强化上市公司的社会责任：强化公司董事的社会责任意识、建立具有社会责任导向的公司治理结构、建立上市公司关联交易的社会责任监督网络，等等。

(2) 声誉机制。声誉机制在关联交易治理中发挥作用的核心是，在长期收益大于实施不公允关联交易而带来的即时收益的情况下，上市公司的控股股东为了获得长期收益，愿意放弃该种即时收益。这时，通过对关联交易的行为和后果进行评价而建立起的声誉评价机制，可以对上市公司的控股股东产生较强的约束力，并使投资者和社会公众了解上市公司及其控股股东的信誉，据此准确判断其行为倾向，并做出投资与否的决策。因此，在上市公司中引入声誉评价机制，一方面可以保护投资者的利益，提高其投资信心，另一方面也可以约束上市公司及其控股股东的行为，从而减少不公允关联交易的发生。具体而言，声誉机制的建立可从如下几个方面进行：增强控股股东获取长远收益的信心、设立针对上市公司关联交易的声誉评价机构、加大对不公允关联交易的惩戒、加强对投资者的教育，提高中小投资者识别不公允关联交易的能力和阻止不公允关联交易的积极性。

要 点 小 结

1. 我国上市公司的关联交易源于证券市场的出现与发展，其显著特征是，尽管双方的交易是在市场行为方式下进行，但由于交易一方往往对另一方具有控制或重大影响能力，因此交易的结果对上市公司具有不确定性。

2. 所谓关联交易，是指在关联方之间转移资源、劳务或义务的行为，而不论是否收取价款。目前，各国对于关联方认定标准的共同之处就是围绕公司财产权、经营决策权和人事管理权进行判定。

3. 按照制度经济学的观点，关联交易就是在企业制度变迁过程中出现的一种经济行为，是处于市场与企业间的一种中间交易方式，可以有效节约交易成本、提高交易效率，但也可能成为关联方谋取私利的工具。在缺乏制度约束时，如果控股公司能从与上市公司的关联交易中获益，无论该交易对上市公司是否有利，关联交易都会发生。另外，出于规避税收和降低交易费用的目的，公司倾向于采用关联交易的方式进行交易。

4. 关联交易的实施直接关系到上市公司的利益，并可能影响或损害上市公司的正常运营能力,因此,必然会对股东及其他参与方的利益产生不同影响。基于保护投资者特别是中小投资者及其他利益相关者利益的目的,我国上市公司关联交易需要进行综合治理,就是构建一个由公司自治、政府规制、行业监管和道德规范四个维度构成的关联交易综合治理体系。

思考与讨论题

1. 何谓关联交易?如何准确判定关联方关系?
2. 从不同的角度区分,关联交易可以分为哪些类型?
3. 上市公司热衷于关联交易的原因是什么?
4. 上市公司的关联交易有何影响?为什么要关注上市公司的关联交易?
5. 试分析规制上市公司关联交易的措施?

案例分析

科达股份的关联交易"非关联化"

科达集团股份有限公司(简称科达股份)原名为山东省东营科达集团股份有限公司,是 1993 年经山东省东营市经济体制改革委员会批准,由原东营市第二市政工程公司整体改制,以定向募集方式设立的股份有限公司,公司董事长为刘双珉。该公司原来是一个镇办的小型路政工程公司,后来为了上市,明确产权关系,成立了由广饶县大王镇镇政府和刘双珉出资成立的科达实业有限责任公司(后更名为科达集团有限责任公司,简称科达集团),控股科达股份。科达股份于 2004 年 4 月 9 日公开发行人民币普通股 3000 万股,并于 2004 年 4 月 26 日在上海证券交易所挂牌上市(证券代码:600986)。

由于多种原因,公司上市后与母公司及关联公司间一直存在着多种类型的关联交易——既有日常经营方面的交易往来,也有资产收购和债权债务方面的往来。当然,大部分交易对交易双方可能是有利的,但并不能排除有些交易是控股公司侵占上市公司利益的工具。例如,2005 年 11 月 28 日,科达股份因涉嫌违反证券法律法规,接到中国证监会济南稽查局的立案调查通知书,中国证监会济南稽查局决定对该公司进行立案调查。起因是,2003 年,科达集团子公司东营精细化工向科达股份子公司科英电子借款 29000 万元,科达股份未履行相应决策和信息披露程序。还款期间,科达集团与科英电子还发生多笔资金往来,未履行必要程序。

此次被调查后,科达股份及其母公司间的关联资金转移手法开始转变并技高一筹。根据现有政策规范,关联公司之间资金拆借需要公告,而非关联公司之间的拆借则不需要公告。公司充分利用这一规定,将关联交易非关联化,具体手段就是科达股份通过无关联关系的第三方与母公司科达集团进行大额资金往来,旨在通过非关联方套取上市公司资金,由非关联公司中转给科达集团及关联方使用。这些异常资金往来背后涉嫌巨额违规占资,科达股份在科达集团的操控下进行前清后欠的资本游戏,通过无关联的第三方,貌似正常资金往来,实际上资金却流向了大股东,手段极其隐蔽。科达股份关联交易非关联化的路线图如图14-6所示。

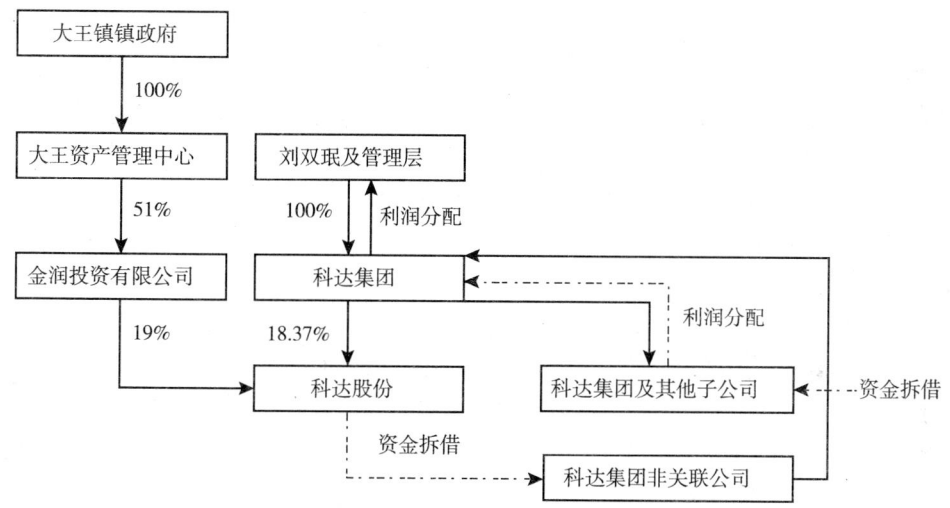

图14-6 科达股份关联交易非关联化路线图

例如,科达股份的部分资金是通过华星化工公司拆解给科达集团使用的。2008年年底科达股份有3.94亿元的货币资金和4.06亿元的其他应收款,两者相加相当于总资产16.88亿元的1/2,远远高于其5.08亿元的短期借款。其他应收款在报告期内剧增,新增的其他应收款中最大的一笔是应收华星化工3.46亿元,性质为往来款,科达股份称该笔应收款在2009年3月底前已全部收回,故未计提坏账准备。该笔往来约占科达股份总资产的1/5,不是业务往来(业务往来,应在预付账款核算),没有借款合同(披露的重要合同中没有相关合同),没有决策程序(公告的董事会决议、股东决议都未涉及此事),神秘地飞走,神秘地回来。实际上,科达股份是通过非关联的华星化工帮助科达股份洗钱。华星化工是中化集团的子公司，与科达股份、科达集团没有任何关联关系。科达股份将3.46亿元巨资直接送给了华星化工，又由华星化工拆借给科达集团，造成科达集团实质上占用科达股份资金。而科达集团使用这些资金发展房地产、金融、半导体、生物化工等产业，企业规模迅速壮大，成为中国500强，科达集团所获丰厚利润流入刘双珉及管理层手中。

2009年7月16日，科达股份因涉嫌信息披露违规，被中国证监会济南稽查局立案调查。原因是2006年4月科达股份与东营市土地储备中心签订了土地储备协议，科达股份在收到东营市土地储备中心支付的4671万元土地补偿费用时，人为地冲减其他单位的应收款项。2006年年底，科达股份将收到相应单位的工程款直接汇入实际控制人科达集团账户，并由科达集团占用该款项。科达集团在2008年12月以土地补偿款的形式将上述款项归还科达股份，科达股份把收到的上述款项计入了2008年年度收益。然而，能直接决定科达股份是否亏损的这项重大资产出售行为，既没有看到董事会的决议，更没有公开披露。

2010年5月19日，中国证监会山东证监局再次将调查通知书送达科达股份。在此次被立案调查不久前的2010年4月28日，科达股份曾公布一份关于资金占用有关情况的说明，公告显示，从2007年3月30日至2009年11月19日，通过无关联关系的第三方，科达集团占用科达股份及其子公司资金96笔，累计金额高达22.2亿元。其中，在2007年共发生5笔资金占用，金额累计达11576.40万元；2008年共发生41笔资金占用，金额累计达93741.62万元；2009年发生了50笔资金占用，金额累计高达116608.89万元；即使在2009年年底，尚有5813.57万元未收回。一直到了2010年4月20日，科达集团才全部偿还占用资金，并按银行同期贷款利率向科达股份支付了资金占用利息。

科达集团占用资金给科达股份造成重大损失，导致科达股份产生较大财务费用，对其盈利能力造成一定影响。进一步，如果科达集团使用科达股份资金投资失败，风险将完全由科达股份承担。这对上市公司、中小股东及债权人的潜在危害不言而喻。

鉴于科达股份的重大违规，上海证券交易所于2010年7月27日决定，对科达股份及其实际控制人科达集团，以及科达股份前董事长刘双珉、董事（前总会计师）吕江、前董事会秘书韩晓光予以公开谴责，并认定公司前董事长刘双珉三年不适合担任上市公司董事。而在此之前，刘双珉辞去科达股份董事长，但继续留任科达集团董事长。尽管如此，由于没有提出民事赔偿起诉，科达集团通过非关联交易占用资金给科达股份的股东所造成的损失没有得到赔偿，科达股份实际控制人没有得到应有的处罚。

（资料来源：根据杨黎明、孙德轩：《关联交易非关联化的公司治理与内部控制对策——基于科达股份的案例分析》，载《会计之友》2011年第5期以及腾讯财经等网上资料整理。）

案例思考：

1. 试分析造成科达股份关联交易失控的主要原因有哪些？
2. 科达股份在遭到证监会调查后，为什么依然持续实施非公允的关联交易？
3. 针对关联交易非关联化的公司行为，如何进行有效规范以保护相关利益者的权益？

参 考 文 献

1. 程宗璋：《关联交易避税及其税法规制问题研究》，载《东南大学学报（哲社版）》2003年第5期。
2. 段亚林：《非公平关联交易下的公司利益转移问题研究》，深证综研字第0047号，2001年。
3. 李明辉：《论关联交易的〈公司法〉规范》，载《中国工业经济》2002年第4期。
4. 刘俊海：《股份有限公司股东权的保护》，法律出版社2004年版。
5. 孟焰、张秀梅：《上市公司关联方交易盈余管理与关联方利益转移关系研究》，载《会计研究》2006年第4期。
6. 杨斌：《跨国公司转让定价避税效应和政府防避税对策研究》，载《财贸经济》2003年第7期。
7. Aharony, Joseph, Jiwei Wang and Hongqi Yuan. The impact of related party sales by listed Chinese firms on earnings informativeness and earnings forecasts. Working Paper, 2006.
8. Cheung, Yan–Leung, P. Raghavendre Rau and Aris Stouraitis. Tunneling, propping, and expropriation: evidence from connected party transactions in Hong Kong. Journal of Financial Economics, 2008, (82): 343–386.
9. Chuan–Yang Hwang, Shaojun Zhang, and Yanjiao Zhu. The Related Party Transaction in China before and after the Share Structure Reform. Working paper, 2008.
10. E. Henry, Gorden, Elizabeth A, Brad Reed and Tim Louwers. The Role of Related Party Transactions in Fraudulent Financial Reporting. Working Paper, SSRN, 2007.
11. Elizabeth A. Gordon, Elaine Henry and Darius Palia. Related Party Transactions: Association with Corporate Governance and Firm Value. Working Paper. Aug., 2004.
12. Henk Berkman, Rebel A. Cole, Lawrence J. Fu. Expropriation Through Loan Guarantees to Related Parties: Evidence from China. Journal of Banking and Finance, 2009, (33): 141–156.
13. Mark Kohlbeck and Brian Mayhew. Agency Costs, Contracting, and Related Party Transactions. Working Paper. Dec., 2004.
14. The Staff of the AICPA. Accounting and Auditing for Related Parties and Related Party Trans-

actions—A Toolkit for Accountant and Auditors. Dec., 2001.

15. Zohar Goshen. The Efficiency of Controlling Corporate Self-dealing: Theory Meets Reality. California Law Review, 2003, (91): 393–438.

16. Michalel Ryagaert, Shawn Thomas. Related Party Transaction: Their Origins and Wealth Effects. Working Paper, SSRN, 2007.

第 15 章

上市公司信息披露监管

学习目的： 本章主要介绍了上市公司信息披露的必要性、方式、内容以及评价标准，并详细阐述了强制性信息披露与自愿性信息披露，以及各国的信息披露现状，最后还概述了信息披露在公司治理领域的最新进展。通过本章学习，掌握熟悉强制性信息披露以及自愿性信息披露的主要内容，各国信息披露的监管机制以及现行信息披露的新动向，如《萨班斯—奥克斯利法案》的主要内容。

关键词： 强制性信息披露；自愿性信息披露；社会责任信息披露；信息披露监管

引 言

资本市场在现代经济生活中扮演着双重角色：首先，为上市公司提供资金支持；其次，是投资者进行投资与获利的平台。但是，上市公司与外部投资者之间存在无形的壁垒，即双方无法获得信息完全对称的市场条件。由于信息不对称的存在，需要资金的上市公司无法及时获得支持，而投资者却由于无法甄别标的公司而不能获得投资收益。信息披露机制作为消除信息壁垒的有效机制，在资本市场中扮演着重要的角色。

15.1 上市公司信息披露及其内容

15.1.1 信息披露及其必要性

现代公司制度产生之后，资本市场越来越成为经济发展所倚重的融资渠道。

无论股权融资或者债券融资都不可能独立于资本市场而进行。上市公司需要向投资者展示更为健康的形象，以利于其以较低的成本从资本市场获得资金支持，从而实现自身的发展；而投资者也需要在海量信息的资本市场中捕捉到对自己有益的投资信息，并转化为知识来帮助其进行价值判断，从而实施闲置资金的配置，一方面实现预期的投资收益，另一方面提高社会资金流通效率。信息披露机制作为满足资金需求与供应双方需求的桥梁与纽带在资本市场的日常运作中发挥着重要作用。

基于传统的经济学假定，资本市场的信息是完全透明的，从而资本市场参与者可以在投资决策时进行正确的判断，并在事后进行合理的监督，以实现资本配置的最优化。然而，资本市场的现实却似乎让人沮丧，由于诸多交易噪声的存在（不仅包括交易行为因素、经济因素、政治因素，而且涉及参与主体的理性与非理性因素），资本市场并不存在绝对透明的信息，市场交易主体不仅有可能在事前进行信息的隐蔽或者选择性披露，而且有可能在事后对隐蔽其行动。从而产生逆向选择或者道德风险。

具体来说，如果存在不完善的监管，上市公司进行信息披露具有一定的自由空间，可能根据公司的实际运营状况进行选择性披露，即针对容易导致价值高估的"好"信息进行披露，以满足公司的溢价需求；同时针对容易导致低估的"坏"信息进行隐蔽，以回避不利的融资预期。理性的投资者在无法区分信息优劣的情况下，会按照期望的收益水平进行资金的配置，最终导致真实披露的公司因无法以合理的成本融得资本而退出，进行选择性披露的公司比例则不断提高，即出现选择性披露的公司驱赶真实披露的公司的"格雷欣现象"。与此同时，即使上市公司顺利的进行了融资，如前面所述，上市公司资金利用过程中还存在道德风险倾向，即经理人员进行投资决策时并不以股东利益最大化为目标，而是以自身利益为导向，从而导致经理人员败德行为（腐败行为）的发生，由此，投资者会在投资时进行筛选，以避免这种道德风险的发生，但是由于信息不对称的存在，投资者的筛选显然是低效的。

由于上市公司与外部投资者信息不对称问题的存在，以及机会主义行为的可能，如果没有有效的资本市场监管，将会导致资本市场资金供给与配置的低效率，出现社会福利的损失。信息披露机制成为解决上述问题的必要手段。各国通过不同形式的法律法规对上市公司信息披露实施规制，以保证信息披露的真实性与可靠性，满足外部投资者的信息需求，缓解资本市场的信息不对称问题。

15.1.2 信息披露方式、内容及评价标准

由于信息披露的沟通桥梁与纽带的特殊作用，投资者自然希望借助披露的信息进行价值判断，力求实现价值投资的利润最大化。同时，为了保证价值判断的合理性，投资者也希望能够及时的获得相关信息，以帮助其进行价值判断的调整与完善。但上市公司为了自身利益，存在瞒报影响公司价值的负面信息的动机，对于可能对公司价值起到负面作用的信息进行修饰、瞒报或者延报，导致市场评价与真实表现的不一致，以及资本市场评价机制的低效。

根据我国证券监督管理委员会规定，我国上市公司信息披露采用指定媒体的信息披露制度，要求按照法定的内容、格式与程序进行披露，从而保证相关披露信息的可比性及易读性。具体操作过程为：上市公司依法披露的信息先报送证券交易所登记后，并在证监会指定的媒体发布，且不能晚于其他公开披露方式，也不能以新闻发布或者答记者问等其他形式代替信息披露或者泄露未公开信息。[①]其中，证监会指定的媒体包括指定的报刊和网站，如《中国证券报》、《证券时报》、《金融时报》等证监会指定的报刊，上海证券交易所上市公司指定网站为上海证券交易所官方网站，深圳证券交易所主板和中小板上市公司指定网站为巨潮资讯网，创业板上市公司指定网站包括巨潮资讯网、中证网、中国证券网等。[②]

为了规范上市公司信息披露，保证资本市场的有效性，针对上市公司信息披露进行必要的管制就显得非常必要。虽然各国的法规由于其自身历史原因及法律传统的差异，但信息披露的总体内容总体可以归为两类：一类是投资者评估上市公司所需信息；另一类是可能影响上市公司市场评价，尤其是股价波动的信息。主要分为四种披露形式：招股说明书与上市公告书、定期报告与临时报告。其中，招股说明书与上市公告书均属于初次披露的范畴，主要适用于公司申请上市，并向投资者展示公司基本情况的信息披露，受到相关法律法规的规制，并且要符合证券交易所的要求。定期报告与临时报告则属于动态披露的范畴，表现为固定或者不固定间隔的信息披露。定期报告是上市公司根据法律法规的规定在固定时间间隔进行信息披露的行为，内容不仅包括公司基本财务状况，还要包括公司治理结构等相关信息，以帮助投资者全面、深入的了解公司的运营状况。在我国，定期报告主要分为中期报告和年度报告，根据《中华人民共和国证券法》的要求，中期报告应该在每一会计年度的上半年结束之日起两个月内、年度报告在

[①②] 中国证券监督管理委员会：《中国资本市场二十年》，中信出版社 2012 年版。

四个月内予以公告。随着资本市场的发展,为了满足投资者对于公司价值评估动态性的诉求,越来越多的上市公司开始进行自愿性披露范畴的季度报告以及临时报告。其中,季度报告要求上市公司在第一、第三季度结束后一个月内进行披露,而临时报告虽然没有时间限制,但却是上市公司向外部投资者披露涉及本公司的重大事项,是防止内幕交易及操纵股价的有效手段,有助于提升上市公司的市场透明度。根据《中华人民共和国证券法》的规定,重大事项是指那些可能对上市公司股票交易价格产生较大影响的重大事件,如公司经营方针和经营范围的重大变化、公司重大投资行为和重大的购置资产的决定、重大债务的违约情况、重大亏损以及实际控制人、董事、监事和高管的变动等。

关于信息披露的评价标准,各国的界定存在一定的差异。在信息披露监管早期,信息披露的评价主要集中于会计信息披露的评价。美国会计学会(American Accounting Association,AAA)采用相关性、可验证性、超然性和可定量性作为会计信息披露质量的标准;会计准则委员会(APB)采用更加细化的相关性、可理解性、可验证性、超然性、及时性、可比性、完整性七个标准进行评价;美国财务会计准则委员会(FASB)主要突出了相关性和可靠性两个标准,认为这两个标准决定了会计信息的适用性。我国学者刘峰(2000)[①]结合我国资本市场的特殊性及会计准则的适用性要求,认为公允性和可靠性应成为我国会计信息的首要质量特征。

随着信息披露研究与实践的深入,信息披露的评价不再局限于会计信息的披露,并进行了必要的延伸。根据目前有关法律法规及研究的进展,李维安(2005)[②]指出信息披露质量可以包括四个方面:会计信息、审计信息、治理信息和信息披露的及时性。其中,审计信息是迎合《萨班斯—奥克斯利法案》(SOX)的要求,保证信息披露符合基本审计要求等内部控制有效性。综合来说,信息披露应该符合及时性、公平性、可靠性、规范性和完整性要求。

及时性。要求上市公司披露的信息具有时效性,并且在能够影响投资者价值判断的周期内进行披露,以保证信息的有效性,这是减少内部人利用内幕信息进行内幕交易的必要标准,既可以增强信息透明度,也可以帮助投资者作出合理、及时的投资决策。

公平性。要求上市公司在进行信息披露时对于投资者一视同仁,不存在信息披露对象或者内容的歧视性,即要求上市公司在进行相关信息披露时要么公开披

---

① 刘峰:《会计准则变迁》,中国财政经济出版社2000年版。
② 李维安:《公司治理学》,高等教育出版社2005年版。

露，要么选择"闭嘴"。2000年，美国证券监督委员会（SEC）开始实施公平披露规则（Regulation Fair Disclosure，RFD），要求信息披露遵循"公平性"原则，2006年我国上海与深圳证券交易所先后引入这一规则。

可靠性。要求上市公司进行真实的信息披露，保证其披露内容与公司实际状况一致，不仅表现为现象的一致性，还应该保证预期分析的一致性。

规范性。不仅要求上市公司按照监管部门的要求进行格式与内容的规范，而且要求上市公司在进行信息披露时使用明确的、合乎语言规范的文字，能够帮助信息受众者按照常规思维方式接受信息，避免产生理解上的偏差与语义的分歧，即增强信息的易读性。

完整性。要求上市公司进行全面、完整的信息披露，不仅进行静态信息的披露，而且要将涉及影响价值判断的各方面信息予以披露，保证投资者对公司运营状况的现象与实质都有充分的了解。

15.2 上市公司信息披露治理

15.2.1 信息披露的自愿性与强制性

关于信息披露治理，无论是理论研究还是市场实践都存在着两种不同的、甚至是对立的观点，即信息披露治理主要采用自愿性还是强制性？两种观点一直以来基于自身理论进行着论战，而在不同国家也实践着两种观点。根据贾宁（2010）[①] 的分析，两种观点的主要依据如下。

支持自愿性信息披露的专家认为：首先，市场机制作为一只"看不见的手"，能够根据市场规律合理调整信息沟通渠道，自发地进行优胜劣汰，这种类似于自然界的淘汰机制足以激励上市公司进行自发的信息披露；其次，如果采用强制性信息披露，必须首先解决的就是最优披露水平问题，而监管部门是否能够在富于不确定性和变化的资本市场中，确定最优披露水平，并进行法律规制是一个未知数；最后，强制性信息披露的推广难免出现"一刀切"的问题，导致上市公司无法根据自身治理状况进行必要的披露信息的筛选，产生不必要的治理成本，曹廷

---

① 贾宁：《资本市场危机与上市公司监管——萨班斯—奥克斯利法案引发的学术论争》，载《经济学动态》2010年第7期。

求、钱先航（2011）[①] 指出治理成本不仅包括各机制自身协调等直接治理成本，也包括强制性治理与最优治理间的偏差等间接治理成本。

反对自愿性信息披露的学者或者专家则针锋相对的指出：首先，市场机制有效性的假设本身普适性较差，相对于资本市场发达的资本主义国家，发展中或者第三世界国家并不具备相对完善的资本市场，不能指望市场机制解决一切问题，即市场原教旨主义并不适用于发展中或者第三世界国家。另外，发达国家是否具备完善的资本市场也是值得怀疑的，因为不断曝出的公司丑闻显示了市场机制并不一致能够起到调控的作用。其次，如果推广自愿性信息披露，外部性问题导致了私利空间的存在，是否能够引导公司披露贴近最优披露水平是值得怀疑的，而且上市公司间不可避免地存在最优披露水平不一致的问题，容易导致监管成本过高的现实问题，所以外部性和监管问题这两个摆在面前的现实问题决定了自愿性信息披露的局限性。最后，自愿性信息披露给予上市公司过多的选择余地，易使内部人游刃有余的进行信息披露的筛选，实施选择性信息披露。无论是披露内容还是披露对象，《萨班斯—奥克斯利法案》（SOX）、公平披露规则（RPD）都是针对信息披露的细化规则，而不是更加放松。

诺贝尔经济学奖得主挪威经济学家基德兰德和美国经济学家普雷斯科特提出了动态非一致性理论，认为政府政策制定到实施存在一定时滞性，而实施时却难免已经偏离了实际的最优水平。这一理论应用到信息披露领域，即单纯借助政府力量，难以实现披露水平的最优化。同时，后韦伯主义学派以及寻租理论创始人安妮·克鲁格均指出如果缺乏必要的监管，将导致机会主义行为的产生。因此，信息披露不能走极端，即完全的自愿性信息披露或者完全的强制性信息披露，要进行信息披露的适度监管，以保证市场力量的合理发挥以及政府调控的适度性，从而实现信息披露机制的优化，更好的保障投资者的利益和资本市场的有效运转。

15.2.2 上市公司信息披露监管

信息披露需要进行适度的监管，以保障其有效性。徐向艺等（2005）[②] 指出上市公司会计信息监管框架应该以信息披露利益方为动力（S, Stakeholder），以监管主体为核心（A, Auditor），以监管手段（M, Means）为保障，以监管目标

[①] 曹廷求、钱先航：《公司治理与风险管理：基于治理风险视角的分析》，载《会计研究》2011年第7期。

[②] 徐向艺等：《公司治理制度安排与组织设计》，经济科学出版社2005年版。

（O，Objective）为导向的复合型体系。

信息披露利益方是信息披露监管框架的动力。由于各国对于信息披露的监管具有权变性特征，作为资本市场的参与者也就在不同程度上成为信息披露的利益方，或者说利益相关者。如何保障利益相关者的利益，使得资本市场保持旺盛的活力是各国政府，尤其是市场监管部门需要解决的问题。如果存在信息披露的监管不力，则可能出现投资者利益受损及丧失投资信心，最终导致资本市场的崩溃。因此，政府或者市场监管部门需要协调好信息披露利益方的关系，并以此为动力，保证资本市场的活跃程度，使其真正有效的发挥价值发现和价值回归的作用。

监管主体是信息披露监管框架的核心。监管主体，即对上市公司信息披露进行监督和管理的机构，在各国存在一定差异，但总体上可以归为政府和行业性自律组织两大类。例如，美国更加侧重政府监管，不仅有多部政策法规进行规制，而且设有专门的证券交易监督委员会（SEC）进行监管；而英国则更加侧重于证券交易所、注册会计师协会等进行监管，政府则较少干预信息披露。在我国，证券监督委员会作为专门的政府职能部门对于上市公司信息披露进行监管，同时辅以审计署、财政部及国家税务总局等政府部门和证券交易所、注册会计师协会等组织进行监管。

监管手段是信息披露监管框架的保障。监管手段，即对上市公司信息披露进行监管所采取的具体方式和措施。目前对上市公司信息披露的监管手段主要有法律手段、行业自律规范和舆论与学者监督。在早期信息披露监管实践中，法律手段和行业自律规范一直发挥着重要作用，各国通过各种法律、行政法规和行业自律规范对于信息披露进行监管，如美国旨在应对"大萧条"出台并沿用至今的《证券法》，以及最近应对安然等公司丑闻的《萨班斯—奥克斯利法案》。我国不仅有《公司法》、《证券法》等一系列旨在保证上市公司规范运作的法律法规，而且还有诸如上海和深圳证券交易所颁布的《股票上市规则》等行业自律规范文件以保证信息披露的完备性。随着资本市场的发展与公司治理实践的深入，舆论与学者的监督作用开始显现，并作为一个独立的角色发挥着重要的作用。

监管目标是信息披露监管框架的导向。监管目标，即上市公司信息披露监管所追求的最终结果。关于信息披露监管目标存在着不同的观点，参照徐向艺等（2005）[①]，主要有危机观（应对突发事件的需要，充当"救火队员"角色）、公共利益观（以最大化社会福利为导向）、利益主体观（利益主体博弈的结果）和

---

① 徐向艺等：《公司治理制度安排与组织设计》，经济科学出版社2005年版。

公平观（保证信息利益方的平等地位）。根据各国信息披露监管实践，公平观是信息披露监管的最根本导向性目标，只有保证公平性原则的落实，才能保证信息披露利益方的切身利益，进而保证资本市场的正常运转。

15.3 上市公司信息披露监管实践①

本部分将依据前文中提出的信息披露监管框架，选取比较具有代表性的美国、德国和日本三个发达资本主义国家以及中国作为样本，进行各国上市公司信息披露监管实践的比较，以便更直观的认识各国信息披露监管的异同。

15.3.1 美国上市公司信息披露监管实践

信息披露利益方——高度分散的股权持有者与日益崛起的机构投资者。随着20世纪初各种反托拉斯法律的订立，大财团开始退出美国历史舞台。而美国多元化文化带来的民主思想以及对于金融财团的厌恶使得美国上市公司的股权日趋分散，成为世界上少有的股权高度分散的国家。由于股权的分散，公司管理层掌握了上市公司的控制权，委托代理问题成为困扰美国资本市场与分散股东的主要问题，分散的中小股东却无法通过行使投票权实施管理层的有效更换。"搭便车"行为导致中小股东采用"用脚投票"的方式退出公司，以表达对于公司管理层的不信任。在此背景下，机构投资者作为介于中小股东与控制股东的投资者群体，能够一定程度上解决因为中小股东不能有效行使投票权的问题，而且能够利用其专业与资源优势获取更高的利益。但需要注意的是无论中小股东还是机构投资者，都不能解决"实际控制人缺位"的问题，即使是在建立了独立董事制度以及实施了经理层的薪酬及股权激励制度后，董事会、经理层等代理人仍不能自发的为股东利益工作。为了解决这一问题，并完善信息披露制度，美国选择了独立的监管部门以及依靠愈加严格的法律体系来规范资本市场的运行，一方面保护中小股东与机构投资者的利益；另一方面为解决代理问题提供了监管与法律保障。

监管主体——美国证券交易委员会（SEC）。甘培忠、楼建波（2009）指出在美国的公司治理模式中，既不是借助公司法的力量（美国没有适用于全国的公

---

① 徐向艺、方政：《基于SAMO框架的中外上市公司信息披露机制比较研究》，载《理论学刊》2012年第3期。

司法),也不是借助股东的力量(美国是世界上少有的股权高度分散的国家),而是通过资本市场本身以及美国证券交易委员会(SEC)有关信息披露的法规来实施规制。由于长期以来信奉自由竞争的市场原教旨主义,美国在20世纪20年代后期陷入困境,并在1929年10月24日遭遇了"黑色星期四",陷入了有史以来最严重的经济危机,史称"大萧条"。富兰克林·罗斯福继任总统后,为了使美国尽快走出危机,将目光投向了当时投机氛围浓重的华尔街,策划成立了美国证券交易委员会(SEC),依靠政府力量取代市场的自由放任,强化对资本市场的监管,并任命约瑟夫·肯尼迪出任首任主席。从此,美国资本市场不再是自由放任,而是在美国证券交易委员会(SEC)这一监管主体的规范下运行。总之,美国证券交易委员会(SEC)作为美国资本市场监管的主体,在近百年的运作中承担着市场有序、规范运行的责任,可谓资本市场的"舵手"。

监管手段——全面强化的强制信息披露监管。自1792年美国纽约证券交易所诞生,经历一个多世纪的自由放任式的发展,在美国证券交易委员会(SEC)成立后,为了配合"罗斯福新政"的推进,1933年与1934年先后通过《证券法》与《证券交易法》,确立了信息披露制度,并实施法律约束,同时美国进入了强制性信息披露时代。随着全球经济的发展以及资本市场的日益成熟,美国证券交易委员会(SEC)于2000年颁布《信息公平披露法》,确立了公平披露规则,保证了市场交易主体能够公平的获取上市公司信息,并且降低了上市公司信息披露的自主性,消除了上市公司对于信息披露对象的歧视性。安然、世通的破产再次拷问美国信息披露机制,信息披露中介(如会计师事务所)与上市公司的合谋开始引起监管部门的注意。2002年,美国国会通过了《萨班斯—索克斯法案》(SOX),不仅将证券分析师、审计师等信息披露中介纳入到公司治理结构中,而且强化了上市公司董事会与经理层有关信息披露的责任,以保证信息披露的客观性与及时性。总之,美国信息披露的法律体系经历了一个逐渐强化的过程,监管范围不断扩大,信息披露要求越发严格并且越来越具体,有助于保护投资者的利益。

监管目标——解决市场模式下的代理问题,依靠严格的监管保护股东利益以及规范资本市场的运行。由于美国资本市场的特殊性(股权高度分散、市场有效性不断提高、民主意识强烈,法律法规高度健全等),上市公司的董事会或者经理层借助基于委托代理关系的契约成为公司的实际控制人,"内部股东"相对缺乏,从而无法对董事会或者经理层进行直接有效的监督。即使是为了保证董事会或经理层的忠诚而建立的独立董事制度以及股权激励制度,也没有从根本上解决这一问题,甚至还进一步导致了代理链条的拉长。为了解决市场控制模式下固有的代理问题,美国采用专门的监管机构进行市场监管,并辅以严厉的法律规制与苛刻的法律处罚,以此保护股东利益以及规范资本市场的运行。例如,根据《萨班斯—索克斯法案》(SOX)第802节、第903节、第904节、第906节等规定,上市公司管理层对财务报告的蓄意瞒报、篡改或者销毁等行为,将处以最高20年的监禁、最高50万美元的罚金,或者并罚。而第1106节更是规定违反《证券交易法》的个人刑罚从原规定100万美元大幅增加到500万美元;违法监禁最高处以20年,而原规定为10年;对公司的处罚更为严厉,罚金高达2500万美元,原规定为250万美元。

15.3.2 德国上市公司信息披露监管实践

信息披露利益方——银行主导下的大股东治理。容克资本主义在德国历史进程中的影响,形成了国家在经济生活中的主导地位,而银行成为国家参与经济生活的重要工具。银行不仅向企业提供贷款,而且在贷款到期后将贷款转变为贷款公司的股权向公众出售,以获得更高的收益。同时,由于德国没有实现证券业与银行业的分业经营,银行混业经营的存在导致德国形成了"产融结合"的局面,既扮演着传统商业银行的角色,又充当投资银行,发行股票。基于银行的特殊地位以及混业经营的特点,德国的股权分布呈现高度集中化的现象。宁向东(2006)[①] 指出,由于德国私人投资者一般不直接进入股票市场,而是将表决权委托给银行,由银行行使代理表决权;另外,全面信息披露制度的缺乏与大范围交叉持股的存在强化了银行在资本市场中的作用。因此,德国选择了多层次的信息披露制度,重点规范大型企业及上市公司的市场行为,优先保证债权人的合法利益,并保证资本市场的有序运行。

监管主体——年轻的联邦金融服务监管局。与德国经济悠久的历史相比,资本市场的监管机构则显得十分年轻。早期的联邦证券交易监管局是根据德国《关于证券交易和修改交易所法律规定及证券法律规定的法律》(即《金融市场促进法》)相关规定在1995年设立的。2002年,为了加速欧盟一体化进程,德国根据欧盟关于金融监管的规定,将本国银行业务、保险业务和证券业务的监管部门合并,形成了今天的联邦金融服务监管局。德国资本市场的产生可以追溯到16世纪,但由于德国长期处于松散的联邦状态,并没有形成统一的资本市场,也就没有形成统一规范资本市场的法律法规。随着第二次世界大战后经济的飞速发展

---

① 宁向东:《公司治理理论(第二版)》,中国发展出版社2006年版。

以及资本市场规模的迅速膨胀，市场投资者开始接受先进的经济思想以及金融市场相关知识，并推动了投资者意识的觉醒，银行的主导地位开始受到挑战。市场投资者开始要求强化对于公司委员会的问责机制以及加强上市公司信息披露的透明度。德国政府为了推动资本市场的进一步发展并保持资本市场的活力，于1994年推出《金融市场促进法》，并规定设立联邦证券交易监管局作为资本市场的监管者，强化联邦政府的监管权力，这也就是联邦金融服务监管局的前身。但是，基于长期的联邦制历史，德国在资本市场监管方面实行联邦政府与州政府共同监管的机制，即联邦政府宏观调控、州政府具体协调。因此，尽管联邦金融服务监管局是全国性的监管机构，但在实际操作中，各州的监管机构发挥着更大的作用，这也导致了在监管主体方面依旧沿袭着传统做法。联邦金融服务监管局的职能有待强化。

监管手段——多层次与不充分信息披露制度。德国资本市场的信息披露制度最显著的特点就是信息披露要求的多层次性与不充分性。主要规定如下：（1）企业根据自身规模进行信息披露，呈现多层次性；（2）中小企业被允许进行简化的资产负债表与损益表等报表的信息披露。原因主要有两个方面：一方面，由于特殊的历史背景，即长期松散的联邦制历史，德国传统的资本市场监管机制中，各州的监管机构发挥着主要作用，即使在联邦金融服务监管局建立以后，各州监管机构依旧肩负着协调与监管的职责，基本采用传统的监管方式，即基于19世纪初制定的《商法》与第二次世界大战后修订的《股份公司法》两部主要法律相关规定，加之两次世界大战的破坏，德国政府为了激励创业与扶持中小企业的成长，对企业根据不同规模规定不同程度的信息披露方式；另一方面，银行在资本市场中的重要地位，以及银行的风险偏好与对现金流的要求，使得德国资本市场的监管优先为债权人服务，保证作为债权人的银行能够获得更加理想的收益。总之，德国选取了以多层次与不充分为特点的信息披露制度。

监管目标——保证银行利益优先，兼顾扶持创业与中小企业。由于特殊的历史原因与银行在资本市场中的主导地位，德国形成了特殊的信息披露机制，并且信息披露的监管目标也有别于其他国家，即优先考虑银行利益，避免因股东要求分红或者发放现金股利导致银行利润的缩减；同时兼顾扶持创业与保证中小企业的发展壮大，推动德国经济的发展。

德国现行的信息披露制度在全球公司治理机制出现趋同化趋势的情况下显然不合时宜，对于外国投资者的吸引力相对较低。为了保证更好地利用资本市场的资源再分配功能，许多德国跨国公司开始积极与国际接轨。达斯科等（Daske et al.,2006)① 研究指出,在20世纪90年代,戴姆勒(Daimler – Benz)与彪马(Puma)率先参照一般公认会计原则(GAAP)与国际会计准则(IAS)进行信息披露后,许多德国公司纷纷仿效,尤其是1998年前后,参照国际通行会计准则进行披露的德国公司数量激增。由此可见,随着全球化的推进以及公司治理机制趋同趋势的显现,德国的信息披露制度呈现一种"自下而上",自觉接轨国际通行会计准则的特点,旨在维持德国在国际市场竞争中的优势地位。

15.3.3 日本上市公司信息披露监管实践

信息披露利益方——基于债权人利益的银行与企业共同治理。在企业融资结构方面,日本与德国有一个共同的特点,即债权融资比例相对高于股权融资比例。但是,与德国的监管利益方相比,基于债权人利益的银行与企业共同治理体现了日本治理模式的特殊性。一方面,由于银行在资本市场中发挥重要的作用,日本上市公司主要融资渠道就是银行的贷款;另一方面,日本特殊的历史文化影响了日本资本市场的形式与内容。日本特有的"和、诚"文化,是维系日本企业良好竞争关系的纽带,也成为日本在几次崛起中的精神动力,进而形成了资本市场中以银行为核心的大企业集团,不同产业领域的企业为了更大的发展而进行合作。为了推动经济发展与社会进步,日本明治政府开始着手组建财阀,以壮大企业的竞争力。第二次世界大战后财阀的解散又兴起了大规模的交叉持股运动,最终形成了日本特殊的资本市场模式。由于银行与企业的交叉持股,以及大企业集团的存在,日本资本市场相对其他成熟资本市场不够活跃,接管难度较大,难以通过有效的公司治理,保护投资者的利益。相反,更多地体现为保护以银行为代表的债权人利益。因此,日本选择了"关系导向模式",即银行与企业的共同治理模式,通过交叉持股的企业共同治理保证核心银行等债券人的利益。

监管主体——集权体制下政股难分的日本金融厅。在资本市场发展的相当长的时期内,日本大藏省发挥着重要作用,集金融决策权、行政权与监督权于一身。为了适应资本市场的发展、保护投资者的利益以及建立独立的监督制度的需要,日本金融监管厅于1998年正式成立。但是,由于日本资本市场中大财团的存在以及银行与政府的特殊联系,日本金融监管再次做出调整,2000年成立金融厅,将金融决策权与监督权再次集中,形成了高度集中、政股难分的监管体

---

① Holger Daske, Gunther Gebhardt. International Financial Reporting Standards and Experts' Perceptions of Disclosure Quality [J]. ABACUS. 2006, 42: 461-498.

制。考虑到文化因素以及历史进程，日本形成这种监管机制也基本符合路径依赖的演化模式，但由于银行与政府、企业之间的特殊联系，难以保证资本市场的信息披露能够有效保护投资者的利益。因此，集权体制下的日本金融厅尽管提出保护资本市场投资者的合法利益，但实际上更像是一个资本市场中财团企业的"庇护所"，而不是保护投资者利益的"执法者"。

监管手段——不充分的信息披露制度及股东直接干预。明治维新后，日本参照欧洲各国先进的经验制定《商法》，以规范本国市场参与主体的行为，并保证经济的快速有序发展。第二次世界大战后，由于美国的短期接管，日本吸收了美国有益的资本市场经验，并制定了《证券交易法》，旨在保护投资者的利益。但是，日本信息披露制度的不充分成为制约日本资本市场发展的桎梏，其有关上市公司信息披露的内容规定较为宽松，强制性信息披露内容在资本市场发展过程中始终没有结合市场实践进行实质性的修改。考虑到日本资本市场的特殊性，其信息披露制度发展迟滞的原因可能在于日本上市公司特殊的公司治理模式，即以银行为核心的大财团通过交叉持股，形成较强的连接纽带，而如果股东对于关联公司管理层的绩效或市场表现不满，可以直接进行干预，而不需要像其他国家股东那样"用脚投票"。因此，日本资本市场在股东直接干预的条件下，能够有效地保护大股东的利益；但是不充分的信息披露制度使得中小股东的利益难以得到有效保护，制约了资本市场的发展。

监管目标——保障财团的整体利益。日本在明治维新时期就开始扶持财团的发展，比如日本政府将相关实业交给以三菱为代表的财团运作。第二次世界大战后，日本原通产省成立由索尼、松下等电子公司组成的联盟，进行计算机的研发，并给予政策支持。日本资本市场的发展在为日本经济发展注入了强劲的活力的同时，也为诸多财团提供了便利的融资渠道与有利的政策支持。因此，日本资本市场的信息披露制度更多的是保障以银行为核心的财团的整体利益，而不是保护投资者的利益。

为了更好的参与国际竞争，日本上市公司在本国信息披露不充分、强制性信息披露较宽松的情况下，自觉进行自愿性信息披露，以保证投资者更加及时、全面的了解公司运营状况，增加公司在国际资本市场的吸引力，同时借助更加全面的信息披露，完善自身的公司治理机制。由此可见，在全球化趋势下，各国政府及上市公司开始积极寻求与先进的公司治理机制接轨，一方面实施治理结构的自我完善，以更好地保护市场参与主体，尤其是投资者的利益；另一方面，增强本国公司的国际竞争力以及对全球投资者的吸引力，以促进本国公司的进一步发展壮大。

15.3.4 中国上市公司信息披露监管实践

作为处于转轨时期的新兴经济体,中国资本市场在初期呈现显著的"一股独大"。刘(Liu,2006)① 曾经指出中国证券市场首要目的并非出于拓宽融资渠道、分散投资风险等,而在于完成国有企业改革与脱困的历史使命,并且很难脱离政府干预独立存在,这种背景下的公司治理机制存在许多内在的缺陷。从1992年的深圳原野、近两年的"国美风波"以及最近的中国海外上市公司被停牌等一系列事件,均体现了中国资本与证券市场的不成熟,尤其是信息披露机制的不完善。为了有效规范股权相对集中的中国证券市场,以保护投资者,尤其是中小股东的合法利益,促进市场的健康发展,中国证监会在2007年2月1日颁布《上市公司信息披露管理办法》,以强化上市公司信息披露,确保上市公司信息披露有法可依。

信息披露利益方——国有资产代表人与实际所有者。郑海航(2008)② 提出正确区分国有资产所有者与国有资产代表人的概念,即在中国,全民是国有资产的实际所有者,而政府是国有资产所有者的代表人。由于全民所有制的特殊性,中国注定不能照搬西方发达国家的市场监管体制,而应该在结合本国实际的条件下借鉴发达国家的先进管理经验,如学术界普遍认同国有企业不应该片面的追求经济效益的最大化,而应该兼顾就业、财政收入及社会责任等社会效益,力求达到经济效益与社会效益结合的最优化。随着中国经济的发展与全球化的推进,非国有企业,尤其是民营中小企业的崛起,逐渐成为中国经济发展的重要推动力;同时,投资者尤其是中小股民开始接受先进的市场理念,寻求多元化的投资以及科学理财的出路,对上市公司信息的需求明显提高。由于非国有企业以及投资者对于公平的竞争环境的需求,中国开始探索适合自身资本市场发展的道路,力求在保证作为国民经济支柱的国有企业充分发挥作用,即实现经济效益与社会效益结合的最优化的情况下,实现对于非国有企业的鼓励与扶持以及投资者,尤其是中小股东利益的保护。因此,中国在"兼顾效率与公平"原则的指导下,建立了协调国有资产代表人与实际所有者利益的监管体制,旨在保护作为国有资产实际所有者的投资者利益,同时构建公平的竞争环境,既推进国有企业改革与发展,又保障非国有企业的地位,激发资本市场的潜力与活力,促进资本市场的进一步

---

① Qiao Liu. Corporate Governance in China: Current Practices, Economic Effects and Institutional Determinants [J]. CESifo Economic Studies. 2006 (2): 415 – 453.

② 郑海航:《内外主体平衡论——国有独资公司治理理论探讨》,载《中国工业经济》2008年第7期。

发展。

监管主体——中国证券监督委员会。1985年，上海静安证券业务部的成立，标志着现代中国证券市场的建立。但由于宏观经济环境的因素，中国对于证券市场的监管还是处于区域性自治阶段。随着进入20世纪90年代，上海证券交易所与深圳证券交易所先后成立，成为中国证券市场走向成熟的里程碑。为了促进证券市场走向成熟，中国于1992年成立证券监督委员会（即证监会），开始确立统一的市场监管目标。1998年，随着《证券法》的出台，证券监督委员会完成了与国务院证券委员会的合并，基本形成了全国统一的市场监管机制。证监会成立以来，在中国资本市场的实践中摸索前行，与证券交易所等资本市场参与主体形成立体的监管机制。在资本市场发展的历程中，证监会发挥着重要的导向与监管作用，不仅根据国内外经济环境的变化进行政策性的变更与指导，并且不断强化对市场行为的监管，其中对信息披露的监管是其监管职能的主要体现。

监管手段——向强制披露转变的自愿披露制度。1994年7月，中国第一部《公司法》正式颁布，随后1999年7月《证券法》颁布，与《公司法》一并成为上市公司信息披露的原则性法律，明确规定了上市公司的信息披露制度，使得信息披露有法可依。2007年1月30日，为了适应股权全流通形势下的资本市场有效运作的需求，证券监督管理委员会发布了《信息披露管理办法》，以规范参与主体的信息披露行为，进一步完善信息披露监管，提高资本市场的有效性。中国特殊的历史进程以及所有制形式，导致了"同股不同权"的资本市场畸形化，最终形成了国有股"一股独大"的局面，弱化了资本市场的竞争机制，抑制了国有资产以外的社会资产进入资本市场的动力。但由于全球化的推进，大量国外投资者开始寻求进入中国市场，并且带来了先进的市场经验，同时使得中国资本市场的开放程度得以提高。从此，中国资本市场与国际资本市场接轨成为必然。中国证监会尽管经过近20年的摸索，具备结合本国实际进行市场监管的能力，但是与拥有上百年资本市场发展历史的西方发达国家的监管机构相比，我国监管法律执行的严格程度、应对突发事件的应急机制与监管创新方面还存在较大的差距。近些年来，我国证监会根据发达国家先进监管经验，不断调整法律或法规，以适应资本市场的创新与发展。2008年4月证监会对相关法律法规进行了较大的调整，财政部、证监会等五部门联合颁发了"企业内部控制基本规范"；2010年4月公布了中国上市公司正式引进内部控制的《企业内部控制配套指引》，确定将在2011年1月1日开始实施。这一文件被外界称为中国版的《萨班斯—索克斯法案》（SOX），原因在于其正式采用《萨班斯—索克斯法案》（SOX）中最具争议的第404条款，即将内部控制纳入信息披露体系。

监管目标——保证市场公平性，合理协调国有资产代表人与实际所有者的利益。由于特殊的国情，中国资本市场参与主体按照所有者类型分为国有股、法人股、流通股。其中，法人股又有相当部分由国有股作为实际控制人。虽然股权分置改革能够在一定程度上稀释国有股比重，但是股权集中度依旧较高。同时，国有股控制下的国有企业不仅要实现市场价值的最大化，还要兼顾诸如就业、税收等社会责任。张洪辉、王宗军（2010）① 指出国有企业存在过度投资并非是由代理问题引起的，也可能出于实现非经济目标（就业与税收等）的需要。与此相对应，非国有企业，尤其民营企业在竞争中处于劣势地位。为了争取有利的地位，积极寻求建立政治关系，希望借此获取更多的资源和更加优惠的政策。吴文峰、吴冲锋与芮萌（2009）②、潘红波与余明桂（2010）③ 的研究均发现建立政治关系对于上市公司具有一定的积极作用。因此，为了保证资本市场的公平性，保护不同类型的参与主体，中国结合本国国情，并积极借鉴国外先进的信息披露监管经验，建立了一套合理协调国有资产代表人与实际所有者利益的监管机制，即保证市场参与的公平性，但在实践过程中不可避免的出现政策倾斜。

总之，虽然资本市场的监管在不断完善，但中国资本市场的公平性问题依旧突出，不仅体现为市场竞争中，还体现在不同所有制形式企业的责任上。在此背景下，如何保证市场参与的公平性，成为亟须解决的难题。国内学者研究发现上市公司的信息披露因制度背景或者所有制性质的不同，而存在不同程度的差异，即使是与内部控制相关的审计功能，也受到制度背景的显著影响，包括政治背景、法治化水平等（雷光勇、李书锋与王秀娟，2009）④。

15.3.5 中外上市公司信息披露比较

对信息披露监管的多维度比较发现，各国由于历史原因、制度环境及资本市场的发育程度等原因，其信息披露机制有不同表现，如表 15-1 所示。

---

① 张洪辉、王宗军：《政府干预、政府目标与国有上市公司的过度投资》，载《南开管理评论》2010年第3期。
② 吴文峰、吴冲锋、芮萌：《中国上市公司高管的政府背景与税收优惠》，载《管理世界》2009年第3期。
③ 潘红波、余明桂：《政治关系、控股股东利益输送与民营企业绩效》，载《南开管理评论》2010年第4期。
④ 雷光勇、李书锋、王秀娟：《政治关联、审计师选择与公司价值》，载《管理世界》2009年第9期。

表 15-1　　　　　　　　各国信息披露监管制度比较

比较维度	中国	美国	德国	日本
信息披露利益方	大股东与中小股东	中小股东为主	法人为主	法人为主
监管主体	中国证券监督委员会	美国证券交易委员会	联邦金融服务监管局	金融厅
监管手段	向强制披露转变的自愿披露制度	全面强化的强制信息披露制度	多层次与不充分信息披露制度	不充分的信息披露制度及股东直接干预
监管目标	保证市场公平性，协调国有资产代表人与实际所有者的利益	依靠市场模式，保护中小股东利益	保证银行利益优先，兼顾扶持创业与中小企业	保障财团的整体利益

不同国家信息披露监管基本分为三种类型：

第一类：以美国为代表的市场机制。市场机制导向下的信息披露监管的突出特点为：（1）信息披露主要依靠市场机制，即在高度分散的股权结构下，进行旨在保护中小股东利益的强制信息披露制度；（2）信息披露监管主要依靠独立的行业协会，且直属于美国联邦政府，具有独立的执法权，如美国证券交易委员会（SEC）。

第二类：以日本、德国为代表的关系机制。关系机制导向下的信息披露监管的突出特点是：（1）信息披露的监管根据本国资本市场现状，存在行政干预下的不充分信息披露或自愿信息披露，即在银行、财团等大股东作为实际控制人的股权结构下，实施一定政策倾斜的信息披露制度；（2）信息披露的监管主要依靠政府职能部门，隶属于本国行政最高行政机构，如德国的联邦金融服务监管局、日本的金融厅等。

第三类：以中国为代表的混合机制。混合机制导向下的信息披露机制突出特点是：（1）信息披露的监管结合本国特殊的所有制形式，构建向强制性披露转变的自愿信息披露机制。在保证市场公平性的基础上，合理协调国有资产代表人与实际所有者的利益；（2）信息披露的监管依靠直属于国务院且不具备独立执法权的证监会。证监会需要依照法律、法规和国务院授权，监督证券市场的运行。

15.4　后《萨班斯—索克斯法案》时代的信息披露

2001年世界最大的能源公司，美国安然公司因为虚报账目、误导投资者积重难返，宣布申请破产保护震惊了世界。随后，一批跨国巨头相继宣布破产，其中包括了通讯巨头世通公司、零售巨头凯马特，以及来自欧洲的意大利帕玛拉特、荷兰皇家阿霍德。《萨班斯—奥克斯利法案》在此背景下诞生。该法案是对信息披露具有划时代影响的法案，不仅包括针对上市公司虚报账目强化的内部控制措施以及高管、审计师担保的规定，而且更加注重信息披露的独立性与可靠性，甚至还制定了极为严厉的惩罚措施。

随着《萨班斯—奥克斯利法案》的推出，上市公司信息披露进入了全新的时代，一方面，各国上市公司信息披露监管部门更加细化强制性信息披露的相关规定，如美国信息披露要求开始由原则性导向向规则性导向过渡，压缩了上市公司信息披露的操作空间；另一方面，上市公司为了迎合监管的强化以及投资者苛刻的信息需求，更加自觉、真实的进行自愿性信息披露，披露内容甚至扩展到环境信息等社会责任信息，积极主动的增加信息透明度，以构建良性的外部融资环境。根据信号理论（Signaling Theory），信号发送者由于市场不完善、信息不对称及投资者理性，有进行主动披露的动机，通常愿意承担必要的成本，以期与其他发送者进行区别，获取更加有利的外部市场环境。上市公司为了向投资者展示自身诚实、可靠的形象，愿意在法律法规框架下进行必要的自愿性信息披露，寄望这种治理成本能够成为有效的"信号"传递给外部投资者，旨在减少由于利益不一致、信息不对称及监管不完善而产生的代理成本，以赢得区别于其他竞争者的良好形象，以较低的成本实施外部融资，降低融资成本，提升公司绩效与市场价值。

15.4.1 强制性信息披露的严格化

《萨班斯—奥克斯利法案》旨在强化上市公司信息披露，保护投资者利益与资本市场的有效运转，最突出的特点是要求公司强化内部控制，并通过强化管理层与审计师的信托责任来保障内部控制的执行。涉及此内容的核心条款，也是目前依然富于争议的第302条款和第404条款。第302条款规定上市公司的首席执行官和财务负责人必须在其对外公开披露的报告中签名，并保证公司披露的内容没有任何违反该法案的部分，并不含有任何不真实的信息。一旦被查实存在虚假信息或者不完全信息披露，保证人应该对公司报告造成的损失承担民事甚至刑事责任。第404条款要求上市公司管理层和内部审计师必须在信息披露的报告中就本公司的内部控制做出评价和报告，还要求外部审计师对公司管理层评估过程以及内部控制的结论出具正式意见。以上两个条款均以强化高管与审计师的信托责任、降低代理成本为目的。因其存有"矫枉过正"的嫌疑而备受争议。第302条款和第404条款规定，高管和审计师需要提供高水平的保证，这一方面确实能够强化高管与审计师的诚实、勤勉义务，但另一方面却增加了高管与审计师的风险。若高管与审计师，尤其是外部审计师不能发现威胁信息披露的可靠性与完整性的重大问题时，就认定为舞弊。苛刻的信息披露监管，也增加了上市公司的合规成本。夏宁、耿振诚（2008）① 提出由于《萨班斯—奥克斯利法案》同样适用于中国在美国上市的公司，由此带来的在美上市公司费用大幅增加，仅第一年就高达2亿美元。

夏芸、徐欣（2011）指出，高质量的会计信息建立在健全的内部控制制度基础上，其背后最重要、最基本的决定因素是完善的内部控制制度②。为了与发达国家的信息披露实践接轨，我国目前也加快了内部控制法规的配套步伐。2006年，上海与深圳证券交易所先后颁布了《上海证券交易所内部控制配套指引》和《深圳证券交易所内部控制配套指引》，要求上市公司披露其内部控制自我评价报告以及会计师事务所核准的评价意见，标志着我国正式进入内部控制的强制性信息披露阶段。2008年6月，财政部、审计署、证监会、银监会和保监会五部委联合发布《企业内部控制基本规范》，进一步规定了有关内部控制自我评价报告和外部审计意见等相关内容。2010年4月，财政部等五部委又颁布了中国版的"萨班斯法案"——《企业内部控制配套指引》，确定从2011年1月1日起对于在境内外同时上市的中国公司实施企业内部控制强制性信息披露；从2012年1月1日起范围扩大到上海、深圳主板上市公司；中小板与创业板上市公司择机采用。这标志着我国企业内控规范体系的基本建成，我国内部控制逐步进入法制化、规范化的发展阶段。

15.4.2 自愿性信息披露

1. 自愿性信息披露的动因

尽管阿南德（Anand，2005）③ 率先提出自主性治理，但是自愿性披露问题

---

① 夏宁、耿振诚：《S404条款对我国内部控制的影响与启示》，载《国际经济合作》2008年第8期。
② 夏芸、徐欣：《企业内部控制信息披露与债务契约——来自于中国房地产企业上市公司的经验证据》，载《经济管理》2011年第3期。
③ Anand. Voluntary is Mandatory Corporate Governance: Towards an Optimal Regulatory Framework [C]. American Law and Economics Association Annual Meetings Papers. 2005.

在 20 世纪 90 年代就已经引起了学者们的关注。关于自愿性信息披露的动机，学者们并没有取得一致的结论，张学勇、廖理（2010）① 较为系统的归纳了目前学术界关于自愿性信息披露的动机：

（1）资本市场交易假说。代理成本理论认为，在信息不对称的条件下，公司内部人、高管或者大股东由于存在私利攫取空间，就有动机利用信息优势谋取私利，损害外部投资者、所有者或者中小股东的利益。因此，为了避免因代理成本造成的融资低效率，上市公司具有进行自愿性信息披露的动机。由于市场的不完善与参与主体间的信息不对称，上市公司具有主动进行信息披露的动机，以自愿性信息向外部投资者发送"信号"，借助市场机制的作用进行身份识别，以降低由于信息不对称导致的代理成本。

（2）控制权竞争假说。经理人市场作为上市公司对高管的重要外部约束机制，在公司治理实践中发挥着重要的作用，不仅为上市公司提供了职业经理人的选聘平台，而且也提供了现任公司高管的潜在替代者，对于现任高管行为实施着必要的约束。由于外部经理人市场的存在，现任高管不仅希望实现能力、业绩与薪酬的匹配，而且希望在技术能力、努力程度和公司业绩方面较之于其他经理人有更突出的表现。因此，上市公司高管有动机向市场传递更多的信息，进行自愿性信息披露，以避免外部市场由于信息不对称而低估企业市场价值，增加高管被解雇的风险。

（3）股票补偿计划假说。由于所有权与经营权的分离以及所有者与经营者利益的不一致性，上市公司股东通过各种手段对高管实施激励，从早期的固定工资、现金奖励，发展到今天以递延性报酬为主要特征的股票期权激励等中长期激励方式。股票期权激励，不仅在一定程度上能够杜绝高管人员的短期行为，而且能保持在较长时期内股东与高管利益的一致性。为了保证在行权期限获取较高的收益，高管能够在日常经营中以行权为目标实施自我激励，力求公司市场价值的稳定增长。由于信息披露是公司真实价值与市场价值保持高度一致的保障，上市公司高管有动机实施自愿性信息披露，以保证其股票期权收益的实现。

（4）管理者才能假说。资源基础观认为管理者具有或获取技术、知识、社会网络的能力，并构成企业的人力资本和社会资本，人力资本和社会资本又是企业形成竞争优势的源泉。具有竞争优势的上市公司更能引起投资者的关注，从而构造良性的外部环境。同时，资源依赖理论认为上市公司如果能够获得有力的社会资本，将减轻对于外部环境的依赖，通过社会资本形成的社会网络，由通过外部

---

① 张学勇、廖理：《股权分置改革、自愿性信息披露与公司治理》，载《经济研究》2010 年第 4 期。

寻找匹配资源转向网络内整合所需资源，满足企业发展的需要。具有人力资本和社会资本的管理者不仅能够给企业带来可观的经济收益，而且能够构筑企业持续发展的网络平台，保证企业良好的发展预期。因此，富于才能的管理者倾向于进行自愿性信息披露，以传递其具有竞争优势的人力资本和社会资本，从而获取较高的市场溢价，提升企业市场价值。

总之，上市公司为了解决信息不对称导致的代理问题，选择进行自愿性信息披露，通过向外部市场释放更多信息的方式与外部投资者进行信息共享与交流，以满足外部投资者信息需求，达到降低代理成本的目的，进而实现公司价值最大化。

2. 财务预测信息披露

财务预测是上市公司信息披露的重要组成部分，是上市公司内部人根据公司实际运营状况，结合公司未来潜在的投资与经营收益，进行的财务状况预测，并以数据的形式向外部披露。财务预测信息披露，不仅包括财务指标的相关信息，而且包括业绩指标以及公司潜在的显著影响上市公司财务状况的决策或目标等，尽可能全面地反映本公司财务在可预期的未来的合理评价。

有效市场理论和信息对称理论认为，完善的资本市场在信息完全对称的条件下，资本将根据最优收益率进行配置，每个投资者都可以实现预期的收益率。如果市场是有效的，预测性信息披露能够给投资者提供相对充足的信息和时间进行价值判断，并根据市场及企业活动的变化进行调整，最终实现投资收益的最大化。同时，由于市场的有效性，市场价值将真实反映上市公司的市场表现和真实价值。上市公司内部人进行预测性信息披露，压缩了其依靠信息优势牟取私利的可能性，从而保证了上市公司的透明度以及资本市场运作的有效性。但是按照法玛关于资本市场有效性的分类，即弱式有效、半强式有效和强式有效，美国资本市场尚且仅通过半强式有效，我国资本市场仅为弱式有效。在此状态下，由于市场有效性的欠缺，市场价值与上市公司真实价值存在一定脱节。同时信息对称性的假设也不再适用，这为上市公司内部人利用信息优势谋利提供了空间。在进行预测信息披露时对有利于盈利预测的相关信息赋予更高的权重，而对于亏损或者不利的消息不予赋权或者降低其权重，从而向投资者传递盈利预期的信息，实现公司价值的高估，侵害投资者的利益，并从中获取私利。

2001年，证监会规定，财务预测信息披露需要在上市公告书与招股说明书中明确列示每股盈余、市盈率等预测性财务信息，但在定期报告中由强制性信息披露转为自愿性信息披露。其原因有二：一是国外某些著名跨国公司因财务预测可能存在误导投资者、面临诉讼的风险，而取消了财务预测的自愿性披露；二是我国资本市场的不完善及治理传统的影响，财务预测为内部人提供了灵活的会计选择空间，并且普遍存在内部人过度自信，高估财务健康状况而低估风险，从而误导投资者。根据相关研究，自从证监会颁布相关规定以来，上市公司进行预测性财务信息披露的数量呈下降趋势，说明上市公司出于自身利益的考虑缺乏预测性信息自愿性披露的动机。公司特征对于预测性信息披露的影响却比较显著，在境外上市的上市公司能够进行该信息的自愿性披露，不仅改善了上市公司的声誉，而且能够降低信息不对称的程度。

3. 社会责任信息披露

根据新古典经济学观点，企业经营不可避免地存在外部性问题。企业经营对外部的影响无论是积极的（如技术溢出）还是消极的（如环境污染），都不必为此承担费用。外部性的存在可能引起市场失灵，导致资源的不合理配置。为了解决这一问题，尤其是消极的外部性，各国政府开始着手制定相关法律法规，力求通过外部性内在化的方式，即通过费用化的方式使企业承担社会成本。由此，企业的社会责任意识开始兴起，并随着市场的发展越发强烈。全球永续性报告协会（Global Reporting Initiative，GRI）的《可持续发展指南》指出，企业应该承担经济、环境和社会"三重底线"的责任。随着全球对于可持续性发展的关注，上市公司为了在激烈的市场竞争中获取良好的声誉以及赢得有利的市场位置，开始进行社会责任的自愿性信息披露。

由于我国关于上市公司社会责任信息披露还处于自愿性披露阶段，社会责任信息披露没有统一的规范，具有较强的随意性。2006年，深圳证券交易所颁布了《上市公司社会责任指引》，规定了上市公司的社会责任信息披露。指引鼓励在深交所主板上市的公司进行本公司的社会责任执行情况和评估报告的披露。李正（2006）①② 将上市公司社会责任的披露内容归纳为六大类19小类，分别为：环境问题类（污染控制、环境恢复、节约能源、废旧原料回收、有利于环保的产品、其他环境披露）、员工问题类（员工健康与安全、员工培训、员工业绩考核、失业员工安置、员工其他福利）、社区问题类（企业所在社区的利益）、一般社会问题类（弱势群体的利益、犯罪就业与公共安全等、公益或其他捐赠）、消费者类（产品质量）、其他类（股东利益、债权人利益、供应商利益）等。

---

① 李正：《企业社会责任与企业价值的相关性研究——来自沪市上市公司的经验证据》，载《中国工业经济》2006年第2期。

② 李正：《构建我国企业社会责任信息披露体系研究》，载《经济经纬》2006年第6期。

4. 其他类型的自愿性信息披露

史建梁（2010）[①]借鉴外国学者乔等（Chau，2002）[②]的思路，结合中国资本市场实际情况，将上市公司自愿性信息披露分为三大类，分别为战略信息、财务信息和非财务信息，具体如表15-2所示。

表15-2　　　　　　　　上市公司自愿性信息披露具体分类

战略信息	财务信息	非财务信息
企业总体战略规划	经营状况	社会责任
核心竞争力	财务成果	公司治理结构改进措施
研发信息	销售增长	内部管理计划
投融资计划	费用成本	母子公司管理
并购和处置	股票价格	董事会与雇员
品牌战略	财务分析	人力资源管理计划
市场开发	盈余预测	企业文化
		投资者关系管理
		信息化建设计划
		客户管理

资料来源：史建梁：《董事会特征与自愿性信息披露的相关性研究》，载《经济问题》2010年第5期。

根据表15-2，上市公司自愿性信息披露不仅包括传统信息披露的财务信息，而且还包括了涉及企业战略、财务分析和盈利预测等中长期信息，甚至还包括企业文化、社会责任等能够影响价值判断的非财务信息，这些信息基本可以帮助投资者进行较为全面的价值判断。自愿性信息披露范围的扩大，显示了具有良好投资前景的上市公司愿意通过增加信息披露范围来赢得良好的信息声誉。不仅实现了区别于其他上市公司的目的，而且避免陷入"柠檬市场"[③]。因此，随着上市公司自愿性信息披露的深化，资本市场能够逐步实现其价值反映功能，在识别具有良好投资价值上市公司的同时，还能够淘汰不符合投资者投资需求的上市公司，从而达到资本市场资源的合理配置。

---

① 史建梁：《董事会特征与自愿性信息披露的相关性研究》，载《经济问题》2010年第5期。

② Chau K G, Gray S J. Ownership Structure and Corporate Voluntary Disclosure in Hong Kong and Singapore [J]. The International Journal of Accounting. 2002 (37): 247-265.

③ Akerlof G A. The Market for "Lemons": Quality Uncertainty and the Market Mechanism [J]. Quarterly Journal of Economics. 1970, 84: 488-500.

要 点 小 结

1. 由于上市公司与外部投资者信息不对称问题的存在,以及机会主义行为的可能,如果没有有效的资本市场监管,将会导致资本市场资金供给与配置的低效率,出现社会福利的损失。信息披露机制成为解决上述问题的必要手段。各国通过不同形式的法律法规对上市公司信息披露实施规制,以保证信息披露的真实性与可靠性,满足外部投资者的信息需求,缓解资本市场的信息不对称问题。

2. 虽然信息披露法规由于其各国历史原因及法律传统存在一定差异,但信息披露的总体内容总体可以归为两类:一类是投资者评估上市公司所需信息;另一类是可能影响上市公司市场评价,尤其是股价波动的信息。主要分为四种披露形式:招股说明书与上市公告书、定期报告与临时报告。

3. 尽管有关于信息披露的评价标准很多,但是综合起来,信息披露应该符合及时性、公平性、可靠性、规范性和完整性等的要求。

4. 信息披露不能走极端,即完全的自愿性信息披露或者完全的强制性信息披露都有其缺陷。要进行信息披露的适度监管,以保证市场力量的合理发挥以及政府调控的适度性,从而实现信息披露机制的优化,更好的保障投资者的利益和资本市场的有效运转。

5. 上市公司会计信息监管主要基于信息披露利益方(S)为动力,以监管主体(A)为核心,以监管手段(M)为保障,以监管目标(O)为导向的 SAMO 框架,以此兼顾法律法规的刚性与上市公司信息披露实践的灵活性。

6. 后《萨班斯—奥克斯利法案》的信息披露,不仅增强了强制性信息披露的严格性,而且要求上市公司更加主动的进行自愿性信息披露,如社会责任等方面的及时披露。

思考与讨论题

1. 谈一谈对于信息披露重要性的认识。
2. 思考各国信息披露监管差异的原因。
3. 信息披露的新动向是不是强制性信息披露与自愿性信息披露的权衡?原因何在?
4. 《萨班斯—奥克斯利法案》的推出对我国上市公司信息披露机制产生了哪些影响?

案 例 分 析

浙江杭萧钢构股份有限公司"天价合同"案

浙江杭萧钢构股份有限公司2003年11月在上海证券交易所挂牌上市，虽然自称是"国内最早从事建筑钢结构的品牌企业之一"，一直以来却没有引起投资者关注。但一份披露的潜在天价合同却使它暴露在镁光灯下：

2007年2月12~14日，杭萧钢构股价连续3个交易日涨停之后，15日发布公告称，"截至本公告之日止，公司正与有关业主洽谈一个境外建设项目，项目整体涉及总金额折合人民币约300亿元。项目将分阶段实施，建设周期大致在两年左右"。同时表示，"若公司参与该意向项目，将会对公司2007年业绩带来较大幅度增长。但截至本公告日止，公司尚未正式签署任何相关合同协议"。

3月13日，杭萧钢构发布第二份公告称，近日公司作为卖方及承包方与买方及发包方中国国际基金有限公司（以下简称"中基公司"）签订了《安哥拉共和国—安哥拉安居家园建设工程—产品销售合同》、《安哥拉共和国—安哥拉安居家园建设工程施工合同》，产品销售合同总价计人民币248.26亿元，施工合同总价计人民币95.75亿元，合同总额达到344亿元。至于中基公司，这个给杭萧钢构带来344亿巨额合同的"财神爷"，在杭萧钢构的公告中，只有寥寥数语的介绍，除了该公司注册地位于香港，从事投资和贸易外，其余信息皆无。

在杭萧钢构股价拉出十日涨停之后，市场质疑之声四起：按照同比例测算，相当于中国5万亿公用事业项目怎会交由一家公司承办？即便有其事，该项目有没有政治风险？中基公司只是一家私人公司，何以能承揽如此大项目又分包给杭萧钢构？

因股价异动被停牌多日的杭萧钢构，于4月2日复牌，又连续两天涨停，创下连续12日涨停记录。但在停牌期间，杭萧钢构并没有作进一步的澄清公告。4月4日，开盘一分钟即被上交所紧急停牌，这在中国A股市场历史上还是第一次。4日晚间，杭萧钢构发布第三份公告称，公司当日"接到中国证监会调查通知书，根据证券法的有关规定，对公司股价异常波动，涉嫌存在违法违规行为，进行立案调查，要求公司予以配合"。

最终，中国证监会对杭萧钢构处于40万元罚款；对公司董事长单银木、公司总裁周金法分别给予警告并处以20万元罚款；对公司董事潘金水、公司总经理陆拥军、公司证券办副主任罗高峰分别给予警告，并处于10万元罚款。所有罚款共计110万元。

（资料来源：根据搜狐 http：//news.sohu.com/20070415/n249442528.shtml 资料整理。）

案例思考：
1. 杭萧钢构的公告属于上市公司信息披露的哪种公告类型？
2. 杭萧钢构的一份公告引起了轩然大波，请结合案例指出信息披露的重要性。
3. 请指出杭萧钢构的信息披露为什么是违法违规的？

参考文献

1. Anand. Voluntary is Mandatory Corporate Governance：Towards an Optimal Regulatory Framework [C]. American Law and Economics Association Annual Meetings Papers. 2005.

2. Akerlof G A. The Market for "Lemons"：Quality Uncertainty and the Market Mechanism [J]. Quarterly Journal of Economics. 1970，84：488 – 500.

3. Chau K G，Gray S J. Ownership Structure and Corporate Voluntary Disclosure in Hong Kong and Singapore [J]. The International Journal of Accounting. 2002（37）：247 – 265.

4. Holger Daske，Gunther Gebhardt. International Financial Reporting Standards and Experts' Perceptions of Disclosure Quality [J]. ABACUS. 2006，42：461 – 498.

5. Qiao Liu. Corporate Governance in China：Current Practices，Economic Effects and Institutional Determinants [J]. CESifo Economic Studies. 2006（2）：415 – 453.

6. 曹廷求、钱先航：《公司治理与风险管理：基于治理风险视角的分析》，载《会计研究》2011年第7期。

7. 贾宁：《资本市场危机与上市公司监管——萨班斯—奥克斯利法案引发的学术论争》，载《经济学动态》2010年第7期。

8. 李维安：《公司治理学》，高等教育出版社2005年版。

9. 李正：《企业社会责任与企业价值的相关性研究——来自沪市上市公司的经验证据》，载《中国工业经济》2006年第2期。

10. 雷光勇、李书锋、王秀娟：《政治关联、审计师选择与公司价值》，载《管理世界》2009年第9期。

11. 宁向东：《公司治理理论（第二版）》中国发展出版社2006年版。

12. 潘红波、余明桂：《政治关系、控股股东利益输送与民营企业绩效》，载《南开管理评论》2010年第4期。

13. 吴文峰、吴冲锋、芮萌：《中国上市公司高管的政府背景与税收优惠》，载《管理世界》2009年第3期。

14. 夏芸、徐欣：《企业内部控制信息披露与债务契约——来自于中国房地产企业上市公司的经验证据》，载《经济管理》2011年第3期。

15. 徐向艺等：《公司治理制度安排与组织设计》，经济科学出版社 2005 年版。
16. 徐向艺、方政：《基于 SAMO 框架的中外上市公司信息披露机制比较研究》，载《理论学刊》2012 年第 3 期。
17. 张洪辉、王宗军：《政府干预、政府目标与国有上市公司的过度投资》，载《南开管理评论》2010 年第 3 期。
18. 张学勇、廖理：《股权分置改革、自愿性信息披露与公司治理》，载《经济研究》2010 年第 4 期。
19. 郑海航：《内外主体平衡论——国有独资公司治理理论探讨》，载《中国工业经济》2008 年第 7 期。
20. 中国证券监督管理委员会：《中国资本市场二十年》，中信出版社 2012 年版。

第 5 篇
公司治理模式与评价

第 16 章

公司治理模式

学习目的：本章在介绍经典治理模式以及我国上市公司治理状况的基础上，分析了公司治理模式趋同的表现及其存续的原因。通过本章学习，了解各种治理模式产生的背景、特点及其存在的问题；熟悉不同治理模式趋同的动力与表现，进一步思考经典治理模式对我国上市公司治理的影响以及我国上市公司治理模式的选择与完善。

关键词：治理模式；经典治理模式；中国公司治理

引 言

经济全球化以及治理模式自身的缺陷，导致了不同治理模式的趋同，但经济达尔文主义所主张的竞争使无效的治理模式被淘汰而只保留最有效模式的观点[①]并不可行。治理模式与社会经济体制以及政治体制具有高度的依赖性，它根植于各国历史、文化、法律体系与制度，由此而决定了不同治理模式的存续。基于既定治理模式下的治理结构不是纯粹的技术规则，不具有可复制性。治理模式，没有最好的，只有最适合的。只有与法律、制度、文化以及企业特性达成高度匹配的治理模式，才有可能发挥其对组织行为的"创造性破坏"作用。

---

① 达尔文主义（Darwinian）认为公司治理将向最有效率的模式发展，有效的治理模式将被保留（Roe，1997），而无效的治理模式将被淘汰（Kole and Lehn，1997；Cheffins，2002），不同效率公司治理模式的竞争，将导致公司治理模式趋于单一的最优模式（O'Sullivan，1999；Gilson，2000）。

16.1 公司治理经典模式

16.1.1 公司治理的外部控制模式

公司治理的外部控制模式又称市场控制型模式,盛行于英、美、加拿大与澳大利亚等国,英美是典型的代表。这种治理模式关注于股东财富的最大化并以充分发达的市场为前提。其产品市场、资本市场以及经理人市场的发育程度较高,公司股票流动性较强。对代理人的约束很大程度上依赖于外部法律、制度与市场,内部的约束较弱。若管理者经营不善,导致业绩下滑,股东会采取用脚投票的方式,卖掉其持有的股票,以实现惩罚或者更换不合格经理人的目的。外部控制模式的公司治理框架由股东大会、董事会及首席执行官三者构成,不设监事会。股东大会是公司最高权力机构;董事会既是决策机构,又承担监督功能;首席执行官履行公司日常经营职责,其提名与业绩考核由董事会负责。

1. 公司治理外部控制模式产生的原因

(1) 以股权融资为主的融资方式。由美国的金融体制所决定,美国企业主要通过发行股票和债券的方式从资本市场筹措长期资本,银行贷款融资比例很低。美国法律规定,银行不允许经营 7 年以上的长期贷款,而只能提供短期贷款。因此,美国企业所需长期资本无法通过银行获取,而只能依赖于资本市场,采取股权融资的方式。分散式的股权结构成为最初美国股份制企业典型的股权结构特征,股权的高度分散,导致了所有权和经营权的分离,公司主要权力掌握在经营者手中。由于单个股东持有公司股份比例较低,他们既无能力又无激励监督经营者。一方面股东缺乏专门的知识和信息应对现代公司日趋复杂的业务;另一方面众多分散的小股东要达成一致实施对经营者的监督要付出高昂的监督成本;再则由于单个股东参与治理所得到的收益为其他股东所分享,而治理成本却要自己承担导致的搭便车心里,使得中小股东参与治理的积极性较低。由于以上原因,使得中小股东将兴趣集中于股票收益率的升降,而不是积极参与治理,当公司业绩不佳时,便采用简单易行的"用脚投票"取代费心费力的"用手投票"。

(2) 机构投资者分散化持股,关注短期利益。机构投资者的出现使分散的股权得以相对集中,并在公司治理中发挥着重要作用。但机构投资者为了规避风险，往往采用分散持股方式，而不是将鸡蛋放在一个篮子里。美国有关法律对投资者的持股比例也有限制，如1940年美国的《投资公司法》和《蓝天法》规定保险公司在单一公司的持股不能超过5%，养老基金和互助基金不能超过10%，否则将要承担较高的纳税。除了机构投资者分散的持股外，其投机性也决定了机构投资者不会关注公司内部运营的长期改善，其治理行为的"消极倾向"较为明显，一旦发现公司绩效不佳使所持股票收益率下降，便会迅速抛售所持有股票，并改变其投资组合，而无意参与内部治理或帮助公司改善经营。因此，与美国公众投资者一样，机构投资者参与治理的动机与能力也不足。

（3）活跃的资本市场。美国是具有反垄断传统的国家，联邦政府为了迎合大众，通过立法限制持股人的持股比例。立法将商业银行和投资银行分离开来，并限制其持股。如1933年美国《格拉斯——斯蒂格尔法》（Glass - Steagall Act）规定若商业银行用自由资本购买公司的股票，不得超过自有资金和盈利总额的10%，购买的证券必须是信誉等级较高的证券，也不允许代理小股东行使股东权利，银行主要依靠相机治理机制参与公司治理。法律的限制，使得企业只有通过发达的证券市场进行融资。为了避免立法对企业融资带来的不利影响，英美造就了较为成熟的证券市场。为了满足企业外部融资的需要，美国发展了各种非银行金融机构，养老基金、互助基金、保险以及信托公司等逐渐成为企业筹措资金的中介机构。

由此可见，由于法律制度对商业银行以及机构投资者的限制，使英美股份公司呈现股权分散的特点，股东和机构投资者缺乏积极参与公司治理的动机并且也没有充分的能力实现对公司运营的有效控制，而只能采取间接的外部控制方式。英美充分发育的资本控制权市场、经理人市场以及较为完善的法律制度，为外部治理创造了条件。因此，持股比例较低的英美投资者通过资本市场，采用"用脚投票"方式，对代理人实施监督。

2. 公司治理的外部控制模式的特点

（1）股权分散，流动性强。由于反垄断法等法律法规对持股数量的限制，使得英美公司的股权较为分散，即使是机构投资者，在一家特定公司中的持股也比较低，其参与治理的话语权不充分，不足以对经理人员产生压力。由于普遍存在的搭便车心里，使得小股东没有充分的激励对代理人实施直接的约束，而通过资本控制权市场和经理人市场对代理人实施约束便成为首选。因此而导致英美资本市场股票的流动性较强。

（2）法律与市场等外部约束是监督经理人的重要力量。完善的法律监督体系和信息披露制度对代理人的商业投机、欺诈等行为发挥着严厉的约束作用；发达的证券市场使"用脚投票"得以实现，公司业绩不佳时，股东抛售所持上市公司股票，从而导致公司股价和信誉的下降，形成对代理人强有力的约束；收购、兼并等控制权争夺以及破产风险对代理人形成了巨大的外部压力。若经理被解雇，其在经理人市场中的声誉价值会大大下降。为了确保不被解雇，经理必须尽心尽力的工作。

（3）股东至上，债权人相机治理。一方面，由于股票的分散性以及股权的高流动性，为了避免不因股东"用脚投票"而被置换，经理必须关注于股东利益的满足，实现股东利益的最大化；另一方面，由于企业融资结构以股权资本为主，债权人不直接参与公司治理而是通过相机治理机制即当公司破产时接管公司，将债权转为股权，从而实现银行对公司的控制，而当公司经营好转时银行则退出，债权人的利益难以通过内部治理机制得到保护。由于对股东的重视，而对其他利益相关者的忽视，可能导致公司潜在的财富创造机会的减少。

（4）经营者在公司中居于支配地位，行为短期化。一方面，由于股权的分散，公司内部缺少兼具激励与能力充分的控制性股东，来自公司内部的监督作用较弱，内部人控制问题严重，公司高层经理人员玩忽职守和牟取私利等问题主要依赖于滞后的市场控制；另一方面，由于股票流动性较强，使得英美国家公司接管与兼并事件的发生较为频繁。基于外部股东主要依据股金分红和股票价格判断企业经营优劣的压力，公司经营者不得不将注意力集中于短期财务指标的改善上，从而可能对企业的长期发展造成损害。敌意接管对公司产生的震荡，使经理人难以建立与股东长期的合作机制，对未来市场威胁的担心使得经理人的行为更加短期化。

（5）独立董事比例较大，并设置若干专业委员会。英美等国家的公司多采用单层制模式，即监督和执行机构合而为一，董事会兼有决策和监督的双重职能。为了防止董事会中因执行董事比例过高而有可能导致的董事会与经理层的合谋，美国引入独立董事制度，董事会的监督职能主要由独立董事承担，并在董事会成员中占较多席位。由于独立董事由各行业专家构成，并具备良好的专业知识，只要具备充分的独立性与激励，理应有效发挥监督代理人的作用。独立董事通过专业委员会发挥作用，常设的委员会由审计委员会、提名委员会、报酬委员会、战略委员会等。

（6）普遍采取股票期权的激励制度。为了降低内部人控制的风险，实现经理与股东利益的一致以及剩余索取权与剩余控制权的匹配，英美公司对经理采取了股票期权的激励制度。通过限制经理人所持股票兑现的日期等相关制度的约束，使经理的个人利益与股东、公司利益联系在一起,以降低代理风险。

3. 公司治理外部控制模式存在的问题

公司治理的外部控制模式在完善的法律体系和发达的外部市场的前提下,依赖外部治理机制实现对代理人的激励与约束,有利于对经营者产生强有力的制约。但可能存在以下问题:一是对高管的监督滞后,当公司出现较为严重问题时,市场信号显示机制才会发挥作用;二是过于关注股东的利益,造成其他利益相关者的不满;三是股东至上以及经营者的短期行为不利于利益相关者关系的协调以及公司的长远发展;四是以独立董事为主的内部控制体系导致了诸多代理问题。

针对英美模式存在的问题,尤其是在安然、世通等一系列财务丑闻发生后,美国实施了公司制度改革。2002年美国证券交易委员会颁布了萨班斯—奥克斯法案(Sarbanes – Oxley Act),旨在强化公众公司的内部控制,以弥补外部市场控制的不足。其核心是提高董事会的独立性,完善审计委员会制度,从而强化董事会对管理层的监督和制约。另外,纽约证券交易所(NYSE)和纳斯达克(NASDAQ)均要求上市公司强化公司治理,如多数权益性报酬计划需经股东批准、与公司没有实质性联系的独立董事应占多数、独立董事应在报酬委员会和提名委员会中发挥更大的作用、定期召开仅有非管理董事参加的会议等。

16.1.2 公司治理的内部控制模式

公司治理的内部控制模式,又称为组织导向型公司控制模式,其主要特点是以股权加债权的内部监控机制为主,外部控制权市场作用力量较小。这种公司治理模式在德国、瑞士、奥地利与荷兰等诸多欧陆国家和东亚日本得到了较好的发展,尤以日本和德国为典型。公司治理框架采用两会制,股东大会下设董事会与监事会,监事会专司监督职能。银行、供应商、客户和职工等利益相关者通过股东大会、董事会、监事会等途径参与公司治理。法人股东和银行所组成的"内部人集团"在公司控制中发挥着主导作用,企业与银行之间形成长期稳定的关系。

1. 内部控制模式产生的原因

员工参与的法律约束、集团主义的文化、以主银行为中心的金融制度以及不发达的资本市场是公司治理的内部控制模式产生的主要原因。

(1) 员工参与的法律约束。德国具有悠久的员工参与治理的历史,早在

1976年的《共同决定法》就规定公司监事会由12名成员构成,其中员工代表和股东代表各占6个席位。若公司规模过大,监事会的组成规模也可能随之扩大为16名或20名成员。除了法律的规制之外,德国员工还可以通过持股方式参与治理。

(2) 集团主义的文化。与欧美个人主义的文化不同,日本具有典型的集体主义文化色彩,这种文化决定了公司治理的选择。对于企业组织而言,便形成典型的集团主义。通过"路依赖",集团主义文化作用于日本公司治理结构,构成了日本股权结构的典型特点。日本上市公司的股权大多集中在少数财阀手中,他们通过层层控股的方式控制了大批企业,形成了高度集中的"金字塔"式股权结构。另外,为了防止国外企业对日本企业的控制,日本政府鼓励企业之间相互持股,从而形成法人相互持股或者循环持股的大型企业集团。尽管日本曾颁布反垄断法,但由于执行的灵活性,使得反垄断法对于阻止大型集团的形成没有有效地发挥作用。

(3) 以主银行为主的金融制度。20世纪30~40年代,日本军政当局敦促家族银行合并,并为多数公司指定主银行。1948年年初,日本当局对财阀的股票实行清算,公司雇员被赋予优先购买权,同时还被给予金融的支持。由于股票的过度供给,导致了股票价格狂跌,雇员纷纷抛售股票,政府采取措施鼓励金融机构持股。随后日本企业所需的资金主要依赖于城市银行而不是股票市场,主银行及其监督体系逐步确定下来。在德国,银行最初只是公司的债权人,当公司拖欠银行贷款时,银行由债权人变成公司股东。法律上没有限制银行持有公司股份的数量,只要金额不超过银行资本的15%就行。第二次世界大战后,德国工业重建初期,银行成为企业资金的主要供应者,提供贷款、认购风险资本、帮助发行股票、认购债券以及流动资金等多项金融服务。由于金融机构对上市公司的巨大影响,决定了日德银行在公司治理中扮演着重要的角色。

(4) 不发达的资本市场。高度集中与相互持股的股权结构,使得德日上市公司股票流动性较低。另外政府对证券市场的严格限制以及对金融机构的宽松管制,使得日德证券市场的发育程度相对英美较低,资本市场治理机制的作用较弱。对代理人的监督主要通过银行、大股东以及员工等共同形成的内部治理机制实现。

2. 内部控制模式的特点

(1) 股权高度集中,股权结构较为稳定。为了避免因股权分散而带来的股权结构不稳等问题,日本和德国等国家股权法人化现象比较普遍,法人相互持股成为德日两国上市公司股权结构的基本特征。在日本法人相互持股较为普遍,因此,日本公司又称为"法人资本主义"。至20世纪90年代,在日本上市公司中,大型产业集团循环持股比例已达到相当高的程度,公司间法人相互持股形成稳定股东,所有者被架空。法人股东以控制权争夺为目的,并不十分关注红利和"资本收益"。在德国,相互持股的现象也较为普遍。大型企业集团的交叉持股有助于构建稳定的股权结构和长期合作关系,以抵御外部股东对公司的控制。

(2) 银行参与公司治理。银行处于公司治理的核心地位,既是公司的债权人,又是公司的主要股东,以债权人和股东的双重身份对公司实施控制,从而形成了一种特殊的银企关系。每个公司均有一家银行作为主要的融资渠道即主银行,主银行通过持有公司的股份参与内部治理,并在公司遇到资金困难时提供援助。在日本,主银行通过银行与公司、银行与银行、银行与政府三方面的关系,形成以银行为中心的交错持股、相互制约的网络体系;在德国,主银行通过贷款并向公司派驻监事,实现对公司的严密控制。主银行还可以通过委托投票获得更多的投票权,从而对公司监事会以及董事会实施有效的监督,同时也使得公司的外部并购很难发生,从而确保了银行对企业稳定的控制。

(3) 双层制结构,股东大会下设董事会与监事会。德国公司法要求股份公司中必须设立监事会与董事会,分别行使监督权和执行权。监事会由股东大会直接选举产生,由股东代表和职工代表组成,① 拥有提名与罢免董事的权力。董事会由执行董事组成,行使执行权。董事会执行监事会决议,负责公司日常经营和管理事务。主要是负责公司经营管理,向监事会提供预算报告,并向股东提供有关信息。日本治理结构由股东大会、董事会、监事会构成,股东大会是最高权力机构,董事会是最高决策机构,监事会负有监督职责。由于股权高度集中,股东大会实际为大股东所控制。由于相互持股,日本公司监事会成员多由持股单位委派,难以对董事会和经理人员形成有力的监督,监事会作用力量较弱,对公司代理人的监督主要来源于外部主银行和相互持股的企业。

(4) 职工参与决策。职工参与决策是德国有别于其他国家治理机制的显著特征。受德国民主思想和工人运动历史的影响,德国工人的政治觉悟和民主意识较

---

① 如1976年的德国《参与决定法》规定,公司监事会一般由12名成员构成,其中员工代表和股东代表平等地各占有一半代表权,即拥有6个席位。但是,如果公司规模过大,监事会的组成规模也可能随之扩大为16名或20名成员。

强。法律明确赋予员工参与治理的权力，[①] 职工委派其代表进入监事会，行使职工参与治理的权力。既强化了公司的内部控制，又提高了企业决策的民主化，还有助于协调公司与职工之间的关系，从而达到改善治理结构，促进公司可持续发展的目的。

3. 内部控制模式存在的问题

内部控制模式，有助于形成较为稳定的股权结构，促成公司股东与员工利益的一致，没有短期业绩的压力有助于经理行为的长期化。但也存在以下问题：一是小股东利益难以得到保障。日德大多数公司小股东持股比例较低，股东大会成为大股东会，容易导致大股东忽略甚至损害小股东利益的行为；股票的流动性差使得小股东不能有效利用股票市场维护其利益；二是稳定的股权结构与外部市场压力的缺乏，影响了企业的创新。银行以及大企业集团的相互持股限制了接管机制作用的发挥，兼并与收购等活动对经理人行为的约束力较弱，因而导致企业安于现状，经理缺少创新动力；三是主银行制容易形成高负债率，相互依赖、相互制约的网络式结构，极易产生经济泡沫，从而给银行以及公司带来风险。

16.1.3 公司治理的家族控制模式

家族控制模式以资本和血缘为纽带，家族是主要控股股东，权利的分配与制衡在以血缘、亲缘以及姻缘为纽带的家族成员之间内进行。所有权与经营权没有完全分离，企业与家合一，家族成员的最高层控制着企业的剩余索取权与控制权，董事会由家族控制，经理层部分由家族控制，部分由外部职业经理人担任。韩国、新加坡、马来西亚、泰国、印度尼西亚、菲律宾和中国香港以及中国台湾等国家和地区多采用家族控制模式。

1. 家族控制模式产生的原因

（1）历史背景。西方列强对东亚及东南亚各国的侵略，在殖民体系崩溃后国家重建过程中产生的民族企业成长于不发达的国家工业时期。东南亚各国中，华人家族企业由于文化素质低并受到土著人的歧视，使其与土著人的合作受到限制，而

[①] 如德国 1976 年颁布的《参与决定法》规定了 2000 名员工以上的股份有限公司、合资合作公司、有限责任公司监事会的人选问题，指出监事会人数视企业规模而定，在 2000 名以上到 10000 名职工以下的企业监事会人数为 20 人，职工进入监事会的代表中，职工和高级职员按比例选举，但每一群体至少有一名代表。之后还有针对 1000 名以上职工、500 名以上职工的股份公司等监事会、董事会的相关具体规定。

只能采用以血缘为纽带的方式吸收同族亲戚进入公司,以实现企业的发展;韩国因为朝鲜战争经济衰退严重,企业主要通过家族成员的共同努力而发展。

(2) 传统价值观念的影响。韩国与东南亚国家都受到中国儒家文化的影响,儒家文化崇尚"家和万事兴",主张"和为贵",重视血缘、亲缘以及姻缘在维系家族繁荣中的作用。家族文化的理念被根植于企业的治理中,有助于降低治理成本,提高治理效率。

(3) 企业规模扩张的需要。相对其他类型企业而言,以血缘为纽带的"家"具有更强的维系力量。企业规模的扩大,更多地依赖于家族的力量,采用内部扩张式发展。

2. 家族控制模式的特点

(1) 所有权和经营权主要由家族成员掌握。在大多数家族企业中,不仅公司股权大多集中在家族手中,而且家族成员也普遍地参与公司治理与管理,当然也有少部分家族企业将经营权授予职业经理人。由于所有权与经营权合为一体,避免了两权分离下的代理问题。

(2) 金字塔式股权结构。集中的所有权结构是投资者在法律制度不完善的情况下所进行的自我保护行为。当投资者保护的法律与制度不完善时,为了避免其利益被侵害,倾向于选择将大量资本投入一家公司并成为公司的强势股东,控制权的放大效应,形成一个庞大的金字塔系结构。家族控股公司一般位于金字塔的顶端,位于金字塔最底层的是现金收入及利益高的上市公司。家族集团向公众发售这些公司的股票,并通过股权、血缘等方式控制其下属公司,以较小代价获得公司控制权。由于资本的逐利性,家族集团可能通过内部交易等隧道行为,实施利益侵占(Johnson,2000)。将金字塔底层公司的收益传到上层的家族集团母公司,同时集团将那些品质较差的资产以高昂的价格转移到下层企业,从而侵害中小股东利益。控股股东对上市公司并非总是掏空,控股股东也常常为陷入危机中的公司提供帮助。如三星集团对旗下三星电机公司托普软件对旗下四川托普的短期投融资等)。弗里德曼(Friedman,2003)指出:控股股东对上市公司的"掏空"和"支持"行为是对称的,支持的目的可能是为了将来获得更高的投资回报,也可能是为了以后更进一步地掏空。

(3) 家长制治理。由于所有权与经营权的结合,形成了家庭与企业两个系统的高度重合,内部治理带有浓厚家族色彩,以股东大会、董事会、监事会为特征的正式治理结构没有清晰的界限。家族企业以血缘和资本为纽带进行家族成员间权力的分配与制衡,宗族治理色彩浓厚,以"血缘、亲缘"为纽带而形成的关系大于正式组织制度的影响，治理机制依赖于以血缘与资本为纽带的关系，其中血缘关系的影响更大。股东大会、董事会和监事会形同虚设，家长或领袖主导着家族企业的决策，不仅公司的主要决策由家长控制，其他家族成员的决策也要征得家长的同意，规范的决策与制衡机制难以发挥作用。

帕玛拉特公司的家族治理问题

帕玛拉特（Parmalat）是意大利的一家跨国性食品加工企业，2003年年底，帕玛拉特突然申请破产保护，在意大利引起轩然大波，被称为欧洲的"安然事件"。

帕玛拉特成立于1961年，是一家拥有40多年历史的家族企业，其创始人为卡利斯托·坦齐（Calisto Tanzi）。在被拘留后，坦齐承认在帕玛拉特的账面上大概有80亿欧元的亏空，并且他曾经将5亿欧元转移到了自己家庭成员所拥有的公司中。帕玛拉特的主要治理问题是经营层捏造虚假财务信息欺骗股东，众多股东的权益被侵害。

在初步调查之后，意大利检查人员表示，在过去长达15年的时间里，帕玛拉特管理当局通过伪造会计记录，以虚增资产的方法弥补了累计高达162亿美元的负债。欺诈的目的除了隐瞒公司因长期扩张而导致的严重财务亏空以外，另外一个重要目的是把资金从帕玛拉特（其中坦齐家族占有51%的股份）转移到坦齐家族完全控股的其他公司，掏空上市公司。例如，帕玛拉特利用复杂的公司结构和众多的海外公司转移资金。据《华尔街日报》报道，帕玛拉特注册在荷属安德列斯群岛的两家公司——Curcastle和Zilpa是用来转移资金的工具。操作方法是，坦齐指使有关人员伪造虚假文件，以证明帕玛拉特对这两家公司负债，然后帕玛拉特将资金注入这两家公司，再由这两家公司将资金转移到坦齐家族控制的公司。到1998年，帕玛拉特对两家公司的虚假负债达到了19亿美元。另外，帕玛拉特还设立投资基金转移资金。帕玛拉特与注册在凯曼群岛一家神秘的证券投资基金Epicurum的关系扑朔迷离。Epicurum基金成立于2002年。在其成立两个月后，帕玛拉特就对它投资6.17亿美元。这笔投资没有向投资者公告，甚至董事会的两名成员在接受采访时也称毫不知情。有证据显示，在坦齐的授意下，帕玛拉特的财务总监通纳（Fausto Tonna）和一名外聘律师兹尼（Zini）建立了这个基金，目的是向坦齐的家族企业转移资金。

资料来源：转引自李维安：《公司治理学》，高等教育出版社2009年版，第386页。

3. 家族控制模式存在的问题

家族治理模式以血缘、亲缘以及姻缘与资本为纽带，所有权与经营权为一体，非正式的宗族治理较正式组织制度的影响更大，有助于降低代理成本，提高治理效率。在外部治理环境不完善的条件下，家族控制模式更有利于家族企业的发展。但可能存在以下问题：一是由于家族企业的所有权与经营权合一，易造成家族控制人与经理人以及其他家族人的合谋，从而对非家族股东以及员工利益形成侵害；二是家长制的治理缺少正式制度安排下的制衡机制，有可能出现决策失误，从而使利益相关者利益受损；三是金字塔式的股权结构，增加了公司组织结构的复杂性，降低了信息透明度低，并放大了控股股东的财富效用，加大了控股股东的风险，并可能引发严重的代理问题；四是以血缘为纽带的家族治理，容易出现任人唯亲的问题，导致人才危机。

16.1.4 公司治理的内部人控制模式

内部人控制模式由青木昌彦首次提出，他在《转轨经济中的公司治理结构：内部人控制及银行的作用》一书中指出：内部人控制指的是"经理人员事实上或依法掌握了控制权，通过与工人的共谋使其利益在公司战略决策中得以充分体现"。在市场经济发育程度较低以及法律体系不完善的条件下，国家进行市场化转轨过程中，由于计划经济遗留的问题，使经理等内部人成为公司的实际所有者，国有股权被虚置。实际上内部人控制模式是一种不健全的治理模式，既缺乏股东的内部控制，又缺乏外部市场的约束以及法律制度的监管，内部人成为企业实际控制人，并因此而产生一系列治理风险问题。主要存在于苏联、东欧以及我国等计划经济向市场经济转轨的过程中，与产权改革、市场化进程以及法律制度的完善密切相关。各国因转轨的背景、制度不同，其内部人控制具有不同的特点。

1. 典型国家内部人控制产生的背景

（1）俄罗斯和斯洛伐克。苏联解体后，俄罗斯联邦为了恢复经济，在1992年年初采取了"休克疗法"式的改革，大规模私有化是休克疗法的主要内容，政府将财产分配给个人，个人凭私有化证券自由认购股份。特权阶层和暴发户成为国有企业的控制人，公司的股权转移到经理人手中。由于市场发育程度低以及法律制度的不完善，经理人采取将优良资产以低价方式转给关系密切的"自己人",而将亏损或濒临破产的企业转嫁给社会,从而造成了国有资产的流失。与俄罗斯私有化方式相似,斯洛伐克的做法更为直接,由掌握一定特权的经理与国家谈判,政府将企业交给有关系的"自己人","内部人控制"的后果更为严重。

(2) 匈牙利。不同于俄罗斯的私有化,匈牙利主要是通过公开拍卖和市场竞价方式实施私有化。由于资本实力的限制,尽管匈牙利政府实施了生存贷款等措施,但本国居民因经济实力所限而只能购买中小企业的股份。资金实力雄厚的外国资本趁机控制了匈牙利的建筑业、银行业、采矿业、加工业等重要经济命脉。外国资本利用其资金优势,对匈牙利企业实施"内部人控制",保护民族经济成为匈牙利亟待解决的问题。

(3) 捷克。转轨时期法律对持股比例的过渡约束导致"内部人挖空",成为捷克内部人控制的主要特点。捷克法律规定:企业内部管理人员和职工购买本企业的股票,不得超过总股份的10%;投资基金持有单一公司的股份不得超过总股份的20%。由于法律的限制,使得捷克上市公司缺乏承担责任的所有者。持有少量股权或者不持有股权的经理通过其内部人控制榨取公司财富,掏空公司资产。

总之,在经济转轨过程中,与政府有关的经理人轻而易举地获得了国有企业的控制权,并实施内部人控制,导致了国有资产的流失。由于经理人的产生并非来自于市场机制,作为内部人的经理人并非是具备经营管理才能的人,而是拥有某种特权的人。内部人控制不仅造成改制初期的国有资产流失,而且使改制后的国有企业治理与管理问题更加严重,我国国有企业改制后上市的公司也是如此。

2. 内部人控制模式的特点

(1) 经理人约束机制缺失。在转型经济的国家中,股权集中于公司内部人手中,拥有特权的经理人成为大股东,身兼委托人和代理人双重身份。在内部治理机制不完善,外部治理机制缺失的情况下,内部经理人利用其股权、地位以及信息等优势对外部小股东、公司员工以及债权人利益实施侵害的情况在所难免。

(2) 董事会形同虚设。转型国家的公司中,董事会成员主要由大股东或其代表组成,它与经营者、雇员共同构成了"内部人阶层",科学决策与制衡的职能被弱化,董事会成为大股东以及内部人牟利的工具。

(3) 外部治理机制缺失。转轨时期,政府通过颁布相关的法律与制度,实施市场化改造,产品市场、资本市场以及经理人市场发育程度很低,外部治理机制对经理的约束微弱。企业经理人员大多由政府委派而不是通过市场机制产生，市场的声誉约束缺失；资本市场尤其是股票市场受政府的干预较多，股价与公司业绩没有关联性，"用脚投票"对经理人的约束基本不存在；由于股票的流动性差，接管、并购等控制权市场对经理人行为的制约也十分有限。

16.2　中国公司治理

16.2.1　中国家族企业治理

我国私营企业多采用家族式治理，既有与东南亚等国家或者地区家族企业治理的共同特征，又有与我国公司治理环境相匹配的特点。

1. 中国家族企业治理的特点

（1）金字塔式股权结构。由于我国投资者保护制度较弱，家族控股股东为了避免其利益受损，大多选择金字塔式的股权结构，如德隆系、朝华系以及格林柯尔系等。金字塔结构层次越多，现金流权与控制权的分离程度越高，控股股东的财富放大效应越强。

（2）组织机构家族化特征显著。以血缘为纽带实施家族成员的权力配置，很多大型家族企业都建立了股东大会、董事会、监事会等治理结构以及相关的企业制度，但家族控制特征依然突出。董、监事会成员以及经营管理人员主要来自于家族，封闭性强，外部职业经理人占比很低。

夫妻店上市公司的治理风险

以夫妻及其家庭成员为主体的夫妻店，由于夫妻间的信任、共同的爱好与利益以及情感约束，具有与其他类型企业组织形式相比较为清晰的产权结构、组织结构扁平、信息传递快捷等特点，因而沟通协调成本低，基本不存在董事会与经理层之间的代理成本。在初创时期，具有较快的效率和较高的收益，但上市成为公众公司后，高度集中与"亲情束缚"的治理结构存在诸多潜在风险，并因此对公司可持续发展带来很多不确定性。

夫妻店的治理风险主要表现为以下几点：

1. 决策权高度集中风险。大部分夫妻店的股权集中于夫妻,即使不是直接持有也是作为终极控制人持有公司的大部分股权。严重畸形的股权结构,使得公司缺少必要的制衡,公司决策权为夫妻控制。

2. 亲情纽带断裂引致控制权争夺风险。夫妻店上市公司夫妻感情破裂而导致的控制权争夺的激烈程度远高于其他类型上市公司。若夫妻感情破裂,亲情纽带断裂,引发两派之间持久而激烈的控制权争夺。

3. 高度依赖大股东的风险。由于夫妻上市公司的管理层由公司核心股东高度控制,公司对大股东的资产、人才、技术、市场、品牌以及经营管理等过度依赖。这不仅容易导致上市公司独立性差、大股东的超强控制以及严重的非公允关联交易,并且一旦核心大股东退出公司,则公司管理层将面临较大波动,公司的经营也将出现较大的不稳定。

4. 关联交易风险。夫妻上市公司缺少对关联交易事项的制衡机制,同时由于亲缘关系形成的关联交易网络中更加紧密,关联交易的隐秘性与复杂性更强,从而加大防范和监管关联交易的成本,增大关联交易的风险。

5. 职业经理人缺失风险。大部分夫妻上市公司的大股东们都是公司创始人或发起人,夫妻在公司中担任着董事长、总经理等高管职务,其他高管也采用了亲缘化人事安排。紧密的亲宗关系使得外部人难以进入管理团队,低代理成本转化为高经营风险,缺少职业经理人的有效管理给公司未来的发展埋下了隐患。

资料来源:根据谢永珍,夫妻店的治理风险(董事会,2011年第5期)整理。

(3) 股东大会成为大股东会。我国家族企业"一股独大"现象较为明显,家族控制人为了确保其稳定的控制地位,往往持有公司股份比例很高。虽然有些家族企业引入机构投资者,但大股东仍然维持很高的持股比例,股东大会大股东化程度较高,中小股东参与治理程度较低。

(4) 企业决策以家族控制人或者创始人个人决策为主,董事会的委员会决策机制并未得到有效发挥,决策风险较高。

(5) 人力资本的激励采用现金与股权方式。为了稳定高管与员工队伍,部分家族企业的创始人通过逐步稀释股权、由干股转实股等方式,使职业经理人以及拥有异质性人力资本的其他人员成为股东。

2. 中国家族企业治理存在的问题

(1) 股权结构不合理。大部分家族企业股权高度集中,家族控制人一股独大,如国美电器等。高度集中于家族控制人的股权结构安排,不仅限制了家族企业的股权融资,而且一旦公司出现不利情况,控股股东将遭受较大损失。部分家族企业股权集中于几个大股东之间,大股东之间形成较强的制衡机制,控制权争夺频繁,使得大股东以及中小股东利益受损,几败俱伤。而由于金字塔式股权结构的信息透明度低,极易导致大股东的隧道行为。

(2)"三会"成为虚设。家族企业普遍存在少数家族人的"多重角色",股东大会成为大股东会,董事会以及监事会由家族控制,董事会与经理层职责不分,人员重叠。经营决策多由创始人负责,科学决策机制不健全,决策风险大。

(3)高级管理者选聘任人唯亲。由于我国信任体系不健全,经理人市场发育程度较低,家族企业任人唯亲比较普遍。这不仅阻碍了外部优秀管理人才的进入,而且极易出现因家族人能力不足而导致的治理失效。

(4)资本结构不合理,债务融资比例低。中国家族企业发展的很大障碍是融资难,股权融资以及债务融资均因公司信誉以及政府政策而受限,资金短板成为制约家族企业持续发展的关键因素。

16.2.2 中国国有上市公司治理

1993年前我国国有企业实行党委、厂长、工人共同治理的模式,1993年《公司法》颁布后,国有企业以"产权清晰、权责明确、政企分开、管理科学"为目标的现代企业制度逐步建立;1999年提出在国有企业建立"法人治理结构",要求明确股东(大)会、董事会、监事会和经理层的职责,形成各司其职、相互制衡的治理结构。2000年,国家经贸委在《国有大中型企业建立现代企业制度和加强管理基本规范(试行)》中明确提出除必须由国家垄断经营的企业外,其他应逐步改制为多元股权结构的有限责任公司或股份有限公司,建立规范的法人治理结构。

1. 国有上市公司治理的特点

与我国经济与社会制度变迁以及传统文化有关,我国国有企业治理既不同于以美英为代表的外部控制型,又不同于以德日为代表的内部控制型,具有鲜明的"中国特色"。

(1)"强权政府"引导国有企业改革。政府作为国有资产产权所有者的代表,通过政策、法律、法规等指导改革进程,采用"自上而下"方式实施国有企业改制。国有企业改制后的治理结构呈现浓厚的政府色彩，国有控股上市公司的董事、监事以及经营者政府委派较多。

（2）股权集中度高，国有股一股独大。我国国有企业在股份制改造时采取了剥离非核心资产、将优良资产集中于发起人企业并由其组建股份有限公司的办法，保证了国家对国有企业的绝对性控制，① 国家在多数上市公司中拥有较高的股权，上市公司流通股比例很低。2005年股权分置改革之前，国有股不上市流通。股权分置改革后，封闭式的股权结构被打破，国有股占比略有下降，但股权集中状况并未显著改善。

大股东通过关联交易转移上市公司资产

一股独大股权结构的普遍存在，使上市公司与母公司的关联交易成为中国上市公司难以根治的病症。由于关联交易最容易造成非公允价格定价，而关联交易又极其隐蔽，某些控股股东便利用其控制地位，在重大关联交易中以牺牲上市公司及广大中小股东的正当利益，以不合理的高价将其产品或劣质资产出售或置换给上市公司，换取上市公司的现金或优良资产，或者以不合理的低价从上市公司购买产品或资产，甚至不支付价款，致使上市公司应收账款不断增加、资金被长期占用，直接严重影响上市公司正常生产经营。而有的大股东则干脆将关联交易的一方作为一个中间环节，间接地将上市公司资产转移出来。

1998年内蒙古通辽市民企艾史迪公司收购了四砂34.48%的股权，成为公司新主人。艾史迪董事长李协平顺理成章地当选为四砂公司的董事长后大玩空手道。首先由四砂为艾史迪公司担保贷款收购了4家柠檬酸厂，再让四砂从艾史迪高价收购这些厂，凑足了购买四砂股权的资金。李协平随后又以四砂股权作抵押贷款5000多万元。在其操控与影响之下，四砂股份在随后的几年内一直处于管理真空状态，不断的股权争夺使四砂股份直至今日还一直处于风雨飘摇之中。

（资料来源：刘晓忠：《大股东如何掏空上市公司》，载《中国经济周刊》2004年第27期。）

（3）国有产权主体缺位，内部人控制普遍。我国政府通过设置国有资产管理委员会并赋予履行国有资产所有者的职能。实际上国有企业不存在严格意义上的委托人，国有资产管理委员会只是国有产权的代表。国资委通过委派董事、监事

---

① 如1994年，《股份有限公司国有股管理办法》规定：国有企业进行股份制改组，要保证国家股和国有法人股的控股地位。

以及高级管理人员方式实施对国有企业的治理，但国有股产权主体的知情权、收益权、投票权、选择权以及监督权等难以保障。由于国有产权主体的缺位，导致了严重的内部人控制。

（4）特殊二元制结构。我国上市公司采用了股东大会下设董事会与监事会的平行式治理结构，不同于以德国为代表的垂直式二元制模式。董事会和监事会均由股东大会选举产生，董事会拥有决策权，监事会拥有监督权。我国治理结构中还引入了英美法系的独立董事制度，独立董事与监事会双轨并行，行使监督权。

（5）"新老三会"并存。改制后的国有企业，在组织结构与治理结构方面存在着以党委会、工会和职工代表大会为代表的"老三会"以及股东大会、董事会、监事会为代表的新三会共存的局面。为了协调新老三会的关系，确保党委的地位与作用，采取了党委书记与董事长兼任的方式。

2. 国有上市公司治理存在的问题

（1）多元股权制衡机制缺失。我国上市公司中，国家股和法人股较高，国有法人股东拥有对公司的绝对控制权，机构投资者以及流通股比例较低，股权结构单一。高比例的国有股，导致了国有企业治理结构中的政府干预。

（2）内部人控制问题严重。国资委通过委派产权代表的方式，进入上市公司，但由于激励与约束机制的不健全，产权代表难以有效履行其职能。在缺少内外监督的情况下，内部人全权经营企业，掌握了企业的最终控制权。部分上市公司的企业内部人特别是董事长、经理等代理人"道德风险"问题严重，通过过度在职消费、投资决策失误、侵占小股东利益、转移国有资产等方式实现其个人私利。

（3）监事会监督效率低下。我国上市公司监事会只拥有监督权，而不拥有对董事的提名权与罢免权等，监事会地位尴尬，难以有效发挥其监督作用。在外部治理机制不完善的状态下，上市公司问题高管等事件的发生便不可避免。

（4）独立董事不独立。我国上市公司引入了英美法系的独立董事制度，并规定由独立董事履行监督职能。实际上，独立董事的提名与委派以及薪酬等主要由大股东或者大股东的利益代表确定，因此，独立董事仍然是大股东或内部高级管理者的代表。受制于利益主体，难以有效履行其监督职能。

（5）高管产生机制与激励机制不合理。我国国有上市公司高管多为政府委派，而非由市场机制决定。某些高管由行政管理角色转换为企业管理者角色，转换成本高，代理风险大。同时，高管的非市场化机制，也制约了经理人市场的发展。高管的激励形式比较单一，短期薪酬激励是主要形式，长效激励不足，剩余索取权与剩余控制权匹配度低。

（6）中小股东利益以及员工利益保护不够。我国资本市场发育程度较低，小股东难以通过"用脚投票方式"行使对业绩不佳高管的惩罚。而内部治理机制中，由于股权的高度集中，股东大会实质上成为大股东会，小股东难以通过股东大会维护其利益。新修订的公司法赋予员工参与治理的权利，但低比例的职工董事与职工监事，使员工参与治理只具形式上的意义。

16.3 公司治理模式的趋同与存续

16.3.1 公司治理模式的趋同

1. 公司治理模式趋同的动力

尽管各种治理模式根植于其政治制度与经济制度，具有显著的路径依赖特征，但经济全球化以及现有治理模式存在的缺陷导致了公司治理模式的趋同，治理效率的改善是治理模式趋同的根本动力。

经济全球化导致了各国管制的放松，海外上市以及国际并购事件日益增多，客观上要求不同治理模式的各国在公司制度上实现一定的融合。各国立法者积极推进公司制度改革，以吸引更多的投资者，获取更多的国际资源。投资者对良好治理模式带来高回报的预期，使其有可能将资本从不理想治理模式的国别撤出，而流向治理模式较好的国家或者地区。为了尽可能减少资本流出给本国造成的损失，立法者必须实施治理模式的变革。与美国企业竞争的劣势地位促使欧洲大陆国家以及日本实施治理模式的变革，并自觉或不自觉地借鉴了英、美模式的做法，尤其是越来越重视股东的利益以及市场控制对治理行为的影响，因而曾经呈现出趋向英美以市场为主的治理模式。国际货币基金组织、世界银行、OECD、国际会计准则委员会等对公司治理模式的趋同发挥了积极的推动作用。近年来，各种治理模式在股东权益保护、社会责任关注、机构投资者参与治理、董事会独立性以及高管激励等方面呈现一定趋同性。

现有治理模式的缺陷，也促使立法者在完善本国公司制度的同时使治理模式呈现一定的趋同。20世纪70年代初到80年代末，德日模式曾经一度被效仿，该时期美国国际竞争力的下降与日本国际竞争力的提升便是很好的佐证。日德模式的主银行制，使银行在公司面临困境时能够给予积极的救助。银行以及大企业集团着眼于公司的长期投资，不会造成美英模式因接管而导致的公司短视行为；另外日本的年功序列制与内部提升制度以及德国对员工参与治理的关注，有利于员工利益的保护。银行的积极参与治理、经理对公司长期利益的关注以及员工利益的维护，提高了日德企业乃至整个国家的竞争力。而美国发达的资本市场以及由此而产生的敌意接管使得经理不得不关注短期财务业绩的改善，公司长期发展投资不足；美国对银行持有公司股票的限制，使得银行不能有效参与治理，并且导致有生存希望而短期陷入财务困境的公司较早遭到清算（布莱尔，1999）[①]。但20世纪90年代后日本的经济衰退也暴露了日本治理模式的问题，1998年亚洲金融使日本的许多企业陷入困境，而同属日德模式的韩国，也出现了相似的问题。近年来日德模式开始变革，日本引入独立董事制度。而在美国，新经济的破灭以及财务舞弊案件的发生尤其世界能源巨人安然的轰然倒塌，使得美国证券交易委员会意识到了市场导向治理模式存在的严重问题，并实施公司治理变革，向内部控制模式趋同。美国立法者改变以往致力于股东价值最大化的做法，注重维护利益相关者的利益；在依靠市场力量的同时也关注公司内部监控的作用。美国的改革对其他国家也起到了示范作用。

日本索尼的公司治理改革

日本索尼（Sony）的公司治理曾经存在许多弊端，得不到市场和全球投资人的信任。为此，索尼公司对公司治理进行了改革。

1. 公司治理改革的依据

2002年5月，日本颁布修订后的新《日本商法》。新《日本商法》对日本公司治理作了重大改革，其主要精神是推广美国式的"具有专门委员会的公司体制"，即在董事会中设立提名、审计和薪酬三个委员会，并设立美国式公司治理中的CEO（即首席执行官）。新《日本商法》允许企业自愿决定是否采用这种体制。旧《日本商法》规定，董事会同时具有监督、日常经营管理两种职能。新《日本商法》的目的是要把董事会现在同时具有的监督职能和日常经营管理职能区别开来，以使经营管理职能专业化和监督职能责任化。

[①] 布莱尔：《所有权与控制：面向21世纪的公司治理探索》，中国社会科学出版社1999年版，第30~39页。

2. 公司治理改革的内容

2003年1月28日，索尼董事会决定，把目前索尼实行的公司管理改变为"具有专门委员会的公司治理体制"。新的公司治理结构的变化包括：一是取消法定审计人会、集团执行官会；二是将监督职能授权给董事会以及提名、薪酬和审计委员会；三是设立美国式公司治理中的 CEO；四是保留现有的公司执行官会，其中设公司执行官常务会（representative corporate executive officers）。

在人员组成上有如下变化：一是董事会的组成。人数规模为10~20人；对董事任职所应有的独立性作了规定；在目前只有3个外部董事的基础上增加独立董事的人数，并增强外部董事的独立性。二是董事长。董事长和执行官常务会分设。三是董事会中专门委员会的组成。提名委员会不少于5个董事，其中至少要有2个内部董事，但大多数必须是外部董事。薪酬委员会不少于3个董事，其中至少要有1个内部董事，但大多数必须是外部董事，CEO 和 COO（即首席运营官）不得参加该委员会。审计委员会不少于3个董事，大多是必须是外部董事，其中至少要有1名全职人员，其成员不承担经营管理责任，并且必须符合美国索克斯法案（即 Sarbanes-Oxley Act，简称 SOX Act）有关独立性的要求，原则上也不得担任提名和薪酬委员会的成员。四是董事会中专门委员会的主席。提名、薪酬、审计委员会的主席，必须由外部董事担任。五是公司执行官会与公司执行官常委会。在董事会的指导下，公司执行官会负责整个索尼的管理和治理，其中设公司执行官常委会。

（资料来源：何家成著：《公司治理比较——信息与通信业10家跨国公司案例》，经济科学出版社2003年版，第86~90页。转引自李维安：《公司治理学》高等教育出版社2009年版，第386页。）

2. 公司治理模式趋同的表现

近年来不同治理模式相互借鉴，出现趋同现象。采用外部控制模式的国家或者地区，在坚持市场监控的基础上，将目光转向公司内部，关注内部监督的作用，如英美等国通过鼓励机构投资者参与公司治理、提高董事会独立性等方式强化内部控制，以弥补外部监控的缺陷。采用内部监控模式的国家或者地区逐步重视市场竞争对公司治理的影响，同时引入独立董事制度以完善内部治理结构。家族控制模式的国家与地区开始关注于借鉴良好公司治理经验，进行公司治理的系列改革，如加强法律法规建设、制定公司治理规范、强化信息披露监管、引入独立董事制度、重视中小股东利益的保护等。内部人控制模式的国家与地区则注重吸收英美以及日德模式的做法，在市场化进程中，既注意发挥市场的监控作用，又关注于内部控制机制的完善。各种治理模式走向趋同，各国以及各组织的公司治理原则如 OECD 经合发展组织公司治理原则、美国加州公共雇员退休体系（CalPERS）1998 年起草的《公司治理核心原则及指南》、德国公司治理专家小组 2000 年 1 月公开的《上市公司治理规则》、美国萨班斯—索克斯法案等关于公司制度的规定便是很好的佐证。各国治理模式趋同的主要表现如下。

（1）董事会规模小型化与结构多样化。董事会规模与结构是决定董事会治理效率的关键因素，董事会规模与治理绩效呈现倒 U 形关系，规模过小与规模过大均易导致治理效率的降低。近年来出现了董事会规模小型化的趋势，美国董事会规模为 12 人；日本董事会规模由 31 人下降至 15 人（胡方、皇甫俊，2005）；欧洲董事会的规模维持在 13 人左右，我国上市公司董事会人数在 10 人左右。在董事会规模趋向小型化的同时，董事会结构呈现多样性。如引入非执行董事，提高独立董事比例；引入女性董事，强化女性董事会的参与治理；保持董事会成员知识结构的多样化等。

（2）独立董事制度的引入。为了弥补内部控制的缺陷，美国相关制度要求引入独立董事。如美国 CalPERS《公司治理原则》以及萨班斯—索克斯法案等都对独立董事制度做出了明确的规定；[1] 英国 1992 年卡德伯里（Cadbury）报告的《企业最佳行为准则》中对董事会中独立董事数量、应具备的条件以及专业委员会的设置等均给予了明确的规定；德国公司治理小组 2000 年 1 月发布的《德国上市公司治理规则》对独立监事的相关规定条件实际上反映了独立董事制度在德国的引入；日本 2002 年 5 月修改的商法允许公司以章程的形式规定采用独立董事制度并设立相应的委员会；我国 2001 年颁布的《上市公司独立董事指导意见》标志着独立董事制度正式引入中国，2006 年新修订的公司法再次强调上市公司应建立独立董事制度。有关国家和地区引入独立董事制度的立法及独立董事的实践显示了不同公司治理模式的趋同。

（3）股东利益保护的重视。各种治理模式变革的重要趋势是更加注重股东权益的保护，并通过股东会的运作以及其他中小股东权益的保护等规制的强化保障股东的利益。英国汉佩尔（Hampel）《公司治理报告》强调公司和股东之间应建立沟通和对话机制；OECD《公司治理原则》强调应平等对待所有股东以及强化

---

[1] 如董事会的成员应是独立董事，审计、任命、报酬等委员会应全部由独立董事组成，独立董事为首席执行官制定业绩标准和报酬激励计划。

对股东的信息披露信息;① 德国 2006 年 6 月修订的《德国公司治理法典》强调了股东享有的表决权、信息获取权、新股优先认购权、股东大会出席权、提案及质询权以及董事会对股东的行为规则等;② 日本公司制度一向重视员工利益的维护,但 1993 年修改的商法体现了日本对股东利益的关注。商法规定:股东代表诉讼的起诉费用一律为 8200 日元,与请求赔偿额无关,股东胜诉时还可以向公司请求偿还所支付调查及诉讼费用,招致了大规模的股民运动;韩国于 1998 年修订的商法将股东提起派生诉讼的要件从原先的持有发行股份总数的 5% 以上降低为 1% 以上,2001 年韩国进一步修订商法,规定提起派生诉讼而胜诉的股东可以对公司请求支付诉讼费用及其他因诉讼而支付的费用中的相当数额;我国 2006 年新修订的公司法进一步强化了股东的知情权、投票权、股东会与董事会决议的无效与撤销权、小股东的退出权与解散公司权、股东代表诉讼权以及直接针对董事、高管的损害赔偿诉讼权等。

(4) 董事忠实义务和董事会责任的强化。董事会的核心地位得到了各种治理模式的共同认可。欧洲大陆在董事诚信履行职责、董事利益冲突的规制、董事会独立性等方面逐步与英美制度趋向一致。英国《公司治理报告》要求董事会保持可靠的内部控制系统;德国《上市公司治理规则》明确在经营公司过程中,董事会应受公司利益、公司政策和集团指导方针的约束,并规定董事会成员不得追求与公司利益相冲突的利益;OECD 公司治理原则要求确保董事任命程序的规范和透明、董事会应保证公司会计和财务报告制度的统一性、董事会应独立于管理层对公司事务作出客观的判断;我国公司法规定若董事会的决议违反法律、行政法规或者公司章程、股东大会决议,致使公司遭受严重损失的,参与决议的董事对公司负赔偿责任,并且明确规定上市公司董事、监事、高级管理人员应当遵守法律、行政法规和公司章程,对公司负有忠实义务和勤勉义务。

(5) 会计准则的融合。经济全球化导致了不同治理模式逐步趋向以美国主导的 GAAP 和英国主导的 IAS 两套主流标准,目前全球已有 120 多个国家或地区要求或允许采用国际财务报告准则,欧盟委员会(EC)于 2000 年 6 月提出了欧盟上市公司 2005 年起采用国际会计准则以及未来的国际财务报告准则(IFRS)编

---

① 包括所有投资者在购买股票前有权获得对所有种类股票所赋予的投票权的信息;投票权的任何变化应由股东投票决定。股东会的程序应体现对所有股东的平等对待。内幕交易和滥用自我交易应禁止。董事会成员和经理人应将可能影响公司的任何在交易中的实质性利益或事项披露。

② 法典第二部分规定:董事会每年必须至少召开一次全体股东大会,并提供详细议程。董事会不仅应提供法律规定应在股东大会上提交的报告与文件,并根据股东的要求送达相关资料,而且应与大会议程一起在公司网站上予以公布。公司应当为股东表决权的亲自行使和代理行使提供方便,并建议公司可为股东用现代化手段(如互联网)了解股东大会情况提供可能。

制合并报表的动议，2002年7月19日，欧盟要求所有上市公司、银行和保险公司，必须根据国际会计准则编制合并报表。2008年的金融危机加快了国际金融监管改革的步伐，二十国集团领导人峰会多次倡议建立全球统一的会计准则，2011年5月12日和6月16日，国际会计准则理事会发布了4项修订后的国际会计准则：《国际会计准则第1号——财务报表的列报》、《国际会计准则第19号——雇员福利》、《国际会计准则第27号——单独财务报表》和《国际会计准则第28号——在联营和合营中的投资》。会计准则的融合将有助于节约经济成本并提升国际财务报告准则的全球公认性。

（6）对内部控制的关注。以敌意接管与代理权竞争等方式为主要特征的市场控制机制是英、美公司治理模式的基本特征，但近年来人们逐步意识到过渡控制权争夺损害了利益相关者及经济主体的利益，养老金以及其他机构投资者采取积极参与治理的方式替代敌意接管已成为重要的力量。为了强化公司内部对董事会和管理层的监督和制约，要求上市公司中的独立董事应占多数、独立董事应在报酬委员会和提名委员会中发挥更大的作用、定期召开仅有非管理董事参加的会议以及强化审计委员会制度的建设等。

（7）对利益相关者的重视。传统英美治理模式强调股东至上，忽视了对其他利益相关者的关注，影响了公司的长期发展。1989年宾夕法尼亚州议会在新的公司法议案中强调了对工人利益的保护，并对股东的权力和利益作出了限制，赋予公司经理对"利益相关者"负责的权力。[①] 随后，美国29个州修改公司法，要求经理对更广泛的利益相关者如雇员、客户、供应商、社区负责，而不仅仅是对股东负责。美国商业圆桌会议1997年的《公司治理报告》和2002年《公司治理原则》均强调为了提高股东的长期价值，必须要考虑利益相关者的利益，公司除对股东负责外，还应对雇员、社区、政府等负有义务。英国贸工部2001年6月公布的《公司法检讨：最终报告》在董事的义务方面也引入了利益相关者理论。

（8）信息透明度的提高。信息透明度的高低决定着相关利益者尤其是中小股东利益保护的程度。与以外部市场控制为主的英美等国家相比，日本、德国以及转轨时期等国家的会计信息透明度相对较低。但近年来，这些国家通过采用国际会计准则（International Accounting Standards，IAS）以及国际财务报告准则（In-

---

① 包括四条新条款：(1) 任何股东，不论拥有多少股票，最多只能享有20%的投票权；(2) 作为被收购对象的公司有权在敌意接管计划宣告后18个月之内占有股东出售股票给敌意接管者所获的利润；(3) 成功了的敌意接管者必须保证26周的工人转业费用，在收购计划处于谈判期间，劳动合同不得终止；(4) 最引人注目的是赋予公司经理对利益相关者负责的权利，而不像传统公司法那样只对股东一方负责。

ternational Financial Reporting Standards, IFRS)等方式提高了会计信息的透明度；各国证券监管部门和证券交易所也要求上市公司及时、充分地提供经理报酬、董事与公司间交易、股东大会和公司董事会运作等公司治理方面的信息。日本自20世纪90年代末以来，对会计准则进行了大规模的修订，1997年、1999年以及2003年的系列改革提高了会计信息透明度；德国1998年5月出台的《企业控制和透明法》、1998年通过的《证券发行法》以及2003年发布的《联邦政府改善公司治理的措施目录》等完善了公司信息披露的相关制度；美国证券交易委员会（SEC）在规范上市公司信息披露方面扮演着重要的角色，安然事件后颁布的萨班斯—索克斯法案对信息披露提出了更高的要求，将原《证券法》、《证券交易法》下的"及时"提高到"实时"，主要股东或高级管理者披露股权变更或证券转换协议的强制期间减少到2个工作日，信息披露的内容包括对内部控制报告及其评价和重大的表外交易的披露，并且锁定了CEO以及CFO对公司披露信息的责任。我国监管部门先后颁布了多项旨在提升信息披露质量，增强上市公司信息透明度的法律与制度，如《证券交易管理暂行办法》、《境外上市公司章程必备条款的通知》、《禁止证券欺诈行为暂行办法》、《公司法》、《中华人民共和国证券法》、《证券发行与承销管理办法》以及《上市公司信息披露管理办法》等。

（9）高管激励形式的趋同。合理的董事与高管激励计划，是维护股东利益以及确保公司良性发展的关键。近年来不同治理模式的董事报酬和管理层激励呈现相似的趋势：即在保证激励经营者持续经营的前提下，增加报酬中的风险性。通过采用股票期权的激励形式，促使股东利益与经营者利益一致。美国多数上市公司均采用了股票期权的激励制度，日本、德国等先后对经理股票期权的税制进行改革，并放松股票回购的限制，为股票期权的实施提供了保障。德国2000年7月颁布的《德国上市公司治理最佳规则》指出，管理委员会和经理层的报酬应足以激励他们为公司长远利益服务，其中应包括股票期权计划以及与公司股票价格上涨和公司持续发展相挂钩的业绩激励。荷兰公司治理原则也提出对董事实施股票期权计划的激励措施。日本从1995年起模拟导入股票期权机制，并于1997年正式启动，2004年约有36%的公司公开发行了股票期权（Shishido，2004）。

16.3.2 公司治理模式的存续

公司治理模式是经济与社会制度的函数，是政治、法律因素、金融体系、社会文化因素以及市场发育程度、经济制度等的综合反映。政治因素对公司治理机制的选择具有重大影响,寻租理论甚至认为公司治理是一个政治过程。劳工组织、银行、控股股东为了规避因公司治理改革而导致的利益受损,会极力阻挠公司治理变革(Coffee,1999),任何公司制度变革都具有高度的政治性,因此治理模式的完全趋同便不可能(Gillion,1999)。公司治理机制与法律传统相适应(Roe,1993),法律决定着一国法律对外部投资者的保护程度,它与该国公司的股权集中程度具有高度的相关性,在法律保护程度弱的地区,股东采取了高比例持股的方式以保护其利益不受侵害,如转轨时期各国上市公司的股权结构普遍采用了高度集中的金字塔式;金融体系是一国经济制度的核心,并对治理模式的选择产生影响,日本与德国拥有强大的金融中介,同时法律对金融的发展给予极大支持,因此形成了以主银行制为主要特征的日德治理模式,美国的金融中介则较弱,法律也限制金融机构直接参与治理;作为非正式制度安排的历史文化因素约束着人们的行为规范,治理模式与文化高度具有重要的关系(Salacuse,2003)。家族企业治理模式以血缘、亲缘以及姻缘为纽带,更易产生较好的治理效果;德国以及日本的员工参与治理与其传统文化密不可分;市场发育程度实际上反映了外部治理机制的完善程度,在市场发育程度高的国家,公司治理中的监控职能主要依赖于外部市场,通过产品市场、资本市场以及经理人市场对代理人实施约束,而公司内部的监控机制相对较弱如典型的英美治理模式;经济制度对治理模式的影响更加直接,如我国国有企业治理模式以及其他转轨时期国家的治理模式与其经济制度及其变迁密切相关,治理结构的选择具有显著的变迁痕迹。日德拥有大型企业集团,依赖于大股东的内部控制相对外部治理更加有效,英美分散的股权结构导致了股东内部控制的激励不足。因此,作为经济与社会制度的函数的治理模式仍将存续,各国公司治理的改革应基于该法律、社会文化、经济制度变迁以及市场发育程度而权变选择。

没有最好的治理模式,只有最适合的,各国治理模式必然具有与该国经济与社会制度相匹配的特殊性。路径依赖对公司治理模式的选择具有重要影响,历史偶然事件或者政治设计所决定的初始条件,使一国经济沿着特定的路径发展(罗纳德.J.吉尔森,2001),并在此基础上形成特有的治理模式,这一点决定了治理模式的存续。由于具体经济制度自身构成要素之间以及其与相关的外部制度之间的互补性,使得各要素间不可分离(Bebchuk and Loe,1999),这一互补性系统难以零碎的改变(Gilson,2000)。各种公司治理模式的存在源自于体制内各种制度的互补(青木昌彦等,2001)。因此,制度互补性理论认为简单移植其他国家的治理模式,会导致与现存制度的不和谐,从而遭遇重重操作困难和不可逾越的高成本而不可行(Reinhard H. Schmidt and Gerald Spindler,2002)因此,公司治理模式的存续是必然的。因此，治理模式是否有效取决于相关情境因素的有效匹配，如文化、法律、制度、市场竞争、金融体系等。我国上市公司治理模式的选择应充分考虑我国的经济体制的变迁、法律与制度的完善程度、市场的发育与竞争程度、金融体系的特点以及社会文化等因素。我国在进行公司治理改革时，应注意处理好趋同与本土化之间的关系。

中国的历史、文化以及由此而产生的政治体制、政府治理模式以及公司治理模式与其他国家存在着较大差异，简单的复制国外治理模式，可能导致治理成本的增加与治理效率的下降。在目前我国市场发育程度较低，投资者保护较弱的治理环境下，大股东的控制有助于激励其投资，而过度强调股权制衡则可能导致频繁的控制权争夺而使公司丧失竞争优势；对大股东以及代理人有可能产生的利益剥夺则应通过内部治理机制尤其是监督机制的完善予以规避。独立董事的监督由于其独立性而存在严重悖论，现阶段内部控制的强化要么完善独立董事制度的建设，确保其独立性；要么强化监事会的功能。随着市场发育程度的提高以及法律制度的完善，对代理人的监督可以由内部逐步转向外部。除此之外，规范董事会的治理行为、完善董事以及高管人员的激励以及相关信息披露制度也是实现公司治理由形似走向神似，从而改善治理结构，提升我国上市公司国际竞争力的关键。

要 点 小 结

1. 公司治理模式根植于各国或者各地区的历史、文化、法律体系与经济以及社会制度，具有路径依赖性，制度的互补性决定了不同治理模式的存续是必然的。

2. 经济全球化与各种治理模式自身的缺陷，导致了治理模式间的相互借鉴与学习，因而呈现一定趋同。

3. 治理模式的选择取决于治理环境。外部控制模式以充分发育的竞争性市场为前提；内部控制模式需要有积极的内部控制性股东与完善的内部控制系统；家族控制模式以血缘与资本为纽带，家族和谐对治理效率具有重要影响；内部人控制模式是外部市场发育程度低，法律制度不完善以及内部治理结构不健全的产物。

4. 股权结构的选择与投资者法律保护程度密切相关，家族企业选择金字塔式股权结构是在较弱投资者法律保护下寻求的自我保护。

5. 没有最优治理模式只有最适合的，治理结构不是单纯的技术规则，不可简单复制。中国上市公司治理模式的选择应充分考虑我国经济与社会制度变迁的历史、传统文化、法律以及市场发育程度等因素。

思考与讨论题

1. 经典公司治理模式有哪些，其产生背景、典型特征与问题各是什么？
2. 为什么不同治理模式具有一定的趋同性？具体表现有哪些？
3. 不同治理模式是否仍将存续？为什么？
4. 中国上市公司现有治理模式存在哪些问题？如何完善？

案例分析

顾雏军与格林柯尔

1988年9月，曾在天津大学热能研究所从事科研工作的顾雏军发明了格林柯尔制冷剂，1994年前顾雏军在英属维尔京群岛（BVI）注册了格林柯尔公司，1994年年底在天津创办了格林柯尔制冷剂（中国）有限公司，1997年，顾雏军创办格林柯尔科技控股有限公司。1998年，顾雏军在北京、深圳两地成立了格林柯尔环保工程有限公司；1999年又在海南、湖北成立了格林柯尔环保工程有限公司。这四家皆为顾雏军BVI私人公司全资持有，并不生产制冷剂，只是销售和替换安装格林柯尔制冷剂。上述四家格林柯尔公司于2000年被注入顾雏军在开曼群岛注册的格林柯尔科技控股有限公司，并于当年7月在香港创业板上市，顾雏军通过其注册于BVI群岛的个人全资公司Greencool Capital Limited持有格林柯尔控股62.6%的股份。2001年顾雏军控股的顺德格林柯尔公司斥资5.6亿元，收购了广东科龙电器20.6%的股权；2003年5月，顺德格林柯尔又以2.07亿元收购了美菱电器20.03%的股权；2003年12月通过新成立的扬州格林柯尔创业投资有限公司斥资4.18亿元，收购亚星客车60.67%股权；2004年4月，再次通过扬州格林柯尔创业投资有限公司以1.01亿元的价格入主ST襄轴。此时，顾雏军已拥有4家A股公司和1家香港创业板公司。在短短5年时间里，顾雏军利用控制权的财富放大效应，通过层层控股建立了一个庞大的金字塔结构。

格林柯尔金字塔系主要包含三块业务：制冷剂、冰箱与空调，及其汽车生产。根据2004年年报披露数字，三大块分别占格林柯尔金字塔结构销售收入的比重为：制冷剂业务销售额为184845万元，占1.67%，冰箱与空调业务销售额为9875036万元，占89.44%，汽车销售额为980513万元，占8.88%。2005年4

月,科龙电器发布 2004 年度财报,显示全年亏损 6416 万元,和前三季度 2.15 亿元的利润总额相比,四季度巨亏 2.79 亿元。根据证监会的调查结果,2002~2004 年,科龙公司采取虚构主营业务收入、少计坏账准备、少计诉讼赔偿金等手段编造虚假财务报告,导致公司 2002 年年度报告虚增利润 11996.31 万元,2003 年年度报告虚增利润 11847.05 万元,2004 年年度报告虚增利润 14875.91 万元;该公司 2003 年年度报告合并现金流量表少计借款所收到的现金 302550 万元,少计偿还债务所支付的现金 213573 万元,多计经营活动产生的现金流量净额 88976 万元。另外,公司对一些重大事项,特别是关联交易事项也未履行及时披露的义务。

2002 年 4 月顾氏收购科龙后不久,便向顾在天津的私人公司以远高于市场价的每吨 2700 万元购买了 200 吨顾氏制冷剂。自 2002 年以来顾雏军的每一个收购战都是其控制下的上市公司分公司与顾氏私人公司共同进行,责任由上市公司担之,利益由私人公司接受。根据毕马威华振会计师事务所对该公司及该公司主要的附属公司从 2001 年 10 月 1 日至 2005 年 7 月 31 日期间内重大现金流的调查,集团与格林柯尔系发生的净不正常现金流出金额为 7.72 亿元。仅 2005 年 4 月前后,顾雏军等人及格林柯尔系有关公司先后四次采用关联交易诈骗科龙电器财产累计 2.278 亿元。顾氏利用金字塔结构,通过与科龙电器的关联交易获取了大量的控制权私利。

除了通过关联交易取得私人控制权收益外,顾氏还利用金字塔式股权结构向地方政府寻租。顾雏军领导的格林柯尔金字塔系与各所在地的政府往往保持着良好的关系。借由作为江西省最大外资招商项目的江西格林柯尔和江西科龙,顾雏军与江西省有关政府部门建立了特殊的"政治关系",通过政府的后院活动为科龙提供廉价土地(科龙工业园的 2378 亩土地的原价是 476 万元,当年 11 月,这块土地被估值为 4.71 亿元人民币。)以及无担保贷款等(建行江西分行和南昌市商业银行为江西格林柯尔和江西科龙提供无担保贷款 4 亿余元)。

顾雏军在接管上市公司之后,通过操纵盈余管理实现其内部人控制的目的。科龙 2001 年中报实现收入 27.9 亿元,净利 1975 万元;而年报的实现收入为 47.2 亿元,净亏 15.56 亿元。科龙 2001 年下半年近 16 亿的亏损的主要原因是科龙新管理层操纵了应计数。在 2001 年报时净补提减值准备 6.35 亿元(主要是坏账准备 2.04 亿元、存货跌价准备 1.26 亿元、长期投资减值准备 0.71 亿元);到了 2002 年,科龙转销坏账准备 0.55 亿元、存货跌价准备 2.21 亿元(已扣除保留意见涉及 0.25 亿元)、长期投资减值准备 0.74 亿元,上述转回减值对 2002 年利润影响数是 3.5 亿元,也就是说,如果没有减值转回,科龙 2002 年将出现 2.5

亿元的亏损（扣除账面利润1亿元）。过渡盈余管理改变了财务信息的真实性，缺乏专业技能的中小股东难以判断真伪。

顾雏军还利用其控股股东的地位，控制了公司治理中的核心机构董事会，为其实施内部人控制提供了便利。2001年10月顾收购科龙电器以后更换了绝大部分董事会成员，更换后的董事会成员都是顾雏军的"自己人"。监事会成员没有对科龙电器的盈余管理以及其他违规行为提出异议，如图16-1所示。

格林柯尔所有权结构

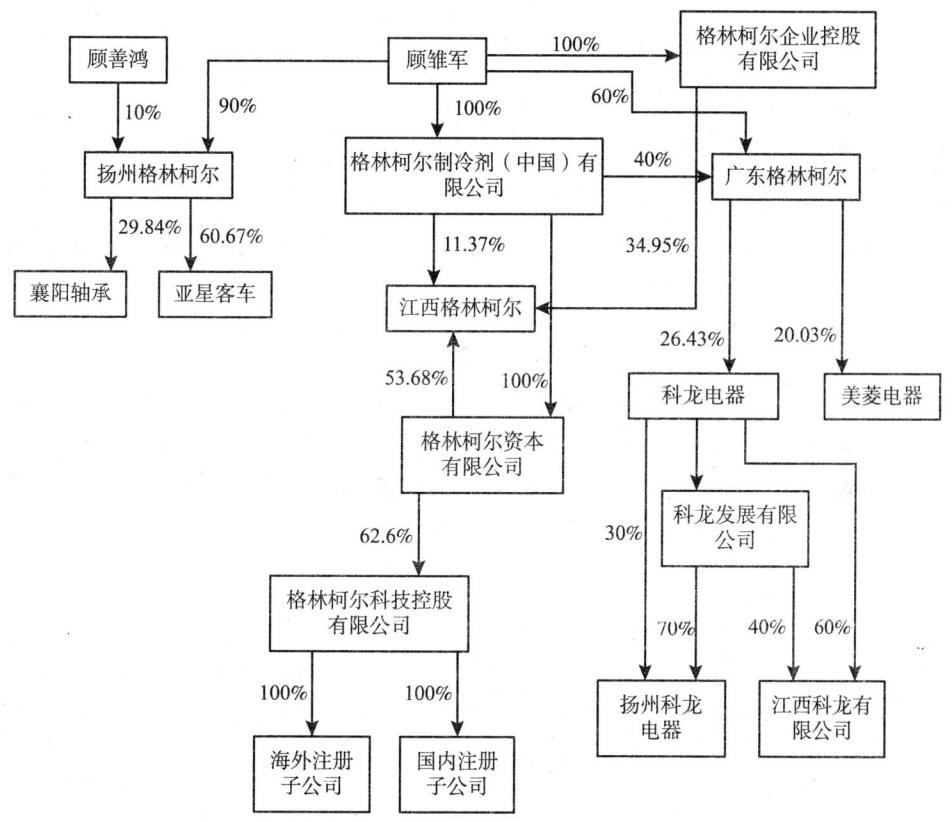

图16-1 格林柯尔金字塔式股权结构

资料来源：《财经》2005年第18期。

（资料来源：根据刘启亮、李增泉以及姚易伟关于"投资者保护、金字塔结构与控制权私利——以格林柯尔为例"以及其他相关资料整理而成。）

案例思考：
1. 什么是控制权私利？金字塔式股权结构对控制权私利有哪些影响？
2. 为什么家族控股股东大多选择金字塔式股权结构？
3. 格林柯尔系金字塔股权结构的现金流权与控制权的分离程度如何？
4. 顾雏军对上市公司的利益剥夺采取了哪些方式？

参 考 文 献

1. 布莱尔：《所有权与控制：面向21世纪的公司治理探索》，中国社会科学出版社1999年版。
2. 胡方、皇甫俊：《近年来日本企业治理结构的变化及其原因》，载《经济研究》2005年第5期。
3. 蓝庆新、韩晶：《公司治理模式演进的国际比较分析——基于制度系统论的视角》，载《经济社会体制比较》2010年第5期。
4. 刘人怀、叶向阳：《公司治理：理论演进与实践发展的分析框架》，载《经济体制改革》2003年第4期。
5. 青木昌彦：《对内部人控制的控制：转轨经济中的公司治理结构的若干问题》，载《转轨经济中的公司治理结构：内部人控制和银行的作用》中国经济出版社1995年版。
6. 青木昌彦、奥野正宽著，魏加宁等译：《经济体制的比较制度分析》，中国出版社2001年版。
7. 郑红亮、王凤彬：《中国公司治理结构改革研究：一个理论综述》，载《管理世界》2000年第5期。
8. 李明辉：《公司治理模式会趋同吗》，载《世界经济研究》2005年第10期。
9. Guido C., S. Carlo, Self–Serving or Self–Actualizing? Models of Man and Agency Costs in Different Types of Family Firms: A Commentary on Comparing the Agency Costs of Family and Non-family Firms: Conceptual Issues and Exploratory Evidence [J]. Entrepreneurship Theory and Practice, 2004.28 (4).
10. Gordon, J. N. An International Relations Perspective on the Convergence of Corporate Governance: German Shareholder Capitalism and the European Union, 1990—2000 [J]. ECGI Law Working Paper, 2003. February.
11. Gordon, J. N. and M. J. Roe. Introduction. In: Convergence and Persistence in Corporate Governance [J]. Cambridge University Press, 2004: 4.
12. Johnson, Simon, Rafael La Porta, Florencio Lopez-de-Silanes, and Andrei Shleifer, Tun-

neling [J], American Economic Review, 2000 (90).

13. La porta, Rafael, Florencio Lopez-de-Silance, Andrei Shleifer, and Robert W. Vishny. Investor Protection and Corporate Governance [J]. Journal of Financial Economics, 2000 (6): 3-27.

14. Stijn Claessens and Joseph P. H. Fan. Corporate Governance in Asia: A Survey [J]. International Review of Finance, 2002: 71-103.

第17章

公司治理评价

学习目的：本章主要介绍了公司治理评价的功能、国内外主要公司治理评价系统的内容，详细介绍了中国公司治理指数 CCGI^{NK} 的指标体系、评价标准与评价方法，并对我国上市公司的治理的状况进行了评价。本章还介绍了公司治理绩效及其评价指标体系。通过本章学习，掌握公司治理评价的作用、国内外公司治理质量以及治理绩效评价的进展、了解公司治理评价的方法，把握公司评价的内容。

关键词：指标体系；公司治理指数；治理绩效

引　言

公司治理评价是19世纪中后期现代公司制度出现以后，公司所有者为了强化所有权的控制而提出的。现代公司中的所有权与经营权的分离以及由此而产生的委托—代理关系，是公司治理评价产生的根本原因。根据委托—代理理论，现代公司由两部分行为人组成：一是委托人——股东；二是代理人——董事与经理人员。在二元制模式下监事会也受股东的委托，履行监督董事与经营者的职责。因此其代理人董事（监事）便履行着监督经理人（董事），促使股东利益最大化的责任。作为公司的股东由于知识与经验的匮乏、信息的不对称以及搭便车的心理，对于经营者的监督便主要由董事会（以及监事会）负责。股东需要通过一系列的审查机制如治理质量与治理绩效评价，了解代理人的履职状况，判断其投资对象在治理结构、治理行为以及治理绩效等方面达成的状况，因此公司评价是投资者的客观要求。除此之外，对于公司治理的评价还来自于监管部门的需求，监管机构需要通过公司治理评价，了解其监管对象的状况等。为了全面反映治理结构对于治理绩效的影响，学术界也关注公司治理的评价。由于投资者、监管部门以及学术界等的需求，公司治理评价呼之而出。

17.1 公司治理评价及其功能

17.1.1 公司治理评价的内涵

基于不同的评价目的，公司治理评价包括公司治理质量评价与公司治理绩效评价。公司治理质量评价是指在界定公司治理质量概念的基础上，构建公司治理质量评价指标体系，对照一定的标准，按照科学的程序与方法，以指数形式对上市公司治理状况做出的系统而客观的评价。公司治理质量评价的目的，在于为信息使用者提供有关良好公司治理标准以及公司治理质量状况的结论。

公司治理绩效评价不同于治理质量评价，是在界定治理绩效概念的基础上，确定治理绩效评价指标体系，并采用一定的评价方法，构建治理绩效综合指数的过程。治理绩效评价不同于治理质量评价，而是对履行公司治理职能所达成的结果的评价。治理绩效评价的目的在于为信息使用者提供被评价对象在一定情境因素作用下，通过治理行为，履行公司治理职能所达到的结果。

17.1.2 公司治理评价的功效

治理质量评价与治理绩效评价的作用大致相同，但又有所差异，综合作用体现如下。

1. 强化监管

通过公司治理质量评价指数的编制与定期公布，上市公司监管部门得以及时掌握其监管对象的公司治理结构及其运行状况，因而从信息反馈方面确保监管的有的放矢。

2. 引导投资

及时量化的上市公司治理质量评价指数，使投资者能够对不同上市公司的治理状况进行比较，掌握拟投资对象未来潜在的价值。治理绩效评价为投资者提供上市公司履行公司治理职能所达到的结果。由于治理行为、治理能力的差异以及情境因素的作用，相同治理结构的企业，其治理绩效会有较大差异。因而，治理质量评价与治理绩效评价的结合，既可以提供治理结构及其运行状况的信息，又可以提供运行结果的信息，从而降低投资者的信息不对称。

3. 业绩考核

公司治理的主体主要有股东、董事会、监事会，对于董事会以及监事会履行公司治理职能的效果的衡量，需要借助于公司治理绩效评价得以实现。目前尚未有针对董事会以及监事会业绩考核的指标体系与考核方法，对于他们的考核更多的是采用传统财务指标。由于治理与管理的目标不一，作为公司治理主体的董事会或者监事会通过治理行为达成的结果与管理行为绩效有很大差异。公司治理绩效评价为董事会以及监事会的业绩考核提供了依据。

4. 声誉约束

上市公司的信用是建立在良好治理结构与治理机制的基础之上的，一般而言，治理状况良好的上市公司应具有良好的治理绩效，从而具有良好的企业信用。公司治理指数的编制与定期公布，能够对上市公司治理的状况实施全面、系统、及时的跟踪，从而形成强有力的声誉约束并促进证券市场质量的提高。同时不同时期的公司治理指数的动态比较，反映了上市公司治理质量的变动状况，因而形成动态声誉制约。同样地，能够全面反映上市公司在履行公司治理职能所达成的治理效果的治理绩效也具有相似的声誉约束作用。

5. 诊断控制

对上市公司治理状况的评价，使上市公司可以及时掌握良好治理结构与治理行为的标准及其运行的状况，并对有可能出现的问题进行诊断，从而有针对性地改善治理结构与治理行为。治理绩效评价可以使上市公司明确履行公司治理职能达成的状况，分析治理效果不佳的原因，从而通过优化治理结构、改善治理行为、增强治理能力提升治理绩效。

公司治理新进展：公司治理评价

在公司治理理论与公司治理原则研究已经取得重大进展的背景下，公司治理研究和实践的焦点正在转向公司治理评价。

开展公司治理评价研究，构建衡量和诊断公司治理状况的科学的公司治理评价体系，对于投资者正确决策，保护利益相关者利益，加强政府对上市公司的有效监管，促进上市公司质量的改善，形成上市公司声誉的约束机制和促进证券市场的发展，都具有重要的理论与现实意义。

在坚持国际标准与中国实践相结合的原则下，南开大学公司治理研究中心借鉴国际著名公司治理评价体系，结合中国上市公司治理环境特点，构建了中国上市公司之力评价指标体系（$CCGI^{NK}$），作为公司治理的"晴雨表"。它以治理指数的形式，来评价公司治理的状况，对"好的"公司治理和"不好的"公司治理加以反映，对公司治理水准加以量化。一方面为开展公司治理的理论与实证研究奠定了平台，另一方面也可以为证券监管部门的有效监管、投资者的正确决策以及上市公司自我诊断与控制提供有力的工具。

公司治理问题已经成为一个世界性课题。中国公司治理指数的建立，是中国上市公司与国际惯例接轨的重要举措，它将有利于展示我国上市公司的治理水平，让世界进一步了解中国的公司治理状况。

（资料来源：李维安：《公司治理的新进展：公司治理评价》，载《南开管理评论》2004年第1期卷首语。）

17.2 国内外主要公司治理评价实践

17.2.1 公司治理质量评价实践

中外学者们对公司治理评价的关注是基于满足公司治理实务的需要，尤其是机构投资者的需要而进行的。公司治理评价萌芽于1950年杰克逊·马丁德尔提出的董事会业绩分析，最早的、规范的公司治理评价是由美国机构投资者协会在1952年设计的第一个正式评价董事会的程序，并建立了全球上市公司治理状况数据库，为其会员投资者提供监督上市公司治理状况的服务。由于公司治理实践以及学术研究的需要，20世纪90年代以后，学术界以及实务界出现了一系列丰富的公司治理评价成果。在学术界，以LLSV（1997，1998）为代表的一些学者从公司治理的外部环境出发，构建了反董事权利指数（Anti - Director Rights Index），以此衡量投资者的法律保护程度；2003年冈珀斯，石井和麦特瑞克（Gompers, Ishii and Metrick，简称GIM）将美国投资者责任研究中心提出的24项公司治理条款分为延缓敌意收购的战术、投票权、董事/高管保护、其他接管防御措施以及国家法律五个维度，采用 0，1 赋值方法，将各项条款得分加总从而形成 G 指数，借以衡量股东权利。① G 指数反映了股东和管理层之间的权力平衡程度，G 指数越高表示股东权利越小；布朗和凯勒（Brown and Caylor, 2006）认为 G 指数涵盖的治理条款不够全面，他们从股权分散程度、股东权利、董事会结构、董事会程序、信息披露五个维度构建 Gov-score 指数；别布丘克、科恩和弗雷尔（Bebchuk, Cohen and Ferrell, 2004, 2009）在深入分析 G 指数包含的 24 项条款的基础上，选择交错选举董事条款、股东修订公司章程的限制、毒丸计划、金色降落伞计划以及兼并②与修订公司章程③等反映股东投票权限制以及敌意收购防御的 6 项条款，并采用 0，1 赋值方法，构建了壕沟指数（Entrenchment Index，简称 E 指数）；④ 莱克尔、理查森和杜纳（Lacker, Richardson and Tuna, 2007）把 G 指数忽略的一些董事会特征、管理层薪酬特征、股权特征等结构性指标纳入公司治理评价系统，然后采用主成分分析法对公司治理质量进行评价；德加科沃等（Djankov et al., 2008）以 2003 年 72 个国家的法律条款为基础，采用更精确的方法构建了衡量小股东法律保护程度的反自我交易指数，弥补了反董事权利指数的不足。后期，学者们将 G 指数和 E 指数作为公司治理质量的代理变量，开展了较为丰富的关于治理质量对治理效果影响的研究，但 G 指数和 E 指数对于"股东权利"给予了过度的关注，而公司治理的其他特征则重视不够，因此，无法全面反映公司治理的质量；阿加沃尔等（Aggarwal et al., 2010）利用美国机构投资者服务组织 ISS 数据库提供的公司治理特征信息，构建了涵盖 44 个治理特征的 GOV 指数；安迈、奥斯克和施密特（Ammann, Oesch and Schmid, 2011）根据 GMI（Governance Metrics International）的 64 个公司治理特征分别采用加法指数法（Additive Index）和主成分分析法构建了公司治理指数。

　　国际性的组织也推出了针对不同国别治理环境的公司治理评价系统。最早的较为完善的公司治理评价系统是创立于 1998 年的标准普尔公司治理服务系统；1999 年欧洲戴米诺推出了针对欧洲的公司治理评价系统；2000 年亚洲里昂证券推出了针对亚洲新兴资本市场的公司治理评价系统等。世界银行以及穆迪公司也构建了反映公司治理质量状况的公司治理评级系统。罗伯茨、斯茨皓夫和兹默曼

---

① 依据 Google 学术搜索的统计，截至 2011 年 4 月 6 日，Gompers、Ishii 和 Metrick（2003）的文章的引用次数为 2337 次。
② 需经绝对多数投票通过。
③ 遵循绝对多数原则的规定。
④ 依据 Google 学术搜索的统计，截至 2011 年 4 月 6 日，Bebchuck、Cohen 和 Ferrell（2009）的文章的引用次数为 688 次。

(Drobetz、Schillhofer and Zimmermann，2004)，拜纳等(Beiner et al.，2006)，布莱克、张和金(Black、Jang and Kim，2006)以及巴拉苏、布拉马尼亚姆、布莱克和科班纳(Balasubramaniam、Black and Kbanna，2010)等分别构建了德国、瑞士、韩国、印度的公司治理指数以评价各国上市公司的治理状况。

  由于外部治理环境对治理结构的决定作用，学者们将公司治理的评价由内部治理结构转向外部治理环境。丹尼斯和麦康纳尔(Denis and McConnell，2003)指出，不同的公司治理环境尤其是不同国家的法律体系下，进行各国公司治理状况的国际比较将是公司治理研究的重要课题，应探讨采用统一的标准构建综合性的指标以评价与比较各国的公司治理状况。部分学者设计了考察公司治理赖以存在的政治和社会文化环境的评级系统。霍夫斯泰德(Hofstede，1980，2010)、考格特和辛格(Kogut and Singh，1988)等从权力距离(Power Distance)、不确定性规避(Uncertainty Avoidance)、个人主义(Individualism)、男性主义(Masculinity)等维度考察了国家文化差异对公司治理的影响；何(Ho，2005)以OECD公司治理准则为依据，以国际上优秀的公司治理指南为标准，从所有权集中度、董事会结构、管家行为过程、战略领导、资本市场关系、社会责任履行六个维度对104家跨国公司的治理状况进行调查与评价，以考察跨国公司遵循优秀公司治理指南的程度；考夫曼、克雷和马斯特鲁济(Kaufmann，Kraay and Mastruzzi，2009，2010)从话语权和问责制(Voice and Accountability)、政治稳定(Political Stability)和暴力/恐怖主义(Absence of Violence)、政府效能(Government Effectiveness)、规制质量(Regulatory Quality)、法治(Rule of Law)以及反腐败七个维度构建了全球治理评价指标(Worldwide Governance Indicator)，并进行了全球200多个国家和地区公司治理环境评价的比较研究。

  应该指出的是，公司治理质量评价只能为投资者、监管部门以及上市公司等相关信息使用者提供被评价对象治理结构优劣的状况，但良好的治理结构能否能够产生良好的治理绩效，还取决于法律、制度、市场约束以及公司的治理文化、治理行为、治理机制之间的替代或者互补关系以及公司管理与治理的匹配状况。克莱莫斯和尼尔(Cremers and Nair，2005)曾经指出，将内部治理机制和外部治理机制结合起来，综合考察公司治理的质量及其对公司业绩的影响要比关注单纯考虑防御机制的G指数和E指数得到更好的反应。多伊奇、卡罗里和史图斯(Doidge、Karolyi and Stulz，2007)指出由于外部治理环境的约束，国家层面的相关因素对公司治理评价结果具有较为显著的解释力。在不发达国家，公司层面特征对公司治理评价的变化几乎没有解释力；其他国家中，对中小投资者的法律保护、经济和金融发展水平等国家特征指标比公司层面的指标更能揭示公司治理评价的变化，国家层面特征的解释力度达到39%~73%，而公司层面特征的解释力度只有4%~22%。因此，公司治理评价必须关注除了内部治理结构等要素之外的公司治理环境要素，如法律、制度、文化等的影响。表17-1列示了不同国家、相关机构或者组织以及主要学者的公司治理评级系统。

由于不同公司治理评级系统中的评价内容、评价标准以及评价方法等与公司治理的环境密切相关，因此没有适应任何国家或地区的统一的评价系统。巴哈哥特、博尔顿和罗马诺（Bhagat、Bolton and Romano, 2008）曾指出，现有公司治理指数的构建存在一些问题，由于治理环境的差异，不存在衡量公司治理状况的最佳方法，最有效的公司治理制度依赖于宏观环境和公司微观环境。构建我国上市公司治理指数，需结合中国上市公司治理环境权变的确定评价指标体系与评价标准。

表17-1　　　　　　　　　　国内外主要公司治理评价系统

公司治理评价机构或作者、年份	评价内容
美国机构股东服务公司ISS（1952）	董事会、公司章程和制度、审计、公司状态、高管和董事薪酬、先进做法、所有权、董事教育等
国际管理评级机构GMI	董事会责任、财务披露和内部控制、股东权利、高管薪酬、控制权和所有权市场、公司行为和企业社会责任六个维度
美国商业周刊（1996）	董事会的独立性、董事持有公司的股份、董事素质以及董事会积极性
LLSV（1997和1998）	邮寄表决权、公司或金融中介结构股份留置、累计投票和按比例分配代表、小股东对抗董事欺压的机制、新股的优先购买权以及召集特别股东大会要求的最低持股比例
冈珀斯、石井和麦特瑞克（Gompers, Ishii and Metrick, 2003）	延缓敌意收购的战术、投票权、董事/高管保护、其他接管防御措施以及国家法律五个维度24个治理变量
克莱莫斯和尼尔（Cremers and Nair, 2005）	两个内部治理变量：最大机构投资者的持股比例和18个最大公共养老基金的持股比例；外部治理变量：线性变换后的G指数以及董事会轮选制、为实施毒丸计划发行的优先股、临时股东大会召集权或股东投票权代理的限制等
布莱克、张和金（Black, Jang and Kim, 2006）	股东权利、董事会结构、董事会程序、信息披露以及股权分散程度五个维度，称为KCGI指数
莱克尔、理查森和杜纳（Lacker, Richardson and Tuna, 2007）	董事会特征、股权结构、机构投资者持股比例、高管薪酬、反接管措施等39个公司治理结构变量

续表

公司治理评价机构或作者、年份	评价内容
德加科沃等（Djankov et al., 2008）	私人执法（private enforcement）（9个要素）和公共执法（public enforcement）（4个要素）
别布丘克、科恩和费雷尔（Bebchuk, Cohen and Ferrell, 2004, 2009）	交错选举董事条款、股东修订公司章程的限制、毒丸计划、金色降落伞计划、兼并和修订公司章程遵循绝对多数原则的规定6个维度
考茨海瑞尔和莱文（Chhaochharia and Laeven, 2009）	累积投票权、董事会轮选制、临时股东大会召集权、毒丸计划、审计委员会独立性、董事会独立性、提名委员会独立性、连锁董事等17个指标，简称CG指数
考夫曼、克雷和马斯特鲁济（Kaufmann, Kraay and Mastruzzi, 2009, 2010）	话语权和问责制、政治稳定和不存在暴力/恐怖主义、政府效能、规制质量、法治以及反腐败
标准普尔（S&P）公司治理评级系统（1998）	国家评分：法律法规基础、监管、信息披露、市场基础公司评分：所有权结构与影响；与金融相关人关系；财务透明性与信息披露；董事会与经理层结构和运作
戴米诺（Deminor）公司治理评价体系（1999）	股东权力和责任、接管防御、信息披露、董事会结构与运作
里昂证券（亚洲）公司治理评级体系（2000）	约束、透明度、独立性、问责性、责任、公平性、社会意识
世界银行公司治理评级	股东权利、股东的平等对待、利益相关者角色、披露及透明度和上市公司董事会职责
穆迪公司的公司治理评价	董事会、审计委员会和关键审计/责任功能、利益冲突、主管薪酬和管理层发展及评价、股东权利、所有权、治理透明度
香港公司治理评价（张俊喜）	CEO是否兼任董事会主席或者副主席、独立董事在董事会中所占的比例、高管人员薪酬、第一大股东的持股量、上市公司是否拥有母公司、第二大股东到第十大股东持股的集中度（衡量其他大股东对第一大股东的制约制衡作用）、是否境外上市以及第一大股东是否为国有法人
台湾公司治理自评（叶银华）	董（监）事会组成（40%）、股权结构（20%）、管理形态（10%）、关联交易（20%）、大股东介入股市程度（10%）五个方面
罗伯茨、斯茨皓夫和兹默曼（Drobetz、Schillhofer and Zimmermann, 2004, 德国）	公司治理承诺、股东权利、信息透明度、管理和监督委员会事宜（management and supervisory board matters）以及审计五个维度30个变量
布莱克、张和金（Black, Jang and Kim, 2006, 韩国）	股东权利、董事会结构、董事会程序、信息披露以及股权分散程度五个维度，称为KCGI指数

续表

公司治理评价机构或作者、年份	评价内容
拜纳等（Beiner et al., 2006, 瑞士）	公司治理承诺、股东权利、信息透明度、董事会和高管层、审计和报告等，称为 CGI 指数
巴拉苏布拉马尼亚姆、布莱克和科班纳（Balasubramaniam, Black 和 Kbanna, 2010, 印度）	董事会结构（包括董事会独立性和董事会次级委员会）、信息披露（披露内容和审计师独立性）、关联方交易（交易量和交易批准）、股东权利、董事会程序（总程序和审计委员会运作程序）等
阿加沃尔等（Aggarwal et al., 2010）	董事会（25个要素）、审计（3个要素）、反接管措施（6个要素）、薪酬和股权结构（10个要素）四个维度44个治理特征，简称 GOV 指数
安迈、奥斯克和施密特（Ammann, Oesch and Schmid, 2011）	董事会责任、财务披露和内部控制、股东权利、薪酬、控制权市场、公司行为（corporate behavior）六个维度64个变量

17.2.2 公司治理绩效评价的现状

公司治理质量评价主要是针对治理结构或治理行为而进行的，不能反映公司治理的效果。当治理结构被动合规程度较高时，治理结构与治理绩效的背离程度则比较高，因而仅仅治理质量评价无法为信息需求者提供全面的公司治理信息。

已有关于公司治理绩效的评价主要聚焦于董事会治理绩效的评价。康格等（Conger et al., 1998）采用董事拥有的知识、信息、权利、动机和时间等治理行为指标对董事会进行业绩评价。我国自2000年至今涉及董事会业绩评价的10余篇相关文献中大多数指标属于董事会治理结构或者行为指标，较少涉及业绩评价指标。陈朝辉（2003）从公司价值观与发展远景、公司战略与决策、公司组织结构和管理模式、公司经理层及其经营行为的监控以及公司对股东的责任五个维度评价董事会业绩，涉及了部分董事会治理绩效的指标；吴可夫（2004）认为董事会业绩评价包括董事会整体和董事个人的定期自我评价，其基本内容是根据董事的能力确定责任，根据责任确定相应的评价目标，但没有明确具体的评价指标；王斌和汪丽霞（2005）从过程与结果两方面，采用平衡计分卡技术从财务、顾客、内部流程、学习与成长评价四个维度提出了评价董事会业绩的内容，涉及了部分治理绩效指标；吴佩箎（2005）指出：董事会的业绩可以通过公司使命和哲学、公司目标、战略和结构、董事会与管理层的关系、董事会边界的扩展以及董事会结构五方面考核；王宗军、严磊等（2006）从外部评价、内部评价以及信息披露三个方面评价董事会业绩，其中外部评价涉及董事会独立性、董事持股以及董事个人素质等指标；内部评价主要涉及董事会整体业绩和董事会领袖的业绩，但并未进一步明确董事会整体业绩以及董事会领袖业绩的具体指标；他们在2007年从董事会独立性、企业业绩、行为状况、激励状况、战略管理状况五个维度采用模糊综合评价构建了董事会业绩评价模型；郭燕雄等（2008）设计了董事会整体业绩评价、董事长业绩评价、董事会成员业绩评价以及独立董事业绩评价的指标体系，主要是治理行为与结构指标；白万刚（2008）认为董事会的绩效可以通过董事会运作规范性以及董事会运作有效性两个方面予以衡量；仲继银（2008）指出董事会绩效评估包括董事会自身的绩效评估以及对CEO的绩效评估。其中董事会自身的绩效评估包括董事引导和发展、董事会规模和构成、董事持股、信息提供、团队工作、领导能力、董事个人贡献以及公司业绩表现等，这些指标多属董事会治理结构与行为而非业绩指标；赵娜（2008）利用BP神经网络模型以董事会能力为目标构建了包括董事会结构特征、运作特征、激励特征及人口学特征在内的董事会治理绩效评价指标体系等。

现有文献对提供了公司治理绩效评价的有益参考，但由于缺少严谨的内涵界定，并由此出现治理绩效外延不清，没有区分公司绩效、治理结构、治理行为、治理能力、治理绩效等之间的关系，治理绩效信息得不到充分反映，公司实践中对董事、董事会以及监事、监事会的业绩评价过于关注传统财务指标，而忽视了公司治理在社会责任履行与创新等战略行为绩效以及代理成本、信息披露、风险控制等控制行为绩效。

17.3 中国上市公司治理评价指数

17.3.1 中国上市公司治理指数（$CCGI^{NK}$）

1. 评价指标体系

公司治理的"路径依赖"特性决定了国家的历史、文化、政治制度、法律以及公司微观特征等在治理结构与治理行为的选择中扮演着重要的角色。公司治理评价指标体系的设置，必须考虑我国上市公司所处的环境。我国上市公司是在悠久的儒家文化以及长期计划经济制度遗留的体制下成长起来的，由于企业制度演变的特殊性，决定了我国上市公司无论是在股权结构还是人事安排以及关联交易等方面均表现出强烈的"路径依赖"特性。中国上市公司治理结构与机制的安排既不同于英美的一元制模式又不同与日德的二元制模式,公司治理评价指标体系的设置应基于中国上市公司的宏观环境与微观环境而定。南开大学公司治理研究中心根据我国公司法、公司治理原则、公司治理准则并参考国际著名机构与组织的公司治理原则与准则以及已有的公司治理评级系统,构建了由股东权益与控股股东行为、董事会、监事会、经理层、信息披露以及利益相关者六个维度组成的公司治理评级系统,各维度具体评价内容如表17-2所示。[①]

2. 评价标准

评价标准是评价系统的三大要素之一,是编制治理指数的基础,明确的评价标准对于获得合理的评价结论起着决定性的作用。我国目前没有一套有关公司治理的国家标准或者行业标准,甚至世界范围内目前尚未有明确的有关公司治理的标准,比如股权结构的标准、独立董事比率的标准等。实际上依据公司治理的权变理论,在全球范围内由于各国治理环境差异较大,也不可能存在统一的标准。良好的公司治理标准应基于各国的法律、制度、文化以及市场条件等,权变的确定。合理的评价标准应综合国内外实证研究与规范研究的成果,以国际公认的公司治理原则、准则为基础,结合中国上市公司所处的特殊历史阶段,参考《中国公司治理原则》与《中国上市公司治理准则》以及《公司法》、《证券法》、《上市公司治理指引》、《上市公司独立董事制度指导意见》等的规定予以确定。具体各项评价指标的标准如表17-2所示。

3. 评价方法与模型

在建立评价指标体系,确定评价标准的基础上,采用综合指数法对公司治理质量进行评价,其基本模型为:

$$CCGI^{NK} = \alpha_1 CCGI^{NK}_{RADB} + \alpha_2 CCGI^{NK}_{BOD} + \alpha_3 CCGI^{NK}_{BOM} + \alpha_4 CCGI^{NK}_{TOM} + \alpha_5 CCGI^{NK}_{ID} + \alpha_6 CCGI^{NK}_{SH}$$

式中:$CCGI^{NK}$代表公司治理指数(南开);$\alpha_i (i=1,2,3,\cdots,6)$代表各评价要素的重要性系数;$CCGI^{NK}_{RADB}$表示股东大会与上市公司独立性评价指数;$CCGI^{NK}_{BOD}$表示董事会治理评价指数;$CCGI^{NK}_{BOM}$表示监事会治理评价指数;$CCGI^{NK}_{TOM}$代表经理层治理评价指数;$CCGI^{NK}_{ID}$表示信息披露评价指数;$CCGI^{NK}_{SH}$表示利益相关者治理评价指数。

---

① 本部分主要内容引子于南开大学公司治理研究中心开发的中国上市公司治理评价系统。

上市公司治理指数采用百分制形式，最高值为100，最低值为0。具体的等级划分标准为：

CCGI^{NK} Ⅰ：治理指数 90%～100%

CCGI^{NK} Ⅱ：治理指数 80%～90%

CCGI^{NK} Ⅲ：治理指数 70%～80%

CCGI^{NK} Ⅳ：治理指数 60%～70%

CCGI^{NK} Ⅴ：治理指数 50%～60%

CCGI^{NK} Ⅵ：治理指数 <50%

中国上市公司治理质量评价指标体系与评价标准如表17-2所示。

表17-2 中国上市公司治理质量评价指标体系与评价标准

一级指标	二级指标	三级指标	指标说明	评价标准
股东权益与控股股东行为	关联交易	1. 同业竞争	评价控股股东与上市公司的关联交易状况	上市公司与关联方属不同行业，无同业竞争
		2. 定价依据	判断关联交易的规范性	上市公司应有明确的关联交易定价分析报告
		3. 资金占用	反映控股股东行为的外部性状况	无占用资金
		4. 贷款担保	考察控股股东行为的外部性状况	不提供担保
	上市公司独立性	5. 人员独立性	衡量上市公司与控股股东人员的关联程度	独立
		6. 业务独立性	衡量上市公司与控股股东业务的关联程度	独立
		7. 财务独立性	衡量上市公司与控股股东是财务的关联程度	独立
		8. 资产独立性	衡量上市公司与控股股东的资产关联程度	独立
	股东大会	9. 股东大会的参与性	衡量股东大会的参与状况	尽可能多的股东参与
		10. 股东大会的规范性	衡量股东大会运作的规范程度	股东大会记录完整
	中小股东权益	11. 临时股东大会临时提案状况	考察中小股东的意志的体现	存在

续表

一级指标	二级指标	三级指标	指标说明	评价标准
董事与董事会治理	董事权利与义务	1. 董事遴选	衡量董事选拔的合理性	履行法规和企业章程
		2. 董事的能力考核	考核董事履职保障	符合证监会对此方面的要求和积极主动地参与董事会的活动
		3. 董事年培训	考察董事知识保障	培训次数越多越好
	董事会运作效率	4. 董事会规模	考核董事会规模的合理性	能够进行富有成效的讨论和确保全体股东的利益被公平、客观地代表,规模在5~19人
		5. 董事人员构成	考核董事会结构的合理性	外部董事和独立董事占多数,且具有不同的专业知识
		6. 董事会会议质量	考核董事会召开质量	全面、具体、翔实,并签字
	董事会组织结构	7. 董事会的领导结构	考核董事会的权力制衡状况	履行有关法律
		8. 专业委员会的设置	考核专业委员会的设置状况	有相应的专业委员会
		9. 专业委员会运行状态	考核专业委员会的运行质量	独立董事代表占多数且发表独立性的建议次数
	董事薪酬	10. 董事薪酬水平	考核董事薪酬水平的合理性	符合有关规定
		11. 董事薪酬形式	考核董事激励结构的合理性	董事应采用长期激励机制
		12. 董事绩效评价	考核薪酬方案制订的有效性	有效的评价程序
	独立董事制度	13. 独立董事的比例	考核独立董事群体作用的保障	独立董事应占董事会成员的1/3
		14. 独立董事激励	考核独立董事的工作效率	独立董事激励方式
		15. 独立董事的独立性	考核独立董事履职的保障	有关规定

续表

一级指标	二级指标	三级指标	指标说明	评价标准
监事与监事会治理	监事能力保证性	1. 非职工代表监事候选人提名	考核职工参与治理的状况以及监事会履职的保障	非职工代表监事候选人的提名者应能代表广大股东的利益
		2. 监事会人员专职程度	监事会能力保障	监事会主席可以在公司内适当兼职，但不宜担任与董事会与经理层密切相关的职务，以保证监督的独立性
		3. 外部监事在本公司工作时间保证	考场外部监事履职的时间保障	外部监事在公司内实际工作监事不得低于一定限度
		4. 外部监事薪酬水平	考核外部监事的激励及其对独立性的影响	外部监事应该根据其尽责的程度取得相应的报酬
	监事会运行有效性	5. 近三年来召集临时股东大会的情况	考核监事会具有权力的实施	《公司法》规定监事会可以"提议召开临时股东大会"，而公司章程可进一步赋予监事会"独立召集股东大会"的职权
		6. 监事会的结构与规模有效性	考核监事会履职的规模与结构保障	应当保证监事会具有足够的经验、能力和专业背景，独立有效地使对董事、经理履行职务的监督和对公司财务的监督和检查
		7. 监事会会议的有效性	考核监事会的履职状况	监事会应定期举行监事会会议，监事会成员应该保证出席监事会会议的次数
		8. 监事会行使监督权的有效性	考核监事会的履职状况	监事会有权要求相关董事、经理、财务负责人列席监事会会议，并就有关问题对他们进行质询
		9. 监事会监管记录的完备性	考察监事会的制度	监事会的各项监督活动应被认真记录并保存完整

续表

一级指标	二级指标	三级指标	指标说明	评价标准
经理层治理	任免制度	1. 总经理选聘方式	评价总经理来源的公开性与竞争程度	董事会采取公开、透明的选聘方式选聘总经理
		2. 其他高管人员的选聘方式	评价其他高管人员来源的公开性与竞争程度	总经理或提名委员会提名,采取公开、透明的选聘方式
		3. 高管层的行政度	评价政企分开的程度	实行现代企业制度的公司高层人员不兼任行政官员是政企分开的保证
		4. 总经理与董事长两职设置	评价总经理经营控制地位的相对独立性	上市公司董事长和总经理两权分离有利于董事会对经理层的监督与激励
	执行保障	5. 决策支持	考核高管层为董事会提供决策信息的方式和性质	高管层实时、定期地为董事会提供有价值的决策信息有利于董事会决策有效性
		6. 经营控制	通过公司经理层经营控制的有效程度评价治理成效	公司经理层应对公司经营实施有效控制
		7. 双重任职	衡量高管层介入关联交易的可能性	双重任职更易发生转移价格和其他非市场交易,避免双重任职是控制关联交易的有效手段
		8. 内部人控制	评价经理层与董事会相互制约程度	应维持一定比例,比例过高会使经理层凌驾于董事会之上,达成股东会、董事会形同虚设
		9. CEO 设置	评价公司经营权的集中度	设置 CEO,并负责监督、落实董事会统管的各项经营决策
	激励机制	10. 薪酬水平	评价高管人员激励的水平的合理性	高管人员相对于国内同行业较高的薪酬水平,以及相对于公司内其他员工较大的薪酬差异程度都会产生较强的激励作用
		11. 薪酬结构	评价高管激励结构的合理性	多样的、长短期兼顾的合理薪酬能正确引导经营者职业努力方向
		12. 薪酬动态激励	考核薪酬激励动态化程度	薪酬与公司业绩挂钩,使薪酬具有动态激励性
		13. 持股比重	考察经理层股权激励的强弱程度	持股比例越大越好
		14. 股权流通性	反映对经理层股权激励作用的有效程度	流通性越强越好
		15. 持股方式	考察激励的效度	主动持有的比例越大,激励效果越好
		16. 决策报告制度	评价董事会对经理层的决策控制及授权程度	经理层适度比例投资决策权可起到激励作用,最大的授权前决策金额占净资产比例不超过10%
		17. 职务消费制度	经营管理权激励约束程度	取消公司支付的货币化职务消费激励约束力最强

续表

一级指标	二级指标	三级指标	指标说明	评价标准
信息披露	完整性披露	1. 股东大会的会议决议是否充分披露 2. 董事会的会议决议是否充分披露 3. 监事会的会议决议是否充分披露	衡量上市公司决策、管理、监督的透明度	完全披露
	真实性披露	4. 财务信息披露：近三年定期报告是否充分披露	衡量上市公司财务信息披露透明度	完全披露
		5. 专题及重大事项披露（委托理财披露等）	衡量上市公司重大信息状况的披露；反映上市公司委托理财是否遵循相关的程序	上市公司应完整披露以下内容： ①会计报表附注说明会计政策会计估计及合并范围 ②募集资金使用情况 ③关联交易信息 ④或有事项信息 ⑤财务担保信息 ⑥分部信息 ⑦股价短期内频繁异动原因
		6. 年度财务报告是否被出具非标准无保留意见或者被公开批评谴责 7. 近三年来是否有会计政策或会计估计变更 8. 近三年是否更换会计师事务所 9. 被更换的会计师事务所是否提出异议或作过申诉 10. 公司年报审计会计师事务所近三年为本公司提供其他业务 11. 监事会是否曾发现并纠正公司财务报告不实之处	衡量上市公司的信誉、审计师的独立性、信息披露合规合法情况和透明度	上市公司具备其中任何一项，即视为具有违规历史： 1. 被司法机关公开审理 2. 受中国证监会稽查 3. 遭到中国证监会、证券交易所的通报批评、公开谴责、责令改正等 4. 累计三次被审计单位出具保留意见、否定意见或拒绝表示意见 5. 媒体曝光、专业研究人员公开研究结果等披露的上市公司违规行为

续表

一级指标	二级指标	三级指标	指标说明	评价标准
信息披露	及时性披露	12. 年报、中报、季报披露及时性 13. 股东大会的会议决议是否及时披露 14. 董事会的会议决议是否及时披露 15. 委托理财应按要求及时披露	考核上市公司信息披露的及时性	应按照年报、中报、季报的要求定期披露，并及时披露其他信息
利益相关者	公司员工参与程度	1. 职工监事比例 2. 职工持股比例	考察职工参与治理的状况	职工监事以及职工持股比例越高，员工参与治理的程度越高
	公司社会责任履行	3. 公司公益性捐赠支出 4. 公司环境保护措施	考察上市公司对社会及所处社区的贡献 考察上市公司社会责任的履行情况	公司公益性捐赠支出越高，环境保护措施越完善，公司社会责任履行状况越好
	公司投资者关系管理	5. 公司网站的建立与更新	考察投资者信息披露与交流渠道的建立与通畅状况	公司应建立自己的网站并及时更新，以方便投资者及时了解公司信息
		6. 公司是否设立投资者关系管理制度	考察公司投资者关系管理设立的情况	公司应建立完善的投资者关系管理制度，以协调投资者关系
	公司和监督管理部门的关系	7. 罚款支出和收入	考察上市公司和监管部门的关系	公司罚款支出和收入越少越好
	公司诉讼与仲裁事项	8. 公司有无诉讼、仲裁事项	考察上市公司和股东、供应商、客户、消费者、债权人、员工、社区、政府等利益相关者和谐程度	公司诉讼、仲裁事项越少越好

资料来源：南开大学公司治理研究中心开发的中国上市公司治理评价系统。

17.3.2 中国上市公司治理绩效评价指标体系

1. 治理绩效及其形成机理

治理绩效是通过公司治理的战略行为与控制行为对治理职能的履行而达到的效果。治理绩效不同于治理结构与治理行为，是在一定治理结构下，治理行为的结果；治理绩效也不同于财务绩效，其外延大于财务绩效。治理行为是指治理主体履行治理职责，实现治理目标的过程和方式，它反映了公司治理运作层面的特性。治理行为与治理职能有关，是治理主体在履行治理职能中的行为表现。不同学者基于不同理论视角对公司治理功能的界定以及对公司治理的职能有不同的解释。部分学者认为公司治理的主要职能在于监督，[1] 从这一角度来看公司治理的职能应定位于监督，公司治理就是通过一系列监督行为来达到其控制管理者的目的；还有部分学者与机构认为公司治理是一系列的制度安排，以维护利益相关者的利益，[2] 从这一角度看，公司治理不仅体现为对董事以及高管的监督，还应该具有决策与服务等职能。决策学派哈特[3]以及李维安[4]等认为公司治理是一套决策机制，通过科学决策确保公司利益相关方的利益。战略职能与控制职能是公司治理的两个基本职能，[5] 履行公司治理的职能，需要相应的治理行为予以保障，因此，公司治理行为分为战略行为和控制行为。

（1）公司治理战略行为是指公司治理主体履行公司治理战略职能的行为过程

---

[1] 如施莱佛和维什尼（Shleifer and Vishny, 1997）与郑红亮（1998）等，他们认为公司治理是公司资金提供者确保获得投资回报的手段，怎样确定管理者没有侵吞其所提供的资本或将其投资在不好的项目上，怎样控制管理者等。

[2] 如布莱尔（1995）认为公司治理是指有关公司控制权或剩余索取权分配的一整套法律、文化和制度性安排，这些安排决定公司的目标，谁拥有公司，如何控制公司，风险和收益如何在公司的一系列组成人员，包括股东、债权人、职工、用户、供应商以及公司所有的社区之间分配等一系列问题；钱颖一（1995）认为，公司治理结构是一套制度安排，用以支配若干在企业中有重大利害关系的团体投资者、经理人员、职工之间的关系，并从这种联盟中实现经济利益。公司治理结构包括：（1）如何配置和行使控制权；（2）如何监督和评价董事会、经理人员和职工；（3）如何设计和实施激励机制。

[3] 哈特（1996）认为公司治理是一个决策机制，而这些决策在初始合约中没有明确规定。更准确的说公司治理分配公司非人力资本的剩余控制权，即资产使用权如果在初始合约中没有详尽设定的话，公司治理决定如何使用。

[4] 李维安（2001）认为公司治理是通过一套包括正式或非正式的、内部的或外部的制度或机制来协调公司与所有利益相关者之间的利益关系，以保证公司决策的科学化，从而最终维护公司各方面的利益的一种制度安排，公司治理的目的是保证公司决策科学化，而利益相关者的相互制衡只是保证公司科学决策的方式和途径。

[5] 尽管在公司所处不同发展阶段以及不同治理环境下，两种职能的发挥程度有所不同。

和方式,具体是指公司股东以及其他利益相关者在对公司的经营方针和投资计划、董监事选举、公司合并、分立与解散、发行债券、公司章程修改、增加或者减少注册资本、经营计划和投资方案、内部管理机构的设置、高管聘任与解聘等重大事项进行决策的过程与活动方式。在公司治理行为中,战略行为主要是指股东以及董事会的战略行为。

①股东的战略行为。从理论和法律上讲,所有股东都有权参与公司治理,但由于投资比例的不同,其参与治理的态度和行为有很大差异(宁向东,2006)。大股东通过控制董事会和委派高管的方式实施战略参与,包括战略制定、实施、评价等全过程,涉及投融资、创新、国际化等战略决策事项。在资本多数决策原则下,大股东选派的代表很容易占据董、监事席位的多数(王维钢和谭晓雨,2010)。大股东一旦控制了董、监事成员的选任,实际上也就控制了公司的战略决策。我国上市公司经理人员也常常由大股东决定,因此大股东行为左右了公司治理的主要方面(唐跃军和李维安,2009),公司的决策更多地体现了大股东的意愿。机构投资者参与公司治理的方式包括运用投票权以及代理投票权等方式推荐董事以及提出公司战略、与公司管理者沟通、在年度会议上发起股东提案等(Parrino,Sias 和 Starks)。某些国家要求机构投资者采取评估战略有效性等方式干预公司战略;我国上市公司治理准则第十一条明确规定,机构投资者应在公司重大事项决策等方面发挥作用。20 世纪 90 年代,美国五家大公司(IBM、通用汽车、康柏、AT & T 和美国捷运)的董事会在机构投资者的压力下,先后解雇了首席执行官,迫使公司管理层从根本上改变经营策略。国内外的实证研究也证实机构投资者对股利和股票回购(Naohiko Baba,2009;Jeon 等,2011)[①]、创新(Hoskisson 和 Hitt,2002)[②]、存货和现金管理决策(Ameer,2010)[③] 以及公司业绩与价值(Elyasiani 和 Jia,2010;Ruiz - Mallorquí 和 Santana - Martín,2011)等[④]

---

① 尚彦马场(Naohiko Baba,2009)对日本上市公司进行研究发现,外资所有权与公司支付股利的概率显著正相关。钱等(Jeon et al.,2011)对韩国股票市场外资所有权和股利政策关系进行研究发现,外资所有权大多是机构投资者,当他们持有大量股份(大于5%)时,公司会支付更高股利。

② 霍斯金森和希特(Hoskisson and Hitt,2002)对美国公司治理和创新战略关系的研究发现,不同的机构投资者均愿意选择创新战略。

③ 埃米尔(Ameer,2010)以亚洲国家上市公司为样本,分别以存货/营业收入、现金/营业收入为被解释变量研究发现,由于机构投资者对管理层的监督,能够改善公司存货和现金管理水平。

④ 伊莱斯尼和贾(Elyasiani and Jia,2010)研究了美国上市公司业绩与机构投资者持股水平和稳定性的关系发现,公司业绩与机构持股稳定性呈正相关关系。将机构投资者分为压力敏感型和压力不敏感型时,两类股权的稳定性均对公司业绩起到积极作用,第一类机构投资者的影响更大。鲁伊斯·马略尔金和圣安那·马汀(Ruiz - Mallorquí and Santana - Martín,2011)以西班牙资本市场股权高度集中、中小投资者缺少法律保护为背景,研究了机构投资者投票权与公司价值的关系。研究发现,当第一大股东是银行机构时,银行的投票权与公司价值负相关。当控股股东是投资机构时,其投票权与公司价值正相关。

有显著影响。我国学者傅强和邱建华（2010）、薛求知和李茜（2010）研究认为，机构投资者积极参与公司治理和管理层决策，对公司国际化战略有促进作用。

无论大小股东对其战略职能的履行主要通过参与股东大会的方式予以实现，我国公司法对于股东大会十二项职能的界定中，均属于对公司重大事项的决策事宜。① 肖作平（2006）指出年度内股东大会会议召开次数越多，股东们就有越多的时间交流和解决公司未来发展的战略决策问题。

②董事会的战略行为。董事会应该对公司战略负责（如 Harrison，1987；Coffee，2005；Yawson，2006），并且董事会是对战略做出贡献的最佳职位（Andrews 1980；Tricker，1984；Goodstein，, Gautam and Boeker，1994；Carpenter and Westphal，2001）②。学术界对于董事会的战略参与程度持有不同观点：早期消极战略参与观认为，董事会仅遵照公司法的规定，通过批准管理层的战略建议和基于业绩评价的战略执行（Fama and Jensen，1983）。近期积极战略参与观认为，董事会被界定为在战略制定和执行中支持经理层的组织结构（Bezemer，Maassen，Van den Bosch and Volberda，2007；Huse，2007），董事会的战略行为不仅包括事后监督、批准经理层的战略计划，而且还包括参与战略制定、战略执行的全过程（McNulty & Pettigrew，1999；Nadler et al.，2006；龚红、宁向东和崔涛，2007）。很多研究表明，董事会的角色和职能行为是不断演进的，而且至少一些董事正在越来越多并积极地参与公司战略管理的全部过程（华锦阳，2003；Kim 等，2009；Pugliese 等，2009）。事实上，战略决策是复杂、非线性和分段式的过程，董事会通过反复迭代的过程影响经理层，指导其战略思维和决策（McNulty and Pettigrew，1999），因此，董事会的战略行为应覆盖战略活动的全部过程，包括运用所拥有的知识、信息和社会资源参与公司愿景的制定和评价以及对公司所处环境进行分析和讨论，③ 参与制定公司的战略目标和方向；④ 参与重大战略预算和

---

① 我国公司法第三十八条规定的股东（大）会的职权包括、决定公司的经营方针和投资计划、选举和更换非由职工代表担任的董事、监事，决定有关董事、监事的报酬事项、审议批准董事会的报告、审议批准监事会或者监事的报告、审议批准公司的年度财务预算方案、决算方案、审议批准公司的利润分配方案和弥补亏损方案、对公司增加或者减少注册资本做出决议、对发行公司债券做出决议、对公司合并、分立、解散、清算或者变更公司形式做出决议、修改公司章程以及公司章程规定的其他职权。

② 普格利泽等（Pugliese et al.，2009）在"Boards of Directors' Contribution to Strategy: A Literature Review and Research Agenda"一文中对相关文献作了具体综述。

③ 麦克纳尔蒂和佩蒂格鲁（Mcnulty and Pettigrew，1999）认为，董事会通过设定企业使命、愿景和价值观，建立战略行为边界以及审视环境等机制影响企业战略。

④ 拉瓦斯和冉托尼（Ravasi and Zattoni，2006）认为董事会应通过对定义共同目标和制定组织方向来构建、保持并重建共识，协调各方战略观点。

计划的制订;① 对公司重大战略建议和提案进行初审;② 参与重大战略计划的履行;③ 进行战略执行的监督、评价和参与改进;④ 与战略投资者进行实质性的沟通和合作、提供资源等。⑤

(2) 公司治理控制行为是指公司治理主体履行公司治理监督与控制职能的过程和方式。具体指股东、董事会、监事会等治理主体通过监督管理层，抑制管理层的机会主义行为，以降低股东和管理层的冲突，保护股东利益的行为过程和方式。根据控制主体的不同，公司治理控制行为包括股东控制行为、董事会控制行为以及监事会控制行为。除上述内部监督主体外，市场竞争对经理层的约束在一定程度上减少了经理的逆向选择、道德风险等机会主义行为。

①股东的控制行为。公司治理中的第一层委托代理关系体现为股东对董事（在德国以及我国的治理结构安排中还包括监事）的代理关系，股东的控制行为是指股东选任董（监）事并对董事（监事）进行控制，实施剩余控制权的行为过程和方式。不同类型股东实现控制的方式与控制程度各异，大股东因持有的股份比例较高，既有动力也有能力实施对管理层的监督（Shleifer and Vishny，1986）。通常大股东通过委派或提名高层管理者、⑥ 提交股东议案、向管理层施加压力乃至替换管理者等方法履行其控制职能（李维安等，2009）。罗进辉和

---

① 我国公司法第四十六条规定董事会的职权：(1) 决定公司的投资方案；(2) 制订公司的年度财务预算方案、决算方案；(3) 制订公司的利润分配方案和弥补亏损方案；(4) 制订公司增加或者减少注册资本以及发行公司债券的方案；(5) 制订公司合并、分立、解散或者变更公司形式的方案。OECD 公司治理原则第 VI 部分董事会责任第 D 条款第 1 条规定，董事会应审议和指导公司战略、主要行动计划、风险政策、年度预算和经营计划。

② 我国上市公司治理准则第五十三条规定，战略委员会的主要职责是对公司长期发展战略和重大投资决策进行研究并提出建议。

③ 我国公司法规定，对于一些有关公司经营发展的重大事项，必须通过股东大会审议通过，董事会执行股东会的决议。

④ OECD 公司治理原则第 VI 部分董事会责任第 D 条款第 1 条规定，董事会应设立绩效目标；监控计划实施和公司绩效；监督重要的资本支出、并购和剥离。牛建波和李胜楠（2008）认为，对战略执行的监管主要是创建战略记分卡框架，其中包括两项内容：一是在传统财务指标的基础上，补充顾客指标、程序指标和人力资源指标；二是为执行小组确定责任和时间表。程新生等（2009）研究认为，战略审计是董事会战略控制的一种重要机制，战略审计应涵盖战略管理过程的所有层次和过程，开展战略审计的主体应为董事会涉及的专门战略审计委员会或聘请独立的第三方。

⑤ 引入战略投资者是董事会提供资源的重要表现，资源依赖视角把董事会看作是"边界扳手"，可以帮助公司于一般性和竞争性环境相连接（李维安等，2009）。

⑥ 克莱森斯等（Claessens et al., 2000）和法夏（Faccio, 2002）的研究表明，大股东向公司派出高层管理者是亚洲和欧洲公司的共同特点。

万迪昉（2009）、哈里斯和拉维夫（Harris and Raviv'，2010）、罗森伯格和齐拉吉（Renneboog and Szilagyi，2011）、钟安石和宋立升（2011）等验证了大股东的控制行为对降低代理成本以及信息披露质量的积极影响。① 中小股东履行控制职能的主要方式是参加股东大会②与股东诉讼；③ 机构投资者通过代理权争夺，实现对公司的接管、高管更换等控制职能等。

②董事会的控制行为。公司治理的第二层委托代理关系是董事会通过聘任与解雇、评价与激励等方式实施对经理层的监督（Vancil，1987；Naveen，2006，Adams 等，2010）。具体地，董事会的控制行为主要包括：通过提名委员会雇佣或解雇高管；④ 通过薪酬和考核委员会评价与激励高管；⑤ 通过审计委员会监督信息披露、⑥

---

① 哈里斯和拉维夫（Harris and Raviv，2010）认为，股东对公司决策进行控制是解决代理问题的最优方案。罗森伯格和齐拉吉（Renneboog and Szilagyi，2011）认为，股东提案是一项有效的外部控制工具，有助于减少代理问题。罗进辉和万迪昉（2009）认为，大股东持股比例与管理者的在职消费水平呈一种非线性的"U"形关系，与大股东不处于控股地位的上市公司相比，大股东处于控股地位的上市公司的管理者在职消费水平比较低。钟安石和宋理升（2011）研究发现，我国民营上市公司控股股东的控制权对信息披露质量具有倒 U 形影响，当控股股东的控制权小于 47.21％时，信息披露质量随着控股股东控制权的增加而上升；当控股股东的控制权大于 47.21％时，信息披露质量随着控股股东控制权的增加而下降。

② 中小股东通过提议召开临时股东大会并采用累积投票制，行使其对管理层的监督，更换不称职的公司高管，或者通过参加股东大会对公司高管进行质疑。

③ 我国上市公司治理准则第四条规定，股东大会、董事会的决议违反法律、行政法规的规定，侵犯股东合法权益，股东有权依法提起要求停止上述违法行为或侵害行为的诉讼。董事、监事、经理执行职务时违反法律、行政法规或者公司章程的规定，给公司造成损害的，应承担赔偿责任。股东有权要求公司依法提起要求赔偿的诉讼。OECD 公司治理原则第 III 部分指出在股东权利受侵害时允许寻求赔偿。其他提高少数股东权利的手段包括派生诉讼和集体诉讼（class action law suits）。

④ 我国公司法第四十七条规定：决定聘任或者解聘公司经理及其报酬事项，并根据经理的提名决定聘任或者解聘公司副经理、财务负责人及其报酬事项。上市公司治理准则第五十五条规定，提名委员会的主要职责是研究董事、经理人员的选择标准和程序并提出建议；广泛搜寻合格的董事和经理人员的人选；对董事候选人和经理人选进行审查并提出建议。OECD 公司治理原则第 VI 部分董事会责任中规定：董事会应选择主要执行人员，确定其薪酬，监督其业绩，并在必要时予以撤换；对继任计划进行监督；保证董事会提名和选举的程序正式、透明。

⑤ 上市公司治理准则第五十六条规定薪酬与考核委员会的主要职责是：研究董事与经理人员考核的标准，进行考核并提出建议；研究和审查董事、高级管理人员的薪酬政策与方案。多个国家已要求董事监控公司治理实践的有效性，并在必要时加以调整。包括不断评估公司内部结构，多个国家已进而建议或确实要求董事会开展自我评估绩效和评估董事会成员个人、CEO、董事会主席的绩效。

⑥ 上市公司治理准则第五十四条规定，审计委员会的主要职责是提议聘请或更换外部审计机构；监督公司的内部审计制度及其实施；负责内部审计与外部审计之间的沟通；审核公司的财务信息及其披露；审查公司的内控制度。OECD 公司治理原则第 VI 部分规定，确保包括独立审计在内的公司会计和财务报告系统诚实可靠；确保适当的控制体系到位，特别是风险管理体系、财务和运营控制体系以及对法律和有关标准的遵守体系；监督信息披露和对外交流的过程。

担保、关联交易、公司重组活动等。① 法玛（Fama，1980）、威廉姆森（Williamson，1985）、马修凯蒂等（Dalia Marciukaityte et al.，2007）、罗森斯坦和怀亚特（Rosensteni. S and Wyatt J. C，2008）等（2009）以及丹（Dan，2010）等的实证研究均证实董事会控制行为对强化高管监督、确保上市公司信息披露质量、规避破产风险等具有显著的作用。

③监事会的控制行为。监事会是我国上市公司治理结构中专司监督职能的机构，监事会的监督行为是指监事会对公司财务、董事以及高管行为监督的过程与方式。我国监事会的监督行为包括：监督公司财务②以及董事、经理和其他高管的行为，并对违规行为采取相应行动等。③ 薛祖云和黄彤（2004）以及韩葱慧、沈琳（2010）等验证了监事会监督的有效性。

除上述内部监督主体外，市场竞争在一定程度上形成了对经理层的约束，减少了经理的逆向选择、道德风险等机会主义行为。市场竞争对于高管的约束来自于产品市场、④ 资本控制权市场⑤以及经理人市场⑥的相互作用。产品市场竞争通

---

① OECD 公司治理原则第 VI 部分董事会责任中规定：对管理层、董事会成员和股东之间的潜在利益冲突进行监控和管理，包括滥用公司资产和不当关联方交易。关于规范上市公司与关联方资金往来及上市公司对外担保若干问题的通知（2003）中规定，对外担保应当取得董事会全体成员 2/3 以上签署同意，或者经股东大会批准；上市公司独立董事应在年度报告中，对上市公司累计和当期对外担保情况、执行上述规定情况进行专项说明，并发表独立意见。

② 我国公司法和上市公司治理准则规定，监事会需要履行监督公司财务的职责。监事会的财务监督包括，督促财务活动符合国家有关政策、法规和企业经营规章制度的规定，揭露财务活动中的弊端和违法行为，威慑和制约不法行为等。

③ 根据公司法第五十四条和上市公司治理准则第五十九条，上市公司监事会应对公司董事、经理和其他高级管理人员履行职责的合法合规性进行监督；监事会应该对违反法律、行政法规、公司章程或者股东会决议的董事、高级管理人员提出罢免的建议，给公司造成损失的，对董事、高级管理人员提起诉讼；监事会、不设监事会的公司的监事发现公司经营情况异常，可以进行调查；必要时，可以聘请会计师事务所等协助其工作。根据公司法第五十五条，监事会可以列席董事会会议，并对董事会决议事项提出质询或者建议。

④ 产品市场竞争使得经理层的能力和努力程度的信息更加公开，减少了信息不对称，使委托人有利于识别经理人的能力和努力程度，从而更好的使用相对业绩评价对经理层进行有效的监督。同时，也使经理人激励对努力程度更加敏感（Holmstrom，1982；Hart，1983；Nalebuff and Stiglitz，1983），并且产品市场竞争机制更容易迫使经营不善的企业被清算或者被兼并，为了避免在公司破产时受到惩罚经理人有更强的动机去努力减少破产风险（Grossman 和 Hart，1982；Schmidt，1997；Aghion，Dewatripont and Rey，1999）。

⑤ 一旦经理业绩不佳，在资本控制权市场上股东便可能采用脚投票方式，置换懈怠的经理。由于接管的潜在威胁，迫使公司经营者为股东的利益而努力工作，减少懈怠，改善公司经营管理，以避免恶意收购的发生（Grossman and Hart，1980；Martin and McConnell，1991）。

⑥ 经理人市场竞争通常主要通过业绩评价与声誉约束发生作用。在经理人市场上，经理的报酬由过去的业绩而定（Fama，1980），因此业绩评价使能力强和业绩佳的经理获得更高的报酬，而不称职的经理则在竞争中淘汰；经理层对未来职业的关注是他们努力工作的激励因素（Holmstrom，1999），在有效的经理人市场上，具有良好声誉的经理人能够获得更好的报酬和工作机会，而声誉不佳的经理人不可能在市场竞争中立足。

过资本市场的股价予以体现,经理人市场使股东可以对经理的能力和努力予以甄别。产品市场淘汰的风险、控制权市场的接管威胁以及经理市场的声誉约束,三者的共同作用,形成对高管层的外部约束。

治理主体、治理结构、治理行为与治理绩效之间的逻辑关系如图17-1所示。

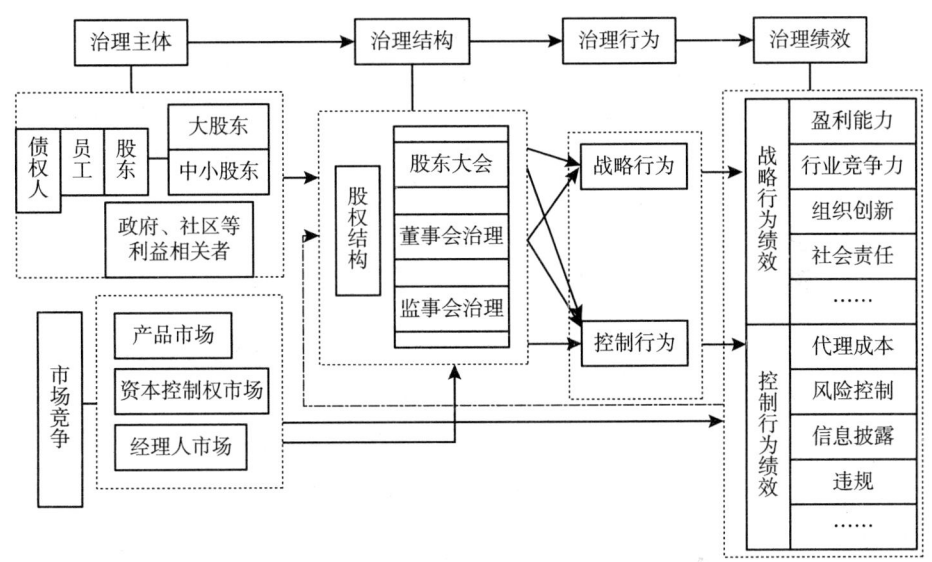

图17-1 治理结构、治理行为对治理绩效的作用机理

2. 公司治理绩效评价指标体系

美国培训顾问雷德·尼克(Fred Nickols)认为行为(behavior)不同于绩效(outcome),行为指一种活动,而绩效指活动的结果,两者之间最本质的区别在于目的与手段,结果与活动。美国绩效支持系统专家格洛里亚·盖瑞(Gloria Gery)认为绩效是对相关变量和知识(数据、知识、规则、关系、工具、任务结构等)的整合,是经过过滤以及聚集的结果。基于公司治理的战略行为和控制行为,治理绩效可以分为战略行为绩效和控制行为绩效两个维度。

战略行为绩效指股东与董事会通过治理行为履行其战略职能取得的效果。股东和董事会实施战略行为的目的在于协调公司与所有利益相关者之间的关系,保证公司的决策的科学化(李维安,2005),实现股东主导下的利益相关者价值最大化。其结果可以通过财务业绩与公司价值、组织创新、组织竞争力以及公司社会责任等予以衡量；控制行为绩效是指股东、董事会和监事会等治理主体实施对治理客体的监督与控制行为所产生的治理效果。公司治理主体实施控制行为的目的在于规范决策制定过程，保证决策的有效执行，减少经理层的机会主义行为。其结果可以通过代理成本、信息披露、违规、破产风险等指标予以衡量，如表 17-3 所示。

表 17-3　　　　　　上市公司治理绩效评价指标体系

指标	一级	二级	三级指标	计算公式
战略行为绩效	财务绩效	盈利能力	净资产收益率	净利润/平均净资产
		公司价值	托宾 Q 值	公司市场价值/资产重置成本
	社会责任	对股东责任	股东回报	应付股利/总股本
		对员工责任	员工薪酬率	应付员工薪酬/营业收入
		对政府责任	所得税占比	所得税/营业收入
		对债权人责任	产权比率	负债/所有者权益
	市场竞争能力	主营业务收入占比		本企业主营业务收入/同行业总收入
	组织创新	创新投入比		R&D/净利润
控制行为绩效	违规行为	违规为1，非违规为0		—
	代理成本	经营费用率		（销售费用+管理费用+财务费用）/营业收入
	信息披露	信息披露质量	信息披露指数	—
	风险控制	破产风险	Altman Z	6.56×营运资金/总资产+3.26×留存收益/总资产+6.72×息税前利润/总资产+1.05×股票总市值/负债账面价值（非制造业）0.012×营运资金×100/总资产+0.014×留存收益×100/总资产+0.033×息税前利润×100/总资产+0.006×股票总市值×100/负债账面价值+0.0099×销售收入×100/总资产（制造业）

资料来源：作者整理。

17.4　中国上市公司治理状况评价

17.4.1　总体治理状况

根据 2008 年中国上市公司年报披露的信息（截至 2008 年 4 月 30 日公布的

公开信息，公司网站、巨潮咨询网、中国证监会、沪深证券交易所网站等）以及北京色诺芬 CCER 数据库、国泰安 CSMAR 数据库，根据信息准全原则，选择1154 家有效样本，其中金融机构 27 家，非金融机构 1127 家。

全部样本公司中，没有 1 家达到 $CCGI^{NK}$ Ⅰ、$CCGI^{NK}$ Ⅱ 和 $CCGI^{NK}$ Ⅲ 水平（2006 年达到 $CCGI^{NK}$ Ⅲ 的有 6 家）；达到 $CCGI^{NK}$ Ⅳ 的有 254 家，占全部样本的22.54%，较去年的 17.38% 有显著提高；处于 $CCGI^{NK}$ Ⅴ 的公司有 856 家，占样本的 75.95%。有 17 家上市公司的治理指数在 50 分以下，占全部样本的 1.51%，较去年的 4.22% 有明显降低，如表 17 - 4 所示。①

表 17 - 4　　　　　　　　2007 年中国上市公司指数等级分布

公司治理指数等级		分布	
		公司数	比例（%）
$CCGI^{NK}$ Ⅰ	90 ~ 100	0	0
$CCGI^{NK}$ Ⅱ	80 ~ 90	0	0
$CCGI^{NK}$ Ⅲ	70 ~ 80	0	0
$CCGI^{NK}$ Ⅳ	60 ~ 70	254	22.54
$CCGI^{NK}$ Ⅴ	50 ~ 60	856	75.95
$CCGI^{NK}$ Ⅵ	50 以下	17	1.51
合计		1127	100

资料来源：摘自于南开大学公司治理研究中心《2008 年公司治理评价报告》，下同，不再赘述。

从治理指数的变化来看，2004 ~ 2007 年，我国上市公司治理状况有所改善。各分指数中，股东治理指数略有波动，中小股东权益指数有所下降；作为公司治理核心的董事会制度逐步完善，董事会治理指数逐年上升，特别是 2007年较上一年度有较大的提高；修订后的公司法强化了监事会的职权，监事会治理状况明显改善；经理层与股东治理状况相似，2007 年与 2006 年基本稳定；由于制度的约束，信息披露质量一直处于较高的水平，2004 ~ 2007 各年信息披露指数均维持在 62 左右，居各分指数之首；利益相关者参与治理逐步受到上市公司的关注，从 2003 年开始，一直保持着稳步提高的趋势，如表 17 - 5所示。

---

① 本部分数据主要摘自于南开大学公司治理研究中心《2008 年公司治理评价报告》，下同。

表17-5　　　　　　　　　2004~2008年公司治理指数变动

治理指数	均值					标准差				
年度	2003	2004	2005	2006	2007	2003	2004	2005	2006	2007
公司治理指数	55.02	55.33	56.08	56.85	57.49	4.93	5.30	5.13	3.75	3.30
股东治理指数	56.47	56.10	56.57	57.32	57.18	15.79	14.23	14.19	8.99	7.36
董事会治理指数	52.60	53.15	55.35	55.67	57.21	5.07	4.60	4.75	4.78	2.06
监事会治理指数	50.48	51.75	50.93	52.98	54.63	6.08	7.63	7.24	6.49	6.38
经理层治理指数	54.60	54.80	55.22	57.88	57.32	5.81	5.08	4.90	5.77	5.45
信息披露指数	62.21	62.47	62.78	61.66	62.51	11.58	10.94	12.10	8.86	8.34
利益相关者指数	51.12	50.95	52.61	53.08	53.41	9.24	9.65	12.35	10.23	9.53

17.4.2　行业治理比较

表17-6展示了2003~2007年各行业公司治理的状况。数据显示，采掘业，电力、煤气及水的生产和供应业，交通运输与仓储业上市公司的治理状况较好。治理状况相对"落后"的房地产业、传播与文化产业、综合类以及农、林、牧、渔业上市公司的治理状况有不同程度的改善。房地产业治理指数由2005年的54.94提高至2006年的56.83，2007年为57.48，提高幅度较大；传媒管制的放开，使传媒上市公司的治理状况得到改善，其治理指数由2005年的54.47提高至2007年的56.76；综合类上市公司，治理指数由2005年的54.14提高至2007年的56.36；农、林、牧、渔业上市公司治理指数由2004年的53.02提高至2007年的56.60。制造业和建筑业上市公司的治理状况稳中略有提高。

表17-6　　　　　2003~2007年中国上市公司治理指数行业比较

行业类型	均值				
	2003年	2004年	2005年	2006年	2007年
农、林、牧、渔业	53.85	53.02	55.59	55.88	56.60
采掘业	55.32	59.04	62.05	58.20	57.51
制造业	55.10	55.37	55.99	56.94	57.58
电力、煤气及水的生产和供应业	54.83	57.33	58.03	57.72	58.32
建筑业	55.38	55.02	56.74	57.01	57.42
交通运输仓储业	57.13	56.12	57.73	58.21	58.73
信息技术业	54.66	55.47	55.26	55.71	56.92

续表

行业类型	均值				
	2003年	2004年	2005年	2006年	2007年
批发和零售贸易	55.04	55.03	56.53	56.73	56.84
房地产业	53.19	54.23	54.94	56.83	57.48
社会服务业	55.79	55.37	55.95	56.82	58.24
传播与文化产业	53.48	55.89	54.47	55.97	56.76
综合类	54.24	53.67	54.14	55.29	56.36
合计	55.02	55.33	56.08	56.85	57.49

17.4.3 不同控股股东控制的上市公司治理状况的比较

不同控股股东控制的上市公司治理状况的差异反映了控股股东的治理行为对上市公司治理质量的影响。由于"社会团体控股"和"其他"两类上市公司数量很少（分别为3家和5家）不具有统计上的可比性，本部分的分析比较不含该两类上市公司。不同控股股东控制的上市公司中，外资控股上市公司的治理状况最好；其次为国有控股；民营控股、集体控股和职工持股上市公司的治理状况较差；职工持股会控股的治理状况最差，这是由于该类控股股东尴尬的地位所致。[①]

表17-7　　　　　2007年不同控股股东控制的上市公司治理状况

最终控制人类型	公司数	比例	均值	中位数	最小值	最大值	极差	标准差
国有控股	758	67.26	58.02	58.04	48.96	67.06	18.10	3.14
集体控股	20	1.77	56.63	56.36	50.97	61.45	10.48	2.89
民营控股	317	28.13	56.33	56.52	48.00	67.06	19.06	3.37
其他	5	0.44	54.38	53.80	50.54	58.86	8.33	3.84
社会团体	3	0.27	57.61	57.69	57.41	57.73	0.33	0.18
外资控股	11	0.98	59.11	59.90	51.16	62.85	11.70	3.36
职工持股会	13	1.15	56.28	56.98	49.29	61.32	12.03	3.52
合计	1127	100	57.49	57.59	48.00	67.06	19.06	3.30

---

① 职工持股会作为职工股东群体的代理人具有其特殊性：首先，这种委托代理关系背后可能会隐含着内部人控制以及大股东利用职工持股会侵害上市公司利益的行为；其次，职工持股会作为代理人，其履行投资决策以及相关事务的能力有限；再次，职工持股会角色存在混乱，表现为职工持股会兼具资方（股东）和劳方（职工）的双重角色，在具体的履职过程中，可能会出现权利不清、职责混乱现象。此外，职工持股会是否具有法律主体地位还存在分歧。这些都是导致职工持股会控股上市公司竞争力、治理竞争力低下的重要原因。

17.4.4 省份公司治理状况比较

经济发展水平以及上市公司数量与治理质量具有一定的关系，经济发达地区上市公司数量高于经济落后地区，同时公司治理质量也呈现出相似特征。表17-8显示，经济发达的广东、上海、北京上市公司数量较多，其中上海最多，其次为广东，再次为北京；而西部欠发达地区的宁夏回族自治区、青海省、西藏自治区占样本量少，其中青海省、西藏自治区最少，各有6家公司。由于外部的区域经济发展水平、制度约束以及市场竞争的压力促使上市公司不断优化治理结构与改善治理行为，因而产生良好的治理质量。根据表17-8计算的各省份上市公司数量与治理指数的相关系数达到了0.848（sig.=0.00）。广东省的公司治理指数最高，西藏自治区的公司治理指数最低。

表17-8　　　　　　　　2007年各省公司治理指数

省份	公司数	占比	均值	最小值	最大值	极差	标准差
北京市	75	6.7	58.12	50.17	63.53	13.35	2.94
天津市	22	2	57.22	49.36	63.23	13.87	3.29
河北省	26	2.3	57.45	48.94	65.65	16.71	3.78
山西省	22	2	57.35	51.43	64.45	13.02	3.48
内蒙古自治区	16	1.4	58.21	55.18	62.79	7.61	2.49
辽宁省	41	3.6	57.43	50.89	62.74	11.85	2.74
吉林省	29	2.6	56.28	49.29	64.17	14.88	4.02
黑龙江省	23	2	57.06	51.91	62.67	10.76	2.79
上海市	129	11.4	57.12	49.29	67.06	17.77	3.65
江苏省	73	6.5	57.60	50.85	64.70	13.85	3.27
浙江省	70	6.2	57.26	49.62	65.04	15.42	2.95
安徽省	39	3.5	58.14	54.17	65.88	11.72	3.10
福建省	32	2.8	57.76	51.16	64.27	13.11	3.09
江西省	20	1.8	58.38	52.86	64.12	11.26	3.42
山东省	66	5.9	57.71	50.52	65.08	14.56	3.03
河南省	26	2.3	57.88	51.73	64.79	13.06	3.30
湖北省	51	4.5	57.56	51.33	63.43	12.10	2.74
湖南省	36	3.2	57.74	52.18	63.78	11.60	2.90
广东省	111	9.8	58.46	48.75	67.06	18.31	3.56
广西壮族自治区	18	1.6	57.18	48.00	66.30	18.30	4.34

续表

省份	公司数	占比	均值	最小值	最大值	极差	标准差
海南省	17	1.5	55.43	49.15	63.29	14.14	3.84
重庆市	21	1.9	57.51	49.97	65.62	15.65	3.71
四川省	51	4.5	57.26	48.77	64.85	16.08	3.36
贵州省	13	1.2	57.24	53.30	61.97	8.67	2.30
云南省	20	1.8	58.02	51.56	63.75	12.20	2.96
西藏自治区	6	0.5	54.74	49.34	58.25	8.91	4.20
陕西省	19	1.7	56.55	51.77	61.81	10.05	2.99
甘肃省	15	1.3	55.17	48.96	58.95	9.99	2.79
青海省	6	0.5	58.20	53.69	61.80	8.11	3.25
宁夏回族自治区	10	0.9	55.98	52.31	61.45	9.14	2.89
新疆维吾尔自治区	24	2.1	56.69	51.30	62.40	11.10	3.20
合计	1127	100	57.49	48.00	67.06	19.06	3.30

要点小结

1. 基于不同的评价目的，公司治理评价包括公司治理质量评价与治理绩效评价。公司治理质量评价是以指数形式对上市公司治理状况做出的系统、客观的评价；治理绩效评价是对上市公司治理主体通过治理行为，履行公司治理职能所达成的结果的评价。

2. 公司治理评价的功效为强化监管、引导投资、业绩评价、声誉约束以及诊断控制。

3. 中国上市公司治理指数 $CCGI^{NK}$ 是南开大学公司治理研究中心根据我国公司法、公司治理原则、公司治理准则并参考相关国际机构（组织）的公司治理原则或者准则以及已有的公司治理评级系统，确定的由股东权益与控股股东行为、董事会、监事会、经理层、信息披露以及利益相关者六个维度组成的评价指标体系，并以指数形式展示的公司治理质量评价系统。

4. 治理绩效是通过公司治理行为对治理职能的履行而达成的效果。治理绩效不同于治理行为，是治理行为的结果；治理绩效也不同于财务绩效，其外延大于财务绩效。具体由盈利能力、组织创新、社会责任等战略性为绩效以及信息披露、代理成本、破产风险等控制行为绩效组成。

思考与讨论题

1. 为什么要进行公司治理评价?
2. 中国上市公司治理质量评价的内容有哪些?
3. 中国上市公司治理绩效评价的内容有哪些?
4. 中国上市公司治理状况如何?
5. 请对目前国内外公司治理的评价进展评价。

案例分析

2003年中国某能源类上市公司治理状况的评价

某能源类上市公司治理总指数为65.22,各要素的评价指数分别为:股东权益与控股股东行为的评价指数为57.5,董事会的评价指数为76.25,经理层的评价指数为67.5,监事会的评价指数为33.8,信息披露的评价指数为75.71,利益相关者评价指数为70.8。

股东行为要素指数中,上市公司连续三年实行分红派现,股东自益权保护程度较高;上市公司没有实行累积投票制,股东共益权没有有效实现;上市公司的人员和资产等独立性较强,但存在不规范的关联交易。该公司董事会治理状况较好,各要素指数中,独立董事比例达到三分之一;专业委员会的设置健全,设置了战略、审计、薪酬以及提名委员会4个专业委员会,并且董事激励充分,前三名董事的报酬总额达122万。经理层要素指数中,公司高管人员的激励较充分,薪酬最高的三名高管的报酬总额为142万,但长期激励不充分,高管持股激励不足。监事会要素指数中,外部监事的比例高于内部监事,监事会独立性较高;监事激励监事的激励不够充分;年度内监事会仅召开了2次监事会会议,由于会议频率较低,外部监事与内部监事难以得到充分的信息交流。监管的约束使上市公司致力于信息披露的改善,信息披露指数为各要素指数最高。上市公司按规定的时间及时披露了公司的5项重大信息。上市公司重视利益相关者的参与治理,利益相关者保护状况较好。公司重视社会及所处社区的利益,与利益相关者和谐程度较高;未出现罚款支出或收入,也没有诉讼与仲裁事项。但对环境的关注不够,存在一定环境污染问题。

(资料来源:李维安:《公司治理学》,高等教育出版社2005年版。)

案例思考：

1. 什么是好的公司治理？
2. 从哪些方面评价公司治理的状况？

参 考 文 献

1. 南开大学公司治理评价课题组：《中国上市公司治理评价与报告》，载《管理世界》2008 年第 1 期。
2. 李维安等：《公司治理评价与指数研究》，高等教育出版社 2005 年版。
3. 王宗军、严磊、夏天：《上市公司董事会业绩评价模型》，载《管理学报》2007 年第 4 期。
4. 王斌、汪丽霞：《董事会业绩评价研究》，载《会计研究》2005 年第 2 期。
5. 宁向东：《公司治理理论（第二版）》，中国发展出版社 2006 年版。
6. 王维钢、谭晓雨：《中国大股东与中小股东的利益博弈模型分析》，载《中央财经大学学报》2010 年第 7 期。
7. 唐跃军、李维安：《大股东对治理机制的选择偏好研究——基于中国公司治理指数（CCGI^{NK}）》，载《金融研究》2009 年第 6 期。
8. Ammann, M, Oesch, D, and Schmid, M M. Corporate governance and firm value: International evidence [J]. Journal of Empirical Finance, 2011, 18 (1): 36 – 55.
9. Bhagat, S, Bolton, B J, and Romano, R. The promise and peril of corporate governance indices [J]. Columbia Law Review, 2008, 108 (8): 1803 – 1882.
10. Bebchuk, L A, Cohen, A, and Ferrell, A. What matters in corporate governance? [J]. Review of Financial Studies, 2009, 22 (2): 783 – 827.
11. Bebchuk, L A, and Hamdani, A. The elusive quest for global governance standards [R]. Harvard Law and Economics Discussion Paper, 2009, No. 633.
12. Conger Jay A., Finegold David, Lawler III Edward E. Appraising boardroom performance [J]. Harvard Business Review, 1998 (1 – 2): 136 – 148.
13. Christian Strenger. The Corporate Governance Scorecard: a Tool for the Implementation of Corporate Governance [J]. Corporate Governance: an International Review, 2004, Vol. 12 (1): 11 – 15.
14. Cremers, K J, Nair, V B. Governance mechanisms and equity prices [J]. The Journal of Finance, 2005, 60 (6): 2859 – 2894.
15. Core, J E, Guay, W R, and Rusticus, T O. Does weak governance cause weak stock returns: An examination of firm operating performance and investors' expectations [J]. Journal of Finance, 2006, 61 (2): 655 – 687.
16. Denis, D K, and McConnell, J J. International corporate governance [J]. Journal of Financial and Quantitative Analysis, 2003, 38 (2): 1 – 36.

17. Doidge, C, Karolyi, G A, and Stulz, R M. Why do countries matter so much for corporate governance? [J]. Journal of Financial Economics, 2007, 86 (1): 1-39.

18. Djankov, S, La Porta, R, Lopez-de-Silanes, F, and Shleifer, A. The law and economics of self-dealing [J]. Journal of Financial Economics, 2008, 86 (3): 430-465.

19. Daines, R M, Gow, I D, and Larcker, D F. Rating the ratings: How good are commercial governance ratings? [J]. Journal of Financial Economics, 2010, 98 (3): 439-461.

20. Khanna, V. Corporate governance ratings: One score, two scores, or more? [J]. University of Pennsylvania Law Review, 2009, 158 (39): 39-51.

21. Gompers, P, Ishii, J, and Metrick, A. Corporate governance and equity prices [J]. The Quarterly Journal of Economics, 2003, 118 (1): 107-155.

22. R. La Porta, F. Lopez-de-Silanes, A. Shleifer, R. W. Vishny. Law and Finance [J]. Journal of Political Economy, 1998 (106): 1113-1155.